F.リスト研究

自治・分権思想と経済学

片桐 稔晴 著
By Toshiharu Katagiri

中央大学出版部

装幀　道吉　剛

はじめに──近年のリスト研究について

　近年におけるリスト研究の出発点をなすのは，1964 年に発表されたパウル・ゲーリンク氏の『青年・壮年期のリスト─ 1789-1825』(Paul Gehring, Friedrich List, Jugend- und Reifejahre, 1789-1825) であろう[1]。400 ページを超す大作の中でゲーリンク氏は，リストが起草したにもかかわらず，これまで知られていなかった『ズルツ請願書 (Die Sulzer Petition)』や『ヴァルデンブッフ奏上書 (Waldenbucher Adresse)』をはじめとした新たな諸史料を発掘し，それらを「付録」としてこの本に添付している。また，これらの新諸史料を通して彼は，晩年期に比べて軽視されがちであった青年・壮年期のリストの活動，とりわけ民主主義的で立憲主義的な構想と市民的自治にもとづく地方政治の改革といった彼の政治活動に研究者の関心を向けさせた。事実，この本に刺激されて 1983 年に書かれた本が，ウィリアム・O. ヘンダーソン氏の『フリートリッヒ・リスト，経済学者で夢想家 1789-1846 (W.O.Henderson, Friedrich List,Economist and Visionary 1789-1846) である。この本でヘンダーソン氏は，全体のうちの約半分の分量を青年・壮年期のリストの活動に割く一方で，リストが提起した「地方統治の思い切った改革」構想にも目を向けている。またそれとは別に，タイトルからも明らかなように，この本は，ゲーリンク氏が取り上げなかった晩年期のリストまでも対象にしている。

　ついで，年代的にこれに続くものと考えられるのは，リストの生誕 200 年を契機にして活発化したリスト研究の諸成果であろう。そのうちで最初にあげることができるのは，1989 年にデュッセルドルフで復刻された『経済学の国民的体系 (Das nationale System der politischen Ökonomie)』の初版本とそれに添付された別冊『フリートリッヒ・リスト──今日的な評価』(Friedrich List ─ eine moderne Würdigung) の刊行である[2]。この別冊の中で，まずホルスト・クラウ

ス・レッテンヴァルト氏は，「私たちの時代から見たリスト」と題した一文の中でつぎのように書いている。「1989年8月6日のフリートリッヒ・リストの生誕200年は，……この国民経済学者の業績を広い意味で，私たちの時代の批判的な目で詳細に取り上げる契機となっている」と述べていた。そして，この文言を指針として，カール・ホイザー氏の「フリートリッヒ・リスト，彼の生涯と活動」，ヴェルナー・ラッハマン氏の「リストの学術的作品　現代的な評価」，そして最後にハラルト・シェルフ氏の「リストの『経済学の国民的体系』」が続く。しかしこれらの解説は，「私たちの時代の批判的な目で」書かれたこともあってか，リストの思想に内在するというよりも「現代」の視点が強調されすぎているように思われる。

　リストの生誕200年を記念して書かれたものの中で，オイゲン・ヴェントラー氏の『フリートリッヒ・リスト 1789/1989』（Eigen Wendler, Friedrich List 1789/1989）は，趣の変わったものである[3]。この本には「歴史的な人物像とドイツ－アメリカ関係の先駆者」という副題が付されているように，戦後の独・米両国の友好関係を念頭におきながら，その先駆者の一人としてのリストの人物像を彼の青年・壮年期における市民自治の立場からの政治活動にも関連づけながら，36歳でアメリカへの「移住」を余儀なくされたリストの，異国の地でのその後の活動を，ヴェントラー氏が英語とドイツ語で紹介している。また，このヴェントラー氏が別の本（Die Vereinigunng des europäischen Kontinents）の中で紹介するところによれば，1989年11月3日に当時の東ドイツ・ドレスデンにあったフリートリッヒ・リスト交通大学でも「DDRにおけるフリートリッヒ像」をテーマとした記念講演会が開催され，リストについて予想以上に積極的で学問的な分析がなされていた，とのことであった。しかし，その約1週間後にはベルリンの壁が崩壊したために，この事業はそれから沈黙を続けていることが紹介されている。

　これに対して，当時は西ドイツの一都市でリストの生誕の地でもあるロイトリンゲン市が生誕200年を記念した展示会の準備と平行して1989年にリストにかんする啓蒙書として刊行したのが，『リストとその時代　国民経済学者・

鉄道の先駆者・政治家・時事評論家・1789-1846（Friedrich List und seine Zeit Nationalökonom・Eisenbahnpionier・Politiker・Publizist・1789-1846）』である[4]。この本は、「序文」にはじまって「ロイトリンゲンにおけるフリートリッヒ・リストとその家族」、「帝国都市における諸経験」、そして「帝国都市の終焉」（以上がヴェルナー・シュトゥレーベレ）、「ヴュルテンベルクの行政官吏」と「テュービンゲン大学教授」（以上がハインツ・アルフレット・ゲマインハルト）、「商人協会から関税同盟へ——ドイツの経済的な統一に向けたリストの貢献」（ミハエル・ホルマン）、「領邦議会でのリスト：ロイトリンゲン請願書とその諸帰結」（ハインツ・アルフレット・ゲマインハルト）、「亡命、逮捕、移住」と「アメリカのリスト」（以上がライナー・P. ルーク）、「フリートリッヒ・リストとドイツ鉄道の初期の歴史」（ミハエル・ホルマン）、「経済理論家としてのフリートリッヒ・リスト」と「イギリスとドイツにおける工業発展」（以上がウルリッヒ・アイゼーレ-シュタイプ）、「家族」と「時事評論家で寄稿者のリスト」（以上がイサベラ・プファフ）、「クフシュタインでの死」と「追憶」（以上がウルリッヒ・アイゼーレ-シュタイプ）といったように、これまでのリスト研究の成果を踏まえてこの本では、複数の執筆者たちが青年・壮年・晩年期のリストの活動を描写することによって、リストの全体像をその時代との関連の中で明らかにしようと試みている。

そして、先に紹介したヴェントラー氏が、リストの没後150年の1996年に編集責任者となって発表したのが、『欧州大陸の統合　フリートリッヒ・リスト——彼の経済思想の全ヨーロッパ的な規模での影響の歴史』（Die Vereinigung des europäiscen Kontinents Friedrich List—Die gesamteuropäische Wirkungsgeschichte seines ökonomischen Denkens）である[5]。ヴェントラー氏によれば、リストの没後150年を契機として彼の主著『経済学の国民的体系』の国際的な影響を調査することが試みられ、全ヨーロッパ的な規模でその影響を確認できたとしている。そしてこの本では、ヴェントラー氏の「序文」に「リストの生涯と活動にかんする伝記的な概要」および「F. リストの『経済学の国民的体系』——国民経済学の古典的な作品」といった小論文が付されているほかに、アルバニア、

ベルギー，ブルガリア，デンマーク，イギリス，エストニア，フィンランド，フランス，ギリシャ，アイルランド，イタリア，ラトヴィア，オランダ，ノルウェー，オーストリア，ポーランド，ポルトガル，ルーマニア，スイス，スロヴァキア，スロヴェニア，スペイン，チェコスロヴァキア，トルコ，ハンガリーといった国々でのリスト経済思想の受容状況が紹介されている。

　同じくヴェントラー氏によれば，米英が主導して推進してきたグローバル化と自由貿易の要求に関連して前世紀末に，リストへの関心が急速に高まってきたとのことであった。そして彼によれば，その代表格がフランスの政治学者のエマニュエル・トッド氏が1998年に書いた「フリートリッヒ・リストの経済学批判」にはじまる一連の論文である[6]。この中でトッド氏は，グローバル化と自由貿易の推進の結果，これまでの普遍的な豊かさと世界規模での調和的な発展とは違って不均衡と地域的な経済危機という事態が生じたことで，古典派自由主義の批判者としてのリストの経済学の再評価を求めている。またヴェントラー氏によれば，そのトッド氏の論文発表に先立つ1997年のメキシコで，リストの主著『経済学の国民的体系』のスペイン語訳の新たな第3版と『アメリカ経済学綱要』の最初のスペイン語訳がセットになって出版されたのであった。そして，これらセットにされた刊行物の「前書き」部分で，メキシコ大学教授フランシスコ・スアレス・ダフィーラ氏も，リストが自由貿易の誤りを明らかにし，それと闘った批判的な経済学者だったことを指摘する一方で，新自由主義にもとづくグローバル化と自由貿易の要求が発展途上国の国民経済を犠牲にして進められていることに関連して，今日のリスト研究の新たな局面にも言及しているのであった。

　こうした今日の世界的な動向に関連させてリストへの関心を喚起しているものとして，同じくヴェントラー氏が紹介するのは，1998年10月に『ハーパー・マガジン』の編集者であるミシェル・リンド氏が『ネイション』という雑誌に発表した論説「マルクス，スミス——それともリスト？」である。この中でリンド氏は，リストをアメリカ国民であるとともにドイツの愛国者でもある一方で，普遍的な思想家でもあったことを評価している。すなわち，アメリカ

やフランスおよびドイツのために経済政策上の諸思想を展開するにあたって，リストはそれらを英語，フランス語およびドイツ語の論文として発表してきた。アダム・スミスと同様にリストも経済的自由主義者であったが，リストは「国民経済学」というモデルをスミスやリカードの世界主義的な経済学のモデルに対置することによって自由貿易の性急な導入に反対するとともに，発展途上国での保護関税の導入を擁護した。したがって，19世紀にはスミス学派とマルクスおよびリストとのあいだでの論争がおこなわれていたとすれば，20世紀はスミス的なものとマルクス主義とのあいだの論争によって特徴づけられることになる。それらに比べて21世紀は，スミス的なものとリスト的なもの，つまりグローバルで自由放任主義的な資本主義を擁護する立場と社会的市場経済を擁護する立場との論争がおこなわれることになるだろう，と。

　しかし，こうした今日の世界的な動向との関連でリストへの関心を求める動きとは別に，これまでもたびたび登場したヴェントラー氏が中心となったリスト研究が，地道に続けられてもいた。2004年に刊行された『豊かさを通して自由を目指す　フリートリッヒ・リストの生涯と著作にかんする目新しさ (Durch Wohlstand zur Freiheit Neues zum Leben und Werk von Friedrich List)』[7] と2008年に企画された『経済学の国民的体系』の新版である[8]。前者は，副題からも明らかなように，「フリートリッヒ・リストの伝記に加える新史料と観点」，ヴェントラー氏によって発見されたリストの著作『地球は変わる (Die Welt bewegt sich)』を通して得られた思想史上の認識と解釈」，そして「国際的な受容史の新たな動き」を取り上げている。

　後者は，すでにここで言及したように，リストの生誕200年を記念して1989年にデュッセルドルフで『経済学の国民的体系』が刊行されたが，それが豪華本であったために容易に入手することが困難であったことを考慮して，廉価で入手できる『経済学の国民的体系』の新版として刊行されたものである。そして，この新版にはヴェントラー氏の序文が付されている。その中で彼は，まず「『国民的体系』の今日的な評価」と題する部分で，すでに見たようなトッド氏やダフィーラ氏そしてリンド氏らのリスト評価を紹介している。そ

れに続いては「リストの生涯と活動の伝記的な概要」が記される。その中でヴェントラー氏は，リストがその結成に尽力しその後も顧問として活躍した「ドイツ商人・製造業者協会」を，1834 年のドイツ関税同盟の樹立（ドイツの経済的統一）に向けた，そして間接的には 1871 年のドイツ帝国の樹立（ドイツの政治的統一）に向けた最初の政治的な刺激だったと評価している。ついで，「リストの経済学的な諸著作」として『アメリカ経済学綱要』（1827 年），『経済学の自然的体系』（1837 年），『世界は変わる』（1837 年），そして『経済学の国民的体系』（1841 年）がそれぞれ簡単に内容紹介されている。

　こうして近年におけるリスト研究はまず，青年期・壮年期の新資料の発掘を通して市民自治の立場から地方政治の刷新に取り組むリスト像を提示した。したがって，こうした青年期・壮年期の新たなリスト像を踏まえることになれば，これまでの晩年期のリスト像にも修正を加えながら，新たなリストの全体像を形成するという課題に直面していたはずであった。しかし，これまでのところでは青年・壮年期のリスト像の刷新だけにとどまり，それと晩年期のリスト像との内在的で思想的な連続性をもった全体像を形成するにいたっていないと思われる。また他方で，リストの生誕 200 年を契機にして，主著『経済学の国民的体系』を中心とした新たな研究動向が登場した。すなわち，米英の新自由主義にもとづくグローバル化と自由貿易の要求に対抗する人々の中でリストの経済学を再評価する動きである。しかし，こうした研究動向は，リストの思想の全体像を内在的に研究するという観点から見れば，そうした問題意識を最初からもつこともない，あまりにも政治的な意図を強く打ち出したリスト研究であるように思われる。

　その点で，日本でのリスト研究はどうなっているであろうか。その日本では，『ドイツ関税同盟の研究』（有斐閣，1974 年）で知られる諸田實氏が『フリードリッヒ・リストと彼の時代　国民経済学の成立』を 2003 年に，そして『晩年のフリードリッヒ・リスト　ドイツ関税同盟の進路』を 2007 年にと相次いで出版された[9]。これには，すでに見たような青年・壮年期のリスト像の刷新と，青年・壮年期のリスト像と晩年期までの生涯を通しての新たなリスト像

はじめに——近年のリスト研究について　vii

を明らかにするという研究動向が刺激となっている。周知のように，日本におけるこれまでのリスト研究は，小林昇氏の精力的な取り組みによって飛躍的な発展を遂げてきた。しかし，その研究の重点は，主著『経済学の国民的体系』と『農地制度論』に傾斜していた嫌いがあった。その点で，とりわけ諸田氏の最初の書である『フリードリッヒ・リストと彼の時代』は，リストの生涯を通じた諸活動を視野に入れたものになっている。

　この『フリードリッヒ・リストと彼の時代　国民経済学の成立』の「序章」ではまず，この本の主題とも関連する，3つの論点が取り上げられている。第1の論点は，『国民的体系』の成立史にかんするもので，それには3つの局面があった，と諸田氏は考える。そして，その第1の局面と考えるのは，リストが国民経済学に目覚める「原点」あるいは「原体験」になった時期である。すなわち，それは，ナポレオンの「大陸制度」が崩壊して貿易が再開された後の1817年，18年頃にイギリスからの輸出攻勢を受けてドイツが経済危機に直面した時期でもあり，自由な貿易によって経済は繁栄すると説く経済学の支配的な理論にリストが「疑問」を感じた時期でもあった。ついで，第2の局面と考えられるのは，北アメリカの革新の風土と自由な言論が支える民主政治のなかで，国民経済学という「新しい体系」の「構想」が発表された時期である。すなわち，それは，経済学の支配的な理論に「疑問」を感じてから約10年後の1827年に『アメリカ経済学概要』が出版された時期である。そして，最後の第3の局面と考えられるのは，リストがさらに10年間の準備期間を経過して主著『経済学の国民的体系』を出版するまでにいたる時期である。すなわち，それは，この時期にパリに移ったリストが，そこでの「研究期間」を活用して経済と歴史の勉強を続け，懸賞論文〈経済学の自然的体系〉をはじめ主著の「準備作品」となる数編の論文を書いた時期でもある。

　第2の論点は，「祖国のために労を惜しまぬ無給の弁護人」としてリストが取り組んだ数々の活動にかんするものである。そのなかでも諸田氏が特筆するのは，「ドイツ商人・工場主協会」と「ペンシルヴェニア工業技術振興協会」とで行った関税・貿易政策のための運動，および，新時代を切り開く物質的な

力である蒸気力（石炭）の利用と鉄道（全国鉄道網）の建設，の2つの分野であり，その普及と啓蒙のための執筆・出版活動である。というのも，諸田氏は，リストの生涯をたどり，『国民的体系』の成立へと収斂していく，この「無給の弁護人」の労を惜しまぬ，報いられることのない活動を明らかにすることが，本書のもう一つの課題である，と考えているからである。

　第3の論点は，「外国で評価されたナショナリスト」としてのリストの側面にかんするものである。この点に関連して，リストが掲げたドイツの経済発展と国民的統一という目標と，それに向かって彼が実践した活動とに対する評価は，ドイツの経済発展が進み，プロイセンの主導の下に国民的統一が達成された頃から高くなり，リストはドイツの経済発展（イギリスからの自立）と国民的統一とを予見した思想家として注目されるようになった，と諸田氏は指摘する。また，ドイツ国内にとどまらず，リストがある時期活動の舞台にしたアメリカとフランスでも，さらにヨーロッパの周辺の国々でもリストの主張が評価されていたことを，諸田氏は紹介している。そして，そのことはアジアでも例外ではなく，日本では1889年（明治22年）に，中国では1927年に『国民的体系』の最初の翻訳が出ていること，第2次大戦後にはベンガル語でも出版されていることにも言及している。

　こうして諸田氏も，ゲーリンク氏によって切り開かれた青年期・壮年期のリスト像の刷新を受けた形で，青年・壮年期のリストを「住民参加型の地方自治を求めて闘った『民主的な地方自治論者』」と位置づけながら，晩年期までのリストの全体像を形成しようとしていることが明らかになる。しかし他方で，近年のドイツを中心にした諸外国の研究も諸田氏の研究にも，生涯を通したリストの全体像を明らかにするという点では，青年・壮年期のリスト像と晩年期のリスト像とのあいだに思想的な連続性を見出すことの問題意識が希薄であるように思われる。かつて小林昇氏は，「若きリスト」の研究には「理解に困難な点」があることを指摘していた。ここでいう「理解に困難な点」というのは，リストがこの時期，1815年から19年までの4年半におよぶ有名な「ヴュルテンベク憲法闘争」の渦中にあって，憲法問題以外にも行政組織の改革など

に取り組んでいたために，ヴュルテンベルクの国制史や行政法の専門知識をもたないと彼の思想の特質を十分につかむことが困難だったことを意味する。

ところが，日本のリスト研究が「青年・壮年期のリスト」にその重心を移動しはじめた時期に少し遅れて，行政法学の立場から日本でも，ヴュルテンベルク王国国制史の研究が実はおこなわれていた。「ドイツ近代行政法学の誕生」と関連づけられた石川敏行氏の一連の労作がそれである。これによって「ヴュルテンベルク憲法闘争」が，憲法制定を機に王国の中央集権化を推し進めようとする「国王派」と既得権益を守ろうとする「旧法派」，それに市民的自由・自治の要求を基礎とした「自治・分権派」の三つ巴の争いとなり，「青年・壮年期のリスト」はこの自治・分権派を代表する活動家・思想家だったことが明らかになった。それとともに，リストがこの自治・分権的な政治構想を基礎づけるために展開した「コルポラティオン（自治共同体）」論（周知のように，ヘーゲルも『法哲学綱要』の中で展開している）に対する関心も大きくなったのである。ちなみに，リストはその後（1817 年の『ヴァルデンブッフ請願書』の頃から），ジョン・ロックの「機関信託論」を基礎づけの論理として採用することになる。

したがって，こうした自治・分権論者としての「青年・壮年期のリスト」の姿が明らかになったからには，晩年のリストの著書『経済学の国民的体系』も，青年・壮年期の自治・分権思想との関連で，新たに検討し直すことも必要になってくるであろう。換言するならば，青年・壮年期のリストの自治・分権思想を「導きの糸」として晩年の経済理論，とりわけ主著『経済学の国民的体系』の再検討を試みる必要があると思われる。

1) Paul Gehring, Friedrich List, Jugend- und Reifejahre 1789–1825, J/C.B.Mohr (Paul Siebeck), Tübingen 1964.

2) Hauser, Karl-Lachmann, Werner-Schrf, Herald, Friedrich List—eine modrne modrne Würdigung, Verlag Wirtscaft und Finanz GmbH, Düsseldorf 1989.

3) Wendler Eugen, Friedrich List 1789/1989, Eine historische Gestalt und auch im deutsch-amerikanischen Bereich, München Moos 1989.

4) Friedrich List und seine Zeit, Nationalökonom Eisenbahnpionier Politiker Publizist,

Stadt Reutlingen 1989.

5) Wendler, Eugen(Hrsg.), Dereinigung des europäischen Kontinents, Schäffer-Poeschel Verlag Stuttgart 1996.

6) これには次のような日本語訳がある。『自由貿易という幻想　リストとケインズから「保護貿易」を再考する』（藤原書店，2011 年）

7) Wendler, Eugen, Durch Wohlstand zur Freiheit, Neues zum Leben und Werk von Friedrich List, Nomos Verlagsgesellschaft Baden-Baden 2004.

8) Wendler, Eugen(Hrsg.), Frieddrich LIST–Das nationale System der politischen Ökonomie, Nomos Verlagsgesellshaft Baden-Baden 2008.

9) 諸田實『フリードリッヒ・リストと彼の時代―国民経済学の成立』（有斐閣，2003 年）および『晩年のフリードリッヒ・リスト―ドイツ関税同盟の進路』（有斐閣，2007 年）。なお，この両著については筆者の書評（『社会経済史学』Vol.74, No. 4）を参照されたい。

F. リスト研究

自治・分権思想と経済学

目　　次

はじめに──近年におけるリスト研究

第1章　若きリストと『ズルツ請願書』

1．『ズルツ請願書』にいたるまでのリストの足跡 …………………… 2

2．背景としての「ヴュルテンベルク憲法闘争」…………………… 5

3．『ズルツ請願書』とその思想的な特質………………………… 9

第2章　若きリストと書記制度問題

1．19世紀初頭までのヴュルテンベルクにおける「二元主義構造」…… 20

2．国王フリートリッヒによる行政組織改革 ……………………… 25

3．ヴュルテンベルクにおける書記制度と若きリスト …………… 28

第3章　若きリストと行政組織改革問題

1．『ズルツ請願書』以後のリストの足跡……………………… 37

2．憲法闘争のその後の展開とリスト ……………………… 41

3．論文「ヴュルテンベルクの国家統治にかんする所感」…………… 47

第4章　若きリストと『ヴァルデンブッフ奏上書』

1．「所感」以後のリストの足跡 ……………………… 57

2．「ヴュルテンベルク憲法闘争」のその後の展開とリスト…………… 63

3．『ヴァルデンブッフ奏上書』と起草者リスト ………………… 75

第5章　行政学教授としてのF.リスト

1．「ヴュルテンベルク憲法闘争」のその後の展開とリスト………… 92

2．新学部の開設をめぐる動き ……………………… 97

　　　　　　　　　　　　　　　　　　　　目　　　次　xiii

　　3．リスト教授の行政学講義 ……………………………………… 105

第6章　F. リストと『シュヴァーベンからの人民の友』紙

　　1．リストに敵対する政府部内の動きと中傷者の存在 ………… 114

　　2．『シュヴァーベンからの人民の友』紙とリスト ……………… 118

　　3．旧法派および政府部内保守派とのリストの闘い …………… 127

第7章　F. リストと「ドイツ商人・製造業者協会」

　　1．リストに対する包囲網の強化 ………………………………… 148

　　2．「ドイツ商人・製造業者協会」と F. リスト ………………… 158

　　3．リストの経済理論 ……………………………………………… 167

第8章　F. リストと『ロイトリンゲン請願書』

　　1．領邦議会議員リストの誕生 …………………………………… 178

　　2．領邦議会でのリストの活動 …………………………………… 185

　　3．『ロイトリンゲン請願書』とその反作用………………………… 197

第9章　F. リストと『アメリカ経済学綱要』

　　1．アメリカへの移住 ……………………………………………… 209

　　2．アメリカでのリスト …………………………………………… 216

　　3．『アメリカ経済綱要』…………………………………………… 226

第10章　F. リストと『経済学の自然的体系』

　　1．この本が書かれるまでの経緯 ………………………………… 247

　　2．これまでのリストの理論的な到達点 ………………………… 252

xiv

3．『経済学の自然的体系』……………………………………… 257

第11章　F. リストと1839〜1840年の経済諸論文

1．「イギリス穀物法とドイツの保護制度」………………………… 275

2．「外国貿易の自由と制限，歴史的観点からの解明」…………… 278

3．「今年のパリ全国工業博覧会，ドイツとの関連で」…………… 284

4．「歴史の法廷に立つ経済学」…………………………………… 289

5．「バウリング博士とドイツ関税同盟〔Ⅰ〕」………………… 291

6．「国民的な工業生産力の本質と価値について」……………… 298

第12章　F. リストと主著『経済学の国民的体系』

1．『経済学の国民的体系』の課題——ドイツの利害……………… 318

2．リストの経済発展段階説と「ドイツの状態」………………… 318

3．交換価値の理論と生産諸力の理論 …………………………… 320

4．生産諸力の理論——①富の原因と富そのもの ……………… 321

5．生産諸力の理論——②国民的生産力と国民的分業の構想 …… 322

6．生産諸力の理論——③リストのいう精神的生産とは………… 324

7．生産諸力の理論——④国民的分業の担い手たちとは………… 327

8．リストの生産諸力の理論——⑤国民を育成する原理 ……… 329

9．リストの生産諸力の理論

——⑥作業継続の原理と保護関税制度の要求……………… 333

付　論　F. リストの「コルポラティオン」論と「分業＝市場」論

1．ヘーゲルの「コルポラティオン」論…………………………… 339

2．リストの「コルポラティオン」論と「分業＝市場」論………… 358

3．大塚久雄氏の「分業＝市場」論………………………………… 385

目　　次　xv

リストが書いた文章・論文の翻訳

ズルツ請願書……………………………………………………………… 417

ヴァルデンブッフ奏上書………………………………………………… 423

フランクフルト奏上書…………………………………………………… 433

ロイトリンゲン請願書…………………………………………………… 441

歴史的観点から見た通商の自由とその諸制限………………………… 447

国民的工業力の本質と価値について…………………………………… 479

おわりに──リストの歴史的な評価に関連して…………………… 525

初 出 一 覧………………………………………………………………… 529

第1章

若きリストと『ズルツ請願書』

1964年にテュービンゲン大学教授パウル・ゲーリンク氏が発表した大著 Paul Gehring, Friedrich List, Jugend und Reifejahre 1789-1825[1] を契機にして，それまで主著『経済学の国民的体系』（1841年）に傾斜しがちであった日本のリスト研究[2]は，「青年期」へと重心を移動した[3]。とはいえ，この期の研究には「理解に困難な点」がともなっていたためか，その後にあまり進展を見ることがなかった[4]。

ここでいう「理解に困難な点」というのは，リストがこの時期，1815年から19年までの4年半におよぶ有名な「ヴュルテンベルク憲法闘争」の渦中にあって，憲法問題以外に行政組織の改革などに取り組んでいたため，ヴュルテンベルクの国政史や行政法の専門知識をもたないと，彼の思想の特質を十分につかむことが困難であったということである。

ところが，日本のリスト研究が「青年期」に重心を移動した時期に少し遅れて，行政法学の立場から，ヴュルテンベルク王国国政史の研究が実はおこなわれていたのであった。「ドイツ近代行政法学の誕生」と関連づけられた石川敏行氏の一連の労作がそれであり[5]，こうした事実がもっと早く分かっていたならば，「青年期」のリスト研究もさらなる進展が期待されていたであろう。そこで以下では，ゲーリンク氏と石川氏の研究成果をもとにしながら，さしあたり，憲法問題に対してリストが最初にかかわりをもつことになった『ズルツ請願書』にいたるまでの，若きリストの足跡とそこでの彼の思想的な特質について見ていきたいと思う。

1. 『ズルツ請願書』にいたるまでのリストの足跡

フリートリッヒ・リスト (Friedrich List, 1789-1846) は，1789 年 8 月 6 日に帝国都市ロイトリンゲンで生まれた[6]。父は皮なめし職人であるとともに，「市民を代表する裁判・行政機関＝ゲリヒト (Gericht)」[7]の構成員であるリヒター (Richter) を輩出する家系の出身，つまりロイトリンゲン市の名望家 (Ehrbarkeit) の出自であった。リスト家の生業であった白皮なめし業というのは，ヤギ，鹿およびノロ鹿のような小動物の皮を毛皮用に加工したり，ズボン職人，手袋職人および袋職人用の革製品に，また赤皮なめし業用に牛革を加工したりするもので，この白皮なめし業者たちは，ブドウ園主たちについで帝国都市ロイトリンゲンでは大きな職業身分を形成していた。

リストは 10 人の兄弟姉妹のうちの 8 番目で，男子としては 2 番目であった。就学義務期間を終えたのちに，彼はラテン語学校に進むことになる。4 年間の就学期間[8]を終了した 15 歳のリストは，父の下で白皮なめし業の修行をすることになった。しかし，彼はこの修業に身が入らず，もっぱら自宅での読書や気晴らしの散策に明け暮れていた。こうした日々が続く中で彼は，当時の旧ヴュルテンベルクで雇用需要の高かった書記 (Stadt-und Amtsschreiber)[9]職の修業に転換することを決意する。

書記見習 (Incipient) としての 3 年間の修業を，彼は旧ヴュルテンベルクの町ブラウボイレンで終えたのち，簡単な試験を経て，書記の補助者であることに変わりはないが，相対的に自立した書記代行 (Substituten) となる。ブラウボイレンには 1809 年の初頭まで滞在し続けたが，その後シェルリンゲン，ヴィブリンゲンを経て 1810 年にウルムに赴任する。これらの町は，近年になってヴュルテンベルクに編入されたところで，とりわけヴィブリンゲンの町でリストは，彼の雇主である書記のシュスターに出会う。旧ヴュルテンベルクでの書記たちの旧態依然たる仕事ぶりを嫌い，それを簡素なものにしようとしていた彼とのこの時の出会いが，ヴュルテンベルクの書記制度全般の改革＝役人支

配からの脱却へとリストの目を向けさせる契機となる。

　1811 年，活動の舞台をウルムからテュービンゲンに移したリストは申請が受理されて，自立が許されるテュービンゲン郡の書記資格（Oberamts-Aktuar）を獲得するかたわら，大学の講義に出席する機会を得ることになる。というのも，テュービンゲン大学にはすでに 1798 年に官房諸学（Kameralwissenschaft）の講座が設けられており [10]，若い書記たちに大学でのさらなる修養の機会を与えていたからであった。そして，このテュービンゲン大学の講座に通っているあいだにリストは，彼の精神的成長にとってもっとも重要な学業仲間であり，のちに見る『ズルツ請願書』の協働者でもあるヨハネス・シュライアーに出会うことになる。

　このシュライアーはパン職人の親方の息子で，1792 年に生まれた。リストと同様にラテン語学校に通うが，彼の場合は成績が優秀で，14 歳の時にメッツィンゲンで書記見習の修業についた。1806 年の夏に，彼はテュービンゲン大学で哲学と官房学の学生としての登録を難なく済ませた。しかし，その時の彼はまだ「15 歳」だった，と記録されている。官房学をフルダ教授の下で学び，優秀な成績を修めて終了したのち，シュライアーは 1810-11 年に法学の勉強へと進み，1814 年 10 月の学部試験に優秀な成績をあげて修了書を手にした。

　リストとシュライアーは，こうして両者とも手工業者の息子という共通点をもちながらも，リストのほうが 3 歳年長であったのに，書記職のキャリアではシュライアーのほうが上であった。つまり，シュライアーは官吏としての道を着実に歩んでいたのに対して，リストはヴィブリンゲンでのシュスターとの出会いまでは旧態依然たる書記の仕事になんの疑問も感じないままに過ごしてきた。したがってこの間，書記職の新たな理念を求めて彼自身は精神的にさまよい続けていたのである。そうした中でのリストとシュライアーの出会いであり，両者は「彼（シュライアー——引用者）が私に実証的な法認識を提供し，私が彼に理念を提供する」[11] という間柄になる一方で，「ヴュルテンベルク憲法闘争」においては同志としての関係をもち続けることになる。

　テュービンゲンでのリストの滞在期間に関連して，これまで紹介されてきた

彼の年譜では、「1811 年初頭から 1813 年初頭までテュービンゲン郡書記で学生」[12]であったとされてきた。しかし、彼の郡書記の資格は申請によって得られたものであり、国家試験を受けて獲得されたものではなかった。そのために、1813 年初頭になって彼は、国家試験を済ませていない者は郡書記の資格をもつことができないという「告知」を受けることになる。また他方で、郡書記の資格である 25 歳の年齢に彼が達していなかったので、郡書記資格の申請そのものが却下されることになった。したがってこの時期のリストは、依然として書記代行のままだったのである。

1814 年 9 月 5 日と 7 日の 2 日間におよぶ国家試験にリストが無事合格し、書記の資格を獲得したことは史的に明らかになっている。また、時間を遡ってみると、1813 年 4 月 1 日には別の人物がテュービンゲン郡の書記の職務についていた。問題は、1813 年初頭から国家試験に合格した 1814 年 9 月まで、リストがどこにいて、なにをしていたのかということである。この点に関連して、新たに発見された史料、つまりリストがテュービンゲンから発した 1814 年 6 月 8 日付のカール・フォン・ライシャッハ伯爵宛の手紙[13]によって、この間の事情が判明することになった。その中でリストは、つぎのように書いている。「私は当地で……1 年半書記職をつとめ、そののちは法学の勉強に専念しました」[14]と。つまり、彼はテュービンゲンで 1 年半のあいだ公職についていたが、そののち公職から離れてさらに 1 年半のあいだこの地でもっぱら法学の勉強をしていたのであり[15]、これで彼のテュービンゲン滞在期間はあわせて 3 年間であったことが分かるのである。

すでに触れたように、1814 年 9 月に国家試験に合格したリストは、同年のうちにネッカー上流の町ズルツに郡の駐在弁務官（Oberamts-Kommisarius）として赴任した。この地で彼は、すでにナポレオン時代からヴュルテンベルクの各郡に見られたが、とくにズルツ郡の多額な租税債務の実態調査にあたり、この地の人口が 18,000 人であるにもかかわらず、税の滞納が 100,000 フローリンに達していることを確認する一方で、関係官庁に支払いの延引の交渉に努力したりしている。こうした住民との関係の中で 1815 年 3 月、領邦議会選挙におけ

るズルツ郡の選挙人たちによって『ズルツ請願書』の起草がリストに託され，これを通して「ヴュルテンベルク憲法闘争」に彼が最初のかかわりをもつことにもなるのである。

2．背景としての「ヴュルテンベルク憲法闘争」

「ヴュルテンベルク憲法闘争」の発端について詳細な検討を加えられた石川氏によれば，それは内政面と外交面の両面から考えることができるとされている[16]。

さしあたり内政面で考えられるのは，君主フリートリッヒによる絶対君主政確立の動きに端を発しているといえよう。その経緯を簡単に見てみると，対仏講和に関連した1803年の帝国代表者会議主要決議と1805年のプレスブルク講和条約によってライン左岸の領土をフランスに割譲したのと引き換えに，ヴュルテンベルク公国（当時）は大規模な領土補償を受けた。それらは聖界諸侯領，比較的小さな諸侯領や伯領のほか，帝国諸都市を寄せ集めたものであったが[17]，すぐには旧領土に併合されずに「新ヴュルテンベルク」と呼ばれることになった。

こうした領土の拡張とならんで，この時期のヴュルテンベルクにとって重要なのは，すでに触れたプレスブルク条約によって王位を獲得したことであった。つまり，ヴュルテンベルクは名実ともに主権国家（王国）となったのである。そして1805年12月30日，この主権にもとづいてフリートリッヒは，領邦諸身分勢力が支配してきた領邦議会会計局および文書館を手中に収め，翌日には，国家の行政・司法区画でありながら自治的な行政・司法団体の性格をあわせもった各アムトを，国家行政の末端に位置づけるだけでなく，その租税徴収権をも否定したのである。これによってフリートリッヒは，テュービンゲン協約（1514年）以来の旧国制，つまり君主と諸身分勢力の「二元主義構造」[18]を消滅させ，ヴュルテンベルクに念願の絶対君主政を確立することができたのである。1806年3月18日には官制勅令（Organisationsmanifest）を発して，い

まや国王となったフリートリッヒは，新旧ヴュルテンベルクの領土的な統一を断行するとともに行政組織の再編をおこない，絶対君主政にふさわしい憲法の制定を視野に入れるようになったのであった。

つぎに外交面から見ると，それは神聖ローマ帝国解体後のドイツの再組織問題，つまり「ドイツ同盟」の規約をめぐる参加5か国のあいだの確執が契機となっている。その経緯を簡単に見てみると，ナポレオン1世の主導のもとに1806年7月に結成されたライン同盟に，西南ドイツ16か国の一員として加わっていたヴュルテンベルクは，1813年のライプツィッヒの会戦を契機に同盟を脱し，プロイセン，オーストリア，そしてスウェーデンの連合諸軍に参加して主権を保障されることになる。そののち戦場がフランスへと移り，パリの陥落，ナポレオンの退位とエルバ島への流刑と戦況が推移する中で，1814年5月30日，パリにおいて戦勝国側とフランスとのあいだに講和条約が結ばれた。11月には舞台をヴィーンに移して，ヨーロッパの戦後処理のために，戦争に関与したすべての国が参加する国際会議，いわゆる「ヴィーン会議」が開かれることになったのである。

その一方で，神聖ローマ帝国の解体ののちに統一組織を欠いたままになっていたドイツ諸国の再組織問題も，この会議の重要議題の一つであった。それを討議するために，オーストリア，プロイセン，バイエルン，ハノーファー，それにヴュルテンベルクを加えた5か国使節会議も，10月14日から同地ではじまっていたのである。国王フリートリッヒや皇太子ヴィルヘルムも参加したこの使節会議において，まずオーストリア，プロイセンおよびハノーファーが共同して『ドイツ同盟規約』の素案を提出した。このときヴュルテンベルクとの関係で問題となったのは，石川氏によれば，つぎの箇所である。「同盟規約は，構成各邦に（領邦）身分議会制（Landständische Verfassung）が必要である旨を定め，諸身分の権利の最小限を規定する。ただし，それ以上の権利は，各邦の決定に委ねられる」[19]というものであった。

テュービンゲン協約以来の君主と領邦議会との「二元主義構造」を解消したばかりのヴュルテンベルクにとって，この素案に含まれていた「（領邦）身分

議会制」の文言は決して容認できるものではなかった。そののち，5か国以外のドイツ諸邦も巻き込んだ相互の確執があったが，1815年6月8日付の『ドイツ同盟規約』の最終文書において，この件については，「すべての同盟各邦には，なんらかの領邦身分議会制がおこなわれるであろう」という文言で，決着がはかられた[20]のである。つまり，ヴュルテンベルクの主張は黙殺されたのであった。こうした5か国使節会議での議論の流れに抗議する意味もあってか，国王フリートリッヒは，会議の最終決着を見ることもなく1814年11月16日には王国に戻ってしまった。

　ところで，「ヴュルテンベルク憲法闘争」は通常，その展開を3期に分けて見ることができる。第1期が1815年1月から同年6月28日（ないし10月15日）までであり，第2期が同年10月15日から1817年6月5日まで，第3期が同年6月5日から1819年9月25日までである。『ズルツ請願書』が書かれたのが1815年3月なので，それは「憲法闘争」の第1期と密接に関連した作品であることが分かる。

　そこで以下では，「憲法闘争」の第1期に焦点を合わせながら，その展開を追うことにする。すでに述べたように，国王フリートリッヒは，使節会議の最終決着を見ることなく王国に戻ったのであるが，1815年1月11日に枢密院を招集し，みずからの決意をつぎのように表明した。「貴公ら周知のように，1806年の王国昇格をはさむ前後の政治情勢および領土変更は，旧ヴュルテンベルク領邦議会制の廃止を余儀なきものとした。かくも旧態依然たる制度，時代の空気にも，強力な統治の一体性にもなじまぬ旧制度，むしろ，それは自爆をとげたのだ。……いまや必要なのは，個人の権利および国家の需要に応じた諸身分の代表（ständische Repräsentation）に基礎をおく憲法である」[21]と。これに続いて，国王はただちに憲法草案の作成を命じ，同じ趣旨の詔勅を発する一方で，実質的な制憲議会となる議会（Ständeversammlung）の選挙を告示した。先の決意表明の中で「旧ヴュルテンベルク領邦議会制（landständische Versammlung）の廃止を余儀なきものとした」以上，選挙告示がなされた議会も「Ständeversammlung」と呼称されている。もちろん，呼称だけにとどまら

ない。議会が設置されるにしても、それはたんに「国王に対して希望を奏上する機関」[22]にすぎないとされた。同様に憲法の立脚点も、旧国政の時代とは違って、「個人の権利および国家の需要に応じた諸身分の代表に基礎をおく」ものとされていたのである。

1815年3月15日、シュトゥットゥガルトの聖カタリーナ神学校校舎に召集された制憲議会の開院式の冒頭で、国王フリートリッヒは勅語をもって新旧領土の統一、宗旨と市民生活の平等、公租の平等負担原則などを明らかにし、そのためには国民の協力が不可欠であることを強調した上で「欽定憲法典」を示し、その即時施行の承認を求めたのであった。この「欽定憲法典」によれば、議会は一院制であり、院の構成は5つの身分から成り立つものとされていた。すなわち、① 7名の王位継承資格者および帝国諸身分、② 貴族（19名）、③ 4名の聖職者（うち1名はテュービンゲン大学代表）、④ 7つの「良き都市」の代表、そして ⑤ 全部で64ある「郡（Oberamt）」の代表で、全部で129名の議員からなった。このうち ① から ③ までは、勅任議員であった。議員は3年ごとに半数が改選され、議会の召集権は国王のみが有していた。また、特別の事情がなければ議会は3年に1度、それも2月1日に召集され、1会期は6週間を限度とした。

議会の主要な権限は、① 課税同意権、② 立法協賛権、③ 国王への請願権、④官吏訴追権である。また停会中には、委員会（正・副委員長のほか12名の議員で構成）を開催することができた。その任務は、不可欠で迅速さを必要とする案件の処理、請願権、会計報告の受領などであったが、本会議と違って課税同意権や立法協賛権を有していなかった。そのほかに、人民の法律の前での平等、公務就任に際しての機会の均等と公租負担および兵役義務における平等、さらに国外移転の自由、職業選択の自由、就労の自由、財産権の保障と損失補償などの基本権規定に加えて、地方自治についての規定も含まれていたのであった。

こうした国王の側からの一連の攻勢に対して各方面から、とりわけ議会の側からの抵抗が当然に生じることになった。開院式で勅語を述べたのちに国王フ

リートリッヒが議場を去るとともに，リンプアク伯フォン・ヴァルデックが立ち上がり，欽定憲法の破棄を求める一方で，「われらが必要とするのは，旧ヴュルテンベルクの伝統に由来する統治者と諸身分の協約にもとづく憲法である」と述べた。また彼は，あらかじめ用意してあった国王に対する奏上書を読み上げ，それを議会が満場一致で採択・決議したのであった。つまり，1805年に国王によって一方的に廃棄された旧国制が10年後の現在でも有効であること，同時に「欽定憲法」に対する「協約憲法」の立場が，議会の側＝諸身分の側から表明されたのであった。しかし，それだけではなかった。議場を取り巻いて事態の推移を見守っていたヴュルテンベルクの多数の民衆も，議事が非公開であったにもかかわらず，欽定憲法破棄の決議がなされたことを知って，議場をあとにして出てきた議員たちを大歓呼で出迎えたのであった。つまり，国王フリートリッヒによる10年来の一連の強硬措置は，民衆レベルでも大きな反発を招いたのであった[23]。

3．『ズルツ請願書』とその思想的な特質

　1815年3月15日の制憲議会で欽定憲法の破棄決議がなされて以後，数多くの政論パンフレットが発行されるようになった。それらは，「異口同音に旧ヴュルテンベルクの憲法の復活を訴えている」ものであった。それは，制憲議会選挙での反政府派のキャンペーンであった「旧き良き法（gutes altes Recht）の回復」という要求と合流し，「旧法派（Altrechter）」の思潮を形成することになる。しかし，そうした思潮が主流を占める中で，リストによって起草された『ズルツ請願書』は，それとは異なる思想の流れを形成していたともいえよう。以下では，そこでの論理の展開に沿いながら，その思想的な特質を見ていくことにする。

　『ズルツ請願書』はまず，1815年1月11日に国王フリートリッヒによって発せられた勅令の内容に触れ，その勅令が「国家の需要および個人の権利に応じた領邦身分議会制をつくりあげようというお考えにもとづくもの」[24]であっ

たとする。ここですぐに気がつくことは，文言が似ているようであっても，勅令における国王の言葉がそのままに採用されていないことである。国王フリートリッヒの言葉は，「個人の権利および国家の需要に応じた諸身分の代表（ständische Repräsentation）であって，「領邦身分議会制（ständische Verfassunng）」ではない。この「領邦身分議会制」というのは，ドイツ同盟にかんするヴィーン会議の最終議定書に出てくる言葉である。しかも，この言葉を採用することに最後まで抵抗し続けたのがヴュルテンベルク王国であったこととその理由は，すでに見た通りである。したがって，この『ズルツ請願書』は，ヴィーン会議最終議定書の精神，君主と議会との協調態勢を自分たちが踏襲していることを鮮明にしているともいえるし，このすぐあとに見るように，別の意味も込められていた。

　同様なことは，『請願書』の他の箇所でも見ることができる。それは「議会」という言葉の使い方に関連している。まず「議会」という言葉は，つぎのような文章の中で登場する。「私たちは，多数決によって私たちから選出された代表を，かしこくもお命じになられた議会に送り出すことによって，この崇高な権利を行使することにいささかのためらいもありません」と。ついで，「この件で議会が国王陛下と意思疎通することができますれば，領邦全体の金庫と教会財産との分割管理が廃されることです」という文章の中や，10の請願項目を列記した箇所で「議会の同意がなければ，いかなる法も新たに発布されることもなく，いかなる税も新たにつくられることもない」という文章の中に登場する。前者の「議会」は，Stände-Versammlung で，国王フリートリッヒが欽定憲法を制定しようとして召集した「議会」のことであり，後者は Stände で「諸身分」とも訳すことができるが，すでにとりあげた ständische Verfassung が「領邦身分議会制」と訳されていることからも分かるように，「議会」と訳すことができる。実際，文脈の上でも「議会」と訳すことによって意味がよく分かるのである。ともあれ，後者の場合は，これまでヴュルテンベルクにあった「領邦身分議会」が念頭にあり，実はフリートリッヒはこの言葉の使用を避けていたのである。したがって，彼がこれまでとの断絶ということに重点をお

いて「議会（Ständishe-Versammlung)」という言葉を使用していたのに対して，『請願書』はその連続性において「議会（Stände)」という言葉を使用していることが分かるとともに，そこには国王フリートリッヒに対する「抗議」の意味が含まれていたのである。

　『請願書』はさらに，憲法（Constitution）論にまで及ぶ。すなわち，「憲法の内実は，それにしたがって人民が統治されるべき法の諸規定のみであります。もっとも望ましい憲法は，個人の安全と福祉に劣らず国家のそれらを目的としています。双方とも重要でありますのは，人民とても同様です。と申しますのは，人民は，個人が国家の中で無事息災にすごすことに注意を払うだけでなく，国家の完全無欠さを守り通そうと努力するからであります」と。こうした確認の上で，憲法と人民との関係に文章は進んでいく。「したがいまして人民は，オランダ憲法が果たせるかなこの間はじめて人民に端を発しましたように，憲法をつくるにあたって本来なら，その意見が聴取されるものであります」と。こうして『請願書』は，憲法制定時における人民の役割を強く訴える一方で，「人民の声を聞かずに憲法を制定することは，きわめて由々しい事態を放置することになります」ということによって今日の事態，制憲議会における欽定憲法の破棄決議と民衆の大歓呼といった国王の一連の強硬措置に対する国民的な反発という事態を招いたことについて，反省を求めている。

　ついで，「人民の声」を聞くために不可欠な情報＝憲法草案の公開要求へと話は進む。「私たち，国王陛下が忠良なる人民の福祉のためにお心を煩わせていることを日頃から確信している私たちは，それゆえに，すべてのヴュルテンベルク人が自由に自分の意見を表明することができますように，憲法草案を人民に提示するという恭順なる願いが国王陛下の御前に供せられることを訴えるのに，いささかのためらいもないでしょう」と。こうした情報公開の要求とならんで注目すべきは，そのあとに続く文章である。すなわち，情報公開が満たされるならば，「私たちがこれを熟慮するにあたりまして，かつ獲得された諸権利に立ち戻るようなことはしないでしょう」と。つまり，自分たちは単純に「旧き良き法の回復」を主張するものでないことを表明しているのである。

12

とはいえ、「人民の声を聞かずに憲法を制定する」ことに対しては、引き続きその態度は変わっていない。それは、つぎのような人物を引き合いに出してその功績をたたえていることからも分かる。「私たちは心底では、私たちのかつての憲法に思いをはせています。それは、功績が大きかったことで知られる国王陛下の先達であり、その豊かな思い出がいまなお私たちの胸中に宿っており、それほどに私たちにとって大切な人であった誉れ高きクリストフ公爵によって築かれました……憲法です」と。ここにその名前が登場するクリストフ公爵（1550-68年）というのは、父である先代領主ウルリッヒがはじめた領邦議会との主導権争いの渦中に生まれ育ち、争いの先鋭化によって領邦が消滅の危機に直面していたときに公国の領主に即位した人物である[25]。彼は、先代領主が残していった内乱の混乱を回避・収拾するために、領邦議会制の再建をはじめとした諸改革（クリストフの改革）を断行し、領邦消滅の危機を未然に解決したのである。かつての名君クリストフを引き合いに出すことで、ヴュルテンベルクの消滅の危機を避けるには「人民の声」を聞くことである、と警告しているともいえよう。

それに続いて、文章はこの間の経緯について、事実関係を明らかにする。まず、「ヴュルテンベルクの人民と統治者のあいだの協約によって礎が築かれ、その時々の統治者によって（忠誠義務が──引用者）誓われましたこの憲法は、周知のように、1806年に一時中断されました」と。これまでヴュルテンベルクでは、テュービンゲン協約（1514年）の時、その後の永代和解協約（1770年）の時と2度にわたって歴史的に確認されてきた協約関係、つまり統治者と人民とのあいだの契約によってはじめて成立する両者の関係が続いてきた。しかし1806年、前年にドイツの事実上の支配者となっていたナポレオンの強い指導の下に、ヴュルテンベルクを含む16の西南ドイツの諸侯国からなるライン同盟が結成されたために協約関係が「一時中断」されたというのである。というのは、「国家はその当時、素早い強力な統率がなされなければ破滅するという危機的な状態にあり、国王陛下は、このような統率が憲法にもとづく正式な運用では不可能であると、お分かりになっていました。それゆえに、国王陛下は

（憲法に――引用者）拘束されないと宣明しました」と。しかし，この機会をとらえて国王フリートリッヒが「協約関係」は破棄されたと一方的に宣言し，一連の強硬措置を取りながら絶対君主政へと歩を進めたことは，ヴュルテンベルク憲法闘争の発端に関連してすでに述べたところである。

　それに対して，やむをえない事情で「協約関係が一時中断された」という『ズルツ請願書』の立場からは，「私たちの憲法の廃棄については，どんな釈明もできません」という主張がなされるのは当然である。というのも，「ヴュルテンベルク人民は，はっきりした協約によって獲得されたみずからの権利の廃棄に決して賛成することができませんし，協約は決して一方的に廃棄されえず，とくにそれが誓われたときには廃棄しえないからであります」と。この点では，この間に国王によって強行された一連の措置に反発するヴュルテンベルクの民衆の考え方と一致しているといえよう。また，ヴュルテンベルクにおけるテュービンゲン協約以来の関係からも，この主張の正当性は明らかといえる。したがって，「国王陛下は，国家を救済せんとする事情の切迫によって心を揺り動かせられながら，ご自身の一存で独裁を選ばれました。しかし，いまや非常事態はすぎさり，したがって互いに宣誓によって裏打ちされた権利と義務が再び生気を取り戻すことになるでしょう」という考えが前面に出てくるのである。

　ここで文章は，「旧法派」とあらためて一線を画するという意味もあってか，つぎのように続く。「それ以前の私たちの憲法に未練があるからという理由で，私たちは，この憲法が以前のままに変わらずに再び採用されることを，決して望んでいません。私たちは，この憲法がその基本特性を残したままに，事情の変化と時代の精神が求めるような改革をそれに加えるという，願いだけを表明したいと望んでいます」と。「旧き良き法の回復」を叫ぶ「旧法派」を意識した表現といえよう。実際，この点については，この文章に続いて 10 項目にわたって列記される『ズルツ請願書』の改革要求と「旧法派」のそれとを比較してみれば，明らかになる。

　そこでまず，「旧法派」の要求について見てみよう[26]。1806 年以来の一連の

強硬措置に対する国民の反発の大きさを知った国王フリートリッヒは，皇太子ヴィルヘルムの助言もあって，4月16日になって「旧法派」との交渉に応ずることになる。この時点で欽定憲法は撤回され，憲法制定にあたっては従来どおりの協約関係を基礎とすることが，事実上認められたことになる。ともあれ，国王側と議会側の双方の代表からなる商議委員会が設置され，その席で議会側が要求したのは，つぎの6項目であった。

① 議会の徴税権

② 旧ヴュルテンベルクの教会財産の回復

③ 人民の各身分からの等しい代表者選出

④ 常任委員会の設置

⑤ 1806年以降になされた立法の見直し（不適当な勅令の改廃）

⑥ 国外移転の自由の保障

これに対して『ズルツ請願書』に列記された10項目は，つぎの通りである。

① 「いかなるヴュルテンベルク人民といえども，正規の司法官庁の審判がなければ裁かれることはない」。

② 「いかなる公民といえども，等しく公租を負担する義務がある」。

③ 「身体壮健であれば，いかなる市民といえども，祖国防衛を義務づけられている。正規武装の国防軍が創設されるべきであるが，平時には徴兵制は廃され，国家にとってあまり有益でない常備軍は数千人規模に縮小される」。

④ 「統治者の私的な所領地をのぞいて，すべての収入は国家会計局に算入される。この国家会計局は議会の監視下に置かれ，行政官庁は議会に報告する。統治者の王室費は，所定のものとされる」。

⑤ 「国庫収入には狩猟地収入も含まれる。国王陛下が御みずからのお楽しみに供せられる大庭園をのぞいて，狩猟区は貸与されるべきである」。

⑥ 「議会の同意がなければ，いかなる法も新たに発布されることもなく，いかなる税も新たにつくられることもない。議会の解散後に，したがって暫定的につくられた税や法は，しかるべき時に議会の特別の審査にかけられ

る」。

⑦「移動の自由」。

⑧「いかなる賦役といえども，国家の用途をのぞいて強要されることはない」。

⑨「隷農制は人間の尊厳を犯すものであるので，無償で廃止されるべきである」。

⑩「出版の自由」。

両者の要求項目を見てみると，「旧法派」のそれは，明らかに「旧き良き法の回復」ないし以前の領邦議会権力の回復という一語に集約することができるのに対して，『ズルツ請願書』の立場がそれとは明らかに違うことが分かる。後者について，もう少し具体的に見てみよう。第1項は，「法による支配」を述べたもので，その対象をすべての人民に拡大したものである。第2項，第4項および第5項は，国家財政の歳入と歳出について述べたもので，統治者の私的な家政と公的な国家財政との区別が明確にされている。第3項は，祖国防衛の軍備について述べたものであるが，絶対君主政の確立を目指していた国王フリートリッヒがかつて，第2次対仏同盟結成の動きをにらみつつ，4,000名の常備軍と9,000名の民兵の編成に着手したことを思い起こしてみると，そうした野望を挫くものといえる。第6項は，議会と立法権との関係を述べたもので，1689年の『権利の章典』以来，イギリスでは常識とされているものである。

ところで，第7項は，「旧法派」によっても要求されているもので，若干の説明が必要であろう。この要求はヴュルテンベルク農業との関連があり，その特色は土地の分割相続制にあった。そのために土地の細分化が促進され，農地を求める人々の群れが大陸各地へ，のちにはアメリカ大陸へと移動することになる。しかし，みずからの経済基盤を守るために，ヴュルテンベルクの歴代領主はこうした移動を規制してきたという経緯があった。1514年のテュービンゲン協約でもこれが問題となり，自由通行権を認めながらも対価（10分の1税など）を要することとしていた。また，1770年の永代和解協約においても取り

上げられたが，ほかに大きな問題もあって，結局テュービンゲン協約を踏襲することで処理されたのである。その意味で，「移動の自由」の問題は，ヴュルテンゲルクの地では長期にわたって争われていたものであった。

ともあれ，以上に見てきた『ズルツ請願書』の内容だけでも，その基調がヴュルテンベルクにおける立憲君主政の要求にあることが分かる。それは，国王フリートリッヒが目指していた絶対君主政の確立とは明確に対立するものである。しかも注目すべきは，最後の第10項目では，「出版の自由」が要求されており，それは「市民的自由」を構成する重要な要素でもあった。したがって，『ズルツ請願書』は，国王フリートリッヒが目指していた絶対君主政の確立に明確に反対し，この間の一連の強硬措置に抗議する一方で，市民的自由を基礎とした立憲君主政の導入を求めているところに，その思想的特質があったといえよう[27]。

1) この本は，ゲーリンク氏によって発見された新たな史料8編が添付された，本文だけで370ページにおよぶものであり，その研究によって「青年・壮年期のリスト」についての新たな知見が数多く加えられることになった。

2) 代表的なものとしては高島善哉『経済社会学の根本問題』（1941年，日本評論社），大河内一男『スミスとリスト』（1943年，日本評論社）および『小林昇経済学史著作集Ⅵ・Ⅶ・Ⅷ』に所収の「リスト研究」などがある。

3) 岸本嬉子「初期リストにおける政治と経済」（『一橋論叢』第58巻第4号）および九場嬉子「フリードリッヒ・リストの国家制度論」（『一橋論叢』第66巻第22号），さらに中西毅「ヘーゲルの『シュテンデ』論とF. リスト（上・下）（『立教経済学研究』37巻2号および4号），同「ヴュルテンベルク憲法論争について（上・下）」（『立教経済学論叢』15号および16号），増谷英樹「西南ドイツ憲法闘争と自由主義」（『歴史学研究』367）などがある。

4) こうした中で，『経済学の国民的体系』から「青年・壮年期のリスト」へと研究を精力的に 継続されているのが小林昇氏である。同氏の前掲『著作集』を参照されたい。

5) 石川敏行「ドイツ近代行政法学の誕生（一）」から「同（十）」（『法学新報』第89巻第5・6号から第93巻第11・12号）。

6) リストの出生日を証明するものとしては，ロイトリンゲン市の慣例もあって，彼が洗礼を受けた日付を記す「洗礼簿」しかなかった。そのため，家族も郡当局も8

月 6 日を彼の「誕生」の日と考えてきたが，1819 年にリストが領邦議会議員選挙に立候補し当選したために問題が生じることになった。というのも，選挙規定によれば，被選挙権は投票日の前日までに 30 歳に達していることとされており，彼の「誕生」の日では日数が足りなかったのである。リストは教会側の不手際を理由に挙げて抗弁するが，当選は無効とされた。ゲーリンク氏も，この点に関連してリストの主張に無理があることを確認している。P. Gehring, a. a. O., S. 4.

7) ゲリヒト（Gericht）は，今日では「裁判所」と訳されているが，当時にあっては司法と行政はいまだ未分離の状態であり，「裁判・行政機関」と訳すことが求められる。ちなみに，司法と行政の分離こそが，近代行政法学の確立へと導くものである。石川敏行「ドイツ近代行政法学の誕生（三）」（『法学新報』第 89 巻 9・10号）28 ページ。

8) 一例として，ヴュルテンベルクでは 1649 年に「国民皆就学義務」が施行されていた。石川敏行，同上 33 ページ。

9) 1803 年の帝国代表者主要決議および 1805 年のプレスブルク和約によって，当時のヴュルテンベルク公国は，ライン左岸のフランス領への編入と引き換えに，大規模な領土補償を受けることになった（これを契機に「王国」となる）。こうして領土の拡大にともなって，書記職に対する需要が急速に高まっていったのであった。

10) こうした取り組みがその後，1817 年にテュービンゲン大学に新設された「国家経済学部」に発展的に継承される。初代学部長はフルダ教授であり，その下で行政学講座の初代教授に就任したのが，ほかならないリストであった。

11) P. Gehring, a. a. O., S. 34.

12) Ebenda, S. 37.

13) 〔Anlage 1〕Friedrich List an Karl Graf von Reischach, Tübingen, 8. Juni 1814. in：Ebenda S. 371. なお，これに添付されていたのが，『郡が管掌する公務，とくに書記制度の改革の必要性についての所感。一実務家による』と題するリストの（匿名）の論文であり，この時期から彼の書記制度改革＝役人支配からの脱却の取り組みが本格的にはじまる。その点については，別途に取り上げるつもりである。

14) Ebenda, S. 372.

15) ただしこの時期に，リストにとっては家族内の不幸が続く。まず 1813 年 3 月に兄のヨハネスが落馬による不慮の死を遂げ，ついで 10 月 22 日には長いあいだ病床にあった父が 68 年の生涯を終えたのである。次男であったリストはいまや長兄と父を失ったため，家業である皮なめし業と無縁ではいられなくなった。彼が公職を離れる理由が，ここにあったのである。とはいえ，かつては修業を断念したリストには家業を背負っていくことはできず，2 歳年下の弟フリッツが家業を継ぐことになる。リストはといえば，その弟に援助を仰ぎながら，書記資格の獲得を目指して法学の勉強を続けたのであった。Vgl. Ebenda, S. 39.

18

16) 石川敏行「ドイツ近代行政法学の誕生（四）」（『法学新報』第89巻第11・12号）112ページ。

17) この時期に帝国都市ロイトリンゲンも，ヴュルテンベルクに編入された。

18) この点について，石川氏はつぎのようにいう。「ヴュルテンベルク国制史の著しい特徴は，1457年に端を発し1550年をもって確立した領邦議会における諸身分の権力が極めて強大で，プロイセンに典型的に示されるような領邦君主の完全な勝利（絶対主義）を見ないままに，この君主と諸身分との「二元主義構造」が19世紀初頭にまで持ち越されたことになる」と。「ドイツ近代行政法学の誕生（三）」（『法学新報』第89巻第7・8号）33ページ。

19) 石川敏行「ドイツ近代行政法学（四）」（『法学新報』第89巻第11・12号）113ページ。

20) 同，114ページ。

21) 同，120ページ。

22) 同，117ページ。

23) 以上はすべて，すでに紹介した石川氏の論文に依拠したものである。なお，ゲーリンク氏もこの点について，「憲法問題1815年」として言及している。Vgl., P. Gehring, a. a. O., S. 52-55.

24) 『ズルツ請願書』の全文については，「翻訳：若きリストが起草した代表的な4つの文章」を参照していただきたい。

25) 石川敏行「ドイツ近代行政法学の誕生（二）」（『法学新報』第89巻第7・8号）71ページ。

26) 同「ドイツ近代行政法学の誕生（四）」（『法学新報』第89巻第11・12号）123ページ。

27) この点について，ゲーリンク氏は，つぎのようにいう。「リストにとってその根本動機は，議会側におけるような身分的，保守的なものではなく，近代的，民主主義・立憲主義的に規定されていたものであった」と。Vgl. P. Gehring, a. a. O., S. 62.

第2章

若きリストと書記制度問題

若きリストが『ズルツ請願書』の起草を通して，「ヴュルテンベルク憲法闘争」に最初のかかわりをもつことになった次第については，すでに見てきた。そして，この『請願書』の検討から明らかになった若きリストの主張というのは，国王フリートリッヒが目指していた絶対君主政の確立に明確に反対し，同時にこの間の一連の強硬措置に抗議する一方で，「旧き良き法の回復」を主張するだけの「旧法派」とも一線を画しながら，市民的自由を基礎とした立憲君主政の要求を内容とするものであった。

こののちリストは，この「ヴュルテンベルク憲法闘争」の進展にしたがって，つまり「ヴュルテンベルク憲法闘争」の節目ごとにみずからの思想をも展開していく。そして，彼が迎えることになったつぎの節目というのは，ヴュルテンベルクにおける書記制度を中心とした行政組織改革の動きであった。とはいえ，リストはそれ以前の 1814 年以来，すでに書記制度問題に取り組んでおり，実はこれを契機に彼は政府の要人ヴァンゲンハイムと親交を結び，さらに国王フリートリッヒによるヴァンゲンハイムの抜擢を機縁に，彼の強力な進言を通してこの行政組織改革の動きにも政府サイドからかかわりをもつようになる。

そこで以下では，まず若きリストがこの書記制度問題に，ひいては行政組織改革問題にかかわることになったヴュルテンベルクにおける「二元主義構造」と，それを廃棄して絶対君主政を確立しようとした国王フリートリッヒの行政組織改革について，順次に見ていくことにしよう。ついで，そうした流れの中で，書記制度問題に取り組んだ若きリストの基本姿勢について見ることにしよう。

1. 19世紀初頭までのヴュルテンベルクにおける「二元主義構造」

　1802年および1805年の一連の対仏講和条約によって，ヴュルテンベルクは領土を大規模に拡張する一方で，国王フリートリッヒは行政組織改革を断行する。しかもそこには，テュービンゲン協約以来の君主と諸身分勢力の「二元主義構造」を廃して，歴代君主にとって念願であった絶対君主政の確立という狙いが込められていた。その意味では，リストによって取り組まれた書記制度問題も，そうした流れの中に位置づけることによって，その独自な性格を明らかにすることができると思われる。そこでまず，当時のヴュルテンベルクに固有な「二元主義構造」について見てみよう。

　さて，ヴュルテンベルク国制史について詳細な検討を加えられた石川氏によれば，「ヴュルテンベルク国制史の著しい特徴は，1457年に端を発し1550年をもって確立した領邦議会における諸身分の勢力が極めて強大で，プロイセンに典型的に示されるような領邦君主の完全な勝利（絶対主義）を見ないままに，この君主と諸身分との『二元主義構造』が19世紀初頭にまで持ち越されたことにある」[1]という。ここでいう「1457年」というのは，当時のヴュルテンベルク伯爵家のお家騒動・分裂を契機として，領邦諸身分が議会を足場に「国政」に関与してきた時期である。ついで「1550年」というのは，その後の「国政の構造を決定するにいたる二つの制度，つまり諸身分固有の財務行政組織および二つの常任委員会が設置され，確立した」[2]時期であった。

　それにいたる経緯はさておき，この「二元主義構造」の特徴を見るために，まず，諸身分固有の財務行政組織について見てみよう。それは具体的には，諸身分の租税局（Steuerkasse）と呼ばれたものである。そして，これが登場する契機となったのは，君主側がそれまであった領邦書記局（Landeschreiberei）を御料地局（Kammer）と改名したときであった。つまり，この諸身分の租税局は，御料地局の長官で帝国皇帝の官吏でもあった御料地局長官（Kammermeister）を財務行政面で実質的に監視するものとして設けられたのであった。というの

も，ヴュルテンベルクでは歴代君主の失政が続き，その都度，諸身分の財力に依存することによって財政危機を脱してきたからである。

これに対して，小委員会および大委員会からなる2つの常任委員会は，領邦議会の常設委員会として設けられたものである。小委員会のほうは，6名の郡（Stadt und Amt）の代表によって構成され，継続性はあるがそれほど議論を必要としない事項についての決定権限が与えられていた（自発的集会権）。それに対して大委員会は，小委員会のメンバーに加えて，さらに6名の郡代表を補充した合計12名のメンバーからなり，実質的に領邦議会に代わって重要な決定をおこなう機関として機能する。こうして国政上の重要問題である領邦の財務行政が，領邦議会→大委員会→小委員会→諸身分の租税局→御料地局長官という順での監視下に置かれることになった。加えて諸身分の租税局は，その後の政府の違憲な措置に対する備えもあって，独自に「秘密金庫（Geheime Truhe）」と称されるものを設置し，小委員会が実質的な管理運営をもおこなうようになる。

こうして領邦議会は，財務行政面で領邦君主を監視する体制を強めていくのであるが，ここで，その代表選出の仕方について見ておこう。その選出母体となるのは，郡（Stadt und Amt）であり，たんにアムト（Amt）と呼ばれることもあった。それは領邦の裁判・行政区画（Amtsbezirk）である一方で，自治体（Amtskörperschaft）でもあるという二重の性格をもつ団体である。この郡は，さらに基礎的な団体である都市のゲマインデ（Stadtgemeinde）と村落のゲマインデ（Dorfgemeinde）とに分かれる。したがって各行政区画は，この都市ゲマインデと複数の村落ゲマインデ（Amtsdörfer）からなっていたのである。その政庁は，都市（Amtsstadt）におかれた。各郡は領邦議会に代表を選出する母体であったが，その代表は個人として選出されるのではなく，自治体としての郡の日常を切り盛りする団体代表が兼務するとともに，領邦議会ではその団体からの全権または訓令に拘束された。そしてその代表たちは，つぎのようなメンバーから構成されていたのである。

①「市民を代表する裁判・行政機関」としてのゲリヒト（Gericht）。

その構成員はリヒターと呼ばれ，はじめのうちはゲマインデによって選出されていたが，次第に形骸化し，ついには終身制をとるようになる。

② ゲマインデを代表して「ゲリヒトを監督する機関」としてのラート（Rat）。

すでに見たように，郡の政庁が都市におかれていたこともあって，このラートは都市民（Bürger der Stadt）から選出されることになる。しかしそれも次第に形骸化していく。

③「都市の官吏」としてのビュルガー・マイスター（Bürgermeister）。

通常は2名とされ，ゲリヒトとラートからそれぞれ1名をゲリヒトが選出した。このビュルガー・マイスターにゲリヒトとラートが加わり，さらに領主の官吏で都市ゲリヒトの長も務めたフォークト（Vogt）が議長となって，都市の行政事務処理を担当する合議体である都市参事会（Magister der Stadt）が運営された。

④「領主の官吏」として任命され，郡の統治をおこなったフォークト。

その後，次第に郡の官吏（郡長）としての性格をもつようになる。また，アムトマン（Amtmann）ないしオーベル・アムトマン（Oberamtmann）と名も改められる。

⑤「村落における領主の官吏」としてのシュルトハイス（Schultheiss）。

都市におけるフォークトに対応するが，フォークトが領主によって直接に任命されたのと違って，村落の成年男子による多数決によって選出され，領主がそれを認証した。のちになると都市と同様に，このシュルトハイスを議長とした村落参事会（Magister des Dorf）も形成されるようになる。

以上のメンバーのうち，都市と村落のそれぞれの代表が集まって開かれるのが郡の集会（Amtsversammlung）である。これはそもそも村落代表者たちの集会であったが，メンバーの拡充にしたがって，次第に領邦議会選挙にもかかわりをもつようになってくる。

この領邦議会について語るとき，それは貴族（帝国騎士），聖職者および市民という諸身分からなる「三部会」が常識的には考えられる。この点でも，ヴュルテンベルクの特徴は，騎士身分が最終的に帝国直属身分に帰属することによ

って，いち早く領邦議会から姿を消していたために，通常の「三部会」ではなくて「二部会」になっていたのである。しかも，聖職者もほとんど市民の子弟であったため，ヴュルテンベルクの領邦議会は事実上「市民」，とくに「名望家」と呼ばれる上層市民によって支配されることになった。

これに対抗する君主側の行政組織は，どのようになっていただろうか。そこでまず政庁，会計局，宗務局（のちには軍務局）といった中央官庁の要としての枢密院（Geheimrat oder Geheimuratkollegium）の成立事情から考えてみよう。石川氏によれば，ヴュルテンベルクの場合，この枢密院が1618年から1648年の30年戦争の時期に成立するにあたって，領邦議会がそれまでに見られた官房統治，つまり君主親政を否定することによって国政の安定化を図ろうとする動きが見られたという。というのも，直接に君主をコントロールすることができない議会側は，君主の「執行機関」であるこの枢密院に，「国制の根幹を支える法規範」[3]としての協約遵守を求めようとしたからである。したがって，ヴュルテンベルクの枢密院は，君主と領邦議会の双方に対する責務を負うことになる。

他方，こうした枢密院の性格からくる統治上の制約を免れるために，歴代君主は努力を重ねることになる。その具体例が，1717年の官房府（Konferenzministerium）創設の試みである。この官房府は当初，4名の枢密顧問官から構成されており，その権限は統治事項の全般にわたって君主に奏上することであった。またこの官房府での会議，つまり「御前会議」で君主が下した決定事項は，重要事項にかぎって枢密院にも伝えられるが，それ以外のものは政庁，会計局，宗務局などに直接伝えられた。これらの官庁は本来，枢密院に組織的に属するものであったにもかかわらず，こうした措置がとられたことは「枢密院の骨抜き」[4]を狙ったものといえる。しかし，議会側もこれを座視していたわけではなく，この官房府をめぐってはそののち二転三転し，結局は廃止に追い込まれる（1770年）。

つぎに，中級ないし下級官庁の変遷について見てみよう。すでに見たように，ヴュルテンベルク全土は「郡」と呼ばれる複数の裁判・行政区画に分けら

れており，その郡も都市および村落ゲマインデの複合体であった。しかも同時に，この郡が租税の賦課・徴収の単位であったために，この問題での協議の場が必要になった。こうして16世紀の初頭に，「郡代表者寄合（Amtsdeputationstag）」という調整機関が生まれたのである。その後，30年戦争によって人口が激減する一方で，莫大な軍費の負担問題が浮上した。この時に，それまで郡の中でも存在が無視されてきた村落にも，都市と同様に過大な負担が割り当てられたために，これを契機に郡の中での村落の発言力も増すことになった。したがって，これまでの郡代表者寄合も拡充される必要が生じ，「郡の集会（Amtsversammlung）」へと組織的に発展する。

　しかし，郡の集会成立の意義は，それにとどまらなかった。租税問題に加えて莫大な軍費の負担問題が浮上したために，それに対応する取り組みを進める中で郡の集会の自治体的性格が強まることになったのである。それは，領主の官吏であるフォークトを郡の集会から排除した（1629年）ことに，その一端を見ることができる。また，それまで都市と村落のあいだにあった格差が緩和されることによって，両者の対立ではなく連帯の側面が増すことになり，領主に対する大きな対抗力を得ることになった。そして，こうした郡の中での変化に呼応するかのように，領主の官吏たちも，自治団体としての郡の住民たちの意向を無視することができず，その代弁をするような者も登場してくるようになる。そして，この自治団体としての郡の屋台骨を支えたのが，ゲマインデ組織であり，とりわけ，そこで大きな役割を果たすことになったのは，領邦議会選挙の選出母体であり，同時に郡の集会の代表をも選出する核となったゲリヒトやラートであった。やがてその選出方法が形骸化して終身制となるとともに，彼らが「名望家」と呼ばれる特権的市民層を形成したことは，すでに見た。しかし19世紀初頭ともなると，それに代わって書記出身者がこの地位を占めるようになり，実際にも，ヴュルテンベルク憲法闘争で反政府派の中核を占めた「旧法派」の中心人物となったのは，領邦書記官（Landschreiber）出身のボライ（Heinrich Bolley）であった。

2．国王フリートリッヒによる行政組織改革

　一連の講和条約によって領土を大規模に拡大する一方で，王国に昇格することによって主権国家としての道を歩みはじめたヴュルテンベルクでは，国王フリートリッヒが，この機会を利用して絶対君主政確立の動きを見せた。その手始めにフリートリッヒによって着手されたのが，新領土を旧領土にすぐには併合せずに，これまでの領土とは別にこれを「新ヴュルテンベルク」と命名し，そこでの絶対統治を実現することであった。その狙いが旧ヴュルテンベルクの「二元主義構造」で問題となった，その一方の当事者であった領邦議会の影響力の排除にあったことは，そののち新旧ヴュルテンベルクの統合を機に旧国制の廃棄を強行したことからも分かる。ともあれ，国王フリートリッヒによる行政組織改革の歩みを，順次に追ってみよう。

　さて，「新ヴュルテンベルク」と一括して呼ばれることになった新領土は，かつては帝国諸都市，聖界諸侯領，比較的小さな伯爵領などであったが，フリートリッヒはそれらの過去にとらわれずに，そこに新国家の建設を試みた。まず旧来の首都シュトゥットゥガルトとは別に，新たにエルヴァンゲンを新国家の首都と定める。その上で，1803 年に「組織令（Organisationsmanifest）」を発して，新ヴュルテンベルクの最高級官庁としてラント統治府（Oberlandesregierung）」および財務府（Hofkammer）を設けるのであった。前者が新国家の行政および司法を，後者が財務を担当することになる。両者の長は，国務総理大臣（dirigierender Staatsminister）が兼任し，この者が同時に旧ヴュルテンベルクに新たに設けられた国務大臣府（Staatsminister）の席に閣僚として連なることによって，新旧ヴュルテンベルクの連携が図られるようになっていた。

　それについで，3 つの県が中級管区としておかれ，それまで存在していなかった県庁（Landvogt），県裁判所（Landvogtgericht），県税務署（Landvogteikammer）という 3 種類の中級官庁が設けられた。これに対して，最下級管区である郡（Oberamt）では，こうした権力の分割がおこなわれず，郡長が司法，行政およ

び財務のすべての権限を握っていたのであった。最後に，ゲマインデについて見てみると，都市では都市参事会が，村落ではシュルトハイス（Schultheiss）がそれぞれのゲマインを代表したが，前者の場合に大都市では 12 名の，小都市では 8 名のメンバーによって参事会は構成されていた。村落にも参事会はあり，こちらも通常は 6 名のメンバーによって構成され，ゲマインデ財産の管理にあたっていた。

　以上のような「新ヴュルテンベルク」での官制組織を通じて絶対統治の経験を積んだフリートリッヒは，1806 年 1 月 1 日を期して，新旧ヴュルテンベルクの統合を断行する。その際に，石川氏によれば，「近代国家にふさわしい二つの組織原理，つまり……事務配分における事物管理主義および事務処理にかんする独任制の導入が試みられた」[5] という。そこでまず前者について見てみると，国王フリートリッヒは，1806 年 2 月 12 日付の勅令をもって外務，内務，司法，陸軍，財務および宗務省の 6 つの事務部門別専門部（Ministerium）を設けた。ついで同年 3 月 18 日には，君主の官房統治を否定するものと考えられてきた枢密院（Geheimrat）に代わって国務大臣府が新設される。それは，先の 6 つの省の長官（Departmentchef）に加えて，複数の無任所（ohne Portefeulle）勅任官で構成されていた。この国務大臣府について石川氏は，国王に対して「報告・助言を行うが，決定権自体は国王に留保されていたから」，「君主に対する行政責任を負うにとどまる」ものであったとして，みずからの政治責任を議会に対して負う今日の内閣（Ministerialkabinett）とは決定的に異なっているとする[6]。なお，事務処理にかんする独任制が確立するのは，1811 年以降である。

　新旧ヴュルテンベルクの統合に続いて，行政区割りの面でも変化が見られた。いくつかの変遷を経ながらも 1810 年の勅令によって決定された行政区割りは，つぎのようなものであった。すなわち，全体が 12 の県に分けられ，各県には県知事が配された。この県は当初，面積と人口の均一化を目指すフランス流のクライス（Kreis）と呼称され，県知事も Kreishauptmann と表現されたが，あらためて地域の歴史的な由来を重視するドイツ流のラント・フォークタ

イ（Landvogtei）に呼称の変更がなされ，県知事も Landvogt と表現されること
になる。このラント・フォークタイはかつて，新ヴュルテンベルクにも設けら
れた中級官庁であるが，こちらが合議制官庁であったとすれば，今回のものは
内務行政機関の一つとして，中央官庁と郡とのあいだを取りもつ「飾り物」[7)
でしかなかった。

　最後に，最下級管区である郡について見てみると，旧ヴュルテンベルクにお
いて郡（Oberamt）は，司法および行政の管区（Amtsbezirk）である一方で，自
治体（Amtskörperschaft）としての性格も合わせもっていた。それに対して新ヴュ
ルテンベルクでは，すでに見たように，郡長が司法，行政および財務のすべ
ての権限を一手に握っていたのであった。これら新旧ヴュルテンベルクの郡
は，1810 年までに平均人口 2 万人のそれに統合され，64 郡となる。管区とし
ての郡の頂点には郡長が配され，したがって郡長は司法長官であるとともに行
政長官でもあった。ただし，財務にかんする権限は郡長の手から離れ，新ヴュ
ルテンベルクに見られた「税務署」がこの任にあたることになる。

　しかしその一方で，自治体としての郡＝ゲマインデの性格はいちじるしく制
約されることになる。というのも，ゲマインデがもっていた裁判権について
は，1811 年に郡裁判所（Oberamtgericht）が設置されることによって，すべて
の権限がそこに移管されることになったからである。しかも郡の長官が，この
裁判所の長官もつとめることになり，最終的にゲマインデの裁判権は否定され
ることになる。都市および村落の代表についても，ゲマインデの選挙権が否定
され，郡長が任命するか郡長が推薦し県知事が任命するという仕方に改められ
ることになり，郡長の権限がいっそう強化されることになった。

　こうして新旧の統合を通じて一新されたヴュルテンベルク王国の行政組織
は，まず君主を頂点にして，その「君主に行政責任を負う」国務大臣が控え，
その下に中央官庁として外務，内務，司法，陸軍，財務および宗務の 6 つの省
が事務部門別専門部としてあった。ついで，中級官庁として，新たに設けられ
た行政区割り＝県にしたがって，内務行政機関の一つとして，たとえ「飾り
物」にすぎなかったとはいえ，その政庁である県庁とその長である県知事が配

された。最後に，最下級管区である郡は，これまで司法および行政の管区であるとともに，自治体としての性格をもっていたが，今回の改革によって自治体としての性格が否定され，郡長が司法，行政および財務のすべての権限を一手に握ることになった。その後，財務の権限が税務署に移管されたとはいえ，郡長が司法および行政の権限を引き続き握ることによって，司法・行政の最末端である郡，さらにはそれを通じて住民に直結したゲマインデ組織にいたるまで，王国統治の中央集権化が，フリートリッヒによって強権的に押し進められたのであった。

3．ヴュルテンベルクにおける書記制度と若きリスト

テュービンゲン協約以来続いたヴュルテンベルクの「二元主義構造」を廃棄するとともに，それに代わって王国に絶対君主政を確立しようとしていた国王フリートリッヒは，1806 年 1 月を期した行政組織の大改革を通して，最末端の裁判・行政区画にいたるまでの中央集権化を強権的に進めてきた。こうした流れの中にあって，リストによって取り組まれた書記制度問題は，どのような位置づけを与えることができ，またリストの考えにはどのような独自性があったのだろうか。彼によって 1814 年 6 月 8 日に提出された『郡が管掌する職務，とくに書記制度の改革の必要性についての所感，一実務家による（Gedanken über die Notwendigkeit einer Reform der Oberamtern subordierten Amtsstelle, insbesondere der Stadt- und Amtsschreiberey-Wesens, von einem Geschäftsmanne）』（以下では『改革所感』と略す）の検討を通じて，その点を明らかにしてみよう。

ここではまず，王国成立以前からヴュルテンベルクに特有だった地方行政組織，したがって郡長（Amtmann）が統括していた書記および書記制度について，簡単に見ておこう。この点について石川氏は，つぎのようにいう。「そもそも，書記とは旧ヴュルテンベルク地方行政組織に固有のもので，旧来の司法＝行政管区（郡）行政の文書事務を一手に独占していた役人であった」[8]と。しかも，すでに見たように，郡行政区画（Amtsbezirk）が同時に，郡自治体（Amtskörperschaft）

という性格をもっていたために，彼らはゲマインデ組織の事務も取り扱っていた。そのこともあって彼らは，ヴュルテンベルクの行政組織の最末端にあって，住民たちに直接に接する立場にあった。

さて，この書記制度問題については，リスト自身が書記見習からはじめて，書記代行を経て，1814年に書記資格を獲得したことからも明らかなように，みずからの体験を踏まえた提言ができる立場に彼はあった。実際，リスト自身もこうした自分の経歴を，先の『改革所感』に付された『添状』の中で明らかにしている。リストはいう。「私はこれまでに，下級の実務生活のすべてのポストを渡り歩いてきました。私は書記見習，筆写員（Schribent），町村書記代行（Amts-Substitut），官房補助員，市の書記代行（Stadtsubstitut）および郡書記（Oberamtsaktuar）を経験してきまして，業務遂行の全体を根本から学ぶことになりました。……そののち私は，法学の勉強に専念しました。この間に私がとくに気に入った課業（Lieblingsbeschäftigung）といえば，多くの種類の，たとえば租税制度なり会計制度なりの業務形式を，学問的な原理と健全な理性の要請にしたがって立案することでありました」[9]と。

リストの『改革所感』が提出されたのは，当時の内務大臣（同時に「御前会議」担当大臣）であったカール・フォン・ライシャッハ伯爵宛であった。彼は，カール校（のちのテュービンゲン大学）の第1期生であった。1802年以降の新領土の「編入」問題で彼は指導的な役割を演じ，その功績が評価されて内務大臣になった人物である。したがって彼は，提出された『改革所感』の中でリストが述べている，つぎの一節にもっとも敏感に反応する体験をもち，リスト自身もそれを見越していたともいえる。彼はいう。「一般的には，書記は悩みの種と見なされています。とくに新ヴュルテンベルクでは，こうした書記の不埒な所業は，以前にはありませんでした。その地でしばしば聞かされる意見というのは，『もし書記さえいなければ，喜んでヴュルテンベルク人になるだろう』というものです」[10]と。実際に原文を検証したゲーリンク氏自身も，ライシャッハ伯爵自身によるものと思われる赤鉛筆での印が，唯一この部分につけられていることを確認している[11]。

さて，この『改革所感』は，リスト自身も述べているように，急いで作成されたものである。彼はいう。「この論説はなるほど，ぞんざいに仕上げられています。と申しますのは，根本的な作業をするには，私には時間がなさすぎたからであります」と。しかしその一方で彼は，この『改革所感』を書いた「私の意向はさしあたり，改革が不可避なものであることを証明し，あまねく実施方法を明らかにするだけで十分と考えています」ともいう。とはいえ，この書記制度をめぐって利害関係者のあいだの激しいせめぎ合いがあったようで，それを考慮してか，リストは，つぎのようにもいう。「セクト全体の憎悪を招く恐れから，おそれながら私が閣下にお願いいたしたいと思っていますのは，この論説をたんなる私的な覚書と見なすことと著者の名前を無視することです」[12]と。そのことは，この『改革所感』に「一実務家による」という文言がとくに付されていたことからも，分かると思う。

『改革所感』は，つぎのような書き出しからはじまる。「申し分のない国家統治はよく考え抜かれた法律だけでなく，立法者の意向がそれを通じて達成される適切な手段，すなわち，しっかりした国家行政を必要としています。これがなければ，どんなに素晴らしい法律でも，つまり最高権力のどんなに立派な指令も効力をもちません。しかも，しっかりした国家行政は，国家権力の行使に携わるすべての官庁の組織の下でのみ，おこなうことができます」[13]と。ここには，一つの明確な論理展開の順序が見られる。つまり，国家統治を考えるにあたっては，まず基本的なものとして「よく考え抜かれた法律」（＝憲法）から出発するということである。『ズルツ請願書』に見られた立憲主義が，すでにここでも示されている。しかもその上で，「立法者の意向がそれによって達成される適切な手段，すなわち，しっかりした国家行政」が続き，最後に「国家権力の行使に携わるすべての官庁の組織」となっている。基本原理から副次的な原理へ，そしてそこからさらなる副次的な原理へというように，論理の展開に明らかな順序が示されているのである。ともあれ，ここでの課題である書記制度が，こうした原理相互間の展開順序を基礎にして，「国家権力の行使に携わる官庁の組織」の中に位置づけられていることが分かったと思う。

その上で『改革所感』は，1806年以来，国王フリートリッヒによって強制的に進められてきた行政組織改革を念頭においてか，つぎのようにいう。「最近の国家の変革によって，かつての体制に深く根ざしていた……障害が消え去ったのちに，ヴュルテンベルクの思慮深く気力に満ちた政府の最初で有益な事業は，古くて壊れやすくなった建物を打ち壊し，今日にふさわしい職務の分割を確立することでありました。そしてそのことによって，陛下にとっては，力強く秩序ある統治をすることが可能になりました。しかしながら，このすぐれた秩序は，組織が浸透したとはいえ，残念ながら上から（von oben herab）達成されたにすぎません。と申しますのも，郡が管掌する職務が，わずかばかりの変化をのぞいて，以前からのその欠陥をもち続けているからであります」[14]と。こうして『改革所感』は「郡が管掌する職務」，つまり本題である書記制度がもつ問題点の指摘へと論を進めることになる。

まず，地方行政の現状について，『改革所感』は，つぎのように指摘する。「今日，平均して2万人の人口を擁する地方行政区（Distrikt）における司法・警察・統括的な部門の行政全体を見てみますと，郡ではわずかに1名の官吏と1名の書記資格者が配属され，職務を遂行しているだけです」。なるほどそのほかに，郡の政庁には債務通告官（Schulheisseamter）もいる。しかし彼らは，「もっとも必要とされる学識も，しかもみずからの職務を遂行すべき良識をもほとんど欠いた，人民の最下級クラス出身の無学な徒輩」でしかなく，「高度な義務感よりも同族意識・仲間意識に配慮しがち」[15]である，と。

こうした現状に対して，続けていう。「人が久しく感じてきましたし，それゆえそう思いたがるのは，郡の行政区割りがあまりにも大きすぎるということです。しかしながら，私はこうした受け止め方を，まったく不当なものと見なしています。もっと具体的にいえば，郡の組織にあっては，もっとも無難な策がとられていたと考えています。それに比して，私が確信をもっていますのは，唯一の欠陥というのが，郡の管掌する職務の配置が目的にふさわしくおこなわれていない，ということです」[16]と。この点について，リストはすでに先の『添状』の中でも，つぎのように語っていた。「ウルムに赴任した1810年に

私は，業務遂行と公務組織についての試練を積む機会を得ました。当地で私が見ましたのは，以前には6人の役人のあいだで適切に配分されていた課業が，いまではたった1人の書記によって，仕事に不案内の多くの若者たちの手を借りて遂行されていることでした」[17]と。つまり，こういう場合に多くは役人の人数の問題に目が行きがちだが，リストによれば，それは人員配置の問題であるということになり，ここでも1つの原理確認がおこなわれている。

その上で，現場体験者であるリストならではの報告が続く。「多くの補助者（どの郡でもその数は15～20人と推定される）を引き連れた書記が携わることといえば，たんなるモノ書きであって，彼らは最低限の行政能力すらももち合わせていません」。したがって，「今日，公平で思慮深い観察者にとっては，10～15人の配下の者がたった1人の役人のために日給払いで最善を尽くして働くという業務の様相は，なるほど人目につくことではありますが，それはまさに無意味に仕事を広げることであり，昔からおこなわれているやり方であり，それゆえにたとえば，小さなゲマインデの会計帳簿（Rechnung）は，馬鹿でかい本を思い浮かべさせるほどです。そこで多くの紙数を割いているのは，分類項目や数字ばかりです」。ちなみに，「私が短期間におこなった試みとして，業務の難易度とは関係なく，以前には280ページもあったゲマインデの会計帳簿を30ページにまで減らしたことを，私は確信をもって語ることができます」[18]といった具合に，書記の仕事ぶりについてのリアルな描写がおこなわれている。

そこで話は一転して，こうした事態が今日も続いていることの理由が，明らかにされる。リストはいう。「こうした無意味に仕事を拡張してみたり，昔からの古いやり方が存続する理由は明白です。つまり，書記たちの仕事はたいてい，ページ数（Blattgehalt）に応じて報酬が決められます。日決めの仕事（Geschäften nach der Zeit）の場合には，その悪習は，ヴュルテンベルク全土で最高潮に達します。と申しますのは，彼らが現実に怠けた時間を勘定に入れるのではなく，彼らがみずからの思い上がりにしたがって怠けることができた時間を勘定に入れたからです。それゆえ彼らは，1日の業務につき3日，4日，さ

らには5日の日当，否，それ以上を上乗せするのを当然と思っていました。こうした前代未聞の悪習は，ヴュルテンベルク全土でそれほどに常態になっていますので，最近では詐欺とすら見なされないのです。もちろん，法的に決められた日当は，少なくとも半分に満たないのです。そのことが仕事の量を広げるのです」[19]と。ここで描写されていることから判断すると，書記たちは，「ページ数に応じて報酬が決められ」る，一種の「親方請負仕事」をしているかのように思える。したがって，彼らが効率よく仕事を進めれば，それだけ自分たちの実入りが少なくなる仕組みになっているので，住民たちの迷惑をよそに，実入りを増やすための悪習が常態化することになる。

　話はさらに，彼らの任用の仕方や個人の資質にまで及ぶ。まず書記であるが，彼らは「むしろ，自分に付与された不労所得を多く請負人に，最大限の利得に準じて貸し出しをする金利生活者にすぎません。書記には時代が監視の目を向けません。書記のもっぱらの性向は，そのほとんどがうまくいくにせよ，収入を大きくすることに向けられています。それゆえに，このポストへの執着はとても強く，そしてかなり安定した俸給をもらえてはるかに高い序列にある，取っつきやすい官職を得ようとします」と。リストは，ここで具体的に言及してはいないが，この時期になると書記たちは，自分たちの職業経験が生かせるゲリヒトやラートとして市参事会のメンバーに転進していく。そして，この書記出身者が領邦議会の「旧法派」を形成していくのである。

　ついで，「書記の補助者である書記見習と代行」に話が移る。彼らが熱望していることといえば，「功績を挙げることです。つまり，金儲けになる仕事しかしませんし，それがどのくらい儲けになるかということだけで，監視もなく，教養のある人びととの交際もありませんので，彼らはしばしば自堕落になり，多くは教養もなく無作法です。そしてあらゆる類いの詐欺，たとえば過度な給金勘定づけ，否，それ以上にあくどい騙しを思いつくことでしょう」[20]と。続いてリストは，カール・フォン・ライシャッハ伯爵も敏感に反応した箇所の叙述に入る。「こうした描写の真実性については，人民の声（die Stimme des Volks）が明白に物語っています。一般的には，書記は悩みの種と見なされてい

ます。とくに新ヴュルテンベルクでは，こうした書記の不埒な所業は以前には
ありませんでした。その地でしばしば聞かされる意見というのは，『もし書記
さえいなければ，喜んでヴュルテンベルク人になるだろう』というもので
す」[21]と。

　こうして『改革所感』はまず，国王フリートリッヒによっておこなわれた行
政組織改革が「上から」のものでしかなく，地方行政組織に対する目配りがお
こなわれていないことを訴える。しかも，その目配りをするにしても，たんに
役人の数の問題ではなく，どのような人員を配置するかの問題であることを断
言している。このことは，彼がのちに，テュービンゲン大学国家経済学部に設
置された行政学の初代教授に就任する遠因ともなっているといえよう。その一
方で，『改革所感』は，ヴュルテンベルクの地方行政の現状について，とくに
その担い手である書記たちの仕事ぶりのいい加減さ，リストにとってその最大
の原因（＝経済要因）と見なされている伝統的な「歩合給制」が依然として採
用されていること，そのことから生ずる個人の資質とは無関係な書記および書
記の補助者たちの任用の仕方などを，きわめてリアルに表現してきた。残る
は，それらの改革である。

　したがって，『改革所感』はいう。「それゆえ提案です。下級官職が配分され
なければならないとすれば，それぞれの管理には，せいぜい２人の下位の人間
（個人 Individuen），つまり官職にある書記資格者と書記が１人ずつ（einen in
officio stehenden Aktuar und einen Schreiber）業務の代行のために必要となるでし
ょう。彼らは固定給で（auf fixen Gehalt）任用されねばならず，……しかもその
組織は，できるだけ簡素で，同時にできるだけ目的にかなった業務処理にかん
する構想にもとづいたものでなければなりません。こうした仕方でこそ，……
これまでの書記制度は定着させられるでしょう」[22]と。すでに見てきたように，
『改革所感』の中で描写された書記たちの仕事は，「歩合給制」のもとでの一種
の「親方請負仕事」そのものであったと思われる。これに対して，ここでは，
「固定給制」によって彼らの職業的な保障をし，「できるだけ簡素で，できるだ
け目的にかなった業務処理にかんする構想」にもとづいて，個人に立脚した書

記制度を再生しようという意図が見られるのである。

1) 石川敏行「ドイツ近代行政法学の誕生（二）」（『法学新報』第 89 巻第 7・8 号）
   33 ページ。
2) 同上，65 ページ。
3) 同「ドイツ近代行政法学の誕生（十）」（『法学新報』第 93 巻第 11・12 号）63 ペ
   ージ。
4) 同上，64 ページ。
5) 同上，76 ページ。
6) 同上，76 ページ。
7) 同上，76 ページ。
8) 同「ドイツ近代行政法学の誕生（四）」（『法学新報』第 89 巻第 11・12 号）137
   ページ。
9) 〔Anlage 2〕Friedrich List, Gedanken über die Notwendigkeit einer Reform der
   Oberämtern subordinierten Amtsstellen, insbesondere des Stadt- und Amtsschreibe-
   rey-Wesens. Von einem Geschäftsmanne (Juni 1814 Tübingen). in: P. Gehring, a. a.
   O., S. 373.
10) Ebenda, S. 373.
11) Ebenda, S. 45.
12) 〔Anlage 1〕Friedrich List an Karl Graf von Reischach, Tübingen 8. Juni 1814. in:
   Ebenda, S. 372.
13) 〔Anlage 2〕in: Ebenda, S. 373.
14) Ebenda, S. 374.
15) Ebenda, S. 374.
16) Ebenda, S. 374.
17) 〔Anlage 1〕in: Ebenda, S. 371.
18) 〔Anlage 2〕in: Ebenda, S. 374-375.
19) Ebenda, S. 375.
20) Ebenda, S. 376.
21) Ebenda, S. 376.
22) Ebenda, S. 377.

第 3 章

若きリストと行政組織改革問題

　1814 年に当時の内務大臣カール・フォン・ライシャッハ伯爵宛に提出された『郡が管掌する職務，とくに書記制度の改革の必要性についての所感，一実務家による』を書くことによって，ヴュルテンベルクの地方行政における「悩みの種」とされてきた書記制度問題に取り組むことになったリストは，「ヴュルテンベルク憲法闘争」のその後の節目において見られた行政組織改革の動きに関連して，今度は行政サイドから，書記制度のみならず官制組織全般についての所見を作成する機会を与えられることになる。

　以下ではまず，『ズルツ請願書』以後のリストの足跡を追うとともに，ついで，「ヴュルテンベルク憲法闘争」のその後の展開，とりわけ政府側からの行政組織改革の動きが表面するまでを追ってみよう。

1．『ズルツ請願書』以後のリストの足跡

　『ズルツ請願書』が書かれた 1815 年 3 月，リストは 2 年前の兄および父の死に続いて，さらに母をも失うことになる。しかもその死は，悲劇的な状況のもとで生じた。すなわち，リストの母はその日，まったく無意味な命令を揺るがせにしたという理由で，本来責任が問われるべき訴訟補助人（Beistand）に代わって，「役所に無理やり連れて行かれ，多くの役人たちの面前でもっとも残酷な扱いを受けた」[1]のであった。そしてこれが原因となって，家に戻って数週間後の 3 月 21 日に母は死んだのである。

　母がこうした仕打ちを受けることになった背景には，旧帝国都市ロイトリンゲンの市民に対する役人＝書記たちの強圧的な態度があった。すなわち，1802

年にロイトリンゲン市がヴュルテンベルクに編入されるとともに，同時にここ
にも旧ヴュルテンベルクの書記制度が導入されることになり，初代の郡長には
ザットラー（Dr. Friedrich Sattler）が任命されて赴任することになる。これによ
って郡の統治は，領主の官吏である郡長のもとに，都市参事会があたる一方
で，市の日常業務である税務，登記，婚姻など事務処理をおこなう要員で郡長
の統括のもとにある書記たちが，ロイトリンゲン市民たちの上に君臨すること
になった。そして 1810 年に，34 歳のファイエル（Johann Gottlob Veiel）が郡長
に就任するとともに，ロイトリンゲン市民たちとのあいだに摩擦が目立つよう
になる。彼はまず 1812 年に，世襲奴隷フェッツァーに対する不当な投獄のた
めに，ついで 1814 年にも，自分の越権行為が理由で厳しい処罰を受けるほど
に，ロイトリンゲン市民の反感を買うような統治を続けていた。したがって，
リストの母に対する残酷な仕打ちも，郡長であるファイエルのこうした姿勢を
受けた，ロイトリンゲン市民に対する書記たちの強圧的な態度に起因するもの
であったといえよう。

　相次ぐ親族の不幸に見舞われながらも，ズルツでの駐在弁務官の仕事を終え
たリストを待っていたのは，時あたかもエルバ島を脱出したナポレオンのパリ
凱旋であった（1815 年 3 月）。しかしこの天下も，周知の通り，同年 6 月のワー
テルローの戦いでナポレオンが敗北し，南大西洋上の孤島セント・ヘレナに流
されるまでの約 100 日間にすぎないものであった。そしてこの間の「およそ 1
ヶ月」[2]を，リストは陸軍省（Armeeministerium）官房での仕事に明け暮れるこ
とになる。その後シュトゥットゥガルトに戻ったリストであるが，長期間にわ
たる仕事に恵まれないままに，単発的な仕事を処理する日々をすごしてい
た。そうした彼の前に，内務省自治体局（Communsektion des Innenministerium）
の仕事が舞い込むことになる。それはすでに 5 月 29 日に，自治体局が書記に
委託していたもので，『財産目録・配分経費訓令（Invetur- und Theilungskosten-
Regulativ）』の草案づくりであった。しかし，それを取り扱う会計官（Rechnungs-
rat）が他の業務に追われていたこともあってか，案件は棚上げの状態になって
いたのである。そこでリストは，この仕事に「みずから志願した」[3]のであっ

た。

　続いて8月8日に，自治体局にとってさらに厄介な仕事である『ゲマインデ会計制度にかんする所見（Gutachten über Gemeinde-Rechnungswesen）』（以下では『所見』と略す）の作成が求められることになり，これについてもリストは志願したのである。自治体局は結局，「国王の御裁可の上で」[4]，彼にこの仕事を託すことになった。この仕事は，以前から政府によって形式の簡素化が求められていたものであり，1812年以来，ヴァイブリンゲンの郡書記ボイレンが取り組んでおり，また彼にしたがって自治体局書記シュトイデルと会計官ボサートもその仕事に加わっていた。しかし，この分野の専門担当者であった財務官エッフィンガーが病気であったために，問題処理が先送りになっていた。したがって，下級官吏として長いあいだ自治体レベルでの仕事に取り組んでいたリストにとっては，願ってもないものであったともいえる。11月10日に，リストは『所見』の取りまとめを終えた。それは，新たな「自治体会計訓令（Communrechnungstruktion）の草案」が40ページ強，および「それにかんする全報告」が70ページ強を占め，加えてテュービンゲン郡のゲマインデであるヴァンクハイムの，謄本にしたがって照合された1814-15年間の行政帳簿形式の6つのヒナ型が「添付」[5]されていたという。しかしながら現在，その全文を入手することができないので，ゲーリンク氏の紹介するところにしたがって，『所見』の内容を見ることにしよう。

　それによれば，リストが課題遂行のためにまず取り上げたのは，ゲマインデ行政の今日的な状況の検証であった。そして，ゲマインデ行政が農民ないし手工業者の手に委ねられている現状を，「あらゆる欠陥の源泉」[6]と特徴づける。というのも，彼らの血縁的・地縁的な結びつきが厳正な公務の遂行を妨げ，結果としてゲマインデ金庫の非合法的な利用，会計処理上の混乱および他の多くの疑念，とくに税金や支払金の信じがたい遅滞を生じさせているからであった。それらに対してリストは，「できるだけ申し分のないゲマインデ行政」の原理として「国家目的」，すなわち「国家における個人の安全と息災」を考える[7]。ついで，そこから展開される「行政それ自体の原理」[8]として，国家経営

の原理（Grundsätzen der Staatshaushaltung）に目を向ける。簿記原理の展開にしたがって彼が論評するのは，官制組織や業務遂行上のそれである。ともあれ，基本原理から副次的な原理の展開へ，という書記制度問題の処理のときにも見られたリスト特有の思考パターンが，ここでも見られる。ついで，ゲマインデ行政に関連しては，それが国家官吏ではなく全面的な信頼の置けるゲマインデのメンバー，それも一個人としてのメンバーに託されねばならないとする。その一方で彼は，立会人であり相談相手であり，監督者としてのゲマインデ代表（Geinde-Deputierte）の必要性を説きつつ，それはシュルトハイスや参事会員から構成されるとする。ゲーリンク氏も指摘するように[9]，ゲマインデ代表の構想がいま一つはっきりしないが，ゲマインデ行政における自治的な考えが前面に出ているともいえるし，また個人責任制の構想も見ることができよう。

　12月7日に，自治体局会計官房の財務官エッフィンガーは，リストの『所見』に加えて，郡書記のボイレンらによって手掛けられていた予備的作業をもとにした，みずからの諸草案を添えた報告を国王に提出した。そこには『所見』でのリストの提案も個別的には採用されていたが，全体的な評価はつぎの通りであった。「全体としてのリストの仕事は，なるほど彼が教養があり，よく考え抜き，対象に学問的に習熟した人物であることを証明した。しかしながら執筆者（リスト──引用者）は，自分の判断と見解を述べるにあたって，あまりにも自分に周知な特例から出発しているように思え，そのことによって一面性，とくにゲマインデ行政と会計処理の今日的な状況を評価するにあたっての一面性を免れていない」[10]と。というのも，全体としてのリストの描写は「かなり誇張されたものであり」，現状で考えても，「リストによってそれほどまでに槍玉にあげられたゲマインデ統治組織」の下ですら，「もっとも望ましい秩序状態にある」[11]ゲマインデが，枚挙にいとまのないほど存在するからである。したがって，ズルツ郡での状況は「特殊例」[12]であって，それが普遍化されてはならないとして，とくに言及している。11月10日に『所見』のとりまとめを終え，これを提出したのちのリストは，10日ほどめぼしい仕事から離れていたが，そのあと1816年の初頭にかけて，再び大きな仕事に取り組むことに

なる。その1つは，すでに5月から自治体局で取り組まれていた『財産・配分経費訓令にかんする所見』の作成委託であった。もう1つは，書記制度および官制組織一般にかんするものである。それらの『所見』は，1816年1月26日（訓令の発効日）までには，それぞれ作成・提出されていたと考えることができる。前者は30ページ強，後者は100ページ強のものであった。前者については，すでに述べたように，これまでに経緯のあったものであるが，後者は「ヴュルテンベルク憲法闘争」との関連の中で登場してくる問題であった。この闘争の第1期に焦点を合わせた動きについてはすでに見たので，その後の闘争の展開に目を転じて見よう。

2．憲法闘争のその後の展開とリスト

ドイツ同盟にかんするヴィーン会議最終議定書に「領邦身分議会制」という文言が盛り込まれるという外交面での要因，およびテュービンゲン協約以来の「二元主義構造」を解消して念願の絶対君主政の確立を憲法上でも明確にするという内政面での要因が交錯しながら，「ヴュルテンベルク憲法闘争」はその幕を開けた。そこでは，国王フリートリッヒも予想しなかったほどの抵抗が議会（旧法派）のみならず，民衆のレベルで湧き起ったのである。こうした事態を前にして，国王フリートリッヒも「旧法派」との交渉の必要性を感じ，双方の代表からなる商議委員会の設置を認めることになった（1815年4月16日）。

こうして開かれることになった商議委員会の席上で，つぎのような6項目の要求・承認が議会側から求められることになった。

① 議会（諸身分）の徴税権

② 旧ヴュルテンベルクの教会財産の回復

③ 人民の各身分からの等しい代表選出

④ 常任委員会の設置

⑤ 1806年以降になされた立法の見直し（不当な勅令の改廃）

⑥ 国外移転の自由の保障

これに対する国王側の回答は，つぎの通りである（5月26日）。

① 直接税および間接税については認める。

② 回復は認めないが，彼此流用はしない。

③ 承認するが，貴族につき特別の代表——ただし，選挙による——を維持する。

④ 現在の委員会が会期中に案件を処理できない場合に，会期延長を可とする。しかし，経費のかさむことに留意すべし。

⑤ 従来の請願権を行使すれば足りる。

⑥ 要件に合致すれば認める。

こうした国王側の回答に対して，議会側が①と⑥については同意する一方で，②③④⑤については同意しないとして，国王側のさらなる譲歩を求めた（6月28日）。すると国王フリートリッヒは，議会側のこうした譲歩要求に対して態度を硬化し，議会の解散とともに見合わせていた欽定憲法の執行を同日付で強制してきたのである。さらに8月7日には，1815-16会計年度の租税を議会の同意を得ずに一方的に課すという強硬手段をとった。

交渉の決裂にともない議会が解散されたために各選挙区に戻った議員を待っていたのは民衆の歓呼であり，国王フリートリッヒに対するそれほどまでに強い反感が国内いたるところに広まっていたのであった。とりわけ，8月7日に強行された課税措置については，『ズルツ請願書』にも見られたように，「議会の同意」要求を真っ向から否定するものとして，各地で反政府集会が開かれるという事態へと進む。また，そうした集会を禁止するための警察の介入が政府に対するさらなる反発を強めるものとなり，両者の対抗意識は頂点に達してしまった。そこで，憂慮しながら事態を静観し続けていたオーストリア，プロイセンおよびハノーファーの三邦も，ついに局面打開のために動き出すことになる。これを受けてフリートリッヒは，局面打開のための譲歩の必要を認め，10月15日に議会の召集を再度おこなうことにした。こうして「憲法闘争」は第2期に突入するのであった。

この時に，議会側の交渉役として国王フリートリッヒによって抜擢されるこ

とになったのが，テュービンゲン大学筆頭財務管理官（Krator）の任にあった
フォン・ヴァンゲンハイム（Karl August von Wangenheim,1773-1850）であった。
彼はリストとも親交があり，このときのヴァンゲンハイムの登用が機縁となっ
て，彼を通してリストの名前も国王に知られるようになる。

　ともあれ，再開された議会の冒頭，フリートリッヒは，これまでの自分の主
張を変えるつもりはないが，局面打開のために必要な妥協には応ずることを宣
明した。これに対して議会側は，民衆の大きな支援を背に「旧き良き法の回
復」要求で意思統一しており，これを前提とした交渉を求めたのである（10月
26日）。局面の打開を図ろうとするヴァンゲンハイムの助言もあってか，フリ
ートリッヒは結局，①旧ヴュルテンベルクについては旧憲法の「内的有効性」
を認める一方で，②新ヴュルテンベルクにかんしては「真の国民代表」にも
とづく憲法を制定するというものであった。しかも，こうした2つのことを前
提とした上で，国王側はさらなる複数の妥協案，したがって全部で14項目の
妥協案を提示した。

　③　旧ヴュルテンベルクの福音教会財産は，これを保障する。
　④　国庫債務負担行為には，議会の同意を必要とする。
　⑤　国庫に対する債権者への弁済を確約する。
　⑥　国王直轄権域は維持する。
　⑦　王室費を明定し，上の⑥からの収入で賄うこととする。
　⑧　新税徴収には，それをもって償うべき支出の必要性をあらかじめ証明す
　　　る。
　⑨　司法権の独立を認め，人身の自由および財産を保障する。
　⑩　公務就任につき，身分および宗旨による差別をおこなわない。
　⑪　憲法違反行為をした役人に対して，議会の訴追権を承認する。
　⑫　人民に国外移転の自由の権利を認める。
　⑬　ドイツの新情勢と背馳しない範囲で，貴族には一定の特権を容認する。
　⑭　議会の議事規則を確立する。
しかしこの妥協案は，「旧き良き法の回復」要求だけで一致していた議会側

に対する明確な分断策といえよう。というのも，旧ヴュルテンベルクにおける旧憲法の「内的有効性」を認めるかぎりでは，国王側が議会側の基本的な要求を取り入れているからである。実際，14項目の評価をめぐって議会側の対応は，大きく2つに分かれてしまうことになる。国王側に歩み寄るグループと反国王派の立場を貫くグループとである。石川氏によれば，前者は「旧帝国騎士身分ならびに新ヴュルテンベルク市民層および旧ヴュルテンベルクのインテリならびに上層市民層から」構成され，それに対して後者は，「旧ヴュルテンベルク選出代議士（市民層の代表）および新ヴュルテンベルクの一部貴族から構成されていた」[13]。

　ヴァンゲンハイムを議長にして，1815年12月4日からはじまった商議委員会での交渉は，自分たちに有利な憲法制定を目指して意気込む国王側に対して，分断策という策謀が用いられたことに対する不信感をぬぐいきれない議会側の抵抗が続く。とりわけ旧ヴュルテンベルク時代から続く「議会の徴税権」をめぐる攻防が，延々と続けられることになった。こうした事態が続く中で，国王側によって進められてきたのが行政組織改革のためのさらなる作業であり，その中心人物は，この間の議会側との交渉役を国王フリートリッヒから託されていたヴァンゲンハイムである。リストがこのヴァンゲンハイムと親交があったこと，またこの彼を通してリストの名も国王に知られるようになったことについては，すでに触れた。そして，ヴァンゲンハイムの強力な進言もあって，リストが官制組織所見を作成することに対する「陛下の委託」[14]が下されることになる。そしてその成果が，1816年初頭に提出された『ラント官吏職の組織にかんする報告（Abhandlung über die Organisation der Landbeamtungen）』（以下では『報告』と略す）であった。しかし，この『報告』については，現在のところその全文を入手することができていないので，これを紹介しているゲーリンク氏の成果に依拠しながら，つぎに見てみよう。

　ゲーリンク氏によれば，官制組織全般についてのリストの所見は，各節ごとにテーマ分けがおこなわれていた。I節ではこれまでの官庁組織とその諸欠陥について，II節ではラント官吏組織の改善点についての概要，III節では書記制

度を学問的に解明すること（Beleuchtung des Schreibereiwesens als Wissenschaft），IV節では「今日の官制組織（Ämterorganisation）にしたがった配分の下での功績訓令についての所見」であり，この部分はゲーリンク氏によって発見された草稿には欠けていたという。この官制組織についての所見の最初の部分でリストは，「悪の温床である書記制度（die Stadt- und Amtsschreibereien als dem Übels）にかんする考察から，はじめたい」[15]と書き，ここでも焦点が1814年の『改革所感』以来のテーマである書記制度にあることを表明していた。同様にそこでは，『改革所感』でリアルに表現されていたので周知の，書記たちによる文章形式のもて遊び，用途に適さない仕事ぶり，際限のない業務の拡張，とくに郡の司法・行政組織であるゲリヒトが批判されていた。

　II節でリストは，書記たちについて積極的な物言いもする。その代表的なものは，「啓蒙の程度が高く，学問的な教養」[16]もあり，経歴を積んだ多くの書記たちを自分は知っているという，彼の一文であった。この彼の念頭にあったのは明らかに，以前の自分の雇主であった書記たち，つまりルッツやシュスターのことであったと思われる。しかし全般的には，彼らは因習的な精神の虜になったままである，と。そして，こうした役人たちからなっている「官制組織は，国家権力の機関であり（Die Ämterverfassung ist die Maschine der Staatsgewalt），それを通して国家権力は，みずからの力を行使している」[17]のだ，と彼は書いている。つまり，書記および制度の改革がおこなわれなければ，「機関」としての官制組織も機能しないことを示唆している。また，しばしば取り上げられてきた郡行政区画の縮小，つまり郡行政区画が大きすぎるという意見についても，彼は否定的である。これもすでに見たように，役人の人数ではなく，その資質こそが問われているとする，リストの立場を反映したものといえる。この節で彼が詳しく論じているのは，郡および郡の司法・行政機関であるゲリヒトについての諸提案と異論に対する反論である。その一例をあげれば，彼の提案にしたがえば，人件費（Personlausgabe）の高騰ではなく，すべての郡につき3,100フローリンの節減がおこなわれるであろう，というようなものであった。

46

ゲーリンク氏も最大の関心を示しているのは，Ⅲ節である。つまり，書記制度の学問的な解明の部分である。リストはまず，これまでの「内容の乏しい文献」[18]の批判からはじめる。槍玉に挙げられたのは，1793 年に匿名で書かれた『ヴュルテンベルク書記の弁明書』であって，その内容に対しては一つひとつ反駁が加えられた。この著者の見解は味気がなく，根拠づけがあいまいで，それどころか「決まり文句」ばかりで，「箸にも棒にもかからない」ものであるとまで，彼は断じている。その上で，この著書のもっとも致命的なところは，書記と法律家とのあいだに越えがたい亀裂を設けようとしていることだ，と批判したのである[19]。

ともあれ，リストは書記制度の学問的な解明を，この当時では先駆的な「行政学（Staatspraxis）」の問題として考えようとする。彼はいう。「国家学の諸原理，したがって司法，国民経済学（Nationalökonomie），財政制度が所与の国家の諸法律にもとづいて修正が加えられ，活用される諸形式の学問が，行政学である」と。こうした彼の考えを支えているのが，「実践が達人をつくる」[20]という信念であった。そして，「将来的に公職につこうとしている人は，国家学を学ぶものとされている。行政学は，なぜそうではないのか」[21]と反問しながら，リストは，行政学の対象領域として，つぎのようなものをあげる。

Ⅰ．憲法形式（Staatsverfassungsform）

Ⅱ．統治形式（Staatsregierungsform）

　A．普遍的な形式

　　1．国家の導入

　　2．人民の統治（司法，警察，国民経済）

　　3．国家の要件　a）人間（Menschen）／徴募（Konscription），b）財政

　　4．国民的修養（Nationalbiltung）

　B．官職ごとの組織

　　1．自治体制（Munizipalverfassung）

　　2．下位の官職（郡，官房職，教区職）

　　3．上位の官庁　a）合議体＝御前会議（Kollegien），b）諸大臣，c）内務省

すでに見た『改革所感』では，①「よく考え抜かれた法律」，②「立法者の意向がそれによって達成される適切な手段，すなわちしっかりした国家行政」，最後に③「国家権力の行使に携わる，すべての官庁の適切な組織」とされていたが，ここでは，それらがより具体化されている。ここで注目すべきは，『改革所感』に続いて，ゲマインデ組織を念頭においたと思われる「自治体制」が，組織全体の下位に位置づけられながらも，この項のトップに挙げられていることである。この点については，国王フリートリッヒによる行政組織改革が，ゲマインデ住民たちの自治活動を大幅に制限したものであったことを思い起こせば，リストが住民自治の立場を一歩も譲っていないことが分かるであろう。ともあれ，この『報告』の政府サイドによるその後の取り扱いについては，ゲーリンク氏も不明としている[22]。

3．論文「ヴュルテンベルクの国家統治にかんする所感」

ヴュルテンベルクの行政組織改革，とりわけ書記制度をめぐる議論は，その後も尽きることなく続く。しかし，1816年の半年間に，議会でも21にのぼる動議や請願がおこなわれたが，一度も成立することがないほどに，この問題は「札つきの棚ざらし状態」[23]にあった。この時期リストも，1月10日にウルム市の代議士ヨハン・ハインリッヒ・ミラーによって提出された書記問題にかんする無名人の奏上に関連して一文を書く。それが，1816年2月6日の『いわゆる書記制度にかんする無名人の奏上（"Vortrag eines Unbekannten über das Schreibereiwesens", verlesen im Landtag am 6. Februar 1816)』であり，その日に議会で読み上げられた[24]。ウルム市でのみずからの体験をもとにして1814年の『改革所感』が書かれたことを思えば，書記制度の実態を伝えないミラーの奏上は，リストにとっては無視しえないものだったからである。しかし，読み上げられたとはいえ，議会はこの問題の解決に積極的な姿勢を示さず，いわば「札つきの棚ざらしの状態」にあったため，広くヴュルテンベルクの民衆に訴える方策が模索されるようになる。その第一歩といえるものが，1816年7月

の『ヴュルテンベルク・アルヒーフ（Würtembergisches Archiv）』紙の発刊である。

　この『ヴュルテンベルク・アルヒーフ』紙の編集に協力したのは，ともにかつての「新ヴュルテンベルク」に属していた，ロイトリンゲンおよびゲラブロン選出の領邦議会代議士カメラー博士とバロン・フォルシュトナーに，さらに事実上の編集責任者であったリストを加えて3人であった。フォルシュトナーはリストよりも15歳年長で，テュービンゲン大学で勉強した官房学者であり，小さな農業改革書を書いて頭角をあらわし，ゲラブロン地区の信頼しうる人物として1815年に領邦議会の代議士に選出された。議会で彼は，書記問題の解決に粘り強い努力を傾注していたことからリストの注目を引き，『ヴュルテンベルク・アルヒーフ』紙の編集協力を求められたのであった。しかし，両者のあいだには家柄，教育の下地，問題関心で違いがあった。

　他方でカメラーは，1766年にロイトリンゲンに生まれたので，やはりリストよりは年長であった。彼はテュービンゲン大学で法律を学び，ついでみずからの生まれ故郷ロイトリンゲンで領邦相談役（Oberlandvokat）としての活動をはじめ，1805年に市の役人であるビュルガー・マイスターに任命された。1811年，ロイトリンゲン市がいわゆる「良き都市（guten Stadt）」の仲間入りをして，領邦議会に代表を選出する権利を獲得したのち，1815年の選挙で彼がその初代代表に選ばれたのであった。しかしながら彼は，1816年からはじめられていた，ロイトリンゲン市民層による郡長ファイエルに対するゲマインデ会計の公開要求闘争[25]にも明確な態度を表明せず，政府派遣の弁務官でありながら住民サイドからこの闘争の解決にあたったリストとは，その点で対照的であった。したがって，ゲーリンク氏もいう。「カメラーは，リストとの協働の開始時点では，明らかに条件つきでのみ，リストの政治的同志として特徴づけることができる」[26]と。

　こうして最初から編集者相互の意気込みに不安定要素を残しながらも，『ヴュルテンベルク・アルヒーフ』紙は1816年7月に，その足跡の第一歩を記すことになった。しかしそれは，時間的に急いだこともあって外国で，つまりハ

イデルベルクにあるオズヴァルトの大学出版局で印刷された。そして，この『ヴュルテンベルク・アルヒーフ』紙の第1号に掲載されたのが，リストの匿名論文「ヴュルテンベルクの国家統治にかんする所感（Gedanken über die würtembergische Staatsregierung）」（以下では「所感」と略す）であった。この1816年の「所感」を一読して驚くことは，それが1814年の『改革所感』に比べてリアルな描写に欠け，いわば淡々とした論調で書かれていることである。したがって，まるでリストとは別人によって書かれたような印象を受ける。しかし，ゲーリンク氏も指摘するように，そこでの論理展開の順序を見るかぎり，1816年の「所感」が間違いなくリストの筆によるものと確信させるほどに，1814年の『改革所感』とまったく同じである。彼はいう。「憲法（Die Konstitution）は原理である。国家統治は，その原理の展開を内容としている。生活への適用は，国家行政（die Staatsverwaltung）を通じておこなわれる」[27]と。まず基本原理を確認してから，ついでその副次的な原理と考えられるものへと移り，その上で，さらなる副次的な原理と考えられるものへと展開していくという，リスト特有の論理展開がここでも見られるからである。

　さて，「所感」は序文（Einleitung）に続いて，つぎのような構成になっている。

　第1章　立法（Gesetzgebung）について

　第2章　国家行政について

　第3章　ゲマインデにはじまる自治共同体について

　第4章　司法・行政管区（郡）行政について

　　a）　書記制度

　　b）　役所（Amtspflege）

　　c）　教団管理（Stiftsverwaltung）

　　e）　検査官（Revisorate）

　　f）　官房行政（Kameralverwaltung）

　　g）　郡長

「所感」の構成を見るだけでも，これまでと同様に，リストの関心が圧倒的

に，第3章以下の最下級管区の行政に向けられていることが分かるであろう。

第1章と第2章は，国家統治の2つの部分について語ったものである。彼はいう。「国家統治は，立法と国家行政という支脈（Zweige）に分かれる」[28]と。第1章では，勅令も含めれば6,000にものぼるヴュルテンベルクの立法状況が紹介されている。その一方で，この章で注目すべきことには，立法に関連した情報公開＝市民の自治的・参加的な判断の基礎となるものへの要求が，『ズルツ請願書』以来のものであるが，引き続き提出されていることである。彼はいう。「しかし概して人間生活にあっては，人が時代と形式に緊密に結びつけられているときにのみ秩序が守られるのと同様に，とりわけ立法の変化にあって肝要なのは，それが定期的に公開されることである。毎年ひたすら法・勅令が刊行され，立法の修正は，根本法典が書き加えられるのと同様のシステムで，報じられるべきである」[29]と。

第2章では，立憲君主政のもとでの国家行政のメカニズムが説明されている。すなわち，君主は国家行政の「根源力（Urkraft）であり，そこからエネルギーを得て「機関（Maschine）」＝「官職（Staatsdienst）」が動き出すという一元主義の立場が示され，したがって旧法派に見られた「二元主義構造」の回復という立場とは異なっている。他方で，「根源力」である君主について述べた箇所で，リストはいう。「根源力は必要な度合いで，つまり機関の活動を衰えさせないように，あるいは極端な対立によってそれが停滞しないように，存在していなければならない。しかしながら，かかるものの総体は，偶然的な諸力と統治者の能力に依存しているので，人は力の欠如を予防するために，あるいはあまりにも強力な上からの衝撃を防止するために，内務省の責任（Verantwortlichkeit des Staatsministeriums）という手立てを考え出す」[30]と。つまり，君主についてリストは，「必要な度合いで」その存在を認めるにすぎない。他方で，ここでの「内務省の責任」というのは，すでに石川氏も指摘しているように，それが議会に対するものではなく君主に対する行政責任であり，1805年のフリートリッヒの行政改革でも見られたものであった。しかし，それが「大臣責任制」への道を開いたことは間違いなく，その分だけ君主は，フリー

トリッヒが望んだような絶対君主どころか，象徴的な存在になっていくのである。

　第3章の主題は，リストにとってもはじめてのものである。この主題を考えるにあたって彼は，つぎのような疑問を提示する。「実に不思議なことには，国家学では自治共同体（Korporation）をまったく眼中に入れようとしないので，体系的にはほとんど考察されていない」[31]と。ここで彼がいう「自治共同体＝コルポラティオン（Korporation）」というのは，中世ヨーロッパに広く見られた自治的な都市や村落，さらにはツンフト，教団，大学といった自治的な身分・職業団体などのことである。ともあれ，こうした疑問を提示する一方で彼は，国家と自治共同体との関係について，つぎのように述べる。「国家にあっての自治共同体は，国家そのものよりも古い。あるいはむしろ，国家にあっての自治共同体は，起源からいえば国家そのものであった。生活を共にする多くの人間たちは，共同の目的（gemeinschaftliche Zwecke）のために結合することの必要性を感じ，そこからゲマインデが生まれた。彼らは，みずからの共同の目的をこの自治共同体を通じて実現することができなくなり，もっと大きな交わり（Gesellschaft）に結びつかざるをえなくなって地方（Gau = Distrikte），さらには州（Provinzen）が生まれた」[32]と。そして彼によれば，この延長線上に国家が誕生したと考えられており，さらには連邦国家（Bundesstaat）が展望されることになる。第1，2章が「国家統治」の観点から，国家行政のメカニズムを「上から」見ていたのに対して，ここでは逆に「市民自治」の観点から，それを「下から」見ようとしているのが分かる。つまり，国家といえども，それはゲマインデという自治共同体を出発点にしながら，「生活を共にする」人びとが「共同の目的」を実現するために，「もっと大きな交わり」を求めて地方，州そして国家へと段階的に発展させてきた自治共同体の1つにすぎない，とリストは考えているのである[33]。

　こうした原理的な確認をした上で，リストは国家との関連で，ゲマインデについてあらためて語っている。「ゲマインデは，つぎのような2つの目的のために，国家によって普遍的に整備され，その人格と財産が顧慮された，特定

地方に生活する多数の公民の結合体である。つまりその目的とは，a）上か
らの働きかけがなくてもできる範囲で，互いに協力し合って個人の福祉
（Individualwohlfahrt）を促進するためであり，b）この結びつきを通して，国家
という結社（Staatsverein）をますます強固に下支えし，きちんとした国家の行
政を可能にするためである。後者は特別の，そして前者は普遍的な自治共同体
の目的と呼ばれる」[34]と。「国家という結社」とは，聞き慣れない言葉である。
この点については，リストと同時代人であり，彼と同様に地方自治の重要性を
主張したロテック（Karl Wenzeslau Rodecker von Rotteck,1775-1840）の所説が参考
になる。

　この所説を紹介した河合義和氏によれば，その著書『立憲君主制の国法』の
中でロテックはまず，つぎのようにいう。「市町村の性質あるいは概念並びに
起源に関しては対立する二つの見解がある」と。その１つは，地方自治を認め
ない立場のものである。それによれば，「市町村とは，国家権力によって指示
された市民の総体中の人民の若干部分が，軽易な行政のために，政府の利益に
従って，多少の機能，義務および委託事務を与えられて狭域の結社に組織され
た，たんなる国家営造物にすぎないものである」と。フリートリッヒの行政組
織改革によって，郡長の任命あるいは郡長の推薦を受けて県知事が任命する参
事会の性格が，これに相当するものといえよう。もう１つは，地方自治を主張
する立場である。それによれば，「市町村は通例国家よりも古く，国家の助力
なしに，自然の必要とその構成員の自由な結合によって成立したか，あるいは
そのように成立できるものである。……市町村はみずからの自主的な生活や権
利を与えられており，国家目的と同一または類似の生活目的を共同で追求する
ために結成され，かつ，ただこの目的を一層完全に追求するために他の同種の
結社ないし個人とともに大きな国家と結びついている自由な結社である」[35]と。
ここでは残念ながら，ロテックがいう「結社」という言葉を原語で確認するこ
とができない。そこで，彼がヴェルカーとともに編集した『国家学辞典』の中
の一節を見ることにすると，「ゲマインデは，国の守りおよび概して国家とい
う結社（Staatsverein）のあらゆる恩恵を享受する」[36]という文言が登場する。し

たがって，これまでのリストの論旨とロテックのそれとは基本的に一致しているといえよう。

　なお，ロテックは，「国家という組合（Staatsverband）という言葉も多用している。この点について，石川氏によれば，この言葉は旧法派によって用いられており，「彼等にとって国家存立の目的とは，個人の権利，とりわけ財産権の保護が第一義的なものであった。それと並んで，構成員の福祉と幸福に対する配慮ということも重要である。市民が国家という組合（Staatsverstand）を結成するのも，後者に対し租税を払うのも自分自身のためだと考えられる」[37] と。つまり，今日の労働組合や生活協同組合のように，個人の意志で加入および脱退が可能な組織体として，国家が考えられているのである。ロテックとリスト，さらにはロテックと旧法派との思想上の関係については，行政法学の専門家による今後の研究を待つしかない。しかし，ここで最低限いえることは，リストが Staatsverband（国家という組合）という言葉を慎重に避ける形で国家という結社（Staatsverein）という言葉を使用している，と考えることができるということである。また，ゲマインデの性格づけに関連して，さらに付言するならば，リストにあっては，ゲマインデのメンバーは，「互いに協力し合って個人の福祉を促進する」という言葉に示されるように，まず自分「個人の福祉」があり，その上で「互いに協力し合って」他人の福祉を促進することになっている。つまり，ゲマインデは，団体規制に立脚したものではなく個人に立脚した組織体であること，したがって中世的な響きをもったコルポラティオン＝自治共同体という言葉も，近代の原理にしたがった用語法に変えられていることに注意する必要があるだろう。

　ゲマインデの目的が明らかになったところで，その理念の実現の場が求められることになる。この点について，リストはいう。「ゲマインデの理念は，道徳的人格としては，参事会によって実現される。参事会の自己補充制はゲマインデ体制の死である。というのは，それは必然的に門閥寡頭政（Familienaristokratie）へと導くからである」[38] と。ここでは，かつて参事会が名望家と呼ばれる一群の人々によって支配されたことが，教訓として語られている。したがっ

54

て，こうした事態を避けるために，「参事会はつねに，ゲマインデの選挙によって補充されなければならない。しかも参事会には，せいぜい発議権 (Vorschlagrecht) が許されるにすぎない」と。こうしてリストは，1805年の行政組織改革によって，郡長の任命あるいはその推薦を受けて県知事が任命することになっている参事会の現状についても，それを真っ向から否定するのである。その上で彼は，「市民の代表 (Repräsentation der Bürgerschaft)」について語る。「参事会に，市民の代表は手助けをしなければならない」一方で，「参事会が必ずしもゲマインデの真の意志にしたがって行動していないときには，参事会はこの意志を，現実の代表機関を通して聞き取らなければならない」[39]と。ゲマンイデ市民の代表としてその理念の実現を目指す参事会に対して，その活動をチェックする機関として「市民の代表」が構想されている。しかもこの「市民の代表」についても，彼はつぎのようにいう。「この市民の代表は，その都度改められる公的な選挙によって選出されなければならない」[40]と。代表選出によってすべてが終了するのではない。市民自治＝市民参加の徹底ぶりが窺われる文章である。

1) P. Gehring, a. a. O., S. 67.
2) Ebenda, S. 73.
3) Ebenda, S. 74.
4) Ebenda, S. 74.
5) Ebenda, S. 75.
6) Ebenda, S. 75.
7) Ebenda, S. 76.
8) Ebenda, S. 76.
9) Ebenda, S. 78.
10) Ebenda, S. 78.
11) Ebenda, S. 78.
12) Ebenda, S. 78.
13) 石川敏行「ドイツ近代行政法学の誕生（四）」（『法学新報』第89巻第11・12号）128ページ。
14) P. Gehring, a. a. O., S. 81.

15) Ebenda, S. 82.

16) Ebenda, S. 82.

17) Ebenda, S. 82.

18) Ebenda, S. 82.

19) Ebenda, S. 83.

20) Ebenda, S. 83.

21) Ebenda, S. 84.

22) Ebenda, S. 85.

23) Ebenda, S. 96.

24) Ebenda, S. 97. なお，このリストの一文は，ゲーリンク氏によって新たに発見され，〔Anlage 4〕として彼の著書で紹介されている。

25) この点については，小林昇「青年リストとロイトリンゲン」（『小林昇経済学史著作集Ⅶ』所収）が詳しく取り扱っているので，参照されたい。

26) P. Gehring, a. a. O., S. 103.

27) Friedrich List, Gedanken über die würtenbergische Staatsregierung. In: Werke I, S. 87.

28) Ebenda, S. 89.

29) Ebenda, S. 89.

30) Ebenda, S. 94.

31) Ebenda, S. 103.

32) Ebenda, S. 103.

33) この点について，石川氏は旧法派を例に取りながら，国家発生の経過を説明する契約としての「国家契約」と，その国家の解体後にあらためて現在の国家を成立させるときの契約である「憲法契約」との違いを明らかにしている。その意味では，ここでのリストのコルポラティオン論は，国家発生の経過を説明するものといえよう。石川，前掲論文 154 ページ以下を参照されたい。

34) F. List, a. a. O., S. 106.

35) 河合義和『近代憲法の成立と自治権思想』（勁草書房，1989 年）458 ページ。

36) Rotteck/Welcker, Staats-Lexikon, Enzyklopädie der Staatswissenschaften, Band 5, Altona 1847, S. 481.

37) 石川，前掲論文 151 ページ。

38) F. List, a. a. O., S. 107.

39) Ebenda, S. 107.

40) Ebenda, S. 107.

第4章

若きリストと『ヴァルデンブッフ奏上書』

『ヴュルテンベルク・アルヒーフ』紙に掲載された 1816 年 7 月の論文「ヴュルテンベルクの国家統治にかんする所感」（以下では「所感」と略す）を通して，リストははじめて，「Korporation（自治共同体）」を自分の思想展開の中に組み入れることになった。しかもそれは，たんに彼の思想展開の中に組み入れられたにとどまらず，個人（市民）→ゲマインデ→地方→州→国家という「市民自治」の観点にもとづく，「上昇型の発想」による憲法思想に連なるものであった[1]。

　こののちリストは，『ヴュルテンベルク・アルヒーフ』紙を舞台にして，市民生活にかかわる論評を発表し続ける一方で，こうした憲法構想の下に，「ヴュルテンベルク憲法闘争」の推移を横目で見ながら，「上昇型の発想」の起点になった個人（市民）と連携した運動も展開することになる。そしてそれは，かつての『ズルツ請願書』に続くものとして，ここで取り上げることになる『ヴァルデンブッフ奏上書』（Die Waldenbucher Adresse）（1817 年 1 月 26 日）として結実することになる。

　以下では，これまでと同様に，まず「所感」以後のリストの足跡を追いながら，「ヴュルテンベルク憲法闘争」のその後の展開にも目を向けつつ，『ズルツ請願書』以来の市民運動の発展とリストの果たした役割を，『ヴァルデンブッフ奏上書』の検討を通じて明らかにしたいと思う。

1. 「所感」以後のリストの足跡

　「所感」を発表してのちのリストは，国政全般について広くヴュルテンベル

58

クの民衆に訴える方策として考えられた『ヴュルテンベルク・アルヒーフ』紙を舞台にして，市民生活にかかわる論評を発表し続けることになる。それは同時に，彼の問題関心領域に広がりが出てきたことをも示している。ゲーリンク氏に依拠しながらそれらを見てみると，「雑多な論評と諸問題」が取り上げられた 1816 年 8 月の『ヴュルテンベルク・アルヒーフ』紙では，まずヴュルテンベルクにおける石炭についての記事が見られ，「埋蔵量が豊富な石炭鉱山の発見は，商工業にとって驚くほどありがたい作用をもつだろう」といった指摘が目立つ。続いて入会地の植樹について，遺産分割の簡素化について，国営酪農場について，土地負担の解消についてなどが，話題として取り上げられている[2]。

　そのほかでは，とりわけゲーリンク氏が注目した小論文「農民保有地の無限の分割を廃する」(Wider die ungrenzte Teilung der Bauerngüter) がある。これについては，すでに小林昇氏の研究成果があるので[3]，そちらを参照していただきたい。その上で，さしあたり注目すべきは，リストが農業の窮乏状態と工業の未発達な状態とを結びつけて理解していたことであろう。すなわち，彼はいう。「この（農民保有地の）分割が工業生産を犠牲にしておこなわれるのでないのならば，われわれはよろこんで，一人のためにつごうがよいからといって多くの人を制限することは許されぬと主張する人々と，意見を共にしたいと思うであろう。［ところが］農民の息子は，まだ耕作で暮らして行けるという見込みをもつあいだは，なにか手職 (Gewerbe) を身につけようとは考えない。耕作は彼にとって快適なのである。……彼は将来を見ず，貧弱な土地片の上に家をつくって落ち着くことをまっさきに考える。この自然傾向が保有地の分割によって養われる」。「われわれの国でなんの工場も栄えず，ほとんどの地方で工業が発達しないことの原因はこれなのであって，昔から人々が信じこませようとしてきたような，わが国のすぐれた土壌などではない」[4]と。すなわち，農民保有地の分割による農業の窮乏状態に直面しながら，肝心の「農民の息子」は，「貧弱な土地片の上に家をつくって落ち着くことをまっさきに考える」状態であり，こうした農民の意識状態を『自然の傾向』とさせる土台がまた「保

有地の分割」だというのである。したがって，農民保有地の分割を放置している
かぎり，農業の窮乏状態を克服することができず，農民の意識状態も改善されず，またそれらが原因となって工業の発達も期待することはできない，とリストは考えているのである。

　ところでこの時期，「ヴュルテンベルク憲法闘争」が一種の膠着状態にあったことは，すでに触れた。すなわち，ヴァンゲンハイムを議長としてこの間，国王側は14項目の妥協案を提示しながら，議会側への分断策を講じてきたわけである。しかし，こうした分断策に対する議会側の不信感から，旧ヴュルテンベルク時代から続く「議会の徴税権」をめぐる攻防が，延々と続けられることになった。こうした状況の中で，事態の打開策を見出しえないままに，1816年10月30日，国王フリートリッヒが失意のうちに急逝してしまう。ヴュルテンベルクに絶対君主政を導入しようとしていた人物による長年の重しが外されたこともあってか，彼の死はむしろヴュルテンベルクの人々によって歓迎された。それに対して，代わって国王に即位したヴィルヘルムは，自由主義的でドイツ人気質をもった人物というかねてからの評判もあってか，大いに歓迎されたのであった。こうした歓迎ムードに応じて国王ヴィルヘルム自身も，新たな決意で憲法制定にのぞむ姿勢を見せる一方で，検閲の廃止（1817年年1月30日）に代表される一連の自由化政策を採用することになる。

　こうした新国王側の動きに対して，議会側もそれを歓迎して態度を軟化させ，さしあたり書記制度による重圧について，11月11日，その「徹底的な救済」のための共同の委員会の設置を求める請願が，議会で採択された。国王側もこうした議会側の提案を歓迎し，ただちに5人からなる国王側のメンバーを選出したのである。委員長にはヴァンゲンハイムの忠実な助力者であった枢密顧問官アルプレヒト・フリートリッヒ・フォン・レンプがつき，また委員会の書記として会計官であるフリートリッヒ・リストが彼に添えられた。このことからも明らかなように，この時期のリストは，いわばヴァンゲンハイムの「事実上の私設秘書」と噂もされていたのであった。リスト自身もはっきり，自分は「大いに歓迎された」，ヴァンゲンハイムによって「雇われたお得意さん」

であった，と語っている[5]。

　この共同委員会は，その場で国王側および議会側双方の自由な意見交換が続けられるうちに，11月20日，書記問題についての委員会所見をまとめるところまでこぎつけることができた。しかも，この委員会のメンバーの一人で『アルゲマイネ・ツァイントゥンク（Allgemeine Zeitung）』紙の編集・発行責任者であったコッタは，国王と議会の双方に諮って，この委員会所見を同紙に発表することの同意を得ることもできたのである。そして，この委員会所見の公表にあたってコッタは，表題も執筆者名も記載せずに，ただ冒頭に「シュトゥットゥガルト，11月30日」と日付のみが記された一文を付することにした。それは，ヴュルテンベルク以外の地の読者に，ヴュルテンベルクでは書記をめぐってなにが問題になっているかということを分からせようとする一方で，書記たちの悪行の実態をあからさまにするという狙いがあったといえよう。『プロローグ（Prolog）』と命名されたこの一文を発掘したゲーリンク氏は，その言語形式や論議形式からリスト以外にはその執筆者を想定できない，と断言している[6]。

　そこで以下では，この『プロローグ』の論旨だけでも紹介してみようと思う。その書き出しは，つぎのような文言からはじまる。「すでに何世紀にもわたって，そして今日にいたるまでヴュルテンベルクは，それがこの地でもっている公安を害する特性と広がりにおいて，さもなければ比肩すべきヨーロッパ諸国において，もはやお目にかかれない制度をもっている」[7]と。こうした『プロローグ』の書き出しは，まず読者の関心を引き出そうという工夫が見て取れるものであった。この書き出しに続いて，この制度の「公安を害する特性」についての叙述に移り，行を変えた冒頭で，つぎのようにいう。「こうした制度というのは，<u>書記制度</u>（下線部は原文ではイタリック体，以下も同様——引用者）のことである。その本性をどんなヴュルテンベルク人もよく知っているが，外国人にはそれほど知られていない」[8]と。こうした叙述からも，『プロローグ』にはヴュルテンベルクの地以外の読者に，書記問題のなんたるかを知らしめようとする意図が込められていることが，はっきりと分かる。事実，『プロローグ』

は続いていう。「ほかの国々では，人々はもっぱら筆耕員（Copisten）のみを書記と理解している。しかし，写字生（Abschreiber）のみをヴュルテンベルクの書記として理解しようとするならば，人はまったく誤解することになるだろう。逆である。ヴュルテンベルクの書記は，祖国の歴史のどんなときでも，たんなる筆耕員ではなかった。彼らはいつでも，国家行政のほとんどの部門，つまり租税・官房および会計制度，財産目録や遺産の配分にもかかわりをもっていた。彼らは国家の財政制度全体を，大規模にかつ細部にわたって処理した。彼らは，教会や他のコルポラティオンの財産を管理した」。このためにヴュルテンベルクの人々は，彼らなしには公民生活ができなくなるほどの状態にまでなっていた，といった具合に，ヴュルテンベルクの書記のもつ特異な役割が紹介される[9]。

　そこから話は一転して，こうしたほかの国には見られない特異な役割をもつヴュルテンベルクの書記の資質形成がどのようにしておこなわれてきたか，という点に『プロローグ』の記述は移る。そして，「ヴュルテンベルクの書記の訓育の場は，市町村および裁判所書記，郡庁係官，アトム出納係官および官房行政係官の，それぞれの書記室でしかない。こうした研修の場（Seminarien）に，彼らはほとんどの場合に14歳で参加し，それを継続することによって自分たちの将来的な学識を築くことになっているギムナジウムの修学から分離される」。「こうしてヴュルテンベルクの書記はいつでも，書記室の埃の中で決まり切ったことを通してのみ養成された」[10]として，彼らが国家による正規の訓練を受けたものではないことを明らかにしている。ただしそれでは，真面目に業務に励んでいる書記がいないことになると思ったのか，「なるほどまったく否定されることがないとはいえ，ヴュルテンベルクの書記には時折，高く評価されて功績のある多くの人物が，自分たちのすぐれた才能を巧みに活用して頭角をあらわすこともあった。そして今日もなお，このような尊敬に値する人物がいないというわけではない」ともいう。その一方で，こうした書記の存在については，「しかしながら，彼らはいつでも例外でしかなかった」といって，まったくの「例外」でしかないことを強調している[11]。

ところで，ヴュルテンベルクの書記の守備範囲がヴュルテンベルクの公民生活全般に及んでいることはすでに紹介されていたが，それに関連して『プロローグ』は，つぎのようにいう。「すでにあげられたヴュルテンベルクの書記の作業から明らかになるのは，これらの作業すべてが2つの主要な部類（Hauptklasse）に還元せしめられ，すべていかなるヴュルテンベルクの書記といえども法律系かそれとも官房系の書記のいずれか（entweder juristische oder kameralistische Schreiber）であるということである」[12]と。書記の作業内容が，これまでになく丁寧に紹介されている。その意図は話の展開とともに明らかになってくるが，その前に『プロローグ』のその後の叙述を追ってみよう。「法律系の書記は，その主たる作業が係争中ないし随意な裁判権の対象となっているものである」。「官房系の書記はこれに反して，10分の1税，借地料，天引き（Abzug），隷農，関税案件などをのぞいた土地納付金の徴収，支出，決裁を扱う。彼らはさまざまな構成要素からなる資産の管理人である」[13]と。こうして法律系と官房系の書記の作業内容がまったく異なっていることを明らかにした上で，『プロローグ』はつぎのようにいう。「しかしヴュルテンベルクの書記は，その2つの主要部類の1つだけにひたすら取り組もうとするのではなく，通例，2つのことを同時に取り組もうとする」。つまり，「なんでもやりこなさなければならない」のである。それというのも，「地位を変更せずに，時々刻々，状況に応じて，あれこれの分野で継続的な雇用を見出すため」[14]なのである。つまり，ヴュルテンベルク市民の迷惑とは無関係な，自己中心的な書記の実態が明らかにされている。

その上で，書記に対する止めの言葉が続く。「これらすべてにしたがって，人がヴュルテンベルクの書記の正しい定義を問うとすれば，彼は書記室での決まり切ったことによってのみ修養するので，人は彼を3つの言葉，法律系ないし官房系の決まり切ったこと，すなわち学問的素養のない法律系ないし官房系の実用主義と呼ぶとき以上のましな定義をなんら与えることができない」[15]。そして『プロローグ』の執筆者は，それが無理であることを承知しながら，つぎのようにいう。「彼がせめて1年間にせよ大学で学んだならば，ヴュルテン

ベルクの常識的な考えにしたがえば，彼はもはや書記ではなく，万人によって法律家か官房家のいずれかと評価される」[16]と。

　それでも足りないと思ってか，続いて『プロローグ』は，ヴュルテンベルクに旅をしたことのある人々の，ヴュルテンベルクの書記に対する印象，その教養のなさに対する嘲りなどをつぎつぎと紹介する。そして，つぎのようにいう。「長いあいだにわたって，多くの外国人によってヴュルテンベルクが<u>書記の国</u>（das Land der Schreiber）でしかないと呼ばれようと，驚くに値しない」[17]と。それに続いて，書記問題に関するリストの告発文章ではお馴染みの書記の法外な支払請求が，とくに下級書記のそれが，いかに「ヴュルテンベルク人民のもっぱらの苦情のタネ」となっているかが書き連ねられ，同時に，これまたリストの持論である，書記の法外な支払請求を防止するための固定給払いの主張が展開されることになる。したがって，以上の簡単な紹介からも，『プロローグ』の執筆者をリストと想定したゲーリンク氏の断言は，間違っていないことが分かるであろう。

　ともあれ，このような『プロローグ』が付された委員会の所見の公表は，当然に多大な注目を浴びる要因にもなった。ゲッピンゲンの郡書記であったケラーは，この『プロローグ』を，書記についての「まったく片手落ちで敵意に満ちた屁理屈」をあからさまにしたものと，非難した[18]。しかし，発行責任者のコッタは終始一貫，この『プロローグ』の執筆者の名を明かそうとせず，また「ヴュルテンベルク憲法闘争」のその後の急速な展開もあって，この『プロローグ』をめぐる騒動も棚上げになってしまう。

2．「ヴュルテンベルク憲法闘争」のその後の展開とリスト

　すでに見たように，10月30日の国王フリートリッヒの急逝と皇太子ヴィルヘルムの国王即位を契機として，「ヴュルテンベルク憲法闘争」は新たな展開を見せはじめることになる。しかし，それへと歩を進める前に，大まかにせよ，これまでの「ヴュルテンベルク憲法闘争」の推移を振り返っておこう。

さて，当時の国際情勢を前にして，国王フリートリッヒは，1514年のテュービンゲン協約以来続くヴュルテンベルクの「二元主義構造」を解消して，国王としては悲願ともいえた絶対君主政の確立を憲法上でも明確にしようと，みずから新憲法の制定に着手する一方で，制憲議会選挙の告示をおこなった。そして，1815年3月15日に召集された制憲議会の開院式において，国王フリートリッヒは，全文2章66か条からなる欽定憲法典を示し，その即時執行の承認を求めたのであった。

これに対して，国王の退席直後に早くも議会の抵抗がはじまり，一議員によって欽定憲法破棄を求める奏上書が読み上げられるとともに，それがほぼ全会一致で採択・決議されたのであった。しかも，国王フリートリッヒに対するこの抵抗の気分は議会内にとどまらず，こうした議員たちを議場外で迎えたヴュルテンベルク民衆のものでもあった。それは「旧き良き法」の回復要求として，反対派の統一スローガンとなるほどであった。

こうした事態を前にして国王フリートリッヒも「旧法派」との交渉の必要を感じ，双方の代表からなる商議委員会の設置を認めることになった（1815年4月16日）。この商議委員会の席上，まず議会側が6項目の要求をおこなった。これに対して，国王側の回答がなされるが（5月26日），議会側はさらなる譲歩を求めることになった（6月28日）。こうした議会側の攻勢に対して，国王フリートリッヒは態度を硬化させ，同日付で議会を解散するとともに，これまで見合わせていた欽定憲法の執行を強制した。さらに，8月7日には1815-16会計年度の租税を，議会の同意を得ずに一方的に課するという強硬手段をとったのである。

議会の解散後，各選挙区に戻った議員たちを待っていたのは，またしてもヴュルテンベルク民衆の歓呼であり，とりわけ国王フリートリッヒによる一方的な課税措置に対しては反発も強く，「議会の同意」要求を否定するものとして，各地で反政府集会がもたれるという事態にまで発展した。事態を憂慮したドイツ近隣諸邦による局面打開のための動きもあって，国王フリートリッヒは譲歩の必要を認め，10月15日に議会の再度の招集がおこなわれる。

この時，議会側との交渉役として国王フリートリッヒによって抜擢されたのが，リストとも親交のあったヴァンゲンハイムであった。彼は，ヴュルテンベルク民衆の大きな支援を背にして「旧き良き法」の回復要求で意思統一し，それを前提とした交渉を求める議会側に対して，彼らを分断する意図のもとに14項目の妥協案を提示した。そしてこの妥協案を中心としてヴァンゲンハイムは商議委員会での交渉を開始する（12月4日）。しかし，自分たちに対する分断策を講じてまで交渉を有利に運ぼうという国王側の策謀に対する議会側の不信感も強く，とりわけ「議会の徴税権」をめぐる攻防が年を越して延々と続けられる。

越年での交渉が続けられる中で，水面下での活動が密やかにおこなわれていた。国王フリートリッヒは，翌年の6月に議会の解散を匂わせながら交渉の進展に圧力をかける一方で，国王側の交渉役であるヴァンゲンハイムは二院制を委員会に提案して分断策をさらに進めようとした。しかし，議会の一院制＝不可分一体性を主張する議会側は，この提案に対しても自分たちの見解を譲らなかった。また，この間に国王側は，リストも関与することになった行政組織改革プランの作成をはじめとした諸改革の準備を進めていた（1816年初頭）ことは，すでに見た[19]。

他方で議会側は，「ヴュルテンベルク憲法闘争」の当初でこそ，国王フリートリッヒの強圧的な態度・施策に対する反発から，さらには同様な反発を感じていたヴュルテンベルク民衆の支援を背にしてみずからの諸要求を国王側に提起し，闘争のイニシャティブを握っていたかに見えた。しかし，その後の国王側の反転攻勢によって逆に，受動的な抵抗闘争に追い込まれる状況になっていた。こうした状況から脱するためにも，議会側は委員会を舞台にして，みずからの憲法草案の作成を急ぐのである。そしてそれは，1816年9月，議会側の「憲法草案」としてまとめられ，印刷に付された。24章238ページにのぼるこの「憲法草案」はしかし，委員会レベルで承認されたにとどまり，議会側全体の承認を得ることはできなかった。ゲーリンク氏によれば，それは「極端に旧法派的なもので，いかなる仕方でも法律として申し立てる形式にしたがって

いなかった」ものであった，という[20]。したがって，こののちも議会側は，国王側の攻勢に対して受動的な対応しかできなかったのである。

ところで，その翌年の 10 月，国王フリートリッヒが急逝したことは，すでに触れた。ただちに皇太子ヴィルヘルムが新国王に即位したが，こうした慌ただしい事情もあってか，議会は 12 月 7 日から停会に入る。そして，その後の事態を先取り的にいえば，翌 1817 年 3 月 3 日に再開された議会に，新たな決意で憲法制定に臨む姿勢を見せていた国王ヴィルヘルムが，この間に練り上げていた憲法草案を提示することになる。それは，全文で 9 章 337 か条からなるものであった。この点でも，たびたび依拠する石川氏の研究成果によれば，「まずもって注目に値するのは，……1816 年ヴュルテンベルク議会憲法草案が初めて定式化した『君主制原理 (das monarchische Prinzip)』を継承していることであろう」[21]と。すなわち，その第 4 条は，つぎのようになっている。「国王は国家の元首にして，国権の全ての権利を一身に統合し，かつ憲法の定める諸規定に従ってそれを行使する」と。しかも石川氏によれば，「この規定は，のちの 1819 年 9 月 25 日協約憲法典第 4 条にそのままの形で採り入れられ，但し第 2 項として次の文言が付加されることになる」として，その付加された部分をも紹介されている。すなわち，「その人格は，神聖にして不可侵である」[22]と。この点に関連してただちに想起するのは，『大日本帝国憲法』，つまり明治憲法の第 3 条と 4 条である。それぞれつぎのようになっている。「天皇ハ神聖ニシテ侵スベカラズ」である一方で，「天皇ハ国ノ元首ニシテ統治権ヲ総覧シコノ憲法ノ条項ニヨリ之ヲ行ウ」と。

ともあれ，ここではさしあたりこれ以上立ち入ることはせず，石川氏に依拠しながら，他の条項についても紹介する。それによれば，「基本権は 47 〜 76 条の 30 か条にわたって定められている。目ぼしいものを列挙すると，憲法に基づく国民の服従義務 (49 条)，平等条項 (51 〜 55 条)，職業選択の自由 (56 条)，人身の自由および財産権の保障 (59 条)，武器携行権と祖国防衛義務 (63 条)，請願権 (65 条)，訴願権 (66 〜 69 条)，出版の自由 (70 条)，国外移転の自由 (71 〜 73 条) などである」。さらに「これに関連して，司法権の独立は 160

第 4 章　若きリストと『ヴァルデンブッフ奏上書』　67

条が，また恣意的逮捕の禁止は 171 条がそれぞれ明記している。更に議会（Landstände）については合計 80 か条もの詳細な定めが置かれている。まず，議会は二院制をもって構成され（252 条），議員は ① 旧帝国諸身分および騎士身分，② プロテスタントおよびカトリック教会，③ 教育機関，④ 七つの（良き）都市，そして ⑤ 全ての郡（Oberamtsbezirk）から選出されることになっていた（243 条）。最後に，1819 年憲法典所定の国事裁判（Staatsgerichtshof）に結実しうべき『憲法を維持する諸手段』の規定が，第 9 章第 323-335 条に見られる」というものであった。その上で，総括的に石川氏は，つぎのように指摘している。「この国王草案は，それまで議会側の示した提案を多くの点で斟酌してはいたものの，……依然として二院制（Zweikammer-System）を採用していた。また，旧法派の主張にかかる議会の権限，とりわけ独自の会計局および常任委員会の設置が認められていなかった。更に，大臣答責制と不逮捕特権に関する考え方も，議会側のものとかみ合わなかったのである」[23]と。

　とはいえ，この国王側の憲法草案をめぐっては，問題意識の相違もあってか，石川氏は，「地方自治ないし地方統治」に関連した条項にはまったく触れていない。しかしそれに代わって，「地方統治」にかかわるものとして石川氏が紹介しているのが，1817 年 11 月 8 日付および翌 1818 年 12 月 31 日付で発布されたそれぞれの「官制勅令（Organisationsedikt）」の概要である。その発案者は，「イギリス流のセルフ・ガヴァメント理念に傾倒して」[24]いたヴァンゲンハイムが 1817 年 11 月にドイツ同盟議会のヴュルテンベルク全権代表に任命されフランクフルトに赴任したために，その後任となったフォン・マルクース（Freiherr Karl von Malchus, 1770-1840）であった。「この人物はフランス行政組織を理想とし，枢密院と各部局の再編，中級行政官庁の県段階への新設および下級（郡）官庁レベルでの司法と行政の分離を信条としていた」[25]。こうした信条をもったマルクースによって発案された 1817 年 11 月 8 日付の「官制勅令」にもとづいて，「ヴュルテンベルクは 4 つの県（Kreise）――ネッカー，シュヴァルツヴァルト，ヤークストおよびドーナウ県――および 64 郡に分割され，それぞれの頂点には県政庁（Kreiseregierung）および財務庁（Finanz-Kammer）

が置かれた。これらは……各省と郡官庁（Bezirkbehörde）とをつなぐ中級官庁であった」（圏点は，石川氏の引用原文による強調。以下での引用文中も同じ）。ついで1818年12月31日付の「官制勅令」によって，「それまで郡（Oberamtsbezirk）の長，即ち郡長（Oberamtmann）は（司法と行政――引用者）の二つの作用を一身に統轄していたが，向後，行政権は郡長に，また司法権は郡裁判官（Oberamtsrichter）にという権限配分原理が確立したのである」と。その上で，石川氏はつぎのようにいう。「ともあれ，パースペクティヴで眺めるならば，（この）機構再編は実は臣民相互の平準化を目的とし，国家と臣民とを隔てる夾雑物（中間諸団体）排除――自治体の否定――政策の一環としての底意をもつものであったことを見逃してはならない」[26]と。つまり，自治体を否定したうえでの中央集権型の統治構想に，その特徴があったというのである。

　事態の先取り的な話が長く続いてしまったので，時間を1817年に戻すことにしよう。すでにその前年の1816年11月8日に議会との交渉役を解かれ，文部大臣に任命されていたヴァンゲンハイムは，国王ヴィルヘルムの下で進められていた政府部内でのこうした密やかな動きを察知していたこともあって，「事実上の私設秘書」であったリストと協働して，議会側の「憲法草案」を批判するという形で，国王側の憲法草案づくりに対する発言権を確保しようとした。1817年1月発行の『ヴュルテンベルク・アルヒーフ』紙に掲載されたリストの論文「ゲマインデおよび郡における市民的自由の確立を特別に考慮に入れた上での，ヴュルテンベルク議会憲法草案の批判」（Kritik des Verfassungentwurfs der Würtenbergischen Ständeversammlung mit besonderer Rücksicht auf bürgerlichen Freiheit in den Gemeinde und Oberämtern）がそれである。

　この長いタイトルを付されたリストの論文は，邦訳されたそのタイトルの前半部分，すなわち「ゲマインデおよび郡における市民的自由の確立を特別に考慮した上での」という部分に，その主題のすべてが物語られているといえよう。事実，リストはいう。「ゲマインデおよび郡のコルポラティオンにおける自由は，私の頭を離れることのない考えとなっていた。その考えは，すでにかなり長い時間を費やしたもので，私は注目すべき発見に到達することができ

る，と信じている」[27]と。そして議会側の憲法草案を意識してか，つぎのように
いう。「ゲマインデおよび郡における自由こそが，憲法の理念を生活に呼び
覚ますであろう。10万の自由な市民は背筋を伸ばして立ち，自分たちの知力
を行使しなければならない。——30人の貴族ではない。しかも，ゲマインデ
における自由という無意味な文言が憲法に書かれていたり，印刷されていたり
しているままの状態では十分ではない。憲法はまた，生活の中に移し替えられ
るべきである。こうしたことが実現するのは，純粋な代表機関によってのみで
ある。議会の草案にはこのような機関がなんら含まれておらず，したがって私
たちの憲法において市民的自由は葬り去られたままである」[28]と。

　これに続いて本文に入って，市民的自由・自治を基礎としたゲマインデ→地
方→州→国家という，周知の上昇型の憲法構想が示されるが，ここで注目すべ
きは，「意志と力」に関連して，つぎのような考えがリストによって表明され
ていることである。「多くの個々人は，意志を表明することもせず力を行使す
ることもしなければ，なんの役にも立たない。それゆえ，彼らはこうした権限
を，全体意志および全体の力に一様な方向を与える特性をもった機関（Organ）
に委ねる。この機関は参事会の，あるいは最高決定機関としての統治の権力
（Gewalt）である」[29]と。つまり，「個々人」が自分たちのもつ意志と力の権限を，
「機関に委ねる」という考えである。ちなみに，ここで「委ねる（übertragen）」
とされていたものが，このあとに続いてみることになる『ヴァルデンブッフ奏
上書』では「信託する（vertrauen）」という表現に変わる。いずれの表現にせ
よ，ジョン・ロックに代表される「機構＝機関信託論」の考え方が，ここに見
られるといってよいかと思う。

　ともあれ，ここでは，リストが議会側の憲法草案を批判している項目につい
て，簡単に見ておこう。「第4章　基本的な内容に鑑みた議会草案の批判」に
は，つぎのようなものが挙げられている。

　A．国家における個々人の自由

　B．コルポラティオンにおける市民的自由

　C．人民代表一般

D．議会委員会（Ständische Ausschusse）

E．議会会計局（Ständische Kasse）

F．ドイツとの関係

G．議会の大臣府と監理局（Ständisches Ministerium und Direktorium）

H．立法

I．行政機関

J．法学者と書記（Juristen- und Schreiberstand）

　「A．国家における個々人の自由」の項は，さらにつぎの２つの点に分けて論じられている。まず「1．隷農制と狩猟奉仕は旧き法に属するが，良き法には属さない」と付された部分でリストは，つぎのようにいう。「私がここで，その不思議さを表明することを抑えることができないのは，時代精神によってごく当然な変更を加えるべき試みを議会がなんらしていないことである」。「しかし，時代にふさわしい憲法にあって不可欠なのは，個々人の自由が原理として表明されるということである。隷農制は名称だけ残り，結果として取るに足りない課題でしかなくなっているとはいえ，狩猟奉仕に対する個人の責務は，それが合法的に規範化されたときには，農業（Landeskultur）にとって少しも有害ではないとはいえ，これらすべてのことが，ここ（議会草案──引用者）では考慮されていない」と。ついで「2．公民の個人的自由に鑑みて，それがなくて困っているのは，憲法における基本的，積極的な規定である。──それは戸主の戸主権（Haus und Familienrecht）の神聖不可侵である」という部分が続く。というのも，リストによれば，「こうした積極的な規定が必要なのは，家政への警察・財政権力の侵害から市民を守るためである」と。個人の自由にとってその裏づけともなる私有財産の神聖不可侵の原則が，ここで述べられているのである[30]。

　「B．コルポラティオンにおける市民的自由」の項目では，リストはつぎのようにいう。「ゲマインデにおける市民的自由は，二重の意味で重要である。まずそれがなければゲマインデ行政，したがって公的な行政のうち，さしあたり公民の人格にかかわる部分が適切に執行されないからである。ついで，──

それは国家における自由と公共心の基礎だからである」と。これに対して，議会の「憲法草案」は，原理においてよりもむしろ，市民的自由の要件に対抗する機関の確立においてつまずいている」と。というのも，リストによれば，「市民総体が行政処理の統御や承認の能力がなく，したがって彼らがこのような機関を必要としないということを，議会が当然のこととして主張している」からである。これに対してリストは，つぎのように反論する。「差し迫った必要というのは，新しい憲法の採用とともに（ゲマインデ行政にかかわる——引用者）すべての参事会が新たに選挙されることである。というのは，こうした行為によって人民は，みずからの自由を見える形で有することになるからである」[31]と。市民的自由だけではなく，市民的自治の涵養が強調されているといえよう。

「C．人民代表一般」の項目で，リストは冒頭，つぎのようにいう。「私たちがコルポラティオン制度とラント代表制度（Landesrepräsentationsverfassung）との関連を考慮するならば，私たちにとって最終的には議会草案を支持できないのが本音のところである」。というのも，「人民の代表制を維持するためには，人民のところに降りてこなければならないという必然性に，人は気づく」からである。しかし，「アムト集会や参事会を通して，人民と代表とのあいだの結びつきは堅固にならない。というのは，個々のゲマインデでは，参事会員に対する不信が支配しているからである」。実際，「個々の市民や農民が代表選挙の重要性をちっとも分からないし，国事（Landessache）についてなんの考えももたないのは，なによりもゲマインデにおける自由が存在しないときである」。それに比べて，「まったく事情が異なるのは，定着した代表制がゲマインデや郡に存在しているときである。この場合，個々の市民にとって好都合なことは，自分の代表が分別のある，正直で愛国的な人物である，ということである。というのは，彼はあらゆるゲマインデ業務にあって，参事会に対抗して市民を代表するからである」。しかし議会側は，こうした事情が存在するにもかかわらず，「草案によれば，100人の選挙有資格者は，10人の選挙人を代表選挙に選出すること」で十分としか考えていないのである[32]，と。

72

　「Ｄ．議会委員会」の項目では，この委員会がヴュルテンベルクにおける「二元主義」を特徴づけるものであったことを念頭に置いた上で，つぎのようにいう。「人民の代表がいつまでも召集されない状態が続くと思われたり，逆に，憲法が定着した機関の中で生命力を失うにともなって破滅する危険をおかしているのではないかと思われたりするとき，人は委員会の選出に思いを馳せる。しかしながら，こうした方便は，慎重に選択されねばならない。安易におこなわれれば，それは自己の目的を充足できないということになる。その際に危険なのは，委員会が貴族政や寡頭政へと後退し，憲法機関が死滅することである」[33)] として，この点でも議会草案を批判している。

　「Ｅ．議会会計局」の項目は省略し，ここにあげられた項目の中でもとくに注目に値する「Ｆ．ドイツとの関係」の項目に進もう。というのも，これまでのリストが，どちらかといえばヴュルテンベルク一国のみに関係してきた事柄に言及してきたのに対して，ここではじめてドイツ全体に話が及ぶようになってきたからである。しかもリストによれば，「他のドイツとの関係は，議会草案では言及されていない」という状況があった。この「ドイツとの関係」に関連しては，すでに 1815 年 5 月に加盟各領邦によって調印された「ドイツ同盟」が存在していたが，この同盟についてリストは，つぎのようにいう。それは「君主同盟（Fürstenbund）でしかない」。「それによって君主たちの利益だけが守られ，人民は無縁なままである」と。したがって，「ドイツの人民にとっては，君主会議にみずからの請願を提出することができる機関がないのである。そしてその請願というのは，ドイツ全土における自由な交通の確立について，統治者と人民とのあいだを媒介し調停する最高裁判所について，外敵に対する強力な軍備について，最後にすべてのドイツ系の人々が学芸（Wissenschaft und Kunst）においてさらに飛躍するために力を 1 つにする全般的な制度についてである」[34)] と。のちのリストの「ドイツ関税同盟」構想に連なる「ドイツにおける自由な交通の確立」という要求がすでに，ここに顔を出していることが分かる。ヴュルテンベルク領邦議会を人民の代表機関にしようと考えてきたのと同様に，リストが「ドイツ同盟」についても，同じ方向性をもっていたことが

分かる。

　「Ｇ．議会の大臣府と監理局」，「Ｈ．律法」及び「Ｉ．行政機関」の項目についても同様に省略し，最後の「Ｊ．法学者と書記」の項目について見てみよう。これまでリストがみずからの経験を踏まえながら，書記制度問題について発言を繰り返してきたことは，すでに見てきた。しかしこの項目では，ゲーリンク氏も指摘しているように，「周知の思想が純化され，冷静な仕方で提起されている」[35)]ところに特徴があろう。まず冒頭は，つぎのような文言からはじまる。「将来の国家行政にとって大いなる重要性をもっているのは，法律家と書記とのあいだを支配している裂け目が，時間の経過の中でみずから解消することである。法律家は人民に奉仕しなければならないし，実務家は学問に向かっていかなければならない。――これは，私がいずれ実行しようとしている要求である」と。これまでのリストが，どちらかというと，書記の不行跡や教養のなさなどを手厳しく非難してきたのに対して，ここでの彼は，法律家の社会的な役割＝責任にも目を向けながら，それとの関連で書記問題を論じようとしているように思える。

　それに続いて「法律家」と「実務家」とを比較しながら，リストはつぎのようにいう。「法律家は鋭い感覚をもっており，正しく秩序立てて考えるという自然の賜物を培っている。彼は自然的な感情にしたがうだけでなく，根拠にもとづいて真実と虚偽を，本質と形式を区別している。しかしこれらすべての賜物を彼は，少なくとも大いなる死体（ローマ法――引用者）に惜しげもなく注ぎ込んできた。彼の学問は生活の中に入り込むことがない」と。つまり，法律家の学問が現実生活との接点を失っている，とリストはいうのである。他方で，「経験豊かな実務家は，これに反して，びっくりするほどの業務処理能力をもっている。彼はすべての実務的な諸事情に精通しており，彼は自分が一度理解したことをすべて，よくわかるように提示することができる。いかなる困難をも，彼をひるませることはない。彼の卓抜さがもっぱら生じるのは，ひとたび既成となった形式にしたがって，彼がすべての分野を認識し，国家行政全体に詳しいという点である」と。実務家あがりのリストならではの言葉である。し

かし，こうした「実務家」の側にも問題がないわけではない。彼は続けていう。「しかし彼の主たる学識は，彼があれこれの学問から自己流に修得した形式に依存しており，ツギハギだらけのものであり，知へと移行する以上に記憶の問題である」と。

したがって，こうした比較を踏まえてリストが主張するのは，「法律家と書記の一体化」である。そのときにも彼がむしろ重視するのは，「法律家」の役割である。彼はいう。「こうした出会いに私が加えたいのは，さらに等しく不可欠なもの，すなわち普遍的に改められた，私たちの習俗，習慣などに照応した，ローマ法的な明敏さに支えられた自前の立法（einheimische Gesetzgebung）である。これが存在するとき，法律家は人民のもとに進み出て，人民の諸事情や諸欲求にしたがって調査をし，したがって自前の立法を自主的に発展させるであろう」[36]と。現実生活との接点を見失ったまま，古文書あさりのようにローマ法の解釈にいそしむのではなく，人民の生活実情に見合った，したがって人民の目線から見た「自前の立法」の探求こそが「法律家」の課題であり，そのことが「実務家」＝「書記」に「あれこれの学問から自己流に習得した形式」から「知へと移行する」必要性を自覚させるのである，とリストはいうのである。のちの彼の主著『経済学の国民的体系』（1841年）の中で「世界主義的な観点のもと」での経済学とは別に，「特別な国民的利益や国民的状態を顧慮する」国民経済学の必要を説いたときと同様に[37]，学問が，したがって「法律家」が，書記問題という現実問題を放置していることの責任をも問うているのである。その点では，書記問題を論じるときのリストのいつもの手厳しさが影をひそめてしまっているともいえるが，それは同時に，こののち文部大臣ヴァンゲンハイムの強力な後押しも加わって，テュービンゲン大学に「国家経済学部」が創設され，その初代の行政学教授に任じられることを通して，みずから「法律家」，したがって学問の役割＝責任を引き受けざるをえなくなる，リスト自身の姿を予感させるものであったともいえよう。

さて，以上に簡単に見てきたリストのこの長大な論文においては，ひそやかに準備されていた，自治体を否定する国王側の憲法草案・行政組織改革案を意

識したのか，「機構＝機関信託論」に代表されるような，彼の市民的自由・自治の憲法構想が一段と鮮明にされる一方で，議会側の憲法草案を批判する形をとりながらも，これまでリストが取り上げてこなかった領域にまで筆が及ぶようになってきたことが確認されよう。

3．『ヴァルデンブッフ奏上書』と起草者リスト

1814 年にネッカー上流の町ズルツに郡の駐在弁務官として赴いたリストは，この地方の多額な租税債務の実態調査にあたる一方で，関係官庁に対する支払い延引の交渉に努力したりした。こうした経過の中で住民との良好な関係をもつことができたリストは，1815 年 3 月にズルツ郡の代議員たちによって，すでに見た『ズルツ請願書』の起草を託されたのであった。このとき，リストに協力して『ズルツ請願書』の作成に貢献した人物として，テュービンゲン大学での学業仲間であったシュライアーがいたことも，すでに触れた。その後，シュライアーは再びテュービンゲンに戻ってさらなる勉学にいそしんでいたが，1816 年 4 月からはテュービンゲンにある病院施設の管理官であるとともに植物園の出納官という地味な職務につくことになった。しかし，『ズルツ請願書』の起草にあたってリストに協働した人物として知られていた彼は，そのリストとも親交のあったヴァンゲンハイムが同年の 11 月 8 日に文部大臣に任じられて間もない 12 月 14 日に，文部省官房では 2 番目の，リストによれば「有能な」秘書官に採用されることになる。こうしてかつての学業仲間である一方で，『ズルツ請願書』の起草を契機に「ヴュルテンベルク憲法闘争」における同志となったリストとシュライアーは，シュトゥットゥガルトで再会することになった。しかも 2 人は同じところに住み，ズルツのときと同様に「昼夜の別なく緊密な関係を保った」のである[38]。前節で見た『ヴュルテンベルク・アルヒーフ』紙のリストの論文「ゲマインデおよび郡における市民的自由の確立を特別に考慮に入れた上での，ヴュルテンベルク議会憲法草案の批判」も，こうした彼らの良好な精神的交流の中で書かれたものといえよう。

こうした状況の中で，リストを再び市民運動に接近させる事態が生じた。その最初の契機をもたらしたのは，テュービンゲンの市民たちであった。この事態を報じたテュービンゲン大学教授エッシェンマイアーによれば，テュービンゲンの人びとの意見を取りまとめる一部の市民たちはかねてから，なんらかの第三者的な公的機関の設立を要望してきた。そして，その公的な機関というのは，彼らがこれまで不信の目を向けてきた市参事会の行政をしっかり監視する権限をもったものとして考えられていた。こうした彼らの意見を代弁するはずの議会の憲法草案では，このような機関の設立がまったく意図されていないことが彼らに明らかになってくるとともに，シュトゥットゥガルトからテュービンゲンに通ずる街道のほぼ中間に位置するヴァルデンブッフに集まった彼らは，国王に請願書を提出することを決議する。そしてその起草者として，彼らは「会計官リストを選出」したのであった。『ヴュルテンベルク・アルヒーフ』紙に文筆家としてたびたび登場し，市民代表の機関の必要性を説いていたリストを，彼らはすでに承知していたのである。こうしてリストは，彼らとの話し合いのためにロイトリンゲンに招かれることになり，請願書の起草を求められることになる。求めに応じて請願書を起草したリストは，ヴァルデンブッフでの2回目の集いの際に『奏上書』を準備し，それを彼らの討議に付したのであった。この場には，リストとともに秘書官シュライアーも招かれていた。彼が「テュービンゲン市民の子弟」だったからである。討議の結果，この文章を請願書として国王に提出することになり，あわせて政治的に有力な人びとの賛同をさらに獲得するための活動の必要が提起された。しかし，この活動は彼らが思ったようには広がらず，そのこともあって請願書としての提出は断念されてしまったのであった。このために，その後，この『奏上書』の存在そのものもまったく忘れ去られてしまうことになる。しかし近年になって，ゲーリンク氏がそれを発見して，彼の著書に史料として全文を掲載することによって，はじめてその存在が明らかにされたのであった[39]。

1817年1月26日にリストによって起草された『ヴァルデンブッフ奏上書』には，つぎのような見出しが付されている。「国王へ，ゲマインデおよび郡の

第4章　若きリストと『ヴァルデンブッフ奏上書』　77

自治共同体における市民代表制の確立を通して，参事会の専横を抑制すること
にかんする何某郡および多くの郡の依頼」と。この見出しからゲーリンク氏
は，この『奏上書』が最初からテュービンゲン市民だけでなく他の郡，とりわ
けロイトリンゲンの市民たちにも賛同を呼びかける意図があったと見てい
る[40]。その通りであろう。その一方で，この見出しには，ヴァルデンブッフ
に集まった市民たちの切実な要求が端的に表現されている。「ゲマインデおよ
び郡の自治共同体における市民代表制の確立を通して，参事会の専横を抑制」
したい，と。続いて本文に入り，リストはつぎのようにいう。「新しい時代の
声は，私たち市民や農民にも自分たちの諸事情や自分たちの真の利益について
啓発してきました。私たちは，祖国の大いなる事業そのものについても考えは
じめるようになり，以下のことは私たちにとって内容豊かな教説となりまし
た」として，つぎのような文言を紹介する。「政府が知るのは人民の利益のみ
であり，政府が人民の声を──純粋かつ真摯に聞くときにのみ，政府が人民の
精神にみずからをおいて行為しようと努めています」[41]と。人民，したがって
「市民や農民」の声に真摯に耳を傾けてこそ，政府は「市民や農民」にとって
の政府となる，というのである。

　そこで『奏上書』では，「市民や農民」のいかなる声が紹介されることにな
るのだろうか。リストはいう。「私たちが困っているのは，旧憲法には，それ
を通じて人民の欲求を真実に語ることができる機関が不在なことです。なるほ
どこのような機関の精神は，かつての市民の代表（Bürger-Deputieren）にはあ
りました。しかしながら，すでに旧憲法にあってあれほど有益な影響をもって
いたであろう，この仕組みは，ずっと以前に役人支配の基礎になっていまし
た」[42]と。この言い方からは推測でしかものがいえない。しかしその背景とし
ては，ヴュルテンベルクの地に悲願であった絶対君主政の確立を目指していた
当時の国王フリートリッヒが，1806年の新旧ヴュルテンベルクの統合を契機
にしてはじめた一連の行政組織改革を通じて，とりわけ自治体としての郡・ゲ
マインデの性格をいちじるしく変更した，という事情が存在したといえよう。
すなわちフリートリッヒは，郡裁判所の新設によるゲマインデ裁判権の否定に

はじまり，参事会における都市および村落の代表についてもゲマインデの選挙権を否定し，国王の官吏である郡長の任命ないし推薦によってしか参事会員を選出しえなくし，これらを含めて郡長の権限をいっそう強化したのであった。『奏上書』はこうした事態をとらえて，参事会における都市および村落の代表を「かつての市民の代表」といい，彼らに対するゲマインデの選挙権が否定され，郡長の権限がいっそう強化されたことをもって「役人支配の基礎」といっているのであろう。

　事実，こうした推測が誤りでないのは，続く文章からも明らかである。リストはいう。「私たちが困っているのは，議会の憲法草案にも，この機関が不在なことです。ここでは市民の代表すら抹消されているように思われます。すべての公共的な諸機能は参事会に委ねられ，これらは郡長と書記の監督と指導の下におかれています」[43]と。ここでは，「すべての公共的な諸機能」を委ねられた参事会が「郡長と書記の監督と指導の下におかれています」という，「役人支配」の一端が示される一方で，注目すべきは，かつては曲がりなりにも存在した市民的自治・住民自治のこうした否定に対して，「旧き良き法」をスローガンとして旧権利の回復を要求してきたはずの議会側がまったく反応を示していないことが明らかにされていることである。しかもこの時点では，すでに見たように，国王側も自治体の存在を否定する憲法草案を密かに準備していた。したがって，私たち「市民や農民」の声を代弁するはずの議会がこのように頼りにならないために，「市民や農民」はみずからの声をこの「奏上書」に託して国王に直接に提出せざるをえなくなってしまったという，「市民や農民」の切迫した事情を語ることも，この短い文章に含意されているといってよい。

　さて，「郡長と書記の監督と指導の下におかれている」参事会であるが，それについてリストは，つぎのようにいう。「私たちの参事会員の声は，なんら（私たちの——引用者）声ではありません」。というのも，「彼らは私たちによって選出されたわけでもなく，私たちの信託（Vertrauen）を受けているわけではなく，私たちを代弁する資格もない」からである[44]，と。前節ですでに見た『ヴュルテンベルク・アルヒーフ』紙でのリストの論文「ゲマインデおよび郡

における市民的自由の確立を特別に考慮に入れた上での，ヴュルテンベルク議会憲法草案の批判」にあっては，「委ねる（übertragen）」という表現が用いられていたが，ここでは「信託（Vertrauen）」と明確に表現されている。つまり，リストによれば，参事会は基本的には「市民や農民」によってその権限を「信託」されているにすぎないのだ，ということになる。ここには，明確に「機構＝機関信託論」が表明されているといえよう。したがって，その「信託」に応じることのない参事会は当然に，「私たちを代弁する資格もない」ことになる。否，それ以上に「また困ったことには，彼ら（参事会員——引用者）は，私たちと同じ感性をもつことのない役人の追従者（das Echo der Beamten）でしかない」と，リストならではの痛烈な言葉が追い討ちをかける。それに続いて，つぎのような毅然たる言葉も，リストによって発せられる。「私たちがゲームの親であるのは，当たり前です（Wir sollen geben）」と。「機構＝機関信託論」の立場を分かりやすく表現したものといえよう。これに対して，「役人は統治することだけを考え，力（Macht und Gewalt）を必要以上に私たちに対して行使しようとします」。しかし，彼らがまったく理解しえないのは，つぎのような事情の変化である。「私たち（「市民や農民」——引用者）は，ゲマインデおよび郡の自治共同体における私たちの事業の大部分を，私たちの仲間内の人物に助言を求めてよいほどに成長したと思っています。しかも私たちは，こうした人物たちの共通な問題に取り組む能力と情熱を信じています。私たちは——換言するならば！——役人の思いのままになるには大人になりすぎていると思います」という言葉が発せられるほどの，「市民や農民」の側での事情の変化である[45]。しかもこの言葉は，子供（＝市民や農民）に対する大人（＝役人）の面倒見の関係，つまり大人である自分たち役人が「面倒を見てやる」のに対して，子供に甘んじている市民や農民が彼らに「面倒を見てもらう」という関係，それらを役人はいつでも引き合いに出しながら，自分たちの「役人支配」を正当化する一方で，市民的自治・住民自治を否定しようとする役人たちの常套手段に対する見事な反撃となっているのである。

　このように見事な冴えを見せているリストの頭脳からは引き続き，役人たち

に対する痛烈な言葉が浴びせられることになる。「現在において支配している精神（役人の精神——引用者）というのは，秩序を維持するという装いのもとに秩序を大いに損なうものであり，それは市民が公的なものごとに口を出そうとしないのを支障と考えるどころか，さりとてあらゆる名声が少数の特権的な人びとのものでしかないようにするわけでもなく，ひたすらどうでもよいことを平気で実行に移す精神であります」と。したがって，こうした精神の持ち主たちなので，役人たちが「存在するとしても，権勢欲の強い貴族主義者や利己的で理念をもたない人々であり，彼らは最近になって市民的自由をジャコバン精神とののしり，市民的自由を抑圧するために陰にまわって謀計をしているようであります」と。ここには，こうした役人たちを介して国王が統治をおこなうことに対して警鐘を鳴らすことも，含意されていただろう。事実，リストはそれに続けて，つぎのようにいう。「しかしながら，人民の中の注意深い識者，とりわけヴュルテンベルクのそれは理解を異にします。つまり彼は，自由な市民が王位のもっとも確固たる支えであることを知っています。というのは，彼は破壊的な無政府主義を阻止することで利害関係を同じくするからであります。彼は，自由な市民が威圧的で精神的に休眠している役人貴族政（Beamten-Aristokratie）の鎖を断ち切り，国家の力をおそらく予想しえないレベルに増強する，ということを知っています」[46]と。「威圧的で精神的に休眠している役人貴族政」ではなく，「自由な市民」の存在こそ，そしてその自由な市民による自治を基礎にしてこそ，ヴュルテンベルク王国はその「もっとも確固たる支え」を獲得するだけでなく，「国家の力」を飛躍的に増強することができる，とリストはいうのである。

　こうして『奏上書』は，その本題に入っていく。リストはいう。「私たちのもっとも切実な願望を詳しく展開することが必要でありましょう」と。それはとりもなおさず，市民を代表する機関の設立とその理由である。同じくリストはいう。「人民の精神がそれを通して誤りなく伝えられる諸機関（die Organe）が人民に用意されているときにのみ，人民はよく統治されえます。しかし参事会だけでは，諸機関の出発点において欲求を汲み尽くせません。というのは，

参事会は行政を確かなものにするために，終身で任命されなければならないからであり，私たちのあいだの誰もが知っているのは，人間は自分が法律によって権力を確保したとき，いかにたやすく委ねられた権力を乱用する誘惑に駆られるかということです」と。統治者と人民のあいだを結ぶ「諸機関」を通して両者の意思疎通が十分なときには，「人民はよく統治されえます」が，それが不在または機能しないときには，具体的には参事会による権力の乱用が生じやすいというのである。したがって，こうした状況を放置しておけば，「参事会は，あるときはゲマインデ＝自治的共同体や郡の権力を利用しているにすぎないが，あるときは自分たちに委ねられた権力を乱用し，暴君になることでしょう。彼らは人民の精神にみずからをおいてではなく，利己的に振舞うことでしょう」と。そこで，こうした事態を避けるためには，「参事会に機関が対置されなければなりません。その機関というのは市民総体の信託（Vertrauen der Bürgerschaft）に発しながら，市民の純粋な意思を代弁し，その利益を守り，自分たちに委ねられた義務を守ることを参事会に警告するものであります」[47]と。参事会の権力乱用を避けるためにこそ，「市民総体の信託」にもとづく市民代表の機関が必要であることが語られている。

　しかし，市民代表の機関の必要性は，そうした消極的な理由にとどまらない。したがって，リストは続けていう。「こうした機関を私たちに与えていただきたい。そうしますれば人は，物事を違った形で見ることになるでしょう。ゲマインデの人民は，もっと分別のある人物だけをみずからの代表に選出することになるでしょう」と。郡長に任命または推薦されて選出された参事会員に比べて，市民自身によって選出された代表こそ，またそうした人々によって構成される機関こそが，ヴュルテンベルク王国にとっても真に頼りになることを訴えるのである。そして，こうした機関に期待できることとして，リストはつぎのようにいう。「真によい政府（wahrhaft guten Regierung）と同じ利害関係をもっているこの機関は，あるときは，憲法という事業にあって真なるものを偽りのものから分かち，あるときは，このようなものが支配すれば，貴族主義的な諸原理が白日のもとにさらされ，貴族主義者の仮面をはぐことでしょう。こ

の機関によってのみ，憲法は人民の精神の中に確立され，そうでないとすれ
ば，砂上の楼閣であります。この機関によってのみ，憲法は有効と見なされま
す。と申しますのは，新しい憲法が政府と人民とのあいだの協約（Vertrag）と
いわれているからであります」と。市民的自由・自治の立場からだけではな
く，ここには新憲法を欽定憲法としてではなく，ヴュルテンベルクに伝統的な
「政府と人民とのあいだの協約」憲法として考えるリストの基本姿勢も見られ
る。したがって，つぎのようにもいう。「しかし参事会員は，人民の名におい
て協約を結ぶことに適していません。と申しますのは，人民の精神に対立する
利害によって導かれるときには，それは人民とは無縁だからです」[48]と。

　続いて，こうした自分たちの要求に対する反論を予想してか，リストはつぎ
のようにいう。「人が私たちに本来の人民の機関よりも議会のほうに着目せよ
というのであれば，ゲマインデや郡の代表制（Repräsentation der Gemeinde und
Oberamts）がその目的に沿っているということを，私たちは確認しなければな
りません。なるほど議会（Stände）は私たちによって選出されたが，それは私
たちの下位に位置するのでしょうか？　私たちとも相談するのでしょうか？
自分たちがどのように行動するのかを，私たちに語るのでしょうか？　私たち
は自分たちの願望を彼らに表明することができるのでしょうか？　否でありま
す。多くの自治共同体（Amts-Corporation）は，自分たちの代表（Deputierten）
を挽き臼にかけるしかありませんでした。多くは彼にまったく会うこともな
く，私たちすべてにとっては，私たちの代表は選挙の終了とともに無縁なもの
となりました。原因があるとしますれば，それは彼らにではなく，それを通じ
て彼らと話し合えたであろう機関の欠如にあります」[49]と。ここからも明らか
なように，リストの「機構＝機関信託論」の立場からは当然に，現実の議会に
象徴される「代行制」の有名無実化が問題なのであり，したがってそれに期待
することはできないのである。そこで，それに代わって信託者の意向に沿っ
た，したがって「政府と人民とのあいだの協約」を結ぶにふさわしい機関の必
要性が，あらためて強調されることになる。そして，こうした考えから，議会
草案に対する批判も続いて展開されることになるのである。「しかし人が，議

会の草案で企図されていて，私たちに機関に相当する公聴会（äußern Rat）に着目せよというのでありますれば，この会がどっちつかずのもの（Zwitter-Ding）であって，私たちの願望にとうてい沿うことがないことを，私たちは表明せざるをえません」と。その理由といえば，「この会は参事会と力を合わせることが予定されているので，後者の貴族主義的な精神を容認するでしょうし，役人の影響下にあるところになりましょうし，市民総体はこの会に対する信頼（Zutrauen）をしなくなるでしょうからです」[50]と。旧法派的な思想との決別を鮮明にした文言である。

　市民代表の機関の必要性とその理由が，これまで語られてきたとすれば，それに続く部分では，それが採用されることによる行政上の有効性が，それも実務家あがりのリストならではのリアルな描写をもって語られることになる。彼はいう。「この機関が憲法の上で確立されますれば，政府はたちまち満足気に，ゲマインデ，郡および国家の行政への有益な作用を認めるでしょう」といって，その第1の効用として無責任体制の一掃をあげる。すなわち，「参事会の専横は解消され，今日の行政の下では不可避であるゲマインデの破滅は阻止されるでしょう。——書記代行と本来の書記（Schreibers-Schreiber）はいたずらに無駄紙を使うこともなく，会計弁務官と検査官（Rechnunngs-Commissäre）は真紅の棍棒をいたずらに台無しにすることもなくなるでしょう。——私たちの代表性（Repräsentation）は，どんな無責任さもまったく単純な仕方で発見するでしょう」[51]と。ついで第2の効用として挙げているのは，「役人支配」からの脱却またはデタラメさの解消である。「役人の側からは専制的な精神が，市民の側からは奴隷的な精神が消え失せるでしょう。たとえ，もっとも人望のある市民が役人や郡長から軽蔑的に扱われたり気ままに遇されたりするにせよ，旧憲法時代にすら圧制にほぼ等しい力を彼らが行使するのを，決して聞かされることがなくなるでしょう。もはや聞かされることもなくなりますのは，書記が一群の書記たちと一緒になって公的な行政を混乱させるために任用されたかのように見えますこと，私たちのゲマインデ会計が数十年を経てはじめて確立されるときにのみ，事態も改善されることになるでしょうこと，購入契約やあら

ゆる様式の正規の文章がなくなってしまいますこと，だれが裁判（Gerichitswesen）を司るかが概して不分明でありますこと，役立たずの記録文章が整理されないままの状態にありますこと，税率や租税割当といった重要な業務が経験不足の下僕に任され，さらに公的な記録文章が台無しにされたり，個人および数百人の人びとが連行されたりしますことです。最後に，評判のよい市民が，青二才でどうやら学校を逃げ出してきた書記が罰せられもせずに彼を鼻であしらうという，屈辱を受けることはもはやなくなることでしょう」[52]と。それでも足りないと思ったのか，「役人支配」の実態にかんするリストのリアルな描写は続く。「役人にはきちんと給料を払うことのほうがじっと我慢することに比べてよいということ，上級官吏（Oberamte）が権利と義務を金でどうにでもすること，彼らは市民が自分たちに謝礼を出すまで市民に嫌がらせをするということ，新年の付け届けが図々しく要求されるということ，経理の聴取（Rechnung-Abhör）にかこつけて――私たちはその具体例を挙げることができます――近くの村落にともなって行く21人もの随行員が雇い入れられ，その地のゲマインデが数百グルデンという日当で脅しをかけられるということ」があります，と。したがって，市民たちが不満を感じながらもよく分かっているのは，「役人にはじっと我慢することよりも固定給を払うことのほうがよいということ，書記が年貢の半年分に換えて多くの書記代行に市民や農民の財布への略奪状を振り出そうとしていること，遍歴をしている書記一座（Schreiber-Personal）によってなされるあらゆる種類の悪巧みが，人民の道徳性をその肉体のもっとも気高い部分である公的な権威のところで傷つけようとしていることです」[53]と。

　まっとうに努力している市民や農民の生活状況を守るために，市民代表制の導入がもたらす第3の効用が，自治体の課金や国家の賦課金をめぐって，つぎのように語られる。「自治体の課金や国家の賦課金が，量による付け替え（Vorspannen）などの配分によって処理されますれば，市民代表は，資本家（der Capitalist）が無難に免れる一方で，地主や商工業者があらゆる純益だけでなく，戦時にも自分たちの蓄えの一部を使い尽くさねばならないことを，我慢はしな

いでしょう」[54]と。ここで「資本家」と呼ばれる層がどのようなものかは判然
としないが，それと「地主や商工業者」とが対比されているところを考えてみ
ると，ヴュルテンベルク以外のドイツ各邦，または諸外国との交易に従事する
人びとが念頭にあるといえよう。そして，この「資本家」を再び引き合いに出
しながら，農民や商工業者の救済を訴える話は，さらに続く。「私たちの代表
の自然の分別は，農民や商工業者がみずからの価格の主人（Meister seiner
Preise）でありまして，したがってこれが理由となって資本家を競争に引き込
むという，著作家の諸説を根拠なきものとします。耕作者（der Bebauer）が租
税の控除後にその耕作費をほとんど埋め合わせられない場合には，土地の価値
や耕作地に対してどんなにとてつもなく不都合な影響が生ずるかを，彼ら（代
表──引用者）は明らかにすることでしょう。かつての体制の下では貴族主義
者たちこそが，資本家の救済という理論を広めたのであり，政府や委員会のメ
ンバーが特権を与えられた人々のリストのトップに掲載されていたためである
ことを，彼らは証明することでしょう」[55]と。ここでも，いわば「政府や委員
会のメンバー」といった特権層と利害関係が結びついた層として，「資本家」
が論じられているので，前段での推理はあながち的外れでもないだろう。とも
あれ，こうした特権層とそれと緊密に利害を共にする人びとの利権に対する規
制，それはまた同時に農民や商工業者の救済に連なるものであるが，そこにこ
そ市民代表制導入のメリットがある，と考えられているのである。

　さらに，司法および行政をめぐっては，つぎのようにいう。「敏速な司法，
強制執行ならびに正規のそれにこそ，信用の基礎があります。市民はどんな些
細なことであるかにかかわりなく，相談所や裁判所に走り込もうとします。彼
はいつでも相談所や裁判所の周辺をうろつきまわるどころか，半ば自分の権利
を失いがちです。判決をはじめから郵便局で受け渡さない今日の裁判所が必要
であること，みずからの案件を口頭で上申しようとする人物に文章を提出する
ことを求めてはならないことを，私たちの市民代表は分からせてくれるでしょ
う」[56]と。つまり，市民に利用しやすい，市民の立場での裁判所の改善も，市
民の代表がいてこそ可能となるというのである。続いて行政をめぐっても，同

様のことが語られている。「アムト集会が市民代表によって管理運営されるようになりますれば，アムト欠損分という名目の下で年間に割り当てられる法外な額は軽減されるでしょうし，アムト自治共同体が1813年の戦時期に麦の購入を通して莫大な額をだまし取られた途方もない策謀は，もはや起こりえないことでしょう」と。しかし，現実はどうであろうか。リストはいう。「このアムト集会はナポレオンの元老院（Senate）に匹敵し，執政官（Diktator）の命令を受理し，最高権力の乱用が合法的であるというお墨付きを与えるためにのみ参集します」。したがって，「郡長やアムト出納役が特別な報酬を申し出る一方で，アムト集会のメンバーが敢えてそれに対してひと言も発言しようとしていない」[57)]のです，と。行政の今日的実態があからさまに紹介されているのである。

このように，市民生活の実態にそくして市民代表制導入のメリットが語られたのち，リストはつぎのよういう。「こうした描写は，ゲマインデや郡の行政で一般的におこなわれている諸乱用の基本的な特性を，できるだけ簡潔で圧縮された形で内容として盛っています。それは，人が近年になってしばしば語られるのを耳にしたように，新しい領土だけでおこなわれているのではありません。すべてのゲマインデでそれは，程度の差こそあれ，今後も見られることでありましょう」[58)]といって，これらが決して例外的なものではないことを強調する。したがって下級行政区，つまりゲマインデや郡のレベルでの市民的自由＝参加の必要性があらためて強調される。「こうしたあらゆる欠陥は，人民が全般的な国家統治にかんして代表を送っただけでは，取り除かれることはありません。それだけでありますれば，私たちにとって憲法上の自由は理念だけにとどまり，私たちはなお郡長，書記，アムト出納役および参事会員によって専制支配され，金を巻き上げられる現状が続くことになります」[59)]と。それに代わっては，「こうした人民の代表制（Volks-Repräsentationen）にしか私たちは，将来にわたっての自分たちの救済の道がありません」ということになる。しかもこの悲痛な叫びは，つぎのような文言へと続く。「この機関が私たちに与えられるときにのみ，人民の声は今日の憲法論議にかんしてはっきりと意見表明

することができますし，そういうときにこそ，政府が最終的に人民をどう思っているかがはっきりと分かることでしょう」と。これは，いわば政府に対する最終的な脅しに近い表現ともいえよう。リストもそう思ったのか，続く文章では一転して，つぎのようにいう。「真実のみに耳を傾け，祖国の福祉のみを望む国王は，みずからによって統治されるに値する人民の声を聞き分けることでしょう」と。つまり，国王は人民の願いに耳を傾けるものであるとした上で，最終的に自分たちの要求を定式化するのである。「それゆえ私たちは，国王陛下を固く信じながら，つぎのことを慈悲をもって採決されることを願うものであります。すなわち，ゲマインデおよびアムトの自治共同体は，遅滞なく代表者を選出する資格があり，その代表者は郡都（Ober-Amts-Stadt）に集まって憲法について協議すること，また同じく法律顧問（Syndicus）を選出する資格があり，彼に論議の主導を信用して任せるということであります」[60]と。ここでは，市民の代表を選出するにとどまることなく，彼らの相談相手ともいえる「法律顧問」の選出にまで言及することになる。そして文末で，「こうした選択にこそ，最終的に憲法全体の有効性がかかっているといっても過言ではありません」[61]として，『奏上書』は，「政府と人民のあいだの協約」の実体化を迫るのであった。

1) 松下圭一『市民自治の憲法理論』（岩波書店，1975 年）52 ページ。
2) P. Gehring, a. a. O., S. 109.
3) 小林昇「第一章　初期リストにおける農地制度論」（『小林昇経済学史著作集Ⅶ』）231 ページ以下。
4) 同上，233 ページ。
5) P. Gehrinng, a. a. O., S. 116.
6) Ebenda, 120-1.
7) Friedrich List, Prolog zum Komitee-Gutachten über die Schreiberfragen in der Allgemeinen Zeitung. 30. November 1816. in : Ebenda, S. 391.
8) Ebenda, S. 391.
9) Ebenda, S. 392.
10) Ebenda, S. 392-3.

11） Ebenda, S. 393.

12） Ebenda, S. 393.

13） Ebenda, S. 393.

14） Ebenda, S. 394.

15） Ebenda, S. 394.

16） Ebenda, S. 394.

17） Ebenda, S. 395.

18） Ebenda, S. 122.

19） P. Gehring, a. a. O., S. 114.

20） 石川敏行（ドイツ近代行政法学の誕生（四））（『法学新報』第 89 巻第 11・12 号）130 ページ。

21） 同上，130 ページ。

22） 同上，130-131 ページ。

23） 同上，135 ページ。

24） 同上，136 ページ。

25） 石川敏行「ドイツ近代行政法学（五）」（『法学新報』第 90 巻第 1・2 号）37-38 ページ。

26） F. List, Kritik des Verfassungsentwurfs der Würtenbergischen Ständeversammlung mit besonderer Rücksicht auf Herstellung der bürgerlichen Freiheit in Gemeinden und Oberamtern.in: Werke 1, S. 205.

27） Ebenda, S. 205.

28） Ebenda, S. 212.

29） Ebenda, S. 232.

30） Ebenda, S. 233-236.

31） Ebenda, S. 237-238.

32） Ebenda, S. 239.

33） Ebenda, S. 241-242.

34） P. Gehring, a. a. O., S. 130.

35） Ebenda, S. 244-247.

36） 小林昇訳『経済学の国民的体系』（岩波書店　1970 年）56 ページ。

37） 本書第 1 章を参照。

38） P. Gehring, a. a. O., S. 134-135.

39） Ebenda, S. 136-137.

40） Ebenda, S. 137.

41） F. List, Die Waldenbucher Adresse, 26. Januar 1817. in: Ebenda, S. 399.

42） Ebenda, S. 399.

43) Ebenda, S. 399.
44) Ebenda, S. 399.
45) Ebenda, S. 400.
46) Ebenda, S. 400.
47) Ebenda, S. 400.
48) Ebenda, S. 401.
49) Ebenda, S. 401.
50) Ebenda, S. 401.
51) Ebenda, S. 401.
52) Ebenda, S. 402.
53) Ebenda, S. 402.
54) Ebenda, S. 402-403.
55) Ebenda, S. 403.
56) Ebenda, S. 403.
57) Ebenda, S. 403.
58) Ebenda, S. 403.
59) Ebenda, S. 404.
60) Ebenda, S. 405.
61) Ebenda, S. 405.

第5章

行政学教授としての F. リスト

　1817年1月26日の『ヴァルデンブッフ奏上書』にいたるまでの思想的な営みを通じて，若きリストが国王サイドの中央集権的な統治構想に対抗して，市民的自由・自治思想を基礎としたゲマインデ→地方→州→国家という「上昇型の発想」による統治構想を明らかにするとともに，「機構＝機関信託論」にもとづく「市民代表制＝住民自治」の要求を提起したことは，すでに見た。しかもその過程でリストが，ヴュルテンベルクの書記制度に典型的に見られるような，行政面における官治的な体質に対しても市民＝住民サイドからの批判を続けてきたことも，すでに見た。

　その一方で，このような思想的特質と政治姿勢をもっていたにもかかわらず，リストは，いまだ「ヴュルテンベルク憲法闘争」のさなかの1817年10月26日に，テュービンゲン大学に5番目に開設された「国家経済学部」の初代の行政学教授に任用されるという，思いもかけない事態が生じる。確かにこの間のリストが，書記たちの振舞いに見られるような行政における官治的な体質に批判的であり，書記たちの大学における研修，それも国家学にとどまらず行政学についての研修を提言していたことからは，こうした人事は当然のようでもある。しかし他方で，国王サイドが推し進めようとしていた中央集権的な統治構想に批判的なリストを登用したことは，果たして「ヴュルテンベルク憲法闘争」の展開とどのようなかかわりをもっていたのだろうか。また，リストは大学教授にすんなり任用されたのだろうか。行政学教授としてのリストがどのような講義をおこない，その反響はどのようなものであったのだろうか。疑問は尽きることがない。

　そこで，これまでと同様に，「ヴュルテンベルク憲法闘争」のその後の展開

92

とリストの足跡を追いながら，他方で彼がテュービンゲン大学の初代行政学教授に登用されるにいたった背景についても目を向けるとともに，行政学教授としてのリストの講義内容についても，あわせて見てみたいと思う。

1．「ヴュルテンベルク憲法闘争」のその後の展開とリスト

ヴュルテンベルク王国に絶対君主政を導入することを悲願としていた国王フリートリッヒが急逝してのち，ただちに国王に即位したヴィルヘルムの下で練り上げられていた憲法草案が，1817年3月3日に再開された議会に提示されたことについては，すでに触れた。そしてこの憲法草案が，「それまで議会側の示した提案を多くの点で斟酌していたものの，……依然として二院制を採用していた。また，旧法派の主張にかかる議会の権限，とりわけ独自の会計局および常任委員会の設置が認められていなかった」[1] という意味では，君主と諸身分の「二元主義構造」の解消を図るものであったといえる。

ところで，憲法草案が提示された1817年は，ヴュルテンベルクでは凶作が続き，そのため多くの人びとが飢饉に直面することになる。こうした状況の中で，ヴュルテンベルクの民衆は，憲法制定をめぐる国王側と議会側の交渉が一向に進展しないことに苛立ちを感じ，自分たちの危機的な生活状況に対する政治の対応を求めて議場周辺に押しかける一方で，国内各地で騒擾事件を頻発させることになる。民衆の側でのこうした動きを憂慮した国王ヴィルヘルムは，みずからの憲法草案に対して一向に態度を鮮明にしない議会側に5月26日，8日以内に憲法草案の一括受諾を表明せよとの最後通牒を発することになる。しかもその最後通牒には，議会側が憲法草案を拒否した場合には，ヴュルテンベルクに伝統的な協約方式を放棄し，欽定憲法とするという恫喝がともなっていた。

こうした国王側の最後通牒と恫喝にもかかわらず，議会側はこれを受けて6月2日，「二元主義構造」の解消を図ろうとするこの憲法草案を67対42をもって否決することになる。「多数派は旧ヴュルテンベルク選出代議士および貴

族，それに対して少数派は新ヴュルテンベルク代議士および旧帝国騎士身分から構成されていた」[2]。つまり，旧法派が勝利したのであった。しかし，国王側の憲法草案を議会側が否決したということは，当然の帰結として国王側の反発を招き，6月4日に再び議会は解散されることになる。それとともに，「ヴュルテンベルク憲法闘争」の第2幕も閉じられることになるのである。

ところで，「ヴュルテンベルク憲法闘争」がこのような展開を見せている中で，すでに見た1817年1月発行の『ヴュルテンベルク・アルヒーフ』紙に掲載された論文「ゲマインデおよび郡における市民的自由の確立を特別に考慮に入れた上での，ヴュルテンベルク議会草案の批判」や1817年1月26日の『ヴァルデンブッフ奏上書』起草後のリストの動きを見てみると，彼はこうした展開とは別に3月26日に内務省に登用され，いわゆる「ヴァンゲンハイム＝ケルナー改革内閣」の一翼を担ったカール・ケルナー将軍から4月29日に発せられた訓令にしたがい，ただちにハイルブロンに向けて旅立つことになっていた。すでに触れたように，1817年には凶作が続いてこともあって，この地から集団移住者を乗せた輸送船が5月1日に出港するとの情報を得て，その移住理由の正当性を調査するとともに，場合によっては集団移住を思い止まらせる必要が生じたのである。

翌早朝にハイルブロンに到着したリストは，さっそく600〜700人にもおよぶ集団移住者に対する尋問と説得を開始した。というのも，人身売買の一味が，人々をだまして「集団移住」を企んでいるとの情報を得ていたからであった。こうしたリストの努力にもかかわらず，すでに自分たちの故国に見切りをつけてしまっていた人びとの集団移住を，彼は阻止することはできなかった。5月1日の朝，彼らは8隻の輸送船に分乗して，一路ロッテルダムに向けて船出したのである。彼らの船出を見送ったリストは，その一方で，今回の集団移住者の移住理由の裏づけを取るために，彼らの出身地であるヴァインスベルク（5月2日と3日）とネッカー・ウルム（5月5日と6日）にも急行する。そして彼の精力的な調査の結果は，調査データーとともに報告文としてまとめられることになった。

ゲーリンク氏によれば，リストはその報告文の中で，今回の集団移住の「根本原因」として行政による市民への重圧と市民的自由の欠如とを挙げていた，という[3]。しかもさらに，副次的な原因としてリストが明らかにするのは宗教的な動機，つまり「宗派精神へのヴュルテンベルク人の愛着」であり，それが市民的自由の欠如から生じたという意味では，副次的なものであった。この点に関連して，今回の集団移住の波の主要原因を，前年からはじまったヴュルテンベルク全土，さらにはヨーロッパ中部全体におよぶ全面的な凶作とそれによって生じた破局的な飢饉ならびに生活費の高騰に求める見解もあった。しかしリストは，その点を認めながらもそれ以上に，これまで長年にわたってヴュルテンベルク市民の生活が耐えがたいほどの全般的な抑圧状況におかれていたことに，その真の原因を見出そうとしていたのであった。

そして，このリストの報告文の内容を紹介するゲーリンク氏も強調するように，たんに集団移住の「原因」を解明することに甘んじないのがリストの特性であった[4]。彼は同時に，今回のような事態を招いたことを踏まえた上での緊急で必要な措置についても提言している。それはまずなによりも，市民の経済的な重圧に対する租税上の緩和策であり，それにもまして市民生活の全般的な抑圧状況にその真の原因を見出すリストならではことであるが，かつてのズルツ郡での自分自身の経験を思い起こしてか，ゲマインデ救済のための駐在弁務官の派遣，『ヴァルデンブッフ奏上書』にも見られたゲマインデならびに市参事会の専横を抑制する機関の導入，飢饉を直接的な契機として生じた集団移住を阻止するための特別措置，つまり移住申請代理人に対する捜索などの提言であった。

ここで再び，第2幕を閉じたばかりの「ヴュルテンベルク憲法闘争」に立ち戻ってみよう。議会が解散された日と同じ6月4日の午後，国王ヴィルヘルムは，憲法草案に賛成する少数派を彼らの願いを聞き入れるという口実で居城に招いた。しかもこの機会に国王側は，この席で交わされた対話の要点を『シュヴァーベン・メルキュール』紙を通じて公開することによって，この2年間いたずらに国王側の憲法草案に反対し続ける旧法派の不当性とそれに対して断固

たる態度で立ち向かう国王の不屈な姿勢を，ヴュルテンベルク全土に広く知らしめようとする。対話はまず，少数派の代表ともいえるライシャッハ伯爵の国王に対する挨拶の言葉からはじまる。その中で彼が表明したことは，なにより数時間前の議会による憲法草案の否決決議に対する抗議であり，続いて，国王が行政官庁を通じて人民の現在の状況，その要望，行政面での諸欠陥や諸乱用に対する真摯で公明正大な対応を続けることへの信頼であった。これに対して個人的に提示された国王の返答の中で，国王ヴィルヘルムは，つぎのように語ったとされている。すなわち彼は，まず「祖国の敵」について，つまり，その「一部は密かで忌まわしい策動を通じて2年ものあいだ憲法の制定を妨げ，自分たちの名誉欲を誇示し，自分たち本位の計画を実現するためにあらゆる手段をも用いてきた」者たちについて語り，自分が彼らの計画を無に帰せしめる勇気と確固たる気構えをもっていることを表明した。さらに彼は，人民の権利と自由を憲法に明記すること，また租税制度の改革を通じて議会に巣くう者たちを根絶やしにする努力を継続することなどについて語り，そして最後に，「諸君！　諸君が立ち戻る国内各地で，こうした私の確固たる決意を諸君が告げてほしい」[5]と結んだのであった。

　こうして憲法草案に賛成する議会少数派との緊密な連携を演出する一方で，国王ヴィルヘルムは，ヴァンゲンハイムの提案にもとづいた思い切った方策を採用することになる。1817年6月5日に発せられた枢密院訓令は，つぎのように告げた。「わが人民の多数がアムト集会ないし市参事会を通して憲法草案を受諾する場合には，憲法動議は成立したと見なされる」[6]と。これは「一種の国民表決」であるとともに，『ヴァルデンブッフ奏上書』で示されたリストの考え方に通じるものでもあったといえよう。しかし，結果は国王側の，したがってヴァンゲンハイムの描いたシナリオ通りにはいかなかった。つまり，承認を可とするものが19郡，否とするものが18郡，表決を経ずに可としたものが3郡，残りの24郡は態度を保留したままであったからである[7]。とはいえ，この結果は旧法派の勝利ともいえなかった。態度を保留した郡の数24が物語るように，ヴュルテンベルク人民の多くは，打ち続く凶作とそれにともなう飢

謹に対応するのが精一杯で，「ヴュルテンベルク憲法闘争」を継続するどころではなかったのである。否，２年間におよぶ国王側と議会側の政治的な確執に，ヴュルテンベルク人民の多くは，明らかにその関心の度合いを低下させていたのであった。

ところで，憲法制定をめぐる議会側との交渉役に当時の国王フリートリッヒに抜擢されて以来，ヴァンゲンハイムは，まず分断策を用いて旧法派の力を殺ぐことによって国王側の有利な事態の展開を狙ったが，逆に旧法派の反発を招き事態の進展を遅らせてしまった。そして今回も彼は，議会少数派と国王ヴィルヘルムとの協調関係を演出する一方で，旧法派の牙城である議会の存在を無視した「一種の国民表決」を考え出して一気に憲法制定問題に決着をつけようとしたが，結果は彼の目論見通りにはいかなかった。その意味では，「ヴァンゲンハイム＝ケルナー改革内閣」の中心人物を自認するヴァンゲンハイムの閣内での影響力は確実に低下していったのである。それを挽回する意味で，ヴァンゲンハイムがつぎに考え出したのは，郡官吏の監察のために弁務官を64の郡に派遣するというものであった。しかし，６月24日の枢密院の議を経て任用された弁務官は，当初ヴァンゲンハイムが予定した12名ではなくわずかに８名であり，それも64ある郡を２ヶ月で手分けして巡回する，ということであった。こうした制約を加えられたにもかかわらず，ヴァンゲンハイムは，みずからの考えを推進するためにただちに５人の適任者を選出したが，ここでもリストの任用が予定されていた。ただし，注目すべき異例の条件つきであった。すなわち「教授としての任用まで」[8]と。というのも，ヴァンゲンハイムは他方で，わずか２週間前の６月11日に，テュービンゲン大学教授へのリストの任用をも国王ヴィルヘルムに提議していたからであった。

しかし，こうしたヴァンゲンハイムの思惑とは別に，リストはその当時，ケルナーがその長官をつとめる内務省に属する会計官であった。したがって，リストが直属の長官であるケルナーの訓令にしたがって４月29日，集団移住者の調査と説得のためにハイルブロンに急行したのも，いわば彼の本来業務といえるものであった。そしてすでに見たように，リストは，内務省から提起され

ていたみずからの本来業務である集団移住にかんする調査データーと報告文の作成を終えてそれを提出するために，シュトュットゥガルトに帰任していた。そしてこのリストには，ケルナーが託そうとしていた任務が待っていたのである。1817年7月9日に，ケルナーはリストに対して，「ゲマインデおよび郡の経営全般にわたっての自治体秩序の校閲」(eine Revision der Kommunordnung nach gannzen Umfange der Gemeinde und Oberamtswirshaft)」の業務を命じた。直属の長官からの業務命令である以上，リストはただちにそれに着手し，したがって速やかに報告文を長官に提出するのが当然の義務とされたのである。

　こうしてリストは，自分の意志とは無関係に，同時進行することが困難であるとともに，性格を異にする3つの課題に直面することになったのである。つまり，第1に，ヴァンゲンハイムが考え出した郡官吏の監察のための弁務官としての業務，第2に，同じヴァンゲンハイムが以前から構想を進めていたテュービンゲン大学新設学部の教授への任用とそれにかかわる業務，そして第3に，リストの直属の長官であるケルナーから託された本来業務の3つである。このことは，「ヴァンゲンハイム＝ケルナー改革内閣」と呼ばれ，その協力関係が緊密であったヴァンゲンハイムとケルナーのあいだに行政の進め方で思惑の違いが生じたことを物語る一方で，これまで両者の緊密な関係にくさびを打ち込もうと考えていた反「ヴァンゲンハイム＝ケルナー改革内閣」の勢力に絶好の機会を提供することになる。さらにそのことが，その後の政府部内でのリストに対する評価を大きく変えていくことにもなるが，それはもう少し先のことである。ともあれここで，本章の主題である「行政学教授としてのF.リスト」にかかわる事態が生じてきたので，話をそちらに転じることにしたい。

2．新学部の開設をめぐる動き

　テュービンゲン大学に5番目の学部を開設する計画構想は，もっぱらヴァンゲンハイムによって押し進められて来た。しかも彼がこうした構想をもつにいたったのは，彼が1811年にテュービンゲン大学の筆頭財務管理官になった時

期にまで遡ることができるという。したがって，彼の学部開設の計画構想は，彼が文部省の長官になってから急に浮上してきたものではないのである。すでに見てきたように，テュービンゲン大学では，1798年以降，哲学部に官房学の講座をおき，フルダ教授を配して若き行政官吏の自己研鑽に門戸を開いていた。その後，周知のように，1803年の帝国主要代表者会議と1805年のプレスブルク講和条約によって，ヴュルテンベルクは，ライン左岸の領土をフランスに割譲したのと引き換えに，大規模な領土補償を受けることになる。それにともない，市民生活の実務を担当する書記に対する需要が高まり，テュービンゲン大学での自己研鑽を経たのちに書記が配属された郡に赴くなどという悠長なことをしていられなくなり，大学における書記たちの自己研鑽という制度が軽視されるようになって来たのである。

　とはいえ，1810年からの4年間をシュライアーが，そして若きリストが1811年からの3年間，テュービンゲン大学での自己研鑽に励んでいたように，書記たちの中にもこの制度を利用する者がまったくいなくなってしまうという状況ではなかったのである。その場合に問題があるとすれば，シュライアーや若きリストがそうであったように，彼らの自己研鑽の場が哲学部に設置された官房学の講座ではなく，法学部であったことである。しかしそれ以上に問題であったのは，大学における書記たちの自己研鑽が軽視されるという風潮の中で，すでにリストの度重なる批判を通して明らかになったように，市民生活に密接なかかわりをもつ書記たちの資質の低下が顕著になってきたことであった。したがってヴァンゲンハイムは，テュービンゲン大学の筆頭財務管理官になった当初から，この書記たちの資質の低下問題に危惧を抱き，その任にあったフルダ教授やすでに親交のあった若きリストとそれぞれに意見交換をしていたのであった。

　学部開設の具体的な構想が最初にヴァンゲンハイムによって提示されたのは，彼からフルダ教授宛の1817年3月12日の書簡においてであった。その中でヴァンゲンハイムは，「できるだけ速やかに書記室＝講座（Schreiberei-Lehranstalt）の開設についての，事態の重要性にかんがみた熟慮がなされるで

あろう」と述べていた[9]。また，その書簡に加えて，「国家学のための独自な学部の開設のための計画」構想を内容とした文章が添付されていた。それによれば，農林学校に加えて，行政学を講ずる公的機関も構想されていた。とりわけ後者については，ヴュルテンベルクの書記制度の今日的な改革に有効な作用をもち，全般的な改革の確固たる基盤となりうる，とヴァンゲンハイムによって記されていたのである。

　ともあれ，1817年3月24日にフルダ教授が新設学部の最初の教授として任用されることになり，第5番目の学部開設の準備が開始される。その際にフルダ教授が出発点として考えたのは，ヴュルテンベルクでは官房系や法律系が「両者入り交じって」書記となり，それぞれの書記が別々の業務につくことが「いずれにせよ法的に規定されている」という状況であった。しかしこの点については，すでにリストが『プロローグ』の中で取り上げ，改善を検討しなければならない問題と考えたものである。しかしフルダ教授は，こうした状況をそのままにした上で，前者のみが，つまり国家やゲマインデおよび教団の資産管理を担当する書記のみが，開設予定の国家学部での研修を必要と考えていた。それゆえフルダ教授は，この学部の名称を「国家経済学部（Staatswirtschaftliche Fakultät）と命名することが妥当と考えていた。そしてこの学部には4〜5の講座の設置が必要であり，国民経済学およびポリツァイ・財政学の講座，行政学の講座，農学の講座，林業の講座などを，フルダ教授は想定していた。

　これに対してヴァンゲンハイムは，新設学部には7つの講座を予定していた。つまり，1. 国家学，諸国家史および統計学を総括的に集成したもの，2. 国家および人民の権利と古文書学，3. 国家ポリツァイと国民経済学，4. 財政学，5. 行政学，6. 農学，7. 林業の7つであった。このヴァンゲンハイムの構想に対して，フルダ教授は，新設学部の名称を「国家経済学部」と考えていたこともあって，設置される講座が国家経済の領域に限定されるのを妥当なものとし，第1と第2の講座の設置については同意しなかった。同様に，行政学の担当者をめぐっては，ヴァンゲンハイムが実務経験の豊富なテュービンゲン市の官吏を登用することを考えていたのに対しても，フルダ教授は同意しなか

った。ヴァンゲンハイムとフルダ教授の意見交換はここまでで，その後はまったくおこなわれることもなく，1817年10月17日に国王ヴィルヘルムの学部開設の勅令が発せられることになる。

こうして設置予定の講座数において，また行政学の担当者について，ヴァンゲンハイムとフルダ教授のあいだに意見の違いが存在したにもかかわらず，両者がともに行政学講座の必要性について意見が一致していたことは，両者の設置予定の講座構想からも明らかである。しかしその後の推移にあっては，とりわけ行政学の担当者の人選についてはフルダ教授の手を離れ，担当部署である文部省，したがってその長官であるヴァンゲンハイムの意向が大きく作用することになる。とはいえ，ヴァンゲンハイムは，すでに見たように，最初からリストを行政学の担当者に想定していたわけではなく，テュービンゲン市の官吏で実務経験の豊富な人物を考えていた。現実にこの時期，テュービンゲンの郡長の異動もおこなわれており，それまでの郡長であったヴォルフが1817年8月9日付でヴァイスベルクに配置転換されるとともに，彼に代わってロルヒの郡長であったゾイベルトがテュービンゲンに赴任している[10]。しかし，こうした人選の仕方については早くから政府部内でも反対する声があり，その理由として挙げられたのは，その人物が行政職（郡長）と教職（教授）のあいだで業務遂行上の板挟みにあうことが，とくにテュービンゲンのような大きな行政区では懸念されたからであった。

他方でリストも，自分が教授職につくことを当初は考えていなかった。この点に関連してゲーリンク氏も，少なくとも6月3日にリストがヴァンゲンハイムとのあいだで協議をおこなった際に，リストが教授職への就任を固辞したとしている。しかし，一転して翌日には，リストは，ヴァンゲンハイム宛の書簡を通じて，自分が教授職に就任することに同意する旨を伝えていた。このようにリスト自身がみずからの方針を転換したことに関連して，同様にゲーリンク氏は，それが6月3日の翌日，つまり国王ヴィルヘルムが提示した憲法草案を否決した議会を解散し，その日の午後に議会の少数派を居城に招いて旧法派に対する「宣戦布告」ともいうべき決意を表明し，さらにそのことを『シュヴァ

ーベン・メルキュール』紙を通じて広く人民に知らしめることに同意した，こうした国王ヴィルヘルムの一連の決断がなされた6月4日であったことを重視する。つまり，リストが他人から説得されることによって自分の教授職への就任に同意したわけではなく，彼が自分の教授職への就任に一抹の不安をもち続けながらも，旧法派に対する国王ヴィルヘルムの断固たる闘争宣言が表明されたことを知った時点で，彼自身もそれに呼応する形で自分の教授職への就任を決断した，とゲーリンク氏は考える。したがって，彼はいう。「議会に対する国王の宣戦布告の時が，教授職へのリストの決断の時となった」[11]と。この点については，すでに見たように，ヴァンゲンハイムが6月11日に教授職へのリストの登用を国王ヴィルヘルムに提議していたことを想起すれば，それ以前の6月4日時点での「リストの決断」も十分に考えられるであろう。しかし他方で，政府部内での反対の声があることを十分に承知しながら，ヴァンゲンハイムは，リストとはまったく別の人物を登用するかのような態度を8月の時点まで示し続けており，そうした彼の政治行動については，いずれその本人がみずからの墓穴を掘ってしまうことを予感させる。

　ともあれ，1817年8月13日の枢密院会議も，内務省に所属する会計官でありながらもテュービンゲン大学の教授職に就任することになったリストの人選を含めて新学部開設の案件については，なんらの異議も表明しないままに終結した。したがってすでに触れたように，10月17日には新学部開設にかんする国王ヴィルヘルムの勅令が発せられることになる。つまり国王ヴィルヘルムは，「国家経済学部という名称での特別な学部」の開設を決断したのであった。講座として設置されることが予定されたものは，つぎの通りであった。つまり，1. 国家経済の理論（国家ポリツァイ，国民経済学および財政学），2. 行政学（ポリツァイ，官房，財政の統括的な実務），3. 農業学，4. 林業学，5. 技術学，商業・鉱山学，6. 市民建築学（Bürgerliche Baumkunst）である。国王ヴィルヘルムの勅令にはさらに，新設学部の学部長にフルダ教授を，会計官リストを行政学の教授に，そして林業の教授としてフォルシュトナー・フォン・ダンベイノ男爵を任用することが記されていた。ただし，「当該人物に対する基本的な

疑義が大学評議会に付されることがないという『前提において』」であった。また，「新学部の助成のために」，学部としての独自な試験の実施が認められるとともに，それに合格した者は，将来の官吏としての配置に際して「優先的に考慮される」のが当然なこととされた。これについてはフルダ教授が強く求めていたことでもあり，彼の要望が満たされることになったのである[12]。

　ところで，これまで政府サイドで進められてきた学部開設の動きに対して，もう一方の当事者でもあった大学評議会の態度は，どのようなものであったろうか。実は大学評議会は，国王ヴィルヘルムによる学部開設の勅令をまったくといってよいほど歓迎してはいなかったのである。それに加えて，勅令に記された2名の教授の任用についても大いなる疑義をもっていたのであった。この点に関連しては，大学評議会での討論にかんするフルダ教授の覚書をもとにして，ゲーリンク氏がこの間の事情を明らかにしている[13]。それによれば，まず，新学部の開設問題については，大学評議会は，大学において書記たちが自己研修するにあたって，その場を大学が提供することについては基本的には認めながらも，新学部を開設することには同意していなかった。同様にフルダ教授も，この点については疑念をもっていた。というのも，大学の教授職につく者は，基本的には「著述家」つまり研究者でなければならないとされており，新学部に設置が予定されている「行政学」の講座を担当できる「著述家」を見出すことの困難さを，彼は承知していたからである。それにもかかわらず，国王ヴィルヘルムの勅令には行政学講座の担当者としてリストを，また林業学講座の担当者としてフォルシュトナーを，と明記されていた。フルダ教授自身も，この時点で2人に対しては自分は直接の面識もなく，とりわけリストについては行政学の「著述家」つまり研究者としての経歴もないし，ましてや現職の会計官であるということもあって，不適任だと考えていた。したがって，フルダ教授にとっても，新学部の開設を急ぐ理由は存在しなかったのである。その意味では，勅令の中にリストの名がすでに明記されていたことは，大学評議会にとってもフルダ教授にとっても，この人選がヴァンゲンハイムによって大学側に「押し付けられた」ものでしかない，という印象を残すことになった。

第5章　行政学教授としてのF.リスト　103

こうして初代の行政学教授に任用されたとはいえ，大学評議会からもフルダ教授からも決して歓迎されることのなかったリストは，さらに追い討ちをかけられる。国王フリートリッヒに抜擢されて以来，またその急逝ののちには皇太子ヴィルヘルムが国王となって以後も内務大臣ケルナーとともに「ヴァンゲンハイム＝ケルナー改革内閣」と呼ばれて政治の主導権を握っていたヴァンゲンハイムが，1817年11月3日，旧法派との関係改善の代償として，国王ヴィルヘルムによって文部大臣の職を解かれ，ドイツ同盟会議におけるヴュルテンベルク全権大使に任命され，任務地フランクフルトに赴かざるをえなくなったのである。したがって彼は，このことによって首都シュトュットゥガルトにおける政治の舞台から姿を消すことになった。しかもさらに，リストにとってはヴァンゲンハイムと並んでもう一人の庇護者であったケルナー将軍も，11月7日にその職を解かれ，ここに「ヴァンゲンハイム＝ケルナー改革内閣」は崩壊することになったのである。それにともなって，これまでヴァンゲンハイムと一緒になって政府部内でリストが演じてきた「重要な役割」も，その終結を見ることになる。いまやリストに残された唯一の希望の灯は，国王ヴィルヘルムが10月17日の勅令で示した，国家経済学部を開設するにあたっての気概を継続してくれることだけであった。というのも，ヴァンゲンハイムが解任される以前でも，リストに対する文部省からの正式な辞令が発令されていなかったからである。他方で，リストに伝わってきたテュービンゲン市民の彼に対する反応も，彼の気持ちいらだたせた。「大学都市テュービンゲン」を自認する市民たちは，彼の任用をめぐって大学評議会が示したリストに対する態度もあってか，『ヴァルデンブッフ奏上書』の作成過程で見せた態度とは違って，大学教授としての彼に対しては決して好意的ではなく，学生たちも彼の教授としての能力に大いなる疑問をもっており，それ以上に彼を「ヴァンゲンハイムの召使」としか見ていないことを知るのである[14]。

　ともあれ，リストにとって自分のおかれた状況が日増しに悪化していくと思われた1817年12月27日，文部大臣の訓令がようやく大学に届くことになる。それによれば，10月17日の陛下の決断にしたがい，また12月6日の枢密院

会議の議を経て，テュービンゲン大学に新たな学部が開設されること，それに
ともないリストとフォルシュトナーを正式の教授に，フルダ教授を学部長に任
命したというものであった。これによってリストは，公式にテュービンゲン大
学の初代行政学教授の任につくことになったのである。しかし，その後の事態
は決して彼に楽観を許すものではなかったが，自分に対する正式な辞令が発令
された時点でのリストは，待ちに待ったものが届いたという意味では，意気
揚々としていた。そうした彼の気分をさらに高揚させる局面展開もあった。
1818 年 2 月 19 日にカロリーネ・ナイハイトとヴェルトハイム / マインで結婚
したことである。彼女の実家の姓はサイボルトで，1816 年 3 月 18 日にすでに
故人となった商人と最初の結婚をし，さらにその後，ブレーメンの地でヨハ
ン・フリートリッヒ・ナイハルトと 2 回目の結婚をしたので，したがって今回
のリストとの結婚は彼女としては 3 回目のものであった。彼女は，かつてのテ
ュービンゲン大学古典文学の教授 (1796-1804) ダフィト・クリスチャン・サイ
ボルトの娘として，1789 年 3 月 27 日にブッシュヴァイラーで生まれた。した
がって，リストとカロリーネとは，同年生まれであった。彼らの結婚を祝って
集った仲間たちは，ロイトリンゲンでは自由主義的・政治的なジャーナリスト
の，社会学的には新しい小さな層を形成していた。カロリーネの長兄カール
(1777 年生まれ，ヨハン・カール・クリストフ) はヴュルテンベルクの陸軍大佐で
あったが，次兄のフリッツ (1783 年生まれ，ルートヴィッヒ・ゲオルク・フリート
リッヒ) は 1819 年以降，『ノイエン・シュトュットュガルト・ツァイトゥンク』
紙の発行責任者で，それにはリストは執筆面および財政面で協力することにな
る。また，シュトュットュガルトで発行されていた『ネッカー・ツァイトゥン
ク』紙は，リストと 2 人のサイボルトの義兄および別の義兄であるヨハン・ク
リストフ・ラーデによる共同経営であった。したがって，リストは結婚を契機
に，彼にとっては頼もしくて強力な援護者を同時に獲得しえたことになる。

3．リスト教授の行政学講義

　結婚以前にもリストとカロリーネとのあいだに文通がおこなわれていたが，年が改まった 1818 年の 1 月からは，連日のようにリストからの手紙が彼女のもとに届くようになった。それらは，大学教授としての自分の仕事に対する情熱を伝えるものであり，また初講義を前にした彼の精神的な緊張状態を伝えるものであった。1 月 20 日の「意義深い日」に，リストは彼の初講義の日を迎えた。このときも講義を終えてすぐに，カロリーネに宛てて手紙を書いた。講義用に用意された大教室は「ぎっしり一杯」だった。「多分 200 人ほどの学生」が席に着いていた。教壇に上がって数分後には，自分は気を落ち着けることができた。自分は，大いに満足できる状態で講義をすることができたと思っている[15]と。しかし実は，数日前までの聴講予定者は 60 人でしかなかった。当日になって大教室が一杯になったのは，リストには伏せられていたが，「歓迎されざる教授」の初講義に対するデモンストレーションの意味が込められていたのである。「確かに数は多いが，歓迎をしていない聴講者」が多数参加していたと，学生としてリストの講義に通うことになったロベルト・モールが，のちに回想している[16]。ちなみに，リスト教授のその後の講義に対する学生の反響について，ゲーリンク氏が報じるところにしたがって見てみよう。それによれば，1818 年の夏学期（5 月 1 日から 9 月 2 日まで）に聴講生として申告した学生は 11 名であったが，そのうちの 1 名は途中で離脱したとされているので，結局のところ 10 名であった。そして，それに続く冬学期での聴講生の数は，8 名であったという。この数字から見るかぎり，リスト教授の講義は，学生からはあまり歓迎されていなかったことが分かるのである[17]。

　ともあれ，この初講義に向けてリストは，すでに 1817 年 11 月から準備を開始していたものと思われる。その成果が『ヴュルテンベルクの国家学と行政学──要綱（以下では『要綱』と略す──執筆者）』と題された 41 ページの小冊子である。それは 1818 年に奥付けなしに発表されたが，前年の 11 月に書かれた

と見られる「緒言」が付されていた。それは，つぎのような書き出しからはじまっている。「大学に国家経済学部が開設されたことにより，私には，崇高なる陛下のご意志により，行政学を講じるという栄誉ある重大な使命が生じた」[18] と。そしてリストは，この「行政学を講じる」にあたってのみずからの時代認識を，つぎのように語る。「私たちは，ドイツにおける開かれた法形成の時代（Zeitalter der offentlichen Rechtsbiltung）に生きている」[19] と。しかも，この「法形成の時代」に生きるにあたって，彼が引き合いに出すのは，フランス革命の成果と教訓である。それはまず，つぎのような形で論じられることになる。彼はいう。「哲学は暗黒の闇に一条の光を投げかけ，人は国家についての教説を理性の命題にもとづいて基礎づけることをはじめた。しかし，こうした教説は，さしあたり生かされないままにあった。というのは，それには３つの強力な敵が歯向かってきたからである。古臭い偏見，権力者へのエゴイズム，および既存の諸形式の密生した絡み合いである」[20]。そして，こうした状況がその後も続いていた「そのとき，フランス革命が起こったのである。それらのことは，粗野な力の爆発だけではなく，旧い諸形式の中で苦しくかつ重苦しく感じていた人間精神の目覚めがこの大いなる出来事をもたらしたということで，意見の一致を見ている」。しかも，このフランス革命がもたらしたものは，それにとどまらない。それは同時に，「ドイツにおける政治的諸形式と政治的精神の改作の転換点であった」[21] と。つまり，フランス革命は，一面で「粗野な力の爆発」であったかもしれないが，それは同時に，長いあいだ抑圧されてきた「人間精神の目覚め」がもたらしたものでもあったこと，そしてそのことが「ドイツにおける政治的諸形式と政治的精神の改作の転換点」にもなった，とリストはいうのである。

　ついで，リストはいう。こうして「私たちは安易な休眠状態から目を覚まされ，盲目の信仰と根強い偏見とは徐々に距離を保つようになり，探求精神が当たり前なものになった。しかしなお，ゴティック文様に彩られた古くさい帝国憲法は存続し，数え切れないほどの諸形式と太古から続く我欲（Selbstsucht）に対して，理性は闘ってきた」。まさに「そのとき，摂理が朽ち果てた建造物

に向けて電光を照射したので，それは崩れ落ちた」と。そしてその「摂理」について，彼はつぎのようにいう。「私たちは，共通の軛の下で，市民的自由の大いなる値打ちをはじめて認識することになった」[22]と。つまり，抑圧されてきた「人間精神の目覚め」がフランス革命の第1の成果であったとすれば，その第2は，より具体的な姿を取ったものとして，「共通の軛の下」にあった人びとによる「市民的自由」の要求であった，というのである。そして最後の第3に，リストはつぎのようにいう。「諸政府と諸人民（Regierungen und Völker）は，フランス革命の身の毛もよだつような景観に，両者が大いなる教訓を汲み取りながら，目を向ける。つまり後者は，みずからの今日的な文化という観点に立って諸人民に，市民的自由とこれを制限する諸形式の排除とが必要であるという教訓を，前者は，既存の諸形式の暴力的な転覆が諸人民を果てしなく破滅させるという教訓を汲み取る」。したがって，「フランス革命は私たちに，平和的に団結して政治的形態を時代に合わせて形成することを教えた」[23]と。つまり，フランス革命の「身の毛もよだつような景観」を前にして，諸人民が「市民的自由」とそれにふさわしい「政治的形態」を追求するにしても，それは決して「暴力的な転覆」ではなくて諸政府とも「平和的に団結して」実現する必要がある，というのである。換言すれば，フランス革命から学んだ教訓として，分裂することよりも「平和的に団結」することの大切さを，リストは強調するのであった。

　彼によって作成された『要綱』に関連して，リストはつぎのようにいう。「私はこの科目（行政学——引用者）が，たとえ概略的であったにせよ，仕上げられたものをどこにも見出さないであろう」[24]と。つまり彼は，ドイツでも他に例を見ない講座をこれから担当することになった旨を，述べているのである。しかし，その一方で彼は，ヨハン・ヤコプ・モーサー，メーサー，シュレッサーおよびF. J. G.ベーレンといった人物たちの「行政」についての新たな考え方や諸著作を引き合いに出しながら，大学における行政学講座の必要性をも強調する。その上で，この行政学講座で彼が狙いとしていることが，つぎのように語られる。「行政学の教説は，学問と生活とを結びつける」[25]というこ

とである，と。この点は，ゲーリンク氏も指摘するように，リストの主著『経済学の国民的体系』（1841 年）におけるつぎの言葉にも通じる。「著者がイギリス人であったとすれば，アダム・スミスの根本原理に疑いを抱くようなことは，まずなかったであろう」。しかしながら，「20 年以上にも前に，著者にはじめて，理論の無謬性に疑いを起こさせたものは，祖国の状態であった」[26]と。つまり学問と生活，理論と実践の結合は，彼の生涯を通じてのライト・モチーフだったともいえるのである。

　ところで，『要綱』が作成されるにあたって，その前提とされているリストの統治構想は，『ヴュルテンベルク・アルヒーフ』紙に掲載された 1816 年 7 月の論文「ヴュルテンベルク国家統治にかんする所感」の中で表明されたものと，当然のことながら，同一のものである。すなわち，個人（市民）を起点にゲマインデ→地方→州→国家という「上昇型の発想」にもとづく自治・分権的な統治構想である。この場合も，その理論的なバック・ボーンとなっているのが「コルポラティオン＝自治共同体」論である。そして，このコルポラティオンにかんする教説に関連して，リストは，つぎのようにいう。「みずからの力によって，可能なかぎり肉体的な息災と精神的な完成の最高の段階に向かって精進するという，個々の人間本性の不完全さにこそ，市民社会における人間の協調の必要性（die Notwendigkeit zur Einigung der Menschen）が存する」[27]と。つまり，個々の人間が「肉体的な息災」とともに，みずからの道徳的人格を陶冶していく場として，コルポラティオンが考えられているのである。しかも国家との関連で，リストはつぎのようにいう。「いまや明白なことは，個々人みずからの市民的結合への参加にともなって（mit dem Eintritt ihren bürgerlichen Verband）担うことになった同じ責務の下に，より高次の連携へと歩を進めたということである」[28]と。つまり，「市民的結合」が国家レベルの次元に達するとともに，各個人の道徳人格が国家レベルに広がりで陶冶されることになるというのである。さらに，そうした陶冶の領域は，世界的なコルポラティオンまで視野に入っていたのである。

　しかし他方で，リストは，ゲマインデにはじまるこのコルポラティオンの体

系を，この『要綱』になってはじめて登場した言葉である「同業組合 (Innung)」の体系とも呼ぶのである。ここでコルポラティオンに代えて「同業組合」という言葉を用いることに，リストはどんな意味を込めていたのであろうか。この点に関連して，リストはつぎのようにいう。「今日まで当たり前とされてきた国家学には大きな欠陥があり，それは同業組合体系を本性から見極めてこなかったということである。というのは，これによってのみ，真の自由と完全な秩序が維持されるからである」[29]と。しかし，この点に関連して想起すべきなのは，彼が論文「ヴュルテンベルクの国家統治にかんする所感」の中ではじめてコルポラティオンに言及したときにも，つぎのようにいっていたことである。「実に不思議なことには，国家学では自治共同体 (Korporation) をまったく眼中に入れようとしないので，体系的にはほとんど考察されていない」[30]と。つまり，一方がコルポラティオンであり，また他方が「同業組合」であったにしても，リストは，まったく同じ趣旨のことを語っていたのである。この点で，コルポラティオンという言葉の本来の意味が，中世ヨーロッパに広く見られた自治的な都市や村落，さらには同業組合＝ツンフト（ここではインヌンク Innung），教団，大学といった自治的な身分・職業団体などのことであったという意味では，国家学が「同業組合」をはじめとした自治共同体＝コルポラティオンに，これまで目を向けてこなかった事実を語る場合には問題はないといえよう。問題は，この時点でリストがなぜこの「同業組合」を引き合いに出したのか，ということであろう。それは，これに続くつぎのような文言から，推測できよう。彼はいう。「緊密なつながりを欠きながらも偉大で分割できない国民というのは，分裂か皇帝か！ という命題にしたがって自由の馬鹿話かテロリズム，つまり東洋の専制主義かのいずれかを採用するフランス的な幻想である」[31]と。リストのフランス革命観についてはすでに紹介したが，ここにも彼の別なフランス革命観が示されている。つまり，国民のあいだに「緊密なつながり」を欠くフランスでは，「自由の馬鹿話」に興ずる国民のあいだの分裂か「皇帝」による「東洋の専制主義」の採用か，のどちらかしか選択できないことが，リストによって語られているのである。これは，個人と国家のあいだの中間に，諸

個人のあいだの「緊密なつながり」の場ともなる自治共同体を設定しえないときには，国家に対して個人＝市民は無力であり，市民的自由・自治も空虚な言葉にすぎないものとなってしまうことを，彼が警告しているのである。ともあれ，こうした文脈の中で「同業組合」という言葉が用いられたとすれば，それがリストにとっては，「緊密なつながり」をもった自治共同体の具体的な表象例として最適なものであった，と考えることができるのである。

1) 石川敏行（ドイツ近代行政法学の誕生（四））（『法学新報』第89巻第11・12号）131ページ。

2) 同上，131ページ。

3) P. Gehring, a. a. O., S. 152.

4) Ebenda, S. 152.

5) Ebenda, S. 156.

6) Ebenda, S. 157.

7) 石川，前掲書，134-135ページ。

8) P. Gehring, a. a. O., S. 160.

9) Ebenda, S. 166.

10) この点について，ゲーリンク氏は「確証がないが」と断った上で，この時期のヴァンゲンハイムの動きとこの人事異動が無関係ではないと推論する。Vgl. Ebenda, S. 169.

11) Ebenda, S. 170.

12) Ebenda, S. 172.

13) Ebenda, S. 174.

14) Ebenda, S. 178.

15) Ebenda, S. 186-187.

16) Ebenda, S. 187.

17) Ebenda, S. 188 ff.

18) F. List, Die Staatskunde und Staatsprxis Würtenbergs im Grundriß. In: Werke I, S. 284.

19) Ebenda, S. 287.

20) Ebenda, S. 285.

21) Ebenda, S. 286.

22) Ebenda, S. 286.

23) Ebenda, S. 287.

24） Ebenda, S. 284.

25） Ebenda, S. 291.

26） 小林昇訳『経済学の国民的体系』（岩波書店，1970 年）52 ページ。

27） F. List, a. a. O., S. 301.

28） Ebenda, S. 302.

29） Ebenda, S. 303.

30） F. List, Gedanken über würtenbergischen Staatsregierung, in : a. a. O., 102.

31） F. List, a. a. O., S. 303.

第6章

F. リストと『シュヴァーベンからの人民の友』紙

　1817年10月26日，テュービンゲン大学に5番目に開設された「国家経済学部」の初代行政学教授に任用されたリストは，彼にとっては好ましくない政治状況の中で教壇に立つことになった。すなわち，ヴュルテンベルク王国政府部内での彼の最大の庇護者であったヴァンゲンハイムを前年の11月3日に，またヴァンゲンハイムとともに「改革内閣」の一翼を形成していたケルナー将軍を11月7日に失った。そして，ヴァンゲンハイムの後任として行政組織改革を担当することになったフォン・マルクースの発案による中央集権的な官制勅令が同年の11月8日に発布されるという政治状況の下に，彼はおかれることになったのである。加えて，テュービンゲン大学の評議会がリストの任用に必ずしも歓迎するような態度を取らなかったこともあって，今日もなお「大学都市」を自認するテュービンゲンの市民たち，さらには学生たちの「歓迎されざる教授」という冷たい眼差しが，彼に向けられていた。

　こうした状況の中でリストは，ヴュルテンベルクの自由主義的な改革を目指そうとしている国王ヴィルヘルムの支援を唯一の拠り所として，自分の授業を聴講する数少ない学生たちに向かって，自治共同体としての「コルポラティオン」論を核とした「国家学・行政学」の講義を，したがって自治・分権の思想を展開するのであった。しかし他方で，こうしたリストに対して，ヴァンゲンハイム＝ケルナーの「改革内閣」に代わって新たに政府部内で主導権を握ることになったオットー＝マウクラー「保守内閣」は，その後，さまざまな口実を設けてリストに難癖をつけながら，テュービンゲン大学教授職からの退任を迫ることになる。

　したがって，この章では，こうしたリストに敵対する政府部内の動きを追い

つつ，それに対抗しながらリストがみずからの闘いを，したがって「ヴュルテンベルク憲法闘争」における市民的自由＝自治・分権の実現を目指す運動を，どのように継続していったかを見ることにしたい。

1．リストに敵対する政府部内の動きと中傷者の存在

1818 年 5 月，リストは，思いもかけない事態に直面することになる。彼がテュービンゲン大学でおこなっている講義に関連して，国王ヴィルヘルムに対して釈明をおこなうようことを求められたのである。事態がどのような経緯を経て生じたかについては，ゲーリンク氏も詳細を明らかにすることはできないとしているが，それはリストが 1818 年 5 月 24 日に首都シュトゥットゥガルトの内務・文部省に召喚されたことからはじまっている[1]。

リストはその日，内務・文部大臣フォン・オットーとの話し合いに臨んだのち，彼は召喚用件についての了解が得られたと思ったのか，翌 25 日にはテュービンゲンに戻ってしまった。これに対してフォン・オットーはその 25 日に，リストとの前日の話し合いを踏まえて国王ヴィルヘルムの意向を質した上で，その意向を翌 26 日に伝えようとしていたのである。しかし，その日になって彼が知ったのは，リストが昨晩のうちにテュービンゲンに帰任してしまったことであった。こうして事態は，リストがシュトゥットゥガルトに召喚されながら，大臣との話し合いには臨んだが，国王ヴィルヘルムの意向が大臣を経て伝えられるのを待つことなく，勝手に帰任してしまった 5 月 26 日に端を発することになった。

当然のことながら，国王ヴィルヘルムは，リストを再度シュトゥットゥガルトに召喚し，口頭で大臣に伝えた自分の意向をリストがフォン・オットーから聞くことの措置を求めた。再度シュトゥットゥガルトに向かわざるをえなかったリストがそこで耳にすることになった国王の意向とは，リストにしてみれば，もう一つはっきりしないものであった。つまり，そのときの国王の意向とは，リストが大学でおこなっている講義に対して国王陛下が気遣って，「いた

わりの訓戒」を与えようとしたのであった[2]。

　ともあれ，リストをシュトゥットゥガルトに召喚させる必要を感じた人物は，フォン・オットーであった。彼はリストに対して，リストが容認しえない現行制度とそれを支える諸法律を大学での講義を通じて批判している，という受け止め方をしていたのであった。これに対して，釈明を求められたリストは，自分は講義の中では統治組織の普遍的な原理についてのみ取り上げ，ヴュルテンベルクの憲法，したがって国王の憲法草案にはまったく触れることもなく，またこの憲法草案をめぐるヴュルテンベルクの政治情勢について自分なりの判断を下すことはなかった趣旨のことを，明らかにした。この点についてゲーリンク氏は，現存するリストの講義草稿を見ても，リストの言い分が正当であることを認めている[3]。

　ここで問題になるのは，フォン・オットーに対してリストを首都シュトゥットゥガルトに召喚させる必要を感じさせるようにした人物の存在である。というのも，ゲーリンク氏によれば，これまでのリスト研究ではその人物が「フルダ教授」と見なされてきたが，ゲーリンク氏自身の綿密な史料考証の結果，それが事実に反することが明らかになったからである。この点については，小林昇氏も，「おそらくは長年そのなかに暮らしたテュービンゲン大学への愛着から，『若きリスト』の著者（ゲーリンク氏のこと——引用者）は大学がリストを迫害したという伝説を否定し，とくに国家経済学部長フルダがリストとけわしく対立してその講義内容を政府に密告したという，従来の研究史上の伝説を，きわめて熱心にまた十分説得的に論破している」と評価されている[4]。

　そこで，「従来の研究史上の伝説を，きわめて熱心にまた十分説得的に論破」したゲーリンク氏の成果を見てみよう。ゲーリンク氏は，当然にリストもその人物の特定化のために彼自身が推理を働かしたであろうと考えながら，論を進める。それによれば，まずリストは自分の授業を聴講した学生たちを除外したであろう，と。その論拠として挙げられているのは，リスト自身が自分の講義草稿にあとから書き加えた一節である。「私が国王陛下を信頼してきたように，必ずしも信頼するに値しないものが一人でもいたら，それこそ重大問題であろ

う」[5]と。同時にゲーリンク氏は，この同じ一節を下にして別な推理をリストが働かした，と考える。それによれば，リストは当時の全体状況から，国王が一方で個人的に闘いを展開してきた旧法派，したがって国王の憲法草案を非難し，また地位の高低にかかわらず相対的に多くの人間がその結束を固めていたグループの中にリストにとって「信頼に値しない者」がいたであろう，ということであった。

　こうしてリストが旧法派の中に自分に対する中傷者の存在を求めていたことになれば，当然に，彼はフルダ教授のことを念頭におくようなことはなかった，とゲーリンク氏はいう。というのも，フルダ教授は議会のメンバーでもなく，憲法闘争に積極的にかかわりをもっていたわけでもなく，むしろ距離をおいて，ひたすら学問に打ち込むことを好む生活を送っていたからである。このようなフルダ教授の人物像を物語るものとして，ゲーリンク氏はまず，1820年4月11日にリストがフルダ教授について，ヴィーンから妻に書き送った手紙の一節を紹介している。「ルイーゼ（彼女から彼が手紙を受け取っていたリストの義妹）は，旧ヴュルテンベルク人の親父のことをまったく実物通りに描いてきたが，私が目にしているフルダ教授とそっくりに謹厳実直な生活を送っていたように，私には思われた」[6]と。つまり，自分の敵対者に対して情け容赦もないリストが，フルダ教授については「謹厳実直な生活を送っている」人物として描いており，少なくとも彼がフルダ教授のことを自分の敵対者とは思ってもいなかったということの例証として，ゲーリンク氏は考えているのである。さらに，ゲーリンク氏は，のちに『国家学事典（Staats-Lexikon）』の編纂が問題になったとき，リストがかつてのテュービンゲン大学時代の同僚であるフルダ教授の名前を協力者として挙げていたことを，紹介する。そして，以上2つのことから，リストがフルダ教授を中傷者として考えてもいなかったことを，ゲーリンク氏は推理するのである。

　これに加えて，ゲーリンク氏は，「従来の研究史上の伝説」をつくり上げることになった張本人であるヴィルヘルム・フォン・ゾンターク氏が，『リスト著作集』に付した論文「フリートリッヒ・リストの青年期の宿命と青年期の諸

第 6 章　F. リストと『シュヴァーベンからの人民の友』紙　117

論文」[7]にも言及する。そして，このゾンターク氏の論文が実は，1907年のク
ルト・ケーラーの学位論文に依拠しながら書かれたものであることを，そして
このケーラーもまた1906年のアルトゥール・マイアーの学位論文に依拠して
いたことが明らかにされるのである。しかも同時に，彼ら2人が，史料調査の
点でも史料の評価の仕方の点でも未熟または不十分であることが，ゲーリンク
氏によって明らかにされている。その具体例として，テュービンゲン大学にお
けるリストの行政学講義の聴講生であったロベルト・モールの回想記の中で描
かれていた大学の学者ツンフト（教授団）の頑迷で陰気なイメージを，ケー
ラーがそのまま鵜呑みにしてしまったことの未熟さに関連して，ゲーリンク氏
は，つぎのようにいう。「抜け目なく野心的な若きモールが自分の昔からの仲
間に対して，自分の回想記の中で持ち出したものすべてが，十分な注意を払っ
てしか受容されてはならないものであり，しかもいたるところで非常に主観的
な解釈や判断を含んでいることは，多くを語る必要もない。私たちが思い起こ
すのは，モールが与えたリストそのもの，およびテュービンゲンでの彼の活動
についての間違った，そして歪められた形象である」[8]と。

　こうして「従来の研究史上の伝説」を論破したのちに，リストの，したがっ
てゲーリンク氏の推理は，さらに継続される。そして，リストは当然に議会の
メンバーであり，同時にテュービンゲン大学とのつながりをもった人物たちの
中に，自分に対する中傷者の姿を絞り込むことになっただろう，とゲーリンク
氏は推理する。そして，リストによって絞り込まれた人物としてゲーリンク氏
が挙げるのは，シュヌラー教授とグメリンであった。ちなみに，彼ら2人は当
然のことながら，国王ヴィルヘルムの憲法草案に異議を唱えていた旧法派のメ
ンバーであった。まずフリートリッヒ・グメリン（1784-1847）であるが，彼は
自分の父を通してテュービンゲンの上級裁判所の弁護士として刑法学者クリス
チャン・ゴットリープ（1749-1847）の下にありながら，行政学教授リストの下
でも学んでいたことが推察される。しかし彼は，その当時の教授の中にいた別
のグメリンを通して大学との密接な縁故関係をもっていたにもかかわらず，シ
ュトゥットゥガルトの高級官僚との関係は薄かった。その点で，グメリンの場

合には，シュトゥットゥガルトとのあいだに距離があり，それだけ中傷者としての役割を十分に果たせなかった，とゲーリンク氏は考える。

それがシュヌラー教授の場合には違っていた，とゲーリンク氏はいう。そしてゲーリンク氏によれば，神学者であるとともに東洋学者としても等しく名をはせていた彼は，1806 年にテュービンゲン大学の官房長（Kanzler der Universität）になった。また彼は，1817 年の憲法闘争のときにはすでに 75 歳でありその時代の政治的自由主義の要求からは距離をおいており，したがって国王の自由主義的な国政改革に反対する多数派に属していた，というのである。彼のこうした経歴，つまり大学の官房長という政府に対する責任ある立場から大学の事情に精通していたとともに，議会のメンバーとしてシュトゥットゥガルトの政府要人とも個人的な結びつきをもっていたシュヌラー教授こそが，テュービンゲン大学におけるリストの講義内容について，彼から見て不都合と思われることを収集し，それを逐一，国王ないしその側近に報告し，リストに対する国王の誤解を惹起させた張本人ではないか，とゲーリンク氏は推測する。しかし，それはあくまでも推測でしかなく，真相は闇の中である，とゲーリンク氏も指摘せざるをえないのである[9]。この点については，シュトゥットゥガルトへのリストの召喚という事態が生じる直前の彼の人間関係からも，もう一度ゲーリンク氏によって取り上げられる。

2．『シュヴァーベンからの人民の友』紙とリスト

1817 年 10 月 26 日に待望していたテュービンゲン大学の初代行政学教授に登用されながらも，リストのその後の活動は，同年の 11 月には，政府部内での最大の庇護者であったヴァンゲンハイムを，そしてそのヴァンゲンハイムとともに「改革内閣」の一翼を形成していたケルナー将軍を相ついで失う中で，ヴュルテンベルクの自由主義的な改革に情熱を燃やす国王ヴィルヘルムを唯一の拠り所としてきたことは，すでに触れた。そうした中で，1818 年に起こった事態は，リストにとっては衝撃的な出来事であった。というのも，たとえそ

れが悪質な中傷にすぎなかったとはいえ，リストが唯一政治的な拠り所として
きた国王ヴィルヘルムの心中に，さしあたりリストに対する疑念が生じてきた
ということであり，国王に近侍しながらリストに敵対する勢力が政府部内でも
その力を伸張しはじめたことを物語っていたからであった。

　時間を少しさかのぼって，こうした事態がリストにとって衝撃であった理由
を，もう少し詳しく見てみよう。1818 年 1 月 30 日に，ヴュルテンベルクにお
ける出版の自由が法的に承認されることを前にして，この時期のリストは，テ
ュービンゲン大学での教職活動に全力を傾注しながらも，「開かれた活動」つ
まり出版活動を再開することにも意欲的であった。というのも，かつてリスト
も関係した『ヴュルテンベルク・アルヒーフ』紙やコッタの『賛否』紙が前年
の 1817 年にそれぞれ停刊に追い込まれており，ヴュルテンベルクの自由主義
的な改革を求める声を伝える出版物が途絶えていたからであった。そして，そ
のための足場としてリストがさしあたって見出し得たのは，ミカエリス教授の
協力を得て『ヴュルテンベルクの人民の友 (Der würtenbergische Volksfreund)』
紙と命名・刊行された，「権利と市民的自由のための週刊紙」であった。また，
その編集母体は，「真理を愛するヴュルテンベルク人の会」と題された。第 1
号は 1818 年 1 月 14 日に刊行され，ゲーリンク氏によれば，リストの匿名論文
ではじまっていた，という。その最初のものが「人民の友の本当の気持ちと 7
つの願い」であり，続いて同様にリストの匿名の論文「人はだれをも不幸な目
にあわせてはならない」であった。またリストは，早速この号を国王ヴィルヘ
ルムの献呈し，1 月 16 日に国王からの好意的な返事がもたらされていたので
ある。したがって『ヴュルテンベルクの人民の友』紙は，国王ヴィルヘルムを
有力な支援者と見なしていたのである。この間の事情を知るケルナー将軍の弟
ユスティヌス・ケルナーによってその当時に書かれた書簡が，ゲーリンク氏に
よって紹介されている[10]。それによれば，つぎのような内容であった。「とて
もうまくはじまった新聞は，国王がきっかけとなって刊行された。否，編集者
は『いわば国王』である」と。したがって，ゲーリンク氏もいう。「後者（国
王——引用者）が遠くに離れているにしても，疑問の余地なく新聞には国王の

黙認が，否，愛顧があった。それは，彼の自由主義的な意向に合致していた
し，みずからの憲法草案を拒絶した例の『祖国の敵』紙に真に対抗する同盟者
として彼には歓迎された」[11]と。

　しかし，こうして順風満帆に船出をしたかに見えたミカエリス教授とリスト
との協力関係も，早速に亀裂が生じることになった。その最大の理由となった
のは，ミカエリス教授が他方で『国家と政府新聞 (Staats-und Regierungsblatt)』
紙の編集者でもあったこと，また彼がオットー゠マウクラー内閣と密接な関係
を保っていたこともあって，彼には政府から独立した新聞の継続的な発行を期
待しえない，とリストが考えたからであった。また他方で，リストの友人た
ち，テュービンゲン時代からリストとの交友関係を続けていたシュトゥットゥ
ガルトの弁護士シューブラーと，ネッカースウルムの農場主で自由主義的な文
筆活動もおこなっていたケスラーも，そのことを強く支持したのである。それ
にしても，その考えを実行に移すのも早かった。1月14日に第1号を発行し
たのに続いて，1月31日に『ヴュルテンベルクの人民の友』紙の第2号が発
行されるのに先立って，1月24日に『シュヴァーベンからの人民の友，人倫
と権利と自由のための祖国新聞 (Der Volksfreund aus Schwaben, ein Vaterlandsblatt
für Sitte, Recht und Freiheit)』紙（以下では『シュヴァーベンからの人民の友』紙と略
す）の第1号が，すでに刊行されていたのであった。これには当然のことなが
ら，ミカエリス教授も激怒し，シュトゥットゥガルトの政府要人に対してリス
トらを「強盗」とか「海賊」とか呼ばわって非難する手紙を書き送ることにな
り，両者のあいだに醜い争いが続くことになる[12]。

　ともあれ事実経過が示すように，リストの側にも無理があったと思ってか，
彼は『シュヴァーベンからの人民の友』紙では徹頭徹尾，自分が表立って行動
することを避けていた。というのも，発行者としては当初シューブラーの名前
だけが挙げられ，のちになってケスラーが加わることになったが，彼らとの交
友関係から容易にリストの存在がうかがい知れるものだったと思われるからで
ある。事実，1月25日にミカエリス教授が政府要人に宛てて書いた手紙の中
で，彼は「自分が蒔いた種を刈り取ろうとしている」[13] 4人の人物について語

っていた。そしてゲーリンク氏も，それはリスト，シューブラー，ケスラー，については確定的に，そして4人目についてはおそらくユスティヌス・ケルナーのことであっただろう，と推測している。加えて，このことからも，その後の5月にリストを襲った事態における中傷者は，上記したようなことが十分なきっかけとなって，またシュトゥットゥガルトの政府要人とも知己があったミカエリス教授にほぼ間違いない，とゲーリンク氏はいう[14]。したがって，編集者は「いわば国王」である，とユスティヌス・ケルナーに絶賛されるほどであった『ヴュルテンベルクの人民の友』紙と決別し，新たに『シュヴァーベンからの人民の友』紙の刊行へと歩を進めることによって，リストには，ミカエリス教授の中傷があったとはいえ，シュトゥットゥガルトへの召還を契機に一気に国王の信頼を失ったかに思えたのであった。国王ヴィルヘルムの支援を唯一の拠り所にしてきた彼には，これほど衝撃的な出来事はなかったであろう。

　話が前後するようになってしまったので，こののちに『シュヴァーベンからの人民の友』紙が果たす役割を見るために，あらためて当時の政治状況を整理してみよう。周知のごとく，1817年3月3日に国王ヴィルヘルムによってヴュルテンベルク憲法草案が提示され，この草案にあくまで反対する旧法派を国王は「祖国の敵」とまで呼び，みずからの自由主義的な国制改革をあくまでも推し進めようとしていた。しかしその後，前国王フリートリッヒに抜擢されて以来，現国王ヴィルヘルムの下でも「ヴュルテンベルク憲法闘争」を主導的に展開してきたヴァンゲンハイムが11月3日に解任されるという事態が生じた。また，彼とともに「改革内閣」を形成していたケルナー将軍も11月7日に閣外に去ることになった。これには多分に，ヴュルテンベルクをめぐる対外的事情，ドイツ同盟内部での事情が作用していたともいえよう。つまりこの時期，「ドイツの自由と統一」を求める動きが表面化し，その動きを主導していた学生の組合ブルシェンシャフトによって，それは1817年10月18日のヴァルトブルク祭として結実することになる。この祭典は，「ルターの宗教改革300年祭とライプツィッヒ会戦の戦勝記念」[15]とを兼ねて，各大学の学生組合が参加して開かれたものであった。しかしこの祭典を契機として，ドイツ同盟を主導

していたオーストリアの宰相メッテルニッヒによる大学の自由，言論の自由に対する弾圧の姿勢も鮮明となる。そうした動きは，その後の1819年3月23日，イエナの神学生ザントによる劇作家コッツェーブ暗殺事件によってさらに加速され，大学法，出版法，扇動者取締規定の3つからなる「カールスバート決議」（1819年9月20日）として結果することになる[16]。つまり，ヴュルテンベルク内部における自由主義的な改革を求める動きに対して，外部からブレーキがかけられてくる状況が生まれていたのである。そしてこのことが，ヴァンゲンハイム＝ケルナーの「改革内閣」を失脚に追い込み，それに代わってオットー＝マウクラーの「保守内閣」を登場させる遠因ともなっていたのである。それにともない，国王ヴィルヘルムの政治姿勢にも微妙な変化が生じることになる。というのも，「ヴュルテンベルク憲法闘争」がはじまって以来の反対派である旧法派に加えて，絶対君主政こそドイツ同盟内の主流派的な動きであるとする保守派が，国王側近として台頭してきたからであった。したがって，リストのシュトゥットゥガルトへの召喚という事態も，こうした流れの一環として見ることもできよう。

　『シュヴァーベンからの人民の友』紙に集った人々も，こうした政治状況を機敏にとらえ，旧法派や政府部内の保守派を一括して「旦那の党（Herren Partei)」と呼び，それに対抗する側を「市民（Bürger）」と呼ぶ一方で，自分たちの立場を「人民の友（Volksfreund)」[17]としたのであった。この点に関連して，ゲーリンク氏も，つぎのようにいう。「したがっていまやリストは，たとえみずからの『結社』が同志たちのゆるやかなグループを意味するにすぎなかったとはいえ，みずからの新しい新聞である『シュヴァーベンからの人民の友』紙を，手際よく広い基盤の上にすえることに成功した」[18]と。しかし，ドイツ同盟内のメッテルニッヒの強権的な反自由主義的な動きにも呼応して，政府部内では，この『シュヴァーベンからの人民の友』紙の主張に大いなる危惧を感じていたのであった。というのも，「それがしばしば引き合いに出されるので」，枢密院（Geh. Rat）は，新聞を停刊にすることも決意したほどであったからであり，また発刊当初，「何千という部数」が先を争って消えてなくなるという

ほどの反響があったからである[19]。とはいえ，そうした反響は決して好意的なものばかりではなく，『シュヴァーベンからの人民の友』紙を手にとって，「これは革命的だ」とする反響も当然に数多くあったのである。こうした誤った反響に対して『シュヴァーベンからの人民の友』紙，したがってリストも座視することができなかった。1818 年 5 月 18 日の『シュヴァーベンからの人民の友』紙には，リストの匿名の論文「これが革命的なのか？」（Das ist revolutionär?）が掲載される。この論文は，『シュヴァーベンからの人民の友』紙の綱領的な文章ともいえるものでもあるので，以下では，その内容をできるかぎり紹介していきたいと思う。

　論文は，『シュヴァーベンからの人民の友』紙をめぐってヴュルテンベルクの地で繰り広げられているある光景を，その地に旅をしたことのある人の伝聞として描写することからはじまっている。「今日，『人民の友』紙を手にする多くの人びとは，憤りを感じてそれ投げ捨てるか，とてつもなく厳かな感情で見るか，実際に目をくれることもなく気ぜわしげにいとも簡単に無視するか，のいずれかである。その上で金切り声を上げる。『これは革命的だ！』と。別の数人の人々は，これを囲んで椅子に座り，指先だけで触れるにすぎないのに，声を揃えてつぎのような言葉を繰り返す。『そうだ，そうだ，これは革命的だ！こんなことを許してはならない』と」。そして，これに続いて論文は，こうしたことを口にしている人々について，伝聞が伝えるところを紹介する。「たいていの場合，それは立派な旦那方である。その中のフランクトゥールシュリスト在住の高貴なお方は，顔の表情にまで感情をあらわにしており，あるいはよく太った堂々とした旦那で，この厳しいご時世にも無縁なお人，あるいは間もなく家を継ぐことになる粋な若旦那がおり，こうした人びとは，市民や農民の権利に我慢がならないお人たちなのだ」[20]と。「旦那の党」に対してみずからを「人民の友」と呼ぶ，この新聞の特徴がはっきり示された書き出しである。

　このような書き出しに続いて，いよいよ『シュヴァーベンからの人民の友』紙の，したがってリストの反撃がはじまる。彼はいう。「『人民の友』紙は，尊

敬すべき人々のご親切な忠告に感謝し，ただちに本腰を入れてそれがいかなる事態に陥ったかを示そう。一体全体，『人民の友』紙のなにが革命的なのか？　聡明で慎み深く，強力な力をもつ旦那よ！　事実と違っていないだろうか？というのも，『人民の友』紙は混じり気のない，ありのままの事実だけを掲載しているからである」と。続いて，この「ありのままの事実」をめぐって，リストの舌鋒はさらに鋭くなっていく。「『否，物騒な事実だ』と，あなた方は『人民の友』紙に非難を浴びせる。『現にあるものが引き続き存続すべきであるとしても，いってはならない確かなものが存在するのだ』と。その通り，そこにあるのだ！　その状態が続いているのだ！　だが，ちょっと待て，なにか思いついたぞ。一体なにが引き続き存続すべきなのか？　宗教や道徳か？　『人民の友』紙は，最高の道徳を説いていないだろうか？　政府や行政官庁か？『人民の友』紙は，絶えず説いていないだろうか？　国王や行政官庁は法律に臣従しないのか？　と。憲法や権利か？　『人民の友』紙は，憲法状態をつくり上げ不公正を訴追することに，いつも汲々としていないだろうか？　因習や虐待や卑劣な悪事か？　そこにあるのだ！　否，それはもはや，引き続き存続すべきものではないのだ」と。つまり，『シュヴァーベンからの人民の友』紙が記事として掲載している「ありのままの事実」というのは，ヴュルテンベルクにいまなお残る「因習や虐待や卑劣な悪事」であり，「聡明で慎み深く，強力な力をもつ旦那方」は，このことをもって「革命的だ」といっているのか，と逆襲するのであった。その上で，つぎのように論文は続けられる。「だが，尊敬すべき旦那方よ！　それに加えて『人民の友』紙には，大いなる支援者がついている。それは，諸君の祖国の啓発された政府であり，その政府は，人民が幸福であるときのみ統治が行き届いていること，さらに市民が自由に活動することを妨げている時代遅れの諸形式が取り除かれたとき，および不正と欺瞞が公的な行政から閉め出されるときにのみ，この人民が幸福になれるということを，とりわけ承知していた」[21]と。「因習や虐待や卑劣な悪事」を「ありのままの事実」として報じる『シュヴァーベンからの人民の友』紙の姿勢は，現に政府によって推し進められている施策と一致しており，それこそがヴュルテ

ンベルク人民の幸福につながるものであるという意味では，このことを「革命的だ」とする旦那方こそが反政府的で反人民的なものといえる，と手厳しく糾弾する。

　論文は，さらに行を変えて続けられる。「諸君は，ものごとの分別がつかない愚か者や口先だけの人間，あるいは神を信じない異教徒たちと永遠に同じ状態であり続けたいと願っているのか？　諸君は，ライプツィッヒでの流血の日々以来，諸君の前で繰り広げられてきた重大な時局を，どうしても理解しようとしないのか？　諸君は，その地（ライプツィッヒ──引用者）で一般的に了解されたことが一体なんであったのか，と思っているのか？　もしかしたら諸君は，貴族の狩猟をもう一度以前の華麗さで復活し，伯爵様がかつて請合ったような家父長的で敬虔な領主裁判権を旧に復することを考えているのか？　もしかしたら諸君は，支配者面して市民や農民よりも自分が偉いかのように，いわゆる官職の威信（Amtsehre）をもっと強固にすることを考えているのか？　もしかしたら法外な俸給，懐を肥やす日当や代書収入，新年の付け届け，および進物としてのお菓子を諸君が手に入れることを考えているのか？　もしかしたら，封建制度という古くなった酵母をもう一度発酵させる暇を諸君に与えることを考えているのか？　もしかしたら，文書処理がいつまでも終わらないように，ローマ人が諸君に貸し与えた外来の法をさらに建て増すことを考えているのか？」[22]と。これは，旧法派とその庇護の下にある書記たちを明らかに念頭においた，容赦のない糾弾である。

　さらに行を変えて，つぎのように続ける。「否，おそろしいほど法に精通した諸氏よ！　このような馬鹿げたことをいつまでも続けるために，30 年ものあいだ市民や農民の血が流されたわけではないし，10 月 18 日の火が燃え上がったわけではない。奴隷よ！　市民になれ！　獣のように罵られし者よ，人間になれ！　全能の神はあの日，無数の砲口から声をとどろかした。しかし，諸君は聞く耳をもたず，見る目も持ち合わせない。諸君は根から腐り果てた輩だ。私は諸君に正直にいいたい。諸君は着古された上着のように，みずからに見切りをつけなければならない。諸君は，旧態依然たるものがもはや分からな

いのだ。諸君はみずからに見切りをつけなければならない。私はいいたい。誓って賢明なる神意にしたがえ，と。人民の幸福を欲する国王に，誓って諸君は首をたれよ，と。私は諸君にいいたい。『人民の友』紙は，正直な人民がいるかぎり存続するだろう。また，抑圧されている者には庇護を，不正をおこなう者には懲罰を与えるであろう，と。『人民の友』紙は，文字通り正しい統治が存続するように，ありのままの真実を国王に告げるであろう」[23]と。ライプツィッヒ「解放戦争」に勝利したときに，新しい時代の到来を希求した人民たちの願いを忘れたかのように振舞う「旦那方」に，その地で流された「市民や農民の血」を無駄にしないためにも，古い過去との決別を，リストは鋭く迫っている。

　しかし，それでも足りないと思ったのか，論文はなおも行を変えて続く。「諸君が正義の門に足を踏み入れるとすれば，それは，諸君が不当な私利追求や支配者ぶった行ないを止めるときであり，諸君が悪癖や偏見を捨て去るときであり，諸君が正義の甲冑を身につけて健全な理性のマントを身にまとうときであろう。したがって，諸君がこれまでの罪悪をすっかり洗い清めたときこそ，諸君は，正義を守り道理をわきまえた人びとと喜びを分かち合うだろう。『人民の友』紙が不正をおこなう人や邪悪な人に，世論を背にして懲らしめるとき——そのときこそ諸君は，もはや金切り声を上げることはないだろう。これは革命的だ，と」。そしてこの論文は，つぎのような文言を付して結びとする。「悪意に満ちた人びとは，『人民の友』紙の正しい営みにいたずらに疑いをかけようとし，人民が未熟であるとの評判を立てようと努めるであろう。ヴュルテンベルク人は国王を愛し，それが法と正義にかなっていれば，みずからの責務に従順で出すぎた真似をしない。そのことは，いまに分かるであろう」[24]と。これは，議会多数派である旧法派とその庇護の下に依然として悪行をやめようとしない書記たち，および政府の保守派に対する堂々たる闘争宣言でもあり，『シュヴァーベンからの人民の友』紙の綱領的な文書ともいえよう。

3．旧法派および政府部内保守派とのリストの闘い

『シュヴァーベンからの人民の友』紙にリストの論文「これが革命的なのか？」が掲載されたのが，1818 年 5 月 18 日であった。それは，たとえ「同志たちのゆるやかなグループ」であったにせよ，『シュヴァーベンからの人民の友』紙に結集したグループの綱領的な文書であり，議会多数派である旧法派とそれに庇護された書記たちおよび政府部内の保守派に対する闘争宣言でもあった。そして，こうした新聞を発行することができたのも，同年の 1 月 30 日に出版の自由が認められていたからであった。この出版の自由をめぐっては，1819 年 9 月 23 日に成立したヴュルテンベルク憲法典において最終的に確認されることになるが，ドイツ同盟との関係で国王ヴィルヘルムは，巧妙な立ち回りを演ずることになる。このことに触れた石川氏は，ヴュルテンベルク憲法典とドイツ同盟出版法（1819 年 9 月 20 日）とのあいだに「明白な矛盾する規定」が存在することを論じた阿部照哉氏の指摘に関連させて，少し長くなるが，つぎのようにいっている。「確かに，ヴュルテンベルク憲法第 28 条は，『出版および図書の頒布の自由は，完全に（in ihrem vollen Umfang）保障される。但し，その濫用に対して発せられる現行または将来の法律は，これを遵守しなければならない』と定め，他方で同盟出版法（Bundes-Pressgesetz）第 1 条は，『日刊紙または冊子の形式で発刊され，これに類する 20 部を超えない文章であっても，同盟構成各邦においてはいかなる場合にも政府に予告し，その事前の許可を得るのでなければ発行してはならない』と明文で検閲制を定めるかほか，第 3 条で処罰規定（但し，刑期の定めはない）を設け，更に第 7 条では発禁紙誌の編集者は向後 5 年間，ドイツ各邦で類似の文章を発行することができない，とされている。従って，一見すると，これらは『明白に矛盾する』規定である。だが，この矛盾を解決するには以下の顛末を理解しておく必要があろう。即ち，当時の政治情勢の下では，……出版法に同意せざるを得なかったものの，国王ヴィルヘルムの真意は検閲制には反対であり，それゆえに彼は同法の発行を

128

10月1日まで延期したのであった。換言すれば，ヴュルテンベルク憲法典の
ほうが一週間早く施行されたのである。これは一体何を意味するのかといえ
ば，要するに国内には出版の自由が完全に保障される。そして，あとからドイ
ツ同盟法たる出版法が施行されたのだから，同盟ないし他邦政府に対する文章
による批判は同法の規制対象になるけれども，それ以外は憲法規定が適用され
ることになる。これは，与件の中でなしうる最大のプロテストであったといえ
よう」[25]と。

　ドイツ同盟出版法とヴュルテンベルク憲法典とのあいだの出版の自由をめぐ
る確執については，石川氏のいう通りであろう。しかし，ゲーリンク氏によれ
ば，1月30日の出版の自由を認めた法令の場合にも，ヴュルテンベルク行政
当局は，出版の自由を認めないための数多くのワナを関連規定の中に仕掛けて
いた，という。すなわち，この場合にも表向きにはすべての検閲規定を廃止
し，「すべてのものを検閲なしで印刷させる」ことを認めたが，「国家公務員な
いし議会」の公務執行にかんする事実について，真相に反したどんな記述も懲
罰に値する違反とするのが当然である」[26]という規定が設けられていた，とい
う。この場合には，「真相に反したどんな記述も」という規定が問題になる。
つまり，なにをもって「真相に反した」のか，という客観的基準が明示されて
いなければ，この規定は，行政当局の恣意的な解釈・運用を可能にするもので
あろうし，そのことを期待したものであるともいえる。現実に，前節で見たよ
うな内容のリストの論文「これが革命的なのか？」は，多分にその可能性をも
ったものであった。しかし，ゲーリンク氏によれば，「警察は当初，定期刊行
物そのものには相対的に寛大であり，新聞そのものよりも訴願の指導者を嫌っ
ていた」という事情もあって，リストはそのときには，警察の追求の目を逃れ
ることができたのであった[27]。こうして一度は警察の目を逃れることができ
たリストではあったが，彼は，同年の5月23日の『シュヴァーベンからの人
民の友』紙に，自分に対する国王ヴィルヘルムの不信感の発火点，つまり5月
24日に彼がシュトゥットゥガルトに召喚される契機となった論文「時代精神
は官制組織を試問する」（Der Zeitgeist halt Organisationsexamen）を発表すること

になる。

　しかし，その論文の内容に立ち入る前に，ここではゲーリンク氏にしたがって，「シュトゥットゥガルトの舞台裏と，なにも知らないリストに向けてそこで準備されていた火薬樽を見ておく」[28]ことにする。それによれば，リストにとっての，したがって同時にヴァンゲンハイムにとっての本来の敵対者はテュービンゲンではなく，シュトゥットゥガルトの国王側近に席を占めていたことについては，すでに言及した。この点でヴァンゲンハイムは，1817年5月以降，自分に向けて敵対的な動きがあることを感じていた。「たとえ事態を私が知らないとしても，きっとそうであると人は私に対して間違った判断をしている」と，彼は5月22日のコッタ宛の手紙の中で記していた[29]。つまり，政府部内での事態に彼がまったく関知していないにもかかわらず，なぜか彼が積極的に関与していることとして語られていたのである。そうしたヴァンゲンハイム追い落としの暗躍が進展する中で，彼は国王の信頼を失っていき，6月になってヴァンゲンハイムに対して突然に，国王の解任通告がなされたのであった。それに加えて11月には，彼はドイツ同盟議会におけるヴュルテンベルク全権大使に任命され，任務地フランクフルトに赴くことになった。したがって，ヴュルテンベルク政界の中心地シュトゥットゥガルトから彼の姿が消えるとともに，彼の敵対者たちは，これまでヴァンゲンハイムが取ってきた改革路線に公然と背を向けることになる。ゲーリンク氏が紹介する1818年1月14日のフォン・マルクース宛の『機密の覚書』には，つぎのように書かれていた。議会によるよりも「国王の側によって（！）」メチャクチャにされたほうが，ほとんど札付きのヴァンゲンハイム氏を発案者で操縦者にした措置によるほうが，「きっとうまくいく」。彼は，「人格と本分においてとんだ見当違いをしている」[30]と。

　さらに，フォン・マルクースはリストに対しては，さしあたり彼の講座そのものに対してのみ，強力で直接的な反対運動を展開した。彼は，「国家経済学部」の開設およびリストの行政学教授としての任用のときにはまだ枢密院のメンバーではなかったために，これに関与することはできなかった。しかし，

「ヴァンゲンハイム＝ケルナー改革内閣」の崩壊後に財務部の責任者になった（1817年11月10日）彼は，国家経済学部に属する農学部の講師に対して実験農場としてどの国有地を指定するかという文部省の提案に関連して，財務部としての公的な意見表明をおこなう機会を得た。これをフォン・マルクースは，リストならびに彼の講座に対する決定的な攻撃の機会に利用する。フォン・マルクースが考えたのは，自分がいずれにせよ計画の一部について意見表明をしなければならないのであれば，全体についての自分の考えを表明することも義務づけられていると直感したのであった。そこで彼は，学部の開設には賛成しておきながらも，「まったく無用」であるだけでなく「損失とすらなり」うる，「提案された」行政学の教授を非難した。それゆえ，「提案は撤回されるべきである」[31]と。

　それに加えて，フォン・マルクースは，枢密院が留保なしに同意した，国王に対するヴァンゲンハイムの上申を引き合いに出すことになる。その上申には，つぎのようにはっきり書かれていた。つまり法律に問題がなく，官吏の組織が合目的的であれば，結局のところ，すべては形式に依存している。形式に欠陥がある場合には，最良の立法も役に立たない。それゆえに，既存の形式はそれが学ばれることによって，大学で「継続的に鋭い，公平な批判にゆだねられなければならない」。しかしそれは，学生ができるだけ目的にふさわしい形式を考えつくきっかけをつかむためである，と。「それは換言すれば」と，フォン・マルクースは続ける。「行政当局の行為を公然とあら探しすることに報いた人物を任用することを意味する。またその人物は，自分が善意であれ悪意であれどちらかにしたがって種子を，よく分かっていないのに，また不満足にしか振りまくことができない。さらには教えを受けなければならない若者も，自分が学ばなければならない人々の監督官（Censoren）に仕立てられるのだ！時代の傾向はいずれにせよ，政府のしているすべてのことについてのあら探しに向けられており，自分たちが理解できないことを酷評することを天職とするように，学生を信じ込ませることに向けられている。そして，当然にお目にかからねばならないのは，こうした方法がうやむやな状態の中で彼らを興ざめな

気分にし，若者に国家公務員の備えをさせるにはよい選択とはいえない，ということである」と。彼フォン・マルクースは進んで，形式がもっと考慮に値することを認める。しかし，そのような改善は行政に任せればよいし，任されなければならないのであって，固有の講座の対象であってはならない。「私は，この教授の下でずっと，これまでの書記制度のことが考慮されてきたと思われることには，つまり，すでに実施されなおも続いている修正が『間違った酷評』であるということには，疑念を抑えることができない」[32]と。

したがって，1月16日に文部省によってなされた提案を受けて国王に対するフォン・マルクースの上申がなされたこと，1月20日がテュービンゲン大学におけるリストの初講義の日であったことなどを考え合わせれば，行政学教授としてリストが自分の前途に勇躍としていたそのときにはすでに，政府部内におけるリストに対する敵対行動も開始されていたことを物語っている。その後，フォン・マルクースの上申が国王の裁可を経て，文部・内務大臣のフォン・オットーの下で政府部内での処理が進んでいた時期の5月23日，『シュヴァーベンからの人民の友』紙に，リストの匿名の論文「時代精神は官制組織を試問する」が掲載されることになるのである。この論文は，「時代精神」が教官役となって，「プリムス Primusu（一番），ゼクンドゥス Sekundus（二番），テルティウス Tertius（三番），クルティウス Qurtius（四番），クイントゥス Quintus（五番），ウルティムス Ultimus（最後）」といった6人の学生に官制組織についての口頭試問をおこなう，という展開になっている。そして，すでに触れたように，この論文の内容がシュトゥットゥガルトにリストを召喚する契機となったものであった。その口実にされたと思われる部分を，以下で再現してみよう。

　　時 代 精 神　（プリムスに向かって）今日にあっては，内閣はどのように
　　　　　　　　　　組織されねばならないか？
　　プ リ ム ス　それには，首相（Prizipalminister）がいなければならない。国王の命令は，首相を経由した場合にのみ効力が

ある。首相は，人民代表の議会によって国民裁判所
（Nationalgerechtshof）に提訴されるようなことがあっても
おかしくはない。裁判所は，それに連なる公僕（Staatsdienst）
を裁く資格はないが，国王が恩赦をおこなうことがなけれ
ば，首相に国外追放などの判決を言い渡すことができる。
首相を任免するのは，国王の自由裁量である。首相が自分
の主人の命令を遂行したくないときには，彼は解任を求め
る。しかし，彼がそれを遂行するときには，彼はそれに対
する責任を負う。行政全体に責任を負わなければならない
首相には，自分の考えにしたがって内閣をつくることが許
されなければならない。

時　代　精　神　その通り，プリムス君。だが，ウルティムス君，内閣（あ
るいは枢密院）のこのような構成の下で，内閣ないし枢密
院恩給は存続しうるか？

ウルティムス　あなたは私を，どうしようもない馬鹿だと思っている。大
臣の更迭が度重なれば，恩給がどこまで膨れ上がればよい
と考えているのか？

時　代　精　神　君のいう通りだ。私は，君が明敏であることをはっきりさ
せる問いを提示したいと思っている。ヴュルテンベルクの
ような国家で，国家に恩給の負担をかけさせることなく，
また退任後の大臣の日々の糧に事欠くことがないように大
臣の更迭をおこなうとすれば，どのような手立てに直面し
なければならないだろうか？

ウルティムス　それは別問題である。内閣（枢密院）の構成員は誰しも，
下位の公僕の職務（さまざまな領邦合議体など）につくのが
当然である。同一人物が内閣にいるあいだ，その下位の職
務は副官（Stellvertreter）が代行しなければならない。しか
し，彼が内閣を解任されたならば，彼は以前の職務を引き

第6章 F.リストと『シュヴァーベンからの人民の友』紙　133

つぐ。

時 代 精 神　しかし，以前には内閣のトップにいた人物が今度は，以前には多分，自分が命令をしていた他の人物の下位につくことになるということは，現実的なことであろうか？

ウルティムス　あなたは明らかに冗談で，この問いかけをしている。国家の福祉が求めていることは，陳腐な席次に配慮することによって反証されないであろう。首席であれ下位の公僕であれいずれも，法律の庇護と指示の下にある自由な国家にいる。したがって，下位の者が以前には命令権者であったとしても，彼はいまとなっては，命令の厳しさと服従の必要を認めるであろう[33]。

　この口述試問の中では，「内閣ないし枢密院恩給」の支給に関連して，学生のウルティムスが経費節減の立場から，内閣（枢密院）退任後も「下位の公僕の職務」につくことを当然のことであると発言している。ゲーリンク氏によれば，これは 1816 年 11 月 6 日の枢密院の行政命令を明らかに批判している，というのである。その行政命令によれば，退任した大臣は 4,000 フローリン，他の枢密院のメンバーは 2,000 フローリンの恩給を受け取ることになっていたからである[34]。続いてゲーリンク氏が保守派に目を付けられたと考えた箇所は，つぎのような口述試問の箇所であった。

時 代 精 神　下位の官吏体制の組織は今日，どこに目標をおいているのか？　ゼクンドゥス君。

ゼクンドゥス　市民に自由を提供し，役人の数，経費，および彼らが支配者ぶるように感化されることを抑制する。

時 代 精 神　君は，市民をどのようなものと考え，役人をどのようなものと考えているか？

ゼクンドゥス　市民とは，自分の勤労の成果によって生活し，統治費用を

支払う義務のある人である。たとえば，鋤で土地を耕す農夫，背負い桶をかつぐブドウ栽培者，工房で働く手工業者，商品を取引する商人および工芸家などである。役人＝公僕（Dienstmann）というのは，政府や公共の施設で働き，勤勉な市民の負担で養ってもらっている人であり，現にあるものとしては行政をつかさどり，判決を言い渡し，祖国を防衛するなどの官吏たちである。

時　代　精　神　この２つの階級のあいだの基本的な違いは，どこにあるのか？

ゼクンドゥス　市民は統治され（税金を——引用者）支払わなければならないので，また２つのことはみずからの自由ないしは収入のいずれかを犠牲にしなければならないので，なににも増して国家の福祉がおこなわれるかぎりで統治されるであろうことを，また彼らはできるだけみずから統治するのが当たり前であることを，願っている。公僕はしかし，市民がみずから統治するときには，床屋が自分でヒゲを剃る人を見るのと同じように，それらをねたましく思う。彼らはそれを自分たちの職分の侵害と考え，市民を縄張荒らしと考える。このような公僕はもちろん，優雅な作品——あるいは工業製品——をいくら待っても提供せず，有効に配分しえないが，手の込んだ飾り付きのニュルンベルクの細工品を備えており，それは市民がとても支払うことができないほど高価なものである。それゆえに，公僕の考えにしたがった官制組織は，とても長続きするものではない。

時　代　精　神　その通りだ。……[35]。

この口述試問の中では，官制組織が明確に「市民に自由を提供し，役人の数，経費，および彼らが支配者ぶるように感化されることを抑制する」もので

なければならないとする。また，「市民とは，自分の勤労の成果によって生活
し，統治費用を支払う義務のある人」であって，「彼らはできるだけ自ら統治
するのが当たり前である」と思っているとして，自治・分権の思想を展開す
る。しかし現実には，公僕は，「市民がみずから統治するときには，床屋が自
分でヒゲを剃る人を見るように，それをねたましく思う」のである。つまり，
自分たちの出番がなくなり，したがって「彼らはそれを自分たちの職分の侵害
と考え」るのである。しかもその一方で，国民生活に寄与することが少ないに
もかかわらず，市民には手の届かないような「手の込んだ飾りつきのニュルン
ベルクの細工品を備え」，したがって経費の削減もどこ吹く風の優雅な生活を
送っているのである。そのためにあえて学生に，つぎのようにいわせるように
している。このような「公僕の考えにしたがった官制組織は，とても長続きし
ない」と。

時 代 精 神　ゲマインデおよび郡の予算が政府によって規制されること
　　　　　　について，君はどう思うか？
テルティウス　文章や図表は，精神や生命の代用にはならない。それは，
　　　　　　プロイセンの機械工場にふさわしいものであり，ずっと以
　　　　　　前から使い古されてきたやり方である。文書支配は，1年
　　　　　　間寝かしたものがツェントナーあたりで売り渡される，胡
　　　　　　椒やチーズを扱う商人たちの記念品の中でしか生命力をも
　　　　　　たない[36]。

　この口述試問の中では，これまでの「役人」たちの仕事ぶりを象徴するもの
として「文書支配」を上げ，それがプロイセンの機械工場にふさわしいもの」
でしかない，と痛烈に批判している。しかも，そうした「文書支配」は，1年
間といわずに多年にわたって「寝かした」ままにしておくことに意味がある，
と「役人」たちが考えている現状を批判しているのである。ともあれ，「ゼク
ンドゥス」および「テルティウス」という2人の学生に「時代精神」が語らせ

た内容は，以前にも触れたように，フォン・マルクースの発案による 1817 年 11 月 8 日の官制勅令に続いて，彼が翌 1818 年 12 月 31 日の命令を控えて準備を進めていた 5 つの官制勅令の基本精神に対する批判を含んでいたという意味では，フォン・マルクースおよび彼の任命権者であった国王ヴィルヘルムにも大いに不快感を与えるものであった。しかし，事態は，それでは収まらなかった。というのも，この論文の中で「時代精神」が 6 人の学生を相手に口述試問をおこなっている様相が，そのままテュービンゲン大学でのリストの授業内容および授業運営の仕方である，という疑念を生んだからである。そのためにリストは，自分からシュトゥットゥガルトに召喚される絶好の口実を与えてしまったのである。

とはいえ，すでに見たように，今回のリストのシュトゥットゥガルトへの召喚は，リストに対する国王ヴィルヘルムの「いたわりの訓戒」で幕を閉じ，政府部内保守派の思惑通りには進展しなかった。その意味では，『シュヴァーベンからの人民の友』紙に集ったグループ，すなわちリストを筆頭にして，シューブラー，ケスラーおよびユスティヌス・ケルナーらは一安心したのであった。しかし，そうした喜びも，彼らにとっては束の間のことであって，政府部内保守派のあいだではフォン・マルクースを中心にして，絶対君主政的な中央集権制を導入する目論見が進展していったからである。その結実したものが，たびたび触れてきた 1818 年 12 月 31 日 5 つの官制勅令であった。この点については以前にも紹介したが，石川氏は，つぎのようにいう。「この機構再編は実は臣民相互の平準化を目的とし，国家と臣民とを隔てる夾雑物（中間諸団体）排除——自治体の否定——政策の一環としての底意をもつものであった」[37]と。

こうした政治状況を察知して 1818 年 6 月 2 日にユスティヌス・ケルナーが記したとされるものが，ゲーリンク氏によって紹介されている。ケルナーはいう。「自分にとって信じがたいのは，したがってあの国王が丸め込まれてしまうことである」と。また，フォン・マウクラーとフォン・マルクースによって進められている官制勅令づくりに関連して，つぎのようにもいう。「それは，

ナポレオン主義とヴェストファーレンの統治（マルクースはとどのつまり，ジェローム・フォン・ヴェストファーレン国王に仕えていた）であり，ヴァンゲンハイムの下ではきっと一度も起こらなかったことであろう」[38]と。他方で，こうした政治状況の中で，ヴュルテンベルクの自由主義的な改革に情熱を燃やす国王ヴィルヘルムは，引き続き『シュヴァーベンからの人民の友』紙の活動を黙認するとともに，リストを大学から追い落とそうとする政府部内の策謀に対しては，テュービンゲン大学での公的な講義活動と『シュヴァーベンからの人民の友』紙を舞台とした私的な文筆活動を区別し，当面は静観する態度をとった。というのも，『シュヴァーベンからの人民の友』紙が，絶対君主政的な中央集権制の導入と従来からの役人支配の存続をもくろむ政府部内の動きに対して，イギリスを手本にした立憲君主政体と市民的自由を基礎とした自治・分権の主張を展開することによって，国王ヴィルヘルムを側面から援助していたからであった。ちなみに，すでに取り上げたリストの論文「時代精神は官制組織を試問する」の中で，彼は，つぎのようにもいっていた。

　時　代　精　神　　ゲマインデが自己統治するようなことは，どのようにしたら可能か？

　テルティウス　　私は，自由な国家がもたなければならない諸機関を設けたいと考えている。したがって，それらは，最高権力をもっている統率者シュルトハイス Schultjeiß，行政を審議するセナト Senat 参事会およびゲマインデの参事会が法を範とし，みずからの義務を履行し，市民を虐待しないことを監視する市民代表＝ゲマインデ特別委員会 Gemeindedeputation である。ロンドン市は，市長 Lord-Mayor，参事会 Alderman および平民 Commoners（という編成──引用者）を通じて，この仕組みの模範となっている。

　時　代　精　神　　君は，フランスのゲマインデ体制をどう思うか？

　テルティウス　　ピニューシが前回の下院で声を張り上げて警告し，直近の

下院でさらに警告が発せられたように，それは役立たずの
ものだということである。

時代精神　どのような欠陥が，それにはあると思うか？

テルティウス　どの市長 Maire も，小ナポレオンの類である。市長には
すべての権力が与えられている。彼の影響下で任命される
市吏 Munizipalräte は，年間を通して死んだように眠って
いる。1 年に 1 度だけ，市長が合図をして 14 日間にわた
って踊ってもよいときだけ目を覚ます，彼の子分である。
市民階級は，市長の市吏の意気地の無さに抗して声を上げ
ることもない。

時代精神　それゆえ君は，市吏が 1 年に 1 度だけ行政についての相談
に応じるという規定を，間違いだと思っているのか？

テルティウス　私はそれを，まったくの堕落だと思っている。市長は 1 年
に 1 度しか悪政をしないというのか？　市吏は，年間に
14 日だけで全体が分かったというのか？　そのことによ
ってあらゆる公共精神，あらゆる知力，あらゆる自由の思
想が葬り去られるのではないか？　市民が 14 日だけ審議
に参加することが許されても，市民には 14 日だけの負担
が負わされるにちがいない[39]。

　この口述試問の中でも，市民的自由を基礎にしたイギリスの自治・分権の統
治体制が「模範」として紹介される一方で，フランスのゲマインデ体制につい
ては「まったくの堕落」と一蹴している。このことは，「隣国フランスに範を
取った強大な中央集権制」[40]を目指していたフォン・マルクースらの官制組織
構想に警鐘を鳴らすものであった，ともいえるのであった。
　ともあれ，こうしたリストおよび『シュヴァーベンからの人民の友』紙の世
論喚起の努力にもかかわらず，政府部内の保守派は，絶対君主政的な中央集権
制の官制組織構想を着々と推し進めていくのであった。それに対抗するリスト

といえば，1818年5月の訓戒後は，前回の論文をめぐる保守派の策謀に口実を与えないように，全体の論調から攻撃的な色彩を取りのぞいた問題に取り組むようになる。それが，6月13日の『シュヴァーベンからの人民の友』紙に掲載されたリストの論文「大臣責任制とは，なにか？（Verantwortlichkeit der Minister,was heißt das?）」である。この中でリストは，ヴュルテンベルクが「大臣責任制」を採用するかどうかが，絶対君主政と立憲君主政との決定的な違いになることを明らかにしようとしている。論文の冒頭で彼は，つぎのようにいう。「立憲君主政は，私たちの時代のもっとも卓越した考案である」と。市民的自由を基礎にした上での自治・分権を主張する一方で，国政レベルでは立憲君主政を支持するリストの立場が，まず鮮明に語られている。続いてリストは，他の統治形態と比較しながら，立憲君主政の「卓越」性について語る。「立憲君主政にあっては，最高権力の獲得を目的とするどんな党派も，選挙君主国のようにには，国を破滅させることはない。立憲君主政にあっては，人民を骨まで食い物にするどんな特権階級も，貴族政におけるようには，存在しない。立憲君主政にあっては，人民のあらゆる精神力を鎖につなぐどんな恐怖政治も，存在しない。立憲君主政にあっては，統治の安定性と力とは，人民の自由と一体になっている」と。このように立憲君主政の「卓越」性について語ったリストは，この論文で取り上げる「大臣責任制」がこの「卓越」性をさらに確固たるものにする，と主張するのである。彼はいう。「しかも立憲君主政は，大臣の完全な責任制によってのみ，その完成を得る」[41]と。

　こうして大臣責任制を立憲君主政の強化をはかるものと考えるリストは，「この重要な機関を，事細かに説明」することになる。まず彼はいう。「今日になって誰も，世襲的な君主政の大いなる長所に異論をさしはさまないだろう。ただ一人の人間が舵取りをなしうるのは，国家という船が波に翻弄されてはならないときである。そして人民たちは，最高権力のどんな空白も困難を招くことを十分に承知していた。しかし，絶対君主政の諸欠陥は今日，もはや疑う余地のないほどである。その主たる欠陥は，人民が政府の施策に自由に意見を述べてはならず，また悪政を法に訴えてはならない，ということにある。という

のは，絶対君主政では，善かろうと悪かろうと，すべてを国王が仕切ってきたからである。立憲君主政では，これらの諸欠陥は，大臣責任制によって完全に取りのぞかれる」[42]と。これは，前国王フリートリッヒ以来の悲願である絶対君主政の実現をもくろむ，政府部内の保守派を十分に意識したものであろう。

　続いてリストはいう。「国王は，大臣たちを通してのみ振舞う。国王のどんな命令も，大臣たちが副署をしなければ効力をもたない。彼らは，すべての指図に対して責任がある。そのことによって同時に，玉座の尊厳と意見表明の自由は保障される。というのは，つぎのような命題が確立されているからである。すなわち，国王は最高の知性であり，混じりけのない存在である。彼がなしうることは，人民にもっとも善かれと思うことであり，もっとも賢明なる手段の選択のみである。国王の意志の実現は，大臣たちにその責めが帰せられる。彼らが人民にもっとも善かれと思うことをおこなったとすれば，その功績は当然に国王に帰する。彼らが人民の福祉に反する振る舞いをしたならば，その責めは彼らに帰する。というのは，彼らは，国王の意志に反したことを実行したからである。そこで人民は，その責めを大臣たちにのみ帰することになる」[43]と。立憲君主政の下での国王と大臣との関係を，これほど分かりやすく説明したものはない。つまり，国王の命令に大臣たちが副署をすることによって，功績はすべて国王のものとなる。たとえ国王が人民の福祉に反する命令をおこなったとしても，「最高の知性」と「混じりけのない存在」である国王がそんなことを命令するはずがなく，その命令に副署した大臣たちが人民の福祉に反したことを実行したとして，その責任を彼らが問われるのである。こうして「玉座の尊厳と意見表明の自由は保障される」のだ，とリストはいう。

　その上でリストは，この大臣責任制によって，市民的自由も守られることを明らかにする。彼はいう。「以上のことから，立憲君主政にあっては，人民が愛と尊厳の念をもって君主に付きしたがっている，と私たちが見る一方で，政府の行為を批判者が自由に評価するときの，外見上の矛盾を説明することができる。この場合に君主は，人民の目には神威の守護者に思われる一方で，大臣たちは，人間の不完全さのすべての帰結を自分たちの肩に担わなければならな

い。私たちが真の自由を享受したいと思ったら，私たちはこれから，この観点に立たなければならない」と。他方でリストは，この大臣責任制はまた，大臣たちによる悪政を正すものだ，ともいう。「国王は責められてはならない。それは，国家元首の尊厳と無謬性に対するとんでもない冒瀆である。過ちが犯された場合には，大臣たちのみが過ちを犯したことになる。というのも，彼らは，国王の意志を完遂しなかったからである。しかも，大臣たちは公僕であって，無謬な者ではない。したがって彼らの行為は，人民の批判にさらされるのである。注意が払われなければならないのは，大臣たちの悪意を告発することであり，それは人が裁判所に召喚されても，こうした意向を表明する覚悟がないときこそ，そうである」と。そして，この大臣責任制が存在しなかったことが，絶対君主政下での大臣たちの無責任さの原因である，とリストはいう。すなわち，「もちろんこの場合に，大臣であることは，絶対君主政下におけるよりも数段厳しくなっている。絶対君主政にあっては，大臣たちは時代の不快さや人間の不完全さ，およびとりわけ彼ら自身のいたらなさをいとも簡単に君主になすり付け，民衆の批判に合うと陛下の意向の陰に身を隠してきた。誰しも，自分の仕事は最善であり，陰険さのみがそのことにケチをつけることができる，という信念をもちがちなので，他人からケチをつけられるのが避けられないことだとしても，人間は概してそれを嫌う傾向があるから，大臣責任制には，大臣たち以外の敵はいない」[44]と。

　続いて，これまで「大臣たち」というように複数形で語ってきたことからも分かるように，より具体的には，彼らを統括する立場の首相（Prinzipalminister）がいるわけであり，したがってその首相とその下にある内閣の話に，論点が移っていく。リストはまず，首相について語ることからはじめる。「内閣のトップには首相が立たねばならず，彼は国王の命令に副署し，それによって彼の下にある役所の服従の義務が根拠をもつことになる」。したがって，「みずからの副署によって，大臣は命令に対して責任がある。彼の責任が問われるのは欠陥があった場合であり，彼が裁かれるのは人民の権利が損なわれた場合である」と。ここで「人民」が登場してきたことで，リストはあらためて，人民の目か

ら見た「大臣責任制」のメリットを語る。彼はいう。「実際，信じられないの
は，これによって君主の力が拘束されることである。彼が善と正義を欲する場
合には，大臣は指図を執行することを拒まないだろう。またこの場合に，彼が
不従順ないし不決断を表明するならば，君主はためらわずに，分別があり力の
ある大臣を任命することになるだろう。違法で危険な指図のときにのみ，君主
の権力は制限されるであろう。というのは，その実現が容易でないことを大臣
が知っているからである。それに加えて玉座の尊厳，憲法の不可侵性，そして
とくに公開での批判の自由が保障されたこの秩序には，才能の豊かで誠実さと
祖国愛にあふれた人物のみが行政のトップに立つことになるだろう」。また，
「大臣の任免が国王の信託に依存しているとはいえ，大臣は同時に人民の信託
をも獲得しなければならない。というのも，それがなければ彼は，議会で自分
の考えを通すことができないからである」。そして，以上のことを踏まえてリ
ストは，つぎのようにいう。「君主と首相とのあいだの相互の関係は，明白で
ある。大臣は国王の信託ないし人民の信託を失ったとすれば，彼がみずからに
執着しようとしないかぎり，辞職を受理する。しかし，大臣が国王の指図を執
行しようとしないのであれば，彼は公開での責任追及と批判を避けるために，
みずからの辞職を求めるであろう」[45]と。ここでは，君主と大臣との関係が論
じられているようでありながら，それを君主を経由した人民と大臣との関係に
置き換えて，それが行政当局に対する「人民の信託」の関係として巧みに論じ
られている。

　ついで，話は内閣に移る。リストはいう。「内閣では，必然的に対抗と対立
が生じるに違いない。誰もが，自分の専門分野を重要だと見なそうとする。陸
軍大臣は戦争を，司法大臣は裁判を，内務大臣は国内行政を，といった具合で
ある」。その一方で，「彼らの誰もが責任逃れをしようとし，または会議体とし
ての決定の陰なりのいずれかに身を隠そうとする」。したがって，「このような
内閣の性格は，不安定で首尾一貫しないものである。今日話されたことが明日
には別様に論じられ，日々の事情に応じてあれこれの意見がその場を制するこ
とになる。人民や下院（Repräsentantenkammer）は，自分たちが内閣をどのよう

に考えたらよいかをまったく理解できない。しかし，認識の統一は，統治機関の必要な性格である。とはいえ，このままの無責任な状態で，「行政のすべての負担が，あらゆる責任を含めて首相に委ねられるとすれば，彼には力強い行政を可能とする施策が皆無となるであろう。それゆえに，各省のトップに立つ大臣補佐官 Ministerialgehilfen（事務次官 Staatssekretäre）を，みずからの考えにしたがって選出することを彼にゆだねる状態にならざるをえない」。こうして「見かけの上では，君主が全面的に首相に牛耳られているかのようであるが，私たちが首相や大臣補佐官に加えて，内閣の法案を作成し大臣の申し出について国王が彼らに意見を聴取する枢密顧問官（Staatsrat）を思い起こすならば，それとはまったく事情が異なる」。つまり，「この枢密顧問官は，国王に味方して首相に対する規制を強め，大臣に味方して法案通過の顧問会議（Knsulentenkollegium）を構成する」からである，と。しかし，ここから話は一転して，リストは現実的な問題に話題を転換する。彼はいう。「前年の11月8日の官制勅令によって樹立されたヴュルテンベルクの大臣（省）体制は，枢密院を2つの部局に分けたかぎりでは，先に挙げた命題に照応している。つまり，それらのうちの第1部局は執行権力であり，しかも第2部局は審議政庁（beratende Behärde）を形成する。この場合に第2の部局は，枢密顧問官の権限を全面的に教示するのであるが，それには大臣とは区別するための適当な名称が欠けている」と。つまり，1817年11月8日の官制勅令では，たしかに首相と他の大臣とのあいだの権力の均衡には配慮がなされている。しかし，そこには「大臣責任制の不在」という決定的な問題が不問の状態である，とリストはいう。したがって，「第1の部局，閣僚官（Ministeriakrat）の組織では，さらに以下のようなことを求めることが残っている。1.国王に代わって首相（Staatskannzker）が議長をつとめること，そして2.国王の命令が首相の副署の下で発せられることである。国王が閣議（Ministerialkonferenzen）の議長をつとめ，行政命令がそれに責任ある大臣の副署なしに発せられたならば，大臣は責任を免れ，言論の自由は玉座の威光によって損なわれるように思われる」[46]と，リストはいうのである。

こうして全体の論調から攻撃的な色彩を取りのぞいた結果,「大臣責任制」という一見すると地味ではあるが,これが採用されることによって立憲君主政そのものが確固たるものとなるテーマが,リストによって取り上げられることになった。しかし,その末尾に近づくにしたがって,やはりそれが,1817 年 11 月 8 日の官制勅令とのかかわりの中で書かれたものであることが判明する。旧法派とその庇護の下にある書記たちおよび政府部内の保守派に対するリストの闘いは,今回の論文では保守派に対するものが中心となっているが,依然として続いていたのである。

1) P. Gehring, a. a. O., S. 199.

2) Ebenda, 199.

3) Ebenda, 200.

4) 小林昇「若きリストの伝記的諸問題」(『小林昇経済学史著作集Ⅷ』所収) 252 ページ。

5) P. Gehring, a. a. O., S. 201.

6) Ebenda, S. 202.

7) Vgl. Wilhelm von Sontag, Friedrich Lists Jugendschicksale und Jugendschriften.in: Werke I

8) P. Gehring, a. a. O., S. 203.

9) Ebenda, S. 204.

10) Ebenda, S. 206.

11) Ebenda, S. 206.

12) Ebenda, S. 207.

13) Ebenda, S. 208.

14) Ebenda, S. 208.

15) 石川敏行「ドイツ近代行政法学の誕生 (四)」(『法学新報』第 89 巻第 11・12 号) 137 ページ。

16) この点については,島崎晴哉『ドイツ労働運動史』(青木書店,1963 年) が詳しく紹介している。

17) 増谷英樹「西南ドイツ憲法闘争と自由主義」(『歴史学研究』第 367 号) 12 ページ。

18) P. Gehring, a. a. O., S. 208.

19) Ebenda, S. 209.

20) F. List, Das ist revolutionar? in: Werke I, S. 446.

21) Ebenda, S. 447.

22) Ebenda, S. 447.

23) Ebenda, S. 447.

24) Ebenda, S. 447.

25) 石川敏行，前掲論文，140-141 ページ。

26) P. Gehring, a. a. O., S. 210.

27) Ebenda, S. 210.

28) Ebenda, S. 210.

29) Ebenda, S. 210.

30) Ebenda, S. 210.

31) Ebenda, S. 211.

32) Ebenda, S. 211.

33) F. List, Der Zeitgeist halt Organisationsexamen. in: Werke I, S. 454.

34) P. Gehring, a. a. O., S. 212.

35) F. List, a. a . O., S. 455.

36) Ebenda, S. 458.

37) 石川敏行「ドイツ近代行政法学の誕生（五）」（『法学新報』第 90 巻第 1・2 号）
37-38 ページ。

38) P. Gehring, a. a. O., S. 215.

39) F. List, a. a. O., S. 457-458.

40) 石川敏行，前掲論文，37 ページ。

41) F. List, Verantwortlichkeit der Minister, was heißt das? in: Werke I, S. 449.

42) Ebenda, S. 449.

43) Ebenda, S. 449-450.

44) Ebenda, S. 450-451.

45) Ebenda, S. 451-452.

46) Ebenda, S. 452-453.

第 7 章

F. リストと「ドイツ商人・製造業者協会」

　1815年3月の『ズルツ請願書』でヴュルテンベルクに固有な書記問題に取り組んで以来，すでに同年の1月にはじまっていた「ヴュルテンベルク憲法闘争」の推移ともかかわり合いながら，リストが時には政府サイドでの行政組織改革の動きの中で，また時には『ヴュルテンベルク・アルヒーフ』紙への寄稿を通して，さらにはロイトリンゲン市民を中心とした市民運動と連携した『ヴァルデンブッフ奏上書』（1817年1月26日）の起草を通して，一貫して市民的自由＝自治・分権思想を展開してきたことは，すでに見た。それに加えて，1817年10月26日にテュービンゲン大学国家経済学部の行政学教授に任用されたリストは，教壇の上からも自治・分権思想にもとづく学問的な「行政学」の必要性を説いてきた。

　しかしこの間，政府部内での彼の最大の庇護者であったヴァンゲンハイムを1816年11月6日に，またヴァンゲンハイムとともに「改革内閣」の一翼を形成していたケルナー将軍を11月7日にリストは失った。しかも他方で，オーストリアの宰相メッテルニッヒの主導によるドイツ同盟内での復古・保守化の動きと連動した，ヴュルテンベルク政府部内での保守派の台頭と旧法派との政治的連携という状況が進展し，それはテュービンゲン大学教授からのリストの追い落としという策謀として顕在化してきた。こうした事態については当面，いまやリストにとって唯一の政治的な拠り所とされた国王ヴィルヘルムの尽力もあって，「いたわりの訓戒」（1818年5月27日）にとどまった。しかし，そうした状況の中にあっても，リストが政府部内保守派と旧法派とに対する闘いを継続する意志をもっていたことは，同年の6月13日に『シュヴァーベンからの人民の友』紙に掲載された論文「大臣責任制とはなにか？」によっても明ら

かであった。

とはいえリストに対する包囲網がこれによって解消されたわけではない。むしろ，神学生ザントによる劇作家コッツェーブ暗殺事件を契機とした大学法，出版法および扇動者取締規定からなるドイツ同盟の「カールスバード決議」（1819年9月20日）に勢いを得た政府部内保守派と旧法派は，ヴュルテンベルク王国内での自由主義的な改革の動きに対してますます監視の目を強化することになる。他方では，同年の9月23日にヴュルテンベルク憲法典が議会において満場一致の下で採択され，4年半に及ぶ「ヴュルテンベルク憲法闘争」が収束を見るという事態が生じてくる。こうした政治的状況が進展する中で，リストは，みずからの活路をどこに求めることになっただろうか。結論を先取りすれば，それは，この章での主題でもある「ドイツ商人・製造業者協会」での活動であった。

1．リストに対する包囲網の強化

すでに見たように，1818年5月23日に『シュヴァーベンからの人民の友』紙に掲載された論文「時代精神は官制組織を試問する」を直接の契機として，リストは首都シュトゥットゥガルトに召喚され，国王ヴィルヘルムによる「いたわりの訓戒」を受けた。ヴュルテンベルク王国政府部内での彼の最大の庇護者であったヴァンゲンハイムとその協力者ケルナー将軍を失って以来，彼にとって唯一の拠り所とされてきた国王ヴィルヘルムによる「訓戒」処分を受けたリストは，自分に対する政府部内の保守派と旧法派の包囲網が強化されていることに衝撃を受けた。しかしながら，リストは，そのことによって自分の筆致に抑制を加えることを余儀なくされながらも，6月23日には同じく『シュヴァーベンからの人民の友』紙に掲載された論文「大臣責任制とはなにか？」において，政府部内保守派と旧法派に対する闘いを継続する意志があることを鮮明にした。

ところでこの時期，「ヴュルテンベルク憲法闘争」は，1817年3月3日に国

第7章　F. リストと「ドイツ商人・製造業者協会」　149

王側の憲法草案が提示されながらも，同年の6月2日にこれを議会側が否決した結果として6月5日に議会が解散されていた。とはいえ，この「停滞期」にあっても，政府サイドでは行政組織の改革を目指した動きが進行していた。その主役はいまや，1816年11月6日に失脚したヴァンゲンハイムに代わって，フランス風の中央集権的な行政組織を理想と考えるフォン・マルクースであったこと，そして彼の発意による1817年11月8日付および1818年12月31日付の官制勅令が発布されたことについては，すでに見た。しかも同時に，このフォン・マルクースが政府部内でのリスト追い落としを画策する急先鋒の一人であったことも，すでに見てきた。

　この時点で彼は，「ヴァンゲンハイム＝ケルナー改革内閣」に代わる「オットー＝マウクラー保守内閣」の一翼を担うことが期待されていた，ともいえよう。しかしながら，彼の発意によって準備された一連の行政組織改革が，「書記身分の地方行政への影響力を排除する点にあったと解される」かぎりで，これら書記身分の庇護者でもあった旧法派の反発を買ったのか，1818年9月5日に発意者であるフォン・マルクースが解任されるという事態が生じたのである。この点について，1819年1月3日の『アルゲマイネ・ツァイトゥンク』紙も，フォン・マルクースの解任によって「領邦議会の新たな召集を容易にするであろう」と報じて，政府部内保守派と旧法派との政治的な連携の緊密さを伝えていた[1]。そしてこの両派の政治的連携の緊密さは，その後，政府部内保守派の有力人物マウクラーと旧法派の中心人物ヴァイスハールとによる「マウクラー＝ヴァイスハールの圧制」となって現われ，ついにはヴュルテンベルクからのリストの追放という事態をも引き起こすのであった。

　こうしてヴュルテンベルク王国内でのリストに対する包囲網が着々と強化されていく状況の中で，彼に対する照会状が1819年4月21日に，首都シュトゥットゥガルトからテュービンゲン大学の評議会の下に届けられる。しかし，冬学期終了後の復活祭の短い休みを利用して旅に出たリストは，その日になってもテュービンゲンに戻っていなかった。しかも，彼の旅行先については，誰も知らなかったのである。いわばリストの留守中に照会状が届いたのであるが，

それはリスト教授の講義について，どのような成果があったかについて詳細な報告を求めるものであった。テュービンゲン大学の学長で神学者のバーンマイアーは，その扱いについて意見を求めるために学部長たちにこの照会状を4月23日，「大至急」という要請を付して回覧した。このことを紹介するゲーリンク氏がその際に注目するのは，学長のバーンマイアー教授がシュトゥットゥガルトの内務・文部省からの照会状とヴァイマールの中央査問委員会からの送り状を合わせて学部長たちに提示した，という事実である。というのも，照会状と送り状とが，「学生フェルカーを理由に」していたからであった[2]。

　このフェルカーという学生は，1818年のクリスマスにイエナからテュービンゲンにやって来ており，これまで入学手続きをしてはいなかったが，「かつてテュービンゲンでも入学手続きをしていた」イエナの神学生でブルシュエンシャフトのメンバーであったザントによるコッツェーブ暗殺事件とのかかわりで，政府の疑惑が向けられていた人物であった。この事件にともなって，テュービンゲンでも大がかりなブルシェンシャフト狩りがおこなわれたが，「学生フェルカー」がすでにスイスに逃亡していたために，大学当局としてはそれ以上の追及を断念していたのであった。しかし周知のように，この暗殺事件が契機となって大学法，出版法および扇動者取締規定の3つからなる「カールスバード決議」が同年の9月20日になされるのであり，そうしたドイツ同盟内の動きは4月のこの時点でもはっきり感じ取れたはずであった。

　したがってゲーリンク氏は，学長のバーンマイアー教授がリストに対する照会状を受け取った際に，本来それとは無関係であったはずの「学生フェルカーを理由に」したシュトゥットゥガルトの内務・文部省からの照会状とヴァイマールの中央査問委員会からの送り状をも合わせて学部長たちに回覧したのは，「コッツェーブの暗殺以降すべての大学に向けられた，国家の存亡を危うくする策動の温床であるという疑いに」彼が顔色を失っていた結果である，という[3]。事実，学長としてのバーンマイアー教授は，1819年9月20日の「カールスバード決議」にしたがって求められた，フェルカー事件についてのあまりにも穏便な報告が理由となって，みずからの教授職をも投げ出さざるをえなか

ったのである。しかし，こうした学長バーンマイアー教授の去就にとどまらず，「それ以上に興味あるのは，大学がリストを理由としたこの照会に，いかなる態度を取ったかを見ることである」と，ゲーリンク氏はいう[4]。彼が紹介する大学評議会での審議の模様を見てみよう[5]。

　最年長の学部長としてフルダ教授は，学長の照会状を最初に受け取った。ただちに同日になされた彼の回答は，自分は学長ではないので，その取り扱い方法についてなんの判断も許されていない，というものだった。しかし，他方で彼は，「私は学部長として，この私の同僚の思い上がりと彼がみずからに投じた虚偽の告訴等々に対して，私が文章にもとづいて証明することができるように，もっとも根拠ある抗議をする完全な資格があることによって，私はこの場合に当事者である」と回答している。法学部長クリスチャン・ハインリッヒ・グメリンは，事実と公的に周知のことのみに厳格に制限し，リストに振り分ける教科目としてつくられただけに，評議会の意見を聞くことなしに講義の成果を報告することは同僚にとって非常に重大なことであること，およびこの同僚が評議会の真剣な熟慮に反して正規の教授に任命されたことを詳しく書き留めることを，勧告した。医学部長フェルディナント・ゴットロープ・グメリン，さらに福音教会派神学者イェガーとウルム，および哲学部長ジークヴァルトがそれに同調した。

　これに対して，哲学部のシュミット教授は考えを別にした。彼の考えによれば，さしあたっては，これまでの慣例により，提起された問題について評議会に報告するのは国家経済学部のみがふさわしい，つまり，1．事実の問題について，2．「つとめて悪意のない表現で，なにが問題であり，なにが大臣の満足を十分に得られるかという，講義の成果についての決定的な判断を下すことを，なぜ学部長がしようとしないのかの理由を大まかに示すこと」と。この観点に同意したのはマルブラン教授，リストのかつての師であったクリスチャン・ゴットリープ・グメリン教授，医学部のゲオルギー教授，さらには現代語学部のエンメルト教授であった。福音教会派神学部のベンゲル教授も同様の趣旨の意見表明をし，加えてあれこれの評議会メンバーの耳に入ってきている学

生たちの個別の意見が十分に確かな判断基準を示していないこと，また別の価値判断手段が自由に使えていないことを意見表明することを望んだ．医者でもあるアウテンリート教授も基本的に同じ意見であったが，加えて彼が勧告したのは，評議会が価値判断する能力がないことをはっきりと上申することであった．それは，医学部でも似たような出来事が生じていたからでもあった．そして，評議会の残り10名全員がこれに同調した．

「フェルカー事件」での自分の不徹底な処理のために，「コッツェーブ暗殺以降すべての大学に向けられた，国家の存亡を危うくする策動の温床であるという疑い」が自分に向けられることを恐れていた学長バーンマイアー教授がそうであったように，評議会メンバーのそれぞれの意見にもまとまりが認められない．とはいえ，こうした状態であったにもかかわらず，評議会報告は認められた．それによれば，評議会は，実施された講義について突き止められた事実（テーマ，聴講者数，期間）を報告したにとどまった．したがって，講義の成果についての照会については，慎重にそれを避けていた．ただし，医学部でそれと似たような出来事の際にあったと同様に，国王陛下の思し召しがあった場合には，評議会全員の意見を照会する用意のあることを言明する．したがって，評議会報告は，「陛下の命令を期して」と結んでいた．これに関連して，この評議会報告に目を通したゲーリンク氏は，つぎのようにいう．「全体から容易に悟らされるのは，リストが評議会では誰からも学問的で人間的な共感を享受していないことだった」[6]と．

ところで，リストをターゲットとした照会状がこの時期，なぜシュトゥットゥガルトからテュービンゲン大学の評議会に届けられたのであろうか．この場合にも，これまでのリスト研究，つまりヴィルヘルム・フォン・ゾンターク氏の研究は，その原因を「フルダ教授による2回目の中傷」だったとしている．ここでもその根拠とされるのは，すでに言及したクルト・ケーラーとアルトゥール・マイアーの学位論文であった．この点についてもゲーリンク氏は，以前と同様に適切な反論を加えて，その間違いを指摘している[7]．しかしここでは，そのことに言及するよりも，ゲーリンク氏にしたがって，その原因を考えてみ

第7章　F. リストと「ドイツ商人・製造業者協会」　153

たい。この点に関連して，まず想起しなければならないのは，1817 年 11 月 10
日のフォン・マルクースによる国王への告発である。この告発の中でマルクー
スは，無用なもの，否，有害なものとしてリスト教授の任用取り消しを求めて
いたからである。さらにまた，1818 年 5 月 23 日に『シュヴァーベンからの人
民の友』紙に掲載された論文「時代精神は官制組織を試問する」が，リストの
敵対者に乗ずる機会を与えたという事実である。しかし，これまで見てきたの
は，ここまでであった。つまり，フォン・マルクースの告発にともなってその
後，事態がどのように進展していったかについては，いまだ検討が加えられて
こなかったのである。

　さて，ゲーリンク氏によれば，フォン・マルクースの告発がリスト教授の任
用取り消しを求めていたかぎりでは，彼と文部大臣フォン・オットーとのあい
だにリストの去就をめぐってのやり取りがあったが，それは 7 月 21 日に決し
たという。フォン・マルクースは，リストの人格に対しても疑いをもっていた
ようで，「行政学教授リストの人格形成については，見聞されてきたことすべ
てにしたがえば，同一人物がこのような教授職に必要な見識をもっていること
が疑わしい」と申し立てていた。これに対して，フォン・オットーは，もちろ
ん慎重な言い回しとはいえ，みずからの報告の中でリストを擁護していた。そ
れによれば，リストは「すぐれた才能，浹渫とした講義への性向および多くの
見識を」もっている。彼はそれらを，テュービンゲンでの「公開講義に通うこ
とによって」取得していた。彼がテュービンゲンでの自分の講義をこれまで進
めてきた仕方も，その任用に際して自分に課せられた責任の結果であるかもし
れない，と。その上で，その開設時に講座に付着していた，行政における「い
わゆる因習」の批判と改革を目指すという「風潮」は，実際にはドイツの大学
では他に例を見ないものであり，彼フォン・オットーが「思いもつかない」の
は，批判と改革を目指すということが今日でもなお「必要だと明言する」こと
であり，あるいはマルクースのいう「勉学にいそしむ若者に対する有害な影響
という懸念」を疑問視することである，と。したがって，フォン・オットー
は，このかぎりではフォン・マルクースに同意する一方で，しかしながら「そ

れを廃止しなくとも」，こうした講座についての境界線を正確に規定することを「必要だ」と思う。というのも，「大学の授業に適さない事柄に，教師が本題をそらさないため」[8]である，と。

1817年11月10日のフォン・マルクースによる国王への告発については，フォン・オットーによって上記のように処理されたのであった。つまり，フォン・オットーは，リスト教授についてはその能力を高く評価し，テュービンゲン大学国家経済学部の行政学教授として適任であると評価していたことが分かる。また彼は，「行政学」という講座を設置することの必要性をも認めていた。しかし他方で，ヴァンゲンハイムの意図が色濃く反映されてか，この講座が開設当初からもっていた行政における「いわゆる因習」の批判と改革を目指すという「風潮」については，それは今日では必要ではなく，さらには「勉学にいそしむ若者に対する有害な影響」を懸念するマルクースの考えにも理解を示している。したがって，フォン・オットーは，こうしたフォン・マルクースのいうような懸念を解消するためにも，行政学の講座で取り上げる対象の範囲を明確にすることが「必要だ」と考えたのであった。ということは，1818年5月23日に『シュヴァーベンからの人民の友』紙に掲載されたリストの論文「時代精神は官制組織を試問する」に乗じて意図されたリスト追い落としの策謀，いわゆる「5月事件」とは無関係に，フォン・マルクースによる告発をフォン・オットーが処理していたことが分かる。換言すれば，今回のリストに対する照会とは直接的な関係がなかった，ということになる。このフォン・オットーによる告発問題の処理以降，それが政府部内でどのように取り扱われたかについては，記録文章が欠けているために不明である，とゲーリンク氏はいう。しかし，その一方で彼は，国王の側近にいるリストの敵対者たちが，機会があればいつでもこの事件を利用しようと考えていただろう，と推理している[9]。したがって，この問題についての彼の推理は，このあとも続くのである。

この点でゲーリンク氏が注目するのは，フォン・マルクースの返り咲きである。ヴァンゲンハイムに代わってヴュルテンベルク王国の行政組織改革案づくりを推し進める一方で，政府部内でのリスト追い落としを画策する急先鋒の一

人であったフォン・マルクースが，政府部内保守派と旧法派との政治的な連携強化の犠牲となって，1818 年 9 月 5 日に解任されるという事態が生じていたことについては，すでに触れた。しかし，1818 年 12 月 31 日付の官制勅令によってヴュルテンベルク王国の行政組織改革が終了したのであるが，そこでは，発意者であったフォン・マルクースの意向どおりの行政組織改革案が採用されていたのである。つまり，解任されることによってひとたび政治生命が絶たれたかに見えたフォン・マルクースは，この官制勅令の発布によって，自分の見解の正しさが認められたと同時に，その政治生命をも回復したのである。換言すれば，リストに敵対する有力な人物フォン・マルクースが，政府部内でその息を吹き返したのであった。

　つぎにゲーリンク氏が注目するのは，文部大臣フォン・オットーがリスト教授の講義についての報告をテュービンゲン大学の評議会に求めた照会状に関連したことである。その 1 つは，講座の設置者である国王ヴィルヘルムのなんらかの意向が照会状という形を取ったのではないかということである。つまり，ゲーリンク氏の推理によれば，1818 年の夏学期にあたっての訓戒後，その学期が終了した時点で，リスト教授がどの程度自分の期待に応えてくれたかを確認する時期が到来したと，国王ヴィルヘルムが考えたとしてもおかしくないというのである。というのも，照会状の全体の調子，つまり短くてまったく私情を交えない文章が，こうした推理を可能とするのである，とゲーリンク氏はいう。さらには，もともとこの照会についての内閣の指示が内務・文部大臣に詳しい報告を求めていたが，案件の処理を「緊急なもの」と見なしておらず，大臣がどのような方法でその報告をするかについての具体的な教示もなかったという事情についても，ゲーリンク氏は指摘する。しかし，内務・文部大臣のフォン・オットーは，内閣の指示を受けてただちにその旨をテュービンゲン大学に伝えたわけであり，しかも重要な補足を加えていたという。それは第 1 に，彼が「速やかな」報告を期待していたことであり，第 2 に，「評議会全体への」照会を求めていたということである[10]。こうした照会を受けて，学長のバーンマイアー教授がどんなにうろたえたか，また，下駄を預けられた格好の評議

156

会もその対応にどんなに苦慮したかについては，すでに見た。

　こうした経緯に関連して，ゲーリンク氏が注目するもう 1 つのことは，フォン・オットーが前年の「5 月事件」のときのように，なぜリスト自身に直接の照会をしなかったのかということである。この点に関連してゲーリンク氏は，フォン・オットーが，したがって政府側がリストの不在を，それもリストがフランクフルトを目指して旅立ち，1819 年 4 月 14 日には『貿易の自由をめぐる同盟会議への奏上書（eine Andresse an Bundestag und Handelsfreiheit）』（以下では『フランクフルト奏上書』と略す——筆者）を起草する一方で，「ドイツ商人・製造業者協会（Verein deutscher Kauftleute und Fabrikanten）」の結成にかかわっていたことを 4 月 17 日以前に知っていたのではないか，と考える。というのも，リスト自身がフランクフルトでの出来事について 4 月 14 日にテュービンゲンにいる彼の妻に報じており，手紙には「1819 年 4 月 18 日，シュトゥットゥガルト」の消印が押されていたからである。つまり，リストの手紙は多分，18 日以前にシュトゥットゥガルトに到着して開封されていたのではないか，とゲーリンク氏は推理する。その場合に，同時に想起するのは，フォン・マルクースの告発に対するフォン・オットーの対応であり，またテュービンゲン大学への照会に際して彼が加えた補足である。すでに見たように，彼はリストの能力を高く評価するとともに行政学講座の必要性についても認める一方で，フォン・マルクースの懸念に同意して講座で取り上げる範囲を明確にする必要を感じていた。したがって，フォン・オットーは，むしろ当事者であるリストの不在のあいだに，行政学講座にかかわる問題を「評議会全体」が審議することによって，その講座で取り上げる対象の範囲を含めて「速やかな」る報告を期待できると思っていたのではないか，とゲーリンク氏は考えるのである。要するに，ゲーリンク氏によれば，テュービンゲン大学評議会に対する 4 月 14 日の照会に関連しては，この機会を利用してリストを教授職から追い落とそうとした「中傷者」の存在は，考えられないのであった[11]。

　しかし，この照会を契機に，それ以上の問題が生じることになる。つまり，国家公務員であるリスト教授が無届で，一定期間その所在を不明にしていたこ

とが明るみに出てしまったことである。リスト自身は，4月29日にはじめて
シュトゥットゥガルトに姿を見せ，テュービンゲンでの自分をめぐる騒動につ
いて誰からも知らされないままに，シュトゥットゥガルトではすでに周知とな
っていたフランクフルトでの自分の行動について，「あわてて」国王に報告を
したのである。ゲーリンク氏によれば，それは求められたものではなかった
が，明らかに自分を正当化し，フランクフルトでの出来事を当たり障りのない
ものとして，否，国のために奉仕的なものと思わせる必要が感じ取れるもので
あったという[12]。これに対する国王の回答は，大臣フォン・オットーの訓令
となって示された。すなわち，「みずからに付された職務の明示的な許可もな
く」，リストつまり「公務についている国家公務員」が，「外国の公的な業務遂
行をみずからの仕事として」引き受け，しかも「外国において」そうしてい
た，と。しかもリストは，自分が「異質な」職責を引き受けてよいものかどう
かという「認識を，独断専行して」いた。そのことは，国王陛下にとっても
「あまりにも目に余ることであったろう。したがって，リストは，彼によって
設立された協会との結びつきのきっかけが，もっぱらなにであったのか，また
誰であったのかを，同時に詳しく届出しなければならない」と。つまり，王宮
では，リストが強調するような出来事の偶然性を，誰も信じていなかったので
あった。

　こうしてみずから招いたこととはいえ，リストに対する包囲網が急速に強ま
る中で，彼は一つの決断を迫られることになる。大臣フォン・オットーの訓令
は火曜日の日付入りであった。リストは多分，それを金曜日に受け取ってい
た。したがって土曜日の5月1日，彼は自分にかかわる一切を処理するつもり
で，シュトゥットゥガルトから政府に回答した。つまり，国家公務員の退官願
いを提出したのであった。こうして彼はテュービンゲンとは決別する一方で，
新たな活動の舞台をフランクフルトに求めることになる。それは同時に，ヴュ
ルテンベルクの行政官からドイツの国民経済学者へのリストの転身をも意味し
ていたのであった。

2. 「ドイツ商人・製造業者協会」と F. リスト

悲願であった絶対君主政的な中央集権制をヴュルテンベルク王国に導入しようとして1815年1月，前国王フリートリッヒが新憲法の制定を決意したときにはじまる「ヴュルテンベルク憲法闘争」の中で，リストはつねに市民的自由＝自治・分権の立場から，憲法および行政組織問題に取り組んできたことは，すでに見た。そうしたリストが，彼にいわせれば「とてつもなく強力に不意を襲われて」，テュービンゲン大学の教授職およびヴュルテンベルク王国の行政官を辞さざるをえなくなる一方で，その活動の舞台をフランクフルトの「ドイツ商人・製造業者協会」に求めることになったのは，彼にとっても大いなる転機であったといえよう。しかし，そこでの彼の活動も，1818年5月23日の『シュヴァーベンからの人民の友』紙に掲載された論文「時代精神は官制組織を試問する」の中で彼が明確に「市民」について語ったような，そうした市民たちの生活を救済するという意味では，それ以前の立場と変わることがなかったのである。すなわち，彼はつぎのようにいっていた。「市民とは，自分の勤労の成果によって生活し，統治費用を支払う義務のある人である。たとえば，鋤で土地を耕す農夫，背負い桶をかつぐブドウ栽培者，工房で働く手工業者，商品を取引する商人および工芸家などである」[13]と。

また他方で，1817年11月の『ヴュルテンベルク・アルヒーフ』紙に掲載された論文「ゲマインデおよび郡における市民的自由の確立を特別に考慮に入れた上での，ヴュルテンベルク議会憲法草案の批判』の中で「ドイツとの関係」の項を設け，ヴュルテンベルクにおける憲法および行政組織の改革の延長線上にドイツ全体の統治の方向性を考えていたことは，すでに見た。同時にそこでは，ドイツ同盟会議が領主会議にすぎないため，ドイツの人民が請願をおこなう機関が不在であることを指摘しつつ，当面する人民の請願内容として，ドイツ全土に「普遍的な権利について，ドイツ全土での自由な交通の確立について」[14]などを挙げていた。リストの視野にはヴュルテンベルクのみならず，早

くから明確にドイツ全土が入っていたのである。この点については，1818年
5月18日の『シュヴァーベンからの人民の友』紙に掲載された論文「これが
革命的なのか？」の中で，リスト自身がつぎのようにいっていたことも注目す
る必要がある。すなわち，「諸君は，ライプツィッヒでの流血の日々以来，諸
君の目の前で繰り広げられてきた重大な時局をどうしても理解しようとしない
のか？　諸君は，その地（ライプツィッヒ――引用者）で一般的な了解とされた
ことが一体なにであったと思っているのか？」[15]と。リストにとっては自明な
ことであるので，ここでは抽象的に「ライプツィッヒでの一般的な了解」とい
われているが，もう少し具体的にいえば，それは「ドイツの統一と自由」のこ
とである。つまり，ナポレオンによるドイツ全土の支配に抗してドイツの民衆
が立ち上がった1813年10月18日の「ライプツィッヒ解放戦争」での決定的
な勝利は，彼らにとっては同時に，悲願であった「ドイツの統一と自由」を目
指す運動の出発点をも意味していたのであった。したがってこのことからも，
リストが早くからドイツ全土的な視野をもって活動していたことを，十分に想
起することができるのである。

　ところで，「ドイツ商人・製造業者協会」とリストの関係については，ドイ
ツ関税同盟の研究に関連して，これまでに多くの研究業績が残されている。こ
の点に関連しては，ゲーリンク氏自身も，この「問題についてのリストの熱烈
な労作全体を，ここで個別的に研究することは手に余ることであろう。それ
は，ハンス・ペーター・オルスハウゼンによって詳細に探求され，叙述されて
いる」[16]と語り，それへの参照を求めている。しかしそれにとどまらず，この
オルスハウゼン氏の研究を踏まえながらもさらに，松田智雄氏（『ドイツ資本主
義の基礎研究』）や諸田實氏（『ドイツ関税同盟の成立』）などの研究が進められた
ことは，周知のことである。したがって以下では，これらの研究業績に依拠し
ながら，「ドイツ商人・製造業者協会」結成の意義とそこでリストが果たした
役割について，見てみよう。

　その点で，まず松田氏の「関税同盟前史」についての研究は，「関税制度の
国民的統一をめぐる激しい対立・抗争」を，きわめて簡潔に紹介している。そ

れによれば，この「関税制度の国民的統一」をめぐっては，「領邦諸侯の間に
ある錯雑した系流，統一関税に対して主導的なプロイセン，同一の方向を目指
しながらこれに対抗するバイエルン・ウュルテンベルク，反統一関税的・親英
国的な中部ドイツのヘッセン・ザクセン，中間的にして伝統的・反動的なオー
ストリアと無関心なバーデン，かかる複雑な政治的関係が支配」していたので
あった。そして，こうした政治動向の中で，「統一関税に対して主導的なプロ
イセン」がその決定的な第一歩を踏み出したのが，1818 年 5 月 26 日の関税法
であった，という[17]。

　このプロイセンの関税法が制定されるにいたった動機について，松田氏はつ
ぎのようにいう。「本法制定の動機には，行政的・財政的・経済政策的の三視
点が挙げられるが，新プロイセン領域の広汎な散在のために，とりわけ『商業
関係の分裂』が困難な問題を提起するだけに，経済政策的なそれが決定的に重
要なのは当然であろう」と。その上で彼は，つぎのようにいう。「本法が 1818
年 5 月 26 日，国王の裁可を得て，翌年 1 月元旦をもって全プロイセン国家に
効力を発生させるに至った時，ドイツは関税的統一問題における最初の，しか
も重大な衝撃を受けたことになる」。すなわち，「プロイセン新関税法とは，19
世紀初頭その領内に 7 つの異なった税表を有したといわれる分裂した制度，ま
た旧き絶対性的な財政関税の立場を一擲して新たな体系的統一に附し，少なく
ともライン地方の生産者には東部の市場を開放し，問題とされた『囲繞政策』
によって小国をその体系の中に吸収し，かくしてここに統一的プロイセン経済
領域を成立せしめたものであっ」た。しかし他方で，「プロイセンはその北部
農業生産物の販路たる外国，特にイギリス市場を確保せんとして，非難の意味
をも表現する『いわゆる自由貿易制度』を通じて，相互的な『特恵』関係を留
保することに努め」たのであった[18]。つまり，プロイセン・ライン地方の生
産者たちには東部の市場を開放する一方で，近隣の小国をその関税体系に吸収
することによって，プロイセン・ライン地方の生産者を他の諸邦の生産者たち
との競争から保護する政策を取りながら，北部農業生産たちには『いわゆる自
由貿易制度』を通じて，その販路であるイギリス市場を確保できるようにした

のであった。しかし、こうしたあからさまなプロイセンの利害と「統一関税に
主導的なプロイセン」の姿勢が示された、1818年のプロイセン関税法の制定
に対しては当然に、強い反発がドイツ国内で生じた。すなわち、小国をプロイ
セン関税体系の中に吸収しようとしたことに対しては、同盟会議からの反対の
声が上がり、またプロイセン北部の農業生産物の販路であるイギリス市場を確
保するために相互的な特恵の関係を確保しようとしたことに対しては、同盟内
の他の諸邦からも非難の目が向けられたのであった。

　ともあれ、このプロイセン関税法にも内包されていた自由貿易主義と製造業
保護主義は、その内部で占める商業と製造業の比重の違いによっても規定され
ながら、他のドイツ諸邦でも主張されることになった。したがって、ドイツの
諸邦は、ドイツの関税的統一問題を視野に入れながらも、それぞれの立場から
論争を繰り広げることになったのである。そうした論争の中で、「自由貿易論」
の立場を典型的に表現したのが、外国貿易・仲介貿易の立場に立つハンザ3都
市（リューベック、ブレーメンおよびハンブルク）とフランクフルト・アム・マイ
ンおよびライプツィッヒといった大市（メッセ）都市であった。ちなみに、こ
れら「自由貿易論」派の支柱となった経済理論についても、松田氏が紹介して
いる。それによれば、「自由貿易論」派の経済理論の立場は、「正にアダム・ス
ミスの『国富論』の公式であった」とされる。すなわち、「それは国際間の自
由な商品流通において、生産の国際的分業を、それぞれの自然的条件において
最低生産費の実現を、それ故にまた『国民の大多数』たる消費者はそれぞれの
条件において最低生産費をもって生産された商品の利用を可能とする。かくし
てそれは廉価な商品の消費を確保する立場に他ならない」と。したがって、
「この自由貿易論は、国民経済の諸範疇、国民的市場、国民的生産に関わる一
切を、すなわち特殊ドイツ的な歴史・社会的条件の一切を、捨象し去り、純粋
に国際商品流通・貨幣流通における価鞘・利鞘利潤の蓄積をもって、これに
『国民の富』の増進を意味せしめるものであって、かくの如き国際流通面に蒸
留された自由貿易論としての性格を有するものであった」[19]という。

　こうした「自由貿易論」派に対抗する形で、1819年4月14日に「保護関税

論」派の中心的存在として登場してきたのが,「ドイツ商人・製造業者協会」であった[20]。この「協会」が結成されることになったのは,それ以前からドイツ各地の商工業者によって準備が進められていた同盟会議への請願書,その意味では「時代の声」としての『フランクフルト奏上書』がリストによって起草され,それが4月14日にフランクフルトの復活祭メッセに集まっていた商工業の有志たちによって承認されるとともに,みずからの要求を実現するための継続的な運動体の存在が必要とされたからであった。この点に関連して,ゲーリンク氏は,1815年の『ズルツ請願書』や1817年の『ヴァルデンブッフ奏上書』の起草に尽力したリストが,そのときの経験をも踏まえて,こうした運動体の必要性をもっとも痛感していたのではないか,とも指摘している[21]。したがって,リストは,『フランクフルト奏上書』の起草にとどまらず,「協会」の規約案づくりにも積極的に参加するとともに,「協会」の結成にともなって顧問にもなった。加えて,「1.ドイツ国内の関税を廃止すること,しかもこれに対応して,2.報復の原理にもとづく関税制度が諸外国の民に対して,彼らが本当にヨーロッパの貿易の自由を認めるまで,設けられて欲しいこと」[22]を『フランクフルト奏上書』の末尾で訴えていたように,「協会」は,ドイツの関税的統一問題を解決しようとするドイツ国民の立場を代表していた。この点で,「自由貿易論」派が,ハンザ3都市とフランクフルトおよびライプツィッヒといったメッセ都市などの外国貿易・仲介貿易の立場を代表するにすぎなかったことを想起してみると,その立場の違いは明確であった。

　さて,リストによって起草された『フランクフルト奏上書』は,つぎのような書き出しではじまっている。「フランクフルトのメッセに集まったドイツの商人および製造業者を結集する私たちは,祖国の商工業の痛ましい状況に深く憂慮する一方で,ドイツ国民のこの最高首脳に,私たちの苦境の原因を明らかにして救済を祈願するために,署名した」[23]と。そして「祖国の痛ましい状況」については,私たちにとっては周知のことであるとして割愛し,早速に「私たちの苦境の原因」の解明へと向かう。リストはいう。「ドイツ商工業の見るも無残な崩壊の原因は,個々人の部類（Ordnung）か社会的なそれかのいずれか

第7章　F.リストと「ドイツ商人・製造業者協会」　163

にあります。しかし，誰が芸術感覚と勤勉さが欠けているとして，その罪をドイツ人に問うでしょうか？　ドイツ人に対する賛辞は，ヨーロッパの諸民族のあいだで格言ともなっていたのではないでしょうか？」。「ドイツにおける社会的な部類の欠陥にこそ，私たちは，諸悪の根源を求めるとともに見出すのである」[24]と。こうしてリストによれば，「ドイツ商工業の見るも無残な崩壊の原因」は，個々のドイツ人の資質によるものではなくて，社会的な要因によるものだということになる。

　ついでリストは，「ドイツ商工業の見るも無残な崩壊の原因」である社会的な要因をめぐって展開された「自由貿易論」派の主張を念頭においてか，つぎのようにいう。「理性的な自由は，人間のあらゆる肉体的および精神的な発達の条件である。人間の精神が思想の交流を束縛されることによって抑圧されると同様に，諸民族の福祉は，生産と物質的財貨の交通にはめられている足枷によって思わざる方向へとそらされる。地上の諸民族が最高度に物質的な福祉を実現するのは，彼らが自分たちのあいだで普遍的で自由な，無制限な通商を確立したときだけである。しかし，彼らがまさにお互いを無力化することを欲するならば，彼らは，外国の財貨の輸出入および通過を禁止したり課税したり航行の停止などをすることによって妨げるだけでなく，お互いの交流を完全に途絶えさせなければならない」[25]と。つまり，諸民族の自由な交流こそがお互いの福祉を増進させるものであり，関税制度はそれに反するものだとリストはいうのである。そのかぎりで彼は，「自由貿易論」派の主張にも一定の理解を示している。

　この点に関連してリストは，「自由貿易論」派の主張とはまったく逆に，関税制度こそ国内産業の振興に有利に作用すると主張する行政学者たち（Staatspraktiken）の考えについても，つぎのように批判的に紹介する。「行政学者たちのあいだでは，すべての教養ある商工業者たちにとってお話にならないものとされている，一つの間違った考えが定理となっており，それによれば，国内産業は関税や通行税によって喚起されるのだというのである」と。こうした行政学者たちの考えについて，リストは，つぎのようにいう。「このような

課税は一面では，密貿易者にとっては報奨金となって，彼はこれにともなって
国家の表向きの主目的である国内産業の振興だけではなく，表向きの副次的な
目的である租税の徴収をも同時に危うくする。他面で，このような課税は，再
び同等な規模で国内産業に不利な反作用を及ぼす。というのは，通行税を課せ
られた国家が今度は，通行税を取得する国家の産業に足枷をはめるからであ
る」と。つまり，関税制度だけでは，国内産業を振興することはできない，と
リストはいうのである。とはいえ，国内産業を振興するのに関税制度はまった
く無力なものなのかというと，彼はつぎのようにいう。「もちろん隣国が同じ
ような仕返しをしなければ，また，この隣国が輸入禁止や高関税によってなす
ところもなく経済的に破綻したりすれば，ある部分では関税制度は有効に作用
するかもしれない」と。しかもそれに続けて，彼はつぎのようにいう。「ドイ
ツ諸隣国の場合が，まさにそれである。イギリス，フランス，オランダなどの
関税に包囲された包括的な国家（Gesamtstaat）としてのドイツは，それによっ
てヨーロッパのみが最高度の文明に達することができた全般的な貿易の自由の
ために手を差し伸べる必要があることを，なにもしていない」[26]と。つまり，
関税制度は国内産業の振興にとって決して無力なものではないが，そのことを
分かっているのは皮肉なことにドイツの諸隣国であって，肝心のドイツは，こ
うした諸隣国に対してまったくの無為無策の状態にある，とリストはいうので
ある。

　しかし，リストによれば，事態はもっと深刻である。というのも，「これに
対してドイツ人たちは，みずからをますます制限している」からである。すな
わち，「ドイツの38もある関税および通行税境界線は国内の交通をマヒ状態に
し，人間の体のどの部分でも遮断されれば血液が他の部分へ浸透しないよう
に，それと同じ作用を及ぼす。ハンブルクからオーストリアへ，ベルリンから
スイスへの商取引をおこなうためには，10の国を横断し，10の関税および通
行税法を学び，10回もの通行税を支払わなくてはならない」。したがって，「こ
の状態は，活発に動き商取引をしようとする人物にとっては，どうしようもな
いものである。彼は，ライン川の彼方（フランス──引用者）を羨望の眼差しで

見る。そこでは偉大な民族が，ドーヴァー海峡から地中海まで，ライン川から
ピレネー山脈まで，オランダ国境からイタリアまで自由な河川と公道を利用し
て，1人の税官吏とも遭遇することなく，商取引をしている」。「それゆえに，
この38の通行税境界線は，ドイツの人民にとっては，たとえそこの関税率が
3倍も高いものであるとしても，ドイツ国境にある1つの通行税境界線とは比
べようもないほど有害なのである。こうしてハンザの時代にはみずからの軍艦
に守られて世界貿易をしていた同じドイツ人の力は，衰えてしまったのであ
る」[27]と。つまり，ドイツの関税的な統一という「社会的な要因」が未解決の
ままに放置されてきたことが，「ドイツ商工業の見るも無残な崩壊の原因」だ，
とリストはいうのである。

　こうして「ドイツ商工業の見るも無残な崩壊の原因」を明らかにしたリスト
は，続いてその「救済の祈願」へと話を転じる。彼はいう。「私たちは，この
敬愛なる同盟会議を納得させるのに十分な根拠を挙げてきた，と確信してい
る。すなわち，ドイツ国内にある関税および通行税の廃止と同盟全体に共通な
関税境界線の実現こそが，ドイツ商工業身分ならびに生業身分全般を再び救済
しうるということである」と。しかしながら，いまや自明ともいうべき救済策
がドイツの諸邦によってこれまで採用されてこなかったのは，有力な反対理由
が諸邦のあいだに存在したからであった。この点に触れてリストは，つぎのよ
うにいう。「こうした措置の遂行に反対する主たる根拠として通常，そのこと
によって生じる個々の諸邦の財政上の損失が口実にされる」と。

　これに対してもリストは，「しかしながら，こうした非難は容易に解消する
ことができる」として，つぎの4点にわたって述べる。まず「1．どの政府も，
関税および通行税を設ける唯一の目論見が貨幣を獲得するためであるというこ
とを，まだ公式には主張していない。むしろたいていの関税法の前文
（Voreingängen）では，関税は国内産業を振興するために設けられる，というこ
とが明示されている。しかし，まさにそのことによって国内産業が衰退すると
いうことを，私たちが証明するならば，それにともなって国家の支出が補填さ
れるという副次的な事情は，今後も関税を維持する根拠とはなりえない」と。

ついで「2.同盟関税の収益によって，損失のかなりの部分は補填される。残りは諸邦にとっても商工業身分にとっても大きな儲けをともないながら，直接的な課税によって回収されることになる。諸政府はそのことによって，多くの監視と労働を必要とする管理部門を将来にわたって不要なものとされるだろう。これに対して市民たちは，総額でかなりの管理費を入手することになるだろう」と。さらに「3.財政上の観点をもう一段飛躍してみれば，ドイツの諸邦がドイツ国内の関税と通行税を廃止することによって得られる収益は，はるかに大きなものになると思われる。結局のところ無条件に承認されなければならないのは，関税の回避が平常から本当に正直な人々によってもはや不正なことと見なされない，ということである」と。そして「4.最後に，そもそもドイツ同盟は不可避的に，私たちによって提案された諸措置を必要としている。対外的な防衛と国内における国民的な福祉の増進のために（これが個々の諸政府によっては達成されないかぎりで）すべてのドイツ諸民族（aller deutschen Volkerstämme）の力と利益を結合すること，これが同盟の目的である」[28]と。

　以上に述べたことを踏まえてリストは，1818 年のプロイセン関税法についても，さらに言及する。彼はいう。「この関税制度は，実をいうと，私たちを——ドイツ全体がそうであったように——はじめのうち大いにうろたえさせた。というのは，それは一見したところ，フランスやイギリスの通商に対抗するというよりもドイツとの通商に対抗するかのように思えたからである。関税率は，重量にしたがって課せられる。ところで，諸外国の民は，たいてい精巧品でのみプロイセンと取引しているのに，隣接するドイツの諸邦はイギリスの工業によってその精巧品の製造をこれまでに無力化され，たいていは粗悪できわめて重量のあるだけのものをプロイセンに売却しているので，諸外国の民が支払う関税はわずか 6 ％にすぎないのに，ドイツの隣人たちはたいてい 25 ％ないし 30 ％，それどころかしばしば 50 ％を納めなければならない。このことは，文字通りの輸入禁止に匹敵する」と。さらに，「通過関税も同じく，重くのしかかっているように思える」といいながら，具体的な数字を挙げてそれを説明した上で，リストは，つぎのようにいう。「そのことを通じてドイツ全体

としては，ライン川，ヴェーザー川およびエルベ川を通過する全商品，および
ライプツィッヒ，ナウムブルクおよびフランクフルトのメッセに向かう全商品
について，プロイセンに関税を支払うことになるだろう」と。こうした事実関
係を踏まえた上で，リストは，1818年のプロイセン関税法について，つぎの
ような評価を与える。すなわち，「この関税法を維持することによって，ドイ
ツの商業は総体として破綻に直面し，したがってそれはドイツ同盟の精神に反
するであろう」[29]と。つまりリストは，1818年のプロイセン関税法がドイツ諸
邦におよぼす作用に言及することによって，自分たちの「救済の祈願」がこれ
に対して，いかに「ドイツ同盟の精神」に，したがってドイツ国民の利益に合
致しているかということを，間接的に物語ろうとしているのであった。

3．リストの経済理論

　すでに見た『フランクフルト奏上書』の中でリストは，「ドイツ商工業の見
るも無残な崩壊の原因」を，ドイツの関税的な統一の欠如という社会的な要因
に見出すとともに，その救済策として，「ドイツ国内にある関税および通行税
の廃止と同盟全体に共通な関税境界線の実現」，換言すれば，「保護関税」と
「報復の原理」にもとづくドイツの関税的な統一を要求していた。しかし，そ
のことだけを取ってみれば，ゲーリンク氏もいうように，そうした要求自体は
「時代の声」でもあったので，そこにリストの独自性を見ることはできないで
あろう。したがって，リストの独自性を探求しようとすれば，ひとしく「時代
の声」として表明された「保護関税」と「報復の原理」にもとづくドイツの関
税的統一という要求を基礎づけていた経済理論の中に，それを見出すことが必
要となろう。

　この点に関連しては，「初期リストの理論的体系をどのように理解するか」
という問題意識の下に，フェーラーやリスト復興論者といった人々のリスト研
究を批判的にあとづけながら，この時期のリストの経済理論を「国内市場形成
の理論」と性格づけた松田氏の研究がある。この松田氏の研究は，「初期のリ

ストの見解を後期への展望において媒介しつつ把握すること」[30]という，松田氏自身が提起した課題との関連からいえば，大河内一男氏のつぎのような指摘とも見事に対応している。すなわち，大河内氏は，リストの主著『経済学の国民的体系』について，「ドイツ産業資本のための『国内市場』を！ これがリスト的課題であった」[31]と。したがって，そのかぎりでは先の課題は達成されたかのように思われる。

　しかし，これまで1815年の『ズルツ請願書』にはじまって1817-1818年の『シュヴァーベンからの人民の友』紙にいたるまで，リストが中央集権制と役人支配に反対して，一貫して市民的自由＝自治・分権思想を展開してきたことは，すでに見た。ちなみに，松田氏も，こののちの1821年にリストが起草した『ロイトリンゲン請願書（Reutlingen Petition）』の内容に関連して，「これによれば，統治組織の単純化，地方団体・地方行政区の自治確立，司法制度の新組織，公正な租税体系などが主張されていた」[32]と指摘していた。また，増谷英樹氏も，論文「西南ドイツ憲法闘争と自由主義」の中で『ロイトリンゲン請願書』に触れて，つぎのようにいう。「その内容を見てみるならば，それらは二つの部分に分けられる。前半はヴュルテンベルクの行政組織の徹底的批判であり，後半は40点にのぼる要求項目である」。そして，この「後半の要求項目は絶対主義的官僚と市民の全面対決がいかなる点にあったかを具体的に示すものである」が，「それらの中でも殊に重要なのは，ゲマインデの経済的独立を含むゲマインデの市民的自治への要求であり，その中に市民裁判，陪審制度が含まれていることは注目すべきであろう」[33]と。つまり，リストは，「ドイツ商人・製造業者協会」にかかわりをもった1819年の時点をも超えて1821年の時点でも，継続して市民的自由＝自治・分権思想を展開していたのであった。したがって，リストの経済理論を「国内市場形成の理論」と性格づけた松田氏も，この点を考慮に入れる必要があったのではないだろうか。否，松田氏のいう「国内市場形成の理論」こそ，市民的自由＝自治・分権思想と密接な関連をもってリストによって展開されたものだったといえるのである。

　そこでまず，「国内市場形成の理論」について見てみよう。この点について

松田氏は，つぎのようにいう。「『国内市場形成』の理論は，リストにあって言わば国民産業の総循環，再生産構造の視点から述べられているが，そこにはつねに農業と工業との二部門間における生産的分業と必然的な交換，特にその相互的な結合・調和の関係が注意されていた。そして，かかる関係，すなわち『国内市場』が，『国民的』経済統一の確立により，その内部に展開せねばならなかった」[34]と。この点についてリストは，松田氏が指摘するように，つぎのようにいう。「農民が穀物をつくらなければ，彼は職人から道具を……購入することができない」と。他方で，「職人が道具類を売らなければ，彼は農民から余剰の穀物を入手することができない」[35]と。しかも，この農業と工業の相互依存的な関係についても，それが「同一の立場における相互関係ではない」ことをリストは理解していた，と松田氏はいう。すなわち，国民の福祉が工業の促進によって実現されるという意味では，「国民的な富に対する工業の基本的な意義」を農業との関係において認める一方で，工業に対する農業の関係についても，それが「あらゆる工業の礎柱」であるという意味で，リストは農業を重視していたのであった[36]。

　こうして「国内市場形成の理論」は，松田氏によれば，「あらゆる工業の礎柱」としての農業問題と「国民的な富に対する……基本的な意義」をもつ工業の問題として，リストによってさらに具体的に論じられることになる。「農地の無制限分割への反対論」と「国民的工業論」が，それである。前者については，リストが 1816 年に『シュヴァーベンからの人民の友』紙ですでに取り上げた主題であった。この点については，すでに第 4 章でも触れたが，そこでのリストが，ヴュルテンベルクにおける農業の窮乏状態と工業の未発達な状態とを結びつけて理解していた。今回の「農地の無制限分割への反対論」においても，その認識において基本的に変わるところがない。つまり，農業が「あらゆる工業の礎柱」であるという意味では，その農業の窮乏状態が解消されないかぎり，工業の未発達な状態も改善の見通しも立たない。しかし，農業経営の実態は，農地の無制限分割を繰り返していたのである。この点について，リストは，つぎのようにいう。「60 モルゲンもの畑をもつ父の素晴らしい土地は，そ

の子供たちのあいだでは 15 モルゲンの小さな農地に分割され，孫の手に移る
ときには 3 ～ 4 モルゲンに分割される」ために，「絶え間なく飢えや困窮と闘
っている」状態であった[37]，と。したがって松田氏によると，「農業経営の適
正規模を限定して，土地零細化に基づく窮迫を救済する手段」とするために，
リストは「土地の分配様式にかんして，その適正な再配分を，経営面積の適正
化と（農地のモルゲン数の散在化を防止する——引用者）『総割』による労働の生産
力の向上という形態で提唱したのである」。しかも，それに加えてリストは，
農業の経営内容の改革案をも提起するのであるが，それは「リストにあっては
『大農』と呼ばれるのであるが，意識的な『独立自営農民』，それも近代的な色
調の濃い農民層の創出を意図したものであった」[38]と。

　さて，「窮乏状態」にある農業問題の解決に取り組む一方でリストは，「国民
的工業」の問題にも取り組む必要に迫られる。それらは，国民の福祉が工業の
促進によって実現されるという意味で，「国民的な富に対する……基本的な意
義」を農業との関係の中で工業がもっていたからであった。つまり，松田氏に
よれば，「農業と工業の両産業部門には，農産物と工業生産物との素材的な充
足に過不足なく，かつ量的にも整合する関係において，『循環』が商人の機能
において果たされ，『国内市場』の均衡的な形成が，『正当な幸福』を実現する
ために可能とされたのであった」[39]。ちなみに松田氏は，リストがいう「工業」
のイメージに関連して，「(1) 企業精神，(2) 勤勉なる労働，(3) 資本，(4) 原料，
(5) 機械，の諸要因を考え」ていたことから，「その工業の経営形態は，……『工
場』生産であって，リストが『国民的工業』の促進を主張する場合，もはや工
業とは『工場』生産という歴史＝社会的な形態を意味していたのである」[40]と
いう。

　ともあれ，このような「工場」生産としての「国民的工業」を形成する上
で，ドイツの現状はどうであったのだろうか。この点について，リストはつぎ
のようにいう。「個々人が豊かになるのは，その彼が生活需要を満足させるな
り，生活を楽しむための財（価値）をつくり出すとき，すなわち農民であれば
穀物を栽培し，製造人であれば道具類などをつくり，商人であれば外国の製品

第7章 F.リストと「ドイツ商人・製造業者協会」 171

を調達したり自国のそれを発送したりするときである」[41]。また「個々人と同様に，諸国民すべてが豊かになるのは，彼らが価値をつくり出すことによってのみである。それとは反対に，彼らが貧しくなるのは，彼らが生産の限度を超えて多く消費するからである。ところがドイツは，みずからの需要の半ばですら賄えていない。残りは我慢してもらっている。したがって，私たちは貧しくならざるをえない。私たちの資本は次第に失われていき，私たちの工業は消えていく」[42]。というのも，「他の諸国民がみずからの工業のために，国内全域におよぶ排他的な市場をつくっているのに，私たちの工業はこうした諸国民の自由な競争にさら」されているからであり，その結果，「ドイツの国民的な富は日を追って途方もなく減少している」[43]と。間接的ないい方ではあるが，リストはここで，国内需要を賄えるだけの「国民的工業」の必要性とともに，その育成のための国内市場の形成について語っているのである。

　こうして松田氏によれば，「若きリストにおいては，まだ素朴な形においてではあるが，……『礎柱・農業』，『国民的工業』ならびに『国内市場』が法則的な生産物＝商品の循環構想のうちにおいて捉えられている。これらに基づいてかれの『国内市場形成の理論』と，『国内市場形成の政策論』すなわち，関税同盟への主張が提起されるにいたるのである」[44]と。しかし，松田氏がこのようにいうとき，そこには，これまで一貫して市民的自由＝自治・分権思想を展開してきた，もう一人の「若きリスト」の姿はまったく浮かび上がってこない。そして，もう一人の「若きリスト」をそこに登場させるには，彼の主著『経済学の国民的体系』の中でのつぎのような言葉が，その契機を与えてくれる。「著者は，古い権威に反駁し新しい理論を樹立しようという思い上がった企てを抱いているのではないことを自分で知っている。著者がイギリス人であったとすれば，アダム・スミスの理論の根本原理に疑いを抱くようなことはまずなかったであろう。20年以上まえ，著者にはじめて理論の無謬性に対して疑いを起こさせたものは，祖国の状態であった」[45]と。ここでリストが「20年以上まえ」といっているのは，『経済学の国民的体系』が1841年に出版されたことから考えてみれば，その時期が1819年前後であること，さらに「理論の

無謬性に対して疑いを起こさせた」ほどの「祖国の状態」というリストの言葉から考えてみれば，それは，「ドイツ商人・製造業者協会」を結成せざるをえなくなったような「祖国の状態」を指しているといえよう。その「祖国の状態」がどのようなものであったか，さらには，そうした「祖国の状態」を前にしながら，「正にアダム・スミスの『国富論』の公式」をそのままに主張する「自由貿易論」派に抗して，リストが「保護貿易論」派を代表してどのように論戦を展開してきたかについては，すでに見てきた。そして，それらは，リスト自身が語るように，「アダム・スミスの理論の根本原理に疑いを抱くような」契機にはなったであろう。それにもかかわらず，リストは，つぎのようにいっていた。「著者は，古い権威に反駁して新しい理論を樹立しようという思い上がった企てを抱いているのではないことを自分で知っている」と。したがって，リストの「国内市場形成の理論」と，いわばこの時期における「古い権威」の一つである「スミス理論」との関連の有無が，問題になってくるであろう。

　その点で，いわば「歴史編」と呼ばれている『国富論』第3篇第1章のつぎの箇所は，「スミスとリスト」の関係を考える上で，検討に値するであろう。スミスは，つぎのようにいう。「およそ文明社会における大規模な商業といえば，それは，都市の住民と農村の住民とのあいだで行なわれる取引である」。「農村は，都市に生活資料と製造業のための原料を供給する。この供給に対して，都市は，製造品の一部を農村の住民に送る。都市では物質それ自体の再生産ということはないし，またはありえないから，都市は，その富と生活資料のすべてを農村から得ていると言ってよかろう。けれども，この理由をもって，都市の利得は農村の損失だと，考えてはならない。両者の利得は，相互的で互恵的であって，分業はこの場合も，他のすべての場合と同様，細分化された，さまざまな職業に従事する，あらゆる人びとにとって有利なのである」[46]と。これは，リストの「国内市場形成の理論」に関連して松田氏がいっていたことと，内容的にはまったく同じものである。すなわち松田氏は，つぎのようにいっていた。「『国内市場形成』の理論は，リストにあっては言わば国民産業の総

循環，再生産構造の視点から述べられているが，そこには常に農業と工業との二部門における生産的分業と必然的な交換，特にその相互依存的な結合・調和の関係が注意されていた」と。

　先の引用に続いて，スミスは，つぎのようにいう。「生活資料は，事物の性質からいって，便益品や奢侈品に先立って必要だから，前者を得るための産業は，後者を満たす産業に，当然優先しなければならない。そこで，生活資料を提供する農村の耕作と新農法による改良とが，必然的に，便益と奢侈の手段をつくりだすにすぎない都市の発達に先行しなければならないわけである」[47]と。これは，農村のおかれている状況に違いはあるが，農村を「工業のあらゆる礎柱」と位置づける，リストの考えと同じものがある。さらにスミスは，つぎのようにもいう。「都市の住民が農村の住民に販売する完成品の量は，かれらが購入する原料と食料品の量を当然に制約する。それゆえ都市の住民の仕事も生活資料も，完成品に対する農村からの需要の増大に比例してのみ増大しうる」[48]と。ここには，農村の需要の増大に応じうる都市の製造業が語られている。このことからは，国内需要すら満たすことができないドイツの「国民的工業」を育成すること，したがって，そのための「国内市場形成」の必要を考えるリストの姿が連想できるであろう。つまり，リストは自分の経済理論を展開する上で，名前こそ引き合いに出さないが，明らかに「古い権威」の一つである「スミスの理論」を踏まえていたといえるのである[49]。したがって松田氏が，リストにそくして「国内市場形成の理論」と呼んだものは，スミスにそくしていえば「局地的市場形成の理論」であり，しかもその市場は局地的市場→地方的市場→国内統一市場（→さらには国際市場）へと拡大するものとして考えられていたという意味では，「市場形成の理論」としては同じものである。したがって，松田氏がいう「国内市場形成の理論」も，こうした市場規模の拡大過程という中間的な媒介項をそこに含んだものとして，または局地的市場→地方的市場→国内統一市場という重層的な市場構造の形成を目指したものとして理解する必要があった，といえるのである。

　この点で，1816年1月からリストがテュービンゲン大学の行政学教授とし

ておこなった講義内容について，『ヴュルテンベルクの国家学と行政学——要綱』を通して検討したとき，彼がフランス革命の評価に関連して，フランス国民のあいだに「緊密なつながり」が欠如していること，つまり個人と国家のあいだの中間的な媒介項の欠如を語り，それを自治共同体に求めていたことを想起する必要がある。しかも同様なことは，主著『経済学の国民的な体系』でも見ることができる。彼は，つぎのようにいう。「共同の目的を追求するために諸個人の力を統一することは，個人の幸福を実現する最も有力な手段である。個人は単独にその同胞から分離していては弱くて頼るものがない。個人が社会的に結びつく人びとの数が大きければ大きいほど，また統一が完全であればあるほど，その産物——個人の精神的および物質的幸福はいっそう大きく，また完全である」と。ここでも，国民のあいだでの「緊密なつながり」の必要性が語られている。そして，その上で彼は，つぎのようにいう。「制定法の下での，諸個人の最高の——いまのところ実現されている——統一は，国家といい国民という統一である。最高の考えうる結合は全人類という結合である。個人は国家と国民とのなかで，孤立しているときよりもはるかに高度にその個人の目的を達成できるが，それと同様にあらゆる国民は，制定法と永久平和と自由な交易によって互いに結合されるならば，その目的をはるかに高度に達成することであろう」[50]と。ここでも，個人が「諸個人の最高の結合」である「全人類の結合」を目指す過程における中間的な媒介項として「国家と国民」を考える必要が，リストによって語られている。

　そして，このように見てくると，市民的自由を基礎としたゲマインデ→地方→州→国家という若きリストの自治・分権思想と，彼の経済理論である局地的市場→地方的市場→国内統一市場という「国内市場形成の理論」とが，見事に照応していることが分かるであろう。否，「国内市場形成の理論」は最初から，若きリストの自治・分権思想と密接な関連をもって展開されたものだった，といえる。

第 7 章　F. リストと「ドイツ商人・製造業者協会」　175

1)　P. Gehring, a. a. O., S. 219.

2)　Ebenda, S. 226 f.

3)　Ebenda, S. 227.

4)　Ebenda, S. 227.

5)　Ebenda, S. 227 f.

6)　Ebenda, S. 229 f.

7)　Ebenda, S. 230 f.

8)　Ebenda, S. 233.

9)　Ebenda, S. 233.

10)　Ebenda, S. 234.

11)　Ebenda, S. 235.

12)　Ebenda, S. 240.

13)　F. List, Der Zeitgeist halt Organisationsexamen. in : Werke I, S. 455.

14)　F. List, Kritik des Verfassungswurfs der Würtenbergischen Staatsversammlung mit besonderer Rücksichkeit auf Herstellung bürgerlichen Freiheit in Gemeinden und Oberamtern. In: Werke I, S. 241 f.

15)　F. List, Das ist revolutionary? In: Werke I, S. 447.

16)　P. Gehring, a. a. O., S. 262.

17)　松田智雄『ドイツ資本主義の基礎研究』96 ページ。

18)　同上，99 ページ。

19)　同上，116 ページ以下。

20)　［ドイツ商人・製造業者教会］について詳しくは，諸田實『ドイツ関税同盟の成立』を参照。

21)　P. Gehring, a. a. O., S. 251 f.

22)　F. List, eine Andersse an Bundestag vom Hndelsfreiheit. in : Werke I, S. 494.

23)　Ebenda, S. 491.

24)　Ebenda, S. 491.

25)　Ebenda, S. 492.

26)　Ebenda, S. 492.

27)　Ebenda, S. 492 f.

28)　Ebenda, S. 493 f.

29)　Ebenda, S. 494 f.

30)　松田智雄，前掲書，152 ページ以下。

31)　『大河内一男著作集 ③』272 ページ。

32)　松田智雄，前掲書，174 ページ。

33)　増谷英樹「西南ドイツ憲法闘争と自由主義」(『歴史学研究』第 367 号) 16 ペー

ジ。

34）松田智雄，前掲書，154 ページ。

35）F. List, Briefe über den ökonomischen Zustand Deutschlands. in: Werke I, S. 571.

36）松田智雄，前掲書，155 ページ以下。

37）F. List, Wider die unbegrenzte Teilung der Bauergüter. in: Werke I, S. 580.

38）松田智雄，前掲書，157 ページ。

39）同上，159 ページ。

40）同上，160 ページ。

41）F. List, a. a. O., S. 571.

42）F. List, Wohin führt die gegenwärtige Handelsbilanz Deutschlands? in: Werke I, S. 566.

43）F. List, Inwiefern ist der Grundbesitzer und also vorzüglich der großbegüterte Adel bei einem Prohitivsystem interessiert? in: Werke I, S. 587.

44）松田智雄，前掲書，162 ページ以下。

45）小林昇訳『経済学の国民的体系』52 ページ。

46）Adam Smith, An Inqury into Nature and Causes of the Wealth of Nations.Textual Editor. W. B. Todd, Volume 1, 1976, p. 376. 大河内一男監訳『国富論Ⅱ』 3 ページ。

47）Ibid. p. 376. 同上，3 ページ。

48）Ibid. p. 376. 同上，4 ページ。

49）この「スミスとリスト」の出会いに関連して，ゲーリンク氏は，つぎのようにいう。リストは「学生のときにルソー，モンテスキュー，スミスおよび J. B. セーをすでに学んでいた」と。そしてその内容に関連しては，教える側は「国民経済学，政治経済学，国家経済学などの名称の下に，…スミスやセーに依拠して世界主義体系を教えていた」と。この場合にゲーリンク氏が「世界主義体系」と呼んでいるのは，リストの言葉である「世界主義経済学」を念頭においたものであろう。つまりリストは，1811 年から 1814 年までの 3 年間をテュービンゲン大学で学んでおり，そのときにスミスについても学んだのである。その内容は，「世界主義体系」＝自由貿易論の体系だったというのである。それは換言すれば，「市場形成の理論」であったともいえる。Vgl. P. Gehring, a. a. O., S. 245.

50）小林昇訳『経済学の国民的体系』53 ページ。

第8章

F. リストと『ロイトリンゲン請願書』

　1819年5月1日，リストは，テュービンゲン大学の教授職をはじめとした，ヴュルテンベルクの一切の公職からの退官願いを提出するにおよんだ。しかし，それに先立つ冬学期後の短い休暇を利用して旅に出たその途次，彼はフランクフルトに立ち寄り，当地でのメッセのために集まっていた商人や製造業者の委託を受けて『貿易の自由をめぐる同盟会議への奏上書』（以下では『フランクフルト奏上書』と略す——筆者）を起草する（4月14日）一方で，継続的な運動体としての「ドイツ商人・製造業者協会」の結成にも積極的に関与していた。そして「協会」の機関紙『機関』を通じて，若きリストの経済理論ともいうべき「国内市場形成の理論」を展開したこと，またその「国内市場形成の理論」も『ズルツ請願書』の起草（1815年）以来の若きリストの自治・分権思想と見事な対応関係において展開されたものであることも，すでに見た。

　ところで，この時期のリストは，フランクフルトを舞台として上述のような目覚しい活動を引き続きおこなう一方で，一度は見切りをつけたヴュルテンベルク王国においても新たな活動領域を見出すことになる。それは，ヴュルテンベルク領邦議会議員（Landtagsabgeordnete）としてのリストの活動であった。この点に触れてゲーリンク氏は，つぎのようにいう。「商業協会の問題でいちじるしく頭角をあらわしたことに加えて，議員としてのリストの一時期は，突然の失脚と故国ドイツでの彼の活動の一時的な終結があわただしく続く運命にあったことを考慮に入れたとしても，彼の生涯の頂点と見なさねばならない」[1]と。このようにゲーリンク氏によって「彼の生涯の頂点」と指摘された，領邦議会議員としてのリストの活動は，果たしてどのようなものであったのだろうか。その議員活動の中でリストが起草を依頼されることになった『ロイトリン

ゲン請願書』の内容とその反作用をもあわせて，以下で見ることにしよう。

1．領邦議会議員リストの誕生

1816 年 10 月 30 日に前国王フリートリッヒが急逝し，ただちに即位した新
国王ヴィルヘルムの下で翌 1817 年 3 月 3 日に再開された議会で，全文で 9 章
337 箇条にのぼる憲法草案が国王側から提示されることによって，「ヴュルテ
ンベルク憲法闘争」の第 2 期がはじまった。しかし，その後の議会側との交渉
の中でも一向に進展せず，こうした事態を前にして国王は，5 月 26 日に議会
側に対して最後通牒を突きつけたが，それに対する議会側の回答は，67 対 41
をもって草案の承認を否決するというものであった（6 月 2 日）。このような議
会側の態度に対して，国王ヴィルヘルムは当然に 6 月 5 日，領邦議会を解散し
たのであった。「ヴュルテンベルク憲法闘争」の第 2 期の終焉である。それ以
来，「ヴュルテンベルク憲法闘争」の第 3 期は，議会が解散されたままの状態
で停滞期を迎え，ヴァンゲンハイムに代わってマルクースが発案者となって，
ヴュルテンベルク王国の行政組織の改革を先行させることになった。そして，
すでに見たように，それは，1817 年 11 月 8 日付の官制勅令と翌 1818 年 12 月
31 日付の 5 つの官制勅令によって具体化されるところまで進展したのであっ
た。

こうしたヴュルテンベルク王国内でのこの間の動きとは別に，ドイツ同盟内
でも新たな動きが見られた。1813 年の「ライプツィッヒ解放戦争」に勝利し
て以来，ドイツの統一と自由を求める民衆の期待にもかかわらず，1815 年の
ヴィーン会議とその後の 1816 年に結成されたドイツ同盟の会議でも，事態が
一向に進展しなかった。こうした事態の打開を目指して立ち上がったのが，ブ
ルシェンシャフト（Burschenschaft　学生組合）の運動であった。このブルシェ
ンシャフトは，ドイツ同盟の結成直後の 1816 年 6 月 12 日に，戦場から帰って
きた 11 人のイェナの学生が中心になり，出身地別に組織されていた旧来の学
生団体であるラントマンシャフト（Landsmannschaft）と違って，戦時中の義勇

軍と同じく黒・赤・金の三色旗を組合旗とし，「名誉・自由・祖国」をスローガンとしていた。同じ時期にギーセンの大学でも結成されたブルシェンシャフトの運動は，短期間のうちに多くの賛同を得て，とりわけ西南ドイツの各大学に波及していったのである。そして，ドイツ各地の大学で結成されたブルシェンシャフトの大同団結を目的として呼びかけられたのが，1817年10月18日のヴァルトブルク祭であった。この祭典は，ルターの宗教改革300年祭とライプツィッヒ戦勝4周年を祝賀するものであったが，その祭典の夜，ルターの破門状焼却の故事にちなんで，復古反動と目されていた書物の焚書などがおこなわれたのである。しかし，この焚書事件を契機に，オーストリアの宰相メッテルニッヒを中心にしたドイツ同盟内の反撃の動きが活発化する。とりわけ1819年3月23日にマンハイムで起こった，イェナの神学生ザントによる劇作家コッツーブ暗殺事件は，格好の口実を与えることになる。メッテルニッヒは，8カ国の大臣会議をカールスバートに招集し，大学法，出版法，扇動者取締規定からなる「カールスバート決議」（1819年9月20日）を成立させるとともに，それにもとづいてブルシェンシャフトの解散も強行したのであった。

こうしたドイツ同盟内での反自由主義的な動きの急速な台頭を前にして，ヴュルテンベルク国王ヴィルヘルムが王国内での出版の自由を守るための動きを示したことは，すでに見た。しかし，それとは別に，ヴュルテンベルク憲法の制定をめぐっても，外圧が加わってきたのである。というのも，1818年5月26日には隣国バイエルン王国が，そして8月22日にはバーデン大公国が相次いで欽定憲法を成立させるという事態になったからであった。このために，国王ヴィルヘルムは，1817年6月5日に解散させられたままの領邦議会の議員選挙と，そこでの憲法制定の必要に迫られることになる。彼は，1819年6月10日に憲法の成立について最終的に審議し，7月13日に制憲議会を召集することを決意する。それにしたがって，制憲議会の議員選出の必要性が生じたが，それは1815年の選挙法にもとづいておこなわれることになった。それによれば，議会の構成は5つの身分からなるものとされ，①4名の王位継承資格者および旧帝国諸身分，②貴族，③聖職者（4名，そのうち1名はテュービンゲ

ン大学の代表），④ 良き都市の代表，そして ⑤ 64 の郡の代表，である。したがって一院制であり，① から ③ は勅任議員であった。④ および ⑤ の有権者は25 歳以上の成年男子で，かつ年間地租 200 グルデン以上納付している者に限られた。他方で，被選挙権の要件は，ヴュルテンベルク国籍を有する 30 歳以上の男子で，キリスト教 3 宗旨を信奉するものとされていた（役人などは立候補が認められていない）。任期は 3 年で，国王のみが召集権を有していた。議事は非公開で，議会の主要な権限は課税同意権，人身の自由，財産および憲法にかかわる立法協賛権があった。議員の服装については，黒衣に黒外套という指定がなされていた。

　リストはこの間，どうしていたのだろうか。5 月 1 日に彼は，政府に対してテュービンゲン大学の教授職をはじめとした一切の公職を退官する旨を伝える一方で，同様にシュトゥットゥガルトの地から 5 月 7 日に，テュービンゲン大学学長宛に退官願を提出した。しかし，同時に彼は，自分のテュービンゲン不在中に大学評議会が自分についての「なんらかの個人事情」を「正式なアンケート用紙を用いて」聴取したということを聞いたので，その件での情報の開示を大学評議会に求めたのであった。そうした状況の中で，彼はまた，5 月 5 日付の文部省の訓令を受け取ったが，それによれば，「リストに課されていた弁明を果たしたときにはじめて，彼の退官願が受理される」というものであった。つまり，この時期のリストは，「ドイツ商人・製造業者協会」の活動に忙殺されながらも，テュービンゲン大学評議会と文部省を相手とした案件にも悩まされることになっていたのである。結局，それらの案件を処理し終わってリストが教授としての自分の退官が正式に認められたのは，5 月 31 日であった。この間にあってもリストは，「ドイツ商人・製造業者協会」の活動を継続しており，とりわけ「協会」の機関紙代わりをつとめていた，義弟のザイボルトが発行していた『新シュトゥットゥガルト新聞』が 6 月に発禁処分にされていたこともあって，「協会」の機関紙『機関』が 7 月 10 日に立ち上がるまでその準備に追われていた[2]。

　そうした状況の中の 7 月 4 日，領邦議会議員選挙の投票日の前に，リスト

は，最初予定していたシュトゥットゥガルトではなく，その地の友人から緊急に呼び出しを受けてロイトリンゲン市に急行し，その地から選挙に立候補することになった。結果は，過半数の 121 票を得て当選した。しかし，選挙前からリストの被選挙権については，「30 歳以上の男子」という規定を彼が満たしていない，という疑問が提示されていたこともあって，選挙管理委員会は内務省に所定の報告書を提出した。この点については，すでにゲーリンク氏の検討結果を紹介して，「リストの主張の無理」について述べた〔第 1 章注(6)を参照〕。そして，このときの政府の資格認定委員会も，「法定年齢の証明不備」を理由にリストの当選を無効としたのであった。そのためにロイトリンゲン市では選挙のやり直しを迫られ，7 月 15 日になってやっとヨハン・ルートヴィッヒ・ヴンダーリッヒが選出される状態であった。しかし，同様なことは，ヴァルゼーでも起こっていた。当選を決めた元の市書記フォン・ザウルガウ・フェルディナント・シュネルに対して，政府の資格認定委員会が異議を申し立てたのであった。それは，彼が 1818 年 8 月に有罪判決を受けていたことを理由にしていた。しかし，すでに見た 1815 年の選挙法にもとづいても，過去に有罪判決を受けた者に被選挙権が認められないという規定はなかった。それにもかかわらず，ヴァルトゼーでは再選挙がおこなわれ，シュネルが圧倒的多数の支持で当選したのであった。この点に関連しては，実はリストが，このヴァルトゼーでの再選挙に候補者の一人として臨んでいたのである。彼にどのくらいの票が入ったのかは不明であるが，この時点でもリストは「法定年齢」に達していなかったので，いずれにせよ領邦議会議員として認められることはなかった，とゲーリンク氏はいう[3]。

　ともあれ，1819 年 7 月 13 日に国王ヴィルヘルムによって，憲法制定のための領邦議会がルートヴィヒスブルクの地に召集された。「ヴュルテンベルク憲法闘争」の第 3 幕が，切って落とされたのである。ちなみに，議会の召集地がルートヴィヒスブルクとされたことに関連して，石川氏は，つぎのようにいう。「ルートヴィヒスブルクは王国首都シュトゥットゥガルトの北方約 20 キロにある離宮都市である。後者には旧領邦議会の議事堂があり，この時は国王の

官庁舎に転用されていた。そして，それの改築を口実にして議会は前者の地に招集されたのだが，1815〜17年までの憲法闘争の過程で，首都ではしばしば反政府集会が開催されるようになっていた。したがって，こうした大衆運動の影響を排除するのが国王の真意だった筈である」[4]と。このように召集地を約270年ぶりに首都であるシュトゥットゥガルトの地以外とし，また1817年6月5日に解散されて以来2年以上を経過したのちの1819年7月13日に議会が開催されたわけである。しかし，その冒頭では，すでに国王側から提示されていた憲法草案を継続審議とすることが，決定された。また，そのための作業委員会の設置に同意し，委員会への代表を選出した議会は，9月2日まで停会されることになった。「カールスバード決議」以来，明らかに反自由主義の路線を鮮明にしはじめたドイツ同盟の外圧もあって，「委員会は作業を一日8時間に延長して，精力的に憲法草案の逐次審議を続けてゆき，国王および委員会によって最終的な修正が施されたのち，草案は9月23日午後1時に本会議の表決に付された」[5]のであった。すでに見たように，「ドイツ商人・製造業者協会」に結集した人々の悲痛な叫び，またドイツ同盟の圧力も考慮して，不満を残しながらも本会議は，全会一致で憲法草案を承認したのであった。つまり，ヴュルテンベルク憲法は，バイエルン王国やバーデン大公国のように欽定憲法としてではなく，これまでの例にしたがい協約憲法として制定されたことになる。それとともに，4年半におよんだ「ヴュルテンベルク憲法闘争」も，幕を閉じることになったのである。

　ところで，1819年9月23日に制定された「ヴュルテンベルク憲法」は，1817年3月3日に国王ヴィルヘルムによって提示された憲法草案を継続審議する中で誕生したものであった。ちなみに，国王ヴィルヘルムによって提示されたこの憲法草案には，かつて議会側との交渉役をつとめていたヴァンゲンハイムによって1816年に6月に提示された，「議会を二院制とする」構想が引き継がれていた。そしてその構想は，1819年9月23日制定の「ヴュルテンベルク憲法」にそのまま採用されていたのである。そのために国王ヴィルヘルムは，制定された憲法にしたがって第2院の選挙の実施と，その上での領邦議会

の召集をおこなわなければならなかった。彼はそのことを1819年12月6日に決意し，新たな領邦議会の招集日を1820年1月15日としたのである。こうした国王ヴィルヘルムの意向が伝えられるとともに，ロイトリンゲン市民のあいだからは，リストに対してロイトリンゲン市選出議員への立候補要請の声が挙がったのである。というのも，第2院の被選挙権は「30歳以上の男子」とされ，いまやリストは「法定年齢」に達していたからであった。そうした要請に対して，リストは，1819年12月15日，『ロイトリンゲンの選挙人に向けて』という文章を通して回答したのであった。というのも，この時期のリストは，ドイツ全土での関税の撤廃に向けて，ヴィーンに「ドイツ商人・製造業者協会」の代表を遅滞なく派遣する準備に追われていたので，ロイトリンゲンに戻っている暇がなかったからであった。ちなみに，この文章の中でリストは，自分が自分の生まれ故郷の町でもあるロイトリンゲンと祖国の繁栄以上の高望みは決してしていないこと，またそのためのもっとも確実な手段は市民的自由を促進することである，という。そして，それに続けて彼は，つぎのようにいう。「その（市民的自由の──引用者）豊かな成果を享受する中で成長した私は，自分をその奉仕者として捧げることによって，神聖なる責務を果たすことのみを確信していた」[6]と。

　ロイトリンゲン市民からの要請を，このようにして受理したリストは，当面する領邦議会の主要課題と思われるものを2つ挙げる。すなわち，「1.国家の歳出と歳入および税の規制，そして2.市民的自由の存続を確保しうるような制度の樹立」である。まず，1についてリストは，農産物価格の暴落が続いているときに，以前からも高すぎた税を徴収するのがもはや不可能であることを，解説を加えながら詳しく述べる。したがって，領邦議会は，国家の支出を削減し，収入に正しく応じた税の設定を追求しなければならない，と。しかも，税の徴収にも問題がある。関税や通行税およびあらゆる間接税は，経験によれば，過分な管理経費を要求し，製造業者にとって障害になっている。塩とタバコの独占にかんしても，同様である。今日では人びとは，単一の直接税こそが望ましいものと考えている。したがって，この件では「改善を促がし，そ

184

れへの準備をすること」である，と。ついで，2については，彼はつぎのように
いう。なるほど，「ここ数年のあいだは善政がおこなわれてきた」。参事会と
市民階級とのあいだの不信に代わって，相互の信頼が育ちはじめている。「し
かしなおも，最後の仕事が着手されなければならない」。参事会は政府の職務
から独立していなければならず，市民の合議体（Bürgerkollegien）にもっと大
幅な権限が求められなければならない，と。ついで彼は，行政の問題から司法
の問題へと話を転換する。「公開であるということは，政治的生活に陽を当て
ること（die Sonne des politischen Lebenns）である。陽が差さないところでは，毒
性植物だけが繁茂する」。したがって，判決言い渡しの公開，迅速な訴訟手続
き，市民による市民に対する判決（すなわち陪審裁判）を実現する必要があり，
それはもちろん「大きな課題」ではあるが，解決不可能なものではない。なに
しろ「市民の自由の中にみずからの力（Macht）を，市民の至福の中に安らぎ
を求める国王」がいるのだから，人民にとって問題なのは，「自由で恐れに動
じることなく」，高潔で好意あふれた君主に対して「あらゆる節度」をもった
人物，「目下の諸事情に責め」を負うことになんの気兼ねもなく，人民の真の
欲求を語る」人物を選出するだけである[7]，と。しかし，候補者リストの選挙
区不在が影響したのか，というよりも現職の領邦議会議員であり，したがって
「ヴュルテンベルク憲法」の制定に多少とも貢献したということが有利に働い
たのか，結果は，ヴンダーリッヒが再選されたのであった。

　ところが，その後に予期しないことが起こった。ヴンダーリッヒが1820年
11月16日に，「卒中のために」45年の生涯を終えてしまったのである。議会
は停会中であったが，空席となったロイトリンゲン市選出の領邦議会議員の議
席を埋めるために，補欠選挙がおこなわれることになった。今回もリストは，
ロイトリンゲン市民の要請に応えて立候補することになる。補欠選挙は，1820
年12月4日におこなわれた。総投票数235票のうち18票が棄権票となり，し
たがって217人の選挙人が投票に臨み，そのうちの130票を獲得したリスト
が，ロイトリンゲン市選出の領邦議会議員に初当選した。その結果，ここには
じめて，領邦議会議員リストが誕生したのであった。

2．領邦議会でのリストの活動

　領邦議会の議員に選出されたリストが領邦議会に初登院したのは，1820 年
12 月 7 日であった。この時期のリストは，一方で「ドイツ商人・製造業者協
会」の顧問としての活動も続けており，したがって当然に，全国民的な課題で
あった「ドイツの貿易協調」のことが彼の念頭を去ることはなかった。しか
し，彼が初参加した議会では，停会前から継続案件であった，1817 年および
18 年の官制勅令をめぐって議論が活発に展開されていた。というのも，前日
の 12 月 6 日に所定の委員会がゲマインデ体制についての最初の報告を終え，
翌日の 7 日にはその決着が図られることになっていたからである。しかし，
『シュヴァーベンからの人民の友』紙でもリストの盟友であり続け，いち早く
領邦議会議員となっていたケスラーは，とりわけこの問題について議会で積極
的に発言を求めた。具体的には，行政組織全体が密接に関連したものであるこ
とから，ゲマインデ体制のみならずそれら全体についての委員会（Kommision）
報告がなされるまで，この問題の決着を延期することを動議として提出してい
た。元テュービンゲン大学教授としてこの問題にもかかわりをもっていたリス
トも発言し，ゲマインデ体制と司法との関係を例として引き合いに出しなが
ら，ケスラーの動議を支持したのである。その後も，ヴァイスハールなど有力
議員の反対意見が開陳されたが，ケスラーの動議は最終的には満場一致で採択
された。したがって，有力議員の反対意見を封じ込め，盟友であるケスラーの
動議を支持して議場で議論を展開し，結局それを満場一致で採択させるのに貢
献したという意味では，領邦議会議員としてのリストのスタートは幸先のよい
ものであった。

　しかし，ケスラーとリストの親密な二人三脚は，それまでであった。12 月
9 日に開かれた議会で，ケスラーは政府にある法案の作成を迫る動議を提出し
た。その法案というのは，1822 年 1 月 1 日から絹地のものを着ることを今後
6 年間のあいだ禁止する，というものであった。そして，ケスラーはその根拠

として，このような素材を用いる奢侈を抑制する一方で，このようなもののために年間200グルデンものヴュルテンベルクの資産が外国に出ていること，とりわけ国内の商工業を促進するためにはこうした事態を阻止することが必要である旨を，提起したのであった。こうした趣旨のケスラーの動議に対して，誰よりも早く発言を求めて立ち上がったのはリストであった。そのとき議場では誰しもが，彼がケスラーの動議を支持するものだと思っていた。しかし，彼らの期待に反して，リストはそうしなかったのである。彼は，ケスラーが法案提出の根拠としてあげた国内商工業を促進する必要性があるという発言に関連させて，そのような法案の提出を迫るよりも，むしろ商工業の救済手段について議会が審議することを求めたのであった。つまり，リストはケスラーの動議には賛成しなかったのである。

　12月13日になってまず，ケスラーの動議が議会で討論されることになった。すでに9日の段階でリストは，ケスラーの動議の有効性について疑問を感じていたので，この日もケスラーの動議には必ずしも同調しなかった。というのも，「ドイツ商人・製造業者協会」での活動経験を積んできたリストにとっては，ケスラーの動議がこの間の「協会」の事情についての配慮に欠けているので，とても評価しがたいものだったからである。リストにしてみれば，ドイツの人びとが絹製品を購入することは，それ自体としては決して贅沢でもなんでもないことであった。問題とされたのは，外国の人びとがその絹製品と引き換えにドイツの亜麻布や羊毛製品を購入することであり，そういうことであれば，それはドイツの国内産業を振興することにつながるのであった。それゆえにリストは，ケスラーの動議にもとづいて議会が特別委員会を設置することにも反対を表明し，その動議を自分が提案したドイツ商工業の救済手段を討議する委員会設置の動議に振り替えることを主張して，ケスラーの動議にただちに異議を唱えたのであった。しかし，議会はリストの異議を無視して，ケスラーの動議をめぐってその後も討論を続け，そのための特別委員会を設置することを決定した。しかも皮肉なことに，12月15日の議会は，ケスラーに加えてリストもその委員会のメンバーに選出したのであった。とはいえ，こうして発足

第8章　F.リストと『ロイトリンゲン請願書』　187

した委員会は，リストが予想したとおり，なんの成果も生むことなく，したがって議会への報告を一度もおこなうことはなかった。そして翌年の4月には，ケスラー自身が動議を撤回したためにその機能を停止したのである。

　それに続いては，リストの動議が議会で討議されることになった。それを彼は，文章という形で残している。その中で彼はまず，つぎのようにいう。「文明の進んだ諸民族の肉体的かつ道義的な堕落が主要な問題となるのは，国民的な窮乏化を前にしてのことである。それは市民を，家屋敷から大洋の彼方にまで吹き流してしまう。それは財政を干上がらせ，ついには国家そのものを崩壊させる。それゆえ国の商業，製造業および農業が盛んになることに思いを巡らすことは，人民代表の神聖なる責務である」と。続いて彼はいう。「紳士諸君，私たちが私たちの国民的工業の今日の状態のことを考えてみれば，それが生活原理において危機的な状況にあることを，最悪の結果を回避するためには迅速で強力な手段が求められていることを，私たちは認めざるをえない」と。この問題に対するリストの決意のほどが，ひしひしと伝わってくる文言である。ついで彼は，ドイツを取り巻くヨーロッパの現状について述べる。「亜麻布，毛織物および革製品などの，かつて私たちの市場であったフランスやイタリアは，輸入禁止や高い関税率によって私たちを閉め出している」。さらに，「イギリスは，すべてのドイツ製品を全面的に排除するか，そうでなければ輸入禁止に匹敵する関税，その多くはあろうことか300-400％もの関税を課した」。しかも，「加えてロシアの重商主義制度は，私たちの製造業にはかりしれないほど甚大な影響を与えている。私たちの工業都市の工業全体が，この制度によってとどめの一撃を受けている」と。

　他方で，こうした状況に対するドイツ人の対応について，リストはつぎのようにいう。「これほどに大きな苦難を，私たちはあらゆるヨーロッパ諸国民から受けているのに，私たちはイギリスやインドの素材で，イタリアやフランス製の絹で身をまといながら，きらびやかに歩いている。私たちは，パリやレバント地方産の芳香を発し，北の果てから南の果てまで美食家の供せるものを，私たちは満足気に享受している」。その意味では「これこそが安楽な暮らしそ

のものであり，あのお伽の国での暮らしとほとんどそっくりである」と。こうして彼は，自分たちの「危機的な状態」に対するドイツ人の鈍感な対応について，その苛立ちを隠そうとはしない。その上で彼は，つぎのように続ける。「しかし，私たちがひたすら自分たちの眼差しを人民に，したがって打ち捨てられた私たちの職人の工場，小売業にまで落ちぶれた商業，自分の元手，それ以上に昔の貨幣事情にしたがって続いている資本利子と税すらも支払う余裕のない農民の窮地に目を向けてみようとすれば，今日の私たちの事態は別の面を見せてくれる」と。つまり彼は，ドイツが「危機的な状態」にあるという事態の真相に，人びとが目を向けてくれることを求めているのであった。

　そして，こうした「危機的な状態」を招いた原因について，リストは，つぎのようにいう。「いずれにせよ，こうした嘆かわしい現象は，他の諸国民の敵対的な措置もあるが，それに劣ることなく，ドイツ国内の重商主義的な分裂の賜物である」と。そこで彼は，つぎのような具体的な例をあげながら，話を続ける。「バイエルンは私たちの製造品に高い関税を課し，私たちに原材料の購入を困難にしている。オーストリアは他の諸国とまったく同様に，私たちに対しても輸入禁止制度を適用している。プロイセンの新関税法は，これまでこの国ともあった南ドイツの交通を根絶やしにした。大洋への私たちの唯一の水路であるライン川は，ヴィーン議定書や同盟議定書の明確な決定に反して，今日なお沿岸諸邦の集積地や税関地で寸断されている」と。しかし，リストにとって唯一の救いは，「ずっと以前から私たちの政府は，私たちの国民的工業にとって，これが大きな障害になっていることを知っており，また議会は早くから，配慮に厚い国王が近隣諸邦と共同して強力な措置を講じることを決断したことに，両手を挙げて同意してきた」ことであった。したがって，彼はいう。「私たちは，政府がこの重大問題に万全の配慮と力とをもって取り組むであろうことを，期待して十分なものがあるだろう」とする一方で，「市民生活のあらゆる諸関係にこれほど深く根をおろし，これほど多くの細部にわたる観察と経験が必要とされる案件にあっては，この議会の働きが大いに役立っている」と。その上で彼は，自分が提出した動議が採用されることを願って，つぎのよ

うにいう。「それゆえに私は，この議会が所定の委員会に，つぎのようなことを命じるという動議を提出したい。すなわち，委員会はさしあたり，商工業を再生させる手段について協議し，引き続きすべての商工業に関係する案件を詳細に検討する，ということである」[8]と。このようなリストの動議についても，議会はそれを論議・採択し，ケスラーの委員会の場合と同様に，12月15日に特別委員会を設置することになる。リストに加えてケスラーも選出され，全部で7人のメンバーからなる委員会が発足することになる。

　しかし，この同じ12月15日，リストは，別な意図をもって議会に登院していたのであった。ゲーリンク氏によれば，彼はつぎのような動議を議会に提出するつもりであった，という。すなわち，① 領邦議会を毎年開催し，② 国家の要請をいつでも1年間にかぎって同意し，③ 領邦議会の停会中および散会後も存置してきた領邦常設委員会（landschaftlichen Aususchuß）のメンバーを12人から4人に削減することである。そして，その日の午後8時，議会が終了する間際になってリストはそれを実行した。しかし，この動議には憲法上の規定を3点にわたって変更することが含まれていたこともあって，議場で物議を呼ぶことにはなったものの，動議そのものは採択されることにはならなかった。ゲーリンク氏によれば，リストはそのことを十分に承知していたに違いなかった，という[9]。したがって，その翌日の16日，リストは別の動議を議会に提出することになる。それは，「不当に要求された税の支払いに対して，国力を算定することができるように国民の収入を算定することを財務委員会に委託することを，議会が承認していただきたい」というものであった。というのも，その直前に，財務大臣ヴェッカーリンが領邦議会に，憲法の規定にしたがって今後3年間──1820年1月から1823年まで──の主要財務予算を提出していたからであった。つまり，リストの2度にわたる動議の提出には，財務大臣ヴァッカーリンが用意した予算案と財務上の手法をつぶす狙いが込められていたのであった，とゲーリンク氏はいう[10]。その背景としては，政府の予算案が3年間にわたるものであり，それらが間もなく提出されることが事前に知らされており，『シュヴァーベンからの人民の友』紙もそのことを非難していたの

であった。17 日が日曜日であったために，翌 18 日の月曜日に，リストは自分
の動議を，あらためて文章にして提出することになる。

　ゲーリンク氏によれば，それは「簡潔な章句でありながら，力強い言い回し
で，人民と国家にとっての財政の根本的な意味」[11]を説くことから，はじまっ
ていた。すなわち，リストはいう。「財政の体質は，人民がおかれている状況
の良し悪し，つまり政府の強弱を大まかなところで規定する。とりわけ市民が
欲するのは，これまでの生活を継続することであり，ついで市民が相応に要求
するのは，乏しい生計のうちから万が一のための蓄えを用意できることであ
り，自分が心から大切にしている人びとを，たとえ自分がもはや彼らに手を差
し伸べることができなくとも，困窮から守るためである」と。これまでの彼と
同様に，ここでも，市民の視線からの問題へのアプローチが示されている。そ
して彼は，つぎのように続ける。「司法が行政から分離されるにしても，父祖
のときと同様に権利が公然と語られたり，市民裁判について語られたりして
も，刷新された参事会がゲマインデ資産を上級の影響からは独立に管理するこ
とが多くなったとしても，これらの制度がそれほどに素晴らしいものであると
しても，市民は，自分が一生懸命に勤勉につとめる一方で，ぎりぎりの節約を
続けても租税を支払う余裕がないかぎり，これらの制度に有難味を感じること
ができない。憲法そのものは，市民が自分の負担を軽減することが期待できる
手段とそれを見なさないかぎり，市民にとってとりわけ価値あるものではな
い」と。1817 年 11 月 8 日と翌 1818 年 12 月 31 日の官制勅令によって実施さ
れることになった行政組織改革の成果に触れながら，リストは，それらが市民
の安定した日常生活に寄与するものでないかぎり，ほとんど無意味に近いもの
だというのである。というのも，「強力な政府が存立するためには，人民の愛
着と苦しいときに発揮することができる物理的な力の総和こそが必要だ」から
である。そして，こうした確認をした上で，リストは，つぎのようにいう。
「したがって，人民が豊かな状態にあるというのであれば，政府が敬われ，愛
着をもたれ，力強いものであるというのであれば，磐石なる土台を基礎にして
いかなければならない」と。市民の立場からの国家財政論が，リストによって

展開される。

　ともあれ，以上のような総論的な展開がその後も続く中で，話がつぎのような件に達することによって，それは急速に現実味を帯びてくる。彼はいう。「そこで私たちの財政が良好，まあまあ，悪化のいずれの状態にあるにせよ，どんな場合にも最高の関心事であるのは，私たちがどのような段階にあるのかを知ることである。私たちは，国民の収入や租税に対するそれの関係を調査する場合にのみ，このことを経験的に知ることができる」。したがって，「議会が（Kammer）が，みずからが租税に同意する前に，このような調査をおこなうという神聖な義務をもっているとすれば，それこそはこの崇高なる場（dieser hohe Versammlung）である」。しかし一方では，15年ものあいだ政府は，国民の諸力を考慮することなしに支出を決めてきた。それゆえに「私たちは，租税が人民の諸力に対して正しい関係にある財政改革を国家が必要としていることを，政府に提起するであろう」。とはいえ，「こうしたことは多年の歳月を経る中でしかおこなわれず，1年ごとにしか改善された状態に近づくことはできない」。しかし，「1年ごとに節約が進むことによって，そのうちの大部分が管財人（Verwalter）の手中にとどまり，国家経済的な基盤になんらもとづかない多様な間接税が廃止され，収入に対する唯一の直接税で十分である可能性が浮上してくる」と。ヴュルテンベルク王国の歳入財源を間接税中心から直接税に切り替えるという財政改革を展望しながら，そのために1年ごとの歳出・歳入の点検を議会がおこなっていくというリストの動議内容は，財務大臣ヴェッカーリンが用意した政府案（積算根拠があいまいなままに，3年間におよぶ予算案であること）に真っ向から対決するものであった。そして彼の動議は，つぎのような言葉で締めくくられている。「それゆえに私は，つぎのことを提起する。議会は財務委員会に，とりわけ国の諸力と支出に対する純収入の関係とを考慮することを，課してもらいたい」[12]と。

　このリストの動議提出をめぐってはその日，議場内でひと悶着があったようである。翌日の12月19日の議場では，動議の提出を受けて本来の討議と採決が図られることになっていたが，その冒頭で議長のヴァイスハールは，議場の

秩序が守られなければ討議を中断する旨の発言をしている。それにもかかわらず討議に移ってからも，動議の提出者であるリストの発言中にも妨害が続き，それに抗議するリストとのあいだに激しいやり取りがあったりして議場は混乱した。それでも採決にまでなんとかこぎつけ，結果は予想された通りで，54対26でリストが提出した動議は否決されたのであった。こうして政府予算よりも先議権のあったリストの動議が否決された結果，政府予算案の討議が議会でおこなわれる道が開かれた。それは，同じ12月19日のことであった。その冒頭で議長のヴァイスハールは，国王ヴィルヘルムが議会を1月中ごろまで停会するつもりである，という通達を告知した。その日の討議は，時間切れで終了し翌日に持ち越されたが，翌12月20日の議会は短時間で終了してしまった。つまり，枢密院からの2つの訓令が読み上げられたにすぎなかったのである。一つは，12月9日付の議会からの書簡に対する受領の知らせを確認したものである。それは，議会が「新たに選出されたロイトリンゲン市の議員フリートリッヒ・リスト，当地の市民の資格認定を訂正されたとおりに承認し」，「この者が憲法への誓いを表明するにしたがい，私たち（議員たち——引用者）の仲間入りをし」たことが国王に伝達された旨を，知らせるものであった[13]。つまり，領邦議会議員リストの誕生をあらためて告知するものであった。もう一つは，1821年1月22日までの領邦議会の停会を告げるものであった。しかしその後，予算審査委員会（Etatprüfungskommision）の作業が予定通りに終了しなかったので，停会は，2月6日まで延期されることになった。

　ところで，12月7日に初登院してから20日にいたるまでの14日間，リストは，議員としてのそのほかの活動も精力的にこなしていた。まず，ヴュルテンベルクの商工業の救済をめぐって，「奢侈品」としての絹地のものを着用することを禁止する措置をとろうとしたケスラーと，それに反対して絹製品それ自体を購入することが問題なのではなく，それと引き換えに諸外国がドイツの製品を購入しようとしないのが問題であることを明らかにしたリストとのあいだに生じた，一時的な亀裂を修復することが，彼にとっては目下の急務であった。この点については，ヴュルテンベルク王国が他国とのあいだで進めてきた

第8章　F.リストと『ロイトリンゲン請願書』　193

貿易協定が進展を見ないのであれば，1823年1月1日までに外国製品（したが
って絹製品だけでなく）の着用を禁止する動議を提出することで，両者は和解し
ていた。ついで，リストが初登院した12月7日に討議入りが予定されていた
ゲマインデ体制について，それが行政組織全体と密接に関連したものであるこ
とから，全体についての委員会報告を待って討議入りすることを求めた動議を
提出したケスラーと，彼を積極的に弁護して最終的にその動議を満場一致で採
決させたリストとのあいだには，いずれ討議入りするヴュルテンベルクの行政
組織改革をどのように推し進めるのか，という問題が控えていた。この点につ
いては，それ以前に両者の和解が実現していたので，両者のあいだに意見の不
一致はなかった。12月28日，『ネッカー新聞 (Necker Zeitung)』に「序文」，
「10項目の政治的要求」および「結語」とに分けられる書面の全文が掲載され
た。それには「シュトゥットゥガルト，12月10日」という地名と日付が入っ
てはいたが，署名入りではなかった。しかし，これを紹介するゲーリンク氏に
よれば，「序文」はその「用語法および文章スタイルから見れば，間違いなく
リストによって起草された」ものだ，という。また，「10項目の政治的要求」
については，それ以前にケスラーの署名入りで『ネッカー新聞』に発表されて
いたことを，ゲーリンク氏は指摘している[14]。

　そこで，ゲーリンク氏に依拠しながら，「序文」から見てみることにする。
「序文」全体は，今日の要求が昔からの自由の回復を求めるものでしかないこ
とを明らかにすることに，狙いがおかれていた。リストはいう。裁判制度が公
開されていれば，郡長のような領主の使用人といえども，ゲマインデについて
決定することはなかっただろうし，アムト集会は，現在のように郡長によって
意のままにされることはなかっただろう。新しい憲法の値打ちが高いものなら
ば，同じ地盤が提供されなければならない。そのことを「私たちは，昔からの
権利として取り戻すことを求めている」。「私たちは，人民の多くが未熟である
とは認めがたい」。「私たちは，ヴュルテンベルクの住民が他の立憲国家の市民
に比べて，洞察力と秩序感覚においてまったく劣っているとは信じることがで
きない」。「私たちは，決まり文句には関心がない」。「私たちは，昔うまくいっ

ていたことだけをさしあたり望んでいる」。「私たちに欠けているのは，全にして一なるものである／旧き良き法」と。旧法派の人々が顔負けするような表現を用いながら，リストは続いて，「10項目の政治的要求」へと歩を進める。この「10項目の政治的要求」について，ゲーリンク氏は先に，ケスラーの署名入りで『ネッカー新聞』に掲載されていたことを指摘していたが，実はそれが「間違いなくリストによって起草された」ものである，と強調している[15]。しかも，「序文」の末尾では，旧法派が顔負けするような表現を用いていたが，この「10項目の政治的要求」を見るかぎり，「旧法派の痕跡」はどこにも見出すことができない，とゲーリンク氏はいう。逆に，「それは徹頭徹尾，役人支配・専横に反対する一方で，国家からのゲマインデの解放のための決定的な闘争の，広く知れ渡った要求である」と，彼はいうのである[16]。すなわち，あらゆる官選参事会の排除，自由に期限付きで選出された参事会，自由に選出された郡集会，郡体制の廃止，自由に選出された首長（Ortsvorsteher），刑事訴訟についても裁判の公開，そしてリストの以前からのお気に入りの考えでもあった自警団（Rotte）への市民の参加，などであった。そして最後に，「結語」のところでリストは，口調を和らげながら，つぎのようにいう。こうした文章を公開することで，この問題に対する人びとの熱意を妨げるつもりはないし，もっとすぐれた考えが出てくることも期待できよう。しかし今日，多くの人々が望んでいることは，権利の強固さであり，ゲマインデの自立性であり，また文書であれ役人であれ税であれ，それらがわずかなもので済むことである[17]，と。

　こうした政治的要求が『ネッカー新聞』に公開されるとともに，政府部内でもそれへの対応が見られるようになる。というのも，これまでは私的な考えの表明と見られてきた自由主義的な政治的要求が，ケスラーという領邦議会議員の署名入りで公開され，しかも彼は「周知の一団」がこの要求を支持している旨を記しており，その中には当然にリストが加わっていると政府側には推測されたので，それはいまや領邦議会議員という憲法上の人民代表による政治的要求である，と政府側では受け止めるようになったからである。つまり，彼らが

公的な要求の声を挙げることによって民衆を扇動し，政府の転覆をも意図した一団を形成しはじめた，と政府側は考えたのである。しかも，これに呼応する形で，『シュヴァーベンからの人民の友』紙はこのとき，議会内に対立する主要党派が存在すること，一方は内閣に味方するものであり，他方は「国王と人民の側」に立っていると報ずるとともに，前者を「ヴァイプリンガー(Weiblinger)」と呼んだ。というのも，キュールレン，ボレイおよびヴァイスハールといった内閣を擁護する主要人物がヴァイプリンガー地方の出身であったこと，当時のドイツ皇帝の有名な大臣党派が「ギーベリン (Ghibellin) ゠ ヴァイプリンガー (Weiblinger)」と呼ばれたことからであった。したがって，このヴァイプリンガーに対立する党派も，これに倣って「ヴェルフェン (Welfen)」と呼ばれたのである。しかもこのことは，1817 年を境にしたヴュルテンベルクにおける政治情勢の転換を見事に反映していた。つまりこの年，「改革内閣」を形成していたヴァンゲンハイムとケルナー将軍が閣内から去るとともに，それまで内閣の反対党派に属した人びとが内閣擁護派である「ヴァイプリンガー」となり，他方で，それまで内閣に協力して改革を推進してきた人びとが今度は反対派である「ヴェルフェン」になったからである[18]。

　ところでこの時点，つまりクリスマス休暇が終わった時点においては，領邦議会議員にしても，議会の停会が 2 月 6 日まで延期されることを知らされておらず，したがって 1 月 22 日までの停会と思っていた。それは，リストとて例外ではなかったのである。したがって彼は，議会の再召集日に向けて準備に取り掛かるのであった。というのも，議会がまだ会期中であった 12 月 18 日に，彼の選挙区であるロイトリンゲン市の代表がかさばった請願書をもって彼を訪ねていたからであった。それは 17 か条からなっていたが，その主要なものとしては，① できるかぎり簡素な課税，② 国家的な事業や独占の禁止，③ 無頼者に対する一段と強力な措置，④「どのような罰金にもへこたれず，どのようなありきたりの禁固刑も効き目がない」人民のクズによる森林討伐に対する一段と強力な処罰，⑤ 資産管理におけるゲマインデのさらなる自立性，⑥ それによって「かなりの節約を実現させる」といわれている役人と軍隊の削減，

⑦ 大きなゲマインデを「とても苦しめている」規定，すなわち，どのゲマインデも 3 分の 1 以上をアムト代表（Amtsdeputierten）に配してはならないという規定の廃止，⑧ ゲマインデ代表の地位の改善，⑨ あらゆる終身ゲマインデ職の廃止，⑩ まったく資産がないか，決められた固定資産税を支払っていない者に対してゲマインデ選挙での選挙権の剥奪，⑪ 市民権獲得にかんする法律の改正などであった。また他方で，リストは，クリスマス休暇中にロイトリンゲン市に戻り，議会での自分たちの関心事について当地の市民と協議することを，市民たちからの手紙で求められていたという[19]。

　結局，翌年の 1 月はじめに，リストはロイトリンゲンに赴くことになり，「その地に 2，3 日」とどまることになった。その時には，書面という形でのものはなにも作成されなかったが，「今日の国家状況の諸欠陥」についての備忘録的なメモを残すことを決定する一方で，領邦議会に向けて請願をおこなう計画を進めることになった。シュトゥットゥガルトに戻ったリストは，早速に請願をおこなうための書面を起草する準備をはじめた。ほどなく起草された請願の提案書を彼は，「考えを同じくする多くの人々」に読んで聞かせたが，その中にはコッタも含まれていた。リストがのちに証言したところによれば，そのときは誰も，リストがそれを執筆したことが犯罪にかかわるものだとは，思いもつかなかったのであった。したがってリストは，自分が起草した請願の提案書を，シュトゥットゥガルト，クリストフ通りのカール・エプナーが関係するクプフェール＝シュタイン印刷所に，石版刷りで「900 ないし 1000 部」の印刷を注文した。この部数から想起することができるのは，リストが当初から印刷物をロイトリンゲン市内だけで頒布することを考えていた，ということであった。この点について，ゲーリンク氏は，「それは妥当で正しかった」という。実際，印刷物には「ロイトリンゲン」の名は付せられていなかった。しかし，リストがのちになって，自分は真剣に修正要望を待ち受けていた，と自己弁護的に語ったことに関連して，ゲーリンク氏は，つぎのようにいう。もしそうだとすれば，「これだけの部数を即座に印刷したことは無分別であった」[20]と。その通りであろう。しかし，時すでに遅く，こうした動きのあることを知った

『シュヴァーベンからの人民の友』紙は1月20日,「ヴェルフェン」の側に立った扇動を開始しはじめていたのであった。つまり，力強く才能豊かな党派が市民の権利を闘い取る準備を進めていることを報じる一方で，圧倒的に多くの愛国的な市民が声を上げる必要を感じながらもその声を発せずに沈黙を守っている中で，市民の代表がみずからの責務を思い起こすときが来ている，と呼びかける。加えて，すでに「ゲッピンゲン，ウーラッハ，エスリンゲン，ニュルティンゲン，ロイトリンゲン，テュービンゲン，ベープリンゲンなどの地方の多くの祖国愛に満ちた市民」は，共同書面の形で領邦議会への人民の要求を持ち出すことで一致したこと，したがって残っている市民代表がこれに合流することを多くの人々が注目している，とした記事を掲載した。これに呼応した動きは急速な盛り上がりを見せ，ほぼ数週間でヴュルテンベルク全土に広がりを見せたのであった。したがってゲーリンク氏も，リストが起草し石版刷りにした請願の提案書が瞬く間のうちに広められたことは，大いにありうるとしている[21]。そのことは同時に，この文章が，政府サイドの手に入ることをも意味したのであった。

3.『ロイトリンゲン請願書』とその反作用

　1821年の1月はじめにみずからロイトリンゲン市に赴き，そこでの市民たちとの協議の上で領邦議会への請願をおこなうことに同意したリストが，ロイトリンゲン市民のために起草した請願への提案書，つまり『ロイトリンゲン請願書』(1821年)は，「まえがき」の部分と「40項目にわたる諸要求」を書き連ねたものとからなっている。ゲーリンク氏によれば，この『ロイトリンゲン請願書』は「有名であり，過去にたびたび刊行された」ものであった，という[22]。その『ロイトリンゲン請願書』の「まえがき」は，つぎのような書き出しからはじまっている。「まことに尊敬すべき議会(Kammer der Abgeordneten)に署名した市民たちが求めますのは，……今日の領邦議会の論議に関連して自分たちの見解，要望および期待に十分耳を貸し，熟慮してもら

いたいということです。ヴュルテンベルクの国内事情をざっと見ただけでも，偏見のない観察者ならば，私たちの祖国が国の中枢部分を蝕み市民的自由を抹殺してしまう根本的な欠陥に苦しんでいることを，確信するに違いありません」と。すでに見たように，この『ロイトリンゲン請願書』が書かれた1821年1月の時点は，1815年以来4年半におよんだ「ヴュルテンベルク憲法闘争」も終了し，1819年9月25日に協約憲法としての『ヴュルテンベルク憲法』が成立したのちのことである。しかしその時点にしては，ラディカルな表現で綴られた「書き出し」といえよう。それに続いて「まえがき」は，「私たちの祖国の立法と行政」の「根本的な欠陥」についての描写に移る。それによれば，「人民から遊離し，全土に流れ出し，各省庁に集約される役人の世界が，人民の諸々の欲求や市民生活の事情を心得もせずに，尽きることもない形式主義の中で堂々巡りをしながら，国の行政の独占を主張し，市民が口出しすることについてはすべて，それがあたかも国家を危うくするものかのように抵抗し，自分たちの形式主義と世襲的な偏見を最高の国家的英知に祭り上げながら，血縁関係，利害，同等の教育および同等の偏見によって互いに緊密に結ばれているのです。どこを見渡しても，顧問官 (Rate)，官吏，官房，司法官 (Amtsgehilfen)，書記，登記所，書類箱，官服，そして上は役人から下は雇員にいたるまで，歓楽な生活と贅沢が目に入るのです」と。ここには，役人支配の実態と彼らの人間としての堕落ぶりがリアルに描かれている。

　しかし，こうした状況が見られる反面で，市民の生活はどうかというと，「無価値となった作物，製造業の不振，土地価格の下落，金詰りと租税に対する不満，租税を強要する者や競売人に対する不満，誠意のない参事会や強権的な役人や密告に対する激しい怒り，上級官庁の不公平な対応や生活苦に対する不平不満がいたるところで聞かれます。官服を着ている者をのぞいてどこにおいても，名誉も収入も喜びも見られないのです」と。ここでは逆に，市民のおかれている悲惨な状況が，これまたリアイルに描写されているのである。こうした状況を前にして，行政がどのような対応をするのかというと，「行政当局は，商業や製造業や農業の知識をもたず，もっと悪いことには，生業諸身分に

対する敬意の念をもたず，死んだ形式や古くなって役に立たなくなった役所の法律に安住して，たいていの場合，国民的工業に手を差し伸べるというよりも足を引っ張ってしまうのです」と。つまり，市民生活について無知で無策な行政の実態が明らかにされる。その一方で，司法はどうかというと，「裁判は金がかかり，いつ果てるともなく続き，頼り甲斐がないし，傍聴は許されず，良識も通用しません。しかもその裁判は，みずからの知恵を健全なる理性と現実生活という本物で新鮮な泉から汲み上げるのではなく，はるか昔に滅んでしまった世界に求める人物たちによって，しばしば仕切られています」と。つまり，その旧態依然たる司法の実態が明らかにされる。しかし，話がここまで来ると，気懸かりなのは，国家財政に改善が見られたのかということである。しかし意に反して，「国家財政は，行政の肥大化が原因となった経費の増大でまったく収支のバランスが図れず，収入増を図ることで交通を妨げ，工業の足を引張り，着服を奨励する一方で，租税の徴収には金がかかるだけでなく工夫も見られず，租税の負担に公平さを欠いており，つまり全体としては無計画で，国家財政上の原理がありません」と。気がかりが現実となってヴュルテンベルク王国は，市民にとってはまさに四面楚歌の状態となっている。これでは，4年半におよんだ「ヴュルテンベルク憲法闘争」とはなんであったのか，と問いたくなってしまう。というのも，「市民にとって憲法とは，自由と福祉を保障してくれる法律や行政機構をそれぞれ実現してくれるからこそ，有意義なものとなるはずだった」[23)]からである。

　こうした「まえがき」に続いていよいよ，「40項目にわたる諸請願」が『ロイトリンゲン請願書』に書き連ねられる。少し長くなるが，それらを以下で紹介していこう。

「1．市民によって選出されたわけではないすべての参事会員を免職とし，
　　新たな選挙を命ずること。
　2．参事会を司法（Gericht）と行政（Rat）に分けること，つまりゲマイン
　　デ裁判所に司法行政にかかわるあらゆる諸対象，すなわち後見人制度や

司法上の判決などを，ゲマインデ参事会（Gemeinderat）にゲマインデ経営とゲマインデ治安を委託すること。

3．ゲマインデ参事会が3年ごと半数の改選によって補充されるように規定すること。

4．それに対して，市民によって選出されたゲマインデ裁判官に終身職を付与すること。

5．しかしその場合にも，市民会議（Bürgerkollegium）の提議にもとづいて，ゲマインデ裁判官が職務をもはや全うすることができず，本分に反した職務上の処理を違法に遂行したり，そもそもゲマインデの信頼を失ったとして全ゲマインデ市民の3分の2が賛成するときには，ゲマインデに裁判官を解任する権利が与えられること。

6．ゲマインデ裁判所には，すべての民事係争で重要度の際に関係なく，調停裁判所（Friedengericht）の権限で判決を下し，その判決が一定期間の経過後に，事件が上級裁判官に係属されなければ，調停裁判所の判決と見なされなければならない，という権限を与えること。

7．ゲマインデ裁判所が，裁判官と同数の人間を市民から交代で参審員（Schöppen）として，裁判所の審理のために召喚しなければならない，と規定すること。

8．これまでと同様に，市民会議を毎年，半数ずつ補充させること。

9．ゲマインデに，終身その職にとどまる司法の長（Präses）と6年任期の行政の長を，政府の承認を得ることなく選出する権利を与えること。

10．ゲマインデ参事会と市民委員会（Bürgerausschuß）に，上級官庁とは独立に，ゲマインデ経営の指導を任せること。

11．これまで確定した規範が存在しないあらゆる行政案件については，ゲマインデ参事会は市民会議の同意を取り付けること。

12．かかる案件で意見が異なった場合には，審議が尽くされることを決めておくこと。

13．たとえば牧草地の問題や参事会員の給与引き上げなどのような，とく

に重要な諸対象は，全市民の投票に付すること。

14．とくに大都市の市民は，ゲマインデ経営や治安上の目的のために，また選挙やゲマインデ集会（Gemeindeversammlung）のために自警団（Rotte）ごとに分けられ，いずれの自警団にも選挙によって任命された自警団長（Rottmeister）がおかれることを規定すること。

15．これまで書記によって扱われていた業務を公証人（Notaren）に移管すること。この公証人は，政府による事前審査ののち，アムト集会によって選出することになる。

16．この公証人には日当を支給すること，その日当は，業務処理にあたって公証人が要した時間にしたがって支給されなければならない。

17．公証人の採用にあたっては，それぞれ市民，ゲマインデ，アムト集会の自由裁量に任せること。

18．税率に応じてアムト集会に代表を派遣すること。

19．ゲマインデ参事会と市民委員会からのアムト集会の代表者はともに，任期3年の選出であることを規定する。

20．アムト集会の議長は，都市の役人の長（Bügermeister Amtsstadt）か監察官（Revsior）のいずれかに委ねること。

21．これまでの郡長というポストを廃止し，5つの郡ごとに郡監督官（Obervogt）を1人，したがって12人の郡監督官を任命すること。

22．それとは別に，郡にはアムト集会の提案にもとづき政府によって任命された監察官を1人配置すること。彼は会計監査業務を担当し，郡監督官の委託を遂行しなければならない。

23．郡は無給の郡参与（Landräte）を選出すること。

24．この郡参与には手当てと交通費が支給され，郡監督官の所在地に時に集まり，総括的な業務を処理する。

25．第1審の判事でもある郡裁判官（Oberamtsrichter）には，アムト集会で選出された12人の市民からなる陪席判事（bürgerliche Gerichsassessoren）がつく。

26. 郡監督庁（Obervogtei）に領邦裁判官（Landrichter）を配し，時に彼が議長となって郡裁判官を集め，郡参与から選出された6人の市民からなる領邦陪席判事（bürgerliche Landgerichtsassessoren）の参加も得て，第1審の民事事件および刑事事件を処理する。

27. 上訴は別の領邦裁判所で扱われ，したがってすべての地方裁判所および最高裁判所が廃止されることを規定すること。

28. 公開裁判と刑事事件での陪審裁判を規定する。

29. 財政にかんしては経済計画を立案すること，その計画は租税制度を簡素化し，国家経済の原則を立て，これまでと同様に，市民の資産が浪費されないように支出を削減するためである。

30. とりわけ10分の1税と地代は，安価な現物払いと引き換えにゲマインデに貸し与えられること。ただし，物納管理が完全に実施されるように，現行価格にしたがった現物価格を取り立てること。

31. あらゆる御料地を売却すること。

32. 関税および道路修理税を完全に廃止すること。

33. 間接税を廃止すること。それに代わって酒屋，ビール醸造業者，火酒製造業者などは，直接税扱いとする。

34. タバコ，酒の専売，織物工場および鉱山と製錬所をのぞいた直営事業を廃止すること。

35. それにしたがって，すべての重商主義的な行政，世襲的な隷属農民の地位，すべての関税局，御料地局，専売管理局などを廃止すること。

36. たとえば外務省や陸軍予算などといった残りのすべての部門での国家支出を削減すること。司法，行政および財務といった削減された部署の郡役人からは約3分の1を，彼らができることになった私的営利活動と引き換えに控除すること。もっとも有能な者を現役につかせること。

37. 役人の削減と業務の簡素化などによって節約を実現すること。恩給と退職金の負担が軽減されれば，少なくとも額にして200万に相当すると考えてよい。

38. しかし，現在考えられている節約が，額にして約100万しか見込んでいないので，人民は，今日の穀物の廉価とあらゆる業務の停止の下では，明らかにより大きな負担の軽減を必要としている。年間100万以上が御料地資本に用立てられること，あるいは，このことはただちに実現不可能であっても，借り入れによって補填されることを決定すること，ただし，恩給と退職金が額にして同等になるまで節約され，収入と支出の均衡が保たれる必要がある。

39. したがって，あらゆる階層の公民を通じて，削減された需要に等しく見合った直接税を，土地，家屋，商工業，資本，俸給，地代，どんな種類であれ所得に対して徴収すること。

40. 租税を1年間にかぎって同意し，議会を毎年開催すること」[24]と。

　すでに「まえがき」部分を見たときに予想されたように，「国の中枢部分を蝕み市民的自由を抹殺してしまう」中央集権制と役人支配に反対するリストは，これまでの彼の市民的自由＝自治・分権思想の集大成ともいうべきものを，第1項目から第28項目まで掲げている。その特徴は第1に，基礎的自治体であるゲマインデの「団体自治」とゲマインデ住民の「住民の自治」とを司法および行政の両面で徹底させるということ，ついで第2に，それらを機能させる上での最大の障害物である「郡長というポスト」の廃止を提言していること，そして第3に，さまざまな形で市民生活に介入・干渉する場となっていた「書記によって扱われていた業務」を，市民による事前チェックが可能な「公証人に移管すること」を求めているところにある，といえよう。ついで「行政の肥大化」が原因となった国家財政の悪化に関連して，第29項目から第40項目が掲げられている。その特徴は，国家財政再建のための「経費削減計画および租税・財政改革の準備に向けた提案」[25]であり，また，その進捗状況の検証と関連して，予算を単年度とする構想にもとづく第40項目，すなわち「租税を一年間にかぎって同意し，議会を毎年開催すること」が最後に来るのであった。

ところで，すでに触れたことであるが，1819 年 9 月 25 日に「ヴュルテンベルク憲法」が成立したのちの 1821 年 1 月の時点で，リストがラディカルともいえる内容と表現をもったこの『ロイトリンゲン請願書』をなぜ起草することになったのかが，素朴な疑問として残る。この点に関連して，ゲーリンク氏は，つぎのようにいう。「人が知らねばならないのは，制憲議会に提出された憲法草案が公に知らされていなかったこと」である[26]，と。それに加えて，国王側から提示されていた憲法草案をめぐる政府と議会と共同の作業委員会には，『シュヴァーベンからの人民の友』紙の支持者は 1 人も入っていなかったのである。つまり，作業も，徹底して非公開のままに進められたのであった。ゲーリンク氏によれば，こうした政府保守派と議会の旧法派とのあいだでの密室での作業に危機感を抱いたリストは，1819 年 9 月の時点で，「抗議」と「包括的な改造計画」を内容とした，領邦議会への請願書を起草することを決意したのであった[27]。しかし，「シュトゥットゥガルトの若干の市民」を主体としたこの試みは，その計画が事前に知れ渡ってしまい，作業委員会の活動を妨げるものとして非難されたこともあって，中止されてしまったのであった。したがって，リストによって起草された請願書草案もお蔵入りしてしまったわけであるが，それがロイトリンゲンのリスト文庫に所蔵されていることが，ゲーリンク氏の追跡によって明らかにされたのである。そして，彼によれば，この草案の所在が確認されたことによって，『ロイトリンゲン請願書』のラディカルな表現と内容の「理解の鍵」を得ることができた，という[28]。

　そこで，ゲーリンク氏の紹介にしたがって，1819 年 9 月の時点でリストによって起草された請願書草案を見てみよう。それはまず，議会運営における「性急な」処置に終始する議長ヴァイスハールに対する「抗議」にはじまる。ついで，請願項目が登場する。「ヴュルテンベルク市民の昔からの真の権利の拠り所」としてのゲマインデおよびアムトにとって自由な資産管理を，したがって，1. ゲマインデないしアムトが意見の一致を見たことで法が損なわれないかぎり，郡長による承認の省略。2. 参事会の定期的な改選とこれまでに任命された参事会員の即時解任。3. アムト集会の定期的な改選とその集会を郡

都の役人の長（der Erste Bürgermeister der Oberamtsstadt）が主宰しなければならないこと，加えて，選出され法律知識をもった審判員（Richter）の同席を仰いだ，公開の市民裁判が求められる。また俸給への課税と間接税ならびに「人民のヤル気をなくし，工業を押しつぶし，管理を困難なものにしている」タバコ・塩の専売の廃止である。さらに毎年の議会と財政計画が必要なものとして，詳しく理由づけがなされる。議会については，貴族の優位が強く非難され，議会停会中の委員会のメンバーを12人から4人に減らすこと，さらにゲマインデの市民自警団を基礎にした選挙制度を提案する。それによれば，市民20人ごとに選挙人1人が選出されることになっていた。また議員の任期を6年間とし，2年ごとに3分の1が改選されることを考えていた，等々であった[29]。

　ともあれ，この請願書草案を紹介したゲーリンク氏がもっとも注目したのは，リストがこの中で，ヴュルテンベルクの政治体制として「旧来の封建貴族政，新たな官僚寡頭政，および大臣の専横とのあいだの三角同盟（Tripel-Allianz)」[30]の成立を見ていたことであった。したがってリストには，作業委員会での憲法草案の協議も，この「三角同盟」の意向で進められることが十分に予想されることになり，それは取りも直さず「国の中枢部分を蝕み市民的自由を抹殺してしまう」ものと考えられた。そして，これに対抗するためには，リストにとっては，『ロイトリンゲン請願書』のような包括的な対案を示すことしか残されていなかったのであった，とゲーリンク氏は推論する[31]。

　ちなみに，1819年9月25日に成立した『ヴュルテンベルク憲法』の中の「地方自治」にかんする規定を石川氏が紹介しているので，それを見てみよう。彼はいう。「まず，憲法第62条によれば，『ゲマインデは国家統一体（Staata-Verein）の基盤である』とされ，「一つの郡に所属する複数のゲマインデが，更に全体として『アムツ・ケルパーシャフト（Amtskörperschaft)』なる自治団体を構成する（同第64条）。これは言うまでもなく，旧ヴュルテンベルクのシュタット・ウント・アムトに源を発するものである。また，『ゲマインデの権利は市民委員会の参与のもとにゲマインデ参事会が，アムト自治体の権利はアム

ト集会がそれぞれ管掌する』(同第65条)。それ故に、国家官庁はゲマインデおよびアムト自治体の長を無視して、それら財産を処分してはならない(同第66条)。その他、第66-67条はゲマインデ、アムト団体の権利擁護義務を定めている」[32]と。これを、先の『ロイトリンゲン請願書』に見たリストの構想と比較してみれば、一目瞭然である。リストにあっては、すでに指摘したように、基礎的自治体であるゲマインデの「団体自治」とゲマインデ住民の「住民自治」とを司法および行政の両面で徹底させる一方で、それらを機能させる上で最大の障害物である「郡長というポスト」の廃止を提言していた。しかもさらに、さまざまな形で市民生活に介入・干渉する場となっていた「書記によって扱われていた業務」を、市民による事前チェックの可能な「公証人に移管すること」を求めていた。つまり、それは市民的自由を基礎としたリストの自治・分権思想を具体化したものであった。それに対して、『ヴュルテンベルク憲法』では、ゲマインデの自治権を表向き認めているかのようであるが、「ゲマインデは国家統一体の基盤である」として本音は、国家行政の末端に位置づけたにすぎない。したがって、「郡長というポスト」の廃止など考えおよばないのである。リストが危惧したように、それは「三角同盟」による官治・集権的な憲法構想といってよいだろう。その意味では、リストによって起草された『ロイトリンゲン請願書』は、こうした「三角同盟」による官治・集権的な憲法構想に対して全面的な対決を挑んだものであった、といえるのである。

　さて、当初の予定であった1月22日までの領邦議会の停会が2月5日まで延期されることが知られて間もない1821年1月21日、リストは、思いもかけなかった人物の訪問を受けた。その人物というのは、警察庁警部(Oberpolizei-kommissar)フォン・カッツマイアーであった。そして、この訪問を契機にして『ロイトリンゲン請願書』、したがってリストに対する政府側の反作用がはじまる。それはまず議会レベルで、『ヴュルテンベルク憲法』第184・185条の例外規定「政府、議会、個々の人身を侮辱または誹謗した議員は法定手続きにより処罰される」を理由とした議員リストの除名処分(1821年2月4日)にはじまる。さらに公判廷における「10ヶ月の禁固刑」の言い渡し(1822年4月11

日），判決をなおも不服とするリストの逃亡→自首→要塞禁固刑の執行→国外退去を条件としたリストによる刑の変更要請→内務大臣による決済と続き，1825 年 1 月 25 日にリストは，故国ドイツをあとにしてアメリカへと移住することを余儀なくされるのであった。

1）　P. Gehring, a. a. O., S. 267.
2）　Ebenda, S. 264.
3）　Ebenda, S. 274 f.
4）　石川敏行「ドイツ近代行政法学の誕生（四）」（『法学新報』第 89 巻第 11・12 号）138 ページ。
5）　同上，139 ページ。
6）　F. List, An die Wahlmänner von Reutringen. in: Werke I, S. 679.
7）　Ebenda, S. 680 f.
8）　F. List, Zur Würtenbegischen Handelspolitik. in: Werke I, S. 673 ff.
9）　P. Gehring, a. a. O., S. 293.
10）　Ebenda, S. 293.
11）　Ebenda, S. 293.
12）　F. List, Zur Würtenbergischen Finanzreform. in: Werke I, S. 333 ff.
13）　P. Gehring, a. a. O., S. 297.
14）　Ebenda, S. 300.
15）　Ebenda, S. 300.
16）　Ebenda, S. 300.
17）　Ebenda, S. 300 f.
18）　Ebenda, S. 302.
19）　Ebenda, S. 306.
20）　Ebenda, S. 309.
21）　Ebenda, S. 310.
22）　Ebenda, S. 311.
23）　F. List, Reutringer Petition. in: Werke I, S. 684 f.
24）　Ebenda, S. 685 f.
25）　P. Gehring, a. a. O., S. 312.
26）　Ebenda, S. 313.
27）　Ebenda, S. 313.
28）　Ebenda, S. 313.
29）　Ebenda, S. 314 f.

30）　Ebenda, S. 315.
31）　Ebenda, S. 315.
32）　石川敏行「ドイツ近代行政法学の誕生（六）」（『法学新報』第 90 巻第 34 号）88
　　ページ。

第9章

F. リストと『アメリカ経済学綱要』

　新天地アメリカに移住したリストは，彼のアメリカ渡航を支援してくれたラファイエット将軍にともなわれて，3ヶ月にもおよぶアメリカ周遊の旅を経験した。そして，その中で彼は，多くの見聞を積み重ねるとともに，アメリカの指導的な人々との知己も得ることができたのである。その中に，ハリスバーグでの農場経営の失敗後にペンシルヴァニアのレディングに居を定めたリストに対して，積極的に接触を求めてきた人物がいた。ペンシルヴァニア製造業・機械工業振興会の副会長インガーソルであった。このインガーソルという人物は，保護関税運動の推進者としても知られており，その立場からリストに保護関税を擁護する論陣を張ることを求めてきたのであった。この求めに応じてリストが書いたものが，『アメリカ経済学綱要 (Outlines of American Political Economy, 1827)』であった。

1．アメリカへの移住

　さて，不本意ながらアメリカへの移住を決意したリストではあったが，その移住をめぐってもひと悶着があった。この経緯を詳細に紹介するヴェントラー氏によれば[1]，いまだ服役中に移住を決意したリストは，彼の誠実な支援者で助言者でもあったヨハン・フリートリッヒ・フォン・コッタに，彼を通してヴュルテンベルク政府に自分の意向を伝えてもらうことを依頼した。相手は，司法大臣フォン・マウクラーであった。彼がコッタを通して折り返し伝えてきたのは，政府が最終的に移住に同意すること，しかしオーストリアかオセアニアに移住するのであれば，それがもっとも望ましいことと思っている，というこ

とだった。この回答に対してリストは即座に，しかも断固として拒否した。しかし，「政府が最終的に移住に同意」していることが分かったので，リストは，移住手続きの準備を理由として，この場合もコッタを介して保釈を申請し受理された。

　公式な移住手続きには市民権の放棄，残された債務に対する返済の義務，郡庁を通じた『シュヴァーベン・メルキュール』紙上でのそれらの正式な告示が必要であった。しかし他方で，ヴュルテンベルク政府は，リストの移住を国家機密と同様に，つまり極秘裏に，しかも迅速に処理しようとしていた。この点については，仲介者であったコッタがリストに対して，彼の移住が「秘密厳守の事項」であり，したがって絶対に他言無用であることを伝えていたほどであった。事実，内務大臣フォン・シュミントンは，つぎのような書簡を付して，リストの旅券を1825年1月21日，司法大臣フォン・マウクラーに転送している。「ロイトリンゲン郡によって移住手続きの手筈がつけられないままであるのを避けるために，旅券は移住ではなく学術旅行に限定した」[2]と。その上で彼は，司法大臣がこの処置を承認するかどうかを問い合わせていたのであった。ちなみに，ここで「ロイトリンゲン郡によって移住手続きの手筈がつけられないままである」と指摘されていることについて，補足説明が必要であろう。その最大の理由は，旅券には「移住ではなく」旅行としか書かれていなかったために，市民権放棄の理由にはならず，したがってロイトリンゲン市および郡は，「移住手続きの手筈」を最初からする必要がなかったのであった。

　ところで，1825年末に旅券が交付されたにもかかわらず，新たな難問が生じた。旅券の交付と同時にリストは，ただちにヴュルテンベルクを離れることを強制されると思いその準備に入ったのに対して，彼の家族は準備の都合でただちには出発できる状態ではなかった。加えて，リストの妻カロリーネがアメリカへの移住に，この時点では同意していなかったのである。このためリストは，シュトラスブールで待機状態におかれてしまったのであった。これに対してフランス政府は，交付されたばかりの正規の旅券をリストから取り上げ，それに代わって仮のものを交付したのであった。こうした状態の中でリストは，

一方でフランスでの生活という淡い期待をもったが，他方でアメリカ移住が避けられない場合も考えて，そこでの生活の方途を思案しなければならなかった。ただし，すでに指摘したように，彼の移住が「秘密厳守の事項」であったため，彼の努力は極秘裏のうちに果たされなければならなかった。

　この間の事情を物語るものに，ヴェントラー氏によれば，これまで知られていなかったカール・クリスチャン・ベッヒャーからリストに宛てた手紙がある，という。このベッヒャーという人物は，「商人・製造業者協会」でのリストの協力者であって信頼しうる友人であり，エルバーフェルトにあるライン・ヴェストファーレン会社の副理事長であった。その手紙によると，リストがその会社を介してアメリカでの生活の方途として商品取引の可能性を問うのに対して，ベッヒャーは，その可能性はないことを回答しながらも，つぎのように続ける。「しかし，あなたが北ないし南アメリカに行くつもりであるのならば，頼りにされた友人である私は，貿易上の企図や思惑を断固として思いとどまらせたい。これらがうまくいかなくなる障害が多すぎるし，これらをまあまあ我慢できる状態にするには慣れた手法と幅広い活動範囲が必要である。あなたは経済的なものに，あなたの将来の祖国が，たとえば特定の地であなたの思惑のために提供するものに頼っていきなさい！──しかし，用心しなさい！──あなたがアメリカに行くのであれば，あなたはそこで，人種というものにかかわりをもつことになる。それは，自分のものと他人のものとを本当によく心得てはいるが，私が切れ者という名で呼ぶことができるほどの者はいない。あなたは自分の才能と目ざとく多面的に修養された精神に恵まれているので，南アメリカでも利得を引き出すことであろう。たとえば，ブエノス・アイレスで，──そこへはちょうどいま，私の弟が家族を連れて移ったばかりである。しかも私の助言にしたがって，というのも，彼はロンドンで生計を立てることができなかったからである」[3]と。

　そうこうしているうちに，フランス政府のほうに動きが見られた。フランス内務大臣の指令にもとづき，県知事ニーダーハインは1825年2月19日，シュトラスブール市長に緊急命令を伝えた。それは，リスト教授のル・アーブルへ

の旅の継続を命じる一方で，その途中でパリを経由することを禁じたものであった。そして，取り上げられた旅券は，すでにル・アーブル県に転送された，と。こうしたフランス政府の動きの背景には，ヴュルテンベルク政府の策動があった。それは，フランスのアルザスかパリを定住の地としたいというリストの淡い期待を，なんとしても断ち切ろうとするものであった。そこでリストは，妻カロリーネにつぎのように書き送った。アルザスかパリで「家族の幸せと繁栄」を実現するという望みもなくなった。アルザス，したがってフランスか北アメリカかの選択の余地はもはやない」と。加えて彼は，カロリーネにひたすら願った。「私は，あなたの行きたくない気持ちをぞんざいにしたくはないし，あなたに別離をこれ以上強いることはしたくない。私たちがこの世をはかなく思うこともなく互いに絶望することもないのは，愛に包まれた自分たちを思い起こし，自分たちの運命を書面で語り合うことができるからである」[4]と。

　フランス政府（したがってヴュルテンベルク政府）の意向を知って，これ以上シュトラスブールにとどまることができなくなったリストは，バーデン地方に賭けてみることにした。しかし，警察がさまざまな形で彼に対する嫌がらせをおこなう中で，それを避けるためにリストは，４月はじめになってやっとゲルマーシャイムで家族と再会するまでのあいだ，各地を転々と移動しなければならなかった。再会後も，今後の家族の生活のあり方を考えた日々が続いたのちにやっと，予期しなかったことではあるが，「北アメリカへの学術渡航」と記されるとともに，家族の同行も書き加えられた旅券が交付された。とはいえ，リストとその家族にとっては，「北アメリカ行き」は自分たちの意に反したものであった。したがってリストは，独仏国境を越えるときに彼および彼の家族に去来した哀愁を，感動的な言葉をもって自分の日記で吐露している。「４月15日の夜明けとともに，私たちは，移住者がそうであるように，前後に重荷を背負いながら，ドイツ国境にいますぐにも達するのを恐れるかのように，ゆっくりとした足取りで移動し続けた。私たち親たちは，沈痛な思いにふけっていた。今日，私たちはドイツと，私たちをいつくしみ深く包み込んでくれてい

たすべてと離別し，ああ，おそらくは大海原を超えて永久に彼の地に移り，お
そらくは私たちのかけがえのないものを波間に葬り去り，おそらくは心臓を押
しつぶすような痛みにもだえながら波に飲み込まれ，異国の地に波だけを置き
去りにする運命にある。——そうして，そのときになって分かるのは，誰もが
心の痛みを感じながら，自分のもう一つの内面にそっと教えることのおののき
から，誰もが目をあげようとはしないことである。そのとき，子供たちが歌い
出した。行こうぜ，行こうぜ，兄弟，君たちは強いのだ，——いまや私たちの
痛みを，これ以上我慢することはできない。私の妻は，つぎのように取り乱す
ことのない最初の人であった。「あなたには，とやかくいわれる筋合いはあり
ません。あなたは，一人前の男として堂々と振舞ってきました。私たちは，悪
ふざけで移住するのではありません。神の名にかけて分かっていただきたいの
です。彼がそれを私たちに課したのだから，私たちを守ってくださるでしょ
う。さあ，子供たちよ，私たちは一緒に歌いましょう」と。その日は，私が
これまでに見た素晴らしい春の朝の一つであった。太陽はちょうど，プファルツ
の至福の地に最初の光を投じていた。その光景は，痛みを和らげる芳香を私た
ちに浴びせ，それとともに私たちは陽気な声を張り上げて，シラーによって教
えられた歌や挙句の果てにはウーラントのおどけた歌をすべて歌った。それで
もやはり，私は町をあとにしなければならない……」[5]と。

　数ヶ月におよぶ気疲れのする綱引きののち，ヴュルテンベルク政府は，追放
された「勇敢な市民」をまったく秘密裏に国外退去させることに成功した。
「元教授で，商業協会の顧問であり，ヴュルテンベルク代議士の一員」がペン
シルヴァニアに向けて乗船し，当地に永住しようとしている，とル・アーブル
発の新聞記事によって報じられたことについても，なんら事情に変更はなかっ
た。「うまい具合にクーデターは成功した。10年後には，誰もそんなことは気
にもかけない」と高をくくっていたのである。しかし，その後にリストが北ア
メリカ合衆国の領事としてドイツに帰還し，ライプツィッヒで承認書を得よう
としたときにはじめて，事態はヴュルテンベルク政府を大いにうろたえさせ，
関係者を大いに困らせたのであった。

1825年4月20日，リストとその家族を含む移住者たちは，メッツ，パリそしてルアンを経由してル・アーブルに到着した。つまり，リストは，フランス政府によるパリ通過禁止の命令を無視したのであった。割安な渡航船を探したり，乗船に必要な手続きに追われながらも，リストは，港の施設である商館や当時フランス最大の海港であったル・アーブルの荷動きに大いに関心を示した。そして，彼の頭にただちに浮かんだ疑問は，ル・アーブルの通商取引がどのようにしてこれほどまでに活気を呈するようになったのか，ということであった。その答えは，すぐに判明した。それは，フランスの財務大臣がこの港を運河ないし鉄道を経由してライン川に直結する一方で，この港を自由港として南ドイツやスイスがこの港を経由して輸出入ができるように関税体系を改革したためであった。また，蒸気を利用した乗物という大発明が鉄道に登場して以来，国内および国際的な取引は，川の流れに沿うことなくおこなわれるようになった。将来的には，直線的な経路が望まれるだろうし，西側世界の商品輸送にとってル・アーブルは，南ドイツやスイスにはなんといっても手近な海港である，と。しかし，今日のロッテルダム，アントワープおよびドイツの海港が同じようにすぐれた立地条件をもっていたことは，当時ではまだ予見されていなかった。そのことを思えば，リストのこうした観察結果は卓見といえる。また，リストがル・アーブルで書いた日記には，つぎのように記されていた。「蒸気万歳！　それは19世紀のそれだけで，15世紀のあらゆる発明や発見をひとまとめにしたものに匹敵する。それは，商工業に新たなる活力と新たなる方向を与えるだろうし，地球の裏側を間近なものにするだろう。それは内陸国に，沿岸国や流域地方がもったかぎりない利益を提供するだろう。それは，既存の軍隊を封建諸侯にとって無用の長物とし，小国の力の支えとなってどんな圧力にも屈することがなくなるだろう」[6]と。

　他方で，リストの観察は，自分と同じ運命におかれていた移住者たちの上にも注がれていた。この点について彼は，すでに見たように，1817年4月末に内務省の訓令にもとづいてハイルブロンに急行し，人身売買の一味が人々を騙して「集団移住」を企てていることについて調査をおこなった経験があっ

た[7]。ただし，そのときの彼は，移住者を調査する立場であったのに対して，今回は彼自身がその当事者であった。そして，助言と同伴を求めたスイス人移住者との偶然的な出会いを通して彼は，つぎのようなことを知った。「いま，貧しい人びとは，それぞれ荒地へと移っていく。そして，誰もが知っているのは，ほとんどの人が手段の不足，つまり言葉の知識や交わりを欠いているために，自分たちの移住を後悔することで日々の生活をすごしており，後悔と悲嘆の生活を直視する一方で，彼らが集団移住地に新たな祖国を見出そうとしていることである」[8]と。生活の貧しさから一度は移住を決意したとはいえ，そのことに対するなんの支援もなく放り出された状態にあった移住者たちとの出会いの中で，リストは，今度は同じ当事者という立場から，貧しい仲間たちをいい加減なペテン師から守る公的支援の必要性を痛感する一方で，特定の移住地域に植民社会をつくって彼らをなんとか根づかせたいと考えるようにもなった。したがって，「植民地」という言葉で彼が理解していたのは，その後の「帝国主義的植民地」とは違って，上記のような内実をもったものであったといえる。

　割安な船を求めて多くの船を見て回り，その都度，船長と渡航の交渉を重ねた結果，リストが乗船することを決めたのは貨物船「ヘンリー号」であった。彼はこの船の装備を讃えながら，つぎのように述べる。「最上甲板には窓ガラスつきの休憩所が備えられており，船客たちは嵐や雨や日差しの強さを避ける必要があるときは，そこに移ることができる。船室はツヤだしされた木材で張りめぐらされており，ジュータン，鏡および絹のカーテンで装飾されていた。どの船客にも自分の部屋がある。乗客用に決められたすべての水は，ガラス製のフレスコを使って飲むことができた。したがって，こうした必要な生活欲求は，いつでも最高の品質で入手することが保証されていた。要するに，装備と食料の供給は上々である」[9]と。しかし，ここに記述されていたような装備を見ることができたのは，乗船前だけであった。1825年4月26日に「ヘンリー号」が錨を上げたときには，これらの装備はほとんど姿を消していたのである。それからはじまる6週間におよぶ昼夜兼行の船旅では，船客の中からいつ

病人が出てもおかしくないほど嵐が強く吹き荒れ，冷たい天候が続いた。自分の経験の豊かさを誇る船長が言い訳がましく語ったのは，30年来の自分の乗船経験でもこれほどの悪天候に見舞われたことがない，ということであった。

　それゆえ，1825年6月9日にニューヨーク港を目の前にして，感謝にあふれた幸福感の中でつぎのように叫んだとき，リストとその家族は，地獄の業火から助け出されたように感じたのであった。「木々の緑のジュータンの合間に別荘風の小さな家々が，果樹園が，そして木々に実ったサクランボが見える。ニワトリが鋭く鳴き，鳥がさえずるのが聞こえる。またあちこちで，雨上がりの窓を開けて漁師たちが顔をのぞかしているのが見える。すべてが歓喜に満ちており，40日以上も海上の砂漠をさまよった人々にしか感じられないような至福で胸が一杯である。私たちは，自分たちがはじめて自由の天地を踏みしめる日々をおろそかにしないように，自分たちおよび子供たちの心を荘厳に引き締める」[10]と。しかし，このような思いを胸にリストとその家族は，ニューヨークの地に第1歩を踏み入れたのであったが，その最初の印象は期待はずれのものであった。「黒人たち，家々，そこかしこの道路，いくつもの塔，汚物，市の公会堂，あちこちにある浴場」[11]と。それも束の間のことで，彼らはフィラデルフィアに向かって旅を続けなければならなかった。その地に彼らにあてがわれた家があったためである。しかしリストは，自分の家族をその地に残してただちに，ニューヨークへと引き返した。というのは，アルバニーでラファイエット将軍に会うことが約束されており，そのために蒸気船でハドソン川をさかのぼる必要があったからである。

2．アメリカでのリスト

　アメリカ独立戦争の英雄であるラファイエット（Marquis de Lafayette, 1757-1834）将軍は1757年，かつてのフランス貴族の末裔として生まれた。すでに若い頃から彼は，啓蒙思想の最高の理想に対して燃えるような思い入れがあった。アメリカ独立戦争の勃発は，若くて狂信的で義侠心のあった彼を熱狂させ

第 9 章　F. リストと『アメリカ経済学綱要』　217

た。19 歳になったばかりのラファイエットは，周囲の反対を押し切ってアメリカ人の救済に向かうために，母の遺産を元手に船を用意したのであった。そうした彼に対してアメリカ議会は，彼を陸軍少将に任命することで応えようとしたが，ラファイエットはあくまで俸給なしの義勇兵として仕えることに固執した。こうした彼の姿勢は，ヨーロッパの諸国民にも強力な影響を与え，彼のあとに続く者が続出し，アメリカが独立戦争に勝利することに大いに貢献したのであった。

　アメリカ独立戦争の終結後，ラファイエットは故国フランスに戻ったが，そこで彼はフランス民衆から熱烈に祝福されたのである。フランス革命が勃発した 1789 年，彼は身分議会の一員という資格ながら，有名な『人権宣言』を起草した。また，彼は国民会議の副議長に選出されるとともに，国民衛兵の司令官に任命された。その一方で彼は，革命のあらゆる主要場面において思慮深く和解的で，法と秩序に配慮した政治家として頭角をあらわすことになる。しかも，革命の進展の中で彼は，危険にさらされることになった国王とその家族の生命を守るために努力し，さらに新憲法を認めるのであれば国王ルイ 16 世が君主の座にとどまれるように尽力した。

　しかし，ジャコバン党が権力の座を奪うとともに，こうした彼の動きが理由となってか，ラファイエット自身が反逆罪で訴えられることになる。その時の彼は，当然のことながら無罪となったが，国王とその家族が処刑されたのちに再び，彼に対する訴追の動きが見られることになった。今回は身の危険を感じたため，他の同志的な将校たちとともに彼は，外国への亡命を余儀なくされることになる。しかしながら，亡命中のオーストリアで，彼は警備隊に逮捕され，それからの 5 年間をバーゼル，マグデブルク，そしてオルシュッツの要塞で投獄生活を送ることになった。アメリカ独立戦争における同志であり，初代アメリカ大統領にもなったジョージ・ワシントンはこうした事態を憂慮し，ラファイエットを救済するために尽力したが，結果は不首尾に終わった。そのラファイエットを牢獄から解き放ったのは，ジャコバン独裁の崩壊後に権力を握ったナポレオンであった。

こうして故国フランスに戻ったラファイエットではあったが，革命精神に忠実であった彼は，救済者ナポレオンからの，そして第1次王政復古のときの，また復位したナポレオンからの度重なる誘いをも拒み続け，所領であるランクランジェでの隠遁生活に明け暮れたのであった。その彼が動きを見せることになったのは，ワーテルローの会戦後であった。そのとき彼は，ナポレオンの退位を迫る一方で，連合国に停戦の申し入れをおこなう委員会に加わることによって，再び政治の表舞台に登場したのである。とはいえ，彼の政界復帰は思うに任せず，そうした中で彼は，1824年1月に息子のジョージ・ワシントン・ドゥ・ラファイエットをともなって，大西洋沿岸諸州を縦断して首都ワシントンに向かうアメリカ周遊の旅に招待されたのである。アメリカ独立戦争の英雄として知られたラファイエット将軍のこの周遊旅行が，文字通りアメリカでの彼の凱旋行進となったのはいうまでもなかった。それほどにアメリカ国民は，アメリカの独立に大いに貢献したラファイエット将軍を，感謝の念をもって歓迎したのであった。

このような経歴をもつラファイエット将軍とリストが最初の，しかし間接的な出会いをもったのは，彼の最初のシュトラスブールへの逃亡のときであった。1822年，フランスの法学者で科学アカデミーのメンバーでもあったエティエンヌ・エニャンが，『陪審の歴史』という表題で，フランスの陪審裁判所について書いた本を出版した。この時シュトスブールに滞在していてこの本を読んだリストは，「著者に機知に富んだ表現や鋭い批判」に感動し，この本をぜひともドイツ語に翻訳することを決意したのである。そしてそれは，文献シリーズ『テミス (Themis)』の第1巻として1823年に，シュトラスブールの G. L. シューラーの下で印刷された。ここで，リストとラファイエット将軍との関係について，触れる必要があろう。エンニャのこの本『陪審の歴史』は，実はラファイエット将軍に捧げられたものであり，したがってリストは間接的にラファイエット将軍の名をはじめて知ることになったのである。そして，これが契機となってリストは，ラファイエット将軍との文通をはじめるのであり，したがってリストのアメリカ移住という決意が，彼の一時の気紛れから出たも

のでないことを物語っている。

　ラファイエット将軍とリストの直接的な出会いは，1824 年 4 月にパリで実現した。激動する政治の流れの中にともに身をおき，またともに投獄生活を経験した両者は，それまでの文通を通してお互いを理解し合っていたこともあって，最初の直接的な出会いにもかかわらず，すでに両者の心には互いに通じるものがあった。その後，リスト自身がフランスでの永住生活の可能性を探ったりしたこともあって，アメリカへの移住を熱心に勧めるラファイエット将軍とは多少の行き違いが生じることもあった。しかし，最終的にリストおよびその家族のアメリカ移住が避けられなくなったときにも，リストは，自分に対する将軍の全面的な支援を期待できる関係を彼とのあいだで続けていたのである。事実，1825 年 1 月，前年に続いてアメリカの独立を祝う凱旋行進に招かれたラファイエット将軍は，ヴァージニアのリッチモンドからリストに手紙を書いた。それによれば，自分が凱旋行進を続ける中で経験したこととして，リストのこれまでの功績は十分にアメリカ合衆国で歓迎されるものである，ということであった。したがって，リストは，つぎのように書く。「私にとって，これまでの私の悲運な出来事は，時代のもっとも著名でもっとも高貴な人物たちの扉を私に開けてくれる手掛かりであったし，北アメリカについての最善の知識，しかも同時にその国への最高の推薦の手紙を世話してくれる手掛かりであった。したがって，私が渡航したときにはすでに，私は，ヴュルテンベルク代議院から引導を渡されたときとはまったくの別人であった」[12]と。

　さて，ここでやっと，アメリカに上陸後のリストが家族をフィラデルフィアに残してただ一人，ラファイエット将軍に会うために，蒸気船でハドソン川をさかのぼってアルバニーに向かう場面に戻ることができる。この地でラファイエット将軍と会うことができたリストは，まだ続行中であった凱旋行進に参加することになった。将軍と知己があることもあってか，リストはしばしば，将軍および将軍の息子についで 3 番目の馬車に乗ることができた。もちろん，リストは飛び入りの，しかも新参者ということもあって，アメリカ国民から自分がそれほどには歓迎されてはいないと感じたが，凱旋行進の道すがら新世界で

の人びとの生活の営みを見聞する機会を彼は多くもつことができた。また他方で，この凱旋行進中に彼は，合衆国のさまざまな指導的な人物たち，とりわけ現職の大統領であるジョン・クインシー・アダムズやその後継者となるアンドリュー・ジャクソンの知己を得た。そして，リストの経歴を知った政府や議会のメンバーたちからは決まって，ヨーロッパとの通商問題についての相談が重ねて彼になされたのであった。

　ラファイエット将軍との3ヶ月におよぶアメリカ各地の周遊を終え，その間に英語を学ぶことの必要性を痛感したリストではあったが，当面の生活のためにも農場主になることを彼は考えていた。そして1825年11月，ペンシルヴァニア州のハリスバーグの郊外，ワインヒルにあるサスクアヘナ・タウンで，彼は農場を購入する機会を得た。11月19日に売買契約を済ませたリストは，喜び勇んで妻に報告した。家は広々としており，あまり贅沢をしなければ改装することができる。家は丘の上にあり，そこからはハリスバーグの町とペンシルヴァニアの議事堂を一望できる，素晴らしい眺めが展開している。その地の好都合さは生活道路に面しており，澱粉工場や蒸留所の立地計画にとても適しているからである。加えて土の性質が素晴らしい。購入価格は920ターレルないし1,050ドルで，500ターレルは即金で，残りは1年以内に支払うことになっている，と。

　しかし，農場主としてのリストの前途は，決して楽観を許すものではなかった。否，むしろ彼の農場経営は明らかに失敗した，といえる。というのも，いくら彼が熱心に農場経営に励んだとしても，これまでの経歴が示すように，彼には農場での激しい労働の連続に耐えられるものではなかったからである。加えて，農場購入の時期が11月だったことから，冬が間近に迫っており，最初の収穫を迎えるにはしばらく時間が必要であった。しかも当然のことながら，彼には農業の専門的な知識が不足しており，また移住者に典型的な近所づきあいの悪さから，近隣の人びとの援助を受ける機会もなかった。そのため，最初の意気込みとは違って，リストはしばらくすると，農場経営に対する情熱を完全に失ってしまったのであった。1826年3月初旬に書かれたラファイエット

将軍への手紙（草稿）の中で，彼は，つぎのように書いている。「私の近況ですが，私は家族とともに嘆かわしい冬を過ごしました。私たちは，助言と実際をもって私たちを助けてくれる人物に出会うことがなかったのです。私は，営業面にも活路を見出すことができませんでしたので，目下の生活費の高騰の中で10ヶ月近くのうちに持参した元手の3分の1を使い果たしてしまいました。すべてを使い切らないうちにと思って私は，ハリスバーグ近郊にわずかな土地を購入しました。そこで私は，自分の手で畑を耕し，憩うときに飲むつもりで火酒をつくりました。私がまだやっていけるかどうかは，天のみぞ知ることです。しかし私は，自分の悲劇的なできごとを勇気と威厳をもって耐えることを知っています」[13]と。

　こうして農場経営に挫折したリストは，自分の性向にふさわしい領域で新たな生活の糧を得ることを決意し，間もなくその機会を得ることに成功した。1826年の中頃，彼は，ハリスバーグとフィラデルフィアの中間にある町レディングで，ドイツ語の週刊紙『レディング・アドラー（Reading Adler）』の編集の仕事を見つけることができたのである。それとともに彼は，ハリスバーグの農場を離れ（売却できたのは1834年になってからのことである――筆者），1830年まで住むことになるレディングの町に，家族を連れて移っていったのである。このレディングの町はその頃，約5,000人の人口を数えていた。彼らの多くは，シュヴァーベン地方（リストの生誕の地ロイトリンゲン市もその中に含まれる――筆者）やヘッセン地方出身のドイツ系移民であった。この地には，小さな町を囲んで広範囲に豊かな農地が続いていた。

　『レディング・アドラー』紙は，アメリカでもっとも古くから，またもっともよく読まれたドイツ語の週刊紙であった。それは1796年に創刊され，1823年からはジョン・リッターという印刷業者の所有になった。彼は十分な学校教育を受けていなかったが，教養のある有能な事業家であった。そのこともあって彼は，1834年から47年まで連邦議会の議員をつとめた。勤勉で機敏でもあった彼は，自分の新聞をペンシルヴァニアの他の地域でも影響力のあるものにすることを考えていた。実際，読者からも無類の信頼を寄せられていたので，

この新聞は俗に「バークシャー州の聖書」とも呼ばれ，とりわけドイツ系ペンシルヴァニア人には大きな影響力を与えていた。ちなみに，リストがこの『レディング・アドラー』紙の編集を引き受けたときには，新聞の予約購読者はおよそ2,500人であった。したがってこの新聞は，リストによれば，「ペンシルヴァニアでは最高に収益を上げるもの」[14]であった。彼は編集者として，年収700ドルの報酬を得た。『レディング・アドラー』紙は，週に1回4ページ建てで発行されていた。1ページ目と3ページ目に内外の短い記事やその時々の論説が掲載されていた。年間購読料は1ドルであった。

　『レディング・アドラー』紙の新たな主筆の名はとくに告げられてなかったにもかかわらず，リストの自筆原稿は，「ニュースの選択とその叙述ならびにその文体において，明らかになにかを感じ」させたのであった[15]。主筆の名が伏せられたことについて，ウィリアム・ノッツは，つぎのように推理した。「所有者はそのことによって，自分の面目のよもやの失墜を懸念した」[16]と。したがって，リストが主筆をつとめていたほぼ4年間を通じて，彼の名前は，コラム欄に3回だけ登場したにすぎなかった。美しいザクセンの織物を売りに出す広告に署名入りで2回，それに1829年1月8日，現職の大統領アンドリュー・ジャクソンをレディングのホテルに迎え，それを祝して述べた乾杯の祝辞の筆者としての1回だけである。その祝辞の中でリストは，ジャクソン大統領を「祖国の救世主」と讃えていた。その一方でリストは，『レディング・アドラー』紙の編集者として生き生きとした新聞報道を展開した。最初のうち彼は，とりわけ経済問題に報道の矛先を向けていたが，次第にアメリカ政治の時事的な問題にその矛先を転じるようになった。彼がとくに長期に連載したものは，ペンシルヴァニアにおけるブドウ栽培，生糸およびタバコという新しい事業の展開，そしてアメリカ製造業での賃金事情についてであった。しかも，この連載記事を書くにあたっては，彼の本領が十分に発揮された。勤勉で熱心な仕事ぶりだけではなく，取材に際しても実践的な観察に終始し，その結果を巧みに組み合わせながら，読者の気持ちをワクワクさせるような，しかも分かりやすい文体で，国内産業の発展に彼らの関心を惹きつけるように努力したので

あった。

　リストがジャーナリストとしての自分の本分をどのように考えていたのかについては，ノッツのメモにしっかりと書きとどめられている。それによれば，リストは，つぎのように語った。「一般的な場合においてと同様，この特殊な場合においても，私たちは自分たちの職責に誇りをもっている。私たちは，自分たちの新聞に一時しのぎの興味をもってもらうなり，外見上での啓発や面白みを提供するために，ぼんやりとした彼方に幻想を抱かせたり，その幻想を読者には実体であるかのように吹聴することは，決してしないだろう。いたずらに歓喜にひたろうと努力することが，最初から無駄な骨折りであることが分かっていても，そのことには無頓着でありたい。しかし，そのことに比べたら，十分な調査ののちに，その有用性が分かった新たな企図を心おきなく語ることに，私たちは迷うことはない」[17]と。こうした姿勢に貫かれ，しかも読者の気持ちを引き立たせるような記事を書き続けるリストのお陰で，『レディング・アドラー』紙の新聞としての評価をますます高め，彼が編集を引き受けてから予約購読者の数も増え，当初の 2,500 人から約 3,600 人へと大幅に増大したのである。ちなみに，すでに見たように，レディングの町の人口がその当時，約 5,000 人であったことを考えれば，周辺各地に読者層を広げたとはいえ，その数字は驚異的であった。

　ところで，1825 年頃，バークシャー郡の隣のシャイキル郡では投機熱が繰り広げられていた。ポッツヴィルで大量の石炭算出が見込まれ，多くの冒険家や一攫千金を夢見る人びとの気持ちを引きつけていた。リストのように，絶えず周囲の動きに注意深い観察を続けている者にとっては，この不思議な魅力から目を離すことができなかった。そして，案の定リストも，レディングから約 60 マイル離れたポッツヴィルに出かけていき，石炭の鉱脈が北東方向に延びているのを確かめた。そして，その鉱脈の流れを追ってシャイキル川の第 2 の源流であるリトル・シャイキルにまでいたった。そこで彼は，豊富な無煙炭の層を発見したのであった。その炭鉱は，ポッツヴィルの産出量をはるかに超えるものであることが判明する一方で，その近くには販路となるフィラデルフィ

ア市が控えていることもあって，これ以上の好都合な場所はほかになかった。そして，さらに調査を進めていくと，その近くのマハノイ渓谷にもかなりの鉱床のあることが分かった。両方とも，当時はまったく手つかずのブルー・マウンテンの荒れ地にあった。1833 年，発見された鉱床の有望性について，リストは，つぎのように語った。「この鉱脈は，現在知られているもののうちで埋蔵量がもっとも豊かである。タマクァにはほとんど垂直な 50 の層があり，そのうち最大で 50 フィート，最小でも 8 フィートのものがある。鏡のような水面からの高さは 900 フィートで，これまでに 100 フィートほど掘り下げたが，その深さは計り知れなかった」[18]と。

　しかし，リスト本来の先見性が発揮されるのは，これからであった。それに関連して参考までに紹介すると，世界で最初の蒸気動力の鉄道路線がストックトンからダーリングトンの区間に開通したのは，1825 年であった。したがって，北アメリカでは当時，鉄道というものがまだ伝え聞きにしか知られていなかったはずである。そのことを思えば，鉱脈の発見後にタマクァから 22 マイル離れたポート・クリントンまでの鉄道を建設するという構想をリストがもったということは，窮余の一策であったとはいえ，彼本来の先見性が発揮されたとしか考えられない。それは，鉄道で運んだ石炭をシャイキル運河に面するポート・クリントンで船に積み替え，水路を使ってフィラデルフィアに輸送するというものであった。したがって，両地域のあいだにある山の背や大きな岩塊で一面が覆われた山河も，確たる決意で計画に取り組むリストの思いをとどまらせることはできなかった。

　彼は土地所有者に連絡をつけ，5 年以内に鉄道建設が完了することを約束した。そのために彼は，ハリスバーグに残していた自分の土地の半分を有利な条件で売却する準備に入った。というのも，この地はその後の開発が進んだこともあって，リストが購入した頃とは値に格段の違いがあったからであった。さらに彼は，計画を円滑に進めるために，ペンシルヴァニア知事の従弟であるアイザック・ヒースター博士をメンバーに加えた。彼らによる鉄道用地の買収は，鉄道建設のために一定の土地を売却したあとでも，自分たちに残された土

地の値が釣りあがることは間違いない，と土地所有者たちが確信し喜んで協力してくれたこともあって，予定通りに進んだ。こうしてリストとヒースターは計画通りに，「将来の発展が見込まれる鉱山業のために特別の価値のあった1万エーカーの石炭地帯と1万7,000エーカーの森林地帯の購入に加えて，ポート・クリントンとフィラデルフィアに輸送施設のために必要な土地を購入することに成功した」[19]のである。

　とはいえ，これはあくまでも，窮余の一策でしかなかった。というのも，当初のうちリストとヒースターは，別の計画を考えていたからである。つまり彼らは，1825年に創業され，ペンシルヴァニア州議会から1826年2月20日にタマクァからポート・クリントンまでの運河建設の許可証を得ていたシャイキル・イースト・ブランチ運河会社に，運河建設の着工を期待して相談をもち掛けてみたのであった。しかし会社は，運河建設のために必要な資金の調達が進まないので，難色を示した。そこで，リストは当初の計画に代えて，同じ区間に鉄道を建設するという提案を，自分からもち掛けることになった。シャイキル・イースト・ブランチ運河会社にとってはまったく思いもかけない提案であったろうが，確信に満ちたリストの説得にあって会社は，鉄道建設の許可を州議会に申請し，1828年4月14日に許可証を取得することができたのである。そして，この時から，リストとヒースターは，鉄道建設計画への融資を得るために奔走することになる。つまり，「財政支援を求めて彼らは，14ヶ月で，ほぼ3,000マイルも走破した」のである。そして，「言語に絶する苦労」の末に，ついに彼らは，フィラデルフィアのブローカーであるトーマス・ビドル・アンド・カンパニーからの資金調達の目途を立てることができたのであった。

　1829年4月23日，リストとヒースターは，他の若干の共同出資者とともに，リトル・シャイキル海運・鉄道・石炭会社を立ち上げ，鉄道建設はスタートすることになった。そして，そのための資金だけで70万ドルが用意された。ちなみに，1829年以前には，ペンシルヴァニアにも合衆国の他の州にも，これほどの長い鉄路は存在しなかった。1809年に，トーマス・ライバーはペンシルヴァニアで，採石場からの石を運び出すために最初の軌道区間を建設した。

1816 年から 1818 年にかけて石炭産業の振興のために，さらに 2 つの鉄路が建設された。ついで 1827 年に全長で 9 マイルの鉄路の建設が続き，1828 年にはほぼ 1 マイルの，そして 1829 年には約 4 マイルの鉄路建設が続いた。しかし，これらすべては鉄路の建設だけであって，その上を走る車両を動かしていたのは石炭労働者，つまり人力だったのである。これに対して，リストとヒースターは，これらの先駆的な試みに負うところが大きかったとはいえ，とりわけリストは，この鉄路の上を走る車両を人力や役畜の力ではなく蒸気機関車で動かすという目標を，最初から追求していたのであった。しかし，そうした目標追求とは別に，リストとヒースターは，鉄道建設のための有能な技術者を探し出すことにも努力しなければならなかった。その努力の甲斐もあって，リストは，モンクルー・ロビンソンという 27 歳の若い技術者を見出すことに成功したのであった。その彼の指揮の下で，最初の鍬入れが 1830 年 6 月 1 日におこなわれ，1831 年 11 月 18 日に全長 22 マイルの区間がすべて開通した。しかし，当初の軌道は薄い鉄板が打ち付けられた木製のものであり，動力こそ人力でなかったが，石炭車両はラバや馬によって牽引されていた。1833 年の冬にはじめて，リストとロビンソンがリヴァプールで注文した 2 両の機関車「コメット」と「カタウィッサ」が，フィラデルフィアに到着した。そして，この「コメット」と「カタウィッサ」は，定期的に石炭を輸送する合衆国で最初の機関車となったのである。

3．『アメリカ経済綱要』

すでに見たように，ラファイエット将軍とともに 3 ヶ月におよぶアメリカ周遊の旅をおこなった際に，リストは，ペンシルヴァニアの製造業・機械工業振興会の指導的な人物たちとも面識を得た。そして，彼らは同時に，ペンシルヴァニアの企業家たちを代表する人びとであり，その中心的な人物がマテュー・キャレイとチャールズ・ジリッド・インガーソルであった。ちなみに，この 2 人は，アメリカにおける保護関税運動の推進者とも見なされていた。このう

ち，同協会の副会長であったインガーソルは，『レディング・アドラー』紙の編集者となってレディングの町に腰を落ち着けることになったリストに対して，積極的に接触を求めてきた。というのも，保護関税運動の推進者であった彼は，1816 年以来数度にわたってアメリカ議会で国民的な論争となった関税制度の是非をめぐる問題に関連して，その理論的支柱とされたアダム・スミスやジャン・バプティスト・セーの自由貿易論に対して，リストがアメリカ国民経済にふさわしい経済政策論，つまり保護貿易論を対置してくれることを期待したからであった。こうした期待に対して，リストは，経済学の概要にかんする自分の見解を「インガーソル宛の 12 通の書信」の中で述べるという形で，応じたのであった。その後，これらの「書信」は，インガーソルを通じてフィラデルフィアの一流の日刊紙『ナショナル・ガセット』紙の編集者に供覧された結果，「アメリカ制度」という表題で同紙に掲載されることになった。また連載の終了後，これらの「書信」は，1827 年 12 月に同じ表題の冊子にまとめられた。それとは別に，ペンシルヴァニア製造業・機械工業振興会もその後にこれらの「書信」をまとめ，今度は『アメリカ経済学綱要』と表題を改めた冊子を発行している。

　冊子は，2 つの部分からなっており，第 1 部は「第 1 信」から「第 8 信」までとなっていて，『ナショナル・ガセット』紙の編集者に宛てたインガーソルの，つぎのような好意的な文章が付された。すなわち，

　「『ナショナル・ガセット』紙編集者殿
　　同封した私宛の書信の差出人であるリスト教授は，尊敬すべき人格をもった人物です。彼は政治的な迫害によってドイツから追放され，この国を自分の故郷とすることを望んでいます。数年間，ヴュルテンベルク王国のテュービンゲン大学で経済学の教授をつとめたのち，彼はドイツの国民経済制度の樹立を目指すドイツ商人・製造業者協会の顧問に選出されました。その資格で彼はドイツの各宮廷を歴訪し，また 1820 年のウィーンでのドイツ閣僚会議にも出席しました。その後，彼はヴュルテンベルク王国

の代議院のメンバーに選ばれ，そこを足場に彼は，陪審裁判と刑事上および民事上の係争にかんする裁判記録の公開を，法律によって実施しようとしました。彼の改革プランが政府にとって好ましくないものと判明したので，リスト氏は，国家反逆罪の罪に問われて投獄されました。数年間の訴訟追及を受けたのちに彼は，学術旅行でアメリカ合衆国に渡航する旅券を交付されてその国を退去することがやっと認められ，2年ほど前に当地にやって来ました。ラファイエット将軍はその紹介状の中で，彼のことを迫害された愛国者であり学者であると述べて，熱心に推挙しています。

　彼は現在，この州のレディングに住んでおり，ドイツの教授時代に彼は，経済学の原理を研究・講義していました。先日のハリスバーグ会議が彼の注目を引くところとなり，彼はみずから進んで私に一連の書信を送ってきました。

　これらを公開の用に資するためにあなたに提供するにあたって，私は，大いに興味がありこれまでもたびたび議論されてきた問題についての彼の知見を知らしめることが，彼を受け入れた国への貢献となるという，彼の要望に沿うものであると考えます。あなたの記者たちの中には多分，リスト教授を自分たちの記事に対する立派な敵対者と見なす人もいるかと思いますが，そういう場合にあっても彼は，自分の見解に対する率直でとてもよく考えられた論駁があれば，それは公的な報道のためにはまだ十分に煮詰まっていない問題を公平に議論する機会になるとして，喜んで受け入れることをあなたに確約することを，私に請け合いました。

敬具
C. G. インガーソル」[20]

と。

　ついで第2部は，「第9信」から「第11信」までで，「アメリカ経済学の概略への補遺」とされていた。そして，「第12信」は印刷されなかった。その理由は，これまで明らかではなかったが，1827年12月14日にペンシルヴァニア協会の事務局長レッドウッド・フィッシャーがリスト宛に差し出した手紙に

第9章 F.リストと『アメリカ経済学綱要』 229

よって，今日では明らかになっている。その中で書かれていることは，つぎの通りである。「インガーソル氏と私は互いに語り合い，後半の三つの書信を前書きなしで公刊することを決意しました。全力を挙げてあなたに奉仕することが私たちにとっての大いなる喜びであることを，あなたが確認してくれるのであれば，私たち両名が考えたことは，あなたの書信がその内容を十分に物語っているし，前書きの必要はないだろうということです。私たちが第12信を公刊しなかった理由は，政治的な性格からです」[21]と。つまり，リストの「第12信」が公刊されなかったのは，インガーソルとフィッシャーがその内容を協議した上で，ある種の「政治的な」判断がなされたからだ，というのである。これに関連して，ヴェントラー氏は，ここでいわれている「政治的な性格」を，つぎのように推理している。「この文面から明らかなことは，インガーソルが最初の8つの書信については内容的には同意したが，続く3つには一定の留保を付したということである。そのことが明らかになったのは，私たちが概略にせよ，『綱要』のもっとも重要な考えをまとめたときである」[22]と。したがって，ヴェントラー氏による推理の妥当性を考える上でも，まず『アメリカ経済学綱要』の「もっとも重要な考えをまとめ」る必要性のあることが分かる。

　さて，『アメリカ経済学綱要』の第1部とされる「第1信」から「第8信」までの概要は，大別すると，つぎのようにまとめることができる。まず「第1信」では，その部分が『アメリカ経済学綱要』の導入部にあたることもあって，リストは，「経済学の構成部分」が「1.個人経済学，2.国民経済学，3.人類経済学」からなることを，明らかにする。その上で彼は，自由貿易論派の理論的支柱とされたアダム・スミスが「個人経済学と人類経済学」しか論じていないことを，批判する。したがって，「第2信」では当然に，「国民経済学」とはなにかが問題となる。続いて「第3信」では，この「国民経済学」の立場から，自由貿易の是非が論じられることになる。さらに「第4信」では，あらためて「経済学の対象」が問題とされ，それが「生産力（productive power）」を対象とすることが明らかにされるのであった。そして，以上の論述を踏まえて，「第5信」では国民経済学，すなわち「政治経済学は万民経済学ではない」[23]

ことを,「第6信」では「個人経済学は政治経済学ではない」ことを,「第7信」では再び「第5信」の主題を,「第8信」でも再び「第6信」の主題を論じている。そして,ここまでの「書信」の部分に対して,すでに見たインガーソルの好意的な文章,つまり「前書き」が付されていたのであった。そこで以下では,各「書信」の内容を個別的に見ていくことにする。

「第1信」は,つぎのような書き出しからはじまっている。「あなたの要請を光栄に思い,私はただちにそれに応じようとしましたが,ちょっとした病気のために中断されてしまいました。健康も回復しましたので,私は取り急ぎ,経済学にかんする私の考察の結果をあなたにお知らせすることにします。それは多年にわたる研究の成果であるだけでなく,ドイツの国民経済制度の樹立を目指したドイツ製造業者協会の顧問としての私の資格で,長年にわたって続けられてきた実践の成果でもあります」[24]と。ドイツにおけるこれまでのリストがそうであったように,ここでも彼は,「経済学にかんする私の考察の結果」が「多年にわたる研究の成果」であることを明らかにする一方で,「長年にわたって続けられてきた実践の成果」でもあることを明言するのである。つまり,それがたんなる思考の産物ではなく,自分自身の皮膚感覚にもとづいて考えられた結果であることを,彼は強調するのであった。

その上で彼は,つぎのようにいう。「研究の結果,私は経済学の構成部分が,1.個人経済学(Individual economy),2.国民経済学(National economy),3.人類経済学(Economy of mankind)であることが分かりました。アダム・スミスは個人経済学と人類経済学を論じています」。しかし,「アダム・スミスが論じているように,個人経済学と人類経済学は,個人が他の諸個人とともに,どのようにして社会において富を生産し増大し消費するか,また人類の産業や富が個人の産業や富にどのような影響を与えるか,ということを教えるものです」。これに対して,「国民経済学は,外国の干渉や外国の力をはねのけたり,あるいは国内生産力を増大させるために,特殊な状況におかれた一国民(nation)がどのようにして個人の経済を指導したり調整したり人類の経済を制限するか,ということを教えるものです。——いいかえるならば,世界の中でもっと

も強力でもっとも富裕かつもっとも完全な国民のひとつになるために，国民の福祉の障害とならないかぎりで諸個人と人類の経済を制限しながら，世界全体におよぶ適法の国が存在しない中で，一国民が自分自身の世界をどのように創造していくか，ということを教えるものです」。したがって，アダム・スミスは「さまざまな国民の力，政体，困窮および文化の違いを考慮に入れていない」[25]のである，と。つまり，リストによれば，社会を舞台にして諸個人が繰り広げる生産と消費の全体構造を解明するのが「個人経済学」であり，その社会の枠を超えて地球レベルで展開する世界経済が諸個人の生産と消費に与える影響を明らかにするのが「人類経済学」である，ということになる。したがって，そこでは「力，政体，困窮および文化の違い」によって「特殊な状況におかれた一国民」の問題は，視野に入らない。すなわち，「国民経済学」が不在だ，ということになる。

　これを受けて，「第2信」では，この「国民経済学」が問題となる。彼はいう。「この学問を完全なものにするためには，国民経済学の諸原理をつけ加えなければなりません。国民経済という観念が生じるのは，国民という観念にともなうことです。国民とは，個人と人類のあいだの媒介物であり，個人とは独立した団体のことです。それは，共通の政府や共通の法律・権利・慣習・利害・共通の歴史および名誉，自分たちの権利・財産・生命に対する共通の防衛・安全意識をもち，他の独立した諸団体との関係では，みずからの利害の指示にのみしたがう自由で独立したひとつの団体を構成するものです。またそれは，その内部においては可能なかぎりでの共通の福祉を，他の諸国民との関係では可能なかぎりでの安全を生み出すために，構成員である諸個人の利害を調整する力をもっています。このような団体の経済は，個人経済や万民経済のように，たんに富だけを追求するのではなく，力と富を追い求めます。というのも，国民の力が国民の富によって増進され確保されるのと同様に，国民の富は国民の力によって増進され確保されるからです」。したがって，「諸個人がとても豊かであっても，国民が彼らを保護する力をもたなければ，国民も諸個人も，これまでに蓄積した富・権利・自由・独立をたちまちのうちに失ってしま

うでしょう」[26]と。

　こうして「国民経済」における「力と富」の重要性を語ったリストは，続いてつぎのようにいう。「力が富を安全なものし富が力を増大させるように，富や力は国内での農業・商業・工業が調和した状態にあることによって等しく利益を享受します。この調和がなければ，国民は決して強力でも富裕でもありません。たんなる農業国は，その供給だけでなく市場の面でも，外国の法律・外国の好意または悪意に左右されるものです。さらに工業は技術・科学・熟練を育成するものであり，力や富の源泉です。たんなる農業国民は，いつまでも貧困の状態から脱することができません（このことは，セー自身も述べています）。そして売るべきものも多くなく，また買うべきものも少ない貧乏国民は，決して商業を盛んにすることができません。というのも，商業は買ったり売ったりすることだからです」[27]と。「国民経済」における「力と富」の重要性を説いたリストは，ここでは，さらに歩を進めて，そのためには「国内での農業・商業・工業が調和した状態にあること」が必要である，という。こうして，彼がいう「国民経済学」は，1819 年 4 月 14 日の『フランクフルト奏上書』で彼が展開した経済理論，「国内市場形成の理論」に接続することになった。そして，この「国内市場形成の理論」が，彼の自治・分権思想と密接な関連をもって展開されていたことについては，すでに見た。

　この点に関連して，『フランクフルト奏上書』段階では明確でなかったものが浮上してくる。それは，「国内での農業・商業・工業が調和した状態にあること」が，国民や諸個人の「これまでに蓄積した富・権利・自由・独立」と結びつけて理解されていることである。この点で，とりわけ国民や諸個人の「自由と独立」に注目しながら，リストが「国内市場形成の理論」を展開する上で，「スミスの理論」を踏まえていたことを想起すれば，つぎのようなスミスの考え方を継承していることが十分に予想される。すなわち，スミスはいう。「第一に，都市は，農村の原生産物をいつでも売ることのできる一大市場を提供することによって，農村の耕作と，よりいっそうの改良とを振興した」。また「第二に，……（都市の——引用者）商人たちは，通例，田舎の地主になるこ

とを熱望しており，そしてひとたび地主になると，彼らは一般にもっともすぐれた改良家となるのである」。しかし，それに比べて「根っからの田舎の地主は，貨幣を主として，浪費に使うことに慣れている」のであった。そして，「最後に第三として，従来ほとんどつねに隣人とは戦闘状態にあり，領主に対しては奴隷的従属状態におかれて暮らしていた農村住民のあいだに，商業と製造業は徐々に秩序と善政をもたらし，それとともに個人の自由と安全をも，もたらした。この点は，ほとんど注意されていないのだが，商工業がもたらした諸結果の中で，もっとも重要なものである」[28]と。ここでスミスは，都市の発達が農村における耕作・意識・生活面での改良，つまりは農村の近代化を促がすのであり，それによって都市部だけでなく農村部でも自由な諸個人の形成が可能になってくることを語っており，その考え方をリストも継承しているのであった。そして，この考え方はのちに，リストの「国民を育成する原理（工業優位の思想）」として，あらためて登場することになる。

　また，「国内での農業・商業・工業が調和した状態」に関連して，リストがつぎのような指摘をおこなっていることに，注目する必要があるだろう。「誰もこれらの真理を否定することができません。しかし政府に国民的産業の3つの構成部分を調和させるために個人の産業を制限する権利があるかどうかは，大いに疑問です。ついで，政府がこの調和を法律や制限でうまく果たせるか，あるいはもたらす力があるかは，疑問です。国民の富や力を増進させる手立てがあればどんなことでも手助け（promote）することは，その目的が諸個人によって達成しにくいものなので，当然に政府の権利であるだけでなく義務でもあります」[29]と。国民を構成する諸個人が「国民の富や力を増進させる」ために，「国民的産業の三つの構成部分」，つまり農業・商業・工業の分野で主体的に力を発揮することに対して，政府はあくまでも「手助け」の立場でしかないことを，リストは強調する。市民的自由を擁護する立場にある彼から見れば，当然のことであろう。したがって，彼はいう。「保護政策の良し悪しについていえば，それが有効であるかどうかはまさに国民の状態に関係していると思います」[30]と。その上で彼は，つぎのような具体例をあげて説明する。「保護関税

をスペインにおいて採用するならば，スペイン国民が維持してきた零細な工業を滅ぼすでしょう」。また，「メキシコや南部共和国が現在の状態で工業主義に固執すれば，これまた同様の愚策を講ずることになりましょう」。実際，「この合衆国でさえ，植民地から脱して独立国になったあとも，しばらくのあいだは経済的隷属を続けてその存立を図ってきたのです」[31]と。その最終目標を，「国内での農業・商業・工業が調和した状態」に求めていることからも明らかなように，ここにはすでに，リストの「経済発展段階説」に連なる考え方が，示されているのであった。

　「第3信」になると，以上の論述を踏まえて，いよいよ自由貿易の是非が取り上げられることになる。それに先立って，リストは，自分とスミスをはじめとした自由貿易論者との関係について，言及する。「それゆえ，セー氏の反対者である私が無学者のうちでも比較的ましな部類に入ることを知ったのですが，私はつぎのことを述べる必要があると思います。すなわち，長年にわたって私は，スミスとセーのとても忠実な門下生であっただけでなく，この絶対確実なる学説を教えることにとても熱心な教師でもありました。しかも私たちの著作だけでなくイギリス，ドイツ，フランスにおける彼らのもっとも優秀な門下生たちのそれをもかなり熱心に忍耐強く，私は学んできました。そして成年に達するまで，私は転向することがなかったのです」[32]と。つまり，「成年に達するまで」の自分こそは忠実な自由貿易論者であり，なんらの疑いをもつこともなく，その後もきちんと勉強を積み重ねてきた，とリストはいうのである。

　続いて彼は，自分が「転向する」ことになった契機について語る。「それから私は，母国においていわゆる大陸制度（the continental system）というものの驚くべき効果およびナポレオン失脚後のいわゆる貿易の反動というものの破滅的な結果を見ました。ドイツの産業はイギリスの競争に対してのみ保護を受け，しかもフランス――フランスの国境はドイツの産業に対しては閉ざされていましたが――の競争にさらされていましたので，大陸制度によっては部分的にしか保護されていたにすぎませんが，その間に製造業の各部門だけでなく農

業の全部門において目覚しい進歩をとげました」[33]と。つまり，不完全なもの
であったとはいえ，ナポレオンによる大陸制度によって安価なイギリス商品が
ドイツに流入することが妨げられたために，結果としてドイツの産業が保護さ
れることになり，製造業部門だけでなく農業部門でも「目覚しい進歩」が達成
されたのであった。

　それに比べて，「大陸制度の撤廃されたあとは，すなわち国民が製造するよ
りもはるかに安くイギリス商品を手に入れるようになってからは，製造工業は
不振に陥りました。はじめのうち，農業家や貴族の土地所有者，とりわけ羊毛
をイギリスにとんでもない高値で売り渡す牧羊家は，安値でものが買えること
を喜んでいました。しかしイギリス人は，自分たちの工業のためにドイツ市場
を獲得すると，ただちに穀物条例や羊毛条例によって自分たちの地主を保護し
ました」。そのために，「工業家はいうにおよばず，牧羊家も農業家も没落し，
今日ではこれまで高値の自国製品で享受することができた安値のイギリス商品
の３分の１も手に入れることができないのです」[34]と。つまり，大陸制度（ド
イツの産業にとっての保護措置）が撤廃され，自由貿易の波がドイツを襲うこと
によって，ドイツの産業が壊滅的な打撃を与えられた，というのである。

　したがって，「これらの結果を熟考して見ますと，まず，これまでの理論の
絶対確実性が疑わしいものになります」。つまり，「医学上の理論がどんなに巧
妙に生み出され明白な真理によって裏打ちされていようとも，それにしたがっ
た人の命を損なうものであるならば，その理論は，根本的に間違っているに違
いありません。それと同様に，経済学の体系も，一般の人々がそれから期待し
ていることと正反対の結果をもたらすようであれば，その体系は，根本的に間
違っているに相違ありません。このような信念にもとづいて，私は，公然とこ
の理論の信奉者に敵対しました」[35]と。そして，ドイツでのその成果が，1819
年４月14日の「ドイツ商人・製造業者協会」の結成であり，リストが起草し
た『フランクフルト奏上書』であったことは，すでに見た。

　ここで，リストは話題を転換して，自分がかつて「スミスやセーのとても忠
実な門下生」であったことにも関連するが，スミスの果たした役割を「時代の

要請」という視点から，つぎのように語る。「学界は経済学の体系を要望しており，そしてスミス氏のそれが当時の最上のものでした。それは万民主議（cosmopolitism）の精神が命ずるところにしたがい，その体系のあらわれた万民主義の時代の要請に応えていました。世界全体に広がる自由・永久平和・自然権・全人類の連合などは，当時の哲学者や博愛主義者たちのお気に入りの題目でした。世界全体に広がる自由貿易は，これらの体系と完全に一致していました」[36]と。つまり，スミスは，「万民主義の時代の要請に応えて」彼の「経済学の体系」を展開したのであり，それが自由貿易の理論であった，とリストはいうのである。

　そして，続けていう。「しかし世界はアダム・スミスの時代以来，経験の点でも知識の点でも驚くべき進歩をとげています。スミスと私たちとのあいだには，アメリカ革命とフランス革命とがあります——イギリスの海上制覇，フランスのヨーロッパ大陸制覇，フランスにおける旧王制の再興，神聖同盟，南アメリカ共和国の解放があります。そして新しい政体と，公共の福祉や自由についての新しい観念をもった国民が登場してきています——。この国民は，どんな政治的な出来事をも広くかつ自由に議論することによって，真実と虚偽，幻想的な学説と明確な知覚，万民主義的原理と政治的原理，言論と行動とを区別することを学んできました」[37]。したがって，「自由貿易制度というような万民主義的制度は，いまだ実施の時期に達していないように思われます。さしあたり，ナポレオンの社会制度かイギリスの社会制度か，それとも合衆国の社会制度か，そのいずれが世界の優位を占めることになるかを決定しなければなりません」[38]と。つまり，万民主義の時代に代わって国民主義の時代を迎えた今日では，各国民がどのような社会制度を選択するかが「時代の請請」となっており，したがって「自由貿易制度というような万民主義的制度」の選択は時期尚早である，とリストはいうのである。

　こうして「第4信」になると，再び「国民経済学」が取り上げられることになる。そこでの主題は，「経済学の対象」であった。リストはいう。「これらの理論家が万民主義的原理を政治的原理と混同したように，彼らは経済学の対象

第9章　F.リストと『アメリカ経済学綱要』　237

をまったく誤って理解していたのです。この対象は，個人経済学や万民経済学（cosmopolitan economy），とくに商人の交易のように物々交換をして物を得ることではない。それは，他国民との交換によって生産力および政治力（productive and political power）を得るか，またはその交換を制限することによって生産力および政治力の低下を避けることです。それゆえに，彼らは生産力を取り上げるのではなく，もっぱら物の交換の意義を取り上げています。そして彼らは，一国民の生産力とその浮沈の原因をその研究の主たる対象としなかったので，生産力の各構成部分の真の意義も，物の交換の真の意義も，また物の消費の真の意義も分かっていません」[39]と。ここでは，「経済学の対象」を正しく理解することに関連して，いくつかの論点がリストによって提起されている。まず，国民経済学に関連しては，一国民が「生産力および政治力」をどのように高めるかが，その対象とされている。この点については，「第2信」で「国民経済学」が取り上げられたときに，「国民経済」における「力と富」の重要性を，リストはすでに語っていた。それがここでは，「生産力と政治力」とに表現をあらためて取り上げられているのであり，内容的には「第2信」で展開されたことの延長線上にあることが分かる。

　ついで，「一国民の生産力とその浮沈の原因」を解明することに，リストは歩を進める。「彼らによれば，一国民の人びとの産業は資本の額，すなわち生産された物のストックによって制限されます。彼らは，この資本の生産性が自然の与える資源や知的および社会的条件に依存していることを，考えませんでした」[40]と。のちの主著『経済学の国民的体系』の中で展開される「生産諸力の理論」で，リストは，「国民的生産力」という観念を用いるが，ここにはすでにそうした考え方が登場している。つまり，生産力を「国民」というレベルで考えようとしているのである。したがって，続いていう。「この学問において生産された物のストックに対して資本という一般的名称が必要であれば，社会的および知的条件の現在の状態だけでなく自然的な資源の現在のストックに対してもひとつの一般的名称をつくることが，同じく必要です。いいかえれば，自然の資本（a capital of nature），精神の資本（a capital of mind）および生産

された物の資本（a capital of productive matter）があります。——そして一国民の生産諸力は，最後のものだけでなくもっぱら前二者に依存しています」[41]と。つまり，リストによれば，個人経済学や万民経済学は，「一国民の生産力とその浮沈の原因」を産業によって「生産された物」だけに求めてきた。しかし，国民経済学の立場からは，そのほかにも「自然の資本」と「精神の資本」がある，というのであった。ここでいう「自然の資本」が「自然的な資源の現在のストック」を，「精神の資本」が「社会的および知的条件の状態」を意味していることは，おのずと明らかになる。しかも，彼の論述が進む中でさらに，産業によって「生産された物の資本」と「自然の資本」が「物の資本」に統合されていく。すなわち，「一国民の生産力とその浮沈の原因」は，「精神の資本」と「物の資本」の2大要因に求められることになるのである。

　ところで，すでに「第2信」において，リストが「国民経済学」における「力と富」の重要性を語っていたことは，指摘した。そして，その際にそのことは，彼が「国内での農業・商業・工業が調和した状態」を目指していたことと密接不可分なものであったことも，指摘しておいた。しかも同時に，それは，1819年4月14日の『フランクフルト奏上書』で彼が展開した経済理論，「国内市場形成の理論」と同じものであることも見た。したがって，その観点から，以上の論述を通してリストがイメージしていることを，考えてみる必要があろう。まず「物の資本」であるが，それが「自然の資本」と産業によって「生産された物の資本」を統合したものであることは，すでに見た。つまり，この場合のリストは，これらの言葉を通して「国内での農業・商業・工業が調和した状態」，したがってその担い手である農業者，商人および製造業者を核とした国内市場の形成をイメージしていたと考えることができよう。問題となるのは，「精神の資本」である。というのも，『フランクフルト奏上書』段階でのリストは，「あらゆる工業の礎柱」としての農業と「国民的な富に対する……基本的な意義」をもつ工業という基本認識に立脚して，「国内市場形成の理論」を展開しただけで，「精神の資本」についてはまったく言及していなかったからである。

この難問を解決するために，この「精神の資本」について，別の箇所でリストが語っているのを見てみよう。彼はいう。「生産力の比較的大きな部分は，諸個人の知的および社会的条件，すなわち私が精神の資本と呼ぶものに依存しています。かりに，国内で10人の別々の毛織物業者がそれぞれ1,000ドルの資本を所有し，紡ぎ車で羊毛を紡ぐが，とてもみすぼらしい道具しかもたず，染色技術には習熟しておらず，各人が独力で製造し，なにごともすべて自分でやらねばならず，したがって各人の生産量は年間で1,000ドルを超えることがない，とします。いまかりに，これら10人の製造業者たちが自分たちの資本と労働を結合し，紡績機やいっそうすぐれた紡織機を発明し，染色技術を学び，それらに労働を分割し，このようにして毎月1,000ドルのラシャを製造し販売することができる，とします。1万ドルの同じ物質的資本が，これまでは年間1万ドルのラシャを生産するだけであったのに，新たに改善された社会的および知的条件，いいかえれば新たに取得された精神的資本によって10万ドルのラシャを生産します。したがって，目下のところ同じ物の資本をもっている国民も，その社会的および知的条件を改善することで，その生産力を10倍も増進することができます」[42]と。「精神の資本」に関連して，リストがここで語っていることは，スミスとの関連でいえば，『国富論』第1篇第1章「分業について」の中に出てくる「分割と結合」からなる分業システムのことである。

しかし，「精神の資本」についてのリストの説明には，まだ十分に整理されていないものがある。というのも，別の箇所では，「現在の産業・教育・企業心・忍耐力・陸海軍・政府（精神の資本）」[43]としているからである。この叙述に関連するものとして，「第5信」で彼は，少し長くなるが引用すると，つぎのように語っている。「弁護士・医者・伝道者・判事・立法者・行政官・文学者・作家・教師・音楽家・役者，これらの人びとは生産力を増進させるでしょうか？ スペインでは，まったくといっていいほど増進させません。立法者・判事・弁護士は人民を抑圧し，牧師は国のもっと滋養のある部分を貪り食って有害な怠惰心を育成し，教師はあのお荷物的な階級を教えてもっとお荷物的な

ものとするだけであり，音楽家や役者は怠け者に怠惰をもっと快適なものとするだけです。学問でさえも，そこでは有害です。というのも，それは国民の地位を改善しないで悪化させるのに奉仕しているからです。アメリカでは，これらすべてが違っています。これらの人びとの努力が大いに生産力を増進する傾向をもっており，弁護士・立法者・行政官・判事は公共社会の状態を改善し，伝道者・教師・作家・印刷業者は国民の精神および道徳を改善します。まじめな喜びを国民に与えるにすぎないこれらの人びとでさえも，新しい努力のために新しい力を必要とする人びとに楽しみや娯楽を与えるという点において，有益です」[44]と。ここで，リストが語っていることは，スミスとの関連でいえば，『国富論』第2篇第3章「資本の蓄積について，すなわち，生産的労働と不生産的労働について」の中に出てくる「公共社会の使用人」のことである。

　ここで，「精神の資本」が「社会的および知的条件の状態」を意味していたことを思い起こしてみれば，ここで見た「精神の資本」についてのリストの説明は，前者の分業システムが「社会的条件……の状態」に，後者の「公共社会の使用人」が「知的条件の状態」にあたるものとして，分けることができよう。事実，のちの主著『経済学の国民的体系』では，「物質的生産力」のほかに，「精神的生産力」と「制度的生産力」を「国民的生産力」の構成部分としている。したがって，ここでのリストの「精神の資本」論は，それ以前の未分化な状態にあるともいえる。このような確認の上で，「精神の資本」論を通してリストが描いていたイメージを考えてみると，まず「知的条件の状態」からは，農業者・商人・製造業者を核としながら，「公共社会の使用人」も重要な構成員とする自治・分権的な社会像が浮上してくる。ついで，「社会的条件……の状態」からは，この社会の土台を支えるものとしてリストが，社会的な広がりで分業システムが採用されている社会，すなわち分業社会を考えていたことが分かる。これは，のちの「国民的分業」という概念を想起させるものである。

　『アメリカ経済学綱要』は，すでに紹介したように，その第1部は「第8信」までとされ，これまで見てきた「第4信」以後では，それ以前に取り上げた主

題の理解を促進するための再論部分となっている。また，その第2部は，「第9信」から「第11信」までであり，「アメリカ経済学の概略への補遺」とされていた。したがって，これまで見てきた「第1信」から「第4信」までが，『アメリカ経済学綱要』の中で展開されたリストの経済理論の基本的な部分であることが分かる。つまりリストは，「第1信」から「第4信」までを通して，まず「経済学の構成部分」について語り，それが「1．個人経済学，2．国民経済学，3．人類経済学」からなることを明らかにした。その上で，アダム・スミスの経済学には「国民経済学」が不在であることを批判する。しかし，この点に関連して，リストは，スミスの経済学が「万民主義の精神の命ずるところにしたがい，その体系のあらわれた万民主義の時代の要請に応え」たものであったためで，個人経済学と人類経済学としての彼の経済学の評価は不変である，と考えていた。

　ついで，万民主義に代わる国民主義という「時代の要請」に応えるために，リストは，「国民経済学」が必要であると考えた。そして，その国民経済学にあって重要なのは「力と富」であり，より具体的には「国内での農業・商業・工業が調和した状態にある」ことであった。これは，1819年4月14日の『フランクフルト奏上書』で示された経済理論，すなわち「国内市場形成の理論」の延長線上のものであり，こうした国内市場の形成のためには「自由貿易というような万民主義制度」はいまだ時期尚早であるとした。その上で，再び「国民経済学」の問題を取り上げたリストは，「国民的生産力」といった概念をはじめて用いるようになり，その「国民的生産力」の「浮沈の原因」を解明する中で，「物の資本」や「精神の資本」を通して農業者，商人，製造業者を核としながら，これに新たに「公共社会の使用人」を加えた自治・分権社会の構成員を明らかにした。しかも，そうした自治・分権社会の土台を支えるものとして，彼は，分業社会にまで言及するようになったのであった。

　ところで，こうして『アメリカ経済学綱要』の「もっとも重要な考えをまとめ」ることができるようになったところで，ヴェントラー氏がおこなっていた推理に戻ろう。それは，リストの「第12信を公刊しなかった理由は，政治的

な性格からです」というフィッシャーの手紙に関連したものであった。そして，ヴェントラー氏は，ここでいわれている「政治的性格」について，つぎのように推理していた。すなわち，「この文面から明らかなことは，インガーソルが最初の8つの書信について内容的には同意したが，続く3つのものには一定の留保を付したということである。そのことが明らかになったのは，私たちが概略的にせよ，『綱要』のもっとも重要な考えをまとめたときである」と。この点で，すでに見た『アメリカ経済学綱要』の中の「第1信」から「第4信」までで，リストは，見事にインガーソルの期待に応えていたといえよう。「アメリカ経済学の概略への補遺」とされていた「第9信」から「第11信」までの内容に関連して，ヴェントラー氏は，つぎのようにいう。「内容的にはそれほど重要でない第9信，第10信および第11信の中で，リストは，歴史的・同時代的な実例を用いて自分の理論的な解説としている。インガーソルがなぜ，『綱要』の第12信を公刊することを断念したのかは，まだ推測の域を出ていない。それは厳密にいえば，とくに人をひきつけるような政治的章句を含んでいなかった。問題があるとすれば，この書信の最終部分だけであろう」[45]と。

　ちなみに，「第12信」の最終部分は，つぎのように結ばれていた。「アメリカ制度によって最終的に損失をこうむる階級は，イギリスの問屋商人をのぞいて，どこにもいません。アメリカ制度が問題になって以来，私たちが耳にする騒ぎはすべて，こういう方面から起こっています」[46]と。ヴェントラー氏によれば，ここで用いられている「アメリカ制度」という用語は，その当時，現職の大統領ジョン・クィンシー・アダムズの経済政策を特徴づけるものであった，という。しかし，インガーソルたちが支援していたのは，その政治的対抗馬であったアンドリュー・ジャクソンであり，その意味で，「リストの『アメリカ経済学綱要』をアダムズの政治を多分に正当化する用語で終わることは，インガーソルにとって時宜を得たものとは思われなかった」[47]と，ヴェントラー氏は考えるのであった。そうした事情もあってか，1827年12月に『アメリカ制度』として一度は冊子にまとめられたものを，大統領選を有利に戦うために，今度はペンシルヴァニア製造業・機械工業振興会の手で『アメリカ経済学

綱要』と表題も改められ，しかも「第12信」をカットして出版されたのであった。

　ともあれ，そうした政治的な思惑とは別に，リストの『アメリカ経済学綱要』は，1816年以来数度にわたってアメリカ議会で国民的な論争となっていた問題の解決に糸口を与えたこともあって，アメリカ国民のあいだで大変な話題となったのであった。「それは，生き生きと心をひきつける一方で，分かりやすく書かれており，アメリカ人の経済生活からの適切な事例で編み上げられ，経済学の新たな国民的体系の主題を素人にも分かりやすくしたものだった」[48]と。こうした思いはその後も長くもち続けられ，ノーベル経済学賞の受賞者で，アメリカ合衆国における指導的な経済学者で，長期にわたって大統領の助言者の一人であったポール・A.サミュエルソンは，リストを評して，私は著名な一連のアメリカ国民経済学者の中にフリートリッヒ・リストを加える，と語ったといわれている。

1)　Eugen Wendler, Friedrich List, 1789/1989, eine historische Gestalt und Pionier auch im deutsch-amerikanischen Bereich, Moos und Partner 1989. これ以後，この論文で扱うリストにかかわるエピソードについては，ヴェントラー氏の業績に負っている。

2)　Ebenda, S. 38.

3)　Ebenda, S. 39.

4)　List, Werke VIII, S. 319.

5)　Ebenda, S. 49 ff.

6)　F. List, Werke II, S. 67 f.

7)　第5章を参照。

8)　E. Wendler, a. a. O., S. 44.

9)　F. List, Werke II, S. 63.

10)　Ebenda, S. 75.

11)　Ebenda, S. 75.

12)　F. List, Werke I/1, S. 72.

13)　F. List, Werke VIII, S. 337 f.

14)　E. Wendler, a. a. O., S. 66.

15)　Ebenda, S. 66.

16) Ebenda, S. 66.

17) Ebenda, S. 67.

18) F. List, Werke III/1, S. 156.

19) Ebenda, S. 513.

20) F. List, Outlines of American Political Economy. in: Werke II, S. 97 ff. なお，リスト の『アメリカ経済学綱要』については，正木一夫氏による翻訳書『アメリカ経済学 綱要』（未来社，1966年）がある。しかしここでは，それを参考にしながらも，か なりの部分で訳し直している。

21) E. Wendler, a. a. O., S. 79.

22) Ebenda, S. 79.

23) リストは Political Economy を一般に「経済学」総体を示す意味で用いている。 しかしここでは，National Economy という言葉を用いている。したがって，「経済 学」総体を示す用語法と区別するために，Political Economy を「政治経済学」と 訳すことにした。

24) F. List, a. a. O., S. 99.

25) Ebenda, S. 101.

26) Ebenda, S. 104 ff.

27) Ebenda, S. 106.

28) Adam Smith, An Inquiry into the Nature and Causes of Wealth of Nations, Textual Editor, W. B. Todd, Volume 1, 1976. pp. 411-412. 大河内一男監訳『国富論Ⅱ』（中公 文庫）51-52ページ。

29) F. List, a. a. O., S. 106.

30) Ebenda, S. 106.

31) Ebenda, S. 106 ff.

32) Ebenda, S. 109.

33) Ebenda, S. 109.

34) Ebenda, S. 109 ff.

35) Ebenda, S. 110.

36) Ebenda, S. 114.

37) Ebenda, S. 115.

38) Ebenda, S. 115.

39) Ebenda, S. 116.

40) Ebenda, S. 116 ff.

41) Ebenda, S. 117.

42) Ebenda, S. 119.

43) Ebenda, S. 119 ff.

44） Ebenda, S. 126 ff.
45） E. Wendler. a. a. O., S. 83.
46） F. List, a. a. O., S. 156.
47） E. Wendler, a. a. O., S. 83.
48） Ebenda, S. 83.

第10章

F. リストと『経済学の自然的体系』

　ここで取り上げるリストの著書『経済学の自然的体系』（Le systéme naturel d'economie politque, 1837. ドイツ語表記では Das natürliche System der politischen Ökonomie）は，彼の主著である『経済学の国民的体系』（1841）の前段に書かれたものとして，また「体系」という言葉が用いられていることからも，彼の経済思想を「原理的に完成し体系的に総括した最初のもの」[1]として，注目に値するものである。しかし，その一方で，この『経済学の自然的体系』で展開されているリストの経済思想について，その具体的な検討は，なぜか日本ではおこなわれてこなかったのである。それは，主著である『経済学の国民的体系』を見ることによって，リストの経済思想の基本を知ることができたことが大いに関係していたともいえる。しかし，1815年の『ズルツ請願書』以来の自治・分権論者リストの足跡を辿ってきたこれまでの研究経緯から，この『経済学の自然的体系』の具体的な検討を避けて通ることはできない。なお，それに関連してのことであるが，この『経済学の自然的体系』は，執筆の経緯もあってフランス語で書かれたものであった。しかし，この『経済学の自然的体系』が所収されている『リスト著作集』には，フランス語原文のほかにドイツ語の対訳も付されており，ここでの検討・引用などはドイツ語訳に基本的に依拠していることをあらかじめ断っておきたい。

1．この本が書かれるまでの経緯

　さて，不本意な移住とはいえ，1825年にアメリカに向けて旅立ったリストは，当地で農場主になることを目指すが，その試みは見事に失敗した。しかし

その後，彼のジャーナリストとしての才能を見込まれて取り組んだ『レディング・アドラー』紙の編集の仕事で，彼は成功を見ることができた。加えて彼は，当時の石炭投機熱にも関心をもち，幸運にも優良な無煙炭の鉱脈を発見する一方で，それを工業都市フィラデルフィアに搬送するための，当時としては考えもつかなかった鉄道輸送にも成功した。そうしたアメリカでの順風満帆な生活を送りはじめていたリストに対してもち込まれたのが，アメリカ議会で1816年以来国民的な論争になっていた関税制度の是非をめぐる問題への，かつての「ドイツ商人・製造業者協会」の顧問としてのリストの活動を知る人々からの原稿依頼であった。その集大成は今日，『アメリカ経済学綱要』(1827年)として見ることができる。そして，この本は，アメリカ議会で多年のあいだ国民的な論争となっていた関税問題に解決の糸口を与えたものとして，同時にアメリカ国民のあいだにリストの名を一躍知らしめる契機となったものであった[2]。

　リストはもともと，ラファイエット将軍との凱旋行進などを通じて，アメリカ大統領をはじめとした政府高官との面識があった。その後，この『アメリカ経済学綱要』を通じて国民的な著名人となってから，リストはその立場をさらに強化し，当時の大統領ジャクソンとの個人的な親交をも深めることになった。しかも，それにとどまらず，こうした大統領との個人的な親交の立場を利用してリストは，それ以後，「アメリカ領事」として祖国ドイツに戻ることを模索するようになるのであった。1828年10月5日の友人エルンスト・ヴェーバーに宛てた手紙（草稿）の中で，彼は自分の感情を，つぎのように吐露している。「いまの私は，6週間ものあいだ郷愁に執りつかれ，その間はアメリカでの仕事もほとんど手につかなかった。母が気がかりな子供を気遣うように，私は自分の祖国を気遣っている。子供の出来が悪いだけ母の愛情も強くなる。私のあらゆる計画の背後には，ドイツが潜んでいる。——ドイツへの帰還。私がこの地にいて小都市や小国にいらだっているのは本当である」[3]と。そして，この「ドイツへの帰還」の最初の成果は，間もなく結実する。1830年11月8日，連邦上院での承認を条件として，ジャクソン大統領がリストをハンブルク

第10章　F.リストと『経済学の自然的体系』　249

領事に任命したのである。しかし，この任命を受けて11月20日にはヨーロッパに向けて旅立っていたリストにもたらされたのは，1831年2月8日の上院通商委員会で37対60という票差での否決の報であった。このために，すでにヨーロッパの地に足を踏み入れて精力的に各地を歩き回っていたリストではあったが，「一アメリカ人」としてのヨーロッパでの活動に限界を感じ，このときの彼は同年の10月末にはアメリカに戻らざるをえなかったのであった。

　しかし，それに続く2度目のヨーロッパ渡航の機会は，間もなくやってきた。1832年7月13日に上院からも正式に承認されて，リストがバーデン大公国の領事に任命されたからである。このときの彼は，2度とアメリカの地を踏むことを予想していなかったかのように，家族をも同伴して任地へと向かっている。しかも実際に，その後の推移が物語るように，約7年間におよぶリストのアメリカでの生活は，これを契機に終止符を打つことになるのである。ともあれ，バーデン大公国領事になって2年を経過しないうちに，リストは，前任者が死亡していたために空席となっていたザクセン王国の領事に1834年6月30日に任命され，同年の9月29日に承認状が下りたので，ライプツィッヒに赴任することになる。しかし，このザクセン王国領事へのリストの赴任にあたってはこの間，その舞台裏では彼の赴任に対する抵抗が存在していたのであった。まず，ザクセン王国内務省が，ヴュルテンベルクでのリストの有罪判決といわばアメリカへの違法な渡航について，重大な疑念を提起したのである。そこで外務省は，シュトゥットゥガルト駐在のザクセン代理大使を通じてヴュルテンベルク王国に対して，この件についての照会をおこなうことになった。しかし，これに対するヴュルテンベルク王国の外務大臣フォン・ベロールティンゲン伯爵の口頭での回答は，ザクセン王国外務省の意に反して，ヴュルテンベルク政府は案件全体についてもはや関知することを望まず，「ヴュルテンベルクの法執行にあたっての拭いがたい汚点」に対する苦い思いを忘れようとしている[4]，というものであった。したがって，こうした回答を受けたザクセン王国では，リストの領事就任になんら障害はないと判断して承認状を下すとともに，『ライプツィッヒ新聞』の政府広告欄にその旨を掲載することになったの

250

である。

　しかし，こうしたザクセン王国の決定に対して，ドイツ同盟内にあってさらに横槍を入れる者があった。その張本人は，以前からリストを毛嫌いしていたオーストリアの宰相メッテルニッヒであった。彼は，プロイセン政府に協力を仰ぐことを託した電文の中で，リストを「脱獄した受刑者」，「正真正銘のドイツの煽動家」，さらには「とても危険なデマゴーグ」と罵倒した。加えて彼は，つぎのようにいう。「リストは周知のように，ドイツの革命家の中でもっとも活動的で，もっとも抜け目なく，もっとも影響力のある人物である」[5]と。1815 年の『ズルツ請願書』を起草して以来のリストの足跡を追ってきた立場から，こうした一連のメッテルニッヒの言い回しを聞くと，リストに比べてメッテルニッヒのほうが「とても危険なデマゴーグ」と思われるほどに，彼は激しい敵愾心をリストに対して向けるのであった。そして，このような激越な内容の電文が功を奏したのか，プロイセン政府がメッテルニッヒの協力要請に応じたこともあって，ザクセン政府は再びヴュルテンベルク政府に対して，この件についての文章での回答を求めることになった。

　ところが，こうしたザクセン政府の照会に対して，ヴュルテンベルク王国の外務大臣フォン・ベロールディンゲンは，「聞くところによれば，彼がアメリカ共和国に赴くことによって，ヴュルテンベルクから退去する機会を得た」[6]という回答を与えることによって，リストがさらなる刑事罰を免れるために人目を忍んでアメリカに逃れたかのような誤った情報を提供したために，ザクセン代理大使フォン・ヴィルズッヒ自身が笑いものにされるという事態が生じた。そこで，名誉挽回のために付した政府への個人的な書簡の中で，彼は，リストの有罪判決の理由となった『ロイトリンゲン請願書』に関連して，つぎのように述べた。「リストが無分別に振舞ったこと，つまり彼が熱狂的に国家の欠陥を暴いたことは否定できることではなく，また，それゆえに手厳しい訓戒にとにかく値したかもしれないが，不名誉な刑は明らかに良心的な判事の下では受理されなかったような報復的な所業であった。民衆はのちになって，そのことに反対する声を高く掲げ，代議士ウーラントが大臣諸氏の出席した代議院

第 10 章　F. リストと『経済学の自然的体系』　251

の公式の席で，それを法の名による殺人と呼んだのは間もなくことであった」[7]
と。こうしてリストに対する「疑惑」は，ザクセン政府によって解消されたか
に見えたが，メッテルニッヒは頑迷に，その姿勢を崩さなかった。

　そのために，ザクセン政府はリスト自身への尋問を，引き続きみずから継続
しなければならなかった。しかし，その結果は，メッテルニッヒの望むところ
に反したものであった。その任にあたったザクセン政府のフォン・ランゲン
は，内務省に対して，つぎのような報告を上げていた。「ついでだが，リスト
の態度は，話し合いのあいだとても落ち着いて堂々としたものであった」[8]と。
話し合いの中でリストは，自分がヴュルテンベルク政府の了解を得てアメリカ
に移住することができた，という確信を繰り返した。1835 年 3 月 17 日，ヴュ
ルテンベルク王国の外務大臣フォン・ベロールディンゲンは，元教授リストと
その家族にアメリカ移住のための公式の旅券が発給されていたことを，ついに
告白した。これによって，文字通りリストに対する「疑惑」は全面的に解消さ
れたにもかかわらず，メッテルニッヒを中心としたドイツ同盟内でのザクセン
政府に対する政治的圧力は，一向に弱まる気配を見せなかった。そのために，
ザクセン政府も，法にもとづいて執行された不名誉の解消が決して認められな
いのであれば，リストを「永久にこちら側の厳しい監視下におかざるをえな
い」[9]という態度を取らざるをえなくなったのであった。

　したがって，こうしたドイツ同盟の陰湿な政治的な迫害が続く状況の中で
は，ライプツィッヒ駐在のザクセン領事としてのリストの仕事も思ったように
は進展せず，彼はついに，フランスに向かうことを決意する。とはいえ，リス
トはかつての経験から，彼自身の「アメリカ領事」という肩書きを捨てること
まで決意したわけではなく，その肩書きを引き続き維持するためにヨハン・ゴ
ットフリート・フリューーゲル博士を代理人としてライプツィッヒに残して，
1837 年 8 月，彼はその任地を離れることになる。そして，ベルギーを経由し
てパリに到着したのは，10 月のことであった。しかも，その地に到着して間
もなく彼は，フランス社会科学アカデミーが募集していた 2 つの懸賞論文のこ
とを耳にする。論文の提出締切日は，その年の 12 月 31 日であった。この時の

リストは，アメリカに残しておいた会社が投資に失敗して破産しており，その
ためにアメリカからの送金を期待できない状態にあった。したがって，リスト
は躊躇なく，この２つの懸賞論文に応募することを決意した。そして，彼が取
り組んだ２つの懸賞論文のうちの１つのテーマは，つぎのようなものであっ
た。すなわち，「国民が通商の自由を採用するなり，関税立法を変えることを
決意した場合に，もっとも適切な方法で国民的な生産者の利益と多くの消費者
の利益を均等にするために考慮に入れなければならない事実とは，どのような
ものか？」[10]であった。そして，このテーマに答えるためにリストによって書
かれたものが，ここで取り上げることになっている『経済学の自然的体系』
（1837 年）であったのである。

2．これまでのリストの理論的な到達点

　ここで取り上げる『経済学の自然的体系』について，著者であるリスト自身
は，のちの主著『経済学の国民的体系』の中で，つぎのように書いていた。
「私はたくさんの仕事と，いうにいわれぬ不快とによって痛めつけられた健康
を回復するために，1837 年の秋にパリに赴いた。ここで私は，たまたま自由
貿易と貿易制限にかんする懸賞問題が，パリの社会科学アカデミーによって，
以前に提起されたものであるけれども，またあらためて提起されているという
ことを聞いた。それに刺激されて私は，自分の考えの中の本質的なものを書き
おろそうと決心した。しかし，以前の諸著作が手許になかったために，すべて
を記憶からくみ出さなければならなかったし，そのうえこの仕事にぎりぎりの
期限が過ぎるまでに２週間ほどしか残されていなかったので，それはどうして
も不完全なものにならないわけにはいかなかった。それにもかかわらず，アカ
デミーの委員会は私の論文を，応募された全論文 27 のうちの３つの優秀作の
１つに選んだ。私は，この結果に——論文が急いで書かれたものであり，賞金
がだれにも与えられなかったことを考慮に入れれば——かなり満足すべきであ
った」[11]と。つまり，著者であるリスト自身は，留保条件をつけながらも，自

第 10 章　F. リストと『経済学の自然的体系』　253

分の著作について「かなり満足」していたことが分かる。

　この点に関連して、『著作集』の編者であるエドガー・ザリーン氏とアルトゥール・ゾンマー氏は、この『経済学の自然的体系』について、つぎのように書いている。「自然的体系は、リストの思想を原理的に完成し体系的に総括した最初のものである。というのも、綱要は多分に、アメリカ事情にかんする時局論文だからである。パリ草稿は、引き続きリストの体系的な理論の概念的な形成へと向かわせる。生産諸力の理論は、1839 年と 1841 年までに洗練され、深められている。スミス、セーなどとのかかわり合いは、古典派との理論的対決を拡大している。ドイツ語の著書の緒言でその欠陥が大いに主張されている歴史の章こそ、懸賞論文と国民的体系とでは、例えばさらなる概念的な洞察がおこなわれ、いくつかの部分（とくにスペインとイタリアにかんする部分）で、のちの著者が以前には利用しなかった一連の出典を引用するにしても、文字通りある部分では一致する。したがって、歴史の部分は、1837 年以降、わずかばかりの補強を受ける——1841 年以降にはじめて、視野が中世および古代経済の論述にまで拡大される——とともに、教義の中心である貿易政策と段階論がとりわけ懸賞論文では完成を見る一方で、理論および古典派の個別の教義との対決の部分でのこれらの教義は、国民的体系の前段階と見なすことができる」[12]と。

　さて、リスト自身による自分の著書に対する評価は別にして、ザリーン氏とゾンマー氏による『経済学の自然的体系』についての評価に関連していえば、それ自体は大いに参考にしなければならないといえよう。しかし、彼らがこの本の中で展開されているリストの論述を必要なかぎりで取り上げながら、それを具体的に分析し論じたものではないという意味では、彼らの評価は、いわば概括的なものにすぎない。さらには、彼らが 1827 年に書かれた『アメリカ経済学綱要』に言及し、それと『経済学の自然的体系』との比較をおこなっているのは分かるが、彼らは、それ以前の諸論文についてまったく言及していない。しかし、彼らがリストの経済理論の発展を問題にするのであれば、最低限でも、「ドイツ商人・製造業者協会」の顧問として活躍していた時代の 1819 年

にリストが書いた『フランクフルト奏上書』や，さらには 1815 年の『ズルツ請願書』以後のリストの一連の諸論文にも，言及する必要があったと思われる。とはいえ，『リスト著作集』の編者という彼らの立場からは，この『経済学の自然的体系』についての概括的な評価を与えること以上のものを期待することが無理なのかもしれない。そこで，この『経済学の自然的体系』において展開されたリストの経済理論についての具体的かつ適切な評価を与えるためにも，これまでのリストの到達点を確認することからはじめる必要が生じてくることになる。そして，その最初の対象となるのが，『フランクフルト奏上書』である。

　ところで，この『フランクフルト奏上書』については，すでに取り上げた経緯がある[13]。したがって，ここでは，その要点を確認することにとどめたいと思っている。そして，それによれば，この時期のリストの経済理論については，この分野の研究で先行する松田智雄氏の成果を踏まえて，つぎのようなことを確認した。すなわち，まず「若きリストについては，まだ素朴な形においてではあるが，……『礎柱・農業』，『国民的工業』，ならびに『国内市場』が法則的な生産物＝商品の循環構想のうちにおいて捉えられている。これに基づいて彼の『国内市場形成の理論』と『国内市場形成の政策論』，すなわち，関税同盟への主張が提起されるにいたるのである」[14]と。その上で，リストがその名前こそ引き合いに出していないが，この時期のリストが当然に承知していたはずの「スミスの理論」との関連性について，『国富論』の該当箇所を具体的に検討してみることにした。その結果，松田氏のいう「国内市場形成の理論」は，「スミスの理論」を踏まえて展開されたものであることが分かるとともに，その理論が局地的市場→地方的市場→国内統一市場（さらには国際市場）へとその規模を拡大していくものであることが確認できた。つまり，松田氏のいう「国内市場形成の理論」は，市場規模の拡大過程という中間的な媒介項をそこに含んだものとして，または局地的市場→地方的市場→国内統一市場という重層的な市場構造の形成を目指したものとして理解する必要があったのである。「そして，このように見てくると，若きリストにおけるゲマインデ→地方→州

→国家という自治・分権思想と，彼の経済理論である局地的市場→地方的市場
→国内市場という『国内市場形成の理論』とが見事に対応していることが分かる」[15]のであった。

　そして，つぎに取り上げる必要があるのは，その後のリストの経済理論の発展という観点からも，ザリーン氏とゾンマー氏も言及していた『アメリカ経済学綱要』ということになる。しかし，これについてもすでに取り上げた経緯があるので[16]，同様に，その要点を確認するにとどめたいと思っている。そして，それによれば，リストは，まず「第1信」で，経済学の構成部分が個人経済学，国民経済学と人類経済学の3つからなることを明らかにするとともに，スミスが「個人経済学と人類経済学」しか論じていないことを批判する。これに関連して，リストは「第7信」では，「人類経済学」に代えて「世界主義経済学」という言葉を用いており，それは主著『経済学の国民的体系』でも用いられているので，『アメリカ経済学綱要』で示された「経済学の構成部分」についてのリストの考え方は，この時点で確立されたものであるということができる。ついで，「第2信」では，スミスが論じていなかったとされる「国民経済学」が問題とされる。そして彼は，「国民経済学」における「力と富」の重要性について語るとともに，そのためにも「国内での農業・商業・工業が調和した状態にあること」の必要性を説くのである。そして，このことは，リストが『フランクフルト奏上書』で展開した「国内市場形成の理論」に接続するものとして確認することができた一方で，それが「これまでに蓄積された富・権利・自由・独立」と結びつけて理解されていることから，「工業優位の思想（国民を育成する原理）」の別様な表現とも考えることができた。また，経済活動に対する政府の政策的な「手助け」，つまり政府の保護政策に関連して，リストは，のちの「経済発展段階説」にもとづいてその是非を論じていた。この点については，リスト自身も，主著『経済学の国民的体系』の中で，つぎのように述べている。「続いて私は，北アメリカへ行く運命となったが，その時には一切の本を残していった。こういう本は，おそらく私を迷わせただけだったのであろう。この新しい国で経済学について読むことのできる最良の著作は生活で

ある。ここでは，荒野が豊かで強力な国々となるのが見られる。この国ではじめて，私には国民経済の発展段階が明瞭になった。ヨーロッパでは数世紀を要した1つの過程が，この地では私たちの眼前で進行する——すなわち未開状態から牧畜状態へ，牧畜状態から農業状態へ，さらに農業状態から工業・商業状態への推移である」[17]と。そして，「第3信」では，以上の論述を踏まえて，世界主義の時代に代わって国民主義の時代を迎えた今日では，「自由貿易制度というような世界主義的制度」が時期尚早であることが強調されている。

　さて，「生産諸力の理論」として特徴づけられるリストの経済理論との関連でもっとも注目されるのは，「第4信」である。そこでの主題は，国民経済学の対象であった。そして，それに関連して，「第2信」でその重要性が指摘されていた国民経済学における「力と富」が，この「第4信」では「生産力と政治力」と表現が改められるとともに，「国民的生産力」の概念が登場してきたのであった。そして，この「国民的生産力」の「浮沈の原因」に関連して，「精神の資本」と「物の資本」という2つの要因が指摘されるようになる。そして，このうち「物の資本」については，すでに「第2信」で「国内での農業・商業・工業が調和した状態」が語られていたことからも，リストが農業者，商人，製造業者を核とした国内市場の形成をイメージしていたことが分かった。しかし，問題となったのは，「精神の資本」であった。というのも，すでに見た『フランクフルト奏上書』では，この「精神の資本」については，リストがまったく言及していなかったからである。しかも，この「第4信」で展開されているリストの「精神の資本」についての論述を追ってみると，それが「諸個人の社会的および知的条件の状態」という言葉に置き換えることができること，したがって「精神の資本」という言葉には2つの異なった内容が含まれていることが明らかになった。つまり，スミスの分業システムを念頭においた「諸個人の社会的条件の状態」と，同じくスミスの「公共社会の使用人」を念頭においた「諸個人の……知的条件の状態」とである。ちなみに，『経済学の国民的体系』では，前者は「国民的分業」として，また後者は「国民的生産力」を構成する3つの生産力，すなわち物質的生産力・精神的生産力・制度的

生産力のうちの「精神的生産力」と位置づけられることになる。

　以上のような検討結果から，『アメリカ経済学』段階でのリストの理論的な
到達点を，主著『経済学の国民的体系』で展開されるリストの「生産諸力の理
論」を念頭において考えてみると，つぎのように整理することができる。まず
第1に，経済学を「3つの構成部分」からなるという考え方は，すでに確立し
ている。そして，それに関連して，国民経済学の必要性が強調されることも，
同様である。ついで第2に，「富の原因」と「富そのもの」とを区別し，「富の
原因」である労働を中心に国民経済を考えようとしていることである。したが
って第3に，その国民経済に関連して，『フランクフルト奏上書』で示された
「国内市場形成の理論」がここでは，さらに「国内での農業・商業・工業が調
和した状態」の問題として論じられたこと，加えて，とりわけそのことが「自
由・独立」の問題と結びつけて理解されていたことから，のちの「工業優位の
思想（国民を育成する原理）」と特徴づけられる考え方もすでに登場していたこ
とである。そして第4に，国民経済における「力と富」の問題が「生産力と政
治力」の問題として具体化されるのにともなって生産諸力，それも国民的規模
でのそれが構想されることになる。この点について，リストはすでに，「国民
的生産力」という概念を用いている。しかし他方で，彼の「精神の資本」論に
見られるように，「国民的分業」論と「国民的生産力」の内実をめぐっては，
リストの中でいまだ未分化な状態にあることが確認された。したがって，リス
トの「生産諸力の理論」は，そのもっとも重要な部分でいまだ確立されていな
かったのである。最後に，詳しくは見なかったが，リストの「経済発展段階
説」が国内市場形成の理論と一体なものとして展開されていることが確認さ
れ，その基本線は確立されていたということができよう。

3．『経済学の自然的体系』

　『経済学の自然体系』の「序文」は，つぎのような書き出しからはじまる。
「経済学にあっては，理論と実践は，あれやこれやの不備のために，いつもは

ほとんどバラバラな状態のままになっている」[18]と。理論は正しい実践のための指針を提供し，実践はその理論の是非を検証するというのが，理論と実践との本来的な関係といえよう。しかし，リストによれば，その両者の関係が今日の経済学にあっては，まったく「バラバラな状態のままになっている」というのである。そして，彼によれば，その原因は，「今日まで，新たな体系の創始者たちはすべて，実践という経験にほとんど注目してこなかった」[19]ためであった，とされている。若い頃から「ヴュルテンベルク憲法闘争」に関与し，その後もフランクフルト，アメリカと活動の舞台を移しながら，つねに「実践という経験」の中で実践の指針となる理論を考えてきたリストのいうことである。彼のこの言葉には，非常な重みがあるといえるのであった。

　そして，そのリストが「実践という経験」を通して今日的な重大問題になっていると考えたのが，「通商の自由」という言葉に集約される理論上の問題であった。この点について，彼は，つぎのようにいう。「どこに行っても『通商の自由』というこの言葉は，自分たちの私的な利益を覆うための愛国主義的な隠れ蓑として人びとによって乱用され，思い違いをさせることに利用されることが多かった。人間の普遍性を示すと考えられる多くの民衆は，高度な政治上の諸問題を十分な深みにおいて極める能力に乏しく，通商の自由と市民的・政治的な自由をどちらかというと混同しがちである。後者は，国内における生産と交通手段の自由にかんする関係にすぎない。これに対して，外国貿易の場合には，通商の自由はむしろ通商面での従属（Handels-sklaverei）と同一視されることがある。実際，通商の自由が一方的に採用される場合，つまり，彼らの競争によって私たちの国民的な製造業とその国で競争する権利をもっていない場合には，外国人の情けに私たちを委ねるような自由，私たちの工業や商業の運命を外国の諸国民の方策や法令に依存させるような自由は，どんな結末を迎えることになるのだろうか？」[20]と。こうしてこののち，「通商の自由」という言葉に集約される理論上の問題，換言すれば自由貿易論の是非をめぐって，経済学の新たな体系の構築に向けたリストの闘いが，今度はフランスを舞台にしてはじまるのである。

しかし，それに先立って，素朴な疑問を解消することからはじめよう。すでにこれまでに何度も言及してきたが，ここで取り上げる『経済学の自然的体系』に続いて，リストは，1841 年に彼の主著である『経済学の国民的体系』を書き上げている。したがって，前者が「自然的体系」と呼ばれるのに対して，後者が「国民的体系」と呼ばれるにはなにか決定的な理由がそこに存在するのだろうか，という素朴な疑問が生じてきても可笑しくはない。そして，この点についてはなによりも，著者であるリスト自身に聞くことが必要であろう。これに対して彼自身は，そのことを 2 箇所で語っている。まず，『経済学の自然的体系』の「第 34 章　経済学の自然的体系」の冒頭で，彼は，つぎのようにいう。「私たちは，目下の論文で展開してきた体系に『自然的体系』という名称を与える。というのは，この体系自体が先験的に普遍的な主張をして，その主張を立証しようとするのではなく，さしあたってはこの体系が，その根本を究めようとしているもろもろの事物の本性から（aus der　Natur der Dinge）その原理をつくり出すからである。つまり，この体系は，諸国民の特別な利益を少しも否定するものではなく，また諸国民のあらゆる関係やそこから生じる諸事情の違いをもってこの後者を無視しようとするわけでもなく，人類の結合を諸国民の異なった状況にもとづいて基礎づけようとするからである。したがって，この体系は，通商の自由を人類の結合と同様に，諸国民の政治的・社会的な体制の斉一的で同時代的な発展の自然的な帰結（eine natürliche Folge）として扱う」[21]と。日本語の翻訳の仕方に問題があるかもしれないが，リストがここでいっていることを整理してみると，つぎのようになる。つまり，彼がこの本に「自然的体系」という名称を与えたのは，第 1 に，この体系がものごとの諸原理をその「事物の本性＝自然」から解明しようとしたものであること，そして第 2 に，通商の自由を通して実現される人類の結合は，諸国民の政治的・社会的な体制がそれぞれ斉一的で同時代的な発展を迎えたときにこそ，「自然的な帰結」として達成されるのである，と。

　そして，この名称がつぎに登場するのは，リストが『経済学の国民的体系』の「緒言」の中で，つぎのように懐古的に語っている部分である。「私の提示

する体系の，学派との特徴的な相違として，国民国家をあげる。個人と人類との中間項としての国民国家の本質のうえに，私の全建築は基礎をおいている。私は長いあいだ，これを経済学の自然的体系と名づけるべきではないかとためらっていた。この名称は，私がこれまでの諸理論体系はみなもろもろの事物の本性から（aus der Natur der Dinge）くみ取ったものではなく，それは歴史の教えに反するものであるとのべるかぎりは，本書で選んだ名称と同じように，しかもある点ではいっそうよいものだとして是認されもしただろう。しかしある友人が，本をおもにそれにつけられた題名から評価する浅はかな人々にとっては，このもくろみは重農学派のたんなるむし返しに見えるかもしれないと注意してくれたので，私はそれをやめにしたのである」[22]と。つまり，ここでリスト自身が語っているところによれば，『経済学の自然的体系』の「第34章　経済学の自然的体系」で彼自身が語っていたこととまったく同じ理由から，彼自身は，この「自然的体系」という名所の正当性にその後もこだわり続けていたことが分かる。しかし，それと同時に，名称変更の真相を知ることによって，「決定的な理由」など存在していなかったことに少し落胆を覚えてしまう。

　ともあれ，つぎの課題として，この『経済学の自然的体系』（以下では『自然的体系』と略す——筆者）の内容をまず概観するところからはじめよう。それには『経済学の国民的体系』（以下では『国民的体系』と略す——筆者）でリスト自身がおこなっていた分類方法を参考にすることができるであろう。そして，それにしたがえば，「第1章　世界主義経済学あるいは個人的・社会的経済学」にはじまって「第26章　通商の自由を奨励し導入するためにもっとも適切な手段について」までが，「理論篇」となる。そして，「第27章　イギリスにおける経済の歴史回顧」から　「第32章　ロシア経済の概観」までが，「歴史篇」ということになる。加えて，そのあとに続いて4つの章が来るが，それらは『国民的体系』の分類方法に馴染まないものであるといえよう。

　さて，以上のような準備的作業を終えたところで，いよいよ『自然的体系』の具体的な内容の検討をはじめることにする。すでに表題だけを紹介した「第1章　世界主義経済学あるいは個人的・社会的経済学」では，周知の「経済学

の３つの構成部分」のうち，当時の主流的な経済学であった「個人的・社会的経済学」と「世界主義経済学」に関連した論述が展開される。リストはまず，つぎのようにいう。「人間は，生来の強力な精神的・肉体的な労働によって，自分の欲求をもたらすものを獲得することを余儀なくされる」と。この簡単な文言は，どちらかというと見すごされがちなものだが，ここでの人間が主人のために労働をおこなう奴隷ではなく，みずからの生存のために労働をおこなう近代的な自由人であることを，彼はさりげなく語っていたのである。その上でリストは，つぎのようにいう。「しかし，個人としての彼は多くのことをなしえず，彼の諸力は，個々人の活動に開かれている空間と同様に，限られている。彼は，自分の能力と救済手段の不足を解消するには，自分と同様な人間の支えを必要としている」。そして，「相互の交換は，すべての個人に自分の精神的・肉体的な素質にしたがって，教育にしたがって，経験にしたがって，また自分が自由に使える自然的な資源にしたがって，もっとも適している仕事にひたすら専念する活動の余地を与える。こうして誰もが，自分にとって達成可能な最大限のものを生産する。そして誰もが，自分自身の余剰と引き換えに，他人の生産の最大量を入手することができる（分業 Teilung der Arbeit）」と。したがって，彼は，つぎのようにいう。「最大範囲で生産し交換する自由は，こうした富の第一の，主たる前提である」[23]と。ここまでは明示されていないが，自由な個人を単位とした経済活動が語られているという意味では，リストが「個人的・社会的経済学」の対象領域について述べてきた，ともいえるのである。

　これに続いて，明らかに「世界主義経済学」の対象領域と思われる叙述が登場してくる。リストは，つぎのようにいう。「同じ都市あるいは多くの都市の，あるいは多くの州のさまざまな居住者が，交換から切り離されていたり閉め出されていたりするよりも交換の自由によって，もっと多くの豊かさを手に入れるのと同様に，地球規模の広がりをもつ通商の自由によって，さまざまな国民は，最大限の富を入手するに違いない」と。とはいえ，ここまでは「通商の自由」の積極的な側面が語られてきたが，つぎから話は一転して，その弊害が語

られるようになる。彼はいう。「どんな生産部門にも好きなように専念し，それができる全範囲をこうした生産が占める自由，そして人が好みにまかせて有利と考える仕方であらゆる交換をおこなう自由——こうしたどの個人にも認められた自由は，しばしば，さまざまな生産者と生産とのあいだの，生産と消費とのあいだの均衡を破壊する。というのも，どの個人も，同じ生産部門にどのくらいの人物が専念しているか，あるいは生産に比べてどのくらい消費されるものかを，算定することができないからである。——そうした場合に，破壊された均衡は，すべて諸国民のあいだの最大限の通商の自由によっても，もはや回復されることはない」[24]と。つまり，「通商の自由」はまず，「交換の自由」の地球規模での広がりとして「個人的・社会的経済学」の延長線上に位置づけられるとともに，富を介して人類の結合を実現するものとして期待される。しかし，個人の自由な交換活動を基礎とした「個人的・社会的経済学」の延長線上で「通商の自由」が展開されると，いわばマクロ的には「生産者と生産とのあいだの，生産と消費とのあいだの均衡を破壊する」事態が生じてきたのである。したがって，その原因となった「通商の自由」をいたずらに拡大しようとする「世界主義経済学」では，この破壊された事態を元通りにすることはできないことが明らかにされる。

　そこで，こうした事態に対する対応策が検討されなければならなくなる。そのために，リストはまず，つぎのような原理的な確認からはじめる。「交換の自由は，つぎのような場所にもろもろの製造業を発生させる。つまり，自然，農業努力（Agrikulturindustrie），学問，社会的・政治的な諸関係がその発展を最大限に満たしている場所である。しかし，とりわけ工場の改良に貢献するのは，さまざまな部門でできるだけ直接に，互いに組織することができる場合である。こうした共同（Cooperation=Zusammehwirkung），こうした生産諸力の結合（Vereinigung der produktiven Kräfte）は，分業の原理と一体となったものである」[25]と。つまり，リストは，「交換の自由」がもたらす製造業の発生に関連して，さまざまに分割された生産諸力を結合する分業の役割について，ここで原理的な確認をおこなうのであった。

その上で，リストは，つぎのようにいう。「経験が私たちに教えるところによれば，高度な文明と諸世代の継続は，一国の工業力（Manufakturkraft）を高度に実現させるために必要であること，またこの目標の達成のためには，たとえ生産と販売の増加がゆっくりしたものであっても，均整の取れたものであることだけが不可欠であり，それに比べれば，後退を避けることなど問題ではないということである」[26]と。ここでのリストは，「一国の工業力」という言葉を用いることによって，国民経済的な視野から，「高度な文明と諸世代の継続」が工業力の高度化に果たす役割を強調しながらも，その工業力だけが突出するのではなく，生産と販売（＝消費）の関係が「均整の取れたもの」になることを強調している。このことは，言葉として用いられてはいないが，国民経済的には分割された生産諸力を結合して生産と販売の関係を「均整の取れたもの」にする「国民的分業」の必要性を確認する一方で，これまでの「通商の自由」の拡大路線が「生産者と生産とのあいだの，生産と消費とのあいだの均衡を破壊」してきたことの反省にもとづくものともいえよう。そして，こうして工業力の高度化を目指した国々，つまり工業国の国際的な責務については，リストは，つぎのようにいう。工業国は，みずからの工業国としての「特権」を主張するのではなく，「世界に最良の工業製品をもっとも安価に供給することである。全世界の工業力はそれによって，速やかにかつ全人類のために，前代未聞の水準の高さを実現するであろう」[27]と。

　したがって，農業国における「国民的分業」の確立に関連して，続けてリストは，つぎのようにいう。つまり，工業国がその国際的な責務を果たせば，「農業国は，もっと有益でもっと自然的な仕方でみずからの繁栄と文明化の道を歩むであろう。その福祉は，みずからの原料や生産物の工業国への有利な販売によって，したがって工業生産物，道具，考えられるかぎりで申し分のない機械の有利な獲得によって，増大する。こうした富や工業諸国民との交通の増大は，みずからの政治的・社会的風習を改善するであろう。そして，農業国にとって，みずからが工業国になる時がやって来るであろう。工業国における資本と労働者が過剰になればなおのこと，製造の拡大は必然的に，そのことにも

っとも適した農業地を助成するであろう」。したがって，「こうしてどの国も，一歩一歩，工業国へと転換することに成功するであろう」[28]と。つまり，リストは，工業国がその国際的な責務を果たせば，農業国において農業・工業・商業の「国民的分業」が成立し，それによって農業国から「工業国へと転換する」ことができる，というのである。

　そして，これらのことを踏まえて，リストは，つぎのようにいう。「特殊的にはあらゆる国民の，そして普遍的には全人類のこうした繁栄を実現するためには，永久平和，法律によってであれ武器によってであれ，やっと終結を迎えた国民相互のすべての敵対行為をなくすこと，全人類に普遍的な立法の下での人民の同盟のみが必要である。——J. B. セーが求めるように，地上の共和国 (eine Republik des Erdballs) だけが必要である」[29]と。ここでセーの名前が登場することからも分かるように，リストは，セーがいう「地上の共和国」と同じものを実は自分が目指していることを明らかにするとともに，その「地上の共和国」をセーの説く「通商の自由」を旗印とした世界主義経済学ではなく，「実践という経験」を通して得られた「新たな体系」によって基礎づけようとしていることが分かる。ちなみに，その「新たな体系」のモットーとされるのが「祖国と，人類と (Et la patrie,et l'humanité)」[30]であり，この言葉は『国民的体系』においても引き続き採用されるのである。

　さて，経済学の「新たな体系」を構築することを課題として，リストの『自然的体系』は，このあと「第2章　政治経済学あるいは国民経済学」，「第3章　生産諸力の理論」および「第4章　価値の理論」と，その論述が続くことになる。そしてその中で，リストはまず，つぎのようにいう。前章で見てきた「個人的・社会的経済学」とその延長線上での「世界主義経済学」の検討を通じて得られたことは，それらが「個人と人類家族のあらゆる構成員の統合あるいは地上の共和国だけを留意しているということである。しかし，それらが忘れているか，あるいは少なくとも十分に考慮していない中間段階として，国民と国民性 (die Nation und die Ntionalität) がある」。というのも，「人類は現在のところ，さまざまな別の国民に分かれ，工業家や農業家や商人であれ賢人や地主で

あれ，どんな人間も，自分が個人として目指している目標を達成する手助けと保護を与えてくれる国民の構成員」だからである。そして，このことの確認の上で，個人と国民の関係について，彼は続けて，つぎのようにいう。「それゆえに，諸個人の利益が自分たちの所属する国民の利益に適うようにすることだけが，自然的であり正しいのである」と。しかも，これに関連して彼は，つぎのようにもいう。「諸国民はこれまで，いかなる地上の共和国をもつくっていない。国際法と呼ばれるものは，さしあたって将来の法状態の芽（der Embroy eines zukunftigen Rechtstandes）でしかない」[31]と。

　こうして『アメリカ経済綱要』でも登場した経済学の３つの構成部分，「国民経済学」（ここでは章の表題として用いられているが，本文の中では「政治経済学」という語で統一している──筆者）をも加えた検討が，さらに進められる。それに関連してリストは，つぎのようにいう。「諸国民は今日，みずからの現代的な諸関係にかんしては，二重の特性，二重の局面の下におかれていることが明らかになる。第１に，主権をもった政治体として，みずからの諸力によって独立を守り保持し，またそれに加えてみずからの繁栄，教化，国民性，言語，自由，要するにみずからの政治的・社会的な立場全体をますます発展させることが，その本分であり責務である。ついで，人類の構成員として，諸国民は，みずからの特別な利益がそのことを許す範囲内で公共の福祉を豊かなものにするための事業を支援することを，本分としなければならない。また，そのことを通して諸国民は，みずからの営みを諸国民のそれと結合することである」[32]と。そしてリストは，こうした確認の上で，前者の課題を取り上げるのが「政治経済学」であり，後者の場合が「個人的・社会的経済学」あるいは「世界主義経済学」である，と考えるのであった。

　ついで展開される「第３章　生産諸力の理論」では，前章との関連で，リストはまず，つぎのようにいう。「政治経済学は，貿易制度や関税立法のために，どのような原理を採用しなければならないのか，ということを明白に理解するために，私的経済学（die Privatöconomie）を簡単に見ることが不可欠である。私たちはその場合に，本質にしたがって互いに異なっている２つの対象を考え

ることができる。すなわち，活動し生産に貢献する諸力あるいは諸能力と，生産され交換対象として価値がある事物そのものと，である。それにもとづいて，それらが互いに多くの共通点をもちながらも，それぞれが特有の基礎の上に立っている，2つの異なる教義がある」[33]と。つまり，リストはここで，「政治経済学」や「世界主義経済学」とは区別される「私的経済学」についての検討の必要を語るとともに，その「私的経済学」にも，その本質にしたがって対象の異なる2つの教義がある，というのである。つまり，「活動し生産に貢献する諸力あるいは諸能力」を対象とするものと，「生産され交換対象として価値がある事物そのもの」を対象とするものと，である。前者が「生産諸力の理論」であり，それは「保護主義の土台として役立ち，保護主義の合目的性を基礎づける」ものとされている。さらに具体的にいえば，「外国に（販路を——引用者）依存した農業しかもたない国民が，みずからの道徳的資質やその国の自然に加えて，関税と租税を導入することによって工業力を根づかせ増大することができるようになっても，おそらくはしばらくのあいだ多くの価値を犠牲にするだろう。というのは，そういう国民は，さしあたり高価で不完全な生産物しか生産しない諸工業部門をもつだけだからである。しかしながら，国民は将来的には，かなりの規模の生産諸力を獲得する。それは，国民が一丸となって分業を大規模に導入し，農業と工業のあいだの活発な相互交流をいつまでも保障することによってのみ，可能である。しかも，そのことは，全般的な福祉の継続的で累進的な増大を意味するのである」[34]と。ここでも，国民経済的な視野から，生産諸力の発展に貢献する工業力と分業との原理的な役割が強調されている。

　つぎに，後者の「価値の理論（Theorie der Werte）」について，リストは，つぎのようにいう。「『価値の理論』——この名称でもって，現代のもっとも有名なイギリスの理論家マカロックは，アダム・スミスとJ. B. セーによって基礎づけられた教義をまったく正しく特徴づけた」[35]と。つまり，リストはここではじめて，自分の理論体系を「生産諸力の理論」と呼ぶ一方で，アダム・スミスとJ. B. セーのそれを「価値の理論」と呼ぶことによって，その違いを鮮明

第 10 章　F. リストと『経済学の自然的体系』　267

にしようとするのであった。その点について，リストは，つぎのようにいう。
「私たちは，スミスとセーが生産にとっての生産諸力の重要性を認識していた
ことを否定することに，まったく関心はない。しかし，私たちは，彼らが世界
主義経済学と政治経済学のあいだの相違と同じくらい，これら二つの理論のあ
いだの本質上の相違（Wesens-Unterschied）を誤解していたこと，彼らが二つの
理論を混同しながら，その相違が彼らにとって全般的な通商の自由に役立つ論
拠に適していると思われるときには，一方の原理を根拠にして他方の原理を論
駁していることを，立証できると確信している」[36]と。

　そして，それに続いてリストは，つぎのようにいう。「アダム・スミスはと
もかく，彼がなんら価値を生産しない人びとを不生産的な人びと（たとえば教
師，学者，芸術家，役者など）に分類するとき，J. B. セーよりは首尾一貫してい
る。人が価値の理論だけを考慮する場合には，このことは完全に首尾一貫して
いる。しかし，人が生産諸力の観点から，国民の構成員であるこの人びとの活
動の成果を考慮する場合には，彼らが物質的な価値の生産者（die Produzenten
materialer Werte）よりもはるかに生産的であることを，誰も理解できない。つ
まり，教育者はつぎの若い世代に生産の能力を与えることによって，裁判官は
所有と身体の安全の保持に貢献することによって，学者は教育の進歩と有益な
学識を広めることによって，芸術家は国民の精神を教化し形成することによっ
て，生産的である。セーは，自分の教義の中でこの大きなギャップを漠然と感
じ，それゆえ，この生産諸力の生産者（diese Produzenten von produktiven Kräften）
を精神的（非物質的）な価値の生産者に分類する」[37]と。この叙述は，リストが
スミスの「生産的労働」論を，セーのそれと比較しながら，それを批判的に取
り上げたものである。つまり，「価値の理論」から見れば「不生産的」とされ
た人びとも，「生産諸力の理論」から見れば「生産力の生産者」であるとい
う意味では，彼らは立派に「生産的」な人びとである，と。

　その是非については，両者の観点の相違というしかないが，ここで注目する
必要があるのは，『アメリカ経済学綱要』で「精神の資本」のうちの「知的
……条件の状態」として表現されていたものと同じ内容のことが，つまりスミ

スがいう「公共社会の使用人」が「生産諸力の理論」にもとづいて「生産諸力の生産者」であると, リストによって明確に規定されていることである。しかも, そのときの「社会的条件の状態」が, すでに「分業の原理」として明確化されていたことも考え合わせると, この『自然的体系』でのリストの理論的な進展には大きなものがあったといえるのである。しかし, それだけにとどまるものではない。リストはここで, 農業者・商人・製造業者といったスミス的な「生産的労働者」に加えて,「公共社会の使用人」を「生産諸力の生産者」と規定して「生産的労働者」の中に位置づけている。このことによってリストは, 農業者・商人・製造業者といった本来の「生産的労働者」を核とした自治・分権社会にあって「公共社会の使用人」もその重要な担い手と考えていたことが明らかになるのである。

以上で, 『自然的体系』の理論篇の検討を終えて,「第5章 諸国民と経済学の体系とのあいだの違いについて」を中心に, リストの「経済発展段階説」を概括的に追ってみることにする。この点について, リストは, つぎのようにいう。「世界主義経済学は諸国民の状態, さらにはそれらの状態を改善する手段を, それほど研究する必要がなかった。世界主義経済学には, 通商の自由が世界共和国を福祉の最高段階にいかにしてもっていくか, また政府がこの目標を達成するためにいかにして関税を廃止し, いかにして諸個人が完全なる自由な状態で振舞えるようにするかということしか, なすべき目標がないのである。しかし私たちにとって, つまり私たちの観点から考えてみると, 事柄はそれほど単純ではない。というのは, 私たちは, 自分たちの体系を諸国民の事情と調和させることが必要だからである」[38]と。そして, この「私たちの観点から考えて」みた結果について, リストは, つぎのようにいう。「スイスは, 技術的な知識の普及, 国内輸送手段の改善, 外国貿易を促進するための貿易キャンペーンの立ち上げと支援によって, 州は, みずからの生産諸膂力をかなり改善することができる」[39]と。

それに比べて,「ナポリ王国, スペインおよびポルトガルは, それらの今日の体制にあってみずからの生産諸力を発展させるには, 教育を普及し, 人格と

所有を保護し，農業と鉱山業を改良し，住民を労働することに慣れさせ，政治制度を改善し，資本・才能・働き手を外国から引き戻し，外国の製品と自国の生産物と交換することが必要である。——高い輸入関税を導入するよりもずっとましである」。また，「南アメリカの諸国家も，同じような状態にある。それらの地で備えつけている関税制度は，文明化が進み，勤勉かつ創造的で，企業精神に富んでいる諸民族や，たとえば北アメリカの諸州のように，かなり改善された社会的・政治的条件を示せる諸民族の下での作用とは，まったく正反対のものである」。そして，これらの国々に比べれば，「北アメリカ合衆国は，すでに力強く発展した農業，純粋に自然的な資源，広い国内市場，啓蒙，企業精神に富み創造的な才能，改良された経営や市民たちの技術的知識，かなり改善された政治制度によって支えられながら，保護関税制度の結果としてかなりの規模の工業力を開花させ，もちろん機械力でも遅れることなく，それらが原料の国内での生産そのものを支えている」[40]と。

しかし，話の順序が定まっていないのか，それに続いて彼は，つぎのようにいう。「ロシアでは，保護制度に助けられた工業力の発展は，文明化と国民の自由が後回しの状態にあり，また第三身分を欠いているために，妨げられている」。しかし，こうしたロシアに比べると，「フランスとベルギーは，まったく違った状態にある。両国は，工業上の完成のもっとも高い段階に到達するのに必要なあらゆる条件・手段・諸力を備えている。——しかし，イギリスに比べると，両国は，目下のところでは，二流の工業国でしかない」[41]と。そして，最後に登場するのは，ドイツである。その点について彼は，つぎのようにいう。「ドイツの国民は，工業国家となる能力と資源をもっている。しかし，その発展を妨げている多くの障害は，いまだ克服されておらず，除去されていない。ともあれ，ドイツの国民は，共通で全般的な関税制度を導入する可能性を，関税同盟の結成によって最近になって手にすることができたのだが，工業的発展の面では，フランスやベルギーに比べて，かなり遅れた状態にある。人は，最近のドイツの状態を三流の工業国と呼ぶことができる。ただし，二流の工業国になることを切望し，その能力もある」[42]と。

その上で，リストは総括的に，つぎのようにいう。「私たちがこれまで述べてきたことから自然に明らかになったのは，工業国が占めているさまざまな発展段階が，それらの国々の保護制度の採否を決定づけるものとなっている，ということである」[43]と。つまり，ここでリストは，生産諸力の発展状況を示す「工業国が占めている……発展段階」を基準にして，ここで挙げた国々を区分しようとしているのである。そして，それによれば，まずイギリスを頂点に，それに続くのがフランスとベルギー，そして「保護制度への移行を決して考えもしないであろう」という意味ではスイス，これら二流の工業国に比べるといまだ三流でしかない北アメリカ合衆国とドイツがそれに続き，ロシア，南アメリカの諸国家となるのである。そして，この全体が，この『自然的体系』におけるリストの「経済発展段階説」ということになる。

1) Edgar Salin und Artur Sommer, Einleitung zur nationalen System. in: Werke IV, S. 3.
2) E. Wendler, a. a. O., S. 83.
3) F. List, An Weber. in: Werke VIII, S. 355.
4) E. Wendler, a. a. O., S. 100.
5) Ebenda, S. 100-101.
6) Ebenda, S. 101.
7) Ebenda, S. 102.
8) Ebenda, S. 103.
9) Ebenda, S. 103.
10) F. List, Das natürliche System der politischen Ökonomie. in: Werke IV, S. 543.
11) 小林昇訳『経済学の国民的体系』15 ページ。
12) E. Salin und A.Sommer, a. a. O., S. 3.
13) 第 7 章を参照。
14) 松田智雄，前掲書，162 ページ以下。
15) 第 7 章，174 ページ。
16) 第 9 章を参照。
17) 小林訳，前掲書，8-9 ページ。
18) F. List, a. a. O., S. 157.
19) Ebenda, S. 159.

第 10 章　F. リストと『経済学の自然的体系』　271

20)　Ebenda, S. 173.
21)　Ebenda, S. 539.
22)　小林訳，前掲書，35-36 ページ。
23)　F. List, a. a. O., S. 175.
24)　Ebenda, S. 177.
25)　Ebenda, S. 177.
26)　Ebenda, S. 177.
27)　Ebenda, S. 177.
28)　Ebenda, S. 179.
29)　Ebenda, S. 179.
30)　Ebenda, S. 155.
31)　Ebenda, S. 181.
32)　Ebenda, S. 183.
33)　Ebenda, S. 191.
34)　Ebenda, S. 195.
35)　Ebenda, S. 197.
36)　Ebenda, S. 199.
37)　Ebenda, S. 201.
38)　Ebenda, S. 211.
39)　Ebenda, S. 215.
40)　Ebenda, S. 215-217.
41)　Ebenda, S. 217.
42)　Ebenda, S. 217.
43)　Ebenda, S. 219.

第11章

F. リストと 1839〜1840 年の経済諸論文

　前章でリストの『経済学の自然的体系』(1837 年) を取り上げたときに，『リスト著作集』の編者であるエドガー・ザリーン氏とアルトゥール・ゾンマー氏は，主著『経済学の国民的体系』(1841 年) にいたるリストの思想的な発展を展望しながら，『経済学の自然的体系』について，つぎのように書いていた。「自然的体系は，リストの思想を原理的に完成し体系的に総括した最初のものである。というのも，綱要は多分に，アメリカ事情にかんする時局論文だからである。パリ草稿は，引き続きリストを体系的な理論の概念的な形成へと向かわせる。生産諸力の理論は，1839 年と 1840 年までに洗練され，深められている」と。そして，当然のことながら前章では，『経済学の自然的体系』について，編者たちのこうした指摘を参考にしながら，その具体的な検討を試みてきた。しかし今回，その指摘をあらためて見直してみるとき，前章では見落としていた箇所があることが分かった。つまり，「パリ草稿は，引き続きリストを体系的な理論の概念的な形成へと向かわせる。生産諸力の理論は，1839 年と 1840 年までに洗練され，深められている」と編者たちが指摘していた箇所である。ここで編者たちが「パリ草稿」と呼んでいるのは，オイゲン・ヴェントラー氏によって近年になって発見された "Die Welt bewegt sich, über die Auswirkungen der Dampfkraft und der neuen Transportmittel auf die Wirtschaft, das bürgerliche Leben, das soziale Gefüge und die Macht der Nationalen (Pariser Preisschrift 1837)" のことであり，それとは別に編者たちが「生産諸力の理論は，1839 年と 1840 年までに洗練され，深められている」と指摘しているのは，「1839〜40 年の経済諸論文」と概括して呼ぶことができるリストの諸論文のことである。

その点に関連して，本来の作品の発表順からすれば，順序があと先になってしまうかもしれないが，ここでは「1839〜40年の経済諸論文」をまず取り上げてみたいと思う。というのも，「パリ草稿」は，「リストを体系的な理論の概念形成へと向かわせる」ことはあっても，その書かれた経緯とも関係するが，『経済学の自然的体系』と同じ1837年の作品であり，したがってリストの思想内容におけるさらなる進展を期待することができないのに対して，「1839-40年の経済諸論文」は，編者たちも指摘しているように，リストの生産諸力の理論が「洗練され，深められている」からである。つまり，後者は，『経済学の自然的体系』以降に，リストの思想がどのように「洗練され，深められて」いったのかということを見るための，格好の材料を提供してくれるものであるといえよう。ちなみに，本章での展開に先立って，あらかじめ諸論文のタイトルだけを紹介すれば，「1839〜40年の経済諸論文」は，つぎのような6つの論文からなっている[1]。

① 「イギリス穀物法とドイツの保護制度」（1839年3月）

（Der englische Kornbill und deutsche Schutzsystem）

② 「外国貿易の自由と制限，歴史的観点からの解明」（1839年4月）

（Die Freiheit und Beschränkungen des auswärtigen Handels, aus dem historischen Gesichtpunkt beleutet）

③ 「今年のパリ全国工業博覧会，ドイツとの関連で」（1839年6-9月）

（Die diesjährige National-Gewerbsstellung in Paris, mit Bezug auf Deutschland）

④ 「歴史の法廷に立つ経済学」（1839年11月）

（L'économie politique devant le tribunal de l'histire）

⑤ 「バウリング博士とドイツ関税同盟［I］」（1839年12月）

（Dr. Bowring und Deutsche Zollverein [I]）

⑥ 「国民的な工業力の本質と価値について」（1840年）

（Über das Wesen und Wert einer nationalen Gewersproduktivkreft）

以下では，これらの諸論文を順次に取り上げることによって，リストの思想

第 11 章　F. リストと 1839〜1840 年の経済諸論文　275

がどのように「洗練され，深められて」いったのかを，具体的に検討すること
にする。

1．「イギリス穀物法とドイツの保護制度」

　この論文はその冒頭を，つぎのような書き出しからはじめている。「ドイツ
商業協会の結成以来はじめて，経済学は保護制度にかんして，ドイツのために
実践的な成果を上げた」と。つまり，リストは，この冒頭の文言に象徴される
ように，彼のいう経済学である「生産諸力の理論」が，ドイツにおける保護制
度の樹立を通して「実践的な成果を上げた」[2]ことを，この論文の中で強調し
ようとしているのである。しかし，そのことは，どのような意味において，な
にを契機としていえるのであろうか。その点については，リストの文言にもと
づきながら，具体的に検討してみたいと思う。
　その点でまず，第 1 の契機になったと考えられるのは，リストがこの中で，
「ドイツ商業協会の結成以来はじめて」といっていたことである。そしてそれ
は，「ドイツ商業協会の結成」（1819 年）に先立って，ナポレオンの敗北にとも
なう大陸封鎖の解除後に，イギリスの安価な工業製品が大量に流入するという
事態にドイツの商工業者が直面した時期にはじまる。したがって，こうした事
態に悲鳴をあげた彼らは，フランクフルトのメッセ（大市）に参集した機会に，
自分たちの窮状をドイツ同盟会議に「請願書」といった形で訴えざるをえなく
なったのであった。そしてこの請願書，つまり『フランクフルト奏上書』を起
草することになったのがリストであり，彼はそれにとどまらず，請願内容であ
る商工業の保護・育成を目的とした「保護制度」である関税同盟を実現するた
めの運動体「ドイツ商業協会」の結成にも，法律顧問という資格で参画するこ
とになったのであった。しかも，このときにリストによって展開された経済理
論が，のちに体系化される「生産諸力の理論」の核心部分をなす「国内市場形
成の理論」であった。
　とはいえ，プロイセン関税法（1818 年）にはじまるドイツ全土の関税統一へ

の動きは，関税問題に対する領邦諸国の利害関係が異なることもあって，その途上にあっては一時的にせよ，3つの関税同盟がドイツ国内に鼎立するという事態も起こっていた。つまり，「南ドイツ関税同盟」（1828年1月），「プロイセン＝ヘッセン関税同盟」（1828年2月）および「中部ドイツ通商同盟」（1828年9月）の3つである。しかし，こうした苦難の連続にもかかわらず，この3つの関税同盟がなんとか統合することにこぎつけ，1834年にようやく「ドイツ関税同盟」が結成されることになったのである。したがってリストが，「経済学は保護制度にかんして，ドイツのために実践的な成果を上げた」というとき，この「ドイツ関税同盟」の結成を契機にしていた，と考えることができるのである。

　つぎに，第2の契機と考えられるのは，この「ドイツ商業協会」の結成から「ドイツ関税同盟」の結成にいたる過程において，ドイツでは経済学をめぐる争いが展開されていた，という事情があった。つまり，リストによれば，この当時，「通商の自由」をスローガンとする「世界主義的な理論が，ドイツで最大かつもっとも熱狂的な支持者を見出」していた[3]，という状況があったのである。したがって，そうしたドイツ的な状況の中で，1834年に「ドイツ関税同盟」が結成され，商工業の保護と育成を目的とした保護制度がドイツ国内に確立したことは，リストによれば，経済学の支配的な「学派がドイツで確かな支配権を手にする一方で，事物の本性は，反抗心の教科書のように，通商の自由とはまったく正反対の方向を取っている」[4]ことになったのである。つまり，「世界主義的な理論が，ドイツで最大かつもっとも熱狂的な支持者を見出」していたにもかかわらず，リストの経済学である「生産諸力の理論」がまさに「事物の本性」[5]に適ったものであったという意味で，「経済学は保護制度にかんして，ドイツのために実践的な成果を上げた」のであった。そして，このことを裏返してみれば，「世界主義的な理論が，ドイツで最大かつもっとも熱狂的な支持者を見出」したにもかかわらず，それがいかに「事物の本性」に適っていなかったのかを，証明したことになる。

　最後に，第3の契機としては，この論文が「イギリス穀物法とドイツの保護

制度」というタイトルを付していること，したがって「イギリス穀物法」をめ
ぐる当時の国内的および国際的な動きがかかわっていた，と考えることができ
よう[6]。この点に関連してまず，リストは，つぎのようにいう。1815年にイギ
リスで穀物法が制定されたのは，「大土地所有者が，戦時に国内の穀物市場を
独占したために，平時でもそれを独占することを望んだからである」。とはい
え，その「真の理由は，地代の下落に対する恐れであった」。しかし「この恐
れも，一時的にのみ根拠のあるものでしかなかった」。というのも，「外国の原
料と食糧品の輸入は，地代のいちじるしい継続的な上昇という結果をもたらし
た」からである，と。つまり，リストによれば，イギリスの穀物法は，大土地
所有者の利益を守るための，いわば「保護制度」でしかなかったのである。

　しかし，リストによれば，イギリスの穀物法をめぐっては，国内的および国
際的には，問題はそれだけにとどまらなかったのである。彼は続けて，つぎの
ようにいう。「両刃の剣と同様に，穀物法は，島国帝国に二重の不利益な作用
をもたらした。つまり，一方でそれは，みずからの工業規模の拡大を抑制し，
他方でそれは北アメリカ，ドイツおよびロシアでの保護制度を生み出した。そ
の影響のもとで，これらの国々では工業力が強固になりそれらがイギリス人に
とってはすでに競争相手と思われるようになった」と。ちなみに，穀物法がイ
ギリス国内製造業におよぼした影響について，ここでリストが展開している論
理は，この論文が書かれた1839年に3月に結成された「全国反穀物同盟」の
理論的な支柱となったイギリス・マンチェスター派の論理と，奇妙なことに一
致しているのである。ただし，論理が同じであっても，そこには，自由貿易を
擁護する立場のイギリス・マンチェスター派と，ドイツ商工業の保護と育成の
ために保護制度の採用を説くリストの立場とは，明らかに異なるものがあっ
た。したがって，リストはいう。「イギリスの反穀物法主義者の確信や議論が，
イギリス国民にイギリスの国民的工業に対するあの輸入制限の不利な作用を教
え，遅かれ早かれその廃止をおこなわざるをえないように仕向けることができ
るならば，他面で彼らの交渉は，国民的な工業力の重要性と適切な保護制度の
必要性について啓蒙する絶好の機会を，ドイツ人に提供することになる」[7]と。

つまり，この点でも，リストによれば，「経済学は保護制度にかんして，ドイツのために実践的な成果を上げた」ことになるのである。

さて，ここでは，論文「イギリスの穀物法とドイツの保護制度」の冒頭の文言，「ドイツの商業協会の結成以来はじめて，経済学は保護制度にかんして，ドイツのために実践的な成果を上げた」という文言に注目しながら，リストがそのことを強調する意味を，その後に続く彼の論文の中に求めてきた。そして，それには，3つの契機が考えられることを明らかにしてきた。つまり，第1の契機と考えられたのは，1834年の「ドイツ関税同盟」の結成とそれを理論的に支えたリストの経済理論であった。しかし，この点については，その後に「生産諸力の理論」として体系化されていく過程にあっても一貫して主張されてきたものであった。ついで，第2の契機と考えられたのは，「事物の本性」という観点から見られた「実践的な世界」であった。しかし，この点についても，すでに見た『経済学の自然的体系』においてリストによって展開された主張であったといえる。

それに対して，第3の契機は，この論文の中ではじめて展開されたものである。それも，この論文が書かれた1839年3月に結成されたばかりの「全国反穀物法同盟」の動向をいち早く取り込み，自由貿易を推進する立場のイギリス・マンチェスター派の論理を逆手にとって，リストは，この「全国反穀物法同盟」の運動が「国民的な工業力の重要性と適切な保護制度の必要性について啓蒙する絶好の機会を，ドイツ人に提供する」という結論に導くのである。つまり，そこには，「イギリス穀物法」をめぐる時局の動きを的確にとらえたリストの素早い，しかも「洗練された」対応を見ることができよう。

2．「外国貿易の自由と制限，歴史的観点からの解明」

この論文には，つぎのようなリストの原注が付されている。「この論文は，パリの社会科学アカデミーによって貿易の自由について提起された懸賞問題に応募したものの概要であり，それは今年の6月に，27本あった応募作品の中

でもっとも注目されたものの1つとされたものである」[8]と。したがって，リストによれば，この論文は，1837年の『経済学の自然的体系』の概要である，ということになる。しかし，この論文のタイトルが「外国貿易の自由と制限，歴史的観点からの解明」とされていることからも明らかなように，その場合にもリストは，『経済学の自然的体系』において「歴史篇」と考えられていた部分に力を注いでいることが分かる。

そして，この点に関連して，つぎのようなリストの述懐が注目されることになる。「それでもこのフランス語の論文は私にとっては，以前の英語の論文と同様に，なかなかためになった。しっかりした体系はしっかりした歴史という基礎をもたなければならない，という私のはじめの見解は確信となったし，また自分の歴史研究がまだ不十分だということも分かった」[9]と。ちなみに，ここでリストが「フランス語の論文」といっているのが『経済学の自然的体系』のことであり，「以前の英語の論文」といっているのが『アメリカ経済学綱要』のことである。したがって，こうした述懐から見るかぎり，『経済学の自然的体系』を書いて以降も彼は，自分の歴史研究の不十分さをつねに自覚しており，この論文「外国貿易の自由と制限，歴史的観点からの解明」も，「自分の歴史研究の不十分さ」を補う気持ちから取り組まれたものであるといえよう。

しかし，それに加えて，この論文における叙述展開の仕方を，『経済学の自然的体系』の「歴史篇」におけるそれとの対比で見るとき，そこには新たな興味ある問題が登場してくるのであった。というのも，この論文における各国の歴史を叙述する順序が，『経済学の自然的体系』の「歴史篇」におけるそれとは明らかに異なっているからである。つまり，この論文に先立つ『経済学の自然的体系』の「歴史篇」では，① イギリス，② フランス，③ ドイツ，④ スペインとポルトガルとイタリア，⑤ 北アメリカ，⑥ ロシアの順に取り上げられていた。それに対して，この論文「外国貿易の自由と制限，歴史的観点からの解明」では，① ヴェニス，② ハンザ同盟，③ ベルギー，④ オランダ，⑤ イギリス，⑥ フランス，⑦ ドイツ，（この中で，プロイセンとオーストリアを特別に取り上げている──筆者），⑧ ロシア，⑨ 北アメリカ，の順になっているのであ

280

る[10]。しかも、それだけではない。この順序を見てすぐに思いつくことがある。つまり、この順序は、③ベルギーをのぞくと、主著『経済学の国民的体系』の「歴史篇」におけるそれとまったく同一なのである。ちなみに、『経済学の国民的体系』では、つぎのようになっている。つまり、①イタリア、②ハンザ同盟、③ネーデルランド、④イギリス、⑤スペインとポルトガル、⑥フランス、⑦ドイツ（ただし、オーストリアが除外されている――筆者）、⑧ロシア、⑨北アメリカ、の順である。

　しかも、この論文と彼の『経済学の国民的体系』の「歴史篇」との類似点は、これにとどまらない。「経済発展段階説」にもとづいて当時のドイツの状態についてリストが言及したものとして、しばしば引用される「歴史篇」の末尾の有名な文章がある。少し長くなるが、それは、つぎのようなものであった。「最後に歴史はこう教える。最高度の富と力（Reichtum und Macht）を追求するために必要なあらゆる手段を自然から付与されている諸国民は、彼らの企図と反する結果とならずに、彼らの進歩の程度に応じてその制限を変えることができるし、またそうしなければならない。すなわち、彼らははるかに進んだ諸国民との自由貿易によって未開状態から向上して農業を発展させ、それからは制限によって自国の製造業と漁業と海運と外国貿易との興隆を促進し、最後には富と力の最高段階にのぼりつめたところで、自由貿易と内外市場での自由競争の原理へ次第に回帰することによって（durch allmähliche Rückkehr zum Prinzip des freien Handels und der freien Konkurrenz auf den eigenen wie fremden Märkten）自国の農業者や製造業者や商人が怠惰になるのを防ぎ、既得の優越を確保するように彼らを刺激しなければならない。われわれの見るところでは、スペインとポルトガルとナポリとが第一の段階にあり、ドイツと北アメリカ（Deutschland und Nordamerika）とが第二の段階にあり、フランスが最後の段階に近接しているようであるが、この最終段階に到達しているのはいまのところ大ブリテンだけである」[11]と。

　これに対して、つぎに紹介するのは、論文「外国貿易の自由と制限、歴史的観点からの解明」の中で登場してくる文章である。すなわち、「最後に歴史は

こう教える。最高度の富と力を追求するために必要なあらゆる手段を自然から付与されている諸国民は、彼らの企図と反する結果とならずに、彼らの進歩の程度に応じてその制度を変えることができるし、またそうしなければならない。すなわち、彼らははるかに進んだ諸国民との自由貿易によって未開状態から向上して農業を発達させ、それからは制限によって自国の製造業と漁業と海運と外国貿易との興隆を促進し、最後には富と力の最高段階にのぼりつめたところで、自由貿易と内外市場での自由競争を次第に導入することによって (durch allmähliche Einführung des freien Handels und der freien Konkurenz auf den eigenen wie den fremden Märketn) 自国の農業者や製造業者や商人が怠惰になるのを防ぎ、既得の優越を確保するように彼らを刺激しなければならない。私たちが見るところでは、スペインとポルトガルとナポリとが第一の段階にあり、ドイツとオーストリアと北アメリカ (Deutschland, Österreich und Nordamerika) とが第二の段階にあり、フランスが最後の段階に近接しているようであるが、この最終段階に到達しているのはいまのところ大ブリテンだけである」[12) と。一読して分かるように、両者は、多少の違いがあるといっても、まったく同一内容のものといってよい。

　したがって、このように見てくると、先にリストの原注にもとづいて、論文「外国貿易の自由と制限、歴史的観点からの解明」は、1837年の『経済学の自然的体系』、とりわけその「歴史編」と考えられていた部分の概要である、という先入観が間違っていたことが分かる。というよりはむしろ、この論文は、『経済学の国民的体系』の「歴史編」で展開される内容に先行する、リストの歴史認識とその叙述にかんする重要な、その意味では彼の生産諸力の理論が「深められている」論文であるということになる。そして、そのことを予見させるように、この論文の冒頭は、つぎのような文言ではじまっている。リストはいう。「すべての議会が年ごとの通商政策という大問題を議論し、世論がそれについて最終判断を下す権限があると思われている時代に、経済学のすべての体系を無視して、つぎのような問題を提起することは、ふさわしいことではないかもしれない。すなわち、外国貿易の自由と制限にかんして、歴史からな

にを学ぶのか？」[13]と。しかし，リストによれば，「筆者は，理論が歴史と経験に矛盾していると思われるたびに，理論の無謬性を疑うことに少しの疑念も抱くことがないくらいに，経済学のような学問では歴史と経験を確かな水先案内人と考えている」[14]と。

したがって，「歴史と経験を確かな水先案内人と考えている」リストは，すでに紹介した順序にしたがって，まずヴェニスの「歴史と経験」を取り上げることになる。彼は，つぎのようにいう。「ヴェニスは，貿易の自由で大きくなってきた。どんな手を使ってヴェニスは，船乗りたちの一村落から地中海の女王，十字軍の出先機関，中世最初の貿易大国へとその地位を引き上げ，ジェノヴァの追撃を首尾よく撃退することができたのであろうか？　富と力を手に入れたヴェニスは，高い関税とそれとは別の制限を採用した。人はこの措置を，ヴェニスの衰退の主たる原因と中傷するが，私たちにはまったく見当はずれのように思われる」と。そうではなく，リストによれば，「自由を通して大きくなったヴェニスは，みずからの貴族政治が開かれた自由を侵すようになるとともに衰えはじめた。そして貴族政治が，民主主義的なエネルギーの最後の残りカスをむさぼり食ってしまったときに，生気に代わって腐朽が登場した」[15]と。一読したところでは理解に苦しむのであるが，ここでは「外国貿易の自由と制限」が中心テーマとなっているにもかかわらず，リストは，ヴェニスの衰退の原因を「高い関税とそれとは別の制限」ではなく，「貴族政治が開かれた自由を侵すようになった」ことに求めているのである。

しかし，この点については，リストのいう「保護制度がドイツ商工業の保護と育成を目的としていたこと，つまり商工業を営む人びとの自由な経済活動を保護し育成することに主眼があったことを思い起こせば，ここでの彼の真意を理解することができよう。つまり，リストは，「高い関税とそれとは別の制限」といった通商政策よりも，「貴族政治が開かれた自由を侵すようになった」ことによって個々人の自由な経済活動を妨げるようになったことのほうが，ヴェニスの衰退の原因であった，と考えているのである。ちなみに，『経済学の国民的体系』の「歴史編」では，リストは，つぎのようにいっている。「さて，

第11章　F.リストと1839〜1840年の経済諸論文　283

この共和国とその貿易との衰退の原因を歴史に問うならば，その原因はまず第一に，堕落した貴族政治の愚行と弛緩と臆病とに，また隷属状態に落ち込んだ人民の無関心にある」[16]と。つまり，この点にかんするかぎりでは，この論文におけるリストの歴史認識とまったく同一なのである。ただし，「歴史編」では，彼はさらに続けて，つぎのようにいっている。「さらにその原因は，イタリアの他のあらゆる共和国の衰亡の場合と軌を一にして，国民的統一の欠如に，柄にない覇権に，国内での僧侶支配に，そしてヨーロッパでの大きくて強力で統一された諸国民国家の台頭にある」[17]と。

　とはいえ，これだけでは不十分なので，ハンザ同盟の「歴史と経験」についてのリストの叙述を見てみよう。この点について，リストは，つぎのようにいう。「自由貿易によって頭角をあらわしてきたハンザ同盟は，航法制限および外国における特権を根底にすえた自治共同体である通商同盟によって，みずからの偉業を達成した。工業や自分たちが属している一国民の自由や力に無頓着であった彼らは，近年の原理にしたがって，もっとも安く買えるところで買い入れ，支払いのもっともよいところでそれを売ってきた」。しかし，その後の歩みが示しているように，「ハンザ同盟は，みずからの商売と富を失った。というのは，彼らは繁栄の時期に，自分たちの同盟をもっと一体的なものとし，皇帝の力ともっと緊密に結びつくことによって，ドイツという国の出来事にもっと大きな影響をおよぼすことに気を配ってこなかったからである」[18]と。つまり，リストによれば，ハンザ同盟は，もっぱら海上を舞台にした自由な仲継貿易によって偉業を達成した。しかし，自由な経済活動のもう一つの舞台である陸地，具体的にドイツという地を軽視したために，同盟が仲継貿易から締め出されるようになると，急速に「富と力を失った」というのである。したがって，この場合にも，人びとの自由な経済活動を制約するものがあったことが，ハンザ同盟の衰退の原因と考えられているのである。

　この点について，「歴史編」でのリストは，つぎのようにいっている。「ハンザの諸都市の貿易は国民的な貿易ではなかった。それは国内の生産諸力の均衡と十分な発展とを基礎としてもっていなかったし，充実した政治勢力に支えら

れてもいなかった」。加えて，「彼らは，自分が海上を支配していた時代には，南ドイツの都市同盟たちと結んで強力な下院を創設し，帝国の貴族と均衡を保ち，皇帝の権力を介して国民的統一を達成し，ダンケルクからガリにいたるまでの全地帯を一つの国民国家に結合し，このようにしてドイツ国民に産業，貿易，海上勢力の上で支配権を獲得し維持させることが，きわめて容易にできたことであろう。ところが彼らの手から海上の王笏が落ちたときには，彼らはすでに，ドイツの帝国会議で自分の貿易を国民的な重大事だと認めさせるだけの影響力さえもまったく不足していた」[19]と。一読して明らかなように，この場合にも，ハンザ同盟の衰退の原因については，論文「外国貿易の自由と制限，歴史的観点からの解明」とまったく同一のことが衰退の原因として指摘されているのである。

　さて，ここでは，ヴェニスとハンザ同盟の「歴史と経験」のみを取り上げたにすぎない。それに続いてベルギー，オランダ，イギリス，スペインとポルトガル，フランス，ドイツ，北アメリカの「歴史と経験」が取り上げられることになっている。しかし，それらを見るまでもなく，この2つの例を見るだけでも，この論文「外国貿易の自由と制限，歴史的観点からの解明」において，つまり1839年の時点で，リストは，主著『経済学の国民的体系』の「歴史編」の基本的な骨格部分を，叙述の順序およびその内容の面からも，すでにつくり上げていたことが分かるのである。

3．「今年のパリ全国工業博覧会，ドイツとの関連で」

　この論文では最初に，今回の博覧会が9回目であることの紹介にはじまり，それは過去のものに比べて，「豪華絢爛である」ことにその特色がある，とリストは記す。そして，他方で，それとは対照的な光景を描写しながら，リストはつぎのようにいう。「しかし，隅々まで豊かさが行きわたっている国々で，農夫や労働者の床を覆っている安物のカーペットの中にただの1つの傑作品も，私たちは見たことがない。そうした品は，フランスでは知られてもいない

し，求められてもいない。根気と忍耐力，発明精神と洗練さの十分の一でも
が，こうした無価値と思われている対象の生産に向けられるならば，必需品や
便益品の国民的な生産を飛躍的に改善するのに申し分ないであろう」[20]と。「必
需品や便益品」といった，国民的な視野でのスミスの富の規定を継承しなが
ら，リストは，この全国工業博覧会での国民不在性を明らかにする。その上で
さらに，彼はいう。「要するに，この博覧会は，フランスの真実の姿とフラン
ス的精神を提供してくれる。そこには，地方にはほとんどなにもなく，首都に
ほとんどすべてのものがあるという，フランスの中央集権の精神（der Geist der
französischen Zentralization）が，そっくりそのまま投影されている」[21]と。自治・
分権論者リストならではの，まさに鋭い観察である。

　とはいえ，この論文には「ドイツとの関連で」という副題がついている。し
たがって，こうした観点から，リストが博覧会そのものをどのように見ている
かということにも，注目する必要があろう。その点について彼は，つぎのよう
にいう。今年のパリ全国博覧会にはすでに示したような欠陥があるとはいって
も，その博覧会を通して「展示品の良し悪しが思案されていくうちに，人は将
来的には，国民的な工業全体に対する改善の有用性と重要性，欲望充足に対す
るそれらの影響と大衆の福祉の促進を考慮することになろう」[22]と。つまり，
リストは，博覧会そのものの有用性を否定はしていないのである。したがっ
て，彼は「ドイツとの関連で」，つぎのようにいう。「こうした施設（Institut）
は素晴らしいものであり，大がかりでとても重要で，公益的なものであり，工
業を重んじ気高くするものであって，ドイツによって擁護されるに値するもの
である」[23]と。

　しかも，彼の博覧会に対する期待は，これにとどまらない。その有用性の確
認の上に，彼は続けて，つぎのようにいう。「なるほど，これまでのあいだに，
ほとんどすべてのドイツの諸邦で工業博覧会は開かれてきた。しかし，それま
で別々の関税制度（Separat-Zollsystem）と事情は変わらなかった。万事が限定
されたものであり，その作用も限られていた」[24]と。しかし他方で，「さまざ
まな諸邦へのドイツの分裂は，それが概して中央集権よりは部分的な発展には

助けになるように，こうした関連でも，大いなる利益を提供するであろう。というのも，それが調停のためのきっかけを与え，諸個人と同様に諸政府を有益な競争心に駆り立てるからである。しかも，同盟関係が博覧会の順次開催を命じるので，その作用も全国民的に均等に広がるであろう」[25]と。「ドイツの分裂」という事態を逆手にとって，自治・分権論者リストは，中央集権の場合のような「上からの開催」方式とは違った，博覧会の順次開催を通して各諸邦が競い合ってその作用を全国民に広げていくという，「下からの開催」方式を構想しているのである。

　そしてまた，その実現可能性は，ドイツには大いにあった。その点についてリストは，つぎのようにいう。「フランクフルトやライプツィッヒのメッセ（大市）は，ドイツではこれまでずっと全国博覧会の職務を代行してきたし，今後も部分的には代行するであろう。しかしながら，ドイツの国民的な工業の新たな要請を，この点でメッセだけではもはや満たすことができない。実際に，これらの諸都市は自分たちのあいだで算段することができるので，それらにベルリン，ケルン，ミュンヘンとシュトゥットゥガルト，アウグスブルクとニュルンベルクを加えれば，全国博覧会にもっともふさわしいものとなるといってよい。それゆえ，フランクフルトの工業協会が，ドイツ工業のこの重要な出来事で先導役を買って出ることが望まれてしかるべきである」[26]と。つまり，リストによれば，各諸邦が博覧会を順次に開催しようとする場合にも，その候補となる諸都市が，メッセですでに実績のあるフランクフルトやライプツィッヒを筆頭にして，ドイツの全国各地に存在しているというのである。そして，こうした博覧会の順次開催を可能にするためにも，諸邦の政府まかせにするのではなく，「フランクフルト工業協会」に結集する市民たちの積極的な働きかけが強く求められている，と彼は考えているのである。

　「ドイツとの関連で」リストがつぎに注目するのは，工業の発展とは不可分な農業分野の状況である。この点について，彼はつぎのようにいう。「奢侈工業に比べて農業は，フランスでは過去50年間に進歩に立ち遅れがあった」と。そして，さらに続けて彼は，つぎのようにいう。「とくに非難されるのは，政

第 11 章　F. リストと 1839～1840 年の経済諸論文　287

治が灌漑用水路の投資のためにまったくなにもしてこなかったことで、それがあれば多くの地、とくに南部で農業生産が飛躍的に高まることができた」。なるほど、「課業の促進のために、七月政府のもとで多くのことがおこなわれ、とりわけ農業の見直しと改善の普及のために多くの有益な施設が実現された。ほとんどの州に模範農場があり、比較的大きな都市には農業講座がある。工業に対する高等工業学校やパリの中央工業学校の影響は、明らかである。それにもかかわらず、フランスの聖職者たちが課業の促進にそれほど乗り気ではないこと、また硬直した中央集権制度が教育の促進に向けた市民の熱情を抑制したことは、残念といわざるをえない」。とはいえ、「中央集権制度はどこでも、農業に不利に作用する。人はパリにだけ顔を向けるので、首都だけに成熟した社会や精神的な満足を見出すので、すべての知性や資本がこの中心に向かって流れ込む」ことになるからである[27]、と。ここでも、農業分野でのフランスの立ち遅れが、「中央集権制度」と結びつけて理解されている。

　最後に、「ドイツとの関連」を意識しながら、リストは、フランス工業の現状について紹介する。この点について、彼は、つぎのようにいう。「フランスの製造部門の中では、現在のところ、羊毛・絹・木綿製造業が全盛期にあり、これらの品目では外国の競争を懸念することなく許容することができる、と信じられている。それに対して、亜麻布製造業は、この時期、イギリスの機械紡糸や機械紡織によってかなり圧迫されていた」。そしてこうした事態に直面して、「内閣で自由貿易の理論のもっとも熱心な信奉者たち（パシー、ヴィルマン、デュフォール）がそのために原則を信用しなくなったことを、私は請け負ってよいと思う。また、それはきわめて疑わしいものと思われるが、今回の会期中に討議に付される見通しがなくなれば、議会の延長直後に、大臣が機械亜麻布紡糸・紡織に対する関税の約 10％の引き上げを決意したことを、私は確かな筋から聞いている」と。つまり、リストによれば、フランスの亜麻布製造業では、イギリスの機械紡糸・紡織による厳しい競争に直面したために、議会および行政府は、自由貿易の理論の熱心な信奉者を含めて、それへの対応として保護関税制度の導入に踏み切らざるをえなくなったこと、したがってフランスで

も保護関税制度の重要性と必要性が自覚され，自由貿易の理論は実践的に破綻した，というのである。

　また，保護関税制度の継続期間に関連して，リストは，つぎのようにいう。「しかし，フランス人が機械製作でイギリス人と肩を並べるだけでなく追い越したとすれば，なんのために保護関税制度を継続する必要があるのか？　と問うことはできよう。こうした異論は，工業の本性を知らない人物によってのみ展開されることになる。すでにあるものに対して利益を付して新しい工場を経営するには，すぐれた機械だけでなく，企業家の側面からの経験，とりわけ訓練された労働者がそれに加わる必要がある。二つとも，多年の修練を通してのみ形成することができる。最後に，大きな事業に投資し，多くの蓄積を保持し，信用販売することができるためには，特段の大資本が必要である。新しい工業部門の事業に必要な知識や経験をもっている人々は，滅多にいない。また同時に，そのために必要な資本所有者も，同様である。しかも資本家が，国内工業が外国の競争とどんなに厳しい闘いをしてきたか，また新しい事業の成功がどんなに不確かなものであるかを知るならば，自分の資本を専門知識のある人びとに委ねることに十分警戒するであろう。これに対して，適切な保護関税が，労働者や資本家と同様に，技術者にも十分な保障を与えれば，必要とされる技術的・個人的諸力と資本は，早急に見出されるであろう」[28]と。いわば公式主義的な自由貿易論者に対して，リストは，「工業の本性」を知る立場から，痛烈な批判を展開しているのである。

　さてここまで，論文「今年のパリ全国工業博覧会，ドイツとの関連で」の中で展開されていた主要な論点について，見てきた。そしてその中でも，これまでに見られなかった論点として，博覧会の開催方式についての見解に注目する必要があろう。つまり，フランスにおける博覧会の開催方式が中央集権的な「上から」の開催方式であるのに対して，リストは，「ドイツの分裂」を逆手にとって，博覧会の順次開催方式を通して各領邦が競い合ってその作用を全国民に広げていく，自治・分権的な「下から」の開催方式を提唱していたのであった。しかも彼は，フランクフルトやライプツィッヒにおけるメッセの経験とそ

の蓄積を踏まえて，ドイツ全土における博覧会の開催可能性についても，また
その先導役としての市民たちの役割についても言及していたのである。その意
味でも，この論文を通して，リストの思想はさらに「洗練され，深められて
い」った，ということができるであろう。

4．「歴史の法廷に立つ経済学」

この論文は，ここで取り上げている 6 つの経済論文の中で唯一，フランス語
で書かれたものであり，そのこともあってか，分量的にはもっとも短い論文で
ある。そして，リストは，つぎのようなフランスをめぐる最近の経済事情を紹
介することから，論文を書き出している。「最近になって，ポウレット・トム
プソン氏がフランスに対して，旧来の亜麻布製造業を保護するつもりでいるの
であれば，イギリス市場からワインとブランデーを締め出すと脅迫しているこ
とを聞いた」[29] と。ちなみに，ここでリストが，ポウレット・トムプソン
（Poulett Thompson）と呼んでいる人物は，イギリス商務省の長官やカナダ総督
を歴任したポウレット・トムソン（Poulett Tomson）の間違いであろう。彼の兄
がポウレット・スクロウプ（Poulett Scrope）であり，この論文の中でもあとで
登場してくるウイリアム・ハスキソン（William Huskisson）とともに植民地，と
くにカナダ産穀物の特恵政策を唱えた人物である。というのも，彼らは，外国
穀物への高い依存が国の安定にとってきわめて有害なことと考えていたからで
あった。

ともあれ，リストは続けて，つぎのようにいう。「トムプソン氏は，以前に
ハスキンソン氏がおこなったことをなしえていない。イギリスがアメリカ合衆
国の生産物，とりわけ穀物を禁じながら，自国の製造業のための保護制度を打
ち立てることによって合衆国を困らせたことは，ゆるぎない」。したがって，
「イギリスでは貿易の自由を，工業製品をどこでも好きなように輸出する一方
で，どこからも受け入れない自由の意味で使う。これがハスキソン氏の，い
わゆる改革全体を支配する原理である」[30] と。ちなみに，「ハスキソン氏の，

いわゆる改革全体」といわれていることは，彼が商務長官時代の 1824～25 年におこなった関税改革と航海条例の改正といった，自由貿易的な改革のことを指している。それはともあれ，いつもは自由貿易を声高に叫びながら，自国の利益にそぐわない事態が生じると，手のひらを返したように平気で保護制度を導入する一方で，同じ目的を追求する相手に対しては脅迫まがいのことをするイギリスの身勝手さを，リストは，ここで痛烈に批判しているのである。

こうした事態を前にして，リストはあらためて，つぎのようにいう。「世間では，つぎのようにいわれている。学問はどんな場合でも，制限が有害であって貿易の絶対的な自由が有利で有益であることを歴史と経験で証明してきた，と。というのは，歴史と経験は，経済学における唯一の指針であるだけでなく，すべての意見対立にとって最終的にはもっとも有能な裁判官だからである」[31]と。ここでリストは，先に見たリストの論文「外国貿易の自由と制限，歴史的観点からの解明」の中でも登場していた「歴史と経験」を，「経済学における唯一の指針」として，また「すべての意見対立にとって最終的にはもっとも有能な裁判官」として，その重要性を再確認している。そして，その再確認の上で彼は，つぎのようにいう。「ところでいわゆる経済学という学問が歴史と経験の診断をいつでも仰いできたということを，私たちは明白に否定する」[32]と。先の論文「外国貿易の自由と制限，歴史的観点からの解明」において「歴史と経験」にもとづいて，その後の主著『経済学の国民的体系』における「歴史編」の基本骨格となる部分をすでに形成していたこともあってか，リストはここで，いわゆる世間の常識となっている「学問観＝経済学観」に真っ向から立ち向かうのであった。

そして，リストは続けて，つぎのようにいう。「歴史は実例を通して私たちに，つぎのようなことを明らかにする。すでに文明化された近代の国民は，自国の原生産物を輸出するためにイギリスの工業製品の輸入を促進しながら，貿易の自由を導入しようと試みてきた。経験は，イギリスはそんな風に不利な取引をすることに同意した人びとに対して，災いをもたらした。例えば，1703年にメチュエンで締結された条約以降に破綻したポルトガルを，私たちは目の

当たりにした。また（イギリスでイーデン条約と命名された）1786年の条約によって破綻したフランスを，私たちは目の当たりにした。また私たちは，二度にわたって同じ経験を試みたが，二度とも破綻した合衆国を目の当たりにした。最初は独立戦争後，ついでガンの講和後である。私たちは1815年から関税同盟の結成まで，破綻したドイツを目の当たりにした」。したがって，リストによれば，「結果は実際には，貿易の絶対的な自由の原理とあまりにも一致していない」ことが分かった[33]，と。ちなみに，ここで合衆国に関連して「ガンの講和」が語られている。それは，英仏間の戦争に巻き込まれたアメリカが，ナポレオンの失脚による戦争の終結とともに，1814年にベルギーのガンにおいて，イギリスとのあいだに締結した講和条約のことである。それはともあれ，続いて彼は，すでに論文「外国貿易の自由と制限，歴史的観点からの解明」にはじめて登場し，主著『経済学の国民的体系』の「歴史編」に引き継がれた「歴史の教訓」を，ここでも再び展開するのであった。

　その上で，リストは，この論文の総括的な部分で，つぎのようにいう。「人はこういう場合に，医学と同様にもっぱら観察と経験にもとづいた学問にあっては，歴史の教えに問い合わせるのがはじめてあることを知って驚かされる。ひとたび経済学が歴史の法廷で裁かれることになれば，私たちは良識，理性および哲学の証人席（la barre du sens, de la raison et de la philosophie）に経済学を同行する」[34]と。つまり，リストは，「歴史の法廷」において，「良識，理性および哲学の証人席」の前に立っても，「貿易の絶対的な自由」を主張する経済学には，「歴史と経験」に照らしてなんらのやましさもないのか，と「洗練され」た文体で問うているのである。そして，そこには，みずからの「生産諸力の理論」こそ「歴史と経験」を踏まえたものであるという，自信にあふれたリストの姿が浮かび上がってくるのであった。

5．「バウリング博士とドイツ関税同盟〔Ⅰ〕」

　この論文についても，これまでと同様に，その書き出しから見てみよう。リ

ストは，つぎのようにいう。「バウリング博士がマンチェスターやリーズの立派な工場主たち，つまり私たちの良き従兄弟である英国人（John Bull）に，ベルリンに自分を派遣することの有用性について自分に都合のよい見解を理解させようと努力していること，彼のドイツ工場事情の描写がイギリス的な観点のものであって，少しもドイツ的なそれから解釈されていないことを，私たちはまさに当然だと思うし，外交手腕のある博士を決してとがめようとは思っていない。しかし，バウリングの講演がドイツの新聞にも転載されるので，私たちがそれをドイツ的観点から正し，役立つものと役立たないものとを選り分けることは，確かに無駄なことではないだろう」[35]と。ここで，リストから名指しされているバウリング（John Bowring, 1792-1872）博士については，これまで馴染みのない人物であるので，"Oxford Dictionary of National Biography, volume 6" に依拠しながら，その人物像を追ってみよう。

　それによれば，バウリングは，若くして貿易会社を設立し，フランスおよびイベリア半島のニシンの船積みとワインをイギリスに輸入する仕事に携わった。しかし他方で，彼は，事業展開の必要もあって各国を旅する中で，天性の語学力と如才ない人づき合いからその国の著名人とも面識を得るとともに，彼らの作品を各国語（例えば，オランダ語，スペイン語，ポーランド語，セルビア語，ハンガリー語，チェコ語など）に翻訳するようなこともおこなっている。ただし，それには多くの協力者がいたのであるが，バウリング自身は，それらすべてを強固に否定し続けた。ともあれ，こうした活動を続ける中で彼は，1829 年にオランダの大学から「名誉博士」号を授与されることになった。しかも，彼のこうした資質はイギリス国内でも発揮され，その最大の成果といえば，1820 年に友人を介して紹介されたジェレミー・ベンサム（Jeremy Bentham, 1748-1832）との出会いであった。そののちのバウリングは，事業活動の失敗による財政破綻や反トルコ活動のギリシャ人たちを支援する委員会の資金横領疑惑といったことで，自分自身が窮地に陥ったりしたときにいつでも，ベンサムを最大の庇護者としたのであった。

　それだけではない。1832 年 6 月 6 日にベンサムが彼の腕に抱かれながら死

第 11 章　F. リストと 1839〜1840 年の経済諸論文　293

去する直前に，バウリングは，ベンサムからすべての草稿とそれを出版するための多額の資金を託されるほどに，彼の信任を得ていたのである。それが今日，バウリング版の『ベンサム全集』とされている ”The Collected Work of Jeremy Bentham (11vols. 1838-43)“ である。しかし，彼が「この手に負えない仕事」に真面目に着手するには，時間と能力に制約があった。つまり，1830年秋のウィッグ政府の成立にともなって政府部内に人脈を得たバウリングは，政府会計（the public accounts）にかんする特別委員会で有給の書記を務めることになった。続いて 1831 年には，彼は，イギリスとフランスの通商関係にかんする特別委員に任命され，1832 年からの 3 年間をフランス中部と南部をくまなく走破する調査旅行に追われていたのである。そのために，彼の最大の庇護者であったベンサムの信任を得ながらも，バウリングは，「この手に負えない仕事」の大半を他人にまかせっきりにしたのであった。しかし，その一方で，こうした経緯をもつ『ベンサム全集』であるにもかかわらず，それは皮肉にも，これまでに出版された唯一の全集として，したがって権威ある「バウリング版」として世に知られることになったのである[36]。

　彼の最大の庇護者であったベンサムとの関係は，それだけにはとどまらなかった。1832 年に選挙法が改正されることを見越したベンサムは，1831 年 4 月，バウリングを下院議員候補に推薦するほどに肩入れをしてくれたのであった。その甲斐もあって 1835 年に，バウリングは下院議員に当選するが，2 年後の選挙では再選を果たすことができなかった。それに代わって彼は，政府の重要な通商交渉使節団の一員として，エジプトおよびコンスタンティノープルに派遣され，1 年間その地にとどまることになる。1838 年 9 月に帰国したバウリングは，それでも時流を見ることにあやまたず，翌年 3 月の「全国反穀物同盟」の結成につながるマンチェスター会議の呼びかけに加わることになる。その結果，1841 年に彼は，自由貿易派の候補として下院議員の選挙に立候補することになり，見事に当選することになった。7 年間の議員生活の中で，彼は穀物税の廃止，貧者救済にあたっての人道的な配慮，成人教育の拡大，隔離規制の改正，軍隊におけるムチ打ち刑の廃止，アヘン貿易の禁止，そして奴隷制

の世界的な規模での廃止などの活動に加わった。また，他方で彼は，10進法貨幣制の導入を積極的に図り，1849年に銀貨の導入を下院に動議として提出したりしてもいる。

　議員生活を続ける一方で，バウリングは，再び事業活動に関心をもつことになる。1843年の製鉄所への投資を皮切りに，1845年には鉄道会社の理事長もつとめることになった。しかし，この方面での才覚に彼は恵まれず，再び深刻な財政的破綻に直面することになる。そうした彼に援助の手を差し伸べてくれたのは，彼の政界人脈であった。1848年10月，バウリングは，空席になっていた広東領事のポストを1800ポンドの俸給で勧められたとき，すでに56歳という年齢であったにもかかわらず，即座に引き受けたのであった。そして，1853年に休暇でイギリス本国に帰っていたあいだに，彼はなんと，極東における貿易の全権を付与された筆頭支配人，香港総督，最高司令官で海軍中将に任命されたのである。しかも，こうした地位につくことによって，彼の政治的な変節が表面化することになる。つまり，バウリングは，下院議員の時代には「アヘン貿易の禁止」を唱えていたにもかかわらず，その主張を撤回することになったのである。それは，表面的には中国統治の困難さが理由とされていたが，実際には，幕末期の日本とのかかわりも深く，極東におけるアヘンの最大取引業者であったジャーディン・マディソン商会の共同経営者に，バウリングの息子がなっていたためであった。また，この商会は，バウリングへの資金提供の役割もつとめていたのである。そのこともあって彼は，「アヘン商人に魂を売った」と非難されることになる。

　1856年10月，イギリス船籍の軽便船アロー号が航海中に中国軍船に横づけされるという，世に「アロー号事件」として知られる出来事が起こった。こうした事態に対してバウリングは無謀にも，その権限にもとづいて，海軍の派遣・広東への砲撃・強制入港を正式に許可したのであった。このような「砲撃外交」に反発した中国人たちは，1857年，パンの中にヒ素を混入させることによって香港在住のヨーロッパ系住民の毒殺をはかるという，報復を計画し実行に移したのである。そのために，死者こそ出なかったが，バウリングやその

第 11 章　F. リストと 1839〜1840 年の経済諸論文　295

家族も含めて 300〜400 人の重病者が続出する事態となった。その一方で，容疑者とされた中国人たちはただちに逮捕されたが，裁判では証拠不十分であることを理由に全員が無罪となったのである。事件の余波はこれにとどまらなかった。この事件はイギリス本国にも伝わり，バウリングの行為と統治に対する不信任の動議が両院に提出されるという事態にまで発展したのである。そのために，政府は窮地に陥ったが，争点を異にした選挙に勝利することによって，ようやくそれを脱することができた。しかし，政府は，バウリングをそのままにしておいたのでは事態をさらに悪化させると考え，彼を解任し配置換えにする措置をとらざるをえなかったのである。

　さて，こうした経歴をもつバウリングを相手に，リストは，すでに見たように，ドイツの工場事情についてのイギリス的観点からの描写に対して，「それをドイツの観点から正し，役立つものと役立たないものとを選り分ける」作業にとりかかるのであった。したがって，まずリストは，つぎのようにいう。「バウリング博士がまったく思い違いをしているのは，ドイツ人が穀物や木材をイギリスに向けて輸出する一方で，それにともなってイギリス人の製品を当然に受け取ること以上の幸福を望んでいない，と彼が確信するときである」[37]と。つまり，リストによれば，バウリングは，これまでの経済事情にしたがってドイツ人像を語っている，というのである。しかし，その一方で，リストは，つぎのようにもいう。「しかし，諸民族や諸国民のこの鋭い観察者は，ドイツ関税同盟の結成以来，国民性の精神がドイツで長足の発展を遂げたこと，それ以来，工業的事情がどこでも国民的観点から考えることが教訓とされたこと，そして，こうした思考様式でそれに続く 3 年間のうちにさらなる発展をとげることが期待されていることを，確かに見落とすことはなかった」[38]と。つまり，1834 年のドイツ関税同盟の結成以降，ドイツ人の思考様式に大きな変化が生じていることについても，バウリングの鋭い観察眼はさすがに働いている，とリストはいうのである。

　そして，リストは，講演の中で用いたバウリングの言葉を引き合いに出しながら，つぎのようにいう。「しかも，バウリング博士自身はあの雄大なる言葉，

それが今日のドイツ人の合言葉にまだなっていないとはいえ，近年のうちには
まったくゆるぎないものとなるであろうもの，工業的な自立！　という言葉を
述べた。発言者がドイツ人に工業の本性や工業的な自立の必要性と利点に対す
る十分な洞察があると思ったならば，彼は自分の同国人に，つぎのような期待
をさせることはほとんどなかったであろう。つまり，ドイツ人は穀物と木材に
対する輸入関税を『引き下げる』ことがイギリスのトーリーやユンカー階級だ
けに歓迎されるかぎりでは，引き続きイギリス製造業の隷属状態になることを
願って『同種族のイギリス人に対する思慕』を追い求めるであろう，と。ドイ
ツ人が他の国民以上にイギリス人に好感をもっていることは，本当である。イ
ギリス人の道徳性と宗教性，イギリス人の法・順法感覚，イギリス人の我慢強
さと力量は，ドイツ人のもとで大いに評価されている」[39]と。つまり，リスト
によれば，バウリングは，ドイツ関税同盟の結成以降にドイツ人の思考様式に
大きな変化が生じていることを鋭くとらえていながら，実際には，依然として
ドイツ人をイギリスに対する感傷的な思慕のレベルでしかとらえていない，と
いうのである。つまり，バウリングが描写するドイツ人像は，「ドイツの観点」
からは「役立たないもの」である，ということになる。

　したがって，リストは，今日のドイツ人の実像を明らかにする意味もあっ
て，つぎのようにいう。「しかし，ドイツ人は歴史，それもとりわけ通商政策
の歴史を勉強しはじめて以来，諸国民が利益に比べたら感情を自分たちの政策
に少しも取り入れることがないし，通商面でのイギリスの類縁関係がイギリス
よりもっと近い関係にあるオランダのそれに比べてもドイツ人には少しも役立
っていない，ということが分かるようになった」[40]。したがって，「イギリス
人は，通商政策の問題で彼らが感傷的な面から私たちを理解しようとしたり，
社交室向けの発言に重きをおいたりするとき，明らかに思い違いをしている。
感傷の時代は，ドイツではとっくの昔に終わっており，それがこの同盟を結成
したと同様に，世論だけがドイツ関税同盟の将来の制度を形成するであろう。
しかも，ドイツの通商制度には，国民の工業的な自立以外の目標は存在しな
い」[41]と。そして，このことを裏づける意味合いもあってか，つぎのようにい

第 11 章　F. リストと 1839〜1840 年の経済諸論文　297

う。「穀物や木材を輸出し，製品を輸入することは貧しく，非文明的で，弱小な諸国民や植民地にとってのみ好都合なことである。工業が活発で，豊かで，力があり，分別のある諸国民は，自分たちの原料や食糧をみずから消費し，外国の原料や食糧品と交換する豊富な工業製品を生産する」。そして，「バウリング博士の講演こそは，ドイツがこの目標に向かって力強く進んでいることの立派な証明である」[42] と。つまり，リストによれば，今日のドイツ人は，バウリングの鋭い観察眼がとらえたように，関税同盟の結成後は「国民の工業的な自立」という「目標に向かって力強く進んでいる」というのである。

　そして，このことに関連して，リストは，つぎのようにもいう。「ドイツの工業の進展とイギリスの穀物法の愚かさについて彼が講演の中で述べたことだけが，真理に適っている。彼はまったく正当に，つぎのように主張した。この法律がドイツの保護制度をもたらした，と。したがってイギリス国民は，ドイツ国民に離縁状を与えたことにもなる。ドイツ人は，イギリスの従兄弟とは別れなかった。離縁がドイツ人を解放することになったのは，なるほど同系の従兄弟の意図ではなかったが，いまでは事実である。自分が長時間かけてみずからの経済を繁栄させたあとで，解放された者を説得しようとするのは，明らかに愚かなことである。彼は再び，以前の未青年で依存の状態に戻ってしまうことになる。ドイツ人は，十分すぎるほど長いあいだイギリス人の木樵で，箒製造人で，羊飼いであった。ドイツ人は，イギリス人の召使となることを二度と望んでいなかった」[43] と。この論文の冒頭にあった「マンチェスターやリーズの立派な工場主たち」という文言が，「全国反穀物同盟」に結集した人物たちを念頭においたものであるとすれば，バウリングのいっていることは，すでに論文「イギリス穀物法とドイツの保護制度」で見たように，イギリス・マンチェスター派の主張そのものであると同時に，ドイツの保護制度の採用を正当化する論理としてリストが用いたものでもあった。その意味でも，ここでのバウリングの主張は，「ドイツの観点」からは「役立つもの」といえるのである。

　さて，こののちもリストは，バウリングの講演内容を適宜引き合いに出しながら持論を展開した上で，つぎのように総括的に語る。「製造業は，時間をか

けて成長する草木である。一世代がつくり上げてきたものは，数年ではとても根絶やしにすることはできない。ドイツの工業的な独立と偉大さを永久に基礎づけるには，いまをおいて他にない。そのためには，ドイツの民族がドイツの工業の現状に確固たる信頼を抱くことが，とりわけ必要である」[44]。そして，その意味でも，「ドイツがみずから採用した工業化の道にそって前進するのにともなって，ドイツ工業の絶えざる前進を目指す関税制度の必要性は，ますます明らかになる」。現実に，「どの国民も，自分たちの豊かさと力の保証をみずから求める。そして，諸国民が諸個人ほどに成長できないのは，自分自身以上に他人を当てにするときである」[45]と。「ドイツへの自分の派遣の有用性」というプロパガンダのためにおこなわれたバウリングの講演も，これまで見てきたように，リストの手にかかると最終的には，関税同盟結成後に「国民の工業的な自立」という「目標に向かって力強く進んでいる」ドイツ人とドイツの国民経済の現状に対する応援歌に，見事に置き換えられてしまうのであった。

6. 「国民的な工業生産力の本質と価値について」

　この論文は，1840年1月に，すでに見た論文「外国貿易の自由と制限，歴史的観点からの解明」と同じく，『ドイツ四季報 (Deutsche Vierteiljahrs Schrift)』に発表されたものであり，また主著『経済学の国民的体系』(1841年) にもっとも近い時期に書かれたものである。そして，この雑誌の性格とも関連するのか，この論文では，時論的というよりも理論的で体系的な展開の仕方に，その特徴が見られるのである。ちなみに，その展開の順序について大まかに見てみると，つぎのようになっている。つまり，① 私的経済学と国民経済学，② 生産諸力の理論と価値の理論，③ 国民的な工業力を育成する必要性について，④ 工業力の歴史的な役割，⑤ 国民的な工業力の本質とその価値，⑥「世界的な貿易の自由」という理念について，⑦ 独占について，⑧「工業資本」の役割，⑨ 恒久性と連続性の原理，⑩ 国民的生産力と国民的分業，⑪ ツンフト体制と地域的分業・地方市場，と続くのである。このことを念頭におきながら，

第 11 章　F. リストと 1839～1840 年の経済諸論文　299

この論文「国民的な工業力の本質と価値について」の中で，リストの生産諸力の理論がどのように「洗練され，深められている」かを，具体的に見てみよう。

　まず冒頭で，リストは，つぎのようにいう。「さまざまな諸国民の歴史と統計を考察し比較してみると，……諸国民の精神的，社会的および物質的諸事情が，互いに条件づけられているということである。豊かさの増進はいつでも，文明と社会的な諸制度の進歩をともなっている。そして，精神的で社会的な進歩がなければ，物質的な豊かさへの作用もありえない。ここからいえることは，全国民がどのようにして豊かになるのかを学ぶためには，物質的な諸財が諸個人によってどのように生産され，それらがどのように配分されて消費されるのかを探求することだけで，私たちが満足してはならないということである。それは，個々の商人や製造業者や農業者にとって十分といえる学問だが，政治家や立法者にとってそのより高度な効能のためには不十分と思われるに違いないものである。彼らの目的は，有益なものの蓄積を個々人に可能にすることよりも，むしろ全国民に豊かさをもたらし保証する諸力や諸制度の蓄積を可能にすることである」[46]と。つまり，ここでのリストは，これまでも主張してきたように，経済学には私的経済学だけではなくて国民経済学も必要である，といっているのである。

　ついで，これを受けてリストは，つぎのようにいう。「アダム・スミス以後に大学で講じられるようになった，価値の概念から出発して個人的な特質と生産過程しか注目しない一面的な学説は，どの箇所でも国民，国民の状態，国民的諸力，政策を無視し，目を向けようとしないのに対して，政治家や立法者はどんな場合にも，後者から出発しなければならない」。そして，続けて彼は，つぎのようにいう。「視点が異なれば，その考え方もどのように異なるかということについて，私たちは，いくつかの例を挙げてみたいと思う。イギリスの商人たちは大量のアヘンを広東に輸出し，そこでこの商品を紅茶や生糸と交換する。貿易は，両方の国の商人にとっては儲けとなる。価値の理論にしたがえば，こうした交通は両国民にとって有益である。というのは，それによって，

両方の生産が促進されるからである。それに対して，広東の総督は，つぎのように主張する。アヘンの消費は中国人の道徳性，知性，家族の安寧および治安に言語に絶する有害な作用をもたらし，また，この取引を続ければ大変な国民的害悪を蒙ることをおそれなければならないのだが，それほどに急速にアヘンの消費は進んでいる，と」。その意味では，「私たちが紅茶や生糸と交換した例の価値は，私たちの文明全体，それに加えて生産力全体を無益なものにすることにしか役立っていない」。したがって，「これこそが，生産諸力の理論を価値の理論から区別するものである」[47]と。つまり，国民全体の幸福を追求する生産諸力の理論は，利益のためにはアヘン貿易をも容認する価値の理論とは決定的に異なる，とリストはいうのである。

　さらに，その延長線上で，国民的工業力の必要性に関連して，リストは，つぎのようにいう。「フランスは目下のところ，すべての製品を，絹製品を唯一の例外として，イギリスよりも高く生産している。ワイン生産者，港湾都市の商人，絹製造業者およびアダム・スミスとJ. B.セーの諸著作を経済学上の啓示と見なしている学者たちは，つぎのように主張する。フランスがイギリスとの自由貿易を介するのに比べたら福祉をうまく進めていない，と。彼らのいうところによれば，どんな国民も自然の恵みによるか，あるいは長い修練や特別の技能によるかにせよ，固有なものとなった特定の生産部門をもっている。例えば，イギリス人はほとんどの製造業部門で，フランス人はブドウやオリーブ栽培，養蚕および絹製造業といった具合である。したがって，双方が関税国境線を開放すれば，イギリスはフランスの生産物を，フランスはイギリスのそれをもっと安く手に入れることができるであろう。両国民の生産者と消費者は，儲けを倍加することができるであろう，と」[48]。しかし，こうした自由貿易論者の主張に対して，リストは，つぎのように反論する。「目下のところは十分に認識された真理とはいえないが，重要なのは，偉大なる国民の製造業が個々の部分を取りのぞくことができない，まとまりのある全体を形成していることである」。つまり，「私たちは，製造業についてではなく，国民的な工業力について語っているのである」[49]と。したがって，製造業について考えるにしても，

個別の利益ではなく国民的な利益を考えることが重要なのである，とリストは
いうのである。

　そして，その工業力が歴史の中で果たした役割について，リストは，つぎの
ようにいう。「狩猟民しかいなかったときには，だれもが製造人であった。分
業は牧畜状態で最初の広がりを見せたが，それは家族内でしかなかった。奴隷
と女性を担い手とした工業力は，弱小で付随的なものであった。農業を通し
て，土地の収益が獲得されるようになってはじめて，工業力は解放された」。
そして，「土地の収益を獲得することによって生じた工業力は共同して都市を
つくりあげ，都市の創設にともなって工業力は主導権を握った。工業は商業と
海運，学問，技芸および発明，市民的・政治的な諸制度，法律および自由，精
神的・物質的資本，国内の安全と対外的な力をもたらした」[50]。したがって，
「こうして商工業国家が形成されたのだが，その国家は自由に利用できる輸送
手段が満たされているかぎり，福祉と文明を国土の全域にわたって拡大し，狩
猟民を牧畜民に，牧畜民を農耕民へと育て上げ，後者を市民化した」と。しか
し，リストによれば，一つの国家が商工業国家に到達しただけでは，まだ不十
分なのである。彼の視野は国家間の関係，国際的な関係にまで広げられる。彼
はいう。「しかし，商工業国家がたんなる農業国家（Agrikuluturstaat）にどんな
有益な作用をおよぼしたとしても，――いつまでも後者は文明，富および力の
点で前者にはおよばず，後者はいつまでも前者に従属したままであった」。し
たがって，「農業国家（Agrikuluturnation）は，工業力をみずからの土壌で育て
ることに成功したときにのみ，最高度の文明と富，独立と力を達成することが
できる，という認識に必然的に到達しなければならなかった。こうして農業・
工業・商業国家が誕生した。それは，農業国家や商工業国家に比べて，ずっと
完成された共同体（Gemeinwesen）である」[51]と。

　以上の論述を踏まえて，リストはいよいよ，この論文の主題である「国民的
な工業力の本質と価値」に筆を進める。彼はまず，つぎのようにいう。「農
業・工業・商業国家をつくりあげ，それを完成させた最初の国民はイギリス国
民であり，より高度な完成を目指して努力しているすべての偉大な国民にも存

在している工業力の本質と価値を知るためにも，私たちがイギリスの歴史と統計を手に取るだけの理由がある」[52] と。したがって，これに続けてリストは，「イギリスの歴史と統計」をもとにして「工業力の本質と価値」について，論を展開するのであった。彼はいう。「イギリスがハンザ同盟やオランダに羊毛，錫および鉛，毛皮やバターを提供し，その代わりに工業製品を入手することで満足していたのであれば，海運も未発達のままであり，外国貿易も外国商人の手に握られ，農業も粗野であったので，食肉価格に比べて穀物価格は今日の3倍から4倍の状態にあった」。しかし，「製造業によって炭鉱と沿岸漁業が注目されるようになり，イギリスは，すべての国に商品を提供し，引き換えに原料や農産物を入手することができるようになった。製造人口の増大によって塩漬魚に対する需要が高まり，水産業が盛んになった。商船，沿岸海運および水産業はいたるところで，もっとも重要な島やすべての海洋と河川に通じる航路を制圧し，国民の製品市場の領域を拡大する強力な海軍力をつくりあげた」[53] と。つまり，リストによれば，工業力こそがイギリスを商工業国家へと進歩させたのだ，ということになる。

　しかし，イギリスの「工業力の本質と価値」は，それにとどまらなかった。リストによれば，それが文字通り「国民的な」ものであるかどうかは，国内農業との関係の中に見出すことができるのである。この点に関連して，彼は，つぎのようにいう。「イギリスの農耕や地主の今日の状態をそれ以前と比較してみれば，製造業におけるこうしたすべての進歩が地主や農業者全体を富ませることになったにすぎないことを，当然に確信するであろう。というのは，製造業と商業の改善と増大にともなって，人口は，それ以前の5倍から6倍に増大したからであり，またそれにともなって同時に，農産物に対する需要，したがって価格が，それにしたがって日給，地代および土地の価格が上昇したからであり，他方で，国内的な競争，資本の増大，加えて機械やその操作方法の進歩を通して，農業者の製造業需要の価格が引き続き値下がりしたからである。道路や河川航行の改善，運河や鉄道の投資は，もっぱら製造業からの税収によるものである。しかも農業は，これらの改善を製造業以上に役立てた。というの

は，それを通してさまざまな農業部門のあいだで分業が大規模に実現され，それを通してはじめて農業者は，農業の本性におおむね適うように土地を開墾し，また島全体でこれらの生産物の消費者と交流することができるようになったからである」[54]。したがって，最後に彼は問う。「工業力がイギリスの繁栄の根源であることを，だれが否定することができようか？」[55]と。

つぎにリストが取り上げるのは，「世界的な貿易の自由」という理念についてである。この点について，まずリストは，つぎのようにいう。「ケネーによれば，『世界全体は，商人たちの世界共和国（*eine Universalrepublik von Kaufleuten*）と見なされなければならない』と。この結論に重農主義者が到達したのは，彼らが個人とその個人を基礎とした生産過程から出発しながら，富の原因を探求しようとし，それを大地からの純益の中に見出さねばならないと確信したこと，また，彼らが特別の事情と欲求をもった国民と国民性をまったく無視する一方で，政治家や評論家が事物の本性にしたがって国民性とその改善を自分たちの主たる根拠や自分たちの努力の主たる課題にし，そこから出発して共同体全体の精神的・物質的な安寧の原因を求めようとしたことによってである」[56]。そして，「世界主義と個人主義の二つは，アダム・スミスによって引き継がれた。生産物に代えてたんなる物質的に生産的な労働と生産物の交換価値をもってきながら，彼はなるほど製造業に生産性という性格を認めるが，それは彼が理解したように，全般的な貿易の自由の原理と一致するかぎりでしかなく，国民性の本性や状態，その目的や欲求，国民性に対する製造業の影響を評価することができない」[57]と。つまり，「世界的な貿易の自由」という理念は，ケネーにはじまってアダム・スミスに引き継がれてきたが，リストによれば，それは個人主義の世界的な規模での展開でしかなく，国民性というものがまったく無視されているというのである。

とはいえ，リストは，この「世界的な貿易の自由」という理念を否定しているわけではない。彼はいう。「一般的にいって，この体系にあっては普遍的な貿易の自由という理念は正しい。同様に，個々のすべての諸都市，郡および地方を相互に自由に交流する全体へと統合することは，すべての諸個人にとって

も有利に作用するに違いない」。しかし，「このような諸国民の連合は，大多数の国民性がほぼ同じような文明，富と力のレベルに達したのちにしか，形成することができない。しかも諸国民が自然的な自由の状態で互いに対立し合っているかぎり，国民性の維持，福祉，力の増大および独立と独立性の保証は，おのずから諸国民にとっても主要な課題である」[58]と。つまり，理念としての「世界的な貿易の自由」は間違っていないのだが，やはりこの場合にも，リストによれば，「大多数の国民性がほぼ同じような文明，富と力のレベルに達したのちにしか，形成することができない」というのである。つまり，個人主義の世界的な規模での展開としての「世界的な貿易の自由」は，大多数の国で個人主義が確立される段階，大多数の国がそうした国民性の段階になるまでは実現が不可能である，とリストはいうのである。したがって，彼はいう。「今日の世界事情にあっては，無条件的な貿易の自由は，真の世界主義と矛盾すると思われる」[59]と。つまり，リストによれば，「世界的な貿易の自由」を通じて「諸国民の連合」を目指すことを決して否定するものではないが，「今日の世界事情」にあっては，それは「真の世界主義と矛盾」するために実現が不可能である，というのである。

　ところで，これまでの議論の流れからは少し離れ，リストはつぎに，独占の問題を取り上げる。この点に関連して，彼はまず，つぎのようにいう。「アダム・スミスが保護関税は消費者に対する独占を生産者に保証するものであると主張するとき，まったく彼の言い分通りである」。そして，「こうした経験をしてきたのは，中央および南アメリカ諸国の保護関税であって，この制度は北アメリカを手本にしてきたのだが，そのために必要な知的，社会的および物質的な諸力が，それらの国々には欠けていることが考慮されていなかった」。しかし，「まったく別の部類の独占は，知性，道徳性，勤勉性，我慢強さ，および節約性においてドイツと同様な諸国のもとで，保護制度を樹立した」。したがって，「このような諸国民にあっては，なるほど保護制度も独占であるが，土地所有のそれと同様に，必要で有益な独占である。それは国民全体に開かれ，個人が希望すれば誰でも参加できる独占である。それは，国民全体にもっとも

迅速な仕方で自立的な工業力を広げることによって，生産者と同様に，消費者（すなわち農業者）をも豊かにする独占である」。つまり，「私たちの独占は外国に対するものであって，彼らはその不当さについては文句をいうことができない。というのは，彼らはずっと以前から外国を排除して，自国の民に似たような独占を許してきたからである」[60]と。たぶんにイギリスを念頭において語られたものであろうが，リストはここで，保護制度＝独占という図式的な批判に対して，その独占にも，それぞれ異なった役割を演じているものがあることを明らかにしている。つまり，一つは「中央および南アメリカ諸国の保護関税」であり，アダム・スミスがいうように，その「保護関税は消費者に対する独占を生産者に保証するもの」であった。それに対して，もう一つのものは，「国民の工業的な自立」のために「必要で有益な独占」と考えられているのである。

　そして，この「国民の工業的な自立」に不可欠な「工業資本（Manufakturkapital）」の役割について，リストはさらに考察を進め，つぎのようにいう。「私たちが前提としていたように，文明化された農業諸国民が国内で工業力を育成しようとすれば，農業生産の余剰が必要である。そうした手段と蓄えをもった農業それ自体は，もっとも主要な物質的な工業資本である。つまり，そういう農業は，家屋や水力発電所を建設するための，機械や労働者を扶養するための，そして原料を加工するための手段を提供する。工業力はさらに滝や燃料を必要とする。それらは，ほとんどの農業諸国民にあっては使い切れないほど存在し，ほとんど利用されていない。それが必要とする労働力は，余剰の農業人口から動員されなければならないし，容易に動員することができる。というのも，農業国民にあっては，大量の労働力が相応の仕事の不足から，いつでも無駄にされているからである」。「要するに，文明化された農業国民にあっては，すべてが工業力の養成のために存在しているのであって，労働者の修練，技術者の知識，企業家の信頼だけではない」[61]と。ちなみに，ここで「文明化された農業国民」というのは，前段との関係からいえば，「知性，道徳性，勤勉性，我慢強さ，および節約性」を身につけた農業諸国民のことであろう。また，こ

こでリストがいう「工業資本」とは，「国内で工業力を育成しよう」とするために農業諸国民が国内で動員することができる，すべての人的・物的資源を意味していることが分かる。そして，「工業資本」の役割として考えられているのは，ひとことでいえば，「農業諸国民の工業的な陶冶だけを対象にしている」ということである。

　さて，いわゆる「工業資本」の意味とその役割を明らかにしたところで，リストはつぎに，「工業資本」の国内での動員を可能にする社会的な環境である「市民的・政治的制度」の影響を，取り上げることになる。したがって，彼はいう。「私たちがここでさらに，工業，商業および土地の価値に対する市民的・政治的制度の影響を考慮することになれば，つぎのようことが明らかになる。つまり，大土地所有者はつまるところ，人が国家と名づける会社（Gesellschaft）の株主であること，そして，その株券は国民の精神的・物質的生産諸力が増減するのに完全に比例して価値を上下すること，土地を所有している貴族が法の歴史，法と自由を保証する制度，工業の育成に必要な諸措置に抵抗したり，例えば免税，封建的狩猟法，領主裁判権などといった文明・文化の進展に背を向けた制度を重視したり，国民的な輸送手段の実現をあえて妨げたりすれば，みずからが不倶戴天の敵であるということである。というのは，彼はそのことによってみずからの地代や土地の価値の上昇すら妨げ，みずからの存在と繁栄のすべてが依拠している土台を掘り崩すからである。自由の欠如，したがってまた製造業の欠如が土地の価値にどのくらいの作用を及ぼすのかを知るには，アメリカの自由諸州の状態と奴隷諸州のそれ，例えばマサチューセッツのそれとヴァージニアのそれを比較してみれば，一目瞭然である」[62]と。ここでのリストは，新たな「市民的・政治的制度」に対する大土地所有者としての封建貴族の動向を念頭におきながら，歴史の流れに逆らうことが結局は自分の利益にも反するのであって，その実例として奴隷制を廃止した自由なマサチューセッツ州と奴隷制を存続させているヴァージニア州における経済的な繁栄の違いを指摘するのである。

　ところで，独占の問題を取り上げる中で，それまでの理論的・理念的な展開

第11章　F. リストと1839～1840年の経済諸論文　307

から少し離れたリストは，ここで再び理論的な展開へと立ち戻る。したがって
彼は，つぎのようにいう。「個人主義と物質主義に基礎づけられた思考そのもの
は，国民性と生産諸力の本質をまったく誤解している。今日の世界事情のも
とでは，諸個人の自由と私的利益は，国民という枠内でのみ力を発揮すること
ができる」。したがって，「農業諸国民が製造業で優位に立っている国民との自
由な貿易を通して自国の農業を大いに促進することができるというのは，正し
い。しかし，それほど豊かになった農業国民といえども，優位に立っている工
業国民と自由競争をしながら，国内市場で自立的な工業力を育成し維持するこ
とができるというのは，間違っている。その理由は製造業の独特な本性にあ
る。それは熟練と慣習，知識と実習，操作方法，道具類や機械，開かれた制度
や経済的・市民的つながり，および物質的資本の集積を前提にする。それらは
長い時間をかけた，単調ではあるが中断することのない，世代から世代へと続
く努力を必要とする。そして，そうしてはじめて，安価な製品価格という姿を
とって現われるのである。それは，恒久性と連続性の原理（das Prinzip der
Stetigkeit und Kontinuation）であって，すべての人間を基礎づける場合と同様に，
とくに工業や国民的な工業力を基礎づける場合にも，大変な偉業の土台となる
ものである」[63]と。すでに見た論文「今年のパリ全国工業博覧会，ドイツとの
関連で」ではじめて言及された「工業の本性」が，ここでは「製造業の独特な
本性」と表現をあらためながら，さらに「恒久性と連続性の原理」として，リ
ストによって定式化されている。ちなみに，この「恒久性と連続性の原理」
は，主著『経済学の国民的体系』の中でも引き続き登場する。つまり，『経済
学の自然的体系』以後に，リストの生産諸力の理論は，この点でいっそう「深
められている」のである。

　そして，この「原理」が工業力の育成を時間的な契機において考えたもので
あるのに対して，つぎにリストが問題にするのは，生産諸力の理論の空間的な
契機である。したがって彼は，つぎのようにいう。「富の理論のすべての誤謬
の源泉は，つぎのことにある。つまり，『それは富の理論にすぎないこと，そ
れは富をつくり続ける力でなくて富を，その研究の主たる対象としてきたこ

と』にある。すべての諸個人の富は国民の富の集合である，というのか？　そ
れはさておいて，この問いかけ総体で問題になっているのは，交換価値や富で
はなくて生産諸力である。しかも国民全体の生産諸力は，諸個人のそれとはま
ったく違うものである。というのは，それは，国民的な広がりでの分業
(Teilung der Arbeit in nationaler Ausdehung) や国の社会的・市民的・政治的諸制度
によって規定されているからである。スミスがみずから発見した，あるいはむ
しろアリストテレスによってすでに見出されていた分業の法則 (Gesetz der
Teilung der Arbeit) を，さらに徹底的に追求しなかったのは，奇妙なことであ
る。というのは，個々の製造業で労働者が，適切な作業の分割と同一目的に向
けた諸個人の生産力の精神的かつ空間的な結合によって，バラバラな状態にあ
った以上に生産物をつくり出すように，そのことは製造業全体，農業全体，国
民経済全体にも当てはまるからである」[64]と。ここでは，国民的生産諸力と国
民的分業の関係や，分業の概念が，『経済学の自然的体系』以上に，明確に定
式化されている。つまり，まず国民的生産諸力は，「国民的な広がりでの分業」
によって規定されているということであり，また分業とは，「適切な作業の分
割と同一目的に向けた諸個人の生産力の精神的かつ空間的結合」であるとされ
ていることである。これらはすべて，リストもいうように，スミスが『国富論』
の第1篇第1章「分業について」で基本的に語っていたことでもあるが，リ
ストによってさらに厳密に定式化されているのである。したがって，リスト
はいう。「私たちが国際的分業や私的な分業に対比して国民的分業 (die
Nationalarbeitsteilung) と呼ぶ，この分業の重要性を，富の理論はなるほど認め
てこなかったし，新たに展開してこなかった」[65]と。

　そして，生産諸力の空間的な契機の問題は，リストによってさらに展開され
ることになる。この点について，彼は，つぎのようにいう。「最近になって人
はしばしば，保護関税なしでも製造業が成功を収めた例として，スイスをあげ
ることが多い。バウリング博士はこの例を，フランクフルトやドイツでの自分
のデモンストレーションのために，大いに食い物にしてきた」。しかし，「その
今日的な工業力の土台は，古い文化をもつすべての国々と同様に，ツンフト・

都市体制によって据えられた。その後，この国にとって好都合であったのは，何世紀にもわたって専制主義，狂信主義，ヨーロッパの革命と戦争で騒然としている中で，この国がいわば市民的・宗教的な自由の島を形成していたことである」。そして，「文明，公共心，市民的・宗教的自由は，蜜蜂が蜜房に運ぶために蜜を集めるように，国内の食糧源泉が大きく制限されている中で，スイス人を諸外国へ向かわせしめる進取性と企業精神を養った」。したがって，「いま，スイスの例にもとづいていえることは，つぎのようなことである。つまり，有利な事情のもとで一定の工業部門が改善されたのちであれば，一国民は，この工業部門での外国の競争をおそれる必要はないこと，しかし，その改善をはかるためには保護関税制度が不可欠なものであるということである」[66]と。バウリング博士によってご都合主義的に取り上げられることが多かったスイスの製造業の成功例について，リストは，その原因をスイスが「市民的・宗教的な自由の島を形成していたこと」に求める一方で，将来的な製造業の改善に向けては「保護関税制度が不可欠なものである」と考えているのである。

　しかも，それに続いてリストは，スイスにおける「今日的な工業力の土台」を据えたツンフト体制に目を転じる。したがって，彼はいう。「ツンフト体制に言及するにあたって私たちが明らかにせざるをえないのは，このツンフト体制が以前から地域保護制度の献身者（die Dienste eines Lokalschutzsystem）を代表し，労働者や親方の人数を制限することによってその国の工業需要のほとんどを流通規模の大きなものから守り，製造業者に一定範囲での製品市場をいわば提供し，農業者に対する独占を保証したことである。しかもその一方で，主要生産物に対する自然的独占をもっている農業者の近隣に生産物市場をつくり，加えて局地的分業（Lokalarbeitsteilung）をその国の全土に広げた」。しかし，「大工場の影響のもとでの事情は，また違った様相を呈した。競争が波及するかぎりではどこでも，手工業者や小さな製造業者はその姿を消した」。そして「このことがそれこそ明白に示されるのは亜麻布製造業であって，それはこの間に都市よりも田舎で営まれることが多くなった。それによって農業者は，みずからの局地的市場（Lokalmarkt）をますます失うことになる」。したがって，「全

体として見れば，国民の工業力が農業国家に比べてずっと高度な文明，市民的自由，豊かさ，国民の独立と力の原因および作用として現われると，否，登場するようになると，つぎのようなことを認めざるをえなくなる。つまり，大工場は結果として，いろいろ大きな負担になるということ，また中世の重商主義制度は，大多数の自由で，自立的で，豊かさ・経営・人格形成の面でほぼ同等な，その存在と本質において生産を保障されている製造業者たちを共同体 (Gemeinwesen) に結合することによって，大多数の非自立的で，最低限の暮らしに追いやられた，時として生活困窮にさらされ，職につくにあたってほとんど手練を修得する必要がない製造業労働者が教養も人間味もない少数の人々に屈従している新しい秩序よりも，ずっとすぐれているということである」[67] と。ここでリストは，彼の思想を占う意味で重要な論点を提示している。したがって，その点について，ここで考えてみよう。

　まず，論点の第1は，「ツンフト体制」が「地域保護制度の献身者を代表」するものである，というリストの評価に関連する。というのも，この「ツンフト体制」は，これまでは「中世的な遺物」を代表するものと考えられてきたからである。しかし，ここでのリストは，そうした「ツンフト体制」に対する一面的な歴史的評価とは違って，それが製造業者と農民を基礎とした「局地的分業」，したがって「局地的市場」の成立に貢献したばかりでなく，この「局地的分業をその国の全土に広げた」ものとして高く評価しているのである。そして，そのことは第2に，「重商主義制度」に対する評価とも関係してくる。というのも，この「重商主義制度」も基本的には，諸個人の自由な経済活動を妨げるものとして，「ツンフト体制」と同様な歴史的評価をこれまで与えられてきたからである。しかし，ここでのリストは，この「中世の重商主義制度」は，自由で自立的な「製造業者たちを共同体に結合」してきたという意味で，やはり高く評価しているのである。もちろんそれには，大工場が出現する中で非自立的で，単純労働に従事する「製造業労働者が教養も人間味もない少数の人々に屈従」せざるをえない「新しい秩序」との比較がリストの念頭にあったことは，いうまでもない。

第11章　F. リストと 1839〜1840 年の経済諸論文　311

　ともあれ，こうした「ツンフト体制」や「中世の重商主義制度」に対するリストの高い評価の意味を，これまでに展開された彼の思想とも関連させて考える必要があるだろう。この点でまず思い起こす必要があるのは，若きリストが中世から続く「コルポラティオン（自治共同体）」をみずからの自治・分権的な政治構想との関連で，同様な意味で評価していたことである。つまり，彼はかつて，つぎのようにいっていた。「実に不思議なことには，国家学ではコルポラティオン（Korporation）をまったく眼中に入れようとはしないので，体系的にはほとんど考察されていない」。しかし，「国家にあっての自治共同体は，起源からいえば国家そのものであった。生活を共にする多くの人間たちは，共同の目的のために結合することの必要性を感じ，そこからゲマインデが生まれた。彼らは，みずからの共同の目的をこの自治共同体を通じて実現することができず，もっと大きな交わりに結びつかざるをえなくなって，地方，さらには州が生まれた」[68] と。ここでいわれているコルポラティオンの特徴に注目してみると，リストによれば，それは多くの人間たちが「共同の目的のために結合することの必要性」から最初の基礎的な自治共同体が誕生し，「もっと大きな交わりに結びつかざるをえなくなって」，みずからの意志で最終的には国家を成立させるにいたるわけである。したがってその特徴は，一言でいえば，自由な諸個人を基礎として，「共同の目的のために結合することの必要性」から誕生した共同体といえる。

　そこで，ひるがえって「ツンフト体制」や「中世の重商主義制度」についてのリストの特徴づけを思い起こしてみると，彼は，つぎのようにいっていた。それは「大多数の自由で，自立的で，豊かさ・経営・人間形成の面でほぼ同等な製造業者たちを共同体に結合」したものであった，と。つまり，若きリストのコルポラティオンについての特徴づけと，ここでの「ツンフト体制」や「中世の重商主義制度」についてのそれとは，まったく一致するのである。しかし，それだけではない。リストが「富の理論」における「誤謬の源泉」に関連して，つぎのようにいっていたことがある。「不思議なのは，スミスみずからが発見した，あるいはアリストテレスによってすでに見出されていた分業の法

則をさらに徹底的に追求しなかったことである。というのは，個々の製造業で労働者が，適切な作業の分割と同一目的に向けた諸個人の生産力の精神的かつ空間的な結合によって，バラバラな状態にあった以上に生産物をつくり出す」と。ここでスミスの，否，アリストテレスの分業論が再確認されているが，その場合の特徴も，分割された労働を担う自由な諸個人が同一目的に向けて「精神的かつ空間的な結合」をしているのが，「分業」であるとされているのである。つまり，リストにあっては，「自治共同体」論も「分業」論も，自由な諸個人の労働の主体的・能動的な結合体＝組織体を意味するということでは，まったく同一内容なのである。そして，それが大工場の出現にともなって生じた事態，リストによれば，「大多数の非自立的で，最低限の暮らしに追いやられた，時として生活困窮にさらされ，職につくにあたってはほとんど手練を修得する必要のない製造業者が教養も人間味もない少数の人々に屈従している」事態に鋭く対比されているのである。

　加えて，関連した論点が登場してくる。それは，「ツンフト体制」についてリストが論ずる中で言葉としてはじめて登場してきたものである。つまり，リストによれば，「ツンフト体制」は，製造業者と農民を基礎とした「局地的分業」，したがって「局地的市場」の成立に貢献したばかりでなく，この「局地的分業をその国の全土に広げた」のであった。この点については，すでにスミスがつぎのようにいっていた。「分業を引き起こすのは交換しようとする力であるから，分業の大きさも，この力の大きさによって，いいかえると市場の大きさによって制限されるにちがいない」と。そして，この場合の「局地的分業」＝「局地的市場」が地域経済を支えるものであり，また他方で，都市ゲマインデと農村ゲマインデからなる基礎的な自治共同体である「地方」政治を支えるものでもあった。つまり，「局地的分業」＝「局地的市場」論は，リストの自治・分権論を経済と政治の両面での基底部を支えるものでもあったのである。

　しかし，それだけではなかった。大工場が出現してくるという状況の中で，リストは，つぎのようにいっていた。「大工場の影響の下での事情は，また違

った様相を呈した。競争が波及するかぎりでどこでも，手工業や小さな製造業者はその姿を消した」。そして，「このことがそれこそ明白に示されるのは，亜麻布製造業であって，それはこの間に都市よりも田舎で営まれることが多くなった。それによって農業者は，みずからの局地的市場をますます失うことになる」と。つまり，大工場が出現してくる中で市場競争が激しくなり，その競争原理にしたがって「局地的分業」＝「局地的市場」の担い手でもある手工業者や小さな製造業者が姿を消し，そのために農業者も「局地的市場」を失うことになっていく。したがって，自治・分権の基底部が掘り崩されることによって，大工場＝「教養も人間味も少ない人々」による国内市場の集権的・一元的支配が全土に拡大する状況が進展しているのである。その意味では，「ツンフト体制」や「中世の重商主義制度」に対するリストの高い評価，またこの論文ではじめて登場した「局地的分業」＝「局地的市場」論は，経済と政治の両面での人間不在の集権的・一元的支配の傾向に対して，自治・分権の立場から基底部のこれ以上の掘り崩しを避ける一方で，人間本位の労働の結合体・労働組織についての再評価をしようとしたのであった。

　さて，ここまで大まかに分類した12の論点にそくしながら，論文「国民的工業力の本質と価値について」の内容を見てきた。そして，この論文が『経済学の国民的体系』にもっとも近い時期に書かれたものであり，論文「外国貿易の自由と制限，歴史的観点からの解明」についで理論的・体系的な展開が見られたことから，リストの生産諸力の理論は，『経済学の自然的体系』に比べて一段と「洗練され，深められている」ことが明らかになった。その中でも特筆すべきなのは，第1に，この論文の後半に登場した分業論である。それは，時間的な分業論ともいうべき「恒久性と連続性の原理」がこの論文ではじめて定式化され，そのまま『経済学の国民的体系』に引き継がれている。また第2に，分業の空間的な契機に関連しては，当時の「富の理論」における「誤謬」を正すことを理由にして，『経済学の自然的体系』に比べて，自由な諸個人の労働の主体的・能動的な結合体・労働組織であることの意味が一段と明確にされたことである。また第3に，大工場が出現する中で進展してきた，経済と政

治の両面での人間不在の集権的な・一元的な支配の傾向との関連で，自治・分権的な立場からの「局地的分業」＝「局地的市場」論が展開され，分業＝市場論において生産諸力の理論が一段と「深められている」ことが明らかになったといえる。

1) この経済諸論文については，諸田實氏がその著書『フリードリッヒ・リストと彼の時代』（有斐閣，2003 年）で，そのうちの 3 つの論文について触れているが，リストの生産諸力の理論がどのように「洗練され，深められている」かという点については，具体的な検討が不十分であるように思われる。

2) F. List, Die englische Kornbill und das deutsche Schutzsystem. in: Werke V, S. 112.

3) Ebenda, S. 112.

4) Ebenda, S. 113.

5) Ebenda, S. 113.

6) Ebenda, S. 114.

7) この点については，さしあたり熊谷次郎『マンチェスター派経済思想史研究』（日本経済評論社，1991 年）を参照されたい。なお，関連したものとして，服部正治『穀物法論争』（昭和堂，1991 年）がある。

8) F. List, a. a. O., S. 116.

9) F. List, Die Freiheit und Beschränkungen des auswärtigen Handels, aus dem historischen Gesichtpunkt beleutet. in: Werke V, S. 317.

10) Ebenda, S. 318.

11) 小林昇訳『経済学の国民的体系』（岩波書店，1970 年）178-179 ページ。

12) F. List, a. a. O., S. 349.

13) Ebenda, S. 317.

14) Ebenda, S. 320.

15) Ebenda, S. 321.

16) 小林昇訳，前掲書，75 ページ。

17) 同上，75 ページ。

18) F. List, a. a. O., 323 f.

19) 小林昇訳，前掲書，9 ページ。

20) F. List, Die diesjährige National-Gewerbsstellung in Paris, mit Bezug auf Deutschland. in: Werke V, S. 123.

21) Ebenda, S. 123.

22) Ebenda, S. 124.

第 11 章　F. リストと 1839〜1840 年の経済諸論文　315

23)　Ebenda, S. 124.

24)　Ebenda, S. 124.

25)　Ebenda, S. 125.

26)　Ebenda, S. 126 ff.

27)　Ebenda, S. 129 f.

28)　Ebenda, S. 156.

29)　F. List, L'économie politique devant le tribunal de l'histoire. in: Werke V, S. 99.

30)　Ebenda, S. 100.

31)　Ebenda, S. 103.

32)　Ebenda, S. 103.

33)　Ebenda, S. 103f.

34)　Ebenda, S. 111.

35)　F. List, Dr. Bowring und der Deutsche Zollverein〔I〕. in: Werke V, S. 158.

36)　このバウリング版『ベンサム全集』に関連しては，つぎの研究成果を参照された
　　　い。Michihiro Otonasi, The 'Bowring edition' of the Works of Bentham 1838-1843. ―
　　　Its Formation, Editional Problem and Editors ― , Center for Historical Social Science
　　　Literature, Hitotsubashi University, March 1993.

37)　F. List, a. a. O., S. 158.

38)　Ebenda, S. 158.

39)　Ebenda, S. 158.

40)　Ebenda, S. 158.

41)　Ebenda, S. 158 f.

42)　Ebenda, S. 159.

43)　Ebenda, S. 160.

44)　Ebenda, S. 163.

45)　Ebenda, S. 164 ff.

46)　F. List, Über Das Wesen und Wert einer nationalen Gewerbsproduktivkraft. in:
　　　Werke. 350

47)　Ebenda, S. 351.

48)　Ebenda, S. 352.

49)　Ebenda, S. 352.

50)　Ebenda, S. 352.

51)　Ebenda, S. 351.

52)　Ebenda, S. 354.

53)　Ebenda, S. 354 f.

54)　Ebenda, S. 355 f.

55）　Ebenda, S. 357.

56）　Ebenda, S. 357 f.

57）　Ebenda, S. 360.

58）　Ebenda, S. 361.

59）　Ebenda, S. 364 f.

60）　Ebenda, S. 368.

61）　Ebenda, S. 370.

62）　Ebenda, S. 372 f.

63）　Ebenda, S. 374 f.

64）　Ebenda, S. 377.

65）　Ebenda, S. 378.

66）　Ebenda, S. 384 ff.

67）　Ebenda, S. 385. なお，ここで Lokalmarkt を「局地的市場」と訳するにあたっては，大塚久雄氏が local market area を「局地的市場圏」と訳していることに対応させたものである。『大塚久雄著作集　第五巻』16 ページを参照されたい。

68）　F. List, Gedanken über die Würtenbergische Staatsregierung. in: Werke I, S. 103.

第12章

F. リストと主著『経済学の国民的体系』

　F. リストの主著『経済学の国民的体系 (Das nationale System der politischen Ökonomie)』（1841 年）は，これまでにもさまざまな角度からの研究がおこなわれてきた[1]。他方で，近年におけるリスト研究の活性化に貢献した労作として，パウル・ゲーリンク氏が 1964 年に発表した『青年・壮年期のリスト』（"Friedrich List, Jugend- und Reifejahre 1789-1825"）を挙げることができよう[2]。ちなみに，この本は，その表題からも分かるように，アメリカ移住までの「青年・壮年期のリスト」の活動が編年的に綴られ，この章で取り上げることになっている『経済学の国民的体系』（1841 年）は，その対象からはずされている。しかし，新たな史料の発掘をともなって書かれたこの本は，これまで十分には明らかになっていなかった「青年・壮年期のリスト」像の形成に飛躍的な貢献をしている。すなわち，この本を通して，市民的自由を基礎とした自治・分権論者としての「青年・壮年期のリスト」像が確立する契機となったのである。したがって，まず第 1 に，主としてアメリカ移住後に展開されたリストの経済理論，そしてその集大成である『経済学の国民的体系』についても，「青年・壮年期のリスト」の政治思想を「導きの糸」として再検討する必要が生じている，といえよう。また第 2 に，そのことに関連して考える必要があるのは，『経済学の国民的体系』の中で展開されているスミス学派に対するリストの批判の意味である。つまり，リストの批判には，「スミス理論については自分こそが正しく継承している」という，彼なりの自負が垣間見えるのである。したがって，リストが展開する「スミス理論」についても，あらためて再検討する必要が生じている，といえよう。

318

1. 『経済学の国民的体系』の課題——ドイツの利害

周知のように，リストはこの本の中で，「大陸封鎖」解除後にドイツを襲った壊滅的な窮状を打開するものとして，関税保護政策を理論的に基礎づけようとするとともに，経済学の国民的な原理を明らかにしようとしている。というのも，当時，スミスやセーによって展開された自由貿易論を経済学の普遍的な原理と主張し，ヨーロッパ各国に自由貿易政策を採用するように迫る人々，すなわちスミス学派と呼ばれる人びとがいたからである。しかし，彼らの主張にしたがうかぎりではドイツの壊滅的な窮状を打開できない，という疑念が，リストを支えていた。したがって，彼はいう。「二〇年以上まえ，著者にはじめて（スミスやセーの——引用者）理論の無謬性に対して疑いをおこさせたものは，祖国の状態であった。このとき以来彼に，多くの匿名論説のなかで，やがては署名した比較的大きい諸論文のなかで，理論に対する自分の見解を展開させたものは，祖国の状態であった。のみならず，今日にあっても，この本を世に問おうという勇気を著者に与えたものは，主としてドイツの利害である」[3]と。すでに見たように，リストは1819年の「ドイツ商人・製造業者協会」結成の段階で，ドイツ全土で進行していた事態をそのまま放置することが「ドイツの利害」に反していることを主張していたが，『経済学の国民的体系』が書かれた1841年段階にあっても，彼は自分の主張の有効性を堅持しているのである。

2. リストの経済発展段階説と「ドイツの状態」

そして，ヨーロッパの現状とその中での「ドイツの利害」を知るために，リストは，つぎのような経済発展段階説を展開することになる。彼はいう。「国民経済の発達にかんしては，つぎのような諸国民の主要発展段階を想定することができる。未開状態，牧畜状態，農業状態，農・工業状態，農・工・商業状態が，これである」[4]と。ここでまず注目する必要があるのは，「農業状態」以

降の経済発展段階である。これは明らかに，スミスが『国富論』第2篇第3章で「生産的労働」論を基礎として展開した，農業→（農業・）工業→（農業・工業・）商業という順番での「資本の投下順位論」，したがってスミスの歴史認識が下敷きになっている，ということである。

　ついで，こうした経済発展段階説にもとづいて，リストはまず，つぎのようにいう。「農業諸民族が，農・工・商業諸国民の列へ自由貿易によってひとりでに移行することができるのは，ただ，工業力の興隆に適したすべての国民がおなじ時期におなじ発展過程にある場合，諸国民が互いにその経済発達に妨害を加えない場合，諸国民が戦争や関税制度によってその進歩を阻害しない場合に，限られる」と。しかし，ヨーロッパの現状では，「個々の国民は，特別の事情に恵まれて他国民よりも工業，貿易，海運の点で優位を占めた場合や，また自分がはやくからこれらのものを発達させていて，そのことが他国民に対する政治的優越の獲得と維持とにとって最も有効な手段だと知った場合には，工業と貿易との独占を獲得して後進国民の進歩をおさえることを目的とする諸制度を，むかしもいまも実施してきた」。そのために，「後進諸国民は，他の諸国民に先んじた進歩により，外国の関税制度や戦争によって，農業状態から工業状態への移行を実現する方法を，つまり工業独占を目指して努力している先進諸国民との貿易を──それが上の移行を妨げるかぎり──みずからの関税制度によって制限する方法を，自分自身で求めるように迫られる」[5]と。この文章は，いち早く産業革命を経てヨーロッパにおける工業と貿易の独占を目指すイギリスを念頭におきながら「ドイツの利害」，すなわちその取るべき道を提示したものである，といえよう。

　そして，こうしたヨーロッパの現状認識を踏まえて，リストは，あらためて経済発展段階説にもとづいて，「ドイツの状態」を明らかにしようとする。「第10章　歴史の教え」では，経済発展段階説の表現に変化をもたせながらも彼は，つぎのようにいう。「最後に歴史は，こう教える。〔……〕はるかに進んだ諸国民との自由貿易によって未開状態から向上して農業を発達させ，それからは制限によって自国の製造業と漁業と海運と外国貿易との興隆を促進し，最後

に富と勢力との最高段階にのぼりつめたところで，……自国の農業者や製造業者や商人が怠慢になるのを防ぎ，既得の優越を確保するように彼らを刺激しなければならない。われわれの見るところでは，スペインとポルトガルとナポリが第一の段階にあり，ドイツと北アメリカが第二の段階にあり，フランスが最終の段階に接近しているようであるが，この最終段階に到達しているのはいまのところ大ブリテンだけである」[6]と。リストの経済発展段階説は，本来は5段階になっていたはずだが，ここでは後半の3段階だけが語られている。ともあれ，ドイツは北アメリカとともに，「初期の農業・工業状態」にあると考えられ，したがって「制限によって自国の製造業と漁業と海運と外国貿易との興隆を促進」することがドイツの課題であった。

3．交換価値の理論と生産諸力の理論

その表題が示すように，『経済学の国民的体系』は経済学の国民的原理を，より具体的には「国民を育成して独立させるという原理」[7]を明らかにしようとする。したがって，リストも，この点に関連して，つぎのようにいう。「人間の社会は，二重の観点から（unter gedopelten Geschitspunkt）見ることができる——すなわち全人類を眼中におく世界主義的観点のもと（unter demkosmopolitischen）でと特別な国民的利益や国民的状態を配慮する政治的観点のもと（unter dem politischen）でとである——が，それとおなじように，私人の経済と社会の経済とを問わずあらゆる経済は，二つの大きい観点から見ることができる。すなわち富を生み出す個人的，社会的，物質的諸力を顧慮する場合と，物質的諸財の交換価値を顧慮する場合とである。こういうわけで，世界主義経済学と政治経済学（eine kosmopolitische und politische Ökonomie），交換価値の理論（Theorie der Tauschwerte と生産諸力の理論 Theorie der produktiven Kräfte がある。——それらは互いに本質的にことなり，独立に発展させられなければならない学理なのである」[8]と。概念的な世界にこだわるドイツ人的な特質とはいえ，リストによれば，経済学には世界主義経済学（世界経済学）と政治経済学（国民経済学），交

換価値の理論と生産諸力の理論があり，それらは原理的にまったく異なるものである，というのである。つまり，経済学の普遍的な原理を解明する「世界主義経済学」と国民的な原理を解明する「政治経済学」とであり，それぞれが「交換価値の理論」と「生産諸力の理論」として展開されるというのである。したがって，経済学の国民的な原理を明らかにしようとするリストの経済学は当然に，「生産諸力の理論」として展開されることになる。

4．生産諸力の理論——①富の原因と富そのもの

　リストの「生産諸力の理論」は，つぎのような文章展開からはじまる。「アダム・スミスの有名な著作は，『諸国民の富の性質および諸原因について』という題を持っている。これによって，支配的な学派のこの創始者は，諸国民の経済をも私人の経済をも，そこから考察すべき，二重の見地を正しく示した。富の原因は，富そのものとはまったく別のものである。個人は，富すなわち交換価値を所有することはあっても，自分の消費するよりも多くの価値を持つものをつくり出す力を所有していない場合には，やがて貧しくなる。個人は，貧しくはあっても，自分の消費するよりも大きい総計の価値を持つものをつくり出す力を所有している場合には，やがて豊かになる。富をつくり出す力は，だから富みそのものよりも無限に重要である」[9]と。周知のように，スミスは『国富論』の「序論および本書の構想」の部分で，つぎのようにいっていた。「国民の年々の労働は，その国民が年々消費する生活の必需品と便益品のすべてを本源的に供給する源」である，と。つまり，スミスはここで，「富の性質（the nature of the wealth of nations）」が「必需品と便益品」，したがって消費財であることとその消費財を供給する源，したがって「富の原因（the causes of the wealth of nations）が「労働」にあることを語っているのであって，「富の性質」と「富の原因」は一体的に理解されていた。したがって，それらが「まったく別のもの」ではなかったという意味では，リストがいっていることに無理があることは明らかであろう。しかし他方で，リストは，経済学の国民的原理をつ

くり出すために，『国富論』を独自に読み替えようと努力してもいるのである。
そして，それは，スミスが文明社会の豊かさを実現するために「生産諸力」に
注目したのと同様に，リストも，国民国家の豊かさを実現するために「富をつ
くり出す力」，すなわち「生産諸力」に注目することになるのである。

5．生産諸力の理論—— ② 国民的生産力と国民的分業の構想

　そして，その「生産諸力」に関連して，リストは，つぎのようにいう。「諸
民族の生産諸力は，たんに個々人の勤勉，節約，道徳，知能によって，あるい
は自然資源および物質的資本の所有によって制約されているだけではなく，社
会的，政治的，市民的な制度と法律によっても制約されており，なかでもその
国民国家の存続，独立，勢力によって制約されている」[10]と。彼はここで，「生
産諸力」を諸個人のレベルではなく国民的なレベルで，したがって「国民的生
産力」として構想し，その「国民的生産力」の改善を制約する要因を見ようと
している。そして，リストによれば，それは国内的には，(1)「個々人の勤勉，
節約，道徳，知能」といった，国民の精神生活にかかわる「精神的生産力」，
(2)「自然資源および物質的資本の所有」といった，国民の物質生活にかかわる
「物質的生産力」，そして(3)「社会的，政治的，市民的な制度と法律」といっ
た，国民生活を支える制度面にかかわる「制度的生産力」という，3つの要因
によって制約されており，対外的には「国民国家の存続・独立・勢力 (Macht)」
によって制約されているのである。
　そして，こうした「国民的生産力」の構想に続いて，リストは，つぎのよう
にいう。「個々人がどれほど勤勉，節約，独創的，進取的，道義的，知的であ
っても，国民的統一 (Nationaleinheit) がなく国民的分業 (nationale Teilung der
Arbeit) および生産諸力の国民的結合 (nationale Konföderation der produktiven
Kräfte) がなくては，国民はけっして高度の幸福と勢力とをかちえないであろ
うし，またその精神的，社会的，物質的諸財をしっかり所有しつづけることが
できないであろう」[11]と。リストはここでも，「労働の生産力（原語は productive

powers of labour という複数形であるので「労働の生産諸力」——引用者）における最大の改善……は，分業の結果であったように思われる」[12]という，生産諸力と分業を原因と結果の因果関係において考えるスミスの根本思想を，「国民的生産力」と「国民的分業」を原因と結果の因果関係において考えるという形で，明らかに継承しているのである。加えて彼は，つぎのことを強調する。「分業の原理は，これまで不十分にしか理解されなかった。生産性というものは，たんに多くの個人のあいだに仕事のさまざまな作業を分割するところにあるのではなくて，むしろいっそう，こういう個々人を一つの共同の目的のために精神的，肉体的に結合するところにある」[13]と。この点については，スミスも『国富論』の中で工場内分業を念頭におきながら，分業を「さまざまな作業の適切な分割と結合」といっており，この点でもリストは，スミスの「分業（分割と結合）の原理」を，正しく継承しているといえよう。

　その上で彼は，つぎのようにいう。「国民的規模での分業と生産諸力の結合とは，国民のなかで精神的生産が物質的生産とつりあっている場合に，また，国民のなかで農業と工業と商業とが均整的，調和的に形成されている場合に，成立する」[14]と。ここでも，「分割と結合」というスミスの「分業の原理」を踏まえた「国民的分業」の構想が展開されている。そして，そうした確認を踏まえて，リストの上記の論述をあらためて見てみると，彼が「国民的分業」の成立を，2つの場合に分けて論じていることが明らかになる。すなわち，⑴国民の中で「精神的生産」と「物質的生産」とがつりあっている場合と，⑵国民の中で「農業と工業と商業とが均整的，調和的に形成されている場合」とである。この後者については，「生産的労働」論を基礎として展開されたスミスの「資本投下の順位（農業→工業→商業）」論とも符合している。ちなみに，後者の場合は，リストの経済発展段階説によれば，経済発展における最高の段階であり，イギリスだけがその段階に到達していた。また，生産諸力と分業との因果的な対応関係からいえば，「精神的生産」は精神的生産力に，「物質的生産」は物質的生産力に対応していることが分かるとともに，「農業と工業と商業」が「物質的生産」に，したがって農業生産力，工業生産力，商業生産力に

それぞれ対応していることも明らかである。しかし，「精神的生産」については，彼はここでは，なにも言及してはいない。

6．生産諸力の理論——③リストのいう精神的生産とは

しかし，ここで想起する必要があるのは，リストがすでに1837年の『経済学の自然的体系』の中で，「精神的な価値の生産者＝生産諸力の生産者」という規定を，スミスの「生産的労働」論との関連で取り上げていたことである。それゆえ，リストの「精神的生産」論を検討するに先立って，ここではまず，スミスの「生産的労働」論を見ておく必要があるだろう。この点について，スミスは『国富論』の中で，つぎのようにいっていた。「労働には，それが投じられる対象の価値を増加する種類のものと，そのような効果を生じない，もう一つの種類のものとがある。前者は，価値を生産するものであるから，これを生産的労働とよび，後者はこれを不生産的労働と呼んでさしつかえない」[15]と。ここでスミスは，労働が投下対象の価値を増大するものかどうかによって，「生産的労働」か「不生産的労働」であるかを区別していることが分かる。しかし，リストの「精神的生産」論との関連でいえば，スミスがさらに続けて，つぎのようにいっていたことに注目する必要がある。「社会の最も尊敬すべき階級中のある者の労働は，家事使用人たちの労働と同じように，なんの価値をも生産しないし，また，労働が終わってしまったあとも持続し，あとになってからそれと引換えに等量の労働を獲得しうるような，固定されたり具体化されたりはしない。たとえば主権者，かれのもとで働く司法官や軍将校のすべて，また全陸海軍などは，ことごとく不生産的である。かれらは，公共社会の使用人であって，他の人々の勤労の年々の生産物の一部によって扶養されている。かれらのサーヴィスは，どんなに名誉あるものであろうと，社会にとってどんなに有用なものであろうと，またどんなに必要なものであろうと，あとになって等量のサーヴィスをそれと引換えに入手できるようなものを生産することはない。〔……〕すなわち，最も荘重で最も重要な職業のいくつかと，最も取る

にたらぬ職業のいくつかとの両方が，この同じ範疇のなかにはいる。聖職者，法律家，医師，あらゆる種類の文人，俳優，道化師，音楽家，オペラ歌手，オペラ・ダンサーなどがそれである」[16]と。つまり，スミスによれば，「不生産的労働者」の中には「家事使用人」のように主人の私益に奉仕するだけの労働者がいる一方で，「公共社会の使用人」と呼ばれて，社会全体の公益に奉仕する社会的に有用な労働者もいたのである。

　そして，こうしたスミスの「生産的労働」論を明らかに念頭におきながら，リストは，つぎのようにいう。「学派によれば，豚を飼育する者は社会の生産的な成員であり，人間を教育する者は不生産的な成員である。売るためにバグパイプとかビヤボンとかの楽器をつくる者は生産を行なうのだが，その演奏の最も偉大な名手たちは，彼らの演奏したものが市場へ出せないのだから，生産的ではない。自分の患者の命を助ける医者は生産的階級に属しないが，薬局の徒弟は，彼の生産する交換価値すなわち丸薬がわずか数分間のうちに無価値になってしまうのだとしても，十分生産的階級に属する」。しかし，「J. B. セーがアダム・スミスの学説のこの難点から，非物質的財ないし非物質的生産物という擬制をつくることによってうまく免れたとは思われない。彼はそれによって学説の帰結の馬鹿らしさのうわべをつくろっただけであって，それを物質的堕落から救い出したのではない。彼にとっては，精神的（非物質的）生産者は，交換価値で報酬を受けるからこそ，また交換価値の犠牲で知識を獲得したのだからこそ，生産的なのであって，生産諸力を生産するから生産的なのではない」[17]と。しかもこの文言に続けて，リストはさらに，つぎのようにいう。「豚を飼育したりバグパイプや丸薬を製造したりする人々はむろん生産的だが，青年の教師，成人の教師，芸術家，医者，裁判官，行政官はもっとずっと高度に生産的である。前者は交換価値を生産し，後者は生産諸力を生産する。第一の者は将来の世代に生産の能力をあたえ，第二の者は現在の世代にあって道徳や宗教心のおこるのを助け，第三の者は人間の精神にはたらきかけてそれを純化，向上させ，第四の者は患者の生産諸力を救い上げ，第五の者は法律を護り，第六の者は社会の秩序をつくり出し第七の者は技芸とそれのあたえる享楽

によって交換価値の生産を刺激し，こうしてそれぞれ生産諸力を生産する」[18]と。こうしてリストのいう「精神的生産」者が，スミスのいう「公共社会の使用人」，つまり社会的に有用な労働に従事する人々と同様なものであることが明らかになった。

しかし，リストのいう「精神的生産」者の役割については，実はスミスによっても期待されていた。この点については，スミス自身が『国富論』の中ですでに，つぎのようにいっていた。「労働がごく細分化されている製造業で使用される機械の大部分は，もとはといえば，普通の職人が発明したものだったのである。これらの職人たちは，各自が非常に単純な作業に従事していたために，その作業がいっそう容易で手っ取り早く行なえる方法を発見することに，自然に思いをめぐらすようになる。このような製造場を何度も訪れたことのある人たちは，たいへんよくできた機械類をしばしば見せられたことがあるにちがいないが，そうした機械類は，このような職人たちが，自分たちの仕事の特定部分を容易にしたりすばやく行なったりするために発明したものなのである。〔……〕しかしながら，機械類における改善のすべてが，そうした機械の使用を必要とした人たちの発明であったわけではけっしてない。多くの改善は，機械の製作が一つの特別な職業の一つになったときに，機械製作者たちの創意によってなしとげられた。またいくつかの改善は，学者または思索家とよばれる人たちによってなしとげられたのであって，かれらは，何事もせずにあらゆる事物を観察することを職業とし，したがってまた最も離れた，しかも異質のものの力をしばしば結合することができる人たちなのである」[19]と。こうしてスミスも，リストのいう「精神的生産」者の社会的な役割について考えていたことは明らかである。しかも，「機械の製作」が「機械製作者たちの創意」や「学者または思索家とよばれる人たちによってなしとげられ」るようになると，その改善された機械を操作する「熟練，技能，判断力」をもった人材の養成も，同時並行的におこなわれる必要が生まれてくる。

したがって，「労働の生産諸力における最大の改善」，とりわけその主体的な契機である「熟練，技能，判断力の大部分は，分業の結果であったように思わ

れる」といったとき，スミスは「生産的労働」者のほかに，こうした人材養成の役割を担う「精神的生産」者，スミス的にいえば「公共社会の使用人」をもその一翼に加えた社会的分業（リスト的にいえば「国民的分業」）を考えていたことは明らかである。しかもこの社会的分業については，「分業をひきおこすのは交換しようとする力であるから，分業の大きさも，この力の大きさによって，いいかえると市場の大きさによって，制限されるにちがいない」[20]とスミス自身もいっているように，局地的分業＝市場から地方的分業＝市場を経て全国的分業＝市場にいたる重層的なものと考えることができるので，「公共社会の使用人」の役割も局地的，地方的，全国民的な生活基盤，したがって市町村レベル，都道府県レベル，全国民レベルの生活基盤において期待されていたのである。

7．生産諸力の理論——④ 国民的分業の担い手たちとは

　こうしてスミスを経由して，リストのいう「精神的生産」者像が明らかになってくることによって，彼の「国民的分業」の構想も一段と明らかになってきた。この点を「国民的生産力」の構想と因果的な関係において整理し直してみると，(1)精神的生産力の担い手は「精神的生産」者，すなわち「公共社会の使用人」であり，(2)物質的生産力の担い手は「物質的生産」者，すなわち農業生産力の担い手である農業者，工業生産力の担い手である製造業者，商業生産力の担い手である商人ということになる。また，この点に関連して，先に紹介したスミスの「分業＝市場」論を想起する必要がある。それは，局地的分業＝市場から地方的分業＝市場をへて全国的分業＝市場，さらには国際的分業＝市場として，いわば地球レベルで展開される『国富論』体系の理論的な中核部分をなすものであった。そして，この点においては，リストの「国民的分業」構想も同様であった。というのも，ツンフト体制が歴史的に果たしてきた役割に関連して，リストは，つぎのようにいうからである。「ツンフト体制に言及するにあたって私たちが明らかにせざるをえないのは，このツンフト体制が以

前から局地的保護制度の献身者を代表し，労働者や親方の人数を制限すること
によってその国の工業需要のほとんどを流通規模の大きなものから守り，製造
業者に一定範囲での製品市場をいわば提供し，農業者に対する独占を保証した
ことである。しかもその一方で，主要生産物に対する自然的独占をもっている
農業者の近隣に生産物市場をつくり，加えて局地的分業をその国の全土に広げ
た」[21]と。つまり，「国民的分業」・「国民的生産力」のそれぞれの担い手は，
同時に局地的分業・生産力，地方的分業・生産力のそれぞれの担い手とも考え
られていたのである。

　また，このことに関連して，さらに想起する必要があるのは，こうした局地
的生産力・分業の担い手とされた人びと，すなわち農業者，製造業者，商人，
さらには公益的な仕事に従事する人びとが，リストがすでに1818年に発表し
た論文「時代精神は官制組織を試問する」の中に登場していたことである。こ
こでそれを再現してみると，この論文では「時代精神」が教師役となって6人
の学生に官制組織について口述試問をおこなうという形式が採用されていた。
まず「時代精神」が1人の学生に向かって，つぎのように問う。「君は，市民
をどのようなものと考え，公僕をどのようなものと考えているか？」。これに
対してその学生は，つぎのように答えていた。「市民とは，自分の勤労の成果
によって生活し，統治費用を支払う義務をもつ人間である。たとえば，鋤で土
地を耕す農夫，背負い桶をかつぐブドウ栽培者，工房で働く手工業者，商品を
取引する商人および工芸家などである。公僕というのは，政府や公共の施設で
働き，勤勉な市民の負担で養ってもらっている人間であり，具体的には行政を
つかさどり，判決を言い渡し，祖国を防衛する官吏である」[22]と。ここで考え
られている市民的な人間像とはまさに農業者，製造業者，そして商人のことで
あり，公僕として描かれている人間像も公益的な仕事に従事している人びとの
ことであった。つまり，「若きリスト」がみずからの自治・分権的な政治構想
の担い手と考えていた人びとと，リストが『経済学の国民的体系』において
「国民的分業」，したがって局地的分業や地方的分業の担い手とも考えていた人
びととが見事に一致していることが分かるとともに，リストの思想が若き時代

から晩年にいたるまで一貫していたことも明らかになった。

　そこで再び，国民的生産力と国民的分業との因果的な対応関係に立ち戻ってみると，国民的分業の担い手たちについてはすべて明らかになった。したがって，国民的生産力と国民的分業との因果的な対応関係についても明らかになったが，唯一残されているものがある。それは，「社会的，政治的，市民的な，制度と法律」という意味での「制度的生産力」である。しかし，この点についても，これまでの考察から明らかになっている。つまり，(3)リストのいう「制度的生産力」というのは，農業者，製造業者，商人といった市民たちを中心的な担い手として，「公共社会の使用人」としての「官吏」が局地的，地方的，社会的に有用な労働に従事する，自治・分権的な政治制度を樹立することであったのである。

8．リストの生産諸力の理論——⑤国民を育成する原理

　ところで，見事に一致していたとはいえ，『経済学の国民的体系』において「国民的分業」の担い手と考えられていた人びとと，「若きリスト」がみずからの自治・分権的な政治構想の担い手と考えていた人びととのそれぞれのイメージを比較するとき，後者は明らかに「旧市民層」と呼ばれた人びとのイメージと重なり合うところがある。また「官吏」についても，先の論文で「時代精神」は，つぎのように問うていた。「この二つの階級のあいだの基本的な違いは，どこにあるか？」。これに対して学生は，つぎのように答えていた。「市民は統治され（税金を——引用者）支払わなければならないので，またこの二つのことは自らの自由あるいは収入のいずれかを犠牲にしなければならないので，なににもまして国家の福祉がおこなわれるかぎりで統治されるであろうこと，また彼らはできるだけみずから統治するのが当然であることを願っている。公僕はしかし，市民がみずから統治するときには，——それをねたましく思う。彼らはそれを自分たちの職分の侵害と考え，市民を縄張り荒らしと考える」[23]と。ここには，「公共社会の使用人」という「官吏」のイメージとはほど遠い

ものがある。その意味では，(1)「旧市民層」を近代的な市民層へと，すなわち近代国民国家の担い手である国民へと育成すること，また(2)「公共社会使用人」としての「官吏」を育成することが求められることになる。

この(1)に関連しては，これまで小林昇氏によってリストの「工業優位の思想」と呼ばれてきたものが，その手がかりを与えてくれる。それはリストによって，つぎのように展開されている。「未開の農業にあっては，精神の鈍重，肉体の不器用，古い観念・習慣・作業方法の固守，教養・福祉・自由の欠如が行きわたっている。これに反して，工・商業国では，精神的および物質的諸財の不断の増加をめぐって努力する精神，競争と自由との精神が特徴をなしている」。そして，「この相違の原因は，一つには人民のこの二つの階級の共同生活の方法の違いと教育との点とにあり，また一つには彼らの仕事の性質とそれに必要な補助手段との違いにある。農耕をいとなむ人口は農村の全面に分散して生活しており，精神的および物質的な交通の点でも，農業者は互いに遠く離れている」。これに対して，「工業の性質は農業の性質と根本から違っている。工業家はその業務によって互いに引きよせられて，もっぱら社会のなかでしかも社会をつうじて生き，もっぱら交通のなかでしかも交通をつうじて生きる。工業家は必要とする食料と原料とをすべて市場から取りよせ，自分の生産物のなかで自分の消費にあてるのは極少の部分にしかすぎない。農業者がその幸福をおもに自然に俟つとすれば，工業家の繁栄と存在とはおもに交通に存している」。そのために，「たんに農耕だけをいとなむ諸国民にあっては，権力とか迷信とか僧侶支配とかの負わせた軛が，習慣の強い影響のもとにいまもまだいたるところ深く食いこんでいるので，農業国民はとうとうそれを，自分の肉体の一つの構成部分，自分の存在の一つの条件とみなすまでになったのである」。これに対して，「作業分割と生産諸力の結合との法則は，抵抗しがたい力でさまざまな工業家たちを互いに寄せ集める。〔……〕人間がおなじ一つの場所に集合して生活することの多ければ多いほど，こういう人間のおのおのが仕事の上で他の人たち全部の協力に依存することの多ければ多いほど，こういう各個人の仕事が知識，洞察，教養を必要とすることの多ければ多いほど，また恋

意，無法，圧制，違法な越権がこういう個々人全体の活動や福祉目的と両立することの少なければ少ないほど，それだけ市民的諸制度の発達はいちじるしく，それだけ自由の程度は大きく，それだけ自己を形成したり他人の形成に協力したりする機会は多い。だからいたるところ，またいつの時代にも，自由と文明とは都市から生じたのである」[24]。それゆえ，「都市が国民の政治的，市民的状態におよぼす圧倒的な影響は，農村の住民に不利益をもたらすどころではなく，彼らにとってはかりしれない利益となる。都市自身の利益が，農業者を自分の自由，教養，福祉の仲間にまで引き上げることを，自分の義務にするのである」[25]と。ここに明らかなように，リストは，「精神的物質的諸財の不断の増加を求めて努力する精神，競争と自由との精神」を特徴とする都市（工業）との交流を通じて，「農業者を自分の自由，教養，福祉の仲間にまで引き上げることを」，都市自身の社会的な義務と考えていた。

　しかし，こうしたリストのいわゆる「工業優位の思想」，したがって「国民を育成する原理」も，実はスミスによって展開された「都市（工業）と農村（農業）の関係」論，さらにはデイビッド・ヒュームによって展開された「インダストリーの原理」を，その思想的な支柱としていたのである。この点についてスミスは，『国富論』の中で，つぎのようにいう。「およそ文明社会における大規模な商業といえば，それは，都市の住民と農村の住民とのあいだでおこなわれる取引である。〔……〕農村は都市に生活資料と製造業のための原料を供給する。この供給に対して，都市は製造品の一部を農村の住民に送る。都市では物質それ自体の再生産ということはないし，またありえないから，都市はその富と生活資料のすべてを農村から得ていると言ってよかろう。けれども，この理由をもって，都市の利得は農村の損失だと考えてはならない。両者の利得は，相互的であり互恵的であって，分業はこの場合も，他のすべての場合と同様，細分化された，さまざまの職業に従事する，あらゆる人びとにとって有利なのである」[26]と。しかしそれは，たんなる物質的な分業関係にとどまるものではない。「商工業都市の発達とその富とは，次の三つの方法で，都市近隣の農村の改良と耕作とに貢献した。第一に，都市は，農村の原生産物をいつでも

売ることのできる一大市場を提供することによって，農村の耕作と，よりいっそうの改良とを振興した。〔……〕第二に，都市の住民によって取得された富は，売り物に出ているような土地の購入に用いられることも多かったが，そうした土地は，しばしばその大半が未耕地だったらしい。商人たちは，通例は田舎の地主になることを熱望しており，そしてひとたび地主になると，かれらは一般にもっとも優れた改良家となるのである。商人というものは，自分の貨幣を主として儲けの多い計画に使うことに慣れている。ところが，根っからの田舎の地主は，貨幣を主として浪費に使うことに慣れている。〔……〕この習慣の差異は，どんな仕事をする場合にも，おのずからかれらの気質や傾向に影響を及ぼす。商人は一般に大胆な企業家だが，田舎の地主は，臆病な企業家なのである」。そして，「最後に第三として，従来はほとんどつねに隣人とは戦闘状態にあり，領主にたいしては奴隷的従属状態におかれて暮らしていた農村住民のあいだに，商業と製造業は徐々に秩序と善政をもたらし，それとともに個人の自由と安全をも，もたらした。この点は，ほとんど注意されていないのだが，商工業がもたらした諸結果のなかで，もっとも重要なものである。私の知るかぎりでは，従来この点に着目した著述家はヒューム氏ただ一人である」[27]と。つまり，スミスによれば，第1に，都市（工業）は農村との分業関係を成立させることによって農村（農業）にとって一大市場となり，農村の住民に安定した生産と生活の基盤を提供する。ついで第2に，都市の住民が地主となって農村部に進出した場合には，彼らが商工業でつちかった経済合理主義を土地の経営にも発揮し，こうした新たな農業経営を農村住民に知らしめることによって農村の住民の意識改革を積極的に推し進めることになる。そして第3に，こうした都市の生活様式および都市の住民との交流を通じて，農村の住民は，近代的な自由の意識に目覚め，これまでの領主に対する隷属状態から脱して，自律した近代的な市民としての自覚をもつようになる，というのである。

　そして，(2)官吏に「公共社会の使用人」としての自覚をもたせることについては，これまでも見てきたように，若きリストがさまざまな角度からこの問題に取り組んできたことから，また上記のように，彼の思想を支える市民たち

がみずから自立・独立化することによって，その解決への道が見えてくるのである。

9．リストの生産諸力の理論
──⑥作業継続の原理と保護関税制度の要求

「国民を育成する原理」によって「旧市民層」と呼ばれた人びとを近代的で自由な市民層へと転換させる道筋を明らかにしたリストは，経済発展の最高段階に到達させるために国民に求められる努力の継続ともいえる「作業継続の原理」を展開する。この点について，彼は，つぎのようにいう。「あらゆる人間の営為の場合と同様に工業においても，重要な仕事の基礎には，作業分割と生産諸力の結合という自然法則と共通するところの多い一つの自然法則のあることが注意をひく。──こう言うのは，この法則の本質は，連続する多くの世代がその力を一つのおなじ目的に向かっていわば結合させ，そのために必要な努力をいわば相互のあいだに分割するという点にあるからである」[28]と。ここでリストがいっている「作業分割と生産諸力の結合」とは，すでに見た「分業の原理」のことであり，それはまず「国民的分業」の構想として取り上げられた。そして，それと対比する形で彼が語っているのが，この「作業継続の原理」なのである。つまり，経済発展の最高段階に到達するためには，国民の各世代に「分割」された作業課題を継続的に「結合」していく必要がある，ということである。その意味では，「国民的な分業」の構想が空間的な分業論であったとすれば，この「作業継続の原理」は時間的な分業論であったということができる。

これまで見てきたように，リストは，若き時代に展開したみずからの自治・分権的な政治構想の土台部分を支えるために，その担い手となる中心的な市民である農業者，製造業者，商人といった物質的生産者に，「公共社会の使用人」という意味での精神的生産者を加えた人々からなる局地的分業＝市場（地域経済）から，地方的分業＝市場（地方経済）をへて国民的分業＝市場（国民経済）

を重層的に形成することの必要性，また経済発展の最高段階に到達するまで世代間でそうした努力を継続することの必要性を，「生産諸力の理論」にもとづいて明らかにしてきた。その上で，リストは最後に，こうした世代間の努力の継続を可能にする環境づくりの一つとして，保護関税制度の採用という政策的な要求を提起する。この点に関連して彼は，つぎのようにいう。「保護制度が是認されるのは，国内工業力の促進と保護を目的とするときにかぎられ，〔……〕第一級の農・工・商業国民や最大の陸海軍国と対等の地位を主張する資格のある国民の場合にかぎられる」[29]と。ちなみに，ここでリストは，保護制度の採用が認められる国について，２つの限定をおこなっている。すなわち，(1)「国内工業力の促進と保護」を必要としている国と，(2)「第一級の農・工・商業国民や最大の陸海軍国と対等の地位を主張する資格のある国民」の国とである。前者は，「ドイツの状態」を改善するために，これまでリストが主張してきたことであり，発展途上国すべてに該当するものである。しかし後者は，そうではない。この点に関連して見逃してはならないのは，リストがさらに，つぎのようにもいっていることである。「国際的分業も国民的分業も，たいていは気候に，また総じて自然に，制約されている。どんな国にあっても中国でのように茶を，ジャヴァでのように香料を，ルイジアナでのように木綿を，あるいは温帯諸国でのように穀物や羊毛や果実や工業製品を，生産することはできない。ある国民が，その生産に当たって自然に恵まれず，国際的分業すなわち外国貿易によればもっとうまくしかも廉価に手に入れることのできる農産物を，国内的分業すなわち国内での生産によって調達しようと思うとすれば，それはばかげたことであって，ちょうど，ある国民が国内での需要を満たすために，また自国の土地では自然が生産を拒んでいるものの需要を剰余生産物を使って手に入れるために，その自由にすることのできる自然力のすべてを利用しない場合に，それが国民文化なり国民活動なりの欠陥を示すのとおなじであろう」。それゆえ，「国民的分業にかんしても国際的分業にかんしても地上で自然にもっともよく恵まれた国々は，いうまでもなく，その土地がごく日常的な生活必需品を質の点では最良に量の点では最大に生み出し，その気候が肉

体的および精神的緊張にいちばん効果のある国々，すなわち温帯諸国である。というのは，これらの国々ではとくに工業力が繁栄し，国民はこの工業力によって，たんに最高度の精神的および社会的発達と政治的勢力とに到達するだけではなく，熱帯諸国と文化のおくれた諸国民とをしっかりと隷属させることができるからである。したがって温帯諸国は，他のあらゆる国よりも，国民的分業を最高度に完成させ国際分業を自分の致富のために利用するように定められているのである」[30]と。これほどあからさまな「選良国民」思想も稀である。これまで見てきたように，若き時代のリストの政治構想と彼の「生産諸力の理論」は，この当時のドイツに限られることなく，今日の発展途上国のすべてにも通用するものをもっていたと思われる。しかし，上記のようなリストの主張は，温帯地域以外に生活する人びと，具体的にはアフリカ諸国のように熱帯地域に生活する人びとを，自然・生活環境を理由にして，明らかに差別する内容になっている。

　最後になったが，この章では，まず第1に，近年における「若きリスト」の研究の進展によって明らかになった彼の政治思想，すなわち市民的な自由を基礎とした自治・分権的な政治構想＝政治思想を「導きの糸」として，リストの主著『経済学の国民的体系』を再検討・再評価することを1つの大きな課題とした[31]。そして，リストの「生産諸力の理論」が，若き時代に展開された彼の自治・分権的な政治構想と密接に関連づけられて展開されていたことが明らかになった。また第2に，リストが『経済学の国民的体系』の中で随所にわたっておこなっていたスミス学派に対する批判の意味についても，それが『国富論』で展開されたスミスの理論・思想をリスト的に読み替えたためであり，原理的な部分では，むしろ逆にスミスからリストへの理論的・思想的な継承関係を見ることができたと思う。その意味では，リストの「生産諸力の理論」は，高島善哉氏がいうように，「スミス理論のドイツ化」[32]と呼ぶことができるのである。

　1）　原田哲史「第1章　F.リスト―温帯の大国民のための保護貿易論」（八木紀一郎

『経済思想⑦　経済思想のドイツ的伝統』日本経済評論社，2006 年）

2)　P.Gehring,a.a.O.

3)　F. List, Das nationale System der politischen Ökonomie, in: Werke VI, Stutgart und Tübingen, 1841, S. 13. 小林昇訳『経済学の国民的体系』（岩波書店，1970 年）52 ページ。

4)　List, a. a. O., S. 17. 小林，前掲書，54 ページ。

5)　Ebenda, S. 18-19. 同上，54 ページ。

6)　Ebenda, S. 178. 同上，178-179 ページ。

7)　Ebenda, S. 42. 同上，47 ページ。

8)　Ebenda, S. 19. 同上，56 ページ。

9)　Ebenda, S. 201. 同上，197 ページ。

10)　Ebenda, S. 20. 同上，56-57 ページ。

11)　Ebenda, S. 20. 同上，57 ページ。

12)　A. Smith, op. cit. p. 13. 大河内，前掲書，9 ページ。

13)　F. List, a. a. O., S. 20. 小林，前掲書，57 ページ。

14)　Ebenda, S. 20. 同上，57 ページ。

15)　A. Smith, op. cit. p. 330. 大河内，前掲書，515-516 ページ。

16)　Ibid. p. 330-331. 同上，206 ページ。

17)　F. List, a. a. O., S. 213. 小林，前掲書，206 ページ。

18)　Ebenda, S. 241. 同上，207 ページ。

19)　A. Smith, op. cit. p. 20-21. 大河内，前掲書，18-19 ページ。

20)　Ibid. p. 31. 同上，31 ページ。

21)　F. List, Über das Wesen und Wert einer nationalen Gewerbproduktivkraft. in: Werke V, S. 385.

22)　F. List, Zeitgeist halt Organisationexamen. in: Werke II, S. 455.

23)　Ebenda, S. 455.

24)　F. List, a. a. O., S. 284. 小林，前掲書，258 ページ。

25)　Ebenda, S. 297. 同上，267 ページ。

26)　A. Smith, op. cit. p. 376. 大河内，前掲書，3-4 ページ。

27)　Ibid, p. 411-412. 同上，51-53 ページ。

28)　F. List, a. a. O., S. 410. 小林，前掲賞，352 ページ。

29)　Ebenda, S. 428. 同上，364 ページ。

30)　Ebenda, S. 238. 同上，224-225 ページ。

31)　「はじめに」を参照されたい。

32)　渡辺雅男 責任編集『高島善哉著作集　第二巻　経済社会学の根本問題』（こぶし書房，1998 年）231 ページ。

付　　論

F. リストの
「コルポラティオン」論と「分業＝市場」論

　社会思想の歴史の上で，「コルポラティオン (Korporation)」について論じた
人物としては，これまではヘーゲル (G. W. F. Hegel, 1770-1831) がよく知られて
いた。しかし，その後に「青年・壮年期のリスト」の研究が進むとともに，ヘ
ーゲルと同時代人でもあったリスト (Friedrich List, 1789-1846) も，この「コル
ポラティオン」について論じていたことが明らかになった。しかし，ヘーゲル
が用いる「コルポラティオン」という言葉が，周知のように，「職業団体」と
訳されるのに対して，リストのそれは「自治共同体」と訳される必要があっ
た。というのは，ヘーゲルが『法の哲学』(Grundlinien der Philosophie des Rechts
oder Naturrecht und Staatswissenschaft im Grundriße, 1821) でこの言葉を用いている
箇所での文脈からは，彼が「職業団体」，つまり「ツンフト (Zunft)」の意味で
用いていることが分かるからであり，リストの場合にはこの言葉を中世ヨーロ
ッパに広く見られた自治的な都市や農村，さらにはツンフト，大学，教団とい
った自治的な身分・職業団体なども包括した「自治共同体」という意味で用い
ているからである。

　つまり，リストの場合には，この「コルポラティオン」という言葉がその本
来の意味で用いられているのに対して，ヘーゲルの場合には「職業団体」とい
う意味にあえて限定されて用いられていたのである。とはいえ，ヘーゲルが諸
個人と市民社会あるいは国家とのあいだを媒介する自治的な中間団体である
「自治共同体」を認めていなかったのかというと，必ずしもそうではない。と
いうのは，『法の哲学』の「第3章　国家」の中の「統治権」および「立法権」
において，ヘーゲルは，こうした自治的な中間団体を一括して「仲間集団

(Kreis)」と呼んで，その役割にも言及しているからである。しかしながら，ヘーゲルには，この「コルポラティオン」をあえて「職業団体」の意味で用いるだけの理由が，本来的にも存在していたのである。しかも，このことは，両者がともに立憲君主政を基本的な政体として認めながらも，ヘーゲルが近代国家における中央集権制の採用を積極的に容認するのに対して，リストが市民的自由を基礎とした自治・分権的な政治構想を提示したことと密接な関連があったのである。したがって，その違いが生まれる理由を両者の「コルポラティオン」論の検討を通して明らかにするのが，ここでの第1の課題となる。

　ところで，リストは，ナポレオンの失脚にともなって大陸封鎖が解除されたためにイギリスから廉価な商品が流入するようになり，ドイツの商工業者が直面することになった窮状を前にして，1918年に『貿易の自由をめぐる同盟会議への奏上書』（いわゆる『フランクフルト奏上書』）を起草する一方で，「ドイツ商人・製造業者協会」の結成にもかかわる中で，彼の主たる関心も経済理論の領域に移ることになった。つまり，若きリストの「コルポラティオン」論も，彼の後半生では「分業＝市場」論として展開されることになるのである。それは，さしあたって，「あらゆる工業の礎柱」である農業と「国民的な富に対する……基本的な意義」をもつ工業との分業にもとづく「国内市場形成の理論」として，スタートすることになる。そして，リストの経済理論が，その後の『アメリカ経済学綱要』(1827年)，『経済学の自然的体系』(1837年)，そして「1839-1841年の経済諸論文」を経て，完成されたのが主著『経済学の国民的体系』(1841年)であった。しかし他方で，こうした経済学上のリストの営みは，見方を変えて考えてみると，資本主義経済をドイツにどのようにして導入するのか，という問題でもあった。そして，この点に関連して注目すべきは，専門の西洋経済史の領域だけでなく戦後の日本の歴史学全体に大きな影響力を及ぼした大塚久雄氏も，資本主義経済の形成を「分業＝市場」論として展開していたことである。しかし，大塚氏が日頃，「経済史は政治史を捨象しなければならない」[1]といっていたとしても，彼の「分業＝市場」論の延長線上には，少なくともリストのような自治・分権的な政治構想が成立してくる余地は考え

付論　F.リストの「コルポラティオン」論と「分業＝市場」論　339

られない。したがって，両者の「分業＝市場」論の検討を通じて，その違いが
生まれる理由を明らかにするのが，ここでの第2の課題となる。

1．ヘーゲルの「コルポラティオン」論

(1)　革命後のフランスと自治的な中間団体の必要性

　周知のように，ヘーゲルの「コルポラティオン＝職業団体（以下では「職業団
体」とする──筆者）」という言葉は，彼の『法の哲学』（1821年）の「第2章
市民社会」の中で最初に登場してくる。というのも，ヘーゲルが「職業団体」
のような自治的な中間団体を市民社会の中におくことを認めることと，革命後
のフランスで国民がおかれていた状況についての彼の観察結果とが，密接に関
連していたからである。すなわち，1798年から翌年にかけての時期に書かれ
たと推定されている『ドイツ憲法論』の中で，ヘーゲルは，つぎのようにい
う。「むろん今日における国家の規模の大きさからしては，……国家権力は統
治としての執行のためにも，またこれに関する決議のためにも，ひとつの中心
点に集中していなくてはならなくなっている。ところでこの中心点にしてもし
も，国民から受ける畏敬により，それだけで確呼たるものであり，また自然の
法則にしたがって誕生により即位する君主の人格において不易の神聖性をもつ
とすれば，国家権力は恐れることなく，はた妬むこともなく，社会のうちに発
生する諸関係の大部分を，また法律によるそれらの維持を下級の体系と団体
（Körpern）との自由裁量に委ねることができ，かくしておのおの等族，都市，
村落，部落等々はおのれの領域に属する事柄をみずから実行し執行するという
自由を楽しむことができる」[2]と。つまり，ここでヘーゲルはまず，今日にお
ける国家が大規模国家であることを確認している。ついで彼は，国家の基礎が
しっかりしているのであれば，国家の規模が大きいので自治的な中間団体を認
める必要がある，といっている。
　そして，その理由について，ヘーゲルは，つぎのようにいう。「国民の自発
的な努力というものは，かの位階制度が追放してしまったところの全能不敗の

精神であるが，これは最高の国家権力ができるだけ多くのものを国民自身の配慮に委ねるとき，その生命をもつものである。これに対して一切が上から下に向かって統制せられていて，普遍的な側面をもつもののうちで，これに利害関係をもつ国民の部分にその管理と執行とに委ねられるものがひとつとしてない近代国家——フランス共和国は，このようなものになったが——においては，いかに弛緩した，精神に欠けた生活が到来するかは，支配のこの杓子定規的な調子が続くかぎり，将来になれば経験されうることであろう」[3]から，と。つまり，ヘーゲルによれば，革命後のフランス共和国のように，「一切が上から下に向かって統制」されている中央集権的な近代国家では，国民のあいだに「弛緩した，精神に欠けた生活が到来する」ことになってしまうので，国家はできるだけ自治的な中間団体を認める必要がある，というのである。

(2) ヘーゲルの「職業団体」論

ともあれ，市民社会について，ヘーゲルはまず，つぎのようにいう。「市民社会は三つの契機を含む。A. 個々人の労働によって，また他のすべての人びとの労働と欲求の満足とによって，欲求を媒介し，個々人を満足させること——欲求の体系。B. この体系に含まれている自由という普遍的なものの現実性，すなわち所有を司法活動によって保護すること，C. 上の両体系のなかに残存している偶然性に対してあらかじめ配慮すること，そして福祉行政と職業団体によって，特殊的利益を一つの共同的なものとして配慮し管理すること」[4]と。しかし，このようなヘーゲル特有の言い回しにもとづいた説明だけでは，彼の「職業団体」論を十分に理解することができない。したがって，そのためには，ヘーゲルが市民社会をどのように見ていたのか，またそれとの関連で彼が「職業団体」にどのような役割を果たすことを期待していたのかを，もう少し分かりやすく説明する必要がある。というのも，このあとに，リストの「コルポラティオン」論を検討することが予定されており，両者の「コルポラティオン」論の比較・検討を容易にしなければならないからである。

この点に関連して，「ヘーゲルの職業団体論」を取り上げた高柳良治氏は，

ヘーゲルの「市民社会論における職業団体の位置にかんして」，つぎのような「略述」をおこなっている。すなわち，「ヘーゲルによれば，経済社会としての欲求の体系においては，諸個人の生計と福祉とは，一つの可能性として存在するだけで，必ず実現されるとはかぎらない。つまりその実現は，個人の諸条件（恣意や自然的特殊性）によって制約されているとともに，欲求の体系そのものによって客観的に制約されている。しかも市民社会の司法活動によっては，所有と人格性の侵害だけが償われるだけであって，それは個人の生計と福祉にまで立ち入らない。そこでヘーゲルによると，人格所有と安全が成就されるだけでなく，個人の生計と福祉の保障が，つまり特殊的福祉が権利として取り扱われ実現されることが必要である」。換言すれば，「特殊的利益を一つの共同的なものとして配慮し管理すること」が必要である。「そしてこの仕事に上から当たるものが福祉行政であり下から当たるものが職業団体である」[5]と。さすがにヘーゲル研究者だけあって，高柳氏は，ヘーゲルの「市民社会における職業団体の位置にかんして」，それを見事に簡潔にまとめ上げている。しかし，それが簡潔な説明であったために，これではヘーゲルの場合に，なぜ「コルポラティオン」＝「職業団体」となるのか，という疑問が引き続き残ってしまうのである。

　そして，この疑問を解消するためには，「特殊的利益を一つの共同的なものとして配慮し管理すること」に，「下から当たるものが職業団体である」という高柳氏の指摘が参考になるかと思う。そして，この点に関連して，ヘーゲルは，つぎのようにいう。「諸個人はこの外的国家の市民として，おのれ自身の利益を目的とする私的人格である。したがって普遍的なものは諸個人には手段として現象するが，諸個人の目的は普遍的なものによって媒介されているから，彼らの目的が彼らによって達成されうるのは，ただ彼ら自身が彼らの知と意志の働きと行動とを，普遍的仕方で規定し，彼ら自身をこの連関の鎖の一環たらしめるかぎりにおいてだけである。この点における理念の関心事は──市民社会の成員としてのこれらの成員たちの意識のなかにはないことであるが──これらの成員の個別性と自然性とを，欲求の恣意（自由選択）を通じてと

同じく自然的必然性を通じて，知と意志の働きとの形式的自由と形式的普遍性へと高め，彼らの特殊性のなかの主観性を陶冶する過程である」[6]と。そして，この「陶冶する過程」に関連して，ヘーゲルはまた，つぎのようにいう。「陶冶としての教養とは，その絶対的規定においては解放であり，より高い解放のための労働である」[7]と。周知のように，ここでヘーゲルが「普遍的なもの」といっているのは，さしあたり商品交換のことである。つまり，ヘーゲルは，市民社会を交換経済＝商品生産社会と考えていた。否，「市民社会は──対立的関係とその縺れ合いにおいて，放埓な享楽と悲惨な貧困との光景を示すとともに，このいずれにも共通の肉体的かつ倫理的な頽廃の光景を示す」[8]と描写することによって，彼は，市民社会を資本主義的な商品生産社会と見てはいたのである。

(3) 資本主義的商品生産社会としての「市民社会」観

そこで，商品生産社会における商品交換の特徴を見ておこう。周知のように，商品はさしあたり，人間のなんらかの種類の欲望を満たす有用物であり，使用価値である[9]しかし，商品が交換を目的にしたものであることから，それは同時に交換価値をもつ。なお，商品の使用価値は，その商品所有者自身には役立たない「他人のための使用価値，社会的使用価値」であって，それは「交換価値の素材的担い手」としてのみ意義をもつ。したがって，交換価値はさしあたって，ある種類の使用価値が他の種類の使用価値と交換される量的な関係としてあらわれることになる。つまり，相互に異なる２つのものが一定の比率で等置されることになるのである。そして，このことは，それらが質的にのみ異なるものに還元されていることを意味する。したがって，この共通なものは，商品の自然的な属性ではありえない。それが問題となるのは，それが諸商品を有用にし，諸使用価値にするためである。こうして諸商品の自然的な属性が問題とならなければ，諸商品になお残る共通の属性は労働生産物という一属性だけである。しかし，この労働生産物も，すでに本来のものから転化している。つまり，労働生産物を使用価値にする属性が問題とされないのだから，そ

付論 F. リストの「コルポラティオン」論と「分業＝市場」論 343

れらを生み出す労働の具体的な諸形態も消失して、もはや互いに区別されることのない同等な人間労働に、「抽象的な人間労働」に還元されている。したがって、諸商品は、諸価値としては、この無差別な人間労働の凝固物としてのみあらわれる。つまり、諸商品は、それらに共通な「社会的実体の結晶」としても諸価値なのである。

　したがって、商品の価値が無差別な人間労働の対象化であるとすれば、商品の「価値の大きさ」は、価値を形成する労働の量によって決定されることになる。そして、その労働の量は、労働時間によって測られる。この点で注意をする必要があるのは、この価値の実体である労働が同じ人間労働であり、同じ人間労働力の支出であるということである。つまり、商品世界の諸価値にあらわされる社会の総労働力は、無数の個別的な労働力からなっているのであるが、ここでは、それは一つの同じ人間労働力と見なされるのである。そして、これらの個別的な労働力は、社会的に平均的な労働力という性格をもち、また社会的に平均的な労働力として作用する。したがって、一商品の生産においては平均的に必要な、または社会的に必要な労働時間を要するかぎりで、他の労働力と同じ人間労働力なのである。ちなみに、社会的に必要な労働時間とは、現存の社会的・標準的な生産諸条件と労働の熟練および強度の社会的な平均という状況の中で、なんらかの使用価値を生産するために必要な労働時間のことである。その意味では、ある使用価値の価値量を決定するのは、その使用価値の生産に社会的に必要な労働時間だけである。

　ところで、商品が使用価値であると同時に価値であるという「二面的」なものであることに対応して、商品を生産する労働も「二重性」ないし「二面的な性質」をもつ[10]。つまり、諸商品が相互に異なった使用価値であるのに対応して、諸商品を生産する具体的有用労働も相互に異なっている。そして、この相互に異なる有用諸労働——それらは商品生産の社会では相互に独立した私的諸労働としておこなわれる——の総体が、商品交換に媒介されて社会的分業を形成しているのである。したがって、社会的分業の環であるかぎり、相互に独立しておこなわれる私的労働は、社会的総労働の一分枝としての意義をもつの

である。しかし，個々の私的労働が社会的総労働の一分枝として等置され交換されるには，商品生産の社会では，諸商品相互の価値関係という独特の対象的な形態を通してのみおこなわれるのであって，相互に異なる有用諸労働は，価値を形成する実体である等質な人間労働力の支出一般として等置される。したがって，相互に異なる諸使用価値としての諸商品が質的に同等な価値として等置され交換されることを通して，相互に異なる有用諸労働は，「抽象的な人間労働」として等置され交換され，社会的総労働に結合されるのである。

　さて，ここで再びヘーゲルに戻ろう。彼はまず，つぎのようにいっていた。「諸個人はこの外的国家の市民として，おのれ自身の利益を目的とする私的人格である」と。この場合の「外的国家」というのは，市民社会にあっての諸個人が国家の理念をまだ自分のもの＝内的なものとしていないことから，諸個人にとっては国家が「外的な」ものであるという意味である。したがって，ここでまずヘーゲルは，諸個人が市民社会の市民として，自分自身の利益＝「特殊利益」の追求を目的とする私人である，と考えているのである。続いて彼は，つぎのようにいっていた。「したがって普遍的なものは諸個人には手段として現象するが，諸個人の目的は普遍的なものによって媒介されているから，彼らの目的が彼らによって達成されうるのは，ただ彼ら自身が彼らの知と意志の働きと行動とを，普遍的な仕方で規定し，彼ら自身をこの連関の鎖の一環たらしめるかぎりにおいてである」と。つまり，商品生産社会にあって自分自身の利益を追求するには，自給自足経済ではないので，商品交換を通してでなければならない。したがって，商品交換という「普遍的なものは諸個人には手段として現象する」のである。

　しかし，他面では，ヘーゲルによれば，諸個人は商品交換を通じてしか，「ただ彼ら自身が彼らの知と意志の働きと行動とを，普遍的な仕方で規定」することによってしか自分自身の利益を追求することができない，ということである。したがって，諸個人は，商品交換が可能な商品を生産しなくてはならなくなる。そして，それはさしあたり，「彼らの知と意志」が「他人のための使用価値」をもった商品を生産することである。また，ここでいう「働きと行

付論　F. リストの「コルポラティオン」論と「分業＝市場」論　345

動」との関連でいえば，それは，「他人のための使用価値」を生産する具体的
有用労働のことである。そして，この具体的有用労働は，諸個人にあっては，
周知のように，相互に異なったものであった。したがって，この場合にも，こ
の相互に異なる有用諸労働（相互に独立した私的諸労働）の総体は，商品交換に
媒介されてはじめて社会的分業を形成することができたのである。いいかえれ
ば，社会的分業の環であるかぎりで，つまり商品交換が可能な商品を生産する
かぎりで，ヘーゲル的には「この連関の鎖の一環たらしめるかぎりで」，相互
に独立しておこなわれる諸個人の私的諸労働は，社会的分業の一分枝としての
意義をもつことができたのである。

　ところで，ヘーゲルはさらに続けて，つぎのようにいっていた。「この点に
おける理念の関心事は——市民社会の成員としてのこれら成員たちの意識のな
かにはないことであるが——これらの成員の個別性と自然性とを，欲求の恣意
（自由選択）を通じてと同じく自然必然性を通じて，知と意志との働きの形式的
自由と形式的普遍性へと高め，彼らの特殊性のなかの主観性を陶冶する過程で
ある」と。ここでのヘーゲルは，これまでと違った視点から商品交換を見よう
としている。つまり，ヘーゲルはこれまで，「おのれ自身の利益を目的とする
私的人格」である諸個人の視点から商品交換を見てきた。しかし，ここでは，
そうした諸個人の「意志のなかにはないこと」から，つまり「理念」の視点か
ら商品交換を見ようとしているのである。そして，この場合の「理念」とは，
商品交換の根底に流れる「価値法則」のことである。すなわち，商品生産社会
では，諸個人は，商品交換が可能な商品を生産しなければならない事情につい
ては，すでに見た。そして，そのことを可能にするためには，諸個人は，さし
あたり「他人のための使用価値」をもった商品を生産することでもあった。し
かし他面で，商品生産社会では，使用価値は「交換価値の素材的な担い手」と
しての意義しかもたなかったのである。そして，質的に同等で量的にのみ異な
るものに還元された交換価値の分析を進める中で，この質的に同等なものが
「抽象的人間労働」であること，価値としての商品がこの無差別な人間労働の
凝固物であることが明らかにされた。したがって，商品の「価値の大きさ」

は，この価値を形成する労働の量，つまり平均的に必要な，社会的に必要な労働時間によって決定されるのである。そして，このような商品の価値規定を基礎として，商品の生産と交換・流通を支配する法則を，「価値法則」というのである。

　そこで，この「価値法則」の視点から，あらためて商品交換を見てみよう。ちなみに，これまでの商品交換は，諸個人が交換可能な商品，つまり「他人のための使用価値」をもった商品を生産することであった。しかし，この場合の諸個人は，彼らがどのような商品を生産するかということまでは，決定されていなかった。したがって，諸個人は，「他人のための使用価値」をもった商品であれば，自分の「欲求の恣意（自由選択）を通じて」生産する商品を選ぶことができたのである。しかし，商品生産社会では，商品の「価値の大きさ」は社会的に必要な労働時間によって決定されるという「価値法則」が，「自然必然性」として作用している。したがって，「価値法則」は，諸個人に対して，どのようなものであれ，「他人のための使用価値」をもった商品を生産することを承認する一方で，それが社会的に必要な労働時間を要したものであることを要求するのである。つまり，「理念」は，「これらの成員の個別性と自然性とを，欲求の恣意（自由選択）を通じてと同じく自然必然性を通じて，形式自由と形式的普遍性へと高め」ようとするのである。そして，そのことは同時に，諸個人の相互に異なる有用諸労働（＝相互に独立した私的諸労働）が「抽象的な人間労働」として等置され交換され，社会的総労働に結合されることによってであった。つまり，それは，諸個人の「意識のなかにはない」客観的な「価値法則」を，したがって「社会的実体の結晶」である商品価値を支配する法則を，諸個人が自分自身の労働を通して自覚するということでは，「彼らの特殊性のなかの主観性を陶冶する過程」でもあった。したがって，「陶冶としての教養とは，その絶対性において解放であり，より高い解放のための労働である」ということになる。そして，これが周知のように，「解放の契機」としてのヘーゲルの労働論なのである[11]。

(4) 商工業身分と「職業団体」

ところで，周知のように，ヘーゲルは，市民社会の成員を「農業身分」，「商工業身分」および「普遍的身分」とされる国家の官吏身分の，3つに分けていた。そして，そのうちの「商工業身分」については，彼は，つぎのようにいっていた。「商工業身分は自然的産物を形成することをおのれの仕事とし，生計の手段としてはおのれの労働，反省，悟性を頼りとし，また本質的にはおのれの労働を他人の欲求および労働と媒介することを頼りとしている」[12]。つまり，ヘーゲルによれば，この「商工業身分」というのは，いわば商品生産社会に固有の身分であったといえるのである。したがって彼は，「職業団体」について語るにあたって，まず第1に，つぎのようにいうのであった。「農業身分は，おのれの家族生活と自然的生活との実体性を，生活そのもののうちで具体的な普遍者とし，この普遍者のなかで生活している。普遍的身分はその使命として，普遍的なものを対自的におのれの活動の目的とし，おのれの地盤としている。ところが両者の中間である商工業身分は，本質的に特殊的なものを目指しているから，職業団体はとりわけこの身分特有なものである」[13]。

ついで第2に，彼はつぎのようにいう。「市民社会の労働組織は，この組織の特殊性の本性にしたがってさまざまの部門に分かれる。特殊性のこうした即自的に同一なものが，共通のものとして，同輩関係としての組合という形で顕現することによって，おのれの特殊的なものを目指す利己的目的は，同時に普遍的目的であることが理解され，かつ実証されるのである。こうして市民社会の成員は，その特殊的技能にしたがって職業団体の成員なのである。したがって職業団体の普遍的目的はまったく具体的であり，その目的の範囲は，商工業身分という固有の仕事と利益のうちに含まれている目的の範囲を出るものではない」[14]。すでに見たように，「理念」である「価値法則」は，どのようなものであれ，諸個人に対して「他人のための使用価値」をもった商品を生産することを承認していた。したがって，労働組織もそれぞれが生産する特有の商品にしたがって，さまざまな個別の労働組織として分割されることになる。その結果，この個別の労働組織は，その所属員たちからは，相互の「共通のものとし

て，同輩関係としての組合」として自覚されることになる。いいかえれば，その所属員たちは，この労働組織内にあっては，相互に共通な利益を追求する存在であることを確認するのである。つまり，諸個人は，自分自身の「特殊技能にしたがって職業団体の成員」であることを，自覚するのである。そして，そのことが，「職業団体」を結成する目的でもあった。

　そして第3に，彼は，つぎのようにいう。「職業団体はこうした使命上，公の威力の監督のもとで，つぎのような権利をもっている。すなわち団体内に含まれている団体自身の利益について配慮し，成員を彼らの技能と実直さという客観的資格に基づいて，一般的連関によって決まってくる人数だけを採用し，団体所属員のために，特殊的偶然性に対して配慮するとともに，成員たるべき能力の陶冶育成にかんしても配慮する権利──総じて所属員のために第二の家族の役を引き受ける権利をもっている。とはいえこの第二の家族の立場は，諸個人からも彼らの特殊的な不可避的な欲求からもかなり隔たっている一般市民社会にとっては，依然としてかなり不確かなものである」[15]。すでに見たように，高柳氏は，つぎのようにいっていた。「経済社会としての欲求の体系においては，諸個人の生計と福祉とは一つの可能性として存在するだけで，必ず実現されるとはかぎらない」のである，と。つまり，商品生産社会にあっては，諸個人は，使用価値をもった商品を生産することが要求されている。しかし，現実の商品交換・流通過程において，諸個人が自分たちの商品に「使用価値としての実現」と「価値としての実現」を同時に可能にすることは，まったくの偶然である。つまり，商品にとっては，それは「命がけの飛躍」[16]なのである。「しかも市民社会の司法活動によっては，所有と人格の侵害だけが償われるだけであって，それは諸個人の生計と福祉にまでは立ち入らない。そこでヘーゲルによると，「人格所有と安全が成就されるだけでなく，個人の生計と福祉の保障が，つまり特殊的福祉が権利として取り扱われ実現されることが必要である」。そのために，「この仕事に上から当たるものが福祉行政であり下から当たるものが職業団体である」と。こうして国家の間接的な監督の下で自治的な「職業団体」に，その所属員に対して家族のような相互扶助の役割が期待され

付論 F.リストの「コルポラティオン」論と「分業=市場」論　349

ることになるのである。しかし，「職業団体」の相互扶助は，その所属員に対してのみであって，それ以外の諸個人が対象にはならないという意味では，「一般市民社会にとっては，依然としてかなり不確かなもの」でもあった。なお，「職業団体」の三つの権利については，このあとに取り上げられる。

　そこで第4に，「職業団体」の最初の権利に関連して，ヘーゲルは，つぎのようにいう。「職業団体においては，生計が才能に応じて保障されるという意味で，家族が堅固な基盤を，すなわち資産をもっているだけでなく，さらには才能も生計の保障も，ともに人の認めるところとなっている。したがって職業団体の成員は，自分の有能性とちゃんとした暮らし向きを，すなわち自分がひとかどの人物であるということを，成員であるということ以外の外的表示によって明示する必要はない。したがって彼が，それ自身一般社会の一肢体であるところの一個の全体に所属していて，この全体のどちらかといえば没利己的な目的に関与し尽力しているということもまた，人の認めるところとなっている——こうして彼はおのおのの身分のうちにおのれの誇りをもっている」[17]と。つまりヘーゲルによれば，職業団体は家族と同様に，団体としての固有の資産をもっており，若い成員を徒弟および職人としての修業を通じて一人前の親方（=「自主独立と誇りの感情という原理」）にするためにその資産を活用して，経済的および倫理的に「陶冶育成」していく役割を負っている。そして，そのことは，すでに社会でも承認されていることであった。したがって，若い成員にとっては，当面は，そうした一人前の親方になることが「没利己的な」目標になる。そして，そのことは同時に，このような「職業団体」に所属している若い成員に，自分自身の仕事に対する「誇り」をもたせることになるというのである。

　さらに第5に，この「職業団体」のもう一つの権利に関連して，ヘーゲルは，つぎのようにいう。「家族が国家の第一の倫理的根底であるのに加えて，職業団体は国家の第二の倫理的根底，すなわち市民社会に根ざす根底をなす。第一の根底のほうは，主体的特殊性と客観的普遍性との両契機を実体的一体性のうちに含んでいる。ところがこの両契機は，市民社会においては最初は，欲

求と享受とのおのれのうちへ折れ返って反省した特殊性と，抽象的な法的普遍性という二つのものに分裂しているので，第二の根底は，この両契機を内面的仕方で一つに結合する。こうしてこの合一においては，特殊的福祉は，権利として存在し，そして実現されている」[18]。ここでヘーゲルが「欲求と享受とのおのれのうちへ折れ返って反省した特殊性」といっているのは，商品生産者たちのことである。そして同様に，ヘーゲルが「抽象的な法的普遍性」といっているのは，経済活動へのその介入を嫌う一方で，法的に「所有と人格を安全にする」ことにしかその存在理由が認められない，商品生産者たちの立場から見た国家のことである。したがって，ヘーゲルによれば，市民社会にあっては，特殊性（＝商品生産者たち）と普遍性（＝国家）は分裂した状態にある。しかし，これに対して，「第二の根底」である「職業団体」は，すでに見たように，若い成員（＝特殊性）の「陶冶育成」を通して彼らに「職業団体（＝普遍性）の一員としての自覚を与える。つまり，「この両契機を内面的な仕方で一つに結合する」のである。したがって，「この合一」によって一人前の親方になった成員に対しては，生計と福祉の保障が実現されることになるのである。

　そして，最後の第6では，「市民社会から国家への移行」を展望しながら，ヘーゲルは，つぎのようにいう。「職業団体の目的は制限された有限なものであるから，この目的はおのおのの真理を，即自的かつ対自的に普遍的な目的のうちに，そしてこの目的の絶対的現実性のうちにもつ――福祉行政の外面的な指令において見られる分離と，その相対的同一性も，その真理を上のもののうちにもつ。だから市民社会という圏は国家へ移る」[19]。少し前に見たように，「職業団体」は，若い成員の「陶冶育成」を通して彼らに「職業団体」の一員としての自覚を与えてきた。しかし，それは，「職業団体」という限られた範囲の中でのことでしかなかったのである。とはいえ，「職業団体」の成員は，このことを通して特殊性と普遍性の「この両契機を内面的な仕方で一つに結合する」ことをも経験したのである。したがって，ヘーゲルは，この経験を基礎にしてさしあたり，「職業団体」の成員＝商品生産者たちに対して，法的に「所有と人格を安全にする」ことだけに国家の存在理由を見出すのではなく，

彼らが真の国家の一員としての自覚をもってもらおうと考えているのである。しかし他方で，「福祉行政」の対象となる「職業団体」に所属していない諸個人に対しては，国家は，彼らの生計と福祉の権利を保障するために公共事業をおこなうことになる。とはいえ，それは，彼らをたんに救済するためではなく，国家が彼ら「職業団体」に所属していない諸個人に対して「陶冶育成」の場を提供するためである。したがって，この場合の「福祉行政」も，国家が「職業団体」に求めているのと同じ役割が期待されているのである。つまり，「職業団体」も「福祉行政」も，それぞれの場での「陶冶育成」を通して国家がそれぞれの諸個人の視野に入ってきたのである。

(5) 「職業団体＝仲間集団」としてのコルポラティオン論

したがって，「職業団体」についても，それが国家の領域においてどのような役割を期待されているのか，ということに目を転じることが必要になってくる。この点について，ヘーゲルは，国家の統治権に関連して，つぎのようにいう。「市民社会に属していて，国家という即自的かつ対自的に存在している普遍的なものそれ自身には属さないような共同の特殊的利益に対する行政的管理は，地方自治体やその他の商工業団体や身分団体といった諸団体 (Korporationen der Gemeinden und sonstigen Gewerbe und Sände) と，それらの管理者や経営者などによっておこなわれる。彼らの配慮し管理するこれらの要件は，一面では，これらの特殊的な諸圏の私的所有と利益であり，この面からすれば，彼らの権威もまた，彼らと同じ身分の者や同じ市民たちの信頼に基づくが，しかし他面，これらの仲間集団 (diese Kreise) は，国家のより高い利益に従属していなければならない。したがって，こうした両面があるかぎり，上の地位への選任方法は一般に，これらの利害関係者たちによる普通選挙と，上からの追認および任命との，混合方式ということになろう」[20]。ここでのヘーゲルは，「コルポラティオン」という言葉を「職業団体」に限定せずに，「地方自治体や他の商工業団体や身分団体といった諸団体」の意味で用いている。つまり，中世以来の伝統的な用語法にしたがっているのである。しかし，その一方で，ヘーゲル

は，これらの「コルポラティオン」を一括して，「仲間集団」とも呼んでいる。したがって，ヘーゲルは，「諸団体」を地域，職業および身分において利害を共有する「仲間集団」と考えているのである。そして，それらの行政管理についても彼は，つぎのようにいっていた。その「地位への選任方法は一般に，これらの利害関係者たちによる普通選挙と，上からの追認および任命との，混合方式ということになろう」と。つまり，彼は，「国家のより高い利益に従属」するという枠の中ではあるが，この「仲間集団」を自治的な団体と考え，それぞれの領域での基礎的な統治を求めていたのである。

　ところで，この「国家のより高い利益」については，ヘーゲルはここで，なにも語っていなかった。しかし，そのことは，彼の国家観に関係することである。そして，この点について，ヘーゲルは，つぎのようにいう。「国家は倫理的理念の現実性である——すなわちはっきりと姿を現わして，おのれ自身にとっておのれの真実の姿を見紛うべくもなく明らかとなった実体的意志としての倫理的精神である」[21]。ちなみに，ここでヘーゲルがいっている，諸個人に対する国家の「実体的意志としての倫理的精神」とは，「愛国心」のことである。そして，この「政治的心術，総じて愛国心」を論じた節の「補遺」の中で，彼はとくに，つぎのようにいっている。「愛国心といえばしばしばもっぱら，異常な献身や行為をしようとする気持ちだと解される。しかし本質的に愛国心とは，平常の状態や生活関係において，共同体を実態的な基礎および目的と心得ることを習いとしている心術である。日々の日常生活のどんな事情のもとにおいても真であることの実証されるこういう意識からこそ，さらに，粉骨砕身の非常の奮闘を進んでやろうという気持ちも起こさせるのである」[22]と。つまり，ヘーゲルによれば，「愛国心」というのは，諸個人が自分自身の利益（＝私益）を優先させるのではなくて，むしろそれを抑制して，さまざまな団体＝集団生活の中では共同の利益（＝公益）を日常的に優先する，そういった気持ちを諸個人がもっている状態のことであったのである。したがって，それぞれの領域で自治的な団体である「仲間集団」に求められていたのは，その「仲間集団」の構成員に対して，こうした意味での「愛国心」を日常的に浸透させることだ

付論　F.リストの「コルポラティオン」論と「分業＝市場」論　353

ったのである。

　しかし，この「仲間集団」に求められていたことは，それに止まらなかった。したがって，ヘーゲルは，つぎのようにいう。「国家と被治者を，諸官庁およびその官吏からなされる権力の乱用から守るための保障は，一面では直接，諸官庁および官吏の位階制と責任制のうちにあり，他面では地方自治体と職業団体との権限が認められていることのうちにある。これらに権限が認められることによって，官吏に委ねられている権力のなかへ，主観的恣意が混入することがそれ自身としては阻止され，個々の言動にまで目の届かない上からの監督が下から補われるからである」と。そして，この点に関連して，ヘーゲルは，さらに続けて，つぎのようにいう。「政府構成員と官吏は，国民大衆の教養ある知性と合法的な意識とが所属する中間身分の主要部分をなすものである。この身分に貴族制のような孤立した立場をとらせず，そして教養と技能を恣意の手段や主人づらするための手段にさせないのは，上から下へと向かう主権と，下から上へと向かう団体権との制度である」[23]。周知のように，ここでヘーゲルがいっている「主権」とは，国民主権という意味での「主権」とは違って，国家主権という意味での「主権」のことである。ともあれ，彼自身がシュヴァーベン人であり，学生時代をテュービンゲン大学で過ごし，「ヴュルテンベルク憲法闘争」にも関心をもっていただけあってか，ヘーゲルは，「諸官庁および官吏」の腐敗・堕落に対しても配慮することを怠ってはいなかった。つまり，「上から下へ向かう主権」に対して，「下から上へ向かう団体権」を制度的に承認したことに，その配慮が見られるのである。そして，この団体権を担う役割を期待されたのが，「仲間集団」だったのである。

　そして，この「仲間集団」は，統治権に加えて立法権にかんしても，その役割が期待されることになる。したがって，ヘーゲルは，つぎのようにいう。「議会という要素のもう一方の部分には市民社会の動的な面が属する。この面は，外面的にはその成員が多数であるために，だが本質的にはその使命と仕事の本性のために，ただ代議士を通じてのみ議会に入ってゆくことができる。これらの代議士は市民社会から代理として派遣されるのであるから，そのかぎ

り，市民社会が現にそうであるところのものとして代議士選出を行なうのは，たちどころに明らかなことである——したがって市民社会は……もともと制度的に設置されているもろもろの組合や地方自治体や職業団体などに分節されている社会として代議士選出を行なうのであり，こうしてこれらの団体は一つの政治的繋がりを得るのである」[24]。そして，この代議士選出に関連して，ヘーゲルはさらに，つぎのようにいう。「代議士の選出は，普遍的な要件である公事にかんする審議と決議のためになされるのであるから，選出を行なう人々よりもよりよく公事に通じているような諸個人が，信頼によって代議士に定められているということに意味がある。またこれらの諸個人が——本質的には普遍的利益を貫くところの意味がある——したがって代議士たちは，委託された受託者であるとか，下からの指令を上へ伝達する受託者であるとかいう関係にあるのではない」[25]と。つまり，ヘーゲルによれば，商工業身分は，（代議士を通じてのみ議会に入ってゆくことができる）のであり，その代議士の選出は，「もともと制度的に設置されているもろもろの組合や地方自治体や職業団体などの分節されている社会として」おこなわれることになる，というのである。そして，その代議士の選出にあたっては，ジョン・ロックの「機関信託」論を否定しながら，「選出を行なう人びとよりもよりよく公事に通じているような諸個人」，つまり「仲間集団」における行政的管理者が，「信頼によって代議士に定められ」ることから議会で「本質的に普遍的な利益を貫く」ことに意味がある，というのである。

　そして，議会において「本質的に普遍的な利益を貫く」という代議士たちの使命に関連して，ヘーゲルは，つぎのようにいう。この「目的を果たすのに役立つような特性と心術との保証は，市民社会の動的で変動常なき領域から出てくる議会の第二部〔下院〕においては，主としてつぎのもののうちにあらわれる。すなわち管理職や官職に就いて現実に職務を担当することによって習得され，実績によって実証されたところの，国家と市民社会のもろもろの機構と利益についての心術と知識のうちにあらわれるのであり，またこれによって育成され，その真価の認められているところの管理者的感受性と国家的感受性のう

ちにあらわれるのである」[26]と。つまり，ヘーゲルによれば，「仲間集団」の行政管理者でもあった代議士たちに対しては，その経験を基礎にして「国家と市民社会のもろもろの機構と利益についての心術と知識」および「管理者的感受性と国家的感受性」の両面で，議会を通じて国家に多大なる貢献をすることが期待されているのである。というのも，ヘーゲルによれば，「代議士の選出は，市民社会を基礎にして行なわれるのであるから，この選出の主旨にはさらに，代議士たちが市民社会のもろもろの特別な要求，障害，特殊な利益を熟知していて，これらのものに対してみずから密接な関係をもっていなければならないということがある。この選出が市民社会の本性に則って，市民社会のさまざまな団体を基礎にして行なわれ，そしてこの選出の手続きの単純なやり方が抽象的諸概念や原子論的表象によって妨害されることがないならば，これによってこの選出は，取りも直さず上の主旨を満たすのである」[27]から，と。すでに見たように，ヘーゲルはロックの「機関信託」論を否定していたので，上院にせよ下院にせよ，そもそも議会には立法権を認めていない。したがって，統治権の場合にもそうであったが，国家主権の立場に立つヘーゲルにとっては，「上から下へ向かう主権」のために，「下から上へ向かう団体権」をもっている「仲間集団」をどのように動員するかが最大の関心事であったのである。

⑹ 「上からの組織化」と「下からの組織化」に関連して

　そして，これには，ヘーゲルの「職業団体」論＝「仲間集団」論の全体を通していえることだが，彼なりの理由が存在していたのである。官庁組織について述べた節の「追加」の中でヘーゲルは，つぎのようにいう。「数年来ずっと，上からの組織化が行なわれ，こうした組織化に主要な努力が注がれたが，全体の大群をなす下院は，ややもすると多かれ少なかれ未組織のままに放置されている。だがやはり，下部が組織的になることこそきわめて重要なことである。というのは，そうなってはじめてそれは勢力であり，威力なのであるが，そうでなければそれは，寸断された原子の群れ，多数の寸断された原子にすぎないからである。下部の威力が正当な威力をもつのは，特殊的諸圏が組織された

状態にあるときだけである」[28]と。この点に関連して想起する必要があるのは，かつてヘーゲルがいっていたことである。すなわち，彼はかつて，つぎのようにいっていた。「国民の自発的な努力というものは，かの位階制度が追放してしまったところの全能不敗の精神であるが，これは最高の国家権力ができるだけ多くのものを国民自身の配慮に委ねるとき，その生命をもつものである。これに対して一切が上から下に向かって統制せられていて，普遍的な側面をもつもののうちでこれに利害関係をもつ国民の部分にその管理と執行とに委ねられるものが一つとしてない近代国家——フランス共和国は，このようなものになったが——においては，いかに弛緩した，精神に欠けた生活が到来するかは，支配のこの杓子定規的な調子が続くかぎり，将来になれば経験されうることであろう」と。つまり，これはかつて，ヘーゲルが『ドイツ憲法論』の中で述べていたことである。

　ちなみに，このヘーゲルの文言が書かれてから，すでに20年余りが経過している。しかし，その当時の観察経験が，依然としてヘーゲルの中で保ち続けられていたのである。この点について彼は，その後のフランスの政治的な変遷を踏まえながらも，つぎのようにいう。「統治権において問題になる主要な点は，職務の分割である。つまり，統治権は，普遍的なものから特殊的なものや個別的なものへの移行に取り組むものであって，その職務は種々の部門に従って分割されなければならない。だが，むずかしい点は，これらの部門が上部に向かっても下部に向かっても再び一点に集まるようにすることである。というのは，たとえば福祉行政と司法権とは分枝するが，なにかある仕事においては，やはり再び合流するものであるからである，このことにかんして用いられる便法は，しばしば，上部からの指導を単純化するために，国家宰相とか，首相とか，内閣首班とかを指名するやり方である。しかしこうすると，万事がまたしても上部を起点とし，内閣の権力を起点として行なわれ，統治の職務の人びとのいうように中央集権化されることになる。だがこれにともなって，普遍的国家利益のためになされなければならないことが，最も容易に，最も迅速に，最も有効になされることにはなるのである。この統治様式はフランス革命

付論 F.リストの「コルポラティオン」論と「分業＝市場」論　357

によって創始され，ナポレオンによって完成されて，今日なおフランスにおいて行なわれているものである。ところがフランスには，職業団体と自治団体が，すなわちそこにおいて特殊的利益と普遍的利益とが一致するところの仲間集団が欠けている」[29)]と。つまり，ヘーゲルは，フランス革命とその後の政治的な変遷を踏まえながら，この『法の哲学』の中で近代国家のあり方を追求しようとしてきたのである。そして，それとの関連で彼は，「職業団体」＝「仲間集団」を取り上げ，その位置づけをしてきたのであった。

　ところで，ヘーゲルは，専制政治には基本的に反対の立場であった。したがって，彼はいう。「主権とは一切の特殊的な権限の観念性であるから，こうした観念性をたんなる力の支配や空虚な恣意と思ったり，主権を専制政治と同意義に解したりする誤解が生まれることは，当然予想されることであり，実際このように誤解されるのがきわめて普通なのである。しかし，専制政治というのは一般に法律のない状態をいうのであって，この状態においては，君主の意志であるにせよ人民の意志〔衆愚政治〕であるにせよ，特殊意志としての特殊意志が，法律としてあるいはむしろ法律の代わりとなって通用する」[30)]と。つまり，このヘーゲルの基本的な立場が，「フランス革命によって創始され，ナポレオンによって完成されて，今日なおフランスにおいておこなわれている」統治様式に対しても批判的にならざるをえないのである。そして，その最大の問題点が，「一切が上から下に向かって統制せられていて，普遍的な側面をもつもののうちで，これに利害関係をもつ国民の部分にその管理と執行とに委ねられるものがひとつとしてない」ことであり，そのために「いかに弛緩した，精神に欠けた生活が到来するか」ということであった。そこでヘーゲルが注目したのは，「国民の自発的な努力というもの」を引き出す場であり，すでに見てきたように，それが「特殊利益と普遍的利益とが一致するところの仲間集団」だったのである。したがって，ヘーゲルは，基本的には「上から下へ向かう」中央集権的な国家を構想していた。しかし，フランス革命とその後の政治的な変遷を踏まえて，「国民の自発的な努力というもの」を最大限に引き出すためには，中央集権的な国家の枠内での，いわゆる「分権化」が必要であると考え

たのである。そして，その「分権化」の担い手である「職業団体」＝「仲間集団」に，諸個人の経済的・政治的な「陶冶育成」を期待したのであった。また，それを理論的に根拠づけたものが，すでに見てきたように，ヘーゲルの「解放の契機」としての労働論であったといえるのである。

2．リストの「コルポラティオン」論と「分業＝市場」論

(1) 自治・分権思想とコルポラティオン論

　リストは，1816 年に『ヴュルテンベルク・アルヒーフ』紙に掲載された論文「ヴュルテンベルクの国家統治にかんする所感」の中で，「コルポラティオン＝自治共同体」（以下では「自治共同体」とする――筆者）という言葉をはじめて用いている。周知のように，この論文は，「ヴュルテンベルク憲法闘争」（1815～1819 年）において，中央集権的な国家統治の実現をはかる国王側に対して，リストが市民的自由を基礎とした自治・分権の立場から，みずからの政治構想を提示したものであった。この点について，彼は，つぎのようにいう。「国家にあっての自治共同体は，国家そのものよりも古い。あるいはむしろ，国家にあっての自治共同体は，起源からいえば国家そのものであった。生活を共にする多くの人間たちは，共同の目的のために結合することの必要性を感じ，そこからゲマインデが生まれた。彼らは，みずからの共同の目的をこの自治共同体を通して実現することができなくなり，もっと大きな交わりに結びつかざるをえなくなって地方，さらには州が生まれた」[31]と。つまり，リストによれば，「自治共同体」というのは，「共同の目的のために結合することの必要性を感じ」た諸個人によって最初にゲマインデとして自発的に設立され，それが次第に「もっと大きな交わり」を求めて地方，さらには州へと段階的に拡大され，最終的に国家になったというのである。したがって，リストは，国家といっても，それは諸個人によって自発的に設立された「自治共同体」の一つにすぎないと考えていたのである。

　そして，このような「自治共同体」についての原理的な確認をした上で，リ

ストは，国家との関連でゲマインデについてあらためて，つぎのようにいう。「ゲマインデは，つぎのような二つの目的のために国家によって普遍的に整備されその人格と財産が顧慮された，特定地方に生活する多数の公民の結合体である。すなわち，その目的とは，⒜上からの働きかけがなくてもできる範囲で，互いに協力し合って個人の福祉を促進するのであり，⒝この結びつきを通して国家という結社（Staatsverein）をますます強固に下支えし，きちんとした国家行政を可能にするためである。後者は特別の，そして前者は普遍的な自治共同体の目的と呼ばれる」[32]と。ちなみに，この「国家という結社」という言葉は，あまり聞き慣れないものである。この点については，リストと同時代人であり，彼と同様に，市民的自由を基礎とした自治・分権の立場にあったカール・ロテック（Karl Wenzeslaus Rodecker Rotteck, 1775-1840）の所説が参考になる。

　そして，このロテックの所説を紹介した河合義一氏によると，彼の『立憲君主制の国法』という著作の中で，ロテックは，つぎのように書いていたという。「市町村の性質あるいは概念ならびに起源にかんしては対立する二つの見解がある」と。そして，その一つは，地方自治を認めない立場のものである。すなわち，ロテックによれば，「市町村とは，国家権力によって指示された市民総体中の人民の若干部分が，軽易な行政のために，政府の利益にしたがって，多少の機能，義務および委託事務を与えられて狭義の結社に組織された，たんなる国家造営物にすぎないものである」と。つまり，表現の仕方が異なっているとはいえ，この市町村観は，中央集権的な国家を前提とした，ヘーゲルの「仲間集団」観と基本的に一致している。ついで，ロテックによれば，もう一つは，地方自治を主張する立場である。この点について彼は，つぎのようにいう。「市町村は通例国家よりも古く，国家の助力なしに，自然の必要とその構成員の自由な結合によって成立したか，あるいはそのように成立できるものである。……市町村はみずからの自主的な生活や権利を与えられており，国家目的と同一または類似の生活目的を共同で追求するために結成され，かつ，この目的をいっそう完全に追求するための他の同種の結社ないし個人とともに大

きな国家と結びついている自由な結社である」[33]と。ここでは，ロテックがいう「結社」という言葉を原語で確認することができない。そこで，彼がヴェルカーとともに編纂した『国家学事典（Rotteck/Welker, Staats-Lexikon, Enzyklopädie der Staatswissenschaft, Band 5）』の中の一節を見ることにする。すなわち，それによれば，「ゲマインデは，国の守りおよび概して国家という結社（Staasverein）のあらゆる恩恵を享受する」という文言が登場する[34]。つまり，ロテックも，この言葉をリストと同様に，国家が諸個人によって自発的に設立された自治的な「結社」の1つにすぎない，という意味で用いていたことが分かるのである。

なお，ロテックは，『国家学事典』の中で，「国家という組合（Staatsverband）」という言葉も多用している。この点については，石川氏は，この言葉を「ヴュルテンベルク憲法闘争」において用いていたのが旧法派であったことを明らかにする。そして，それによれば，「彼らにとって国家存立の目的とは，個人の権利，とりわけ財産権の保護が第一義的なものであった。それと並んで，構成員の福祉と幸福に対する配慮ということも重要である。市民が国家という組合（Staatsverband）を結成するのも，後者に対して租税を支払うのも，自分自身のためだと考えられる」[35]と。つまり，この「国家という組合」という言葉は，今日の「労働組合」や「生活協同組合」と同様に，国家が諸個人の自発的な意志で加入および脱退ができる組織体の1つにすぎないという意味で，用いられているのである。したがって，「国家という組合」が，「国家という結社」と同じ意味で用いられていることも明らかになる。ちなみに，リストがゲマインデの目的に関連して，「上からの働きかけがなくてもできる範囲で，互いに協力し合って個人の福祉を促進する」といっていたことに，注目する必要がある。つまり，諸個人は，ゲマインデが自分たちによって自発的に設立された自治共同体であったからこそ，「上からの働きかけがなくてもできる範囲で互いに協力し合って個人の福祉を促進する」ことを，ヘーゲル的にいえば，自分たちの「自主独立と誇りの感情という原理」にもとづいて，当然なことと考えていたのである。

付論　F.リストの「コルポラティオン」論と「分業＝市場」論　361

　さて，ゲマインデの目的を明らかにしたリストは，つぎに，その理念を推進していく場を取り上げることになる。この点について彼は，つぎのようにいう。「ゲマインデの理念は，道徳的人格としては，参事会によって実現される。参事会の自己補充制は，ゲマインデ体制の死である。というのは，それは必然的に，門閥寡頭政へと導くからである」と。つまり，リストは，かつて参事会が名望家と呼ばれる一群の人びとによって支配されていたことを，今後の教訓として考えていたのである。したがって，こうした事態を避けるために，彼は，つぎのようにいう。「参事会はつねに，ゲマインデ選挙によって補充されなければならない。しかも，参事会には，せいぜい発議権が許されるにすぎない」と。つまり，リストは，ゲマインデの理念を実現する参事会の役割に制約を加えているのである。その上で彼は，つぎのようにいう。「市民の代表は，参事会の手助けをしなければならない」一方で，「参事会が必ずしもゲマインデの真の意志にしたがって行動していないときには，参事会はこの意志を，現実の代表機関を通して聞き取らなければならない」と。つまりリストによれば，参事会はまず，ゲマインデの意志にしたがって行動することが求められている。しかしついで，参事会がゲマインデの意思に反した行動をとった場合には，「市民の代表」という機関を通じてあらためて「ゲマインデの真の意志」を確認する必要がある，というのである。つまり，「市民の代表」は，参事会の行動をチェックする機関と考えられているのである。そして，この「市民の代表」についても彼は，つぎのようにいう。「この市民の代表は，その都度あらためて公的な選挙によって選出されなければならない」[36]と。つまり，ここには，徹底した市民参加の思想が貫徹しているのである。

　しかし，かつての「門閥寡頭政」に対する反省が強すぎたためか，ここでのリストは，本来はゲマインデの代表機関である参事会に対しては「発議権」しか認めず，それとは別の「市民の代表」を「現実の代表機関」と考え，参事会の行動をチェックさせようとしている。つまり，市民を代表する機関が事実上，二重に存在することになるのである。そして，この問題点を克服する契機となったのが，1817 年の『ヴュルテンベルク・アルヒーフ』紙に掲載された

論文「ゲマインデおよび郡における市民的自由の確立を特別に考慮に入れた上での，ヴュルテンベルク議会憲法草案の批判」である。この長いタイトルを付された論文は，そのタイトルの前半部分，すなわち，「ゲマインデおよび郡における市民的自由の確立を特別に考慮した上での」という部分に，その主題のすべてが物語られているともいえよう。事実，リストは，議会の憲法草案を意識した上で，つぎのようにいう。「ゲマインデおよび郡における自由こそが，憲法の理念を生活に呼び覚ますであろう。10万の自由な市民は背筋を伸ばして立ち，自分たちの知力を行使しなければならない。—— 30万人の貴族ではない。しかも，ゲマインデにおける自由という無意味な文言が憲法に書かれていたり印刷されていたりしているままの状態では，十分ではない。憲法はまた，生活の中に移し変えられるべきである。こうしたことが実現するのは，純粋な代表機関によってのみである。議会の草案には，このような機関がなんら含まれておらず，したがって，私たちの憲法においては，市民的自由は葬り去られたままである」[37]と。そして，この「純粋な代表機関」に関連して彼は，つぎのようにいう。「多くの個々人は，意志を表明することも力を行使することもしなければ，なんの役にも立たない。それゆえ，彼らはこうした権限を，全体意志および力の一様な方向を与える特性をもった機関に委ねる。この機関は参事会の，あるいは最高決定機関としての統治の権力である」[38]と。つまり，リストは，参事会にはじまって最終的に「最高決定機関としての統治の権力」にいたる上昇型の機関構成を前提にした上で，それらの機関に「多くの個々人」の権限を「委ねる（übertragen）」と定式化することによって，「純粋な代表機関」の一元化を図っているのである。

(2) コルポラティオン論から機関信託論への転換

そして，この点をさらに鮮明にしたのは，1817年にリストによって起草された『ヴァルデンブッフ奏上書』であった。その中でまず彼は，つぎのようにいう。「新しい時代の声は，私たち市民や農民にも自分たちの諸事情や自分たちの真の利益について啓発してきた。私たちは，祖国の大いなる事業そのもの

付論　F.リストの「コルポラティオン」論と「分業＝市場」論　363

についても考えはじめるようになり，以下のことは私たちにとって意義深い教えとなった」と。そして，それに続けて彼は，つぎのようにいう。「政府は人民の利益のためだけを考え，政府が人民の声を──純粋かつ真摯に聞くときにのみ，政府は人民の意を汲んで行為しようと努めている」と。続いて彼は，つぎのような「人民の声」を紹介することになる。「旧憲法では，それを通して人民の欲求が真実に語ることのできる機関が存在していないことに，私たちは困惑している。なるほどこのような機関の精神は，かつての市民の代表にはあった。しかしながら，すでに旧憲法の時代にあってあれほど有益な影響をもっていただろうこの制度は，ずっと以前から役人支配の基礎になっていた。私たちは，議会の憲法草案の条文にもこの機関が存在しないことに困惑している。この草案では，市民の代表ですら抹消されているように思われる。すべての公共的な諸機能は参事会の手に委ねられ，彼らは郡長と書記の監督と指導の下におかれている」と。そして，このような「人民の声」を背景にして彼は，つぎのようにいう。私たちの参事会の声は，なんら（私たちの──引用者）声ではない。彼らは私たちによって選ばれたわけではなく，私たちの信託（Vertrauen）を受けているわけではなく，私たちを代弁する資格もない」[39]と。先に見た論文「ヴュルテンベルク議会憲法草案の批判」では「多くの個々人」の権限を「委ねる」と表現されていたのに対して，この『ヴァルデンブッフ奏上書』では「私たちの信託」という言葉が用いられている。これは，ヘーゲルが否定したジョン・ロックの「機関信託論」の立場を，リストが明確に採用していることを示すものである。

　ちなみに，この「機関信託論」は，ゲマインデの参事会に対してのみ適用されたのではない。リストはこの「機関信託論」を，行政機関の一端を担う大臣に対しても適用するのである。そして，そうした彼の見解を発表する場となったのが，1818 年に発刊され反政府色の強かった『シュヴァーベンからの人民の友，人倫と権利と自由のための祖国新聞』（以下では『シュヴァーベンからの人民の友』と略す──筆者）であった。なお，この『シュヴァーベンからの人民の友』紙が発刊されることになった背景には，「ヴュルテンベルク憲法闘争」の

さなかの 1817 年，ドイツの統一と自由を求める国内の動きが学生の組合ブル
シェンシャフトを中心に活発になったことを理由にして，ドイツ同盟を主導し
ていたメッテルニッヒによる自由主義的な運動に対する巻き返しが強化され，
絶対君主政こそがドイツ同盟内の主流的な動きと考える保守派が国王側近とし
て台頭してきたことが考えられる。したがって，リストは，そうした保守派の
動きに対抗するかのように，この『シュヴァーベンからの人民の友』紙を舞台
にして，数々の反政府的な論説を発表することになる。その一つが，「大臣責
任制とはなにか？」と題する論説であった。この中で彼は，つぎのようにい
う。「今日になって誰も，世襲的な君主政の大いなる長所に異論をさしはさま
ないであろう。ただ一人の人間が舵取りをなしうるのは，国家という船が波に
翻弄されてはならないときである。そして，人民たちは，最高権力のどんな空
白も困難を招くことを十分に承知していた。しかし，絶対君主政の諸欠陥は今
日，もはや疑う余地のないほどである。その主たる欠陥は，人民が政府の施策
に自由に意見を述べてはならず，また悪政を法に訴えてはならない，というこ
とにある。というのは，絶対君主政では，良かろうと悪かろうと，すべてを国
王が仕切ってきたからである。加えて，公僕たち（Staatsdiensten）の強圧的で
粗略な振舞いですら，国王の責任とされる。立憲君主制では，これらの諸欠陥
は，大臣責任制によって完全に取りのぞかれる」[40] と。つまり，絶対君主政に
反対し，立憲君主政を支持するということでは，リストは，ヘーゲルとまった
く同じ立場である。

　しかし，「大臣責任制」についての理解の仕方において，リストとヘーゲル
は，袂を分かち合う。この点について，リストは，つぎのようにいう。「国王
は，大臣たちを通して振舞う。国王のどんな命令も，大臣たちが副署しなけれ
ば効力をもたない。彼らは，すべての指図に対して責任がある。そのことによ
って同時に，玉座の尊厳と意見表明の自由は保障される。というのは，つぎの
ような命題が確立されているからである。すなわち，国王は最高の知性であ
り，混じり気のない存在である。彼がなしうることは，人民にもっとも良かれ
と思うことであり，もっとも賢明なる手段の選択のみである。国王の意志の実

現は，大臣たちにその責めが帰せられる。彼らが人民にもっとも良かれと思うことをおこなったとすれば，彼は国王の意志にしたがったことになり，その功績は当然に国王に帰する。彼らが人民の福祉に反する振舞いをしたならば，その責めは彼らに帰する。というのは，彼らは，国王の意志に反したことを実行したからである。そこで人民は，その責めを大臣たちにのみ帰することになる」[41]と。同様な趣旨のことをリストは，君主と首相との関係に関連して，つぎのようにいっている。「君主と首相とのあいだの相互の関係は，明白である。首相は国王の信託ないし人民の信託を失ったとすれば，彼がみずからに執着しようとしないかぎり，辞職を受理する。しかし，首相が国王の指図を執行しようとしないのであれば，彼は公開での責任追及と批判を回避するために，みずからの辞職を求めるであろう」[42]と。つまり，首相は国王の「信託」を受けて，人民の福祉を向上するための政治をおこなうことになる。しかし，その首相が人民の福祉を向上させることに反した政治をおこなった場合には，人民は当然に，その首相が「国王の信託」に反したこと，したがって人民の「信託」にも反したことを理由に，その首相の責任を追及して辞職を迫ることになるのである。ここには，「国王の信託」＝「人民の信託」という等式を通じて，「機関信託論」が貫徹されているのである。そして同時に，これによってリストは，立憲君主政の下でも，市民的自由を基礎とした，ゲマインデ→地方→州→国家の順に自治共同体が「下から上へと向かう」上昇・重層型の自治・分権的な統治構想に，理論的な根拠づけを与えることができたのであった。

　なお，これに関連したことであるが，「ゲマインデ」について簡単に見ておきたい。そして，この場合には中世における「帝国自由都市」がもっともイメージしやすいので，ロイトリンゲン市を具体的な例として取り上げることにする[43]。というのも，周知のように，「リストの生誕の地」であるロイトリンゲン市は1802年，ライン左岸の支配地をフランスに割譲する代わりに，ヴュルテンベルク（当時は公国，これを契機に王国となる——筆者）が自国に編入するまでは，帝国自由都市の１つだったからである。つまり，ロイトリンゲン市は，他の帝国自由都市と同様に，固有の領土主権，裁判権，帝国議会の議席と投票

権をもっており，いわば城壁に囲まれた都市国家として機能していたのである。そして，そこに生活する「市民」と呼ばれる人びとの多くは「農耕，ブドウ畑栽培，畜産業に従事し，ほとんどの人が牧羊場をもっていた。大部分が熟練労働で生計を得ていた。考えられるほとんどすべての製造業が揃っていた」のである。したがって，「帝国都市の統治組織は，職業身分的な組織形態であるツンフトを基礎においていた。市におけるもっとも重要な手工業の種別化に対応して，市民は 12 のツンフトに分割された。ブドウ園主，パン屋，織物業者，桶屋，鍛冶屋，仕立屋，運送屋，雑貨屋，肉屋，毛皮業者，靴屋そして皮なめし業者であった」。つまり，ロイトリンゲン市は，12 のツンフトに組織された「市民」によって自治的に運営されていたのである。しかし，ここで注目する必要があるのは，城壁で囲まれた都市内部に生活の場をもつ「公民権のない住民（市民権を制限されていた新移住民）」とともに，「帝国都市の村落住民」も公民権を有していなかったことである。つまり，「帝国都市の村落住民」である農民たちは，都市の住民に隷属していたのである。しかし，時代が進んで農民たちの生活が向上し人口が増加するとともに，農民たちのあいだでも自治意識が芽生え，都市の住民と同じように自分たちの生活空間での自治権を要求するようになってくる。つまり，都市部のゲマインデにならって，農村部にもゲマインデが形成されるようになるのである。ちなみに，ヴュルテンベルク王国では，農村部のゲマインデと都市部のゲマインデを統括する行政組織として「郡」が配置され，郡庁の所在地は都市部におかれたのである。したがって，リストが明らかにした政治構想において「ゲマインデ→地方」とされていた部分を「地方（＝都市と農村のゲマインデ）」と一括したほうが，その後の実態に沿ったものといえるのである。つまり，これ以後のリストの政治構想も，「地方（都市と農村のゲマインデ）→州→国家」という上昇・重層型として表現したほうが適切かと思われる。

　ところで，ヘーゲルが「職業団体」＝「仲間集団」という中間団体の役割を考えるにあたって，フランス革命とその後の政治的な変遷についての彼の観察結果が大きな意味をもっていたことは，すでに見た。リストの場合は，どうで

あったろうか。その点にかんしては，1818 年にテュービンゲン大学の行政学教授として教壇に立つことになったリストが，その初講義に向けて準備していた『ヴュルテンベルクの国家学と行政学——要綱』がその材料を提供してくれる。ちなみに，これは大学での講義を意識したのか，これまでの文体とは違って，いわゆる「格調高い」文体で書かれている。それはともあれ，その中で彼は，つぎのようにいう。「哲学は，暗闇に一条の光を投げかけ，人は国家についての教説を理性の命題にもとづいて根拠づけることをはじめた。しかし，こうした教説は，さしあたり生かされないままにあった。というのは，それには３つの強力な敵が歯向かってきたからであった。すなわち，古臭い偏見，権力者のエゴイズム，そして既存の諸形式の密生した絡み合いである」。しかし，こうした状況が続いていた「その時，フランス革命が起こったのである。それらのことは，粗野な力の爆発だけでなく，古い諸形式の中で息苦しくかつ重苦しく感じていた人間精神の目覚めがこの大いなる出来事をもたらしたということで，意見の一致を見ている」。したがって，フランス革命は同時に，「ドイツにおける政治的諸形式と政治的精神を改作することの転換であった」[44]と。つまり，リストによれば，フランス革命は旧制度を打破することによって，「古い諸形式の中で息苦しくかつ重苦しく感じていた人間精神の目覚め」をドイツに対しても同時に促がしたという意味では，「大いなる出来事」であったというのである。

　そして，続けて彼は，つぎのようにいう。「私たちは，安易な休眠状態から目を覚まされ，盲目の信仰と根強い偏見とからは次第に距離を保つようになり，探求精神が当たり前のことになった。しかしなお，ゴティック文様に彩られた帝国憲法は存続し，数え切れないほどの諸形式と太古から続く我欲に向けて電光を照射したので，それは崩れ落ちた」と。ちなみに，この「摂理」に関連して，彼は，つぎのようにいう。「私たちは，共通の軛のもとで，市民的自由の大いなる値打ちをはじめて認識することになった」[45]と。つまり，リストによれば，フランス革命を通して「人間精神の目覚め」を感じたドイツは，「市民的自由の大いなる値打ちをはじめて認識することになった」というので

ある。そして，最後に彼は，つぎのようにいう。「諸政府と諸人民は，フラン
ス革命の身の毛もよだつ景観に目を向けながら，両者が大いなる教訓を汲み取
る。すなわち，後者は，自分たちの今日的な文化という観点に立って，市民的
自由とこれを制限する諸形式の排除とが緊急であるという教訓を，前者は，既
存の諸形式の暴力的な転覆が諸人民を果てしなく破滅させるという教訓を汲み
取る」。したがって，「フランス革命は，私たちに平和的に団結して，政治的形
態を時代にあわせて形成することを教えた」。そして，それは一口でいえば，
「人民の代表と公開」[46]である，と。つまりリストによれば，ドイツにとっては
暴力的な転覆ではなくて，市民的自由を基礎として「平和的に団結して」，「人
民の代表と公開」を自治共同体としての地方からはじまって国家まで重層的に
実現することこそ，フランス革命の教訓を生かすことだというのである。

(3) 自治・分権的な政治構想の担い手としての「市民」

　さて，リストは，1817年の『ヴァルデンブッフ奏上書』において，市民的
自由を基礎とした自治共同体を国家にいたるまで重層的に積み上げる政治構想
に，理論的な根拠づけを与えることができた。ついで，同年末の『ヴュルテン
ベルクの国家学と行政学——要綱』において彼は，その政治構想こそがフラン
ス革命からドイツが学ぶ教訓であるとした。したがって，つぎに問題になるの
は，リストがその政治構想を実現する担い手として考えた「市民」を，どのよ
うな人びとだと考えていたかである。そして，この点については同年に，『シ
ュヴァーベンからの人民の友』紙に匿名で掲載されたリストの論文「時代精神
は官制組織を試問する」が，そのための材料を提供してくれる。ちなみに，こ
の論文は，「時代精神」が教官役となって6人の学生に対して口述試問をおこ
なう，という展開になっている。そして，この中でリストは，つぎのようにい
う。

　　「時 代 精 神　　下位の官吏体制組織は今日，どこに目標をおいているの
　　　　　　　　　　か？　セクンドゥス君。

付論　F. リストの「コルポラティオン」論と「分業＝市場」論　369

セクンドゥス　市民に対しては第一義的に仕え，公僕の数，経費を削減
　　　　　　し，主人づらした自分たちの思い上がりをなくすことに。

時 代 精 神　君は，市民をどのようなものと考え，公僕をどのようなも
　　　　　　のと考えているか？

セクンドゥス　市民とは，自分の勤労の成果によって生活し，統治費用を
　　　　　　支払う義務をもつ人である。たとえば，鋤で土地を耕す農
　　　　　　夫，背負い桶をかつぐブドウ栽培者，工房で働く手工業
　　　　　　者，商品を取引する商人および工芸家などである。公僕と
　　　　　　いうのは，政府や公共の施設で働き，勤勉な市民の負担で
　　　　　　養ってもらっている人であり，具体的には行政をつかさど
　　　　　　り，判決を言い渡し，祖国を防衛する官吏である。

時 代 精 神　この二つの階級のあいだの基本的な違いは，どこにあるの
　　　　　　か？

セクンドゥス　市民は統治され（統治費用を——引用者）支払わねばならな
　　　　　　いので，またこの二つのことは自分自身の自由ないし収入
　　　　　　のいずれかを犠牲しなければならないので，なににもまし
　　　　　　て国家の福祉がおこなわれるかぎりで統治されるであろう
　　　　　　こと，また彼らはできるだけ自分自身が統治するのが当然
　　　　　　であることを願っている。公僕はしかし，市民が自分から
　　　　　　統治するときには，床屋が自分でヒゲを剃る人を見るのと
　　　　　　同じように，それを妬ましく思う。彼らはそれを自分たち
　　　　　　の職分の侵害と考え，市民を縄張荒らしと考える。このよ
　　　　　　うな公僕はもちろん，優雅な作品——あるいは手工業品
　　　　　　——をいくら待っても提供せず，有効に配分しえないが，
　　　　　　手の込んだ飾りつきのニュルンベルクの細工品を備えてお
　　　　　　り，それが市民にはとても支払うことができないほどに高
　　　　　　価なものである。それゆえに，公僕の考えにしたがった官
　　　　　　制組織は，とても長続きするものではない。

時 代 精 神 　その通りだ——」[47)]と。

　したがって，この口述試問から，「市民」とは，なによりも農民と商工業者のことである。しかし，「公僕」と呼ばれながらも，行政，司法，防衛の分野における官吏も，「自分の勤労の成果で生活し，統治費用を支払う義務をもつ」という意味では，広義の「市民」の中に加えられていることが分かるのである。

(4)　リストの分業＝市場論の展開——①『アメリカ経済学綱要』

　さて，これまでは，リストの「コルポラティオン」論を「自治共同体」，とりわけ基礎的自治体であるゲマインデの問題として見てきた。しかし，彼の後半生においては，その関心が経済学の領域に移ったこともあって，彼の「コルポラティオン」論は，「分業＝市場」論として展開されることになる。そして，それはまず，周知のように，「あらゆる工業の礎柱」である農業と「国民的な富に対する……基本的な意義」をもつ工業との社会的分業，つまり，農業と工業の分割とそれらの社会的な結合にもとづく「国内市場形成の理論」[48)]としてスタートした。そして，それが一応の完成を見たのは，主著『経済学の国民的体系』（1841 年）であったといえる。したがって，それまでは，分業論＝市場論の完成に向けたリストの苦闘が続くのである。そこでまず，その苦闘の足跡を，『アメリカ経済学綱要』（1827 年）の中に見ていくことにしよう。そして，周知のように，この『アメリカ経済学綱要』は，リストが経済学の概要についての自分の見解を「12 通の書信」の中で述べるという形をとっている。そこでまず，リストは，経済学の構成部分に関連して，つぎのようにいう。「研究の結果，私は経済学の構成部分が，1．個人経済学，2．国民経済学，3．人類経済学であることが分かりました。アダム・スミスは，個人経済学と人類経済学を論じています」と。しかし，リストによれば，「この学問を完全なものにするためには，国民経済学の諸原理を付け加えなければなりません。国民経済という観念が生じるのは，国民という観念にともなうものです。国民とは，個

人と人類のあいだの媒介物であり，個人とは独立した団体のことです」と。つまり，リストは，個人の自由な経済活動を対象領域とする「個人経済学」とともに，その活動の対象領域を一気に国際的なものに拡大する「人類経済学」とからなる支配的な経済学に対して，「個人と人類の媒介物」である「国民」という契機を加えた「国民経済学」の必要性を説いているのである。ともあれ，続けて彼は，つぎのようにいう。「このような団体の経済は，個人経済学や万民経済学のように，たんに富だけを追求するのではなく，力と富を追い求めます。というのも，国民の力が国民の富によって増進され確保されるのと同様に，国民の富は国民の力によって増進され確保されるからです」。したがって，「諸国民がとても豊かであっても，国民が彼らを保護する力をもたなければ，国民も諸個人も，これまでに蓄積した富・権利・自由・独立をたちまちのうちに失ってしまうでしょう」と。

　国民経済における力と富の重要性をこのように語ったのに続いて，リストは，つぎのようにいう。「力が富を安全なものにして富が力を増大させるように，富や力は，国内での農業・商業・工業が調和した状態にあることによって等しく利益を享受します。この調和がなければ，国民は決して強力でも富裕でもありません」と。こうした考え方は，「あらゆる工業の礎柱」である農業と「国民的な富に対する……基本的な意義」をもつ工業という，社会的分業にもとづく「国内市場形成の理論」の延長線上に位置するものである。また，それに関連して，リストは，つぎのようにもいう。「政府に国民的産業の三つの構成部分を調和させるために個人の産業を制限する権利があるかどうかは，大いに疑問です。ついで，政府がこの調和を法律や制限でうまく果たせるか，あるいはもたらす力があるかどうかは，疑問です。国民の富や力を増進させる手立てがあればどんなことでも手助けすることは，その目的が諸個人によって達成しにくいのだから，当然に政府の権利であるだけでなく義務でもあります」[49]と。つまり，リストによれば，第1に，農業・商業・工業といった「国民的産業の三つの構成部分」における経済活動は，基本的には市場原理にしたがうものであって，政府が経済活動に安易に介入するものではないというのである。

しかし第2に，その市場原理がなんらかの理由で機能しない場合には，政府が「手助け」するのは当然のことであるというのである。したがって彼は，つぎのようにいう。「保護政策の善し悪しについていえば，それが有効であるかどうかは，まさに国民の状態に関係していると思います」[50]と。ここでいう「国民の状態」については，その最終目標を「国内での農業・商業・工業の調和した状態」に求めていることからも明らかなように，リストは，のちの「経済発展段階説」に連なる考え方を，ここですでに提示しているのである。

　ところで，すでに見たように，リストは，国民経済学の必要性を説いていた。したがって彼は，ここであらためて，その「経済学の対象」について言及するようになる。彼は，つぎのようにいう。「この対象は，個人経済学や万民経済学，とくに商人の交易のように物々交換をして物を得ることではない。それは，他国民との交換によって生産力および政治力を得るか，またはその交換を制限することによって生産力および政治力の低下を避けることです。それゆえに，彼らは生産力を取り上げるのではなく，もっぱら物の交換の意義を取り上げています」と。したがって，リストによれば，国民経済学は，「一国民の生産力とその浮沈の原因をその主たる対象」とするものだ，ということになる。そして，この点について，彼はさらに，つぎのようにいう。「彼らによれば，一国の人びとの産業は資本の額，すなわち生産された物のストックによって制限されます。彼らは，この資本の生産性が自然の与える資源や知的および社会的条件に依存していることも，考えませんでした。――この学問において生産された物のストックに対して資本という一般的名称が必要でありますならば，社会的および知的条件の現在の状態だけでなく資源の現在のストックに対しても，一つの一般的名称をつくることが同じく必要であります。いいかえれば，自然の資本，精神の資本および生産された物の資本があります――そして一国民の生産力は最後のものによって左右されるだけではなく，また主として前二者によって左右されるものであります」[51]と。つまり，リストによれば，理論家が「物々交換をして物を得る」ことを「経済学の対象」と考える場合には，「生産された物の現在のストックを資本という一般的名称で呼」んでいる。

付論　F. リストの「コルポラティオン」論と「分業＝市場」論　373

しかし，それは物を「生産された」結果からしか見ていないのである。それに対して，「生産力」という原因から見ると，物を生産するにあたっては，「自然の与える資源や知的および社会的条件の現在の状態」のほうが大きな役割を果たすのである。しかし，その場合にも，そこにはすでに，「生産された物のストック」の存在が前提にされている。したがって，それぞれに資本という一般的名称を与えるとすれば，「自然の資本・精神の資本および生産された物の資本」になる，というのである。

　とはいえ，これらの中で「精神の資本」については，ここでは「知的および社会的条件の現在の状態」とだけしか説明されていない。したがって，この「精神の資本」についてのリストの説明を，別の箇所に求める必要性が生じてくる。そして，この点について彼は，つぎのようにいう。「生産力の比較的大きな部分は，個人の知的および社会的条件，すなわち私が精神的資本と呼ぶものの中にあります。仮に，国内で 10 人の別々の毛織物業者がそれぞれ 1,000 ドルの資本を所有し，紡車で羊毛を紡ぐが，とてもみすぼらしい道具しかもたず，染色技術に習熟しておらず，各人が独力で製造し，なにごともすべて自分でやらねばならず，したがって 10 人の製造業者たちが自分たちの資本と労働とを結合し，紡績業やいっそうすぐれた紡織機を発明し，染色技術を学び，それらに労働を分割し，このようにして毎月 1,000 ドルのラシャを製造し販売することができる，とします。1 万ドルの同じ物質的資本が，これまでは年間に 1 万ドルのラシャを生産するだけであったのに，新たに改善された社会的および知的条件，いいかえれば新たに獲得された精神的資本によって 10 万ドルのラシャを生産します。したがって，目下のところ同じ物の資本をもっている国民も，その社会的および知的条件を改善することで，その生産力を 10 倍も増進することができます」[52]と。つまり，リストによれば，「知的および社会的条件の現在の状態」とは，分業システム（＝社会的条件）が導入された結果，発明精神をはじめとした人々の意欲的で公益的な取り組み（＝知的条件）が見られるようになり，生産力も増進するというのである。同様なことは，つぎのようにもいわれている。「弁護士・医者・伝道者・判事・行政官・文学者・作

家・教師・音楽家・役者，これらの人びとは生産力を増進させるでしょうか？スペインでは，まったくといっていいほど増進させません。立法者・判事・弁護士は人民を抑圧し，牧師は国のもっとも滋養のある部分を貪り食って怠惰心を育成し，教師はあのお荷物的な階級を教えてもっとも荷物的なものとするだけであり，音楽家や役者は怠け者に怠惰をもっと快適なものにするだけです。学問でさえも，そこでは有害です。というのも，国民の地位を改善しないで悪化させるのに奉仕しているからです。アメリカでは，これらすべてが違っています。これらの人びとの努力が大いに生産力を増進する傾向をもっており，弁護士・立法者・行政官・判事は公共社会の状態を改善し，伝道者・教師・作家・印刷業者は国民の精神および道徳を改善します」[53]と。つまり，リストによれば，スペインは「人民を抑圧」する社会的条件の下にあるために，知的条件も人民に敵対的なものである。それに対して，市民的自由が確立された社会的条件の下でのアメリカでは，知的条件も「公共社会の状態を改善」することに貢献するのである。

　こうして『アメリカ経済学綱要』において，リストは，まず第1に，一個人の経済活動を基本単位とした個人経済学とその延長上での人類経済学と，一国民の経済活動を基本単位とした国民経済学を区別する必要性を提起した。そして第2に，その国民の富と力の増進は，「国民的産業の3つの構成部分」である農業・商業・工業の調和した状態，つまり農業・商業・工業に分割されそれらが結合した社会的分業＝国内市場を形成することによって，利益を享受することができた。最後に第3に，こうした状態を実現するためには，この国民経済学が対象とするのは生産力であり，「一国民の生産力とその浮沈の原因をその主たる対象」とすることになる。そして，この生産力という観点から見ると，「自然の与える資源や知的および社会的条件の現在の状態」のほうが大きな役割を果たしているのであるが，それらはすでに「生産された物のストック」の存在を前提にしている。したがって，それらに資本という一般的名称を与えるとすれば，それぞれ「自然の資本・精神の資本および物の資本」ということになる。加えて，この「精神の資本」についてのリストの説明をアメリカ

付論　F.リストの「コルポラティオン」論と「分業＝市場」論　375

を例として見てみると，市民的自由が確立された社会的条件のもとでは，知的
条件＝知的部分を担う人々の努力も，「公共社会の状態を改善」することに向
けられることになる，というのである。

　そこで，このような3つの点に集約された形で展開されたリストの経済理論
を，すでに見た「コルポラティオン」論との関連で考えてみることが必要にな
ってくる。その点でまず注目する必要があるのは，リストによれば，国内市場
の形成のためには同時に，農業・商業・工業の分割とそれらの結合にもとづく
社会的分業の形成が考えられていたことである。そこで，この「農業・商業・
工業」という言葉を「農民と商工業者」という言葉に置き換えてみれば，それ
らが論文「時代精神は官制組織を試問する」の中で登場してきた，コルポラ
ティオンを支える「市民」像と一致することが分かるのである。さらに，「精神
の資本」に関連して，市民的自由が確立された社会的条件の下で「公共社会の
状態を改善」することに貢献する人びととは，「公僕」を意味することは明ら
かである。つまり，リストの「分業＝市場」論は，彼の「コルポラティオン」
論を経済学的に表現したものであることが明らかになったのである。

⑸　リストの分業＝市場論の展開—— ②『経済学の自然的体系』
　さて，この『アメリカ経済学綱要』の構想を引き継いで展開されたリストの
経済理論が，『経済学の自然的体系』（1837年）である。そして，この『経済学
の自然的体系』の内容を，彼の主著『経済学の国民的体系』（1841年）で用い
ている分類法を参考にして区分すると，第1章の「世界主義経済学あるいは個
人的・社会的経済学」にはじまって第26章の「貿易の自由を奨励し導入する
ためにもっとも適切な手段について」までが，「理論篇」である。ついで，第
27章の「イギリス歴史回顧」から第32章の「ロシア経済の概観」までが，「歴
史篇」ということになる。そこでまず，「理論篇」から見ていくことにしよう。
「第1章　世界主義経済学あるいは個人的・社会的経済学」では，個人の経済
活動を基本単位とした経済学が取り上げられる。したがって，それは，『アメ
リカ経済学綱要』で「個人経済学」および「人類経済学」と呼ばれたものであ

った。その意味では，リストはここでも，「世界主義経済学あるいは個人的・社会的経済学」に対しては，当然のことながら批判的であった。とりわけ，最大の批判の矛先が向けられたのは，これらの経済学が提唱する「貿易の自由」拡大路線が「生産者と生産とのあいだの，消費者と消費とのあいだの均衡」を破壊していることであった。それに対して，リストは，この章ではまず，つぎのような原理的な確認をおこなうことから論述をはじめる。「交換の自由は，つぎのような場所にもろもろの製造業を発生させる。すなわち，自然，農耕努力，学問，社会的・政治的な諸関係がその発展を最大限に満たしている場所である。しかし，それらの中でもとりわけ工場の改良に貢献するのは，さまざまな部門ができるだけ直接に，互いに組織することができる場合である。こうした共同，こうした生産諸力の結合は，分業の原理と一体となったものである」と。つまり，「交換の自由」がもたらす製造業の発生に関連して，リストは，さまざまな部門に分割された「生産諸力の結合」，すなわち分割と結合という意味での「分業の原理」こそが，「工場の改良に貢献する」ことを確認しているのである。その上で，彼はさらに，つぎのようにいう。「経験が私たちに教えるところによれば，高度な文明と諸世代の継続は，一国の工業力を行動に実現させるために必要であること，またこの目標の達成のためには，たとえ生産と販売の増加がゆっくりしたものであっても，後退を避けることなど問題ではないということである」と。つまり，リストによれば，国民的な工業力の行動をはかるにあたって，「高度な文明と諸世代の継続」という時間的な意味での分割（＝諸世代）と結合（＝継続），すなわち「分業の原理」に配慮する一方で，「生産と販売の増加」が均整のとれたものであること，すなわち空間的な意味で分割された生産と販売（＝消費）の均整のとれた結合をはかるという「分業の原理」こそが，「工場の改良に貢献する」ことを確認しているのである。その上で，彼はさらに，つぎのようにいう。「経験が私たちに教えるところによれば，高度な文明と諸世代の継続は，一国の工業力を行動に実現させるために必要であること，またこの目標の達成のためには，たとえ生産と販売の増加がゆっくりとしたものであっても，後退を避けるなど問題ではないということで

付論 F. リストの「コルポラティオン」論と「分業＝市場」論 377

ある」[54]と。つまり，リストによれば，国民的な工業力の高度化を図るにあたって，「高度な文明と諸世代の継続」という時間的な意味での分割（＝諸世代）と結合（＝継続），すなわち「分業の原理」に配慮する一方で，「生産と販売との増加」が均整の取れたものであること，すなわち空間的な意味で分割された生産と販売（＝消費）の均整の取れた結合を図るという「分業の原理」こそが，不可欠な要因であるというのである。

それに続く「第2章　政治経済学あるいは国民経済学」は，すでに『アメリカ経済学綱要』で展開されていたリストの主張が繰り返されているので，とくに注目すべきものはない。そこで，「第3章　生産諸力の理論」および「第4章　価値の理論」に目を転じることにする。そして，この章でリストは，前の章との関連で，つぎのようにいう。「政治経済学は，貿易制度や関税立法のための基本方針として，どのような原理を採用しなければならないのかということを明らかにするために，私的経済学を簡単に見ることが不可欠である。私たちはその場合に，本質にしたがって互いに異なっている二つの対象を考えることができる。すなわち，活動し生産に貢献する諸力あるいは諸能力と，生産され交換対象として価値がある事物そのものと，である。それにもとづいて，それらが互いに多くの共通点をもちながらも，それぞれが特有の基礎の上に立っている二つの異なる教義がある」と。つまり，リストによれば，私的経済学にはその対象の違いによって，「二つの異なる教義がある」というのである。したがって，続けて彼は，つぎのようにいう。前者を対象とするのが「生産諸力の理論」であり，それは「保護主義の支えとして役立ち，保護主義の合目的性を基礎づける」ものである，と。これに対して，後者を対象とするのが「価値の理論」である。したがって，彼はいう。「私たちは，スミスとセーが生産にとっての生産諸力の重要性を認識していなかったことに，まったく関心がない。しかし，私たちは，世界主義経済学と政治経済学のあいだの相違と同じくらい，彼らがこれら2つの理論のあいだの本質上の相違を誤解していたこと，彼らが2つの理論を混同しながら，一方の原理を根拠にして他方の原理を論駁していることを，立証できると確信している」[55]と。ここではじめて，主著

『経済学の国民的体系』に引き継がれる，リストによる経済理論の二分法が登場したことになる。つまり，リストは，自分の経済理論を「生産諸力の理論」と呼ぶ一方で，アダム・スミスとセーのそれを「価値の理論」と呼ぶのである。

そして，この「価値の理論」との関連で，リストは，つぎのようにいう。「アダム・スミスは，彼がなんら価値を生産しない人びとを不生産的なもの（たとえば教師，裁判官，学者，芸術家，役者など）に分類するとき，J.B. セーよりはともかく首尾一貫している。人が価値の理論のみを考慮する場合には，このことは完全に首尾一貫している。しかし，人が生産諸力の観点から，国民の構成員であるこの人びとの活動の成果を考慮する場合には，彼らが物質的な価値の生産者よりもはるかに生産的であることを，誰も理解することができない。つまり，教育者はつぎの若い世代に生産の能力を与えることによって，裁判官は所有と身体の安全の保持に貢献することによって，学者は教育の進歩と有益な学識を広めることによって，芸術家は国民の精神を教化し形成することによって，生産的である。セーは，自分の教義の中でこの大きなギャップを漠然と感じ，それゆえ，この生産諸力の生産者を精神的（非物質的）な価値の生産者に分類する」[56]と。これは，周知のようなスミスの「生産的労働」論をセーのそれと比較しながら，セーの論理をリストが批判的に取り上げたものである。すなわち，リストによれば，「価値の理論」から見れば「不生産的」と見なされた人々の労働を，セーは同じ「価値の理論」の立場から「精神的（非物質的）価値の生産者」と規定した。しかし，「価値の理論」は物質的な物の価値を追求していることから考えると，セーの論理には首尾一貫性が見られない。それに対して，こうした人びとの労働を「生産諸力の理論」から見れば，それらが「生産諸力の生産者」であるという意味では「生産的」と考えることができるのである，と。それはともあれ，ここで注目すべきは，『アメリカ経済学綱要』で登場してきた「精神の資本」との関連である。つまり，リストによれば，それは「社会的・知的条件の現在の状態」とも呼ばれ，より具体的には，市民的自由が確立した社会的条件の下では，知的条件＝知的部分を担う人々の努力が

付論 F. リストの「コルポラティオン」論と「分業＝市場」論 379

「公共社会の状態を改善」するのに貢献する，ということであった。つまり，「知的条件」を担うと考えられていた人びとと「生産諸力の生産者」とは，イメージ的には完全に一致していたのである。ちなみに，彼らのことをスミスが「公共社会の使用人」と呼んでいたことは，周知のことである。したがって，リストは，スミス的な意味でも「生産的労働」者である「農民と商工業者」とは別に，「生産的諸力の生産者」という規定をすることによって，「公僕」＝「公共社会の使用人」の社会的な役割に積極的な評価を与えていたのである。

　しかし，それにともなって，新たな問題が生じてくる。つまり，『アメリカ経済学綱要』では「社会的および知的条件の現在の状態」として並列的に扱われていた一方，すなわち「知的条件」が「生産諸力の生産者」という独自な規定を与えられたとき，他方の「社会的条件」はどうなるのかということである。この点に関連しては，リストは，「第5章　諸国民と政治経済学の諸体系とのあいだの相違について」で，つぎのようにいう。「世界主義経済学は，諸国民の状態，さらにはその改善手段をそれほど研究する必要がなかった。世界主義経済学が目標としているのは，自由貿易は世界共和国をどのようにして福祉の最後段階にまで高めていけるであろうかということであり，そしてこの目標の達成のために，すなわち関税を廃止し，諸個人が完全に自由に振舞えるようにするために，政府がどのようなことをなすべきかということでしかない。しかし，私たちにとっては，つまり私たちの観点から考えてみると，事柄はそれほど簡単ではない。というのは，私たちは，自分たちの制度を諸国民の事情と調和させることが必要だからである。しかも，私たちの注意がこうした対象に向けられるならば，諸民族のあいだには限りない違いが存在していること，すなわち，文明化したもの，ほとんど文明化していないもの，無知で野蛮なもの，巨人と小人，力の強いものと無力なもの，啓蒙されたものと偏見に満ちたもの，勤勉なものと怠惰なもの，新しいものを希求するようなものと古い習慣にいつまでも固執するようなものが存在することを，私たちは承知している」[57]と。つまり，世界主義経済学の単純な貿易の自由拡大路線に対する批判を展開する一方でリストは，「諸国民の状態さらにはその改善手段」を研究す

ることが必要だというのである。そして，その点に関連して彼は，つぎのように
いう。「人が狂信，迷信，怠惰，無知および浪費と決別し，特権と有害な組
織を取りのぞいたり破壊したり，教育，学問，道徳性，自由の発展を促進し，
外国の才知や資本を国内に取り込み，国民のためになる新たな資源をつくり出
すようになるのは，法律，制度および善政があってのことである」[58]と。つま
り，リストによれば，「諸国民の状態さらにはその改善手段」を研究するにあ
たっては，「法律，制度および善政」といった人々の公益的＝国民的な努力を
促進する「社会的条件」の現在の状態に注目する必要があるというのである。

　ところで，リストの経済理論が，「あらゆる工業の礎柱」である農業と，「国
民的な富に対する……基本的な意義」をもつ工業との社会的分業にもとづく
「国内市場形成の理論」としてスタートし，市場原理にもとづく「国民的産業
の３つの構成部分」である農業・商業・工業の調和＝分割と結合という経済理
論の展開へと進展してきたことは，すでに見てきた。その点に関連して，『経
済学の自然的体系』において新たに注目すべきは，リストが工業力のもつ経済
的効果だけでなく，その政治的・文化的な効果にも言及するようになったこと
である。「第12章　製造業における生産諸力について」の冒頭で，彼は，つぎ
のようにいう。「工業力は同時に，学問と技芸，文芸，啓蒙，周知の自由，有
益な諸制度，国民の力と独立の母であり娘である」[59]と。しかし，この文言は
同時に，リストの経済理論に対するスミスの影がその大きさを増してきたこと
も感じさせるのであった。というのも，周知のように，「分業＝市場」論がも
ともとスミス的な発想であり，農業と工業の社会的分業にもとづく「国内市場
形成の理論」も，さらには工業力のもつ政治的・文化的な効果についても，
「都市（＝製造業）と農村（＝農業）の関係」の問題としてスミスによって論じ
られていたからである。事実，この点について，スミスは，つぎのように論じ
ている。「従来はほとんどつねに戦闘状態にあり，領主に対しては奴隷的従属
状態におかれて暮らしていた農村住民のあいだに，商業と製造業は徐々に秩序
と善政をもたらし，それとともに個人の自由と安全をも，もたらした。この点
は，ほとんど注意されていないのだが，商工業がもたらした諸結果の中で，も

付論 F.リストの「コルポラティオン」論と「分業＝市場」論 381

っとも重要なものである」[60]と。ちなみに，この「商業と製造業（における商品生産）」の役割に関連して想起する必要があるのは，ヘーゲルの（解放の契機）としての労働論である。この労働論を基礎にしてスミスの文言を再読すると，ここでスミスは，商品生産・流通を通して「陶冶育成」された商工業者との交流によって，共同体の枠に縛られていた農村住民のあいだにも自由な商品生産者としての「陶冶育成」が浸透することを強調していたのであった。また，リストに関連しては，以前に彼が「コルポラティオン」の担い手である「市民」について語っていたことを想起する必要がある。すなわち，「市民とは，……たとえば，鋤で土地を耕す農夫，背負い桶をかつぐブドウ栽培者，工房で働く手工業者，商品を取引する商人および工芸家などである」と。ちなみに，こうした人びとは，歴史的には「旧市民層」と呼ばれ，近代社会を創造する担い手としては期待されていなかった。しかし，リストは，こうした「旧市民層」を近代社会の担い手である「新市民層」へと漸進的に転換させるために，「解放の契機」としての労働論を理論的な根底にすえて，工業力のもつ政治的・文化的な効果に期待していたのである。

(6) リストの分業＝市場論の展開—— ③ 1839-1840 年の経済諸論文

　さて，『経済学の自然的体系』と主著『経済学の国民的体系』とのあいだ，つまり 1839 年から 1840 年にかけて，リストは，いくつかの経済論文を書いている。そしてそれらの中に，「コルポラティオン」論との関連で注目すべき論文があった。それは，1840 年に書かれた「国民的な工業生産力の本質と価値について」という論文であった。この中でまず，リストは，つぎのようにいう。「富の理論の……すべての誤謬は，つぎのことにある。すなわち，それは富の理論にすぎないこと，それは富をつくり続ける力ではなくて富を，その研究の主たる対象にしてきたことにある。すべての諸個人の富は国民の富の集合である，というのか？ それはさておいて，この問いかけ総体で問題になっているのは，交換価値や富ではなくて生産諸力である。しかも，国民全体の生産力は，諸個人のそれとはまったく違うものである。というのは，それは，国民

的な規模での分業や国の社会的・市民的・政治的諸制度によって規定されているからである。不思議なのは，スミスが自分から発見した，あるいはむしろアリストテレスによってすでに見出されていた分業の法則を，さらに徹底的に追求しなかったことである。というのは，個々の製造業で労働者が，適切な作業の分割と同一目的に向けた諸個人の生産力の精神的かつ空間的な結合によって，バラバラな状態にあった以上に生産物をつくり出すように，そのことは製造業全体，農業全体，国民経済全体にも当てはまるからである」[61]と。ここで注目する必要があるのは，まず「国民全体の生産力」は，「国民的な規模での分業……によって規定されている」とリストがいっていることである。これはいうまでもなく，分業が原因で生産力の改善が結果であるというスミスの考え方を，リストが正当に継承していることを証明するものであった。ついで注目すべきは，リストが「分業の法則」を取り上げ，それが「作業の適切な分割と同一目的に向けた諸個人の生産力の精神的かつ空間的な結合」のことであり，スミスと同様に分業を「分割と結合」と理解していることに加えて，それを「国民的な規模での分業」と考えていたことである。したがって，リストは，つぎのようにいう。「私たちが国際的な私的な分業に対比して国民的分業と呼ぶ，この分業の重要性を，富の理論はなるほど認めてこなかったし，新たに展開してこなかった」[62]と。つまり，この時点ではまだ，「国の社会的・市民的・政治的諸制度」という「社会的条件」が付加されているが，国民的生産力は国民的分業によって基本的に規定されているという『経済学の国民的体系』の基本定式が，ここに成立したことを確認することができる。

つぎに，「分業＝市場」論に関連して，リストは，つぎのようにいう。「ツンフト体制に言及するにあたって私たちが明らかにせざるをえないのは，このツンフト体制が以前から地域保護制度の献身者を代表し，労働者や親方の人数を制限することによってその国の工業需要のほとんどを流通規模の大きなものから守り，製造業者に一定範囲での製品市場をいわば提供し，農業者に対する独占を保障したことである。しかもその一方で，主要生産物に対する自然的独占をもっている農業者の近隣に生産物市場をつくり，加えて局地的分業

付論　F. リストの「コルポラティオン」論と「分業＝市場」論　383

(Lokalarbeitsteilung) をその国の全土に広げた」[63]と。つまり，リストによれば，ツンフト体制は，「地域保護制度の献身者を代表し」，「製造業者に一定範囲での製品市場をいわば提供し」，「農業者の近隣に生産物市場をつくり，加えて局地的分業をその国の全土に広げた」というのである。ここで注目すべきは，リストが一国における「分業＝市場」の成立と展開を，製造業と農業との分割と結合にもとづく「局地的分業＝市場」の成立にはじまるものと考えていたことである。そして，このことは，リストの背後にスミスの大きな影が潜んでいることを思えば，自明のことでもあった。というのも，『国富論』第1篇第3章「分業を引き起こす原理について」の冒頭で，スミスは，つぎのようにいっていたからである。「分業を引き起こすのは交換しようとする力であるから，分業の大きさも，この力によって，いいかえると市場の大きさによって，制限されるにちがいない」[64]と。つまり，リストによって展開された「国内市場形成の理論」も，局地的分業＝市場の形成にはじまり，地方的分業＝市場を経て，最終的に国民的分業＝市場の形成へと重層的に発展していくものと考える必要があったのである。そして，このことは同時に，リストの（コルポラティオン）論が，地方（農村と都市のゲマインデ）→州→国家という「下から上へと向かう」上昇型の自治共同体論として展開されていたこととも，見事に対応しているのである。

⑺　リスト分業＝市場論の展開──④『経済学の国民的体系』

　最後に，リストの「分業＝市場」論の最終的な到達点を示している主著『経済学の国民的体系』（1841年）を見ることにする。その点に関連して，まず注目する必要があるのは，彼がつぎのようにいっていることである。「諸国民の生産諸力は，たんに個々人の勤勉・節約・道徳・知能によって，あるいは自然的資源および物質的資本の所有によって制約されているだけでなく，社会的・政治的・市民的な制度と法律によって制約されており，その国民国家の存続・独立・力の保障によって制約されている」[65]と。つまり，ここでリストは，「国民全体の生産力」を問題にしようとしていることが分かる。そして，そうした

彼の考えにしたがうことにすれば，「個々人の勤勉・節約・道徳・知能」とは
国民の精神生活にかかわるものであり，その意味では国民の「精神的生産力」
と呼ぶことができるものである。続いて彼が取り上げている「自然的資源およ
び物質的資本の所有」とは，リストが『アメリカ経済学綱要』の中で「自然の
資本」なり「物質の資本」と呼んでいたものである。したがって，これらも一
括して「物質的生産力」と呼ぶことができるのである。さらに，ここで「社会
的・政治的・市民的制度と法律」といわれているものは，同様に『アメリカ経
済学綱要』では「社会的条件」と呼ばれていたものであった。したがって，こ
こではそれを，国民の「制度的生産力」と呼ぶことができよう[66]。そして，最
後に，「国民国家の存続・独立・力の保障」については，以上の三つの生産力
が国民的なものになっていないかぎりでは無意味であるということから，全体
を総括するものと考えることができよう。つまり，リストによれば，国民的生
産力は，第1に「精神的生産力」，ついで第2に「物質的生産力」，そして第3
に「制度的生産力」という3つの生産諸力からなっているということになる。
そして，これら3つの「国民全体の生産力」に対応する「国民的分業」につい
ての検討結果を踏まえて整理してみると，リストによれば，「精神的生産力」
の担い手は「生産諸力の生産者」である「公僕」，スミス的には「公共社会の
使用人」のことである。ついで，「物質的生産力」の担い手が「農民と商工業
者」となることは，すでに明らかとなっている。そして最後に，「制度的生産
力」については，ここでは抽象的に「社会的・政治的・市民的な制度と法律」
といわれているが，それが市民的自由を基礎とした自治・分権的な「制度と法
律」であることは自明であろう。こうしてリストの「コルポラティオン」論
は，彼の経済理論にあっては「物質的生産力＝農民と商工業者」および「精神
的生産力＝公共社会の使用人」からなる「分業＝市場」論でもあり，それは局
地的「分業＝市場」から地方的「分業＝市場」を経て国民的「分業＝市場」へ
と重層的に積み上げられていくものでもあった。そして他方で，「地方（都市
と農村のゲマインデ）」から「州」を経て「国家」という「下から上へ向かう」
上昇型の自治・分権的な「国の社会的・政治的・市民的な制度と法律」も，彼

の経済理論にあっては「制度的生産力」と規定されることによって，経済学的な基礎づけを与えられたのであった。

３．大塚久雄氏の「分業＝市場」論

⑴　大塚久雄氏と「共同体」論

　資本主義経済の形成過程にかんする大塚久雄氏の理論的な考察は，『共同体の基礎理論』（1955 年）で得た成果を基礎にして，1962 年に書かれた論文「共同体解体の基礎条件——その理論的考察」にはじまったと考えてよいであろう。ちなみに，大塚氏は，この論文の冒頭で，つぎのようにいっている。「『共同体』Gemeinde とよばれる基礎的社会関係——生産関係としてみれば土地占取関係——が，その基礎的諸形態のどのばあいであれ，歴史上解体を開始するにいたるのは，どのような客観的条件がそろったばあいであるのか，これが本論文における中心課題である」と。それに加えて，大塚氏は，つぎのようにいう。「ひとしく共同体の解体といっても，アジア的形態や古典古代的形態の解体とゲルマン的（すなわち封建的）形態の解体とのあいだには，ある決定的な差異が存する。……ゲルマン的（すなわち封建的）共同体の解体は，自由な商品生産（したがって資本主義経済）の展開過程にほかならず，したがっておよそ共同体（およびその上に築かれた生産諸関係）の終局的消滅に結果するということである」[67]と。つまり，資本主義経済の形成過程にかんする大塚氏の理論的考察については，「ゲルマン的（すなわち封建的）共同体の解体」の客観的条件を中心に見ればよいということになる。しかし，その場合にも，大塚氏がつぎのようにいっていることは，無視できない。「共同体の解体という現象はもちろん，共同体の基本諸形態のどのばあいにも見出されるし，したがってまた，それらすべてに共通する一般的事実の存在も当然に予想されることになる。そうした一般的事実（あるいは一般法則）の究明こそが，ここでは当面問題とされることになる」[68]と。

　そこでまず，共同体解体の「一般法則」についての大塚氏の所説を見ること

にする。それは，「共同体解体の起動力」についての考察からはじまる。そして，その最初の論点となるのは，共同体内部における「固有の二元性」である。この点について，大塚氏は，つぎのようにいう。「およそ『共同体』Gemeinde とよばれる生産関係（すなわち土地占取関係）は，その基本的諸形態のどのばあいでも，すべて同時に二通りの側面をかねそなえている。一つは，『原始共同体』ursprüngliche Gemeinschaft から濃淡さまざまの度合いで受けつがれてきた共同態としての側面（あるいはいっそう具体的に『共同組織』Gmeinwesen といってもよい），いま一つは，そのような共同態的外枠の内側にあって生産諸力はすぐれて個人的生産力として発展をとげるのであるが，そうした生産諸力の担い手たる共同体成員諸個人（具体的には家父長制家族と家長権のもとに編成されている）相互の私的関係としての側面，この二つの側面は……共同体内部における土地の『共同占取』と『私的占取』という対抗的な関係として現われてくることになる」。とはいえ，「究極的には，共同体という生産関係（すなわち土地占取関係）のもつ，こうした二つの側面は，発展しつつある生産諸力の個人的な性質と，生産手段とくに『土地』の占取関係の直接に社会的な（すなわち原始的な）性質と，この両者のあいだの矛盾を表出しているということができるであろう」。したがって「生産諸力の発展が一たび一定の度合いをこえて進行しはじめるや否や，この『固有の二元性』は……一方の，発展しつつある生産諸力の担い手たる共同体諸成員の経済的利害と，他方の，彼らの私的労働を特定の枠の中にはめこみつづけようとする従来からの共同態規制と，この両者のあいだに救いがたい亀裂を生ぜしめるような方向に作用することになる」。すなわち，「共同体に固有な二元性が，生産諸力の発展に伴って，まず原始共同体を崩壊させたのち，アジア的→古典古代的→ゲルマン的な共同体の諸形態をつぎつぎに成立，さらには解体させ，ついには共同体一般を終局的に消滅させることになる」[69]。したがって，大塚氏はいう。「直接に社会化された（つまり多かれ少なかれ原始的な）性格をもつ基礎的生産関係としての共同体にあっては，……ついにはそれを楊棄するにいたる起動力は，その内側における生産諸力（すなわち共同体諸成員の精神的・肉体的生産諸力）の発展にほかならな

い」[70]と。

　そこで，つぎの論点となるのは，大塚氏によれば，「そのばあい，生産諸力——この諸力が複数であることに特に注意——の発展とは，具体的には，いったいどのような事態を指すのか」[71]ということになる。この点については，大塚氏はマルクスに依拠しながら，つぎのようにいう。「共同体一般の成立から終局的解体にいたるまでの時期においては，そのなかでもほかならぬ社会的分業の展開こそが決定的な意義をおびていたことを，看過することはできない。そうした社会的分業の展開のあらましは，ほぼ次のように定式化して大過ないのではあるまいか。——まず，歴史の曙において社会の（したがって諸共同体の）第一次的な生産力的基礎をなしたものは，他ならぬ農業であった。この点はきわめて重要である。もちろん，農業に密着して，あるいは補足的に，牧畜その他の生産諸部門も多かれ少なかれすでに姿を現わしてはいたが，しかし，その後における社会的分業の発展の主要な流れは，そうした農業からつぎつぎに分離しつつ，さまざまな手工業部門が出現し，かつそれらがさらに細分され，手工業の種類がますます増大していく過程として現われている。そればかりでなく，さまざまな手工業部門の出現に照応して，鉱山業その他の原始諸産業が成長するし，さらに生産から相対的に自立しつつ，商品流通の媒介をうけもつところの商業（初期には運送業から未分離）も成長していく。ともかく，こうして少なくとも共同体一般の終局的解体を画する資本の原始的蓄積の時期までに，生産諸力の発展は，しだいに商品生産の姿をとりつつ，おそろしく複雑多岐な社会的分業の体系をうちたてるといった状態にまで到達していたのである」[72]と。ここではじめて，「分業」論が登場してきた。

　しかし，それに加えて，大塚氏は，つぎのような事実に注意を喚起する。「(1)古い時代には，また，現在から逆に遡れば遡るほど，『大地』Erde を主要な生産条件とする『農業』Agrikultur その他の原始諸産業が圧倒的に重要な地位を占めており，それに照応して『土地』Grundeigentum が富の基本形態をなしていた。このようなばあい，共同体をなして生産し生活をつづけていく諸個人にとっては，『土地』の占取が何ものにも先立つ不可欠な条件として現わ

れることは明らかだ，といわねばならない。……(2)これに対比して，社会的分業の進展につれて『農業』からつぎつぎに分離し，さらに相互の分裂によってその種類がますます増大していく『手工業』の生産者たちにとっては，『土地』はもはや主要な生産条件ではない。むしろ，きわめて個人的な性質をおびる『生産された生産手段』とくに『労働用具』の私的占取，あるいはそうした動産の形をとる富の蓄積こそが彼らの生産の，したがって生活の基本的条件となってくる」[73]と。つまり，大塚氏によれば，社会的分業の進展にともなって，共同体の諸構成員（「手工業」の生産者たち）にとっては，彼らの主要な生産・生活条件に決定的な変化が生まれるというのである。そして，続いて大塚氏は，つぎのようにいう。「そうしたばあい，『土地』の占取は，直接にはもはや諸個人の生産活動と生活のための不可欠な条件となることはなく，したがってそうした『手工業』生産諸力の発展は，『土地』占取のための基礎的生産関係である『共同体』から，『手工業』にたずさわる生産者たちを先頭に，成員諸個人をしだいに遊離させ，その結合の絆をおのずから弛緩させることにならざるをえない。そしてまた，それに照応して，『土地所有』Grundeigentum が階級支配のための主要な物質的基礎という意義を失いはじめることも，念頭に置いてよいと思われる」[74]と。この点はとりわけ，ゲルマン的（すなわち封建的）共同体の解体と密接に関連したことなので，注意を要する。

　さて，これまでは，生産諸力の発展にとっては，とりもなおさず共同体内部における社会的分業の進展にこそ決定的な意義がある，とする立場からの説明がなされてきた。しかし，社会的分業には，「共同体内分業」のほかに「共同体間分業」も考えられることから，この二つの分業の「対抗と交錯」が新たな論点として，大塚氏によって取り上げられることになる。とはいえ，「共同体間分業」について，大塚氏は，つぎのような根本的事実を提示することを忘れない。「一言にしていえば，生産諸力の発展が『共同体間分業』の姿をとって現われてくるときには，それは，世界史の複雑な関連の中で現存の共同体に対してさまざまな歪みや影響を与えながらも，結局はつねに現存の共同体（およびその土台の上に築かれた階級諸関係）を支え，それを維持し，存続せしめる方向

に作用してきたと考えるほかはない」[75]と。したがって，大塚氏の関心はむしろ，「共同体間分業」が歴史上つねに保守的な方向に作用してきたことの，理論的な解明に向かうことになる。そして，この点についても大塚氏は，つぎのようにいう。「諸共同体のあいだには，さまざまな姿で経済的 Verkehr が形づくられてくる。そして，世界史上およそ『商業』（したがって商品流通）なるものがまずこうした Verkehr の地盤の上で姿を現わし，いわゆる『貨幣経済』の出発点のみでなく，少なくとも現象の上では，その主要な舞台をなしてきたことは，周知のとおりだといってよい。ところで，こうした方向での生産諸力の発展は，同時に，他面において一共同体に所属する成員諸個人がしだいに同一の生産部門ないし職業部門——たとえば牧畜，鍛冶，織布，商業，高利貸，医術など——に従事するにいたることは，さらにまた，特殊職業に従事する者のみの共同体が新たに形づくられてくることも，周知のように，世界史上おびただしい事例が見出されるとおりである」[76]と。

　そして，こうした確認の上で，大塚氏はいよいよ，その理論的な解明に向かう。すなわち，「共同体間分業」は，「いちおう等しく……社会的分業の進展でありながら，共同体の内部構造への影響の方向に関しては，『共同体内分業』のばあいとはきわめて異なった，むしろ正反対の性格を帯びるものであったことに，とくに注目する必要がある。そして，それについては，だいたい次の二つの点を指摘することができよう。⑴ 共同体全体の特殊職業への専業化のばあい，おのずから商業化するほかなく，そのために確かに一方では，共同占取の主要な対象である「土地」からの遊離が，しかも顕著に生じてくる。……ところが，他方では，共同体全体の専業化のばあいには，すべての或いはほとんどすべての成員が同一の職業に従事する結果として，共同体の成員諸個人のあいだに，『土地』と同様に彼らの共同占取の対象となりうるような共通の経済的利害（『土地』の代替物！）が作りだされてくる。……共同体全体の専業化の進行とともに生じてくる，このような新たな共同占取の対象の補充（ないし『土地』の代替物の出現）は，『共同体内分業』の進行過程とは正に逆に，成員それぞれの独自な個人的経済的利害の成長（したがって共通利害の成員諸個人への分裂）

を妨げ，むしろ，そうした私的な個人的利害の成長を押しつぶす。そして，それによって共同体を支える『協同組織』をいつまでも存続させ，或いは，その再構成を軌道づけるような経済的利害の共通性を作りだし，また補強することになる（これがある限り，共同地は消失しても共同体は存続する！）。……そればかりではない。生産諸力の上向的発展にさいして，『土地』が，農業生産力の上昇が，つねにその起点を形づくるものとなるだけに，『農業共同体』に比較して『職業共同体』はいっそう強固な停滞の地盤を形成することにもなるのである。……(2) 以上のような形で『共同体間分業』が展開されてくると，自給自足の単純な『農業共同体』のものばあいと異なって，さまざまな専業的な諸共同体のあいだに多かれ少なかれ相互依存の利害関係が形づくられるようになる。ところで，こうした諸共同体間における共同の利害の形成は，それぞれの個別共同体の内部に不足している物財を補いあうとともに，むしろそれによって諸個別共同体の独立性を喪失させ，その結果，さらに個々の共同体内部における停滞の条件（すなわち共同占取の対象の相対的希少性）を強めるものとしてはね返っていく」と。したがって，大塚氏は結論的に，つぎのようにいう。「歴史上，『共同体内分業』と『共同体間分業』とは互いに対抗的な関係において現われ，そのうち他ならぬ前者の進展こそが共同体解体の真の起動力と考えねばならぬ，というのがわれわれの見解である」[77]と。

(2) 国内市場形成過程と分業＝市場論

　ともあれ，こうして共同体解体の「一般法則」についての大塚氏の所説を見てきたが，それは同時に，「ゲルマン的（すなわち封建的）共同体の解体」の客観的条件がどのようにして形成されてくるか，ということについての大塚氏の所説を見ることでもあった。それはなによりもまず，「共同体解体の真の起動力」である「共同体内分業」としての社会的分業の展開にはじまった。そして，この点について大塚氏は，つぎのようにいっていた。「まず，歴史の曙において社会の（したがって共同体の）第一次的な生産力的基盤をなしたものは，他ならぬ農業であった」。それに加えて，「その後における社会的分業の発展の

付論 F. リストの「コルポラティオン」論と「分業＝市場」論 391

主要な流れは，そうした農業からつぎつぎに分離しつつ，さまざまな手工業部門が出現し，かつそれらがさらに細分され，手工業の種類がますます増大していく過程として現われている」。しかも，こうした中で，「さらに，生産から相対的に自立しつつ，商品流通の媒介を受けもつところの商業（初期には運送業から未分離）も成長していく」と。つまり，農業→農業・手工業→農業・手工業・商業といった順序での社会的分業の展開であった。しかし，この点に関連しては，大塚氏がつぎのように注意喚起していたことも，忘れてはならない。「(1) 古い時代には，また，現在から逆に歴史を遡れば遡るほど，『大地』を主要な生産条件とする『農業』その他の原始産業が圧倒的に重要な地位を占めており，それに照応して『土地』が富の基本形態をなしていた」。しかし，「(2) これに対比して，社会的分業の進展につれて『農業』からつぎつぎ分離し，さらには相互の分裂によってその種類がますます増大していく『手工業』の生産者たちにとっては，『土地』はもはや主要な生産条件ではない。むしろ，きわめて個人的な性質をおびる『生産された生産手段』とくに『労働用具』の私的占取，或いはそうした動産の形をとる富の蓄積こそが彼らの生産の，したがって生活の基本的条件となってくる」。そして，「そうしたばあい，『土地』の占取は，直接的にはもはや諸個人の生産活動と生活のための不可欠な条件となることはなく，したがってそうした『手工業』生産諸力の発展は，『土地』占取のための基礎的関係である『共同体』から，『手工業』にたずさわる生産者たちを先頭に，成員諸個人をしだいに遊離させ，その結合の絆をおのずから弛緩させることにならざるをえない」と。つまり，一言でいえば，「『土地所有』が階級支配のための主要な物質的基礎という意義を失いはじめる」[78]ということだったのである。

　ところで，こうした注意喚起は，大塚氏がすでにつぎのようにいっていたことと密接に関連していた。「ひとしく共同体の解体といっても，アジア的形態や古典古代的形態の解体とゲルマン的（すなわち封建的）形態の解体とのあいだには，ある決定的な差異が存する。……ゲルマン的（すなわち封建的）共同体の解体は，自由な商品生産（したがって資本主義経済）の展開過程にほかならず，

したがっておよそ共同体（およびその上に築かれた生産諸関係）の終局的消滅に結果するということである」と。つまり，大塚氏によれば，「ゲルマン的（すなわち封建的）共同体の解体」にかぎっていえば，それは同時に「自由商品生産（したがって資本主義経済）の展開過程」でもあったというのである。そして，この「自由な商品生産（したがって資本主義経済）の展開過程」とは，周知のように，「国内市場の形成」過程でもあった。つまり，「ゲルマン的（すなわち封建的）共同体の解体」へと導く共同体内部における生産諸力の発展＝社会的分業の進展は，「自由な商品生産（したがって資本主義経済）の展開過程」＝「国内市場の形成」過程であり，ここに「分業＝市場」論の関係が成立することになるのである。ちなみに，資本主義経済の形成過程にかんする大塚氏の理論的な考察も，分業論から市場論へと移行することになる。そして，それが1964年にすでに原型が形成されていたといわれる，未発表の論文「資本主義発展の起点における市場構造——経済史からみた『地域』の問題」であった。

　さて，この論文ではまず，これまでの研究史が大塚氏によって素描される。それによれば，「中世末期から産業革命の時期にかけて，ヨーロッパ諸国，とりわけイギリスでは全国的規模における農村工業の蔓延がみられたが，こうした農村工業の歴史は，すでに戦前からわが国の経済史家の重要な研究テーマの一つとなってきた。とりわけ，農村工業は近代資本主義の発展のなかでどのような歴史的意義を担っていたか，そうした論点が比較経済史における問題意識の中心を形づくってきた」と。そして，「こうした問題意識にもとづく研究が進展する過程で，わが国の経済史家のあいだでは，いくつかの具体的な問題が提起され，かつ研究がすすめられた。そのうちもっとも重要なのが，近代資本主義の基軸を形づくる産業資本のいわば社会的系譜，それと並んで，産業資本と土地所有の社会的形態とのあいだに見られる歴史的関連，そうした問題だったのである。ところで，戦後，とりわけ昭和二十七，八年以降，比較経済史の観点から，いまひとつの問題がわれわれの学問的関心を捉えはじめることになった。そして，それこそが農村工業の市場構造，つまり，封建社会の末期から産業革命にかけての時期における農村工業はどのような構造の市場関係の上に

おいていたか，という問題だったのである」[79]と。つまり，大塚氏によれば，戦後の経済史研究では，その対象を「産業資本のいわば社会的系譜」から「農村工業の市場構造」へと進展させてきたのであった。したがって，そうした問題意識の変化がなぜ生じることになったのかについて，ここでさらに大塚氏は論及しようとするのである。

　そこで，この点について大塚氏は，つぎのようにいう。「われわれはなぜ市場構造という観点から問題を提起するにいたったのか，その理由を少しく説明しておかねばならなるまい。われわれの思考の経過は，要約すれば，だいたい次のようなものである。――近代資本主義（したがって『自由な』賃金労働者の雇用にもとづく産業経営）の発展の基本的な筋道に関連して，現在でも，通常の見解は商業（あるいは商人）の営みに決定的な重要性を与えているが，この見解は次のような推論を前提として構想されたものだと言ってよいだろう。(a) 近代の資本主義（あるいは産業社会）は社会の徹底した商業化の結果に他ならない。(b) したがって，近代資本主義の発展は，全社会的な規模における商業の繁栄の進展とつねに歩調をともにした。この二つである。ところで，こうした推論が研究史の現段階では，すでに，とうてい首肯しがたいものになっている」[80]のである。というのも，大塚氏によれば，「世界史のほとんどの段階で，われわれは，十分に商業とよびうるような現象を見出すことができる」。しかし，「そうした商業の繁栄が資本主義（つまり『自由な』労働にもとづく産業経営の歴史的形成）と結びつくにいたったのは，ただ近代，とりわけ中世末期から産業革命にいたる時期のヨーロッパにおいてだけのこと」である。「しかも，そうした時期のヨーロッパにおいてさえ，……近代資本主義（すなわち『自由な』労働にもとづく産業経営）の発展が商業の繁栄とつねに歩調をともにしているとか，近代資本主義が商業化の帰結として生誕したとかいうことを，とうてい学問的に主張することはできない」からである。そして，その上で大塚氏は，つぎのように推論する。「(a) 近代の資本主義は，もちろん，本質上商業と切り離しえない関連をもっている。このことは確かだと言わねばならない。(b) しかし，それにもかかわらず，商業の繁栄が近代資本主義の発展の根本的推進力であっ

たとか，その決定的要因であったなどと主張することは，決して正しい見方とはいえない，と」。したがって，続けて大塚氏は，つぎのようにいう。「こうして，われわれは近代資本主義の発展を歴史的に辿ろうとするばあい，その根本的な推進力，あるいは決定的要因を，どうしても商業の繁栄以外の何ものかに求めねばならなくなってくる」[81]と。

　以上のような「思考の経過」を経て，つまるところ，大塚氏によれば，「わが国では，封建社会末期以降のヨーロッパ諸国，とりわけイギリスにおける農村工業の急激な蔓延に大きな関心がよせられることになった」のである。というのも，「われわれは，そこにこそ，近代資本主義の発展の産出力を探し求めねばならない，と考えた」からである。そしてその延長線上に大塚氏は，つぎのようにいう。「そうした時期における農村工業の根源的な推進者はいったい誰であったのか，それを問わなければならなくなったのであった。これこそが，『産業資本の社会的系譜』という問題がわれわれの関心を惹くことになった理由だ，といってさしつかえあるまい」と。そしてその後，大塚氏によれば，「イギリス史上の諸事情を，資本主義（つまり『自由な』労働にもとづく産業経営）の発展においてはるかに遅れているわが国の歴史的諸事情と比較することによって」，わが国の研究者たちは，「農村職人たちの繁栄とその経済活動こそが近代資本主義の発展の決定的要因，あるいは決定的な産出力であった」[82]と考えるようになったというのである。しかし，その一方で，研究が進展していくとともに，「比較史的見地から，次のような問題が当然に提起されざるをえなくなってきた。すなわち，封建時代の末期に農村の職人たちの繁栄をもたらし，それに伴って，諸階級間における分配関係の変化をよびおこしたのは，どのような歴史的諸事情であったのか，そうした問いである」と。そして，この点に関連して，大塚氏は，つぎのようにいう。「この問題にかんしては，さしあたってコスミンスキーの論文がきわめて貴重な示唆を与えてくれた。すなわち，十三世紀のイギリス農業史に関する彼の精緻な研究から，われわれは次の事実を学んだのである。領主経済における交換の発達は賦役労働への復帰に，したがってマナー制度の再建に導いたのに反して，農民経済における交換

の発達は貨幣地代への推転に，したがってマナー制度の解体に導いた，と。要するに，コスミンスキーは，農民経済自体における交換の発達が富の分配の変化をよびおこし，農村職人の繁栄をもたらすことになったのだ，と考えたといってよかろう」と。しかし他方で，この「大きな示唆」が，大塚氏によれば，新たな問題を提起することになったというのである。すなわち，「領主経済を凌いで，農民経済にいち早く交換を発達させ，それに照応して，農村職人の繁栄をもたらすにいたったような，そうした歴史的事情はいったいいかなるものであったのか，と」。つまり，コスミンスキーの「大きな示唆」を契機として新たな問題が提起されることによって，「われわれは農村工業の市場構造に関心を集中するようになったのである」[83]というのであった。

⑶ 局地的市場圏」の形成とその拡大

さて，ここにいたってようやく大塚氏は，この論文の本題に入っていくことになる。そして，この場合にも，つぎのような学説が研究の導入部として紹介されることになる。「マックス・ヴェーバーは，晩年の経済史の講義で，西ヨーロッパにおけるグルントヘルシャフトの解体の根源的な推進力は，局地的な規模での社会的分業関係を踏まえた『局地的市場』lokale Markt の形成に他ならなかったことを指摘しているし，また，グラースも若き日のすぐれた著作のなかで，十四世紀後半のイギリスにおけるマナーの解体は，農民経済における交換の発達を踏まえた『局地的市場圏の形成』creation of local market areas に他ならなかったことを指摘している」[84]と。したがって，大塚氏にとっての当面の課題は，史実を通してこの学説の妥当性を明らかにすることであった。そして，大塚氏は，「十四世紀後半のイギリス」の「一，二の基本的な史料」を検討した上で，つぎのようにいう。「こうした史実から，何か割り切った歴史像を引き出しうるなどとは，もとより考えていない。けれども，この地域の農村地帯には当時おびただしい数の局地的な小市場がいたるところに姿を現わしていたこと，そして，これらの局地的な小市場が通常多数の職人たちを擁する村落に設けられていたこと，といった史実とあわせてみるとき，われわれは次

のような想定を行なわざるをえなくなるのである。すなわち，比較的農業的色彩の濃い村々に取り巻かれた小規模な商工業の中心地，そうした両種の諸村落の組み合わせが，市場経済の上に立ちかつ多かれ少なかれ経済的自給自足への傾向を示すような社会的分業関係の独立な単位地域として，しだいに姿を現わしつつあった，と。そして，これこそわれわれが，グラースにならって，『局地的市場圏』local market areas と呼ぼうとする事態なのである」[85]と。つまり，大塚氏によれば，農業と商工業の局地的分業を基礎とした「局地的市場」が14世紀後半のヨーロッパにはすでに成立していた，ということになる。

さらに，そうした確認の上に，大塚氏は，つぎのような仮説を展開することになる。「(1)封建社会の末期にみられた『局地的市場圏』の形成は，農村地帯における小商品生産者層（職人および農民）をマナーの束縛という古い商人たちの支配から解放する要因となったが，まさにその故に，それはさらに，市場経済を踏まえ自由な競争をとおして展開される産業的成長の起点ともなった」と。加えて，「(2)市場構造に関連させていうと，局地的市場圏の形成と蔓延は，農民経済の繁栄を土台とし，その流れのなかで行なわれたといってよいであろう。換言するならば，都市の職人たちは農村地帯への流出，つまり《urban exodus》によって，局地的市場圏のなかへと合流しつつその繁栄を促したばかりでなく，いわばそのメダルの裏側として，ギルド制度の上に立つ古い特権諸都市の衰退と解体をもたらすことになった。が，そればかりではなかった。繁栄する局地的市場圏は互いに融合しあって，しだいに，いっそう大規模な地域を包括する市場圏へと成長するのみでなく，また，国内外の市場との関係をもつような傾向を示した」[86]と。そして，このような「想定」を「十六世紀中葉におけるイギリスの史実について検討するために」，大塚氏は，ジョン・リーランドの『紀行』の叙述を分析しながら，西部諸州およびミッドランド西部を包括するような地域についてさらに，つぎのような「想定」をおこなう。「(a)まず，拡散するおびただしい小市場の網の目は依然としてこの地域の全体を覆っているが，一方では，数はかなりの程度減少し，他方では，その地方的な重要性はさまざまな度合いにおいて増大しているように思われる。(b)つぎ

に，もちろん明快なものではないが，しかし，単に局地的というよりはるかに拡大された規模に成長した市場圏の姿が，われわれの目前に浮かび上がってくる。それは，まだ国民的な規模にこそ達してはいないが，すでに単なる局地的規模をはるかに超えた地域を覆うものであり，かつ，その内部で多かれ少なかれ経済自給自足への傾向がみられるような社会的分業の独立の体系である。そこには，『局地的市場圏』の原理が拡大された規模において貫徹されているといってよい」[87]と。つまり，大塚氏によれば，16世紀中葉のイギリスでは「『局地的市場圏』の原理が拡大された規模において貫徹されて」，「地域的市場圏」が成立するまでにいたっている，というのである。

　そして，こうした「想定」の上で，大塚氏は結論的に，つぎのようにいう。「イギリス経済史の上では，こうした二つの市場圏の対抗関係と，したがって『局地的市場圏』から『地域的市場圏』への成長のジグザグな姿は，ほぼ独占論争からウィッグズの支配にいたる時期のあいだに姿を消し去り，ダニエル・デフォウの時代には，……『地域的市場圏』はさらに互いに融合しあい，ロンドンを全国的な流通拠点としつつ，国民的な規模での統一的市場圏を形づくり始めたといってよい。こうした市場構造の発展は，かつての農村地帯における商工業中心地が成長した新興の非ギルド諸都市の内外にみられる，近代的な産業経営の初期形態（すなわち，マニュファクチャー）の出現とあいまって，十八世紀に開始される『産業革命』にとりもっとも重要な前提条件の一つとなった」[88]と。つまり，大塚氏によれば，「局地的市場圏」→「地域的市場圏」という流れは，最終的に「ダニエル・デフォウの時代」である18世紀初頭には「国民的な規模における統一的市場圏」の形成にいたった，というのである。とはいえ，この点に関連して大塚氏は，つぎのようなことを指摘することを忘れない。「もちろん，私は，イギリス以外の他の国々——アメリカ合衆国はいちおう例外として——における産業革命の前夜にも，それと本質上同様な前提条件があたえられていた，などといおうとしているのではない。この点に関する私の理論的な見通しを述べることが許されるならば，それはほぼ次のようなものである。近代資本主義が遅れて発達したような国々では，国外市場が相対

的に多かれ少なかれ狭小であるばかりか，世界市場における競争力の不足のために，国内市場にさえ多かれ少なかれ侵蝕を受けることになる。そのような国際的条件の下で発展を遂げなければならないために，そうした国々では，国内市場の発達が阻害されるばかりでなく，その市場構造も『自然的な』姿を失い，多かれ少なかれ『歪められた』ものとなってしまうほかはない。こうした事情が，遅れて近代資本主義（すなわち，近代的産業経営）の発展した国々における産業革命とその経済成長の構造的特質を大きく決定することとなった，いってよいであろう。そうした事情を具体的に感得するためには，たとえば，独立戦争前のアメリカ合衆国，関税同盟前のドイツ，安政開港後のわが国の産業構造を検討するのがよい，と思われる」[89]と。つまり，ここではじめて，理論的にも歴史的にも，フリートリッヒ・リストとその時代との接点が見出されることになったのである。

　そこでまず，理論面から見てみよう。資本主義経済の形成過程にかんする大塚氏の理論的な考察は，「ゲルマン的（すなわち封建的）共同体の解体」＝「自由な商品生産（したがって資本主義経済）の展開」を明らかにするという形で取り組まれた。そして，その場合の理論的な基調となったのは，「分業＝市場」論であった。すなわち，「共同体解体の起動力」である「その内側における生産諸力（すなわち共同体成員の精神的・肉体的生産諸力）の発展」を出発点にして，マルクスに依拠しながら大塚氏は，「共同体一般の成立から終局的解体にいたるまでの時期においては，そのなかで他ならぬ社会的分業の展開こそが決定的な意義をおびていたことを」強調する。しかも，その場合にも，大塚氏は，社会的分業には「共同体内分業」と「共同体間分業」があることを考慮しつつ，とりわけ「共同体内分業」の進展こそが「共同体解体の起動力」であることを，まず明らかにした。ちなみに，この「共同体内分業」の進展は，「まず歴史の曙において社会の（したがって諸共同体の）第一次的な生産力の基盤をなしたものは，他ならぬ農業であった。……しかし，その後における社会的分業の発展の主要な流れは，そうした農業からつぎつぎに分離しつつ，さまざまな手工業部門が出現し，かつそれらがさらに細分され，手工業の種類がますます増

大していく過程として現われている。……さらに，生産から相対的に自立しつつ，商品流通の媒介をうけもつところの商業（初期には運送業から未分離）も成長していく」という形で展開された。これを簡単にいえば，社会的分業は，農業→農業・手工業→農業・手工業・商業の順序で展開されたのであった。また他方で，こうした社会的分業の進展は，大塚氏によれば同時に，「局地的市場圏」→「地域的市場圏→「国民的な規模における統一的市場圏」の順序で国内市場が形成されていく過程でもあった，と。

これに対してリストも，すでに見たように，「分業＝市場」論を展開した。すなわち，彼の経済理論は，「あらゆる工業の礎柱である」農業と「国民的な富に対する……基本的な意義をもつ」工業との，社会的分業にもとづく「国内市場形成の理論」として出発する。そして，その後の『アメリカ経済学綱要』，『経済学の自然的体系』および「1839～40年の経済諸論文」を経て主著『経済学の国民的体系』にいたる過程で，精神的生産力，物質的生産力および制度的生産力の三つの生産諸力からなる「国民的生産力」の構想と「国民的分業」の構想にもとづく，「局地的市場」→「地方的市場」→「国民的市場」といった重層的な「国内市場形成の理論」として一応の完成を見た。しかも，彼の経済理論は，たんにそれだけの意味に止まらなかったのである。これもすでに見たように，彼の経済理論は，「農民と商工業者」に「公僕」を加えた市民層の自治を基礎とした「郡（都市と農村のゲマインデ）」→「州」→「国家」といった重層的な「コルポラティオン」論の展開と軌を一にするものであった。しかし，この点に関連しては，大塚氏が「経済史は政治史を捨象しなければならない」といっていたことから，リストのように「政治史」を取り上げることはなかったとしても，その大塚氏の「分業＝市場」論とリストのそれとのあいだには，それだけでは説明がつかない微妙な違いが存在していることは明らかである。

そこでまず，リストの「分業＝市場」論から見てみよう。そして，この点については，周知のように，彼はアダム・スミスに大きく依拠していた。つまり，彼の「国民的生産力」を構成する三つの生産諸力のうちの「物質的生産

力」は，スミスの「生産的労働」論とそれを基礎にした「資本の投下順位」論に，また「精神的生産力」は「不生産的労働」論に依拠していた。そして最後に，「制度的生産力」は，スミスにあっては，重商主義体制に代わる「商業社会」の「社会的・政治的・市民的諸制度」のことだったのである。したがって，「国民的生産力」発展の原因となる「国民的分業」も，それに彼の「市場」論を重ね合わせて考えてみると，「物質的生産力」を担う「農民と商工業者」と，「精神的生産力」を担う「生産諸力の生産者」である「公僕」（スミス的には「公共社会の使用人」）とからなる「局地的分業＝市場」にはじまって，「地方的分業＝市場」を経て重層的に積み上げられていく「国民的分業＝市場」として展開されていたのであった。そして最後の「制度的生産力」は，終生リストが抱き続けた，「農民と商工業者」と「公僕」の市民的自由を基礎とした，「郡（都市と農村のゲマインデ）」→「州」→「国家」といった上昇型の自治・分権的な「社会的・政治的・市民的諸制度」だったのである。

(4) 大塚氏の分業＝市場論と「生産諸力」の理解

これに対して，大塚氏の「分業＝市場」論，とりわけ「社会的分業」論は，「共同体を楊棄する起動力」である「その内側における生産諸力（すなわち共同体諸成員の精神的・肉体的生産諸力の）発展」との関連で取り上げられた。そして，大塚氏自身が「生産諸力――この諸力が複数であることに特に注意――の発展とは，具体的にどのような事態を指すのか」と問題を提起する中で，つぎのようなマルクスの文言を引用していたのである。「特定の生産様式または産業段階はつねに〔生産諸力の主体たる諸個人の〕協働の特定の様式に結びついており，かつこの協働の様式はそれ自身一つの『生産力』である。また，人間の支配しうる〔この〕生産諸力の量が社会的状態を制約するのであって，したがって『人類の歴史』はつねに産業および交換の歴史との関連において研究され，論述されねばならない」。ところで，「国民の生産諸力がどの程度まで発展しているかは，分業の程度にもっとも明瞭に示される。すべて新たな生産力は，既存の生産諸力の単なる量的な拡大（たとえば土地の開墾）でないかぎり，

付論　F. リストの「コルポラティオン」論と「分業＝市場」論　401

結果として分業の新たな形成を伴うものである」。それだけでなく，この「分業の発展段階が種々異なるにしたがって，所有の形態もさまざまに異なってくる。すなわち，そのときどきの分業の発展段階が，また労働の材料，用具，生産物に関しての諸個人の諸関係（資本論におけるマルクスの用語法にしたがえば生産諸関係——大塚氏）をも規定するのである」[90]と。そして，これを受けて大塚氏は，つぎのようにいう。「マルクスによれば，生産諸力の発展はなによりもまず社会的分業として現われ，そうした社会的分業の基盤の上に立つさまざまな生産諸力の担い手である，諸個人のあいだでの社会的協働のなかで，その発展段階に応じて，さまざまな生産諸関係が（したがってもちろん『共同体』の諸形態も）発生し，また消滅に帰することになる」[91]と。そして，これを受けてさらに，「共同体内分業」と「共同体間分業」についての検討を進めた大塚氏は，すでに見たように，「共同体内分業」としての社会的分業の進展こそが，「共同体解体の真の起動力」と規定したのであった。

　ところで，大塚氏も注意を喚起していた，「生産諸力——この言葉が複数であることに特に注意——」という文言について，ここでは，それが大塚氏によって，否，マルクスによっても二通りの使い方がなされていたことにも，注意する必要があるだろう。したがって，それらの使い方を整理したうえで，大塚氏の「社会的分業」論を追跡する必要がある。すなわち，その一つは，「共同体を楊棄するにいたる起動力」としての「生産諸力（すなわち共同体諸成員の精神的・肉体的生産諸力）の発展」という場合の「生産諸力」である。そして，もう一つは，「マルクスによれば，生産諸力の発展は何よりも社会的分業として現われ」るという場合の「生産諸力」である。つまり，前者の場合は，諸個人のレベルにおける生産力の主体的な側面を重視した使い方がなされている。したがって，この場合の「生産諸力」という言葉が複数形であるのは，それらがまずその主体的な側面と客体的な側面とに分けられ，さらにそのうちの前者が精神的なものと肉体的なものに，また後者が労働対象とそれへの媒介役である労働手段に分けられるので，それらすべてが念頭におかれたものであるといえる。それに対して，後者の場合には，前者の規定を前提にしながらも，なによ

りも「社会的分業」との関連において社会的な規模での「生産諸力」，したがってリストの「国民的生産力」に相当する意味でこの言葉が用いられている。したがって，この場合の「生産諸力」という言葉が複数形であるのは，そのうちに農業生産力，工業生産力，商業生産力が含まれており，それらの担い手である農民層と商工業者層が「社会的分業」を形成しているのである。その意味では，同じように「生産諸力」という言葉が用いられていても，その意味合いを異にしているのである。

(5) 「物質的労働と精神的労働の分化」に関連して

そこで，このことを確認した上で，大塚氏の「社会的分業」論のさらなる展開，すなわち「社会的分業の展開のあらまし」についての大塚氏の論述を追ってみよう。この点について，大塚氏はすでに，それが農業→農業・手工業→農業・手工業・商業の順序で展開される，と述べていた。したがって，大塚氏の「社会的分業」論によれば，それは農業・手工業・商業からなり，農民層と商工業者層がそれぞれの担い手であった。しかし，この規定をリストの「国民的生産力」の構想や「国民的分業」の構想と比較してみれば，大塚氏の「社会的分業」論がそのうちの「物質的生産力」しか取り上げていないのが分かる。しかし，大塚氏が「精神的生産力」をまったく無視しているのかといえば，必ずしもそうとはいえない。というのも，「社会的分業の発展のあらまし」を述べた箇所の「原注」の中で，大塚氏は，つぎのようにいうからである。「この社会的分業の進展の巨大な流れのなかには，物質的労働と精神的労働の分化もまた当然に含まれているが，論点を混乱させないためには，本論文ではいっさい触れないことにする」[92]と。つまり，大塚氏の「社会的分業」論には，「物質的労働と精神的労働の分化もまた当然に含まれ」ることが予定されていたのである。しかし，「論点を混乱させないために，本論文ではいっさい触れないことにした」はずの，この「物質的労働と精神的労働の分化」の問題は，その後の大塚氏の諸論文でまったく取り上げられることがなかったのである。したがって，大塚氏の「社会的分業」論は，農業・手工業・商業のそれぞれの担い手で

ある農民層と商工業者層からなるということで定着した，と考えることができるのである。

しかし他方で，この「物質的労働と精神的労働の分化」に関連していえば，大塚氏は実は，「原注」ではこの点についてなんら具体的な説明を加えていないのである。ちなみに，リストは，『経済学の国民的体系』の中でこの点について，つぎのようにいっていた。「学派が物質的と実とか交換価値だけを研究の対象として，たんなる肉体労働を生産的労働と名づけたことのために，みずからどんなに奇妙な誤謬と矛盾とにおちいっているかを考察しよう。学派に寄れば，ブタを飼育する者は社会の生産的な成員であり，人間を教育する者は不生産的である」。また，「J. B. セーにとっては，精神的（非物質的）生産者は，交換価値で報酬を受けるからこそ，また交換価値の犠牲で知識を獲得したものだからこそ，生産的なので」ある，と。しかし，リストの観点からいえば，実は両方の規定とも間違っている，ということになる。というのは，「ブタを飼育したりバグパイプや丸薬を製造したりする人びとはむろん生産的だが，青年の教師，芸術家，医者，裁判官，行政官はもっと高度に生産的である。前者は交換価値を生産し，後者は生産諸力を生産する」[93]からである，と。つまり，このリストの説明によれば，「物質的労働」の担い手が農民や商工業者であったのに対して，「精神的労働」の担い手とは「生産諸力の生産者」であり，スミス的には「公共社会の使用人」のことだったからである。したがって，「物質的労働と精神的労働の分化」とは，大塚氏のいう「社会的分業の進展の巨大な流れの中で」，農民や商工業者といった生産者層からスミス的な「公共社会の使用人」がさらに「分化」することを意味していた，と考えることができよう。

とはいえ，この「精神的労働」について，大塚氏がその後も含めてまったく触れることがなくなってしまったことの意味を，すでに見たように，「生産諸力」という言葉が二通りの使い方をされていたことと関連させて考えてみると，重大な問題を提起することになる。その問題とは，つぎのような山之内靖氏の発言とも関連している。「生産諸力というのは一面で物質的な生産諸力と

表現されている場合もあって，いかにもそれだけ見ますと，いわば生産手段ないし労働手段という物象的形態に結晶してくるような，そういう物象的体系であると理解されがちです。しかし，生産諸力という概念は果たして物象的体系に止まるのだろうか。……つまり生産諸力というのは，物質的に対象化されたようなそういう物象的な労働手段の体系を指すばかりでなく，実は人間が経済活動の中で目的意識的に法則を適用している，そういう人間の活動の問題が当然に含まれているものと考えなければならないんじゃないか。果たしてマルクスが生産諸力といっている場合に物質的生産諸力，つまり物象的体系に限っているのかどうか，この点が再吟味されなければならないと思うのです」[94]と。ここで山之内氏が提起している問題は，まったく正当なものであろう。しかし，それが指摘だけに終わってしまっている。この問題はむしろ，「人間が経済活動の中で目的意識的に法則を適用していく，そういう人間の活動」が社会の中でどのように形成・発展されていくかという問題として，さらに展開される必要があった。つまり，山之内氏は，「生産諸力」という言葉の使い方の一方（＝諸個人のレベルにおける「生産諸力」）のみしか取り上げなかったために，その後の展開を不可能にしていたのである。換言すれば，諸個人の精神的・肉体的生産諸力のうちの精神的生産諸力の形成・発展を社会の中で，否，社会的分業の中でその部分を担う人々の存在に目を向ける必要があったのである。そして，そういった人びとこそが「精神的労働」を担う人々，リスト的に「生産諸力の生産者」，スミス的には「公共社会の使用人」だったのである。したがって，大塚氏が「物質的労働と精神的労働の分化」を取り上げながら，その問題に触れなくなったことは，この問題を理論的に未解決なままに放置したことになる。

　そして，このことは，大塚氏の「分業＝市場」論のうちの「市場」論の展開にも影響を与えるのであった。すなわち，大塚氏の「市場」論は，すでに見たように，「局地的市場圏」から「地域的市場圏」を経て「国民的な規模意での統一市場圏」の成立として展開されていた。しかし，その起点となる「局地的市場圏」について，大塚氏はつぎのようにいっていたのである。「市場構造に

付論 F. リストの「コルポラティオン」論と「分業＝市場」論 405

関連させていうと，局地的市場圏の形成と蔓延は，農民経済の繁栄を土台とし，その流れのなかで行なわれたといってよいであろう。換言するならば，都市の職人たちは農村地帯への流出，つまり《urban exodus》によって，局地的市場圏のなかへと合流しつつその繁栄を促がしたばかりなく，いわばメダルの裏側として，ギルド制度の上に立つ古い特権諸都市の衰退と解体をもたらすことになった」と。そして，この点について大塚氏はさらに，「十四世紀後半のイギリス」の「一，二の基本的な史料」を検討した結果を踏まえて，つぎのようにいっていた。「こうした史実から，何か割り切った歴史像を引き出しうるようなことは，もとより考えていない。けれども，この地域の農村地帯には当時おびただしい数の局地的な小市場がいたるところに姿を現わしていたこと，そして，これらの局地的な小市場が通常多数の職人たちを擁する村落に設けられていたこと，といった史実と合わせて見るとき，われわれは次のような想定を行わざるをえなくなるのである。すなわち，比較的農業的色彩の濃い村々に取り巻かれた小規模な商工業の中心地，そうした両種の諸村落の組み合わせが，市場経済の上に立ちかつ多かれ少なかれ経済的自給自足への傾向を示すような社会的分業関係の独立な単位地域として，しだいに姿を現わしつつあった」と。つまり，ここでも，「物質的労働」である農業・手工業・商業のそれぞれの労働については語られているが，「精神的労働」についてはまったく触れられていないのである。したがって，この場合にも，古い共同体の主体的な解体と新たな秩序の形成を「誰が共同体成員に啓蒙するのか」という問題を理論的に解決しないままに，大塚氏によれば，「ギルド制度の上に立つ古い特権諸都市の衰退と解体をもたらすことになった」というのである。つまり，大塚氏は，歴史の歩みの中での人間の主体的・能動的な役割について，史実の検証はできても，その理論的な検証はできなかったのである。

　しかし，問題はそれにとどまらない。というのも，大塚氏の「分業＝市場」論は，これまで見てきたことから明らかなように，農民層と商工業者層だけからなる「社会的分業」（それが本来「物質的労働と精神的労働の分化」と結合を意味しているとすれば，この場合にはむしろ「物質的分業」といえる──筆者）にもとづ

く「市場」論としてしか展開しえないことになってしまう。したがって,「国民的な規模での統一的市場圏」の成立にいたる歩みも,「物質的労働」のみによって説明されることになってしまうのである。しかし,そのことは別な見方をすれば,市場の強者＝市場の原理による「国民的な規模での統一的市場圏」への一元化＝集中化の歩みに,また時としてそれを強権的に推進しようという中央集権的な国家に,理論的な基礎づけを与えてしまうことになるのではないだろうか。ちなみに,この点を鋭く感じ取ったリストは,つぎのようにいう。「大工場の影響の下での事情は,また違った様相を呈した。競争が波及するかぎりでどこでも,手工業や小さな製造業はその姿を消した」。そして,「このことがそれこそ明白に示されるのが亜麻布製造業であって,それはこの間に都市よりも田舎で営まれることが多くなった。それによって農業者は,自分の局地的市場を失うことになる」。したがって,「全体として見れば,国民の工業力が農業国家に比べて,ずっと高度な文明,市民的自由,豊かさ,国民の独立と力の原因としてあらわれると,否,登場するようになると,つぎのようなことを認めざるをえなくなる。つまり,大工場は結果として,いろいろ大きな負担になるということ,また中世の重商主義制度は,大多数の自由で,自立的で,豊かさ・経営・人格形成の面でほぼ同等な,その存在と本質において生涯を保証されている製造業者たちを共同組織（Gemeinwesen）に結合することによって,大多数の非自立的で,最低限の暮らしに追いやられた,時として生活困窮にもさらされ,職につくにあたってほとんど手練を修得する必要がない製造業労働者が,教養も人間味もない少数の人々に屈従している新しい秩序よりも,ずっとすぐれているということである」[95]と。

　最後に,大塚氏も依拠していたマルクスの「社会的分業」論について付言したい。そして,この点については,最初に結論的にいえば,マルクスの「社会的分業」論は,実は未完成だったのである。というのは,リストの「国民的生産力」→「国民的分業」論は,スミスの「生産的労働」論を起点としていたが,この点ではマルクスも同様だったからである。ちなみに,この「生産的労働」を論じた箇所で,スミスは,つぎのようにいっていた。「労働には,それ

付論　F.リストの「コルポラティオン」論と「分業＝市場」論　407

が投じられる対象の価値を増加するものと，そのような効果を生じないもう一つの種類のものとがある。前者は，価値を生産するのであるから，これを生産的労働とよび，後者はこれを不生産的労働とよんでさしつかえない」[96]と。つまり，ここでスミスは，労働を「生産的労働」と「不生産的労働」とに分類する。しかし，スミスの労働の分類は，周知のように，それにとどまらなかった。後者の「不生産的労働」について，スミスはさらに，つぎのようにいう。「社会の最も尊敬すべき階級のうちのある者の労働は，家事使用人たち（menial servants）の労働と同じように，なんの価値をも生産しないし，また，労働が終わってしまったあとも持続し，あとになってそれと引き換えに等量の労働を獲得しうるような，永続的な対象または販売しうる商品の形で，固定されたり具体化されたりはしない，たとえば主権者，彼のもとで働く司法官や軍将校のすべて，また，全陸軍・海軍などは，ことごとく不生産的労働者である。彼らは公共社会の使用人（the servants of the public）であって，他の人々の勤労の年々の生産物の一部によって扶養されている。彼らのサーヴィスは，どんなに名誉あるものであろうと，社会にとってどんなに有用なものであろうと，またどんなに必要なものであろうと，あとになって等量のサーヴィスをそれと引き換えに入手できるような物を生産することはない」[97]と。つまり，ここでスミスは，「家事使用人たちの労働」のような私的な労働とは別に，「不生産的労働」の中には「社会にとって……有用な」労働が存在していることを明らかにするとともに，その担い手たちを「公共社会の使用人」と呼んでいるのである。そして，この「公共社会の使用人」を，リストが「国民的分業」＝「社会的分業」の一翼を担うものと考えていたことは，周知のことであろう。

　ともあれ，この点を確認した上で，マルクスに戻ろう。そして，そのマルクスが『資本論』の段階でこの「生産的労働」を取り上げたことは，周知のことである。しかし，同時に注目しなければならなかったのは，マルクスが1857年に書いたとされている『（経済学批判への）序説』（Einleitung〔zur Kritik der Politischen Ökonomie〕）の中の，いわゆる「経済学批判プラン」と呼ばれている箇所である。そこで彼は，つぎのように提起していた。「経済学的諸範疇を，

それらが歴史的に規定的範疇だった順序にしたがって配列することは，実行も
できないし，まちがいであろう。むしろ，諸範疇の順序は，それらが近代ブル
ジョア社会で互いにもっている関係によって規定されている」。したがって，
「区分は明らかに次のようにされなければならない。(1)一般的な抽象的な諸規
定，したがって，それらは多かれ少なかれすべての社会形態にあてはまるが，
しかし以上に説明した意味でそうなのである。(2)ブルジョア社会の内部編成
をなしているものの相互関係，都市と農村，三つの大きな社会階級，これらの
階級のあいだでの交換，流通，信用制度（私的）。(3)国家の形態でのブルジョ
ア社会の総括，それ自身に対する関係の中で考察されたそれ。『不生産的』諸
階級……」[98]と。つまり，マルクスの「社会的分業」論は，『資本論』段階でも
「不生産的」諸階級まで及んでいなかったのである。そのために，リストの
「国民的分業」論とは違って，それは「物質的労働」のみを基礎とした「社会
的分業」論として，大塚氏と同様な「物質的分業」論として展開されていたに
すぎない。したがって，マルクスの「社会的分業」論は，基本的には未完成だ
ったことが分かるのである。もちろん，マルクス以後も資本主義経済は存続し
ており，資本主義経済の「生産諸力」も発展している。したがって，マルクス
以後も，「生産諸力」→「社会的分業」論のさらなる展開が求められているこ
とは，自明なことである。

　ここでは，リストを起点として，一方で彼の〈コルポラティオン〉論を手掛か
りとしてヘーゲルの思想との対比を，他方で彼の〈分業＝市場〉論を手掛かり
として，資本主義経済の形成にかんする大塚久雄氏の理論との対比をおこなっ
てきた。そして，同じく〈コルポラティオン〉論を展開しながらも，ヘーゲルが
国家主権の立場から，それを中央集権的な国家に国民を動員するための理論装
置として用いたのに対して，逆にリストはそれを，中央集権的な統治機構に対
抗する自治・分権的な政治構想を基礎づける理論装置として用いていたことが
分かった。また，資本主義経済の形成に関連して，同じく〈分業＝市場〉論を
展開しながら，リストはそれを，自治・分権的な「コルポラティオン」論を経
済学的に基礎づけるものとして展開したのに対して，大塚氏の場合には，「生

産力＝分業」論において「物質的生産力」のみを取り上げていたことが分かった。そして，そのことの問題性については，ここで繰り返すことはしない。しかし，この点に関連して，すでに見た論文「資本主義発展の起点における市場構造——経済史からみた『地域』の問題」の末尾で，大塚氏がつぎのようにいっていたことを想起する必要があろう。「以上素描してきたような『経済的地域』に関する理論モデルは，東西の国々における産業化過程の比較研究に一つの分析手段をあたえるばかりでなく，比較経済史の観点から，いわゆる低開発諸国における経済発展の可能性とその方向を検出するために必要な理論的証明ともなりうるのではないか，本論分の背後には，そうした意図と希望が秘められているということを，終わりに言及しておきたいと思う」[99]と。つまり，「生産力＝分業」論において「物質的生産力」のみけを取り上げてきた大塚氏の「『経済地域』に関する理論モデル」は，大塚氏の「意図と希望」に反して，いわゆる「経済優先＝経済至上主義」的なものにならざるをえないのではないだろうか。

1) 「『大塚史学』の方法論をめぐって」（『歴史学研究』No. 375）41 ページ。

2) G. W. F. Hegel,〔Die Verfassung Deutschlands〕in: Werke 1, Schrkamp Verlag 1971, S. 479 f. 金子武蔵訳『ヘーゲル　政治論文集』（岩波書店，1967 年）73-74 ページ。

3) Ebenda, S. 484. 同上，78 ページ。

4) G. W. F. Hegel, Grundlinien der Philosophie des Rechts. in : Werke 7, Schrkamp Verlag 1970, S. 346. 藤野渉・赤澤正敏訳『法の哲学』（『世界の名著　35』（中央公論社，1967 年）421 ページ。

5) 高柳良治「ホッブズ，ルソーおよびヘーゲルの中間団体論」（『國學院経済学』第 28 巻 3・4 号）62-63 ページ。

6) G. W. F. Hegel, a. a. O., S. 343. 前掲書，418-419 ページ。

7) Ebenda, S. 344. 同上，420 ページ。

8) Ebenda, S. 341. 同上，416 ページ。ヘーゲルは確かに，市民社会を資本主義的な商品生産社会と見てはいたが，理論的には単なる商品生産社会としかとらえることができなかった。

9) K. Marx, Das Kapital, in : Werke 23, S. 49ff. 邦訳『マルクス・エンゲルス全集第 23 巻』（大月書店，1965 年）47 ページ以下。

10) Ebenda, S. 56 ff. 同上，56 ページ以下。

11) G. W. F. Hegel, a. a. O., S. 359. 前掲書，426 ページ。なお，青年ヘーゲル派の一人，ブルーノ・バウアーには，この「解放の契機」としての労働論がなかったことについては，拙稿「ブルーノ・バウアーと国家」（『経済学論纂』第 27 巻第 6 号）を参照されたい。

12) Ebenda, S. 357. 同上，433 ページ。

13) Ebenda, S. 393. 同上，474 ページ。

14) Ebenda, S. 394. 同上，474 ページ。

15) Ebenda, S. 394. 同上，474 ページ。

16) K. Marx, a. a. O., S. 120. 前掲書，141 ページ。

17) G. W. F. Hegel, a. a. O., S. 395. 前掲書，475 ページ。

18) Ebenda, S. 396. 同上，476 ページ。

19) Ebenda, S. 397. 同上，477 ページ。

20) Ebenda, S. 457 f. 同上，544-545 ページ。

21) Ebenda, S. 398. 同上，478 ページ。

22) Ebenda, S. 413. 同上，496 ページ。

23) Ebenda, S. 464. 同上，552 ページ。

24) Ebenda, S. 476. 同上，506 ページ。

25) Ebenda, S. 478. 同上，568 ページ。

26) Ebenda, S. 479. 同上，568-569 ページ。

27) Ebenda, S. 480. 同上，570 ページ。

28) Ebenda, S. 460. 同上，548 ページ。

29) Ebenda, S. 469. 同上，548 ページ。

30) Ebenda, S. 443. 同上，529 ページ。

31) F. List, Gedanken über die Würetnbergische Staatsregierung in: Werke I, S. 103.

32) Ebenda, S. 106.

33) 河合義和『近代憲法の成立と自治権思想』（勁草書房，1988 年）458 ページ。

34) Rotteck/Welcker, Staats-Lexikon, Enzyklopädie der Staatswissenschaften, Band 5, Altona 1847, S. 481.

35) 石川敏行（ドイツ近代行政法学の誕生「四」）（『法学新報』第 89 巻第 11・12 号）151 ページ。

36) F. List, a. a. O., S. 107.

37) F. List, Kritik der Verfassungsentwurfs der Würtenbergischen Standversammlung mit besonderer Rücksicht auf Herstellung der bürgerichen Freiheit in den Gemeinden und Oberamtern. in: Werke I, S. 205.

38) Ebenda, S. 212.

付論　F. リストの「コルポラティオン」論と「分業＝市場」論　411

39） F. List, Waldenbucher Adresse. in : Werke I, S. 339.

40） F. List, Verantwortlichkeit der Minister, was heißt das? in: Werke I, S. 448.

41） Ebenda, S. 449-450.

42） Ebenda, S. 451-452.

43） Vgl. Friedrich List und seiner Zeit, Stadt Reutringen. 1989.

44） F. List, Die Staatspraxis Würtenbergs im Grundriss. in: Werke I, S. 286.

45） Ebenda, S. 286.

46） Ebenda, S. 287.

47） F. List, Der Zeitgeist halt Organisationexamen. in: Werke I, S. 455.

48） 松田智雄『ドイツ資本主義の基礎研究』（岩波書店，1987 年）155 ページ。

49） F. List, Outline of American Political Economy. in: Werke II, S. 104 ff.

50） Ebenda, S. 106 ff.

51） Ebenda, S. 116 ff.

52） Ebenda, S. 119.

53） F. List, Das nationale System der politischen konomie. in: Werke IV, S. 126.

54） Ebenda, S. 177.

55） Ebenda, S. 199.

56） Ebenda, S. 201.

57） Ebenda, S. 211.

58） Ebenda, S. 213.

59） Ebenda, S. 269.

60） A. Smith, An Inquiry into Nature and Causes of the Wealth of Nations. Vol. 1, Clarendon Press/Oxford, p. 412. 大河内一男監訳『国富論 II』（中公文庫，1978 年）53 ページ。

61） F. List, Über das Wesen und Wert einer nationalen Gerwerbsproduktivkraft. in : Werke V, S. 377 f.

62） Ebenda, S. 378.

63） Ebenda, S. 385 f.

64） A. Smith, op. cit. p. 31.

65） F. List, Das nationale System der politischen Ökonomie. in: Werke VI, S. 51. 小林昇訳『経済学の国民的体系』（岩波書店，1970 年）56-57 ページ。

66） 高島善哉著・山田秀雄編『市民社会論の構想』（新評論，1991 年）262 ページ以下を参照されたい。

67） 大塚久雄「共同体解体の基礎的条件─その理論的考察」（『大塚久雄著作集　第 7 巻』所収）107-108 ページ。

68） 同上，107 ページ。

69) 同上，108-109 ページ。

70) 同上，116 ページ。

71) 同上，116 ページ。

72) 同上，118-119 ページ。

73) 同上，120 ページ。

74) 同上，124 ページ。

75) 同上，126 ページ。

76) 同上，126-127 ページ。

77) 同上，129-131 ページ。

78) 同上，121 ページ。

79) 大塚久雄「資本主義発展の起点における市場構造—経済史からみた『地域』の問題」(『大塚久雄著作集　第5巻』所収) 24 ページ。

80) 同上，26 ページ。

81) 同上，26-27 ページ。

82) 同上，27-28 ページ。

83) 同上，29 ページ。

84) 同上，30 ページ。

85) 同上，32-33 ページ。

86) 同上，40-41 ページ。

87) 同上，41-42 ページ。

88) 同上，44 ページ。

89) 同上，45 ページ。

90) 大塚，前掲書，116-117 ページ。

91) 同上，117 ページ。

92) 同上，119 ページ。

93) F. List, a. a. O., S. 181. 小林，前掲書，206-207 ページ。ちなみに，ここで「たんなる肉体的労働を生産的労働と名づけた」と訳されている部分は，原文では die bloß körperliche Arbeit als die productive Kraft bezeichnete となっている。したがって，この場合には，「たんなる肉体的労働を生産力と名づけた」と訳す必要があろう。

94) 「『大塚史学』の方法論をめぐって」(『歴史学研究』No. 375) 53 ページ。

95) F. List, a. a. O., S. 386. ちなみに，リストはその直後に，つぎのようにいう。「私たちは，このことから，ツンフト体制の維持の必要性を結論づけるつもりは毛頭ない」と。

96) A. Smith, op. cit. p. 330. 前掲書，515-516 ページ。

97) Ibid. pp. 330-331. 前掲書，518 ページ。

98) K. Marx, Einleitung〔zur Kritik der Politischen Ökonomie〕in: Werke 13, S. 639. 邦訳『マルクス・エンゲルス全集　第13巻』615ページ。

99) 大塚，前掲書，45ページ。

リストが書いた文章・論文の翻訳

ズルツ請願書

（1815 年 3 月）

　わが国王陛下は，本年 1 月 11 日の勅令（Manifest）を通して忠良なる人民
（Volk）に，かしこくもご決断を告知しもうた。それは，国家の需要および個
人の権利に応じた領邦身分議会制（ständische Versammlung）をつくりあげよう
というお考えにもとづくものであります。

　こうした勅令に続いて国王陛下は，先月 29 日付で，代表の種別（die äußere
Form der Repräsentation）についての諸規定を発せられた。その中でとくに明言
されたことは，年間地租 200 フローリン（ドイツの貨幣単位「グルデン」のフラン
ス名──訳者）を納めている郡区域（Oberamtsbezirk）の住民は代表を選出する
資格をもっているであろうし，選挙が即座におこなわれて，今月 15 日までに
諸身分の全体会（die allgemeine Versammlung der Stände）が開催されるであろう
ということであります。

　私たち，忠順に名を連ねましたズルツの選挙人たち（Wahlmänner）は，陛下
の恩寵によって，この敬愛すべき会合で代議士を通して，祖国の繁栄にかかわ
る審議に加わる権利を獲得しました。それゆえに私たちは，こうしたお指図を
いただいたことに，また広くは国王陛下がこの機会にあらためて繰り返し忠良
なる人民に対して感謝の思し召しを表明されたという，その崇高なお心に触れ
たことに，なによりも国王陛下に感謝の念を抱いております。

　私たちは，多数決によって私たちから選出された代表を，かしこくもお命じ
になられた議会（Stände-Versammlung）に送り出すことによって，この崇高な権
利を行使することに，いささかのためらいもありません。

　当面する問題の特別な重要性に鑑みまして，私たちは同時に，新憲法の制定
に関連した私たちの見解と願望を表明すること，あわせて国王陛下がかしこく

も本年 1 月 29 日の勅令（Reskript）で表明したもうた権利を行使しますことを
お許し願います。

祖国愛にのみ心を躍らせてきました私たちは，祖国の繁栄のほかにどんなこ
とにも目をくれることなく，陛下ご自身で述べられた勅令の中で国王陛下が崇
高にも表明なされたことのほかに考えおよぶものはありません。それゆえに，
この記念すべき出来事において私たちが自由に自分たちの意見を表明しますに
しても，私たちのいわんとすることの意味が取り違えられないことを願ってお
ります。

憲法（Constitution）の内実は，それにしたがって人民が統治されるべき法の
諸規定にこそあります。

もっとも望ましい憲法は，個人の安全と福祉にも増して国家のそれらを目的
としています。双方とも重要でありますのは，人民とて同様です。と申します
のは，人民は，個人が国家の中で無事息災にすごすことに注意を払うだけでな
く，国家の完全無欠さを守り通そうと努力するからであります。したがいまし
て人民は，オランダ憲法が果たせるかなこの間にはじめて人民に端を発しまし
たように，憲法をつくり出すにあたって，本来ならば人民の意見が聴取される
もの（natürliche Behörde）であります。

君主政国家ではなるほど，憲法が統治者によって一方的に制定されたと思わ
れていることもありますが，そのことは，その憲法がみずからの目的にふさわ
しくなかったか，人民の声にしたがわなかったのか，のいずれかであっただけ
です。前者が存在しますとすれば名前だけであり，後者にあっては形式上の欠
陥があるにすぎません。

ともあれ，人民の声を聞かずに憲法を制定しますことは，きわめて由々しい
事態を放置することになります。

統治者は，どんなにすぐれた意図をもってしても，人民の欲求を必ずしも正
しく考慮に入れるとはかぎりません。しかも統治者のどんなにすぐれた意図を
もってしても，公開の手続きが取られないときには，意図の真正さに対する不
信が生まれざるをえないことを否定することもできません。

私たち，国王陛下が忠良なる人民の福祉のためにお心を煩わせていることを
日頃から確信している私たちは，それゆえに，すべてのヴュルテンベルク人が
自由に自分の意見を表明することができるように，憲法草案（Verfassung-
Entwurf）を人民に提示するという恭順なる願いが国王陛下の御前に供せられ
ることを訴えるのに，いささかのためらいもないでしょう。そうでありますれ
ば，私たちがこれを熟慮するにあたりまして，かつて獲得された諸権利に立ち
戻るようなことはしないでしょう。

　私たちは心底では，私たちのかつての憲法に思いをはせています。それは，
功績が大きかったことで知られます国王陛下の先達であり，その豊かな思い出
がなお私たちの胸中に宿っており，それほどに私たちにとって大切な人であっ
た誉れ高きクリストフ公爵によってその礎が築かれたものであり，その下で私
たちの父祖が数世紀にわたって幸福に暮らし，国が大きくなっていき，わが崇
高なる元首家（Regenten-haus）が最高の輝きをもつようになった，そういう憲
法です。この憲法に私たちは，これまで以上に強く思いをはせております。そ
して私たちの切なる願いは，このかけがえのない宝物であって私たちの父祖か
ら引き継いだものを，基本線において変わることなく私たちのあとに続く者た
ちに引き継いでもらうことです。ヴュルテンベルクの人民と統治者のあいだの
協約（Vertrag）によって礎が築かれ，その時々の統治者によって（忠誠義務が
――訳者）誓われたこの憲法は，ご承知のように，1806年に一時中断されまし
た。国家はその当時，素早い統率がなければ破滅するという危機的な状態にあ
り，国王陛下は，このような統率が憲法にもとづく正式な運用では不可能であ
る，とお分かりになっていました。それゆえに，国王陛下は（憲法に――訳者）
拘束されないと宣命されましたが，国王陛下の高い英知と力がなしとげられた
ことと申しますれば，苦渋に満ちた8年間という時間の経過の中で，私たちが
国家を維持するだけでなく，国勢のレベルをはるかに大きなものにしてきた，
と私たちが悟るにいたったことです。

　しかしながら，私たちの憲法の廃棄については，どんな釈明もできません。
と申しますのは，ヴュルテンベルクの人民は，はっきりとした協約によって獲

得されたみずからの権利の廃棄に決して賛成することはできませんし，協約は決して一方的に廃棄されえず，とくにそれが誓われたときには廃棄しえないからであります。

国王陛下は，国家を救済せんとする事情の切迫にお心を揺り動かせられながら，ご自身の一存で独裁（Dictatur）を選ばれました。しかし，いまや非常事態は過ぎ去り，したがいまして，互いに宣誓によって裏打ちされた権利と義務が生気を取り戻すことになるでしょう。

それ以前の私たちの憲法に未練があるからという理由で，私たちは，領邦住民全体の憲法（landschaftliche Verfassung）が以前のままに変わらず再び採用されることを，決して望んでいません。私たちは，この憲法がその基本特性を残したままに，事情の変化と時代精神が求めるような改革をそれに加えるという願いだけを，表明したいと望んでいます。

その点で，私たちの権利と願いに合致していると考えられますのは，諸都市の代表の形式が変わること，新領土部分が同等の権利を享受して貴族が代表に加わること，この件で議会（Stände）が国王陛下と意思疎通することができますれば，領邦全体の金庫と教会財産の分割管理が廃止されることなどです。

私たちが望んでいますような改革の概要を簡潔に列記することをお許し願えれば，つぎの通りです。

1．すべてのヴュルテンベルク人民は，正規の司法官庁の審判がなければ，裁かれることはない。
2．すべの公民は，等しく公租を負担する義務がある。
3．身体壮健であれば，すべての市民は，祖国防衛を義務づけられている。正規武装の国防軍が創建されるべきであるが，平時には徴兵制は廃され，国家にとってあまり有益でない常備軍は数千人規模に縮小される。
4．統治者の私的な所領地をのぞいて，すべての収入は国庫会計局（Staatskasse）に算入される。この国庫会計局は議会の監視下におかれ，行政官庁は議会に報告する。統治者の王室費（Civi-Liste）は，所定のものと

される。

5．国庫収入（Staats-Einkünften）には狩猟地収入も含まれる。国王陛下が御みずからのお楽しみに供せられる大庭園（Parke）をのぞいて，狩猟区は貸与されるべきである。

6．議会の同意がなければ，すべての法も新たに発布されることもなく，すべての税も新たに創出されることもない。議会の解散後に，したがって暫定的につくられた税や法は，しかるべき時に議会の特別の審査にかけられる。

7．移動の自由。

8．すべての賦役は，国家の用途をのぞいて，強要されることはない。

9．隷農制は人間の尊厳を犯すものであり，無償で廃止されるべきである。

10．出版の自由。

上記の諸原理をもとにした憲法の改正は，これまで連綿と続いてきました崇高なるわが元首家に最高の栄誉を付与し，国家を栄華の極みにいたらしめる事業でありましょう。

こうしたことを確信します一方で，私たちの従順なる申し立ては，ヴュルテンベルク王国の敬うべき議会（Versammlung der Stände）のつぎのような趣旨に沿っています。

「国王陛下は深甚なる帰依をもって，つぎのようなことを訴えるのを寛大にお許しいただけよう。諸身分の全体会が事情の変化と時代の精神にふさわしい，ヴュルテンベルクの由緒ある憲法の改正を勧告し，それに続いて改革草案をヴュルテンベルク人民に公開することを許し，このようにして人民の声に耳を傾け，その声にしたがってさらに必要な修正を加えしめんことを」。

諸身分は，こうした前提でのみ，みずからの代表を全体会に送ります。それは彼らが，基本的にはこうした自分たちの心情に反するあらゆるものに対して，厳かに抗議するためです。

ズルツ，1815 年 3 月

以下，請願書に自筆署名しました，洗礼名と姓とが入り交じった，時に「農民」と書き添えられました「郡区域の選挙人」の名が続きます。ヤコプ・キップ・フォン・ホルツハウゼン（市の官吏 Bürgermeister），ホルツハウゼン所属のヴェルカー（学校長），まずはズルツそのものに所属する者で合計 36 名がはっきりと署名します。ついで，ホルツハウゼン所属の 13 名の連署が続き，ミュールハイム・アム・バッハ所属の 4 名，ヴァイデン所属の 1 名，レンフリッツハウゼン所属の 6 名，ベルクフェルデン所属の 10 名，ジクマルスヴァンゲン所属の 12 名，これら全員が「代理人」であるルートヴィッヒ・アイゼレによってその名が記され，ファーリンゲン所属の 14 名，ブライテナウ所属の 3 名およびトゥリッヒティンゲン所属の 2 名の連署が続きます。したがいまして，合わせて 101 名の連署者であって，ハルテンシュタイン（J. J. Hartenstein. ズルツの商人で「請願書」が最初に託された人物——訳者）が挙げますような 109 名ではありません。書面は，行政区のさまざまなところで回覧されることもありましたし，代議員がズルツ郡の議席選びのために一堂に会しましたときに，自分の居住ゲマインデに分かれて連署することもありました。郡の官吏であってこの企ての中心人物が，代議員が一堂に会しました機会をとらえまして請願の署名集めに活用したことは，ご想像がつくと思います。リストとシュライアーは選挙権がありませんので，署名には加わっておりません。お分かりかと思いますが，連署者の中には郡の相当数のゲマインデが加わっておりません。

〔Anlage 3. Die Sulzer Petition von März 1815〕
In: Paul Gehring, Friedrich List, Jugend- und Reifejahre, 1789-1825. J. C. B. Mohr (Paul Siebeck), Tübingen 1964. S. 381-383.

ヴァルデンブッフ奏上書

（1817 年 1 月 26 日）

国王陛下

　ゲマインデおよび郡といった自治共同体における市民代表（Bürger-Repräsentanten）の確立を通して，参事会の専横を抑制することにかんする何某郡および多くの郡の願い

1817 年 1 月 26 日　記

　新しい時代の声は，私たち市民や農民にも自分たちの諸事情や自分たちの真の利益について啓発してきました。私たちは，祖国の大いなる事業そのものについても考えはじめるようになり，以下のことは私たちにとって意義深い教えとなりました。

　政府は人民の利益のためだけを考え，政府が人民の声を──純粋かつ真摯に聞くときにのみ，政府が人民の意を汲んで行為しようとつとめている，と。

　それゆえに国王陛下は，祖国の大いなる事業における私たちの身分相応でありながらも差し迫った諸願望を，私たちがそれを感じかつ理解してありのままの平民言葉で表現する通りに，慈悲深く聞き分けていただけるでしょう。
　私たちにとって大いなる慰めでありますのは，あらゆる時代を通じて妥当するに違いないという，永久に破ることのできない正義（Recht）を信じることであります。たとえ他の諸国民が自分たちのもっとも神聖なる義務を忘れたとしましても，ヴュルテンベルクの市民は永久に自分たちの誓いに忠実であり，こ

424

こ何百年来そうでありましたように，自分たちの君主の家系（Fürstenhäuse）に忠実であるでしょう。こうした感覚，こうした感情は，私たちが——年長者を通して，また私たちの父たちの回想を通して，大いなる代価が払われて諸権利の確立が要求されてきましたのと同様に，私たちに伝わるものであります。その際，私たち市民や農民が気持ちを新たにしていますのは，新しい時代には多くのものが変わるということ，重い負担によって私たちの肩が打ちひしがれていたり，とくに旧憲法の文言が約束していたほどには市民や農民が自由を享受しえなかったことが，過去のことになったということであります。それゆえ，とくにこの点で私たちが望みますのは，公的な制度（öffentlichen Einrichtung）の目的にふさわしい変更です。

旧憲法では，それを通して人民の欲求が真実に語ることのできる機関（Organ）が存在していないことに，私たちは困惑してきました。なるほど，このような機関の精神は，かつての市民の代表（Bürger-Deputierten）にはありました。しかしながら，すでに旧憲法の時代にあってあれほどに有益な影響をもっていたと思われますこの制度は，ずっと以前から役人支配の基礎になっておりました。

私たちは，議会（Stände-versammlung）の憲法草案の条文にも，この機関が存在していないことに困惑しています。この草案では，市民の代表ですら抹消されているように思われます。すべての公共的な諸機能は参事会員の手にゆだねられ，彼らは郡長と書記の監督と指導の下におかれています。

私たちは，この制度が人民にとってどんなに不都合で重大なものになっているかということを，その全範囲におよぶ憲法作業について意見を述べようとする現在の決定的な瞬間を迎える以前にも，どんなに強く感じていたでしょうか。しかし，いまも私たちの胸中には，のっぴきならない願望しかなく，声一つあげることができません！

私たちの参事会員の声は，なんら（私たちの——訳者）声ではありません。彼らは，私たちによって選ばれたわけでもなく，私たちの信託（Vertrauen）を受けているわけでなく，私たちを代弁する資格（Fähigkeit）もありません。また，

もっとも厄介なことには，彼らは，私たちと同じ感性をもつことのない役人の追従者（das Echo der Beamten）でしかありません。と申しますのは，彼らの関心は，私たちのそれとは違っているからであります。その制度のもとでは，個々人には善悪のいずれかと思われることも，役人には一様に適用することとしか解されておりません。私たちが（ゲームの――訳者）親であるのは当たり前です（Wir sollen geben）。そして私たちにとっては，個人が無事息災であって欲しいということに尽きます。役人は統治することだけを考え，権力（Macht und Gewalt）を必要以上に私たちに――存在していない統治の対象に対して行使しようとします。しかし，私たちは，ゲマインデおよび郡といった自治共同体における私たちの業務のほとんどを私たちの中から選ばれた人物たちに協議させ，そして私たちが能力と情熱において共通なものに対処しうるという期待を彼ら（選ばれた人物――訳者）にもつことができるほどに人間的に成長していると思います。つまり，私たちは――いいかえるならば！――役人の思いのままになるには大人になりすぎていると思います。

　私たちの時代の支配的な精神というのは，秩序を維持するという見せかけのもとに秩序を大いに損なっている。その精神は，少数の特権的な人たちが占有していることだけにあらゆる視線を向けようとするよりも，市民が公的なことに介入するのを妨げることにひたすら熱中しています。しかも，権勢欲の強い貴族主義者や利己的で理念をもたない人々がいます。そして，最近になって彼らは，市民的自由をジャコバン精神であると悪口を言い立て，市民的自由を抑圧するために目立たないところで反乱の準備をしているかのようです。しかしながら，人民という思慮深い識者，とりわけヴュルテンベルクの人民は，もっとよく知っています。すなわち人民は，自由な市民層が玉座のもっとも確固たる支持者であることを知っています。と申しますのは，市民層は，荒廃した無秩序な状態にさせないという玉座と共通な利害関係をもっているからであります。人民は知っています。自由な市民層が役人貴族政（Beamten-Aristokratie）の威圧的で精神的に無気力な鎖を断ち切り，国家の勢い（die Kraft des Staats）をおそらくは思いもかけないほどに高めているということを。

私たちの切実な願望をもっと詳しく述べることが必要となるでしょう。人民の精神がそれを通して誤りなく伝えられる諸機関（die Orgäne）が人民に用意されているときにのみ，人民はよく統治されえます。しかし，参事会だけでは，諸機関の最初の出発点において欲求を汲み尽くせません。と申しますのは，参事会は行政を確かなものにするために，終身で任命されなければならないからでありますし，私たちのあいだの誰もが知っているのは，人間は自分が法律によって権力を確保したときにいとも簡単に信託された権力（die anvertraute Gewalt）を乱用する誘惑に駆られるということだからであります。それゆえ，参事会は，ある時はゲマインデ自治共同体や郡の権力を有しているにすぎませんが，ある時は自分たちに信託された権力を乱用して暴君になるでしょう。彼らは，人民の意を汲むことなく，利己的に振る舞うでしょう。

それゆえに，参事会には，つぎのような機関が対置されなければなりません。つまり，市民階級の信託（Vertrauen der Bürgerschaft）にもとづいて人民の純粋な意志を代弁し，その利益を守り，参事会に対して信託された義務を守ることを警告する機関です。それは，領邦議会（Stände-Versammlung）において政府に向けられたものと同じ機関です。

私たちにこうした機関が与えられんことを！　そうしますれば，人は物事を違った風に見ることになるでしょう。ゲマインデの人民は，もっとも分別ある人物だけを自分の代表に選ぶことになるでしょう。

真によき政府（wahrhaft guten Regierung）と同一の利害を有しますこの機関は，ある時は憲法という事業で真偽を見分け，ある時はこのような機関が君臨すれば貴族主義的な諸命題が白日の下にさらされ，貴族主義者たちの仮面をはぐことになるでしょう。この機関を通してのみ憲法は，人民の意を汲んで確立されることになります。そうでなければ，それは砂上の楼閣です。この機関を通してのみ憲法は，有効なものと見なされます。と申しますのは，新しい憲法が政府と人民とのあいだの協約であるべきだからです。しかし，参事会員は，人民の名において協約を結ぶことにふさわしくありません。と申しますのは，人民の意向と対立する利害によって導かれるときには，人民とは無縁なものだから

です。私たちがこのような純粋な人民の機関をもっている場合にのみ，憲法は，将来にわたってゆるぎないものとなるでしょう。

人民の本来の機関よりも領邦議会のほうを語るのがふさわしいのでありますれば，私たちは，ゲマインデや郡の代表制がそれらの目的に適っていることを確認しなければなりません。確かに議会（Stände）は私たちによって選ばれますが，それは私たちの下位に位置するものでしょうか？　私たちとも協議をするのでしょうか？　自分たちがどのように振る舞うのかを私たちに語るのでしょうか？　私たちは自分たちの願いを彼らに表明することができるのでしょうか？　——否，多くの郡ではたった一度だけ自分たちの代表（Deputirten）がいましたが，多くは一度たりとも会うことができず，私たちにとって代表は選挙の終了とともに無縁なものとなりました。原因がありますとすれば，それは彼ら代表にではなく，それを通して私たちが協議することができたであろう機関の欠如にあります。

しかし人が，議会の草案で企図されている私たち人民の機関としての見かけだけの公聴会（äußeren Rat）に言及しますれば，この公聴会がどっちつかずのもの（Zwitter- Ding）であって，私たちの願いに適うものではないことを告白しなければなりません。と申しますのは，この公聴会は参事会と力を合わせることが予定されておりますので，後者の貴族主義的な精神を容認し，役人の影響下に入り，市民階級はそれに対して信託はできないだろうからであります。それと申しますのは，市民階級は，この公聴会が参事会と同じことをする，いいかえますならば，本当の人民の声がなんら聞き取られないであろうと思っているからであります。

この機関が憲法の上で確立されますならば，政府はたちまち満足げに，ゲマインデや郡および国家の行政に対する有意義な作用をお認めになることでしょう。参事会の恣意さは解消され，今日の行政の下では不可避的でありますゲマインデの破滅は阻止されるでありましょう。——代行と書記は，無駄紙そのものをいたずらに使うことなく，検査官と駐在弁務官は真っ赤な色の棍棒をすべて無駄にするでしょう。——私たちの代表制は，ほんのわずかな無責任さも簡

単に発見するでしょう。郡の役人は，自分が審査することができない口座への支出を命ずることはないでしょう。どんな郡当局も，ゲマインデに対する財産管理権を行使することはないでしょう。と申しますのは，私たちの市民の代表（Bürgerdeputirten）ほどには無駄遣いをすることがないでしょうから。——私たちの市民代表（Bürgerrepräsentanten）は問うでしょう。何のために何千グルデンをも投じた警官・軍人からの共同出資金の半分が都市を囲む壁にスリ換えられるのか，と。彼らは問うでしょう。肥えた土壌をもつすべての原野がなぜいま開墾されないままに放置されているのか，と。山林の収益が村の役人，市の役人および山林視察官によって不謹慎にも使われていることを，決して説明できないでしょう。——市民代表を通して，すべての市民は，市民の尊厳という感情を高揚されるでしょう。他方で，この市民の尊厳は，役人たちに市民に対する敬意を喚起するでしょう。

　役人の側からは専制的な精神が，市民の側からは奴隷的な精神が消え失せるでしょう。たとえもっとも人望のある市民が郡長によって侮辱的に扱われ，気ままに扱われるにしましても，圧制の旧憲法においてこそまったく似た光景が見られた権力の行使を，人は決して聞くことがなくなるでしょう。書記たちの一団を率いた郡書記がほとんどの行政を混乱させるために任用されるのかと思われること，私たちのゲマインデ会計が10数年後にはじめて確立するときにのみ事態も改善されることになるでしょうし，購入契約やあらゆる正規の文章がなくなってしまうこと，概して誰が裁判制度をつかさどるのかが不分明であること，干し草やワラのように保存文書が未整理な状態にあること，租税原則や租税割当てといった重要な業務が経験不足の下っ端に任されていることを，人はもはや聞くことがなくなるでしょう。最後に，評判のよい市民が，青二才で学校を逃げ出しても罰せられもしない書記から，鼻であしらわれるような屈辱を受けることは，もはやなくなることでしょう。

　私たちの市民代表たち（Bürger-Repräsentanten）は，役人にきちんと給料を払うことを耐え忍ぶことよりもずっとましであること，郡の役人たちが権利と義務を金でどうにでもすること，市民が謝礼を差し出すまで嫌がらせをするこ

と，新年の贈り物を図々しく要求されること，勘定書の検査にかこつけて──私たちはそのうちのいくつかの例を挙げることができます──近隣の村への21人もの出張員が雇われ，ゲマインデは数百グルデンの日当カードでもって強請られることを，ただちに理解することでしょう。彼らは，じっと耐え忍ぶことよりも固定給を支給すること，郡の書記が年貢の半減と引き換えに代行の一団を使って市民や農民の懐に略奪状を潜り込ませること，遍歴する書記によってなされるあらゆる種類の悪巧みがその組織体のもっとも気高い部分である公的な権威のところで人民の道徳性を侵蝕しようとしていることを，知るでしょう。

　自治体課金や国家の賦課金が，量による付け替え（Vorspannen）などの配分によって処理されますれば，市民代表制は，資本家が無事に免れる一方で，地主，商工業者がすべての純粋な収益だけでなく，戦時には自分たちの貯えの一部を費やさなければならないことを，許すことはないでしょう。

　私たちの代表は，当然のことながら，農民や商工業者がみずからの価格を決定するのであって，したがってこのことを通じて資本家たちを競争に引き込むという書記の言い分を，根拠のないものとします。耕作者が租税を控除したのちにその耕作費のほとんどを埋め合わせられなかった場合に，財産価値や耕作にどんな不都合な影響が生まれるかを，彼は明らかにすることでしょう。政府や委員会のメンバーが特権を与えられた人びとの一覧表のトップに挙げられていましたので，資本家たちの解放の理論を広めたのは昔の憲法の下での貴族主義者であったことを，彼は証明することでしょう。

　迅速な司法，つまり強制執行ならびに正式な執行が依拠するのは，信用です。市民は，取るに足りない事柄でありましても，弁護士のところに走り込もうとはしません。彼は年がら年中，弁護士や裁判所の周囲をうろつくことよりもむしろ自分の権利を半分失うことを選ぶでしょう。私たちの市民代表制はなによりも，判決の結果を郵送しない今日的な裁判所が必要であること，また自分の用件を口頭で上申しようとする人物に文章の提出を強要すべきではないと考えています。アムト集会（Amts-Versammlung）が市民の代表たちによって運

営されるようになりますすれば，公的欠損という名目で年間に割当てられる法外な額は軽減され，自治共同体が戦時中の1813年に麦の購入で何千人もが騙された卑劣な策謀はもはや起こりえないでしょう。

このアムト集会はナポレオンの元老院に匹敵し，執政官の命令を無視して上級権力の乱用に正当性の判を押すためにのみ集まっています。郡長や世話役が特別な謝礼を提案していること，アムト集会のメンバーがそれに対して一言も発言しようとしていないという，きわめて確かな根拠があります。アムト集会がたとえその同意を明確に与えないにしても，法の規定が適用されることを認めています。なにも語らないことが総意を決することなのです！　たとえ上級の行政当局といえども，このような決定が許されるのでありますれば，度を越しています。そのことによって負担は市民に転化され，市民は支払いを義務づけられます。それゆえ，一言物申す機会が与えられていましたならば，決して同意を与えることはなかったでしょう。

こうした描写に見られますのは，さまざまな乱用の基本的な特徴です。それは，ゲマインデ集会や郡レベルのアムト集会で一般におこなわれていることですが，会議をできるだけ短時間に圧縮するということです。それは，新時代になっても噂されているのをしばしば聞かされねばならないように，新領土だけでおこなわれているのではなく，程度の差こそあれ，すべてのゲマインデで見られる現象です。しかも，私たちは，個々のゲマインデや郡といった自治共同体の状態を特別に描写することを，さらに迫られていると思います。——それにもかかわらず，私たちは，ゲマインデや郡における市民代表制の必要性にかんする十分な諸事実を挙げてきたと確信しています。

こうした欠陥のすべては，人民が国家・政府の全般にわたって代表を送れるようになりますときに，除去されるでしょう。とくにゲマインデや郡といった自治共同体における国家の財務行政が，話題とされるようになることでしょう。専門知識をもたない財務官の自堕落ぶりがあぶり出され，見るも哀れな企画官の手抜き仕事が市民の素朴な感覚によって顕わにされることになるでしょう。——市民代表制は，つぎのようなことを的確に申し立てることになるでし

ょう。塩やタバコを扱う商工業や個々人の口からパンを奪い取って国家資産を無駄にしていること，いわゆる硝石収益法が資産のもっとも有害な制限であること，関税法が諸権利や国民経済の最低限の原理にも反して人民のモラルを低下させ年間に 100 家族が破滅していること，郵便法が私たちの流儀でいえば商売を促進するところか駄目にしていること，狩猟奉仕が市民的自由と両立しえず隷農という名称が私たち国民を決めつけるものであること，鳩小屋資金，燻製メンドリ，燻製ムギ，永代の小口利息等々が 15 世紀の錬金術（Finanzkunst）の部類に入ること，形を変えた 10 分の 1 税やグルデン金貨の変造が個々人にとっても全体にとっても大もうけを許していること，違法で法外な木材課徴金が何千という家族を破滅させ，恩寵の査定という形での木材税を通して貧者たちを緊急救済の対象からはずすことがよいことだとされていること，兵舎，助勢用の馬およびその他の無償提供が国全体で負担されねばならないこと，屑拾いの特許は国家財政から見れば違法であり無意味であることを。

　市民代表制は，多様ながら共通な策略によって個々人および国家を食い物にする官房役人がいること，国庫金を平気で着服する収税吏がいることを申し立てるでしょう。それは，検査官の一団が任命されたにもかかわらず，監査され正当化された国家会計が元に戻るまで気が落ち着かないでしょう。——国家会計制度全体が期日にしたがって決算されないかぎり役に立たないことを，代表となっている商人たちは立ち上がり主張することになるでしょう。

　そして，彼らは，小さなことにこだわっている人間や因習にしがみついている人間が何をいっても，自分たちの所説を証明することになるでしょう。別の錬金術，つまり合法的で単純な方法でできる類のものは，人民の悪感情を掻き立てることになるでしょう。そのうちの半分が行政経費や使い込みのもとになっている 1000 万を間接的な仕方で徴収するよりも 500 万を直接的な仕方で徴収するほうが，明らかによいでしょう。——しかしその場合にも，課税基準を確立することを考えておかなければなりません。と申しますのは，私たちは戸数，耕地，家畜および人数が集計され，4 を乗じ 3 で割ってから，その上でもう一度，誰がどんな数で乗じられ，割られ，減じられたかを知り，比率にもと

づいて答えを出すなどということを，自分たちの頭の悪さでは理解できないからであります。私たちにただ分かっていますのは，1モルゲンの耕地ならここでは1フローリン，同質で同じ広さでも2フローリン，別のところでは3フローリンを国家に納めるということ，一人一人の郡長たちのご機嫌を損ねないようにしたあとで，租税が軽減されることを文字通り哀願することであります。

こうした市民代表制があってこそ，私たちは，そのあとに続く安寧を感じることができます。こうした機関が存在するときにのみ，今日の憲法論議にかんする人民の声は，はっきりと表明することができます。そういうときにのみ，政府は，人民をどうしたらよいのかが明瞭にお分かりになるでしょう。

真実の声のみに耳を傾け，祖国の繁栄のみを望む国王は，自分にしたがおうとする人民の声を聞き取ることでしょう。

それゆえ，私たちは，わが国王陛下を固く信頼して，つぎのようなことを慈悲深く救済されんことを心から願うものであります。

すなわち，自治共同体としてのゲマインデは代表者を即座に選出することができ，その代表者たちは郡庁のある町に召集され，憲法について協議すること，また彼らは論議のまとめを託する顧問を選出することができる，ということとであります。

憲法全体の有効性は，最終的にこの選択にかかっているといっても過言ではありません。

国王万歳！

畏敬の念に満ちて物申します

国王陛下に

臣従せる忠良なる市民

〔Anlage 6. Die Wahldenbucher Adresse vom 26. 1817〕
In: Gehring, Ebenda, S. 398-405.

フランクフルト奏上書

（1819 年 4 月 14 日）

　敬愛なる同盟会議！

　フランクフルトのメッセに集まったドイツの商人および製造業者を結集する
私たちは，祖国の商工業の痛ましい状況に深く憂慮する一方で，ドイツ国民の
この最高首脳に私たちの苦境の原因を明らかにして救済を祈願するために署名
しました。

　各地で名うての多くの製造業者がその事業を中断するか闘病生活をやっと続
けており，メッセや市場は商品と無縁な諸国民で溢れています。また商人の多
くは，ほとんどなにもすることもなくすごしており，そういったところでは，
つぎのような疑問にもっと詳しく説明することが求められています。つまり，
この上もない悪魔が姿を現わしたのか？　と。ドイツの商工業のこうも無残な
壊滅の原因は，個々人の部類（Ordnung）か社会的なそれかのどちらかにあり
ます。しかし，誰が芸術感覚と勤勉さとに欠けているとして，その罪をドイツ
人に問うでしょうか？　ドイツ人に対する称賛は，ヨーロッパの諸国民のあい
だで格言とまでなっていたのではないでしょうか？　誰もドイツ人に企業精神
を認めようとしないのでしょうか？　目下のところでは外国人たちによって侵
蝕されている人々が，かつては世界貿易を先導していなかったというのでしょ
うか？　ドイツにおける社会的な手はずの欠如にこそ諸悪の根源がある，と私
たちは思っています。

　理性的な自由は，人間のあらゆる肉体的・精神的な発展の条件です。人間精
神が思想的な交流を束縛することによって抑圧されるのと同様に，人民たちの
福祉は，生産と物質的な財の交流を束縛する鎖によって沈滞させられていま
す。この世の人民たちが物質的な豊かさを最高度に実現するのは，彼らが普遍

434

的で，自由で，無制約な商取引をみずから定着させるときだけです。しかし，彼らが本当に精神的に無力になることを望むのであれば，彼らは禁止，履行義務，船舶の封鎖などによって外国の財貨の輸出入と通貨を困難にするだけでなく，お互いの触れ合いも完全に途絶えさせなければなりません。

　行政学者たちのあいだでは，すべての教養ある商工業者にとってはお話にならないものとされている，一つの間違った考えが定説となっています。つまり，その考えによれば，国内産業は関税と通行税によって喚起されるのだ，ということです。このような課税は，一方で密貿易者にとっては報奨金となっています。彼らはこれによって国家の表向きの主目的である国内産業の振興だけでなく，表向きの副次的な目的である租税の徴収を同時に危うくしています。他方で，このような課税はまたもや，国内産業に同じような不利な作用を及ぼしています。と申しますのは，通行税を課せられた国が今度は，通行税を取得する国の国内産業に足枷をはめるからです。

　もちろん隣国が同じような仕返しをしなければ，また，この隣国が輸入禁止や高関税によってなすところもなく経済的に破綻したりすれば，ある部分では関税制度は有効に作用するかもしれません。ドイツの隣国の場合が，まさにそれです。イギリス，フランス，オランダなどの関税に包囲された包括的な国家（Gesamtstaat）としてのドイツは，それによってヨーロッパのみが最高度の文明に達することができた全般的な貿易の自由のために手を差し伸べる必要のあることをなにもしていません。

　しかも，これに対してドイツ人たちは，みずからをますます制限しています。ドイツに38もある関税および通行税用の境界線は国内の交通を麻痺状態にし，人間の体のどの部分でも遮断されれば血液が他の部分へ行かないのと同じような作用を及ぼしています。ハンブルクからオーストリアへ，ベルリンからスイスへの商取引をおこなうためには10の国を横断し，10の関税および通行税法を学び，10回も通行税を支払わなくてはなりません。しかも不運なことに，3つあるいは4つの国に隣接する国境周辺に居住する人は，収税吏に敵意をもち続けながら生涯を送るしかありません。つまり，彼には祖国がないの

です。

　この状態は，活発に動き商取引をしようとする人物たちにとっては，どうしようもないのです。彼らは，ライン河の彼方（フランス——訳者）を羨望の眼差しで見ています。その地では，偉大な民族がドーヴァー海峡から地中海まで，ライン河からピレネー山脈まで，オランダ国境からイタリアまで自由な河川と公道を利用して，一人の収税吏とも遭遇することなく，商取引をしています。関税と通行税は，戦時と同様に，防衛としてのみ擁護されます。しかし，通行税を設ける国が少なくなるにしたがってその弊害はさらに大きくなり，それは人民の活力をいま以上に殺ぎ，徴収費用はますます嵩みます。と申しますのは，いたるところに国境のある国が少ないからです。それゆえに，この 38 の通行税用の境界線は，ドイツの人民にとっては，たとえそこの関税率が 3 倍も高いものであるにしても，ドイツ国境にある一つの通行税用の境界線とは比べものにならないほど有害なのです。こうしてハンザの時代にはみずからの軍艦に守られて世界貿易をしていた，同じドイツ人の力は，衰えてしまったのです。

　私たちは，この敬愛なる同盟会議を納得させるのに十分な根拠を挙げてきた，と確信しています。つまり，ドイツ国内にある関税および通行税の廃止と同盟全体におよぶ関税境界線の実現こそが，ドイツの商工業身分ならびに生業身分すべてを再び救済することができるということです。こうした措置の遂行に反対する根拠として通常，個々の諸邦の財政上の損失が口実とされます。しかしながら，こうした非難は，容易に解消することができます。

　Ⅰ．どんな政府も，関税および通行税を設ける唯一の趣旨が貨幣を獲得するためであることを，まだ公式には主張していません。むしろほとんどの関税法の前文では，関税は国内産業を振興するために設けられる，ということが明示されています。しかし，まさに関税によって国内産業が衰退するということを私たちが証明しますならば，それにともなって国家の支出が補填されるという副次的な事情は，今後も関税を維持する根拠とはなりえないのです。

Ⅱ．同盟関税の収益によって損失のかなりの部分は補填されます。残りは，諸邦にとっても商工業身分にとっても大きな儲けとなって，直接税によって回収されることになります。諸政府はそのことによって，多くの監視と労働を必要とする管理部門を将来にわたって不要なものとすることになるでしょう。これに対して市民たちは，総額で管理費のかなりの負担金を取り戻すことになるでしょう。

Ⅲ．財政上の観点をもう一段飛躍してみますれば，ドイツの諸邦がドイツ国内の関税と通行税を廃することによって得られる利益は，はるかに大きなものになると思われます。最後に，無条件に承認されなければなりませんのは，関税を潜り抜けることが本当に正直な人々にとってはもはや不正なことと見なされていない，ということです。個々人は，関税制度に対しては戦争状態にあると見なし，悪知恵という武器を用いてそれと戦っています。しかし，諸邦がこれまでにない思い切ったことを試みる市民たちを必要とする場合には，人民の道徳性は脅威にさらされることもありません。一部の国家の使用人（関税官）が人民に敵対した場合には，国家権力の信望はいっそう低下します。

Ⅳ．最後に，そもそもドイツ同盟は，私たちによって提案された諸措置を不可避的に必要としています。対外的な防衛と国内における国民的な福祉の増進のために（これが個々の諸政府によって達成されないかぎりで）すべてのドイツ諸民族の力と利益を結合すること，これが同盟の目的です。しかし，ドイツの人民の利益は，他の諸邦の剣によってのみ脅威にさらされているのではありません。諸邦の関税は，ドイツの繁栄をむしばむ寄生虫です。以上のことから私たちは，武力によってだけでなく同盟関税によって私たちを保護することが同盟の義務であることを，明らかにしました。国家同盟は，他のすべての市民社会と同様に，それがすべての個人の利益と統一にもとづかなければ，決して本質にもとづくことなくいつも形式的にのみ存続するしかないでしょう。それゆえ私たちは，他のドイツ諸邦の住民や外国の諸国民を等しく取り扱っているドイツ国内関税境界線を，それがドイツに存続するかぎり，国民的な繁栄や国民的な感情につながらない束縛と見なしています。

フランクフルト奏上書　437

　また避けがたいこととして，私たちは，プロイセンの新たな関税法につい
て，おそれながら言及することをお許し願いたいと思っています。この関税制
度は，実をいうと私たちを——ドイツ全体がそうであったように——はじめの
うちは大いに動揺させました。と申しますのは，それは一見したところ，フラ
ンスやイギリスの通商に対抗するというよりもドイツの通商に対抗するかのよ
うに見えたからです。関税率は，重量にしたがって課せられています。ところ
で，諸外国の国民はたいてい精巧品だけでもってプロイセンと取引しているの
に，隣接するドイツの諸邦はイギリスの工業によってその精巧品の製造をこれ
までに無力化され，たいていは粗悪できわめて重量のあるものだけをプロイセ
ンに売却していますので，諸外国の国民が支払う関税はわずか6％にすぎませ
んのに，ドイツの隣人たちはたいてい25％ないし30％，それどころかしばし
ば50％を納めなければなりません。このことは，文字通りの輸入禁止に相当
します。通関関税も同じく，重くのしかかっているように思えます。たとえば
通常の毛織物商品は，その総価値が約150ライヒッス・ターレルで，ツェント
ナー当たりでは6ライヒッス・ターレル18グロシェン8ヘラーを，したがっ
て通関関税の4.5％を支払うことになっています。そうすることによってドイ
ツ全体では，ライン河，ヴェーザー河およびエルヴェ河を通行し，ライプツィ
ッヒ，ナウムブルクおよびフランクフルトのメッセに出品するすべての財貨に
税が課されるでしょう。

　しかしながら，こうした動揺から人は，間もなく立ち直ることになります。
と申しますのは，この関税法を固辞すれば，ドイツ通商全体が壊滅してしまう
だろうということで，したがってそれはドイツ同盟の精神にはっきりと反する
ということで見直しが期待されるからです。人はこのことを通して，自由主義
的なプロイセン政府が，ドイツにおける完全な通商の自由を他のすべての政府
にそれぞれ国情に応じて望んでいるに相違なく，この関税制度を通してドイツ
の残余の諸邦を最終的には全面的な通商の自由に足並みを揃えさせようという
野望を抱いている，という考えに心ならずも到達します。こうした推測は，近
隣諸邦と特別な通商協定を取り結ぶ気が十分にあることを感じさせるプロイセ

ン政府の声明を考慮しますすれば，ほとんど確定的でしょう。

　臣従なる署名者たちがこの中で認めている示唆とは，自分たちにとって必要なことに注意を向けていただくことであり，崇高なる同盟会議につぎのような臣従なる願いを上申せんがためです。

　1．ドイツ国内の関税を撤廃すること，

しかも，それに代わって，

　2．報復の原理に則った関税制度が，ヨーロッパの通商の自由の原理を承認するまで，外国の諸国民に対して設けられるであろう，と。

　臣従なる署名者たちは，ドイツの国内関税が各地，各都市，各商工業身分にどのような作用を及ぼしているかについての詳細な報告と見積りによって，その破滅性が近々証明されるのが確実だと思っています。しかし，こうした欠陥を修復することは一気にはできないことと思われますので，彼らはそれぞれの郷里に戻ってそれぞれの国のあらゆる商工業身分と協力して同様な陳述書を起草し，深い臣従の念をもって提出することをお約束します。

深甚な畏敬の念に変わることなき

崇高なる同盟会議

フランクフルト，1819 年 4 月 14 日

臣従なる最高の恭順者たち

（以下，ザクセン，バイエルン，ヴュルテンベルク，クールヘッセン，バーデン，ヘッセン゠ダルムシュタットおよびナッサウ出自の 70 人のドイツ商工業者の署名）

　この奏上書に同意した，このようなドイツの商工業者の背後にはなお，沢山の署名者たちが控えております。しかしながら，事柄の緊急性は，少しの猶予

フランクフルト奏上書　439

も許してはくれません。それゆえに，彼らは遅ればせながら，ご推挙されんこ
とを願っております。

教授　リスト

フランクフルト・アム・マイン所在の全ドイツ商工業協会の代理人として

〔Bittschrift an die Bundesversammlung〕
In: Friedrich List, Werke1-2, S. 491-496.

ロイトリンゲン請願書

（1821 年 1 月）

　誠に敬愛すべき代議員（Kammmer der Abgeordneten）に署名した市民たちが求めていますのは，……今日の領邦議会の議論に関連して自分たちの見解，要望および期待に十分耳を貸し，熟考してもらいたいということです。ヴュルテンベルクの国内事情をざっと見ただけでも，偏見のない観察者ならば，私たちの祖国の立法と行政が国の中枢を蝕み市民的自由を抹殺してしまう根本的な欠陥に苦しんでいることを，確信するに違いありません。その欠陥というのは，人民から遊離して全土に広がり，各省庁に集約される役人の世界（Beamtenwelt）が，人民の諸々の欲求や市民的生活の事情を心得もせずに，尽きることもない形式主義の中で堂々巡りをしながら，国の行政の独占を主張し，市民が口出しすることについてはすべてそれがあたかも国家を危うくするかのように抵抗し，自分たちの形式主義と世襲的な偏見を最高の国家的英知に祭り上げながら，血縁関係，利害，同等の教育や同等の偏見によって互いに緊密に結ばれているのです。どこを見渡しても顧問官（Räte），官吏，官房，司法官，書記，登記所，書類箱，官服および上は役人から下は雇員にいたるまで，歓楽な生活と贅沢が目につくのです。――他面で，無価値となった作物，製造業の不振，土地価格の下落，金詰りと課税に対する不満，税を強要する者や販売人に対する不満，誠意のない参事会，強権的な役人や密告に対する激しい怒り，上級官庁の不公平な対応や生活苦に対する不平・不満がいたるところで聞かれます。官服を着ている者をのぞいてはどこにも，名誉も収入も喜びも見られないのです。――行政当局（Die Verwaltungsbehörde）は，商業や製造業や農業の知識をもたずに，もっと悪いことには，生業諸身分に対する敬意をもたず，死んだ形式や古くなって役に立たなくなった役所の法律の上に安住して，たいていの場

合に国民的産業に手を差し伸べるというよりも足を引っ張ってしまうのです。
——裁判（Die Rechtspflege）は金がかかり，いつ果てるともなく続き，頼り甲
斐がないし，傍聴は許されず，良識は通用しません。しかもその裁判は，みず
からの知恵を健全なる理性と現実生活という本物で新鮮な泉から汲み上げるの
ではなく，はるか昔に滅んでしまった世界に求める人物たちによってしばしば
仕切られています。——最後に，国家財政（Die Staatsfinanzwirtschaft）は，行政
の肥大化が原因となった経費の増大でまったく収支のバランスを図れず，収入
増を図ることで交通を妨げ，工業の足を引っ張り，着服を奨励する一方で，租
税の徴収には金がかかるだけでなく工夫も見られず，租税の負担に衡平さを欠
いており，つまり全体として無計画で，国家財政上の原則が存在しません。
——これが私たちの行政の簡潔ながら，しかし正確な概観であります。

　世紀の誤謬（die Irrtümer von Jahrhunderten）が市民に最悪の重しとなってい
ることを今日の政府の責任とするのは見当違いであって，私たちはむしろ，私
たちの賢明なる国王が憲法を通して将来の改善に展望を与えてくれたこと，そ
れがなければ現在の諸欠陥について私たちの声を一度として上げることができ
なかった制度を創設してくれたことに，心から感謝しています。しかしなが
ら，私たち自身に対する義務，祖国に対する義務が求められるというのであれ
ば，つぎのような意見を率直に述べさせていただきます。つまり，それが市民
の自由と福祉を保障する諸法と行政機構を実現するかぎりでのみ，憲法は市民
にとって意義あるものとなりうるということ，したがって私たちが大きな期待
を抱いているこの作品の良否を代議院が多数で決する一方で政府とともにおこ
なう諸決議にもとづいてのみ，評価することができるということです。それゆ
えに，人民に選ばれた代議士諸氏に，私たちは請い願います。あなたたちが目
下のところ国の運命をその掌中にしていること，人民の諸不満や相応の軽減と
市民的自由の十分な享受を保証する組織に対するその切実な諸要求を腹蔵なく
玉座に持ち出すことという，あなたたちの大きな使命を神かけて忘れないこと
を。

　たとえ身分的な偏見に縛られ，報酬と名誉ある地位に煩わされ続けていよう

と，人民は，祖国の祭壇に自分のわずかな利益をも捧げようとしています。彼は，とてつもない素晴らしい応報を期待しているのです！　同胞の祝福，世間の尊敬および輝かしい死後の名声がいつでも，人民たちの幸せのもとになった人びとに分かち与えられました。しかし，背信は，どんなに詭弁や弁明を尽くしても，なんと言い繕うのが世の常であれ，どんなときでも同時代の人々の呪いに続いて後世の人々による軽蔑といった人民の裁きに遭うことでしょう。そこであなたたちは，かつて市民がもっていてあなたたちの多数が長いあいだ大きな犠牲を払ってでも取り戻すことを約束していたもの，つまり旧き良き法（das alte gute Recht）をもう一度，市民の手に取り戻すように努力するほかにはありません。——以下は，私たちが旧きものと考え，また良き法と考えたものを簡単に要約したものです。

1．市民によって選ばれたわけではないすべての参事会員を免責とし，新たな選挙を命ずること。

2．参事会を司法と行政（Gericht und Rat）に分けること，つまりゲマインデ裁判所にあらゆる司法行政にかかわる諸対象，すなわち後見人制度や司法上の判決などを，ゲマインデ参事会（Gemeiderat）にゲマインデ経営とゲマインデの治安を付託すること。

3．ゲマインデ参事会は3年ごとに半数改選によって補充されるように規定すること。

4．それに代わって，市民によって選ばれたゲマンインデ裁判官（Gemeinde-richitern）には終身職を付与すること。

5．しかしその場合にも，市民会議（Büegerkollegium）の定義にもとづいて，ゲマインデ裁判官が職務をもはや遂行することができず，本分に反した職務上の処理を違法におこなったり，そもそもゲマインデの信頼を失ったとしてゲマインデ市民全体の3分の2が同意するときには，ゲマインデにその職務を解任する権利を付与すること。

6．すべの民事係争に重要度の差に関係なく，調停裁判所（Friedengerichten）

の権限で判決を下し，その判決が一定期間の経過後に事件が上級裁判官に係属されなければ，調停裁判所による判決と見なされなければならないという権利を，ゲマインデ裁判所に与えること。

7．ゲマインデ裁判所は，裁判官と同数の人間を市民から交代で参審員（Shöppen）として裁判所の審理のために召集しなければならない，と規定すること。

8．これまでと同様に，市民会議を毎年，半数ずつ補充すること。

9．ゲマインデに終身その職に止まる司法の長と6年任期の行政の長を，政府の承認を得ることなく，選出する権利を与えること。

10．ゲマインデ参事会と市民委員会（Bürgerausschuss）に，上級官庁とは別に，ゲマインデ経営の指導を任せること。

11．これまで確定した模範が存在していない行政案件すべてについて，ゲマインデ参事会は市民会議の同意を取り付けること。

12．かかる案件で意見が異なった場合には，審議は尽くされることを決めておくこと。

13．たとえば牧草地の問題や参事会員の給与引き上げなどのような，とくに重要な諸対象は，全市民の投票に付すること。

14．とくに大都市の住民は，ゲマインデ経営や治安上の目的のために，また選挙やゲマインデ集会（Gemeideversammlung）のために自警団（Rotten）ごとに分けられ，いずれの自警団にも選挙で任命された自警団長（Rottmeister）がおかれることを規定すること。

15．これまで書記によって扱われていた業務を公証人（Notaren）に移管すること。この公証人は，政府サイドの事前審査ののち，アムト集会によって選出することになる。

16．この公証人には日当を支給すること，その日当は，業務処理にあたって公証人が要した時間にしたがって支出されなければならない。

17．公証人の採用にあたってはそれぞれ市民，ゲマインデ，アムト集会の自由裁量に任せること。

18．納税基準に準じてアムト集会に代表を派遣すること。

19．ゲマインデ参事会と市民委員会からのアムト集会の代表はともに，任期 3年の選出であることを規定すること。

20．アムト集会の議長は，郡庁所在地の官吏（Bürgermeister der Amtsstdt）監査官（Revisor）のいずれかに委託すること。

21．これまでの郡長というポストを廃止し，5つの郡ごとに郡監察官（Obervogt）1人，したがって12人の郡監察官を任命すること。

22．それとは別に，郡にはアムト集会の提案にもとづき，政府によって任命された監察官を1人配置すること。彼は会計監査業務を担当し，郡監察官の委託を遂行しなければならない。

23．郡は無給の郡参与（Landrat）を選出すること。

24．この郡参与には手当と交通費が支給され，郡監察官の所在地に時に集まり，統括的な業務を処理する。

25．第1審の判事である郡裁判官（Oberamtsrichter）には，アムト集会で選出された12人の市民からなる陪席判事（Gerichtassessoren）がつく。

26．郡監督庁に領邦裁判官（Landrichter）を配し，時に彼が議長となって郡裁判官を集め，民事事件では第2審から，刑事事件では第1審から，郡参与から選出された6人の市民からなる領邦陪席判事の参加を得て，案件を処理する。

27．上訴は，別の領邦裁判所で扱われ，したがって地方裁判所（Kreisgericht）および最高法院（Obertribunal）が廃止されることを規定すること。

28．公開裁判と刑事事件での陪審裁判（Geschworenengericht）を命ずること。

29．財政にかんしては経済計画を立案すること。それは租税制度（Abgabensystem）を簡素化し，国家経済の原則を立て，これまでと同様に市民の全資産が浪費されないように支出を削減する。

30．とりわけ10分の1税と借地料は，安価な現物払いと引き換えにゲマインデに貸し与えられること。ただし物納管理（Nnturalverwaltung）が完全に実施されるように，現行価格にしたがった現物価格を取り立てること。

31. すべての御料地（Domänen）を売却すること。

32. 関税および道路修理税（Akzise- und Strassenbauabgaben）を完全に廃止すること。

33. 間接税（Umgeld）を廃止すること。それに変わって酒屋，ビール醸造業者，火酒製造業者などを直税扱いとする。

34. タバコ・塩の専売，織物工場および鉱山と精錬所をのぞいた国家の直営事業を廃止すること。

35. それにしたがって，すべての重商主義的な行政，世襲的隷農民の地位，すべての間接税局，御料地局，専売管理局などを廃止すること。

36. たとえば外務部や陸軍部などといった残りのすべての部門での国家支出を削減すること。司法，行政および財務といった削減された部署の郡役人たちは彼らの俸給の一部，約3分の1を控除すること。それに代わって彼らは，私的な営利活動をすることが許される。

37. こうした役人の削減と業務の簡素化などによって節約を実現すること。恩給と退職金の負担が軽減されれば，少なくとも額にして200万に相当すると考えてよい。

38. しかし，現在考えられている節約が額にして約100万しか見込んでいないので，人民は，今日の穀物の廉価とあらゆる事業の停滞の下では，明らかに大きな負担の軽減を必要としている。年間100万以上が御料地資金（Domänenkapital）に用立てられること，あるいは，直ちに実現不可能であっても，恩給と退職金が節減されてこの額と同等になるまで，収入と支出の均衡が保たれるようになるまで，起債によって補填されることを規定すること。

39. したがってすべての階層の公民を通じて，削減された需要に等しく見合った直接税を土地，家屋，商工業，資本，俸給，地代，どんな種類であれ所得に対して徴収すること。

40. 租税を1年間にかぎって同意し，議会（Landtag）を毎年開催すること。
　〔Die Reutringer Petition. in: Friedrich List, Werke Band 1. S, 684-688.〕

歴史的観点から見た通商の自由とその諸制限

(1839 年 4 月)

　すべての議会が年ごとの通商政策という大きな問題を議論し，世論がそれについて最終的な判断を下すことができると思われている時代に，経済学のすべての体系を無視して，つぎのような問題を提起することは適切ではないかもしれない。すなわち，外国貿易の自由と諸制限に関連して，歴史からなにを学ぶのか？　と。筆者は長いあいだ，この問題に取り組んできた。以下の論説の中で私は，この雑誌が想定しているように，できるだけ簡潔に自分の研究成果を述べるように努めた。この成果が経済学の諸命題と矛盾するとすれば，歴史がそれに答えてくれるだろう。ともあれ筆者は，経済学のような学問では，理論が歴史と経験とに矛盾していると思われるたびごとに，歴史と経験こそが理論の無謬性を問うことにまったく問題がないほど確かな指針である，と考えている。筆者は，こうした意味で書かれた論説を，当面の指針にしたがわせることになるだろう。

　よくいわれるように，歴史は諸民族の教師である。その助言が通商政策における以上に実り豊かなものは，どこにあるだろうか？　モンテスキューは，立法者や政治家に与える教訓を歴史から学び取ることを完璧に理解していた人物であるが，彼は重農主義者の世界主義的理論を，多言を要するまでもなく，根底からくつがえすだけでなく，みずからを予言者の域に引き上げた。「ポーランド」──いかなる諸国民との外国貿易をも禁じた有名な章の中で彼は，つぎのようにいう。──「ポーランドは，外国貿易を禁じた」と。そのことで彼がいおうとしたことは──諸制限であることはいまや明白である。国内の工業力の発展によってのみ，つまり自由で人口豊かな工業都市によってのみ，ポーランドは強力な国内組織を，つまり国民的工業，自由および富を実現することが

でき，みずからの独立を守り，文明の遅れた隣国に対する政治的な優位を確保することができたはずだった。外国製品に代わって，ポーランドは，同じ文化段階にあったかつてのイギリスと同様に，外国の製造業者や製造資本を招致すべきであった。しかし，この国の貴族たちは，できが悪くて見劣りする奴隷労働の果実を外国市場に送り出し，豪華で廉価な外国の織物を着飾ることを選んだ。彼らの後継者たちは，つぎのような問いにまもなく答えを出すことになるだろう。すなわち，高価で粗悪な国内製品よりも，廉価で仕上がりのよい外国製品を選ぶことを国民に勧めるべきかどうか？　と。他の諸国の貴族が，貴族主義的な欲情に駆られるたびごとに，彼らの運命を思い浮かべるかもしれない。ついで彼は，大土地所有者にとって工業力の強化，自由な市民層および豊かな諸都市が大切なものであることを学ぶために，イギリスに目を向けるかもしれない。

　自分の諸著作が（モンテスキューが──訳者）ポーランドに言及したものよりもずっとあとに書かれたものであるにもかかわらず，──J. B. セーは，モンテスキューをほとんど理解できなかったので，偉大な思想家が経済学の対象についてどんなに愚かな判断をしていたかという例証として，引用された章をあげている。それは少しも驚くに値しない。国民的結合という本性を完全に無視する代わりに，世界共和国を想定しなければならず，**純粋に物質的な価値理論**を自由な世界交流に適用するためには，諸国民の生産諸力どころか彼らの政治的な勢いや彼らの独立の大切さをまったくほとんど考慮しなくてもよい──ような学派は，自分たちの理論にしたがって諸国民が成長するのか，それとも破滅するのかについて心を痛めることがない。個別の国民ではなく人類全体を視野に入れる彼らは，無益な富の探求にのみ心を傾けてきた政治を引き合いに出す。

　残念ながら，歴史の教訓は，理解されることも生かされることもほとんどない。1786 年の仏英条約についての論説の中で私たちが述べたことを読んだならば，この条約がフランスの事情にどのような作用をおよぼさざるをえなかったか，またフランス革命のどのようなかかわりがイギリスの負担，──この革

命がその後 20 年にわたって闘い続けることになった同じイギリスの負担にすることができるのかを，人は判断できるようになるだろう。それにもかかわらず，この条約の歴史記述者はだれひとりとして，フランス革命を引き起こした原因として言及してこなかった。

　同様に，アメリカ革命の諸原因も，間違って判断されてきた。それは，取るに足りない紅茶税だけではなく，また徴税同意権の拒否でもなく，産業上の隷属一般であった。つまり，北アメリカ人は，もっぱら自分たちが母国に頼み込んだのだが，イギリスによって隷属状態に押さえ込まれていたのである。それは，連邦がその後に自分たちの国民的な絆を以前にもまして固く結ぶことができるようになったのだが，通商政策を強力に推し進めていく上でかなりの不備があった，ということであった。

　セント・ルイスやエリー湖の最近の事例も，イギリスと北アメリカの近年の通商政策の歴史についての認識を欠くならば，理解することができないだろう。合衆国がイギリスの規格法にしたがって 1828 年に関税率を大幅に引き上げたとき，ハスキソン氏はイギリス議会で，つぎのような考えを述べた。すなわち，この関税率は確かに，カナダ国境で組織的かつ大々的におこなわれていた密輸出入体制によって低下していたものを明らかに解決する作用をもっていたといってさしつかえない，と。ハスキソン氏は，正しい考えを述べていた。しかしそれ以来，北部および中部諸州の製造業者たちは，すべてのイギリス・北アメリカ諸州を北アメリカに統合することがアメリカ関税制度を有効なものにする基礎条件と考えるようになった。このことから，最近になって北部の辺境諸州で伝えられているカナダ革命への民衆の全面的な参加が説明されなければならない。北アメリカの工業利益は，この統合によって関税制度の実効性だけでなく，その製品にとって新たな相応の市場も，その上に奴隷解放諸州の数的な増大，したがって議会における利益擁護の優位さをも取得する。後者は，奴隷容認諸州や連邦の行政権力がこの統合に反対する理由である。しかし，この行政権力は，数の上で勝っている諸州の人民の多数派に対しては無力なので，カナダでは事物の本性は成り行きにしたがうだろう。カナダは，北アメリ

450

カがかつてはそうであったのだが，遅かれ早かれ，イギリスの新たな植民地になるだろうし，奴隷容認諸州は，カナダの受容によって損なわれた均衡をテキサスの受容によって回復することに努めるだろう。

ヴェニスは，通商の自由によって大きくなってきた。どんな手段を用いてヴェニスは，船乗りたちの一村落から地中海の女王，十字軍の出先機関，中世の最初の通商大国へとその地位を引き上げたり，ジェノヴァの追撃を首尾よく撃退することができたのだろうか？　富と力を手に入れたヴェニスは，高い関税や別途の諸制限を採用した。人はこの措置を，みずからの衰退の主たる原因と中傷するが，私たちにはまったく見当はずれのように思われる。というのは，不確かでしかないが，スペインやポルトガルの進取の気性がこの排斥法によってかき立てられたと想定されるのであれば，この共和国は，今日の制海権という考え方からいってみずからの艦隊を新たな発見に向かわせたり，それと別のうってつけの発見によって利益を上げるための十分な手段をもっていなかったからではないのか？　その国はなぜ，それらを用いることがなかったのか？さらにあの愚かしい鈍感さの理由は，なんであったのか？　その鈍感さは，昔からの海路の排他的な占有に固執しながら，アジアやアフリカでのくだらない陰謀によって望みを達成することを期待するのだが，それは進取の気性や勇敢さによってしか達成することは望めない。

モンテスキューは，この問いに対して，つぎのような二つの文言で答えた。「奴隷状態にある国民にあっては，獲得することよりも維持することを企図する。自由な国民にあっては，維持することよりも獲得することを企図する」と。

自由を通じて大きくなったヴェニスは，その貴族政治が民衆の自由を侵害するようになるとともに衰えはじめた。そして，貴族政治が民主主義的なエネルギーの最後の残りカスをむさぼり食ってしまったとき，活力に代わって腐朽が生じた。確かに自由な民は，開明的で強力な貴族政治によって統率されて，東西インドの財宝をヴェニスへ送り込んだだろう。それにもかかわらず，私たち

は，あの制限諸法令を決して正当化することを望まない。それらの諸法令が富と力の頂点を極めるのに共和国にとってどんなに役立ったかしれないとはいえ，それが達成されたとき，通商諸制限は有害な作用しかおよぼさなかった。絶頂期のヴェニスと同様に，海軍力においても工業や商業といった他のすべてにおいても勝っている一国民は，自由貿易におけるみずからの支配権を声高に主張しながら，最大限の自由な交通を通して自国の製造業者や商人たちを怠惰という悪癖から懸命に守ってきた。競争は，国内の技術や製造業を外国に移転しようとする場合に，市民を死刑による脅しにかけるよりも，製造業や技術の移転を防止するずっとましな手段である。私たちは，ヴェニスの自由の衰微が概して，その商業や工業と同様に，ヴェニスの偉大さが衰微する根本原因であったという見解にしか行き着かない。このような原因をもつ一方でイタリアの姉妹都市国家やみずからの諸州に対する開明的な政策にもかかわらず，この制限諸法令の不利な作用を無視してきたヴェニスは，実際のところ今日までみずからの独立，力と工業，それに商業と富の大部分を守り続けてきたといえる。

　自由貿易を通して頭角をあらわしてきた**ハンザ同盟**は，航法制限や外国の特権にもとづく自治的団体である通商同盟によって，その偉業を達成した。工業や自分たちが属している一国民の自由や力に無頓着であった彼らは，近年の理論の原理にしたがって，もっとも安く買えるところで購入し，支払いのもっともよいところでそれを販売した。しかし，彼らが購入した国々や彼らが販売した国々が，この仲継貿易を自分たちの市場から閉め出したとき，彼らの多くは，みずからの船と資本の用途を見出すために外国に目を転じた。なお踏みとどまったものは，無駄と知りながらも，通商諸制限のことで皇帝や帝国を頼った。すべての北欧諸国，イギリスおよびオランダの工業は，この仲継貿易を通してかぎりなく奨励された。ドイツ人自身のもとには，同盟はほとんど痕跡すら残さなかった。

　この同盟の運命は，経済学の高度な政策が近年の理論家が想定するほどに無縁なものであり続けてよいものかどうかという疑念をかき立てるのに，おあつらえ向きである。ハンザ同盟は，みずからの取引と富を失った。というのは，

彼らは自分たちが盛んだったときに，みずからの同盟をもっと一体的なものにし，皇帝の権力ともっと固く結びつくことによって，ドイツという国の出来事にもっと大きな影響をもつことに気を配ってこなかったからである。上部ドイツの諸都市の同盟と共同して，また皇帝の同意を取りつけてドイツの下院をつくること，そしてそのことによって得られたドイツの貴族政治の立法と政治権力に対する影響を通してバランスを保つこと，またその後のイギリスの権勢の基礎となった三つの国家要素のあの幸運な協調をつくり出すことも，確かに彼らには困難なことではなかっただろう。ベルギーと同様にオランダが，この商業圏に属していただろうと考えてられたとすれば，つぎのようなことが信じられてもおかしくなかっただろう。すなわち，ドイツ人は長いあいだイギリス人を手本としながら，国内交易と同様に外国貿易でも，製造業と同様に農業でも，海軍力と同様に殖民，水産業および海運でもつちかわれた光景，要するに，権勢のすべての属性で包まれた世界的な国民の光景を眼に浮かべることができる，ということである。

　すべての国に比べて中世の**ベルギー**は，無制約な通商の自由の原理を信奉して成果をあげてきた。早くから交通の安全と便宜，それに加えて封建体制が工業や農業の発展に対抗してもち出した諸障害物の除去に配慮しながら，規模が大きくて自由な共同体によって支えられたフランドル地方とブラバンド地方の統治者たちは，両地方を育むことで際立った成果をあげた。彼らは自由な市民を，ハンザ同盟の仲継貿易の助けを借りて，原生産物と交換しそれを加工するすべての北欧諸国民，イギリス，フランスおよび半島の製造業者に匹敵する地位にのぼらせた。外国の仲継貿易に依存しながら，海軍力も陸軍力も十分ではなく，さまざまな領地に分割され，したがって国民的な統一を欠き，領土も狭く，人口もわずかでも，製造業で他のすべての国々を圧倒し，その分野での競争に脅えることはなかった。彼らは通商制限から，無制約な通商の自由に比べてどれほどましなものを期待することができたのか？　とても信じやすく，とても熱狂的なスミスの学派は通商の自由の原理に対して，ロバート・フランドル伯が与えたよりもずっとましな回答を与えることができなかった。というの

歴史的観点から見た通商の自由とその諸制限　453

も，スコットランド人との取引関係から手を引くことをエドワード2世から求められたとき，伯爵は，「フランドル地方はいつの時代でも，すべての諸国民の自由で開かれた共同の市場と考えられており，その政策を変更する特別の理由はない」と回答したからである。

　燃料，建築用材および穀物に対する需要を諸外国から入手する必要があった**オランダ**は，これらの欲求の支払い手段を水産業，海上輸送および仲継貿易によって手に入れようと努めた。ピーター・ベッケルの塩漬けニシンの発見によって，この産業部門が大いに盛んになっていたので，この部門は，ハンザ同盟の取引の衰退によって過剰になったすべての船舶と資本を次第に自分のほうにひきつけることになった。同時に当地では，政治的運動が理由で自分たちの故郷からブラバンドやフランドル地方の諸都市へ追放され，オランダに逃げてきたベルギーの毛織物製造業者たちによって毛織物製造業が国産となった。製造業，水産業，通商および海運業でのこうした躍進がきっかけとなって，スペインの狂信的な圧制者に対する抵抗に勝利する手段を提供した。オランダは，みずからの独立と自由だけでなく，両インドの財宝や，暗黒と圧制の国から自由と忍耐の国へと逃げてきたベルギーの製造業者たちの大半を獲得した。アントワープは衰え，アムステルダムは世界貿易の中心点へと飛躍した。みずからの力と自由とによって発展したオランダではあったが，みずからの航海・取引制限や海戦でのみじめな結果が理由となった諸外国の国民的なねたみに包囲されて，再び衰退した。その海戦であるが，それによって海運，水産業および輸出が大打撃を受け，国家は大変な借金漬けとなり，税負担したがって日給は，オランダの製造業が外国の自由な市場での競争にもはや耐えることができないほどに高騰した。国内の資源や領土に恵まれない国にとっては，イギリスやフランスの締め付けに対抗したり，みずからの切り詰めによって過剰になった資本や労働者を有効に活用することは不可能であった。それゆえ資本や労働者は外国に活路を見出し，前者はもっぱら投資という形態で，また製造業，通商および海軍の支配権は，政治的諸制度や国内資源を大いに発展させて有効活用できる国に移っていくことになる。

イギリスは，羊の飼育にとくに適しており，豊富な錫と鉛の鉱脈をもっていたが，いまだ未開な状態にあって，製造業も技術も持ち合わせていなかったので，12，13 世紀にはハンザ同盟が自国の原生産物を輸出し，その代わりにオランダの製品を提供してくれるのを歓迎した。こうした自由貿易の影響を受けて牧畜業，とくに牧羊業および鉱脈採掘が大いに飛躍した。ヘンリー 2 世は，こうしたハンザ同盟の仲継貿易をねたむことなく，大幅な特権を与え便宜をはかろうとしていた。

　しかし，フランドルおよびブラバンドの統治者の圧制によって祖国から追放され，イギリスの統治者によって快く迎え入れられた数多くのベルギーの毛織物職人たちが，当地で未加工だった毛織物の工場を操業するようになってまもなく，未加工の毛織物を毛織物製品と交換するほうが自分たちの国にとってずっとましなことであることが理解されるようになった。そこでエドワード 3 世が制定していた法令，つまり国内でつくられた毛織物製品のみを着用するのが望ましいという法令に，エドワード 3 世は，つぎのような法令を付け加えた。すなわち，外国の商人たちは，輸入品の価値をイギリス製の商品という形で輸出しなければならない義務がある，と。

　確かにハンザ同盟からの諸制限の撤回がユトレヒト条約（1474 年）によって実現されたが，ヘンリー 7 世によって再びこうした諸制限が効力あるものとされた影響を受けて，国内製造，未加工の毛織物品の輸出および国内毛織物業者の数は増大し，ヘンリー 8 世治下の怠惰なロンドンの民衆は，食糧品の高騰に不満の声をあげるほどになったが，当然のことながら，それは移住してきた製造業者たちの大量消費によるものであった。分別がなくて感情に激しやすいこの国王は，すべての原生産物の価格の高騰を成長する産業の自然的で貴重な成果であり，農業改善のための強力な刺激と考えることもなく，怠け性の民衆の不満に耳を傾けて，つぎのような措置を講じた。すなわち，ベルギー人の奥方たちに対する憎悪をその同郷の人にまで拡大することによって，この国の福祉の恩恵から 15,000 人のベルギー人製造業者を締め出すことのほうがひょっとしたらまず急がれる，と。ヘンリー 8 世のあれやこれやの世間知らずに等しい

措置によってその躍進をいちじるしく阻害された毛織物製造は，それにもかかわらず，以前の統治の下でしっかり根をおろしていたので，エドワード4世，しかもとくにエリザベス女王の賢明な通商政策によって絶頂期を迎えた。そして，その通商政策というのは，ハンザ同盟の仲継貿易に最後のとどめを与えるものであった。ハンザ同盟が帝国議会の下に提出した前述の請願書では，イギリスの毛織物輸出は20万ケースと見積もられ，ジェイムズ1世の統治下では，イギリスから輸出された毛織物の総価値は200万ポンド・スターリングという巨額なものになっていた。前述の国王の統治までは，ほとんどの毛織物が未加工のままベルギーに輸出され，そこで着色・加工されていたが，ジェイムズ1世の保護・奨励措置によってイギリスの毛織物加工も完成度を高め，良質な毛織物の輸入はほとんどなくなり，それ以後は着色・加工された毛織物だけが輸出されるようになった。

イギリスの通商政策の全体におよぶ，こうした成果の重要性を確かめるためには，つぎのようなことが考慮されなければならない。すなわち，その後に亜麻布，木綿，絹および鉄といった製造でも生じた大躍進以前の毛織物製造が，すべてのヨーロッパ諸国民，とくに北欧の国々との貿易ならびにレヴァント地方や東西インドとの交通にとって必要な交換手段の最大部分を，なんといっても提供していたということである。その規模がどの程度のものであったのかは，ジェイムズ1世のときですでに毛織物商品の輸出がイギリスの全輸出量の10分の9を担っていたことから明らかになる。これらの工業生産はロシア，スウェーデン，ノルウェーおよびデンマークの市場でハンザ商人たちを押しのけ，レヴァント地方や東西インドの貿易から利益の最良部分をわがものにする手段をイギリスに提供した。それらを強固なものにしたのが石炭生産，したがって大規模な沿岸航運と水産業であり，これらの二つは海軍力の基礎として，まず航海条例の発令を可能にし，加えてイギリスの海上支配の土台を形成した。それらに続いて幹を共有するかのように，すべての製造部門が伸びてきた。そしてそれらはことごとく，イギリスの工業，商業，海軍力の権勢の基礎をなしていた。しかし，イギリスで誕生したといわれているものは，ロバー

ト・フランドル伯の意中にあったものがヘンリー3世の時代に引き継がれた，市場がすべての諸国民にとって自由で受け入れやすい，という考えだったのではないだろうか？　フランドルやブラバンドの牧羊館やハンザ同盟の通商管区に優るものは，おそらくないだろう。

　イギリスがどんなに外国製品の供給を自分の領海から閉め出すのに汲々としていたのかは，それが自国の製品の輸出に役立つと思われるたびごとに，通商の自由という根本命題をいつでも外に向かって押し出そうと努めていたことからも分かる。すでにエリザベス女王は，北欧諸国との通商条約によってイギリスの製品がそれらの国々の独占的な市場を確保することに努めていた。しかし，イギリスが自国の工業支配の下におくことを意図して外国と締結したすべての通商条約の中には，1703年にポルトガルと締結した，いわゆるメチュエン条約のようにそれほどの成果をあげなかったものもあった。つまり，この条約によってポルトガルは，自国の進展しつつあった毛織物製造に全面的な犠牲を強いてイギリスに独占的な毛織物市場を容認する一方で，すべての植民地を含むこの王国はイギリスの通商圏に組み込まれた。このとき以来，イギリス国王は議会の開会演説で，ポルトガル国王を自分の以前からのもっとも大切な友人で同盟者と呼ぶのがつねとなった。

　すでにエリザベス女王の治下で，金属，皮革製品および大量の製造品の輸入が禁じられる一方で，ドイツ人鉱夫や金属職人の移住は奨励されていた。以前にはハンザ商人から船を買ったり，バルト海沿岸の諸港で建造させたりしていた。彼女は，制限したり奨励したりすることによって自国の船舶建造を手助けすることを知っていた。そのために必要な建造用材は，北欧の国々から輸入されたが，それによってかえってこれらの地方に向けた輸出取引が目覚しいものとなった。ニシン漁はオランダ人から，捕鯨漁はビスケー湾の住民から学び取られたが，その二つの漁は報奨金によって奨励された。ジェイムズ1世は，船舶建造と水産業の奨励をとくに喚起した。この国王が自分の臣下に魚食をすすめる訓戒を絶えずおこなうことがどんなに馬鹿げたように思えても，私たちは，つぎのように公正に彼を扱わなければならない。すなわち彼は，イギリス

国民の権勢がなににもとづいているのかを，正しくよく分かっていたということである。勤勉，技能，工業資本の測り知れない増加を，イギリスは，アンリ2世やルイ14世によってベルギーやフランスから追放されたプロテスタント職人の移住によって確保した。良質な毛織物製品，帽子・亜麻布・ガラス・紙・絹・時計製造品，加えて金属製造品の一部における進歩は，彼らに負っている。工業部門が輸入禁止と高関税によって急速に育成されることは，分かりきったことであった。

　大陸のすべての国からこの島は，それらの特別な技能を借り受け，それらを関税制度の保護のもとでみずからの土壌に移植した。ヴェニスはクリスタル製造の技術を，さらにペルシャはジュータン織りと染色の技術を手放さざるをえなかった。かつて工業部門を手中にしていた大陸は，保護と手間が必要とされた若木のように，数世紀にわたってそれらによって育まれてきた。勤勉，技能および節約に励む中で，どの工業部門も時が経つにしたがって利益をあげるようになるに違いないことがおよそ分からない者は，適切な保護が加えられることによってまだ日の浅い工場が，その当初はどんなに不完全で高価な製品であるかもしれないが，訓練，経験および国内の競争を通してまもなく，あらゆる点で外国の旧来の工場に匹敵する域に達することが，またおよそだれにも知られていないだろうが，どんな特別な製造部門の繁栄も他のすべての製造部門の繁栄の条件であること，またどの世代も前の世代の残していったところで工業という作業を継続することができるように根気よく心がければ，一国民がどの程度までそのすべての生産諸力を改善することができるかということが，分からないのである。そういう人は，体系をつくって諸国民の福祉がゆだねられている実践的な政治家に助言することを考える前に，まずイギリスの工業の歴史を学ぶことが求められる。ジョージ1世治下のイギリスの政治家たちにとってずっと以前から明らかであったのは，国家の権勢がなににもとづいているかということであった。「それは，もっともなことである」と，その大臣は，1721年の議会の開会に際して，この国王にいわせる。すなわち，「私たちの製造品の輸出と外国の原料の輸入ほど公共の福祉を促進することに貢献するものがな

いことは，もっともなことである」と。このことは数世紀このかた，イギリス
の通商政策の指針的な根本命題であった。それは今日もなお，エリザベス女王
の時代と同じである。それが実らせてきた果実は，全世界からのものであるこ
とは明白である。理論家たちはのちになって，イギリスは通商政策によらずと
も富と力を得ていた，と主張した。人は同様に，木々は若木の頃に支えてくれ
た支柱に頼らなくても強く実り豊かなものになった，と主張することができる
だろう。

　イギリスの歴史は，全般的な政策が経済学とどんなに緊密に結びついている
のかということを，私たちに証明しているに等しい。イギリスにおける工場の
発展とそれから生じる人口の増加は明らかに，塩味の魚や石炭に対する大規模
な需要を喚起し，そこから水産業と沿岸輸送に必要な海運の大規模な需要が生
じた。水産業と沿岸輸送の二つは，オランダ人が支配していた。高関税と報奨
金によって励まされたイギリス人たちは水産業にみずから取り組み，航海条例
によっていまや石炭輸送と海上輸送全般を自国の海運に保証した。そこから生
じたイギリスの通商航海の増加は，自国の海軍をかなり増強することになり，
オランダの艦隊に立ち向かうことができるようになった。航海条例（1651 年）
を発令して 2 年後に，イギリスとオランダの艦隊とのあいだでおこなわれたド
ーヴァー海峡での死闘は，後者の致命的な敗北で終わった（1653 年 2 月 13 日）。
この勝利によって海峡の外の国々へのオランダの通商は完全に遮断され，北海
やバルト海でのオランダ人の海運は，イギリスの捕獲特許私艦によって壊滅さ
せられた。ヒュームは，イギリス人によって捕獲されたオランダの船舶の数を
1,600 と計算し，ダフナンは自分の著作の中で，公式の収入について，つぎの
ように証言した。すなわち，イギリスの航海条例が発令されて 28 年が経過し
たとき，イギリスの海運が約 2 倍に増加していた，と。

　このことから推測できるのは，前述した制限の結果，外国貿易およびそれに
ともなってイギリスの製品がどのくらいの飛躍をとげざるをえなかったか，と
いうことである。その結果，イギリスの工業力によってイギリスの海上での支
配権がつくり出され，それに呼応するようにイギリスの工業力はイギリスの制

海権によって最高度の発展を実現した。アンダーソンが私たちに報じるところによれば，イギリスの航海条例が発令されたとき，この措置がどんなに愚かで，またイギリスにとってどんなに有害な結果がもたらされるかを，とても明快に証言していた賢人たちが沢山いた，と。こうした賢人たちは確かに，彼らによって非難された政治家に比べて歴史や経験に助言を求めることが少なかった。というのは，数世紀も前にヴェニスが同様な制度を成功裏に導入していたからであり，またハンザ同盟も同様に首尾よくそれをまねていたからである。イギリス自身は，長期議会によってそれが導入される1世紀も前に，そのような措置の有効性と必要性を感じていた。すでに1461年と1622年に，そうした措置が最初は議会によって，2回目は国王によって提案されたが，二つのケースとも対立する立法部門によって却下された。他のすべての保護措置と同様に航海制限も，さらなる福祉と力の追求のためにふさわしく，またこうした努力を進める中でもっとも進んだ諸国民によって妨害されると感じる諸国がそれほどに望むので，独立後まもなく北アメリカ合衆国は，ジェームズ・マディソンの提案にもとづいて似たような海運制限を導入し，それに先立つ1年半前のイギリスのそれに劣らない目覚しい成果を確かにあげた。

　このような歴史的にも疑問の余地がまったくない成果をあげながらも，アダム・スミスがイギリスの航海条例について，彼がおこなったような間違った判断を下すことになったのは，私たちが別の論文で，制限一般にかんするこの有名な筆者の間違った判断の理由を明らかにすることになるだろうが，それと同じ理由であった。これらの諸事実は，彼のお気に入りの思想である通商の無制約な自由の妨げとなっており，したがって彼は自分の原理に反した航海条例の作用から生じた非難を，政治的な目的を経済的なそれから分離し，航海条例は確かに政治的な関係にあっては必要であるが，経済的な関係にあっては無用で有害であったと主張することによってかわすことに努めなければならなかった。しかし，このような分離は，事物の本性や経験を通して少しも正当化されていないと思えることを，私たちの論述が明らかにする。北アメリカの経験がもっとましな説明をしてくれることを無視したJ・B・セーは，自由と制限の

諸原理が互いに対立するいつもの場合と同様に，この場合にも自分の先駆者よりもさらに論を進める。セーは，漁業報奨金によってフランス人を船員に似つかわしくすることがどんなに高くつくものかを見積もったが，それはこの報奨金の不経済性を証明するためであった。概して海運制限という題目は，無制約な通商の自由の擁護者にとって，彼らがとくに港湾諸都市の商人階級に属している場合には，好んで沈黙を守って無視する大きな躓きの石である。

　真実は，つぎの通りである。すなわち，海運制限は，他のすべての交通と事情が同じである。自由な海運と諸外国の輸送取引は，諸国民にとって有益であり，文化の初期にあっては喜ばしいことである。ただし，彼らが農耕も製造業をも適切に育成してこなかった場合である。資本や経験豊かな船員が不足しているために，彼らは，海運や外国貿易を外国人たちにゆだねる。彼らがみずからの生産諸力を一定程度にまで発展させ，次第に船舶建造や航海の知識を得たのちには，外国貿易をさらに拡大し，自分たちの船で取引をおこない，みずから海軍力をつくろうという欲求が，彼らの中で生まれてくる。そうなると，彼らが海運制限によって資金が豊かで，経験も豊富で，強力な外国人をこの事業から首尾よく閉め出すことができる時代がやってくる。しかし，みずからの海運と海軍力の養成が最高度に達したならば，プリストリー博士がすでにつぎのように語っていた，新たな時点がはじまる。すなわち，航海制限を採用することが賢明であったと同様に，それを廃止することにも賢明であることが求められる，と。そこで彼らは，海運での自由競争の回復と平等な諸権利にもとづく海運条約によって，一方では発展途上の諸国民に対して明確な優越を達成するようになると，これらの諸国民に対して自分たちの特別な優越を理由に海運制限を採用させないようにし，他方では自国の船員たちの怠惰をとがめ，船舶建造や海運技術において他の諸国民と同一歩調を保つように鼓舞する。向上を目指していた時のヴェニスは，みずからの海運制限に多くを負っていたのは疑いない。通商，製造業および海運で支配権を握りながら，ヴェニスは，それらを維持することでは愚かに振る舞った。それによってヴェニスは，船舶建造や海運技術および船員の資質において，ヴェニスとならんで向上を目指していた海

歴史的観点から見た通商の自由とその諸制限　461

軍・通商諸大国に大きく立ち遅れてしまった。

　スペインと**ポルトガル**の歴史は，当面の考察にとってほとんど示唆するものがない。人が学ぶことができるのは，あらゆる自然の恵みにもかかわらず，工業と富で昔から本領を発揮していたにもかかわらず，しかも前代未聞の幸運によってこの両国に東西インドの富の搾取が独占的に与えられていたにもかかわらず，自然によってもっとも恵まれていた諸国民が専制と狂信主義によってどのようにして貧困，無政府および政治的な無力の状態におかれ，まったくの解体状態にされたのか，したがって啓蒙と自由，法的安定性と憲法上の保障が工業と富にどのような影響をおよぼしたのか，ということだけである。

　人はしばしば，さまざまな禁制や高関税の有害性をスペインの例を用いて証明し，つぎのように主張しようとしてきた。すなわち，国民の衰退は大部分，シャルル 5 世によって採用された通商制度によるものであった，と。つまり，スペインの工業は，高い輸入関税によって壊滅させられた，と。しかし，スペインの状態には，なにか文明国のそれと共有するものがあるのか？　制度的にすべての精神，すべての知性，すべての国民のエネルギーが火あぶり刑や拷問によって抹殺され，怠惰や悪徳があれほど愛情を込めて育まれ，勤勉や企業精神があれほど無慈悲に踏みにじられている国は，どこにあるのか？　スペインのように，勤勉な住民を計画的に奴隷的な勢子に転換し，外国の諸国民の製造品や海産物に対する自分の欲求をあがなうことに奴隷労働の収益を用いている国は，どこにあるのか？　近年におけるこの国民の経済状態に思いをはせるには，ウスタリッツやウルロアを読むだけで十分である。まったく見るも哀れで，愚図で愚か者にとってのみ通行可能な道，どこにもないくらいひどい宿，どこにもないような橋，水路も完備されずに航行できない河川，すべて互いに関税で寸断された諸州，どの都市門にもある王国の税関，まったく不当で重圧的な租税制度，辻強盗や物もらい，民衆の怠惰，住民の不足，製造業の壊滅が，いたるところで見られる。これらと類似したことを，これらの筆者たちは，全般的な貧困化の原因として列挙する。この世のすべての悪がそこから流れ出る源泉である狂信主義，司祭の強欲と悪徳，貴族の恐喝と特権，統治者の

専制，総じて自由と啓蒙の欠如を，だれも指摘しようとはしない。本当に控え目ながらも，ウスタリッツは，数百万の人々が毎年，ローマへの遍歴を続けていることを記している。

　どのような分別ある人が，このような国で保護措置による成果を期待するというのか？　人はまた，報奨金によって死者を生き返らせたり，足が麻痺している人を歩けるようにしたり，盲人を見えるようにしたりすることができようか？　愚か者はやせた砂地に種をまき，種が芽を出さないことに不思議がる。しかもそのことから，穀物の種がそこに適していないという結論を引き出す者は，愚か者どころではない。

　もっと大きな収穫を私たちに提供してくれるのは，**フランス**の歴史，それもとくにルイ14世のそれである。コルベール以前ではすでに，フランソワ1世が養蚕業と絹製造を，アンリ4世は亜麻布・毛織物・ガラス製造を，リシュリューとマザランはビロード・絹製造，ルーアンとセダンの毛織物製造，水産業と海軍を，奨励と助成によって促進することに努めた。そしてマザランが死んだ時には，工場や通商も，水産業や海運もはかばかしくなく，財政は悪化の一途をたどった。コルベールには，イギリスが3世紀にわたる努力と二つの革命を経て到達した事業のみに全力を尽くす勇気があった。すべての国から彼は，もっとも熟練した製造業者や労働者を呼び寄せ，製造上の秘密を購入し，改善された機械や工具を調達した。全般的で効力のある関税制度を通して彼は，国内工業に国内市場を確保した。州境の関税の廃止や可能なかぎりでの限定によって，また道路や運河の敷設によって，彼は国内の交通を促進した。これらの諸措置は，工場よりも農耕にとって有利に働いた。というのも，工場がその消費者の数を倍化し，3倍化し，消費者との安価で気安い関係をもたせることになったからである。加えて彼は，土地に対する直接税を軽減することによって，以前にはきびしく取り立てられていた措置の緩和によって，税の一様な割り当てによって，最後に利率を軽減させる措置によって，農業をいっそう奨励した。彼は，生活が困窮したり生活費が高騰したりした時にのみ，穀物輸出を禁じた。外国貿易の拡大と水産業の促進を，彼はとくに重視した。つまり彼

は，レヴァント地方との貿易を再生させ，植民地との貿易を拡大し，北欧諸国との貿易をはじめるようになった。行政のすべての部門に彼は，もっとも厳格な節約と秩序を持ち込んだ。彼が死んだ時，フランスは，毛織物製造に5万の業者を数え，絹製造では5,000万人に相当するものを生産し，国家収入は約2,800万に達する一方で，全盛を誇る水産業，拡大の一途をたどる海運と強力な海軍をもつ国となった。

100年後に，エコノミストたちは，コルベールを鋭く非難して，彼が農耕を犠牲にして製造業を促進しようとしていたと主張したが，その非難は，彼らが工業の本性への正しい洞察を欠いていたことだけを証明するものであった。コルベールが原生産物の輸出に対して定期的な抑制という妨げをしたことがたとえ誤りであったとしても，彼がそうした抑制によって損害を与えた農業に10倍の補償をしたように，彼は，国内工業の振興によって農業生産に対する需要を増大した。彼が開明的な行政学とは対立する新たな対処方法の手本を示し，製造業者に強制法によってその対処方法にしたがうことを強いた時に思い起こすのは，この対処方法がどんな場合にも，その時代の最良でもっとも有効なものであったということであり，また彼が長期の専制主義によって感情を表にあらわすことを忘れ，たとえそれが少しはましなものであったとはいえ，すべての新奇なものに抵抗した民衆を相手にしなければならなかったことである。しかし，コルベールの保護制度によって国内工業の大部分が失われたという非難は，ナントの勅令とその有害な帰結をまったく無視した学派によってのみなされうることである。この痛ましい措置の結果，コルベールの死後3年が経過すると，もっとも勤勉で，技能があって裕福なフランスの住民50万は追放され，彼らによって豊かさを保っていた国にとっては二重の損失となった。そして，彼らの工業と資本は，スイス，ドイツのすべてのプロテスタント諸邦，とくにプロイセン，またオランダやイギリスに移っていった。それゆえ，信心に凝り固まった側女の陰謀は，一世代の独創的な作品を3年間で台無しにし，フランスを以前の無感情な状態に逆戻りさせた。その一方で，イギリスは憲法の保護の下で，国民のすべてのエネルギーを発揚させた革命によって強化されなが

ら，エリザベスとその先駆者たちの事業に燃え上がるような情熱をもって途切れることなく取り組んだ。

　長期にわたる暴政によってフランスの工業と財政が壊滅させられた痛ましい状況がある一方で，高度な豊かさを実現したイギリスの光景は，フランス革命の直前になってフランスの政治家たちに張り合う気持ちを起こさせた。エコノミストたちの無益な理論に心奪われながらも彼らは，コルベールとは対照的に，自由な交通の樹立に活路を求めた。自国のワインや火酒がイギリスにもっと大きな市場をつくり出す代わりに，イギリスの製品に安価な条件で輸入することを許せば，フランスの豊かさを一挙に再生することができる，と人は信じた。こうした申し出に狂喜したイギリスは，フランスにメチュエン条約の改定 (1786年) を提案した。その条約はやがて，最初に締結したポルトガルに劣らないほど有害な作用を，フランスで確認させる結果をもたらしただけであった。半島製の強いワインに慣れていたイギリス人は，期待したほどにはフランス製ワインの消費を拡大しなかった。それに比べて驚きを禁じえなかったのは，フランス人が流行品やぜいたく品しかイギリス人に提供せざるをえなかったことで，その総額はたいしたものではなかった。それに対して，イギリス製品がすべての品目で必需品であり，その総額は計り知れないものであったこと，またフランス製品は価格，品質，信用度ではるかに劣っていたのであった。競争がはじまって間もないころ，フランスの製造業者が破滅の淵に追いやられる一方で，フランスのワイン製造が一向に収益をあげることができなかったので，フランス政府は，条約の破棄によって破滅の歩みを阻止しようと努めたが，30年かけて破滅した製造業を再生させる以前に活気のある製造業が短期間のうちにあえなく破滅してしまう，という確信を得ただけであった。イギリスの競争は，フランスではイギリス商品好みをもたらし，きびしい監視下にあった密貿易を長期にわたって拡大するという結果となった。条約が破棄されたのちも，半島製のワインの味覚を取り戻すことは，イギリス人にとってそれほど困難なことではなかった。

　革命の動乱や絶え間なく続くナポレオン戦争が工業の繁栄にとって無益だっ

たことを度外視すれば、この時期のフランス人が海上貿易の大半を失ったこと
を度外視すれば、帝国時代のフランス製造業は唯一、国内市場の独占的な占有
によってアンシャン・レジームの時代よりも栄えていた。同様な光景は、ドイ
ツや大陸制度がおよんでいた地域でも観察された。

　ナポレオンの失脚にともなって、これまで密貿易に限定されていたイギリス
の競争も、ヨーロッパやアメリカ大陸に確たる地歩を固めた。このときはじめ
て、イギリス人がアダム・スミスの自由貿易の原理を実践に用いていると語っ
ているのを、人は聞いた。すなわち、これまであの実践的な島国の人々によっ
て、ユートピア主義者にとってのみ必要なものと考えられていた理論のことで
ある。しかし、冷静に吟味する観察者がたやすく知ったことは、博愛的・熱狂
的な心情がこうした改宗とは無縁な状態にあるということであった。というの
も、ヨーロッパやアメリカ大陸へのイギリス製品の輸出の軽減が話題になった
ところでのみ、世界主義的な論議が聞かれたからである。しかし、イギリスへ
の原材料や生産物の自由な輸入やイギリス市場での外国製品の競争が問題にな
ったところでは、とんでもない修正が求められた。残念ながらそれは、つぎの
ようにいわれていた。すなわち、自然の条理に反した政策を長期にわたって追
求することは、危険で有害な結果を引き起こすことなしには、イギリスを突然
には変更することができない不自然な状態にすることである。このようなこと
は、最大限の注意を払い気をつけても起こるに違いなかった。イギリスはそれ
ゆえ、ヨーロッパやアメリカ大陸の諸国民に対してこれほど友好的なのに、そ
れらの事情と関係が遅滞なく自由貿易の恵みに参加することを彼らに許すの
を、残念に思っている、と。

　フランスでは、あの古い王家の血統がイギリスのあと押しで、あるいはイギ
リスの金で玉座に復帰したにもかかわらず、こうした論議は短期間しか受容さ
れなかった。イギリスの自由貿易が大陸制度の時期に強化された工場制度にひ
どい引きつけを起こす原因になったので、ただちに禁止制度を頼りにしなけれ
ばならなかったし、デュパンの証言によれば、保護制度のもとで1812年から
1827年までに、フランスの工業力は倍増した。

事物の本性や経験よりも教育制度の力を頼りにしていた理論家たちによって
指導されていた**ドイツ**の国民は，多くの小さな主権をもった諸邦の関税境界線
によって寸断され，それらの諸邦は，地理的な状況や狭い領土が理由となって
独自の通商政策を実現するのが不可能であったので，世界主義的な教義の掟に
したがうことであきらめていた。国民は，大陸制度のもとで成長してきた工場
が破綻していくのを見ながらも，理論家の約束に期待をつないでいた。国民
は，自分たちの毛織物の輸出がイギリスでの高い輸入関税によって制限される
のを知り，自分たちの所帯を縮小する必要に迫られながらも，自由貿易の効用
を疑うことを知らなかった。最後に国民は，自分たちの穀物や建築用材がイギ
リス市場から閉め出されているのを知りながらも，商品をもっと安く買えると
ころ以外で買うことが，どんなに愚かなことであるかを実証するために，自由
な諸都市に住んでいるイギリス製造業者の代理人たちがまき散らした約束を信
じ続けた。つまり，あらゆる国民が自分たちの輸入品を自分たちの生産物だけ
でどのように支払うか，国内事情によって貿易制限の継続が必要とされること
がイギリスにとってどんなに不幸なことか，また自由貿易の恵みを享受するの
を妨げられることのないドイツがどんなに恵まれた状態にあるか，と。外国の
諸国民の通商よりもドイツの近隣諸邦に対して重苦しく作用したプロイセンの
新しい関税制度は，国民の中で眠っていた健全な人間理性をついに目覚めさせ
た。それは，ドイツ中に商人・製造業者協会をつくり出し，地方諸関税の廃止
と国民的な関税の確立を実現することを目的とした。そうした努力が実を結ん
だ結果，有名なドイツ商業同盟がついに設立された。

　この協会は，実効性のある通商制度を実現するにはあまりにも小さな，個々
バラバラな諸邦の結合でしかないが，相互のあいだの自由な通商をつくり出
し，外国に対して関税制度を同じくすることによって通商利益を守ることを意
図していた。この商業同盟の制度は，以前からバラバラであった関税国境線の
廃止によって生じた個別の諸邦の財政上の損失を輸入関税の収益によって埋め
るという目的と結びついた，穏当な保護制度でしかない。はじまって間もない
のに，この制度は，予期したとおりの効果をすでに発揮してきた。ドイツの製

造業と農業は，それ以降各地で，以前には予想もしなかったほどの飛躍を続けている。

　プロイセンとオーストリアは，いずれにせよ以前から，自分たちの経済的な独立を確固たるものとする試みをしてきた。フリートリッヒ大王の治下でのあれや，ヨーゼフ2世の治下でのこれやであって，しかしながら後者は，前者ほどの成果をあげることがなかった。それ自体としてはそれほど広大ではなく，外国の領土によって互いに分割され，教育，憲法などにしたがって互いにとても多様な多くの地域からなりながら，プロイセン王国がヨーロッパのすべての大国のあいだで少なくとも関税制度の実施に適していたとすれば，このような制度の厄介さがこの国では，耕地がよく整備され，海や山脈が境界線となっている大国に比べてそれほど不利な重圧を与えてこなかったに違いなかった。しかも，こうした関税保護の積極的な作用は，明白であった。プロイセンの製造業者は，ドイツの小さな諸邦の製造業者に比べて大いなる進歩をとげ，のちの大陸制度の保護のもとでさらなる繁栄を謳歌した。しかし，イギリスの競争という不利な作用も，全面的な講和後には，次第にプロイセンで認められるようになり，とくに同時期に木材・穀物・羊毛取引にかんするイギリスの制限によって，プロイセン農業に手痛い打撃が加えられた。しかも，フランスが同じ不利な事情のもとで，強力な措置に着手するのにわずか数ヶ月しか要しなかったのに対して，プロイセンでは数年を要したのであった。ほとんどが大学で学び，そこで世界主義的な理論を習得したプロイセンの官僚にとって，通商の自由という思想から離脱することは困難と思われた。しかしここでも，事情の力のほうが抽象的な理論のそれよりも大きかった。1818年のプロイセンの関税率は，まさに適切な保護制度であった。この関税制度が近隣のドイツ諸邦にどのような作用をおよぼしたか，またそれによって全ドイツの重商主義的な統合を目的とする，あのドイツ商人・製造業者の提携にどのようなきっかけを与えたのかは，上述してきた。私人たちから出発したこの運動は当初，プロイセン政府から特別に好意の目では見られてはいなかった。ヴュルテンベルクやバイエルンの代表者たちの熱意ある努力によって南ドイツの統合が実現してから

は，プロイセンも次第に，つぎのようなことを確信するようになった。すなわち，諸地方の分裂状態のもとでは，ドイツの中小諸邦との統合によってのみ強力な通商制度を実現することができ，1818年のプロイセンの関税率は，わずかな修正によってドイツ商業同盟の土台となる，ということであった。

オーストリアは，ヨーゼフ2世の制度を堅持しながら，それを次第に発展させ，大陸制度によってかなり支えられたが，全面講和後もそこから脱皮せず，むしろ新たな領土獲得によって拡大し，そのことによって製造業と農業，しかもとくに牧羊を立派に花開くまでにした。ただし，あまりにも多種多様な部分から合成されたこの国には，生産諸力の可能なかぎり最大限の発展に不可欠な多くのものが不足している。

ロシアは文化面でのその最初の進歩を，自国の原生産物を買って彼らの製品で支払ってくれるハンザ同盟，オランダ人およびイギリス人との自由な通商に負っていた。戦争と大陸制度によってこうした通商が中断され，みずから製造業を育成することが必要となった。そして製造業は，こうした強制がなければその後もしばらく農業や鉱業で算段をつけてきたであろう国で，いまや花を開きはじめた。講和の樹立後，確かにロシアの製造業は，外国の競争によって手ひどく打ちひしがれたが，西ヨーロッパ諸国での不作がきっかけとなった穀物の力強い輸出のおかげで一時的にはそれほど深刻な結末ではなかった。しかし結局は，のちになって次第に致命的なものになった。1821年の高関税率を正当化したネッセルローデ伯爵の回状の中で，つぎのようなことが確言されている。「ロシアの生産物には市場がなく，製造業者は破滅の瀬戸際に立っている。貴金属は外国に流出し，もともとがっしりした商館も倒壊が間近に迫っている」と。しかし，あの税率以降，人は商業，製造業あるいは農業におけるロシアの危機について二度と聞くことがなく，むしろすべての報告は例外なくこの国の福祉の絶えざる向上と工業の急速な発展について語っている。

私たちがヨーロッパ諸民族の歴史からほとんどたいしたことを学びえず，二つの制度について診断を終えたところで，いまや私たちは大西洋のかなた，ほぼ私たちが見ている前で，母国への全面的な依存と小さな政治的連合に加わる

多くの植民地に分裂している状態から，統合されよく組織されて，自由で力強くて仕事熱心な国民へと様変わりし，私たちの孫の世代には世界の第一級の海運・通商国となるだろう民に，私たちの目を転じてみよう。**北アメリカ**の商業・工業の歴史は，いくつかをのぞいて，ほかにはないくらい私たちにとって教訓に富んでいる。というのは，発展が急速におこなわれ，自由な交通の時期と制限された交通の時期がすばやく次々と展開され，それらの帰結もはっきりしていて，国民的工業と国家行政という歯車装置全体が観察者の目の前で変化しているからである。

北アメリカの植民地は，製造業については母国にあまりにも全面的な隷属状態におかれていたので，家屋製造をのぞいてどんな種類の製造も許されていなかった。そうした中で1750年に，マサチューセッツ州で設立された帽子工場が議会の注目を引くことになったので，議会は，すべての種類の工場を共同不法妨害行為（common nuisans）と布告した。それもこの土地が，製鉄に必要なすべての原料をありあまるほどもっていることを無視して，製鉄所も例外とはしなかった。そうした中で1770年に，偉大なチャットマンは，ニューイングランドでの最初の工場建設の試みに気をもみながら，つぎのように言明した。すなわち，植民地で蹄鉄用の釘がつくられるのを許してはならない，と。アダム・スミスには，この政策の不当性に最初に注目した功績がある。

母国の側でのすべての製造業の独占は，アメリカ革命の主要原因の一つであって，紅茶税は，勃発のきっかけとなったにすぎない。

北アメリカの自由諸州におけるすべての種類の工場は，課せられた強制から解放されるとともに，製造のためのすべての物質的および知的な手段を手中にする一方で，自分たちの製品を独り占めにして自分たちの生産物を売りつけてきた，したがって自分たちの都合で自分たち自身の諸力を軽減する国民とは決別し，革命戦争期に力強い飛躍を遂げ，農業もまた実に豊かなものになったので，土地の価値や賃金が各地で戦時の負担や荒廃をものともせずにいちじるしく向上した。しかし，パリの講和後に自由諸州の体制の不備が全般的な通商制度の設立を不可能とし，したがってイギリス人の製品が再び自由に侵入してき

て，北アメリカの新規の製品がその競争を持ちこたえることができなかったので，戦時に蘇生したこの国の繁栄は，瞬く間のうちに消滅した。のちになって，この危機について，アメリカ人講演者は，つぎのように語った。「私たちは理論家の助言にしたがって，もっとも安く購入できたところで購入した。その結果，私たちの市場は外国の商品であふれかえった。私たちの港町では，リヴァプールやロンドンよりも安くイギリス商品が買えた。私たちの製造業者たちは破産し，私たちの商人，つまり輸入で私腹を肥やすことができると信じた人々ですらつぶれた。これらすべての原因が一緒になって農業に不利に作用したので，土地所有の無価値さが生じた結果，破滅が土地所有者のあいだでも一般的なものとなった」と。こうした状態は，決して一時的なものではなかった。それは，パリの講和から連邦制度の樹立にいたるまで続き，それにはとりもなおさず自由諸州が州連合を固く結び，議会に共同の通商政策を維持するのに十分な権力を与えることが大いに役立った。議会はそのとき以来，ニューヨークや南カロリーナも含めて，すべての州から請願や国内工業への保護措置の攻勢にあうようになった。そしてワシントンは，就任式の当日，当時のニューヨークの新聞が報じるところによれば，「この偉大な人物に独特の飾らない，表情豊かな仕方で，在職中のすべての彼の後継者およびすべての将来の立法者を前にして，この国の福祉をどのようにして促進することができるかという，忘れがたい教訓を提供するために」，国内産の毛織物製の衣服を着用した。アメリカの最初の関税率（1789年）が，もっとも重大な製品に対してはわずかな輸入関税しか設定していなかったにもかかわらず，それが当初から有益に作用したので，ワシントンは1791年の教書の中で，製造業，商業および農業の分野で隆盛を誇るにいたった国民の幸運を祈ることができた。

　しかし，時を経ずして明らかになったのは，こうした保護の不十分さであった。というのも，税の負担がわずかであるという効力は，対処方法の改善によって援護されたイギリスの製造業者によって簡単に克服されてしまったからである。議会は確かにもっとも重大な製品に対する輸入関税を15％に引き上げたが，不足する関税収入に苦しめられて議会が収入の増大をはかる必要を感じ

たのは 1804 年になってからであり，国内製造業者たちがもろもろの請願の中で，十分な保護が欠如していること，通商の自由の利点をめぐる論議における立場の違い，および高い輸入関税の有害性について論じ尽くしてからかなりの年月が経っていた。

後者の関税率の保護のもとで，北アメリカの工業力は継続的な改善によって支えられながら，巨大な規模に成長したイギリスの製品に対しては一時しのぎ的には維持されたが，その競争力に圧倒されたことは疑問の余地がないだろう。独立戦争のときにはアメリカ製品が独占的な飛躍をとげたために，国内需要を充足するだけでなくやがて輸出をおこないはじめる成果をあげたが，通商停止や 1812 年の宣戦布告は，それほどの助けにはならなかっただろう。木綿・羊毛工場でのみ，議会の通商・産業委員会の報告によれば，1815 年に 10 万人が働いていて，その生産価値は 6000 万ドルを超えていた。ブリスティッドは，この時期に活動していた資本の総計を，多分いくらか高めに見積もっているが，10 億ドルという法外な額と考えている。革命戦争のときに注目されたように，工業力の飛躍の必然的な帰結としてすべての価格，つまり生産や日給，それに不動産の急速な値上がり，したがって土地所有者，労働者および国内商業の全般的な繁栄が見られた。

（ベルギーの——訳者）ガンでの講和後，1786 年の経験によって戒められた議会は，早速にこれまでの関税を倍にすることを決め，この時期，この国は繁栄し続けた。しかし，製造業者に対立して力の上では優勢な個人的利害者や理論家の論調に苦しめられた議会は，1816 年に輸入関税の大幅引き下げを決定した。その結果，1786 年から 1789 年までに経験したのとまったく同様な外国の競争の作用，つまり製造業の破産，生産物の無価値，不動産の価値下落，農民のあいだでの全般的な困窮が生じたのであった。ブリスティッドは，損失および産業から引き上げられた資本の総額を，1818 年には 5 億ドルと見積もった。国が二度目の戦争で平和の恵みを享受したのち，戦争の荒廃がもたらしであろう以上に大きな災いを，二度目の平和によって甘受した。アメリカ農業全体に対するイギリスの穀物法の作用が自分たちには無意味な趨勢であることが判明

し，それを通じて中部，北部および西部諸州の農業利害を製造業の利害と共通なものにすることが必要となった 1824 年にはじめて，いくぶん引き上げられた関税率が議会を通過した。しかし，ハスキソン氏がただちに，イギリスの競争に関連してその作用を無力化するための対抗措置を講じたので，それでは不十分であることが判明し，激論の末に通過した 1828 年の関税率によって救済されねばならなかった。それ以来，アメリカの製造業がどのくらいの飛躍を遂げたかは，周知の通りである。

　旧世界および新世界の主要な諸国民の歴史からはしたがって，自由と制限という二つの制度について，つぎのような結論が引き出される。すなわち，個別の自由な諸都市や小さくて領土が限られており，人口が少なくて軍事力がそれほどでもない諸共和国，あるいはこのような諸都市や諸国家の同盟は，若者らしい自由のエネルギーによって鍛えられ，その地理的な状況，幸運な諸事情なり時代状況によって後押しされながら，大君主国が成立するずっと以前から，製造業と商業によって繁栄をきわめ，後者との自由な交通によって，つまり製造品を供給する一方で支払いの代わりにその産物を受け取るにことによって，高度な富と力を実現してきた。それがヴェニスであり，ハンザ同盟であり，ベルギー人やオランダ人であった。

　はじめのうち**自由な通商**は，彼らが取引していた大国にとってそれほど役に立たないわけでもなかった。自然的な資源に恵まれながらも，無教養で粗野な状態のままにあった大国にとって，外国製品の自由な輸入と国内生産物の輸出は，その生産諸力を発展させ，怠惰と喧嘩に明け暮れる住民を勤勉さに親しませ，土地所有者や貴族に工業への関心をもたせ，眠り込んでいた商人たちの進取の気性を目覚めさせ，概して彼らの開発意欲と力を向上させるもっとも確実で有効な手段であった。

　こうした諸作用をとくに**大ブリテン島の人々**は，イタリア人，ハンザ同盟，ベルギー人およびオランダ人の取引や製造業から見聞した。しかも，自由な交通によって発展の一定段階に達した大国は，文化，力および富の最高段階が製

造業や商業が農業と結合することによってのみ達成できる，ということに気づいた。つまり，大国は，自国の新しい製造業が以前から続いている外国のそれとの自由競争を決して幸運なこととして継続することができないだろうこと，自国の水産業や海運が特別の奨励がなければ海軍の土台を決して形成しないだろうこと，自国の商人の企業精神が外国の豊富な経験や洞察によって次第に押さえ込まれてしまうだろうことを，感知した。そこで大国は，制限し，奨励し，鼓舞することによって外国の資本，熟練および進取の気性を自国の大地に移植しようと努めた。その結果，確かに大なり小なり，遅かれ早かれ成果をあげ，彼らによって用いられた手段は次第に，多かれ少なかれ合目的的に選択され，大なり小なりのエネルギーと根気とをもって仕事に生かされ続けた。

とりわけイギリスは，この政策を実行した。しかも，無分別で情熱に駆られた統治者によって，国内の動きや外国の戦争によってしばしば中断されながらも，イギリスは，エドワード6世，エリザベス女王および諸革命によってはじめて，確固たる目的にかなった制度を実現した。ヘンリー6世の治下ではじめて，イギリスの伯爵領から他へと穀物を移送なり外国に輸出なりすることが承認されたとき，ヘンリー7世やヘンリー8世の治下にあっても，すべての金利，つまり交換利益それ自体が暴利といわれ，馬の輸出が禁じられたとき，またこの時代になっても，羊毛品や日給の低査定ないしは仕上げられた毛織物品の輸出禁止によって製造業を，また製造業者の下での徒弟の制限，すべての食糧品や日常品の査定，および羊の群れの規模の制限によって羊毛と絹の生産を奨励することができると信じられたとき，果たしてエドワード3世の措置が，どのくらい正当に機能しえたのか？ イギリスの毛織物製造と海運が高度な繁栄をもっと早く達成しなかったならば，ヘンリー8世は，穀物価格の上昇を悪と見なさず，その国から外国人労働者を大量に追い出すのではなく，以前の統治者の例にならって，移民によってその数を増大しようとしたのだろうか？ヘンリー7世は，議会によって提案された航海条例をはねつけなかったのだろうか？

フランスで私たちは，農業，製造業，自由な国内交通，外国貿易，水産業および海軍といった，要するに偉大で強力で豊かな国民のすべての特性を見るが，イギリスに追いつくには数世紀にわたる努力の果てにしか達成できなかった。それらが大いなる才能によって数年かけて，魔法の一撃のように呼び出されても，狂信主義と専制という鉄のような腕でたちまちのうち再び消し去られてしまうからである。

私たちはいたずらに，不利な諸事情のもとで，自由な交通の原理が力で押し着せられた制限に抵抗しているのを見る。ハンザは消滅させられ，オランダはイギリスとフランスとの会戦で衰微した。

制限的な通商政策は，それが進歩した文化と国民の自由な諸体制によって支えられるかぎりでのみ有効であることを，ヴェニス，スペインおよびポルトガルの衰退，ナントの勅令によるフランスの逆戻り，そして私たちが工業および商業の進展と自由が絶えず歩調を揃えていると思っているイギリスの歴史が教える。

しかしそれに対して，自由な諸体制の有無に関係なく，はるかに進歩した文化が適切な通商政策に支えられない場合には，国民の経済的進展を少しも保証しないことを，一方で北アメリカの自由諸州の歴史が，他方でドイツの経験が教える。

力強くて共通な通商政策をもたない最近の**ドイツ**は，自国の市場であらゆる点で優勢な外国の工業力の競争にさらされる一方で，任意的で，しばしば気まぐれな制限によって外国市場から閉め出された。みずからの工業でみずからの文化にふさわしい進歩をなし遂げるにはまったく無縁で，みずからの以前からの観点を一度も主張することもできず，また数世紀も前にはドイツ商人によって搾取されていた国民によって植民地のように搾取されたドイツの諸邦は，やっとのこと，共通で力強い通商政策によって自国の工業の国内市場を確保することを決意した。

他のどんな国民にまして，通商の自由から利益を引き出せる状態にあり，すでに独立の揺籃期に世界主義的な教義の影響がおよんでいた**北アメリカの自由**

諸州は，なににも増して，この原理を手本にしようとしてきた。しかし，戦争と断交（Nonintercouse）を通して私たちが知るのは，この国民が自由な交通の下で他の諸国民から入手していた製品を自分たちでつくり出す必要に迫られ，ついで講和状態が到来すると，外国の自由な競争によって破滅の淵に追いやられ，そのことを通じて，今日の世界情勢の下ではどんな偉大な国民も，市民の持続的な繁栄と独立を，とりわけ自身の諸力の自立的で釣り合いのとれた発展の中に求めなければならないように追いやられた，ということである。

　したがって，歴史から明らかなことは，制限は思弁的な頭脳の発見でもなく，利害の多様性や独立ないし圧倒的な力を目指した諸国民の努力の，したがって国民的なねたみや戦争の自然的な帰結でもないことであり，またそれらは国民的な利害のこうした衝突にともなってのみ，したがって正義の法の下での諸国民の統合によってなくすことができる，ということである。難点があるとすれば，つぎのようなことである。すなわち，諸国民を一つの国家同盟に統合するとしても，どのように統合するかということであり，また独立した諸国民のあいだで生じた意見の衝突に決着をつける場合に，武力を用いずにどのようにして判決を下すことができるか，したがってつぎのように問うことと同じである。すなわち，諸国民の通商制度に代わって，世界通商の自由はどのようにして樹立されるだろうか？　と。

　1703 年にポルトガルが，1786 年にフランスが，1816 年に北アメリカが，1815 年から 1819 年までロシアが，数世紀にわたってドイツが追求してきたような工業，富および力によって，また優位にある諸国民に対する閉鎖的な通商制度によって，こうした自由を一面的に導入しようとする個別の諸国民の試みは，つぎのようなことを私たちに明らかにした。すなわち，こうした仕方では個別の国民の繁栄だけで人類全体の利益を犠牲にしかねないこと，優位にある製造・通商国の富裕化にすぎない，ということである。私たちが別の論文で説明したように，スイスは時に一方の制度を，また時に他方の制度を，その程度を変えて実証してきた例外である。

　コルベールは，イタリア人が彼にならって命名したこの制度の発見者とは見

なされていない。私たちがすでに見てきたように，その制度は彼に先立って，イギリス人によって育て上げられてきた。コルベールは，フランスがその使命を果たそうとしたとき，遅かれ早かれ実行しなければならなかったことを実行したにすぎなかった。人が徹頭徹尾，コルベールの責任にしようとするのであれば，そのあとですら変わることがなかったことを，彼がフランス革命の前になし遂げようと努めたくらいのことしかない。しかし，そのことに異を唱えることはできるだろう。つまり，賢い統治者や見識のある大臣によって継承されたコルベールの制度は，製造業，農業および商業の進展に加えて，開かれた自由を妨げている諸障害を改革の途上で取り除き，その結果，フランスは革命を体験することなく，むしろ工業と自由の交互作用によって発展を促され，それからの150年間，製造業，国内交通の促進に加えて外国貿易，植民地開拓，さらに水産業，海運および海軍の面でイギリスと首尾よく張り合ってきた，と。

　最後に歴史はこう教える。最高度の富と力の獲得のために必要とされるすべての手段を自然から授けられた諸国民は，彼らの企図と反する結果とならずに，彼らの進歩の程度に応じてその制度を替えることができるし，またそうしなければならない。すなわち彼らははるかに進んだ諸国民との自由貿易によって未開状態から向上して農業を発展させ，それからは制限によって自国の製造業と漁業と海運と外国貿易の興隆を促進し，最後には富と力の最高段階にのぼりつめたところで，自由貿易と内外市場での自由競争を次第に導入することによって，自国の農業者や製造業者や商人が怠惰になるのを防ぎ，既得の優越を確保するように彼らを刺激しなければならない。私たちが見るところでは，スペインとポルトガルとナポリが第一の段階にあり，ドイツとオーストリアと北アメリカとが第二の段階にあり，フランスが最後の段階に近接しているようであるが，この最終段階に到達しているのはいまのところ大ブリテンだけである。

〔Friedrich List, Die Freiheit und Beschrankungen des auswartigen Handels, aus dem historischen Gesichtspunkt beleutet.in Werke V, S. 317-349.〕

〔この論文を書くにあたってのリストの原注〕

　この論文は，パリの社会科学アカデミーによって提起された懸賞問題についての回答の概要である。それは，27 の応募の中でもっとも注目に値するものの 1 つとされたものである。筆者は，フランスでは無名であった。私の書物には，つぎのようなモットーが付された。すなわち「祖国と，人類と」と。そして，そのモットーは，アカデミーの報告でも記載された。しかし，賞金は与えられることなく，撤回されてしまった。筆者にはあとになって，アカデミーがその決定を正当化しなければならないと確信していた根拠を調べる機会が得られるだろう。撤回されたものに代わって，新しい問題が設定された。つまり，ドイツ商業協会の本性と機能はどのようなものであり，この協会の目的はどのようにして諸国民全体に広げることができるのか，と。この問題は，前述の筆者の著作であらかじめ回答されていた。したがって私は，アカデミーがその問題を私の著作から汲み取った，と仮定するのが当然であった。それにもかかわらず，こうした事情は，アカデミーの報告ではまったく言及されていなかった。記名入りの題材を筆者は，数年前に北アメリカ合衆国行政当局のもとに公式の提案という形で持ち込んだ。それは，文明諸国民のこの大きな問題で主導権を発揮することに，連邦が関心のあることを確信したつもりであったためである。しかし，合衆国の行政当局は，この題材に注意を向ける時間を見出せないように思われた。そうこうするうちに，筆者はアメリカの友人たちから，この重要な事柄を世論という法廷へ持ち出すことをもちかけられた。それゆえに私は，それについての著作を公刊することを自分の案件が許すのであれば，ただし，フランス社会科学アカデミーの判断以前に同一のものを排除しなければ，そうするであろう。この著作の概要を，私はやがてドイツ四季誌の編集者に伝えた。

国民的工業力の本質と価値について

（1840 年 1 月）

　さまざまな諸国民の歴史と統計を考察し比較してみると，つぎのようなこと
が注目されるだろう。すなわち，それらの精神的，社会的および物質的な諸事
情が互いに条件づけ合っている，ということである。豊かさの増進はいつで
も，文明と社会的な仕組の進歩を伴っている。そして精神的で社会的な進歩が
なければ，物質的な福祉への作用もありえない。ここからいえることは，全国
民がどのようにして豊かになるのかを学ぶためには，物質的な財が諸個人に
よってどのように生産され，それらが彼らのあいだにどのように配分され，消費
されるかを探求することで私たちが満足してはならない，ということである。
それは，個別の商人，製造業者や農業者にとって十分といえる教えだが，政治
家や立法者にとってはそのさらなる有効性のためには不十分と思われるに違い
ないものである。政治家や立法者にとって問題なのは，**価値の高い諸対象物の
蓄積**を諸個人に可能にすることよりも，全国民に豊かさをもたらし保証する諸
力や制度なのである。諸個人の手で価値の高い生産物をつくり出すには労働，
資本および自然力をどのようにして結合するのかを知ることは，彼にとって大
事なことかもしれない。しかし彼は，つぎのようなことに気づいた。すなわ
ち，価値の高い生産物が全国民に広がるにしたがって，知性，信仰心，道徳性
が彼らのあいだでまず強固なものとなり，幅広い学問と技芸，産業と発見があ
まねく伸張し，こうした人類の普遍的な成果が個別の国民のものとされ，市民
的・経済的・政治的な諸制度が国民にとってさらに申し分のないものとなるこ
とである。そこで，彼はつぎのように結論づける。すなわち，これらのものこ
そが，全国民的な規模での例の生産過程が促進される諸力である，と。それゆ
えに彼は，なによりもこの諸力の増大に効果を与えることに努める。さらに彼

は，つぎのようなことに気づいていた。すなわち，全国民が他の諸国民に服従および隷属している状態にあり，諸個人の勤勉と節約にもかかわらず，そのことのために豊かさと文明を失ったことである。そこで彼は，生産諸力を増大させることだけに満足せず，すでに実現されている生産諸力と富の所有およびそれらの継続的な増大を国民に確かなものにする保証を求めた。彼は，独立と力を得ようとする。これらこそが，彼にとって富よりも重要である。というのは，それらが国民にとっては，すでにみずからが所有している物質的な財のそれだけでなく，みずからの文明，法的身分，自由，市民的・政治的制度の取得をも保証するからである。

アダム・スミス以降に大学で講じられるようになった，価値の概念から出発して個人と生産過程しか注目しない一面的な富の学説が，どんな場合にも国民，国民性，国民の状態，国民的諸力，政策を無視したり，注目したりしないのであれば，政治家や立法者は，どんな場合にもこれらのことから出発しなければならない。というのは，彼が配慮しなければならないのは，全人類の福祉でも諸個人の豊かさでもなく，特定の国民の扶養であり福祉であり陶冶だからである。どんな場合にも彼には，経済的な問題を政治的なそれから分離したり，世界主義的な目的を政治的なそれを犠牲にして追求したりすることは，許されていない。しかし，歴史的な観点が異なれば，その見解もどのように異なるかということについて，私たちは，いくつかの例をあげてみたいと思う。

イギリスの商人は大量のアヘンを，この商品を紅茶や生糸と交換する地方へ輸出する。通商は，両方の国民の商人にとっては利得となる。価値論にしたがえば，こうした交通は，両国民にとって有益である。というのは，それによって両方の生産が促進されるからである。それに対して，地方の知事の主張によれば，アヘンの消費は，中国人の道徳性，知性，家庭の安らぎおよび治安に言語を絶する有毒な作用をもたらし，またアヘンの消費が恐ろしいまでのテンポで進むのであれば，この取引による最大限の害悪を恐れなければならない，と。私たちの香港商人が値をつけたこのもうけは，どんな意味があったのか？と彼は声を大にする。私たちが生糸や紅茶と交換した例の価値は，私たちの文

明全体，それに加えて私たちの生産力全体を駄目にすることにしか役立っていない。私たちの余剰の生産物にとっては，例の国民的な害悪の価格が海の藻屑となれば，ずっとすばらしいことであろう！　それこそが，生産諸力の理論と価値の理論との違いなのである。

　フランスは目下のところ，すべての製品を，絹製品を唯一の例外として，イギリスよりも高く生産している。ワイン生産者，港湾都市の商人，絹製造業者，およびアダム・スミスやJ. B. セーの著作を経済学上の啓示と見なしている学者たちは，フランスがイギリスとの自由貿易を介する以外には福祉をうまく促進することができない，と主張する。彼らのいうところによれば，各国民は自然の恵みによるか，あるいは長期にわたる修練や特別な技能によってか，いずれにせよ，自分に固有となった特定の生産部門で優位さをもっている，と。たとえば，イギリス人はほとんどの製造部門で，フランス人はブドウやオリーブ栽培，養蚕および絹製造といった具合である。したがって，両方が関税国境線を開放すれば，イギリスはフランスの生産物を，フランスはイギリスのそれをもっと安価で入手するであろう，と。さしあたり経済的な問題をそのままにしておいて，私たちは，政治的な問題を取上げる。というのは，アダム・スミスがみずから認めているように「力は富より重要である」からである。今日のフランスで亜麻布製品によって引き上げられたものにほぼ匹敵する関税のもとで，フランスの木綿・羊毛・鉄工場や製陶工場の大部分が亜麻布製造を含めて破綻することは，なんら問題ではない。これらの大きな製造部門にかんしては必然的に，たとえその数量が重要さにおいて劣らないにしても，概して相対的に重要な工業部門に属しているにすぎない。というのは，目下のところ十分に認識された真理とはいえないが，偉大なる国民の製造業が個別の部分を取りのぞくことができない，まとまりのある全体を形成していることが，重要なことだからである。ただし，他の部分がそれによって手ひどい損害を受けないかぎりでのことであり，それゆえに私たちは製造業についてではなく，**国民的な工業**について語っているのである。認めがたいこととはいえ，絹工業がフランス人のもとにとどまり続けるであろうことを仮定すれば，それらは，イギリ

スの絹市場全体を独占する。規定労働以外のフランスの全工業人口が絹糸・ブドウ・オリーブ生産に活路を見出したと仮定するならば，フランスの生産者と消費者は，事物のこうした急変によって実際に潤うだろう。しかし，フランスの海運，水産業，海軍力はどうなるのであろうか？　その政治的な独立と力は，どうなるのであろうか？　こうした経済状態が存続する保証は，どうなるのであろうか？　明白なことだが，わずかな例外をのぞいて，すべての諸国民にあっては外国貿易，海運，水産業は，国民的な工業力の育成と比例関係にある。ブドウ・オリーブ，絹製品しか提供しなければならない者は，船を借り切ることは滅多になく，すべての種類の製品を提供しなければならない諸国民によってたやすく撹乱される。ブドウ栽培者や農業者は，塩漬けの魚について多くを問わず，活気のある商船や水産業をもたない者は，艦隊を武装することを無駄な努力と考えるだろう。

　海神の国とはなんの関係もない。しかし，そうしたことになんの関係もない者，原料と交換でいかなる工業製品をも提供する必要のない者は，植民地をもつことをこれまで一度も望もうともしなかったし，彼は，植民地をもったとしてもそこから得られる利益をなにもあげられないし，きっと長期にわたって維持しえない。したがって，フランスの外国貿易，通商航海，水産業，植民地にかんしては，やがて駄目になるであろう。そして，フランスはイギリスに対して，1703年以後のポルトガルとほぼ同じ状態になっている。フランスは，イギリスとの戦争に傾斜する考えを振り捨てなければならない。というのは，フランスは，外国貿易の全体にかんしてイギリスにがんじがらめにされており，フランスはイギリスにぜいたく品だけを提供しているので，後者はそれなしで済ますなり，別のところで調達することができるのに対して，フランスはもっとも不足している衣服，道具類および機械をイギリスから入手しているので，戦争がはじまれば，フランスはそれらを急には自力生産することができず，また別のところから入手することができないからである。というのも，他の諸国民は，これらの需要の対価として求めるほどにはブドウ，絹布などをほとんど必要とはしていないからである。しかし，主たる理由としては，戦争によって

海上交通が途絶するので，イギリスとの戦争がはじまれば，フランスではとんでもない困窮が起こる一方で，このような事態がイギリスでは特別に重大なことにはならないからである。もちろん，このような困窮に対する恐れがあったとしても，両国のあいだの平和は，1703年以後のイギリスとポルトガルとのあいだほどには，乱されることがないであろう。たとえ平和がなにかよいことであっても，この場合のように一方の優勢と他方の懸念がその原因であるならば，そのかぎりではない。イギリスは，自分のほうに力があると思ってできるだけ多くを要求するであろうし，それに対してフランスは，自分のほうが依存していると思って多くを確保しなければならない。いいかえれば，フランスは，イギリスがヨーロッパ大陸に課すことが当然と考えている指図の執行人の地位におとしめられるであろう。しかも，自由貿易という世界主義的な考えを助長するために，自国の工業力を犠牲にしたその日から。これこそが国民的な観点と，富の理論が私たちに突きつける世界主義的なそれとの違いなのである。

　さて，私たちは，私たちの特殊な対象に目を転じ，さしあたって工業力の発生史に目を向けたい。

　狩猟民しかいなかったときには，全員が職人であった。分業は，牧畜状態ではじめて広がりを見せたが，家族内でしかなかった。奴隷と女性を担い手とした工業力は，弱々しく付随的なものと思われた。地代を支払う農業によってはじめて，工業力は解放された。

　地代とそれによって生じた工業力が，協同して都市をつくり上げた。そして都市の建設にともなって，工業力は主導権を握った。工業力は，商業と海運，学問，技芸および発見，市民的・政治的諸制度，法律および自由，精神的・物質的な資本，国内の安全と対外的な力をもたらした。そして今度は，そうした作品によって育てられ，気を引き立てられた。こうして商工業国家が形成されたのだが，その国家は，自由に利用できる輸送手段が十分であったかぎりで，福祉と文明を国土の全面にわたって拡大し，狩猟民を牧畜民に，牧畜民を農耕民へと育て上げ，後者は文明をつくり上げた。しかし，商工業国家がたんなる

農業国家にどんなに有益な作用をおよぼしたとしても，——後者はいつまでも文明，富および力の点で前者におよばず，後者はいつまでも前者に依存したままであった。

みずからの隷属と劣位を農業国家にもっぱら知らしめるのは，農業国家と商工業国家とのあいだに争いが生じたときである。というのは，第1に，前者は後者に，精神的・物質的資本を守る例の防衛手段がはるかに劣っているからであり，第2に，商工業国家との交通の途絶によって，前者は，余剰生産物の販路および需要の補給を永久に失うからであった。——というのは，その構成員の中のもっとも豊かでもっとも影響力のある人々は，外国貿易で利益を上げる一方で貿易の途絶で損害をこうむった結果，いつでも国内よりは外国のほうに好感をもつからである。

そこで，農業国民は必然的に，工業力をみずからの土壌で育成することに成功したときにのみ，最高度の文明と富，独立と力を達成することができる，という認識に到達したに違いない。こうして農・工・商業国家が登場した。それは，農業国民や商工業国民に比べてずっと申し分のない国家である。というのは，それは国内的に国民的な生産のすべての条件を統合しているからであり，農業が戦争によっても，農業を実り豊かにする工業力から分割されなかったからである。しかも，以前には固有の空間に制限されていた工業が，いまやそれ以上の範囲に拡大され，その地にあるすべての自然的資源をみずからの目的のために利用し，その結果，農業や製造業における分業がかぎりなく大規模な広がりを見せることになるからである。

農・工・商業国家をつくり上げ，それを完成させた最初の国民は，イギリスの国民であり，より高度な完成を目指して努力している偉大な国民にとっても利点になる工業力の本質とその価値を知るために，私たちがイギリスの歴史と統計を手に取るだけの理由がある。

イギリスがハンザ同盟やオランダに羊毛，錫および鉛，毛皮やバターを提供し，その代わりに工業製品を入手することで満足していたのであれば，海運も未発達のままであり，外国貿易も外国人に掌握され，農業も粗野であったの

で，穀物価格は食肉価格に比べて外国の３倍から４倍にもなっていた。17世紀になるまで，すべての果実や料理用作物は，フランダース地方に依存していた。亜麻布・麻栽培は，ほとんど知られていなかった。石炭は，地中奥深く埋もれたままであった。鉄の生産はわずかであったために，銑鉄や鉄製品の輸出は禁じられていた。沿岸漁業は，外国人によって食い物にされた。人口は，エドワード３世の治世以前には150万人を超えることがなく，イギリス人はその当時，ヨーロッパで一番の役立たずで，暴れん坊であった。国内にはまともな輸送手段がまったくなく，旅行者は危険にさらされ続けた。イギリスはハンザ同盟に依存していたので，ヘンリー８世ですら軍船を同盟から借りなければならなかった。15世紀になっても無知の状態が続いたので，ローマ駐在のイギリス大使は，法王がポルトガル国王に**極楽鳥（カナリア諸島）**を授けたとき，法王はイギリスをポルトガル国王に贈り物としてやってしまったと憶測して，不安にかられて家路を急いだ。

　製造業によって炭鉱と沿岸漁業が注目されるようになり，イギリスは，すべての諸国民に商品を提供し，引き換えに原料や農産物を入手することができるようになった。製造人口の増大によって塩漬け魚に対する需要が高まり，水産業が盛んになった。商船，沿岸海運および水産業は，各地でもっとも重要な島やすべての海洋と河川を制圧し，国民の製品市場の領域を拡大する強力な海軍力をつくり出した。はじめは羊毛製造業にかぎられていたイギリスは，その活動を他のすべての製造部門に次第に広げていき，次第にすべての製造部門で他のすべての諸国民を押しのけ，価格や商品の質と量との点でまったく新たな工業部門をつくり上げた。たとえば木綿製造業であるが，それはやがて，その重要度において毛織物製造業をはるかにしのぐ運命にあった。また，鉄および鉄製品の生産は，他のすべての諸国民のそれを合計したもの以上であり，技芸，機械類および新たな発明では他のすべての国々を引き離していた。イギリスの農耕や地主の今日の状態をそれ以前と比較してみれば，すべてのこうした製造業の進歩が，地主や農業一般を富ませるためにおこなわれたにすぎないことを，当然に確信するであろう。というのは，製造業と商業の改善と増大にとも

なって人口は，それ以前の状態の5倍から6倍に増大したからであり，またそれと同時に，農産物に対する需要，したがって価格が，それゆえに日給，地代および土地の価値が増大する一方で，国内の競争，資本の増大，加えて機械やその対処方法の進歩を通して，農業者の製造業需要の価格が継続的に値下がり続けたからであった。道路，河川水運の改善，運河や鉄道の投資は，もっぱら製造業からの税収によるものである。しかも農業は，この改善を製造業以上に役立てた。というのは，それによってさまざまな農業部門のあいだで分業が大規模に実施され，それによってはじめて農業者は自分の土地を農業の本性にもっともふさわしい開墾に用い，また島全体でこれらの生産物の消費者と交通することができるようになったからである。以前には彼らは，行動半径が自分たちの周辺だけにかぎられていた。物質的改善が精神的・社会的状態にどのような作用をおよぼしたのかは，つぎのように明らかである。すなわち，イギリスはもっとも豊かで，もっとも勤勉であるだけではなく，もっとも強力で独立的で，もっとも自由で文明化されたこの世の国家である。耕作がはじまった頃には，個別の都市が自分たちの領域にある土地を自分たちが自由にすることができる精神的・物質的な手段の力で支配したように，私たちは今，こうした現象が以前とは比べようもない大きな規模で繰り返されているのを見る。イギリスは，すべての海洋と沿岸を支配し，世界の工業的独占，したがって世界支配を目論んでいる。

　工業力がイギリスの繁栄の基礎であることを，だれが否認することができようか？　イタリア人やドイツ人が技芸や産業で，自由でよく組織された共同体で突出していた頃，なお野蛮な状態であり続けていた一国民のもとで製造業が発展した原因についても，数世紀にわたるものと了解していた。こうした現象は，エドワード3世以後の，わずかな中断を含みながらも追求された通商政策から，全体的に明らかにされた。否，それにもまして確証されたのは，この政策がフランスでも採用された結果，目覚しい成果をあげていたということであった。というのは，ナントの勅令の撤回が，コルベールが育て上げたものを再び一掃したということ，その後のフランスの国王たちの失政がすべての既存の

工業を失速させる一方で，なにも新たなものを生み出さなかったことは，コルベール体制に責めを負わせることはできないからである。

前世紀の若干の学者によってはじめて，つぎのような発見に留保が付された。すなわち，製造業者たちは，文明と豊かさを推進する力であることとは無縁で，物質的に生産的なものと一度も見なされたこともないこと，またこの世のすべての民族の福祉を促進するのに全般的な通商の自由にまさるものはない，ということである。ケネーにしたがえば，「世界全体は，**商人の世界共和国と見なさなければならない**」と。

この結論に重農主義者が到達したのは，つぎのような事情によるものであった。すなわち，個人と個人の生産過程から出発しながら，彼らが富の原因を探求しようとし，それを大地の純益の中に見出さねばならないと確信したこと，また彼らが特別な事情と欲求をもった国民と国民性をまったく無視したのに対して，政治家や評論家が以前から——事物の本性にしたがって——国民性とその改善を自分たちの探求の主たる対象や自分たちの努力の主たる課題とし，そこから出発して国家全体の精神的・物質的な福祉の諸原因を解明しようとしたこと，である。この学派が世界的な通商の自由という世界主義的な思想によって間違った判断を下すにいたったことは，明白であった。国民的な通商措置の有害性を確証するために，彼らは，製造業の不毛性と世界共和国の実在を仮定しなければならなかった。ケネーとともに間違った世界主義が経済学の中に入り込み，私経済学が国民経済学と取り違えられた。

世界主義と個人主義の二つは，アダム・スミスによって継承された。彼は，生産物に代わってたんなる物質的な労働と生産物の交換価値をもってきて，確かに製造業に生産性という性格を認めるが，それは彼があらかじめ了解したように，全般的な通商の自由の原理と一致するかぎりでしかなく，国民性の本性や状態，目的や欲求，国民性に対する製造業の影響を評価することがない。通商政策が問題にならないところでは，スミスは，製造業が国内交通，外国貿易，海運，農業の改善などの基礎である，と認めている。つまり，彼は，後者（農業）が近郊にかぎらず，大都市との交通によってどんなに繁栄しているか

を明らかにする。彼は，つぎのようにいう。「製造業に害をもたらすものはすべて，たいてい農業にも多くは損害をもたらす」と。要するに，彼の著作のあちこちから，製造業の本性や価値についてのもっとも的確な所論を組み立てることができる。しかし，彼が通商政策について語る箇所ではどこでも，製造業の本性や農業との違いには，なんの考慮も払われていない。つまり，こうした場合にアダム・スミスはいつでも，たとえば生産，労働，資本などといった普遍的な言い回しでしか論証しない。こうした場合にも，個人や交換価値が第一とされて，生産力や国民性の本質がつぎのように間違って考えられているのである。すなわち，「各個人は，自分の資本をもっとも有益なものにどのようにして使うべきかを，もっともよく知っている」と。

　自由は生産者にとってもっとも有利である。——外国貿易を指図しようとするのであれば，諸個人が自分の資本をどのように用いるべきかは，国家の命によるかぎりで，指図されることになる。—— 一国民が外国貿易でいつでも利益を上げるには，扱っている商品と引き換えに，価値の等しい金額を外国に送金することである。輸入はいつでも，結果として輸出と同じ金額になる。——こういう取引は両方がもうからなければ，おこなわれないであろう。輸入の縮小は，結果として輸出の縮小を招かざるをえない。—— 一国民は，自国の資本を工面することができる以上には決して，工業を拡大することはせず，しかも通商措置によって，資本が増大することはない。——諸個人にあってと同様に，国民にあっても馬鹿げているのは，商品がもっとも安く購入できるところで購入しないことであり，仕立職人がたとえ自分の靴を自分でつくろうとしても，それは馬鹿げた行為ともいえるであろう。——輸入関税や輸入禁止は富の増大を妨げ，個別の人だけが消費者に対して事業の独占を守ることによって，社会を犠牲にして豊かになることができる。——国富は，すべての諸個人の富の集合でしかない。——どんな国でも，特定の生産部門にかんしては，自由な世界交通のもとでたいていは十分に利益を上げることができる有利さをもっており，外国を閉め出すことによってそれが失われる。——スコットランドがワインを造ろうとするときしか，人は考えない。—— 一国民が自国の防衛のた

めに特別な工業部門（たとえばイギリスの海運）を必要とする場合にのみ，諸制限によってそれを特別に奨励することを正当化することができる。というのは，力と独立は富よりも重要だからである。——「禁止や保護関税によって個別の生産部門が育成されることは否定することができないが，国民が人為的な手段によって助成された品目で得られた以上に他の品目で失うことがはっきりしているのに，それによって利益を得たとすれば，大いに疑問である」と。——加えて，アダム・スミス以後に真理として普遍的に認められたこの根本命題の帰結は，イギリスにかんしては，つぎの通りである。——「イギリスは，自国の通商制度によってではなく，**それにもかかわらず**富と力を獲得した」と。

　世界は，ここで引用されたものにも優る詭弁的な屁理屈によって，決してだまされなかった。詭弁的な屁理屈は，つぎのようなことを決して明らかにしない。すなわち，偉大なる世界主義的な理念である世界的な通商の自由という看板の陰にはもっと大いなるエゴイズムが隠されており，個別の国民に存在し考えるかぎりのすべてのうちで最大の独占，世界の商工業の独占を他の諸国民の文明，福祉，独立と力を犠牲にして個別の国民に得させるために，諸国民をだますのに多く利用され，現在もなお利用されている，ということである。

　一方で，その根底に根本的な間違いがあるにもかかわらず，アダム・スミスの屁理屈が知識人や思想家によってなぜ受容されるのかを明らかにするために，——他方で，私たちが重商主義という名で特徴づけられていた体系の誤謬をむし返そうとするのに先立って，そうした疑いをかけることに抗議するために，——私たちがまず明らかにしなければならないのは，どのような点でアダム・スミスが通俗的な見解に比べて正しいのか，ということである。

　一般的にいって，この体系のいう普遍的な通商の自由という理念は正しい。同様に，自由に相互に交通し合っている全体への個別の諸都市，郡および諸地方の統合は，すべての諸個人にとって有利であったので，世界的な通商の自由は，すべての個別の諸国民にとっても有利に作用するに違いない。しかし，この理念の実現は，法（正義）のもとでの統合である世界連邦，およびそれが個

別の諸国民のさまざまな諸都市や諸郡で現に生じているような戦争ができないようになることを，前提にしている。しかしながら，このような諸国民の連合は，大多数の国民性がほぼ同じ程度の文明，富と力に達したのちにしか形成することができない。しかも，諸国民が互いに自然状態で対立しあっているかぎり，戦争が現に存続しているかぎり，国民性の維持，福祉，力の増大および独立と自主性の保障は，おのずから各国民の主要任務である。加えて，この目的ができるだけ申し分のない仕方でしか達成されることがないことがはっきりすれば，自国の領域内で工業力が農業と統合することに各国民ができるだけ速やかに到達できれば，各国民がこうした統合によってしか対内的には申し分がなく，対外的に強力な国民体となることができることがはっきりすれば，農業国民が外国の競争に対して国内製造業の育成と保護によってのみこの目標を達成することができることがはっきりすれば，の話である。それに引き換え，**価値が目減りすること**への配慮から，このような自己改善をあきらめようとするのは，馬鹿げている。同様に，一国民が戦費を節約するために他の諸国民の攻撃を武力によって防衛することを思いとどまるのは，馬鹿げている。

　こうした観点から，国民に固有な工業力の育成を対象にした通商政策も，同時に，世界主義的な原理にもっとも対応したものと見なされるように思われる。それに対して，これまでの通商政策や他の国民的諸事情の結果，今日のイギリスのように，一国民が商工業力や戦力で，とりわけこの世の他のすべての諸国民に対して飛び抜けた優位を占めた場合，また今日の世界諸事情のもとで，この国民がすべての製品市場での自由競争によって，世界の商工業の独占を実現し，他のすべての諸民族を無力で従属的な農業諸国民の地位に落とし，このようにして世界支配を樹立し，したがって独立・自主の諸国民の自由な連合の諸条件が破壊されるだろうことが避けられなくなる場合に，今日の世界諸事情のもとでの無条件的な通商の自由は，真の世界主義と矛盾すると思われる。

　また，この体系がつぎのようにいうことも，正しい。すなわち，自然がさまざまな諸国民に気候などを通してさまざまな生産部門で特別に肩入れをしたと

いうことであり，スコットランドでブドウを栽培しようとしてフランスから買おうとしなかったり，フランスで木綿を栽培して北アメリカから買おうとしなかったりするのが，馬鹿げているということである。しかし人は，農業生産にだけ役立つこうした言い分を間違って製造業にも拡大してしまった。温帯地方のすべての農業諸国で製造業が発展するのは，つぎのようなことが前提される場合でしかない。すなわち，それらの国々では人口が多く，土地が開墾され，十分に教育が普及していること，つまり，必要とされる精神的・物質的な手段をもっていることである。スコットランドでたとえブドウをうまく栽培しえないとしても，フランス，ドイツおよび北アメリカで製造業を育てることは，イギリスやスコットランドに劣らず，可能である。こうした点で，特別な適性をこれら後者の国々の事情によるものとすること，かつては大陸の製造業のほうがあの島のものに比べて盛んであったことが，歴史から明らかになれば，馬鹿げたことであろう。イギリスは石炭では，大陸諸国よりもいく分有利かもしれないが，これらの諸国には安価な木材や未利用の滝がある。加えて，いまだに新たな動力，つまり，まったく燃料を必要としないか，蒸気力のように，必要としてもわずかでよいものが発見されていないということは，まったく釈然としない。いずれにせよ，否定できないと思われるのは，安価な燃料のあの有利さが，安価な食糧品や税の軽減などによってもっと釣り合うものとされることは，否定できないことと思われる。個別の地域や個別の製造部門との関連でしか，こうした違いは存在しない。したがって，木材や水力が豊富な山岳地方は，特定の製造業では平野部よりも有利なのである。しかし，この有利さは諸国民全体，および多種多様な諸地域からなる諸国土の全体には広がらない。したがって，こうした議論から引き出される結論というのは，一国民の**農業生産**を外国の競争を防止することによって奨励しようと望むことは馬鹿げたことだ，ということである。というのは，それによって土壌や気候などから自然が付与したあの固有性は，失われることがないからである。こうした点で，つぎのような言い分が完全に根拠づけられ，それによって承認されなければならない。すなわち，農産物や原料を介しての，すべての諸国民の自由な交通が発展

のすべての段階およびすべての事情にあってもっとも好都合であるということ，また以前から存続し，今日もなお存続しているこうした交通の制限が，いまや外国からの供給の妨げや輸出の妨げとなっていて，有害で不当だということである。生産物の輸入を妨げることによって，国内農業のもっとも重要な促進手段であるその国の工業力だけが，農業になんらの利益をもたらすこともなく，押しつぶされる。生産物輸出入を妨げることによって，製造業が奨励される保証がないのであれば，農業だけが押しつぶされる。外国のそれよりも国内の製造業者に許される有利さがまったく違った作用をするのは，国民がともかく工業力を促進する力があり，また保護関税が過度なものではないことである。というのは，工業力の発展が人口の増加などによって食糧品や原料などに対する需要を高め，したがって価格，日給および地代，それに加えて土地の価値を上昇させるからである。農業者はそれによって，製造業需要のためにしばらくのあいだ背負い込まねばならないものの10倍の収益をあげる。保護関税が原因となった製品価格の上昇は，いつまでも続くものではない。逆に——工業力を育成することのできる各国民のもとでは，保護関税が原因となって国内の競争は製品の価格を，以前にはその製品が外国から入手されたときのそれに比べて次第に安く設定するに違いない。というのは，国内の製造業者は，国内の工業部門が農業国にふさわしく育成されさえすれば，原料の輸出や製品の輸入と連結した費用や商業利得をその価格に含める必要がないからである。このようにして国内の工業力の発展によって農業者は，——まず製品需要の価格の絶えざる低下によって，ついで自分の生産物の価格および土地の価格の絶えざる上昇によって，収益が倍増し持続するようになる。私たちは，もう一度繰り返さなければならない。すなわち，そのことで効果満点であった，スミスのスコットランド論は，工業力に関しては間違いである，と。イギリスは，そのためのもっとも顕著な例証を提供する。イギリスは，オランダから羊毛工業を強奪した。エドワード3世以前のイギリスは，もともと羊毛生産にしか向いていなかった。イギリスは，北欧諸国やドイツから鉄，鉄鋼製品の生産を強奪した。のちになってはじめてイギリスは，石炭をそれらの生産のために活用する

ことを学んだ。イギリスは，フランスから絹製造業を強奪した。この世のどの
国にも，それに不向きなところはなかった。しかもマックイーンは，自国の今
日の絹工業生産を 1,300 万ポンド・スターリングと見積もる。イギリスは，東
インドから木綿工業を強奪した。その農業の性質によって，また太古の所有に
よって，ヒンドゥー人ほどこの製造部門の独占的な経営に向いている民族はこ
の世になかった。イギリスはこの時期，数世紀続いてきた麻，亜麻布製造業を
ドイツ，フランスおよびヨーロッパ大陸のすべての国から強奪しようとする
が，この国は前世紀の中ごろまでは，耕作程度が最低な国を含めて，ヨーロッ
パの他のすべての国々にこうした工業部門でははるかに劣っていた。

　したがって，温帯のすべての諸国民がその耕作のすべての段階で，保護制度
による工業力の育成に一様に適しているとはいえない，ということは真実であ
る。未開の狩猟・牧畜民族は迷信，怠惰および無知の状態，奴隷と隷属の状態
にあり，あるいは耕作状態が停滞している農業諸国民は，もっとも必要とされ
る輸送手段，もっとも不可欠な市民的な諸制度などを欠いていたために農業も
それほど発展しなかったので，大地の豊かさに恵まれながらも貧困に苦しんで
いる（たとえばスペイン，ポルトガル，シチリア，中央アメリカの諸共和国）。それら
は，文明化されて豊かな諸国民との自由貿易によって，つまり外国製品と自国
の産物の交換を通して文明と富，よりよき社会的な制度と法律，人口と力を実
現するであろう。もちろん，こうした諸民族は，自分たちと交易のある工業諸
国に従属した状態になるが，こうした従属は永久に続くものではない。このよ
うにして諸民族はまた，イギリスがかつてハンザ同盟との取引を通してそうで
あったように，工業力の育成が自分たちにとって得策で好都合な程度の教養を
身につけるようになる。こうした一時的な従属は，自分たちの独立に向けた訓
育のために支払わねばならない代償である。最後に，保護制度の維持は，天性
のものではない。小さくて，つまり市民の数がわずかで，領土が限られている
諸国家や諸地方は自然的，精神的および物質的な資源の多様性や多義性，加え
て国内競争によって国内工業力を育成するために必要とされる市場の規模と需
要の多様性を提供しないからである。このような少数民族は，他の近隣の諸国

民と合流したり融合し合ったりするしかなかった。

　前述の等級の諸国民や諸国家に関連して，保護関税は消費者に対する独占を生産者に保証するものであるというとき，アダム・スミスは完全に正しい。教養，自由および物質的な資本の全般的に不足している，このような国々では，大規模な工業部門を相手にする見識，諸力および望みをもっている企業家がほとんどいないであろう。したがって，国内では競争もおこなわれず，製造業者はいつでも独占価格を維持し，農業者は安価な外国製品の購入と外国への大規模な生産物販売から得ることができる，大きな利得を収奪されるであろう。その国の生産諸力の増大は，ゆっくりとしか進捗しないだろう。したがってこうしたことを人は，中央および南アメリカ国家のすべての保護制度のもとで経験してきた。そして，この制度は北アメリカを手本にしたのだが，そのために必要な知的，社会的および物質的な諸力がそれらの国々には欠けていたということが，考慮されていなかったのである。

　まったく別種の独占は，知性，道徳性，勤勉性，我慢強さおよび節約性においてドイツに匹敵する，つぎのような諸国民のもとで保護制度を樹立した。すなわち，彼らは学問と技芸で，発明精神の横溢さで，ドイツ人と同様に傑出し，広大で，多様な資源を備え，無数の河川から引き水された，一部にとても肥沃な土地に加えて風土をもち，そこには国内で育成された労働力が，ドイツと同様に満ちあふれている。しかし彼らは，ドイツ人同様に，とても不利な事情のもとで自国の農業を盛んにし，早くから商工業の支配権を手中にしながら，事物の不運な旋回によってのみ，言葉では表現できないほどの不運によって，宗教分裂，領土の細分化および戦争による荒廃によって，こうした見地の高みを見失い，高度な福祉と文明，力と独立を達成するために改善された輸送手段やすぐれた通商制度ですら欠いている。このような諸国民にあっては，確かに保護制度も独占であるが，土地所有のそれと同様に，必要で有益な独占である。それは，国民全体にゆだねられ，各個人が意向にしたがって参加することができる独占である。それは，全国民にできるだけ速やかに自立的な工業力を自分ものにさせることによって，消費者（すなわち農業者）と生産者を富ます

独占である。――私たちの国民の独占は，外国の諸国民に対抗するものであって，彼らは不当性について文句をいうことができない。というのは，彼らはずっと以前から，私たちの成員に対して自分たちの成員と同様な独占を与えてこなかったからである。スミスのいったことで，つぎのようなことは，その通りである。すなわち，各個人が自分の資本をもっとも有利に投下し，その事業を自分がもっともよくやっていけること，諸個人にその資本の使い道を指図したり，どのような使命に捧げたりしなければならないのかを指図するほど思い上がっている，政治家が馬鹿げていること，個人の自由と通商や交通の制限がなければ，工業が大いに繁栄すること，である。地方的な関税や国内交通の多種多様な制限を有害である，と彼がいうとき，スミスは完全に正しい。彼が唯一間違っているのは，外国に対する保護措置を自由の制限，政府の越権行為として，諸個人に彼らの資本の使い道を指図しようと望んでいる，と彼が述べるときである。モンテスキューはすでに，つぎのことに注目していた。「外国貿易は，自由な国ほど制限されていないところはなく，奴隷的な国ほど制限されていない。個別の商人にとって有利なことは，必ずしも貿易にとって有利ではない。通商の自由は，結果として諸個人を隷属させるのが容易である」と。引用されたスミスの言い分は，つぎの理由から間違っている。すなわち，保護的な通商政策は，だれに対しても自分の事業や資本の使い道を制限したり指図したりすることは論外としても，その国のすべての諸個人に自分たちの個人的な諸力や自分たちの資本の有利な運用のための分野を広く開放し保証するし，またいずれにせよ，そこから彼らが利益を引き出そうとするかどうかは，諸個人の裁量に任されているからである。また，国家は自国の成員と，国内の製品市場の同じ特権をもっている外国の成員だけを，同等に扱うからである。したがって国家がおこなうのは，諸個人が自分たちでできることとできないことについて，彼らが国家権力に委託したことである。

　ちゃんとした市民社会では，仕立職人は，スミスがいうように，自分自身でつくるよりも靴屋から長靴を購入するほうがよいこと，また彼が自分の商売を促進するために自分のドアに保護関税を設定しようとすれば，セーが考えるよ

うに，この靴屋が馬鹿げているのは，もちろんその通りである。しかし，仕立職人や靴屋が国民ではないということは，同様に真実であって，私たちにとってはもっともなことと思われる。これらの諸例でまさに示されているのは，視野に入れるのはどこまでも個人だけであって国民性ではない理論が，どんな誤謬におちいるかということである。人は，自然的自由の中で互いに向かい合っている二つの国民性の事例として靴屋と仕立職人だけを設定せず，彼らを未開状態に移し，各自には大勢の家族がいるとした上で，つぎのように考えるつもりである。すなわち，靴屋が仕立職人を支配しようとしていること，しかし仕立職人は自分の思い通りにするが，靴屋のとがった千枚通しに恐怖を感じている，ということである。このような事情のもとでは，仕立職人の側では，自分で靴をつくることはそれほど無理なことではないかもしれない。そして靴屋の側ではこの場合，同じ政策を追求すること以外には残されていないであろう。この例え話は，理論家が国際的な取引の判断をするにあたって，国民性の性質と状態を少しも考慮に入れないことを明らかにする一方で，彼らが農業力と工業力とのあいだの相互的の関係を少しも分かっていないことを，もう一度証明している。明らかにそれは，工業力を獲得しようとしている農業国民の問題であって，靴屋に対する仕立職人のそれではなく，靴屋や仕立職人に対する農民のそれである。さて，十分なほど実例を挙げてみよう。しかも筆者は，農民が自分の衣類を買うよりは自分でつくるほうが有利であるアメリカの未開状態の中で，そうした例を無数に見てきた。理論家はなぜ，こちらの手近な（ただ無意味で当を得ないが）例え話のほうを選ぼうとしないのか？　理由は簡単である。すなわち，人が証明しようとしていることは，逆の証となっているのである。同じ作戦が，ベーメンやロシアの物分りのよい大土地所有者によって大規模に繰り返されているのを，私たちは知っている。生産物市場があまりにも離れているので，彼らにとって農業は，外国貿易で大きな利益をもたらすことができない。そこで彼らは，自分たちの土地で製造業を起こす。つまり，生産物を市場に運ぶ代わりに，彼らは市場を生産物のところへ運ぶのである。これは，まともな保護制度によって工業力を自分たちの国内で育成しようと努める農業諸

国民のそれと，まったく同じ作戦である。

　しかし，富の理論によれば，国民は，自分たちの資本所有によって可能なかぎりでしか工業を拡大することができない。しかしながら，通商政策の諸措置は，資本を増大するのではなく，別の，しかもそれほど生産的ではない水路にしか回らない。アダム・スミスによれば，すべての資本が充足されるというこうした言い分にあっては，私たちがなによりも注意しなければならないのは，**資本**という言葉がこの教義では，雑多な質と事物の全体を特徴づける表現であるということである。まずそれは，諸個人の精神的諸力を，ついで社会的な諸制度から生じる諸力，しかももっぱら物質的な蓄えや諸手段，あるいは土地やそれに帰属するものを，しかも時として労働によってそれに加えられた諸改良である価値等価手段（貨幣，貴金属）のみを，しかし多くはこれら対象物のすべてまたは多くを意味している。しかし，雑多な数量をあらわす数字を用いて，だれが正しく計算するつもりなのか？　また，雑多な諸対象を特徴づける言い回しを用いて，だれが正しく論証するつもりなのか？　その都度ではないが，こうした言い回しが思いついた特定物が，たとえば物質的資本，土地資本などのように挙げられるときに，サイコロを間違えるのと同じ事情だということは，明らかである。——残念ながら私たちは，つぎのように主張しなければならない。——富の理論では，そうすることによって多くの不純なたくらみがなされてきた，と。

　こうした言い分は，明らかに私経済学から抽象化されている。しかし，この私経済学と国民経済学との混同がどこに行き着くのかを，私たちは，すでに上述の仕立職人と靴職人の実例を用いて明らかにした。しかしながら私経済学にあっても，物質的資本にかんしては，その実例は断じて間違っている。というのは，機械力，分業などによって個人は，物質的諸手段に同一の金額を用いて，以前に比べて自分の工業をはるかに伸張することができることになるからである。どんなに立派な法律も，どんなに目的にかなった制度も，物質的資本の生産性に対しては同一の影響をおよぼす。当面の言い分は，とても限られた関連でのみ，すなわち物質的な農業資本の場合には真実である。私たちがすで

に説明してきたように，この農業資本は，外国生産物の輸入制限によって増大するだけではなく，別の，それほど役に立たない水路へと回される。その典拠とされるのは，フランス人やイギリス人の家畜・穀物輸入制度である。外国産穀物を許容することによって，イギリスは，自国の製品輸出や製造業人口を，したがって国内の農業者が自然的独占をいくらか占めていることを考慮して，他の種類の農業諸生産物に対する需要を増大したであろう。またそれらの生産は，穀物のそれ（たとえば魚，牛乳，チーズ，商業用植物）に比べてもはるかに利益が多かったであろう。

　さて，ここで，さしあたり問題が生じる。すなわち，一国民の**工業力**との関連で，資本という言葉で首尾よくなにかを把握することができようか？　工業資本は，国内での保護的な通商政策によって増大することがあるのか？　国民が国内資本だけに限定された場合に，外国から資本を受け入れることができないのか？

　私たちがすでに前提していたように，学識のある農業諸国民が国内で工業力を育成しようとすれば，なによりも農業生産の余剰が必要となる。**その手段と蓄えをもった農業それ自体は，もっとも主要な物質的な工業資本である。**つまり，そういう農業は，建造物や水力発電所の建設用の手段，機械や労働者の扶養のための手段および加工用の原料を提供する。工業力はさらに滝や燃料を必要とし，それらは，ほとんどの農業諸国民にあっては過剰に存在し，ほとんど利用されていない。工業力は，労働者を必要とし，彼らは余剰の農業人口から動員されねばならないし，容易に動員されよう。というのも，農業国民にあっては，大量の労働諸力が適切な仕事が不足しているために，無駄にされているからである。工業力はいつでも技術者を必要とし，なによりも育成されなければならないが，学識のある各国民にあってさえ，新しい製造業にその存続を保証し，時間かけて彼らを育て上げてきた。工業力は企業家を必要とし，彼らは物質的な農業資本を工業資本へと転用するのに必要な資金をもっている。しかし，たとえばその国の農業者が，製造業そのものを株で事業化するのに必要な知識をほとんどもたない場合に，そうした特別の部類の企業家は決して必要と

されないということは，考える余地がある。要するに，学識のある農業国民にあっては，すべてが工業力の育成のために存在しているのであって，労働者の修練，技術者の知識，企業家の信頼だけではない。これらは，新しい工業部門に専念する刺激を労働者，技術者および企業家に与える保護制度によってもたらされる。彼らに特別な利益を約束し，時間，努力，養成費用の支出や物質的な資本の支出に見合う保証を与える，そうした支出は，時間をかけて成熟するだろう。もちろん当初，製造業は高くつくだろうし，そうなるに違いない。というのは，国内の製造業者は，労働者に新たな事業部門に専念させるためには賃金をもっと支給しなければならないし，しかもそのためには不完全な労働者ですら生活の面倒を見なければならないからである。さらに，はじめてのことには多くの失敗が付きものであり，対処方法，仕入先や販路がはじめに見つけ出されなければならないし，利率が農業国民にあっては，製造業によって長い時間をかけて豊かになった外国の工業国民にあってのそれに比べてずっと高いし，当初は販売がわずかで不確定であるのに対して，ずっと以前から競争を続ける外国の製造業は修練を多く積み重ね，物質的資本にあふれ，確実な販売の規模もずっと大きいし，——したがって，もっと安価に生産することができるし，最後に（これが，とりわけドイツでの主たる理由である），いまだ輸送体系が不完全であり，建築資材，製造原料や食料品の輸送が製造経費に大変な影響をおよぼしているからである。こうしたことすべては，時間をかけて改善するのであるが，目下のところ銑鉄生産を除いては，ドイツのような一国民が質と価格の点でイギリスのような大規模な改善をもたらすことができる製造業は，ほとんど考えられない。

　この場合に理論が資本と考えているものが，こうした対処によって削減され，ほとんど生産的でない水路に回されるならば，その作用は農業者の貧困化となってあらわれるに違いない。しかし，それとは無縁に，むしろこうした階級では福祉の開花が認められ，保護関税がまだ部分的に製品価格に影響をおよぼしているちょうどその間に，それはもっと明瞭なものとなる。その理由は，はっきりしている。農業者は，製品が安いからといってゆとりのある暮らしを

しているわけではない。農業者は生産物の販売量や価格が、余剰生産物の純益が需要価格を上回る程度の高さであれば、ゆとりある暮らしをしていける。しかし農業者は、自分が支出以上に収益をあげるという理由からだけで豊かになるのではない。農業者が豊かになるのは、もっぱら主たる生産手段である土地の価値総額が20倍から30倍に上昇し、地代が増加するからである。このことが、農業者と製造業者とのあいだの本質的な違いであって、それというのも、前者の手段（土地）は、工業力の増強にともなう地代の上昇に比例して価値を増大するのに対して、製造業者の手段（建造物や水力をのぞく）は、競争や新たな発見によって次第にほとんど無価値になるからである。しかしいまや、製造業の最初の投資の時期における最大の需要は、燃料、滝、食糧品および原料に対するものであること、そしてこのことから必然的に、国内農業にあってはかなりの価格・地代の上昇が生じるに違いないということは、明らかである。土地の価値の上昇にともなって、農業者の信用も高くなる。ちなみに、生産物・土地の高騰が活動規模の拡大、農業改善、新たな試行や耕作への農業者の励みとなるのだが、こうした作戦は、こうした信用の増大によって可能となる。

　このような事情のもとでは、つぎのようなことを理解するのが困難である。すなわち、保護関税制度によって、それが**農業諸国民の工業的な育成だけを対象にしている**こと、またこうした目的と国民の事情を思慮深く当て込んでいることを前提とした資本が、およそ生産的はでない水路にどのようにして回されるように仕向けることができるか、である。

　しかし、さらに前進して、物質的であれ精神的であれ、外国資本の導入と移植に対するその有効性に関連させて保護制度が考慮されるならば、それに対する異論はまったく無為なものと思われる。というのは、いつでもどこでも産業の奨励は、経験豊かな労働者、熟練した技術者、思慮深い経営者、改善の進んだ道具や機械、そしておびただしい貨幣資本をその国へ引き寄せてきたからである。これらの作用は、つぎのことから容易に明らかとなる。すなわち、外国製品の輸入が私たちのところで低下するのと同じ割合で、これらの精神的・物質的な諸力は、私たちがこれまで製品を取り寄せていた国民のもとでは過剰に

なり，それにしたがって私たちの保護制度によってそれらに命じられる利益に
あずかろうとする気になる。イギリスの歴史は，このよい例証である。イギリ
スが多量の労働者，技術者，経営者，新たな対処方法，しかもとりわけ大量の
貨幣資本を取り込まなかったような国は，ヨーロッパではほとんどないだろ
う。ヴェニス，イタリア全土（ロンバルディア），スペインやポルトガル，フラ
ンス，ドイツ，ベルギーそしてオランダは，この島の富裕化のために大いに寄
与したし，ドイツ以上にそうした国はなかった。ハンザ同盟の商業資本の大部
分は，直接かベルギーやオランダを経由してか，イギリスに移動した。関税協
会によって商業上の統一を実現して以後の現在のドイツは，かつてイギリス人
たちに提供した知的・物質的な諸力の返還を当然のごとく求めている。それが
ドイツ商業協会の創設以後，ドイツ人の力の源になっていることは，ロシアや
北アメリカの実例が物語っている。ロシアを旅行してまわったすべてのイギリ
ス人は，つぎのような不満を訴える。すなわち，ロシアでもっとも重要な事業
がイギリス人によって，しかもイギリスの諸力を用いて運営されている，と。
イギリスの大規模で，資本の豊かな製造業者を自国に取り込むことができるの
であれば，プロイセン東部出身の小規模で資本の乏しい商売人が（当初は活動
が認められず，ついでロシアの保護制度によって引き寄せられた）ロシアに移動する
ことを嘆くのは，馬鹿げたことである。北アメリカの実例は，自立的な工業力
をイギリスから他の国々へ移すのに決して長年月をかけなかったことを，明ら
かにしている。もちろん，豊かなイギリス人は血統，言語，道徳，習慣，市民
的・政治的諸制度などの同等性によって，どこか別の国よりも北アメリカに移
住することのほうが容易にできたであろう。したがって彼らは，他のどんなヨ
ーロッパの諸民族よりもドイツ人に好感をもっており，それゆえに刺激が十分
であれば，大がかりな移住についても疑問の余地がない。したがって，国民の
富裕化に対する市民的・政治的状態の影響が，こうした点以上に明確にあらわ
れるところはどこにもない。スペインやポルトガルが利益の見込める事業投機
にとって自然資源にどんなに恵まれているのかが，学識があって富裕なイギリ
スの投機家のうちのわずかな人々に，そこで自分たちの運試しをすることを思

いつかせた。彼らは，イギリスからどんなに遠く離れていても，スペイン半島での定住をなによりも望んでいる。イギリス人がとりわけ嫌うのは，法の不確かさ，世論の欠如，行政の恣意性，陪審裁判のない刑事司法であり，これらが存在しない国々では，イギリス人は，自分の家をつくるという決断をするにも厄介なことになる。

　国民の資本諸事情にかんしておこなうもっとも重要な部類の結論を，のちになって注目され，私たちが知るかぎりで私たちによって最初に明らかにされた観察から，引き出すことができるが，私たちは，そのための例証を別の箇所で提供することを留保しなければならない。

　一国民の毎年の総営利生産は，平均してそれに用いられた資本の価値総額の100〜200％となる。農業総生産は，それに投入された資本総額の10〜20％でしかない。

　これに対して，大きな諸国民にあっては，もっとも収益の多い諸国民でさえ，工業資本の総額は，全農業資本の10分の1〜20分の1に満たない。

　土地所有の価値（あるいは資本化された地代）は断然，農業資本の最大部分を形成している。

　生産的な工業資本や輸送の改善に有効利用された資本の各総計は，国民の貯蔵されている財産の総価値を，額にして20倍〜30倍も増大する。

　以上のことから，つぎのようなことを引き出すことができる。

1．一国の農業者や地主は，国民が自分の物質的な資本投資を事業の拡大や輸送手段の改善のために増大すれば，その総計の10倍〜30倍も豊かになるだろう，ということ。

2．同じ規模の土地所有のもとでは，産業の盛んな国の地主は，たんなる農業国の地主に比べて10倍〜30倍も豊かであろう，ということ。人はイギリスの地主の諸事情を，他のあらゆる農業国の地主のそれと比較してみれば，こうした観察が確認されると思う。

3．最高の物質的な繁栄を達成するためには，一国民は，製造業や輸送の改善に土地資本の価値の20分の1〜10分の1だけを製造業や輸送の改善に

投資すればよい，ということ。

4．一国民に必要な物質的な事業運転資本の全体を3倍と仮定するには，一国民の土地価値の3分の1〜4分の1で十分であること，それゆえに各農業国民も，工業力の奨励のために必要な物質的資本を借金という仕方で外国から受け入れる手段をもつ，ということ。

5．国民経済におけるすべての変動が，国民の工業力に影響をおよぼし，製造業者自身のそれに比べて農業者の福祉に対して全体として10倍〜30倍もの影響をおよぼす，ということである。

私たちがここでさらに，工業，商業および土地の価値に対する市民的・政治的諸制度の影響を考慮すれば，つぎのようなことが明らかになる。すなわち，大地主は基本的に，人が国家と名づける会社における大株主であること，彼の株券は精神的・物質的生産諸力が増減するのと完全に比例してその価値が上下すること，そして地主である貴族が法律の歴史，正義・自由を保障する諸制度，工業の育成に必要な諸措置や手はずに抵抗したり，たとえば免税，封建・狩猟法，領主裁判権などといった文明に反して農耕を妨げる仕組みにこだわったり，国民的な輸送体系の実現を率先して促進したりしないのであれば，自分自身にとって不倶戴天の敵である，ということである。というのは，それによって彼は，自分の地代や土地の価値の上昇すら妨げ，自分の存在と繁栄のすべてが依拠している土台を掘り崩すからである。自由一般の欠如，したがってまた製造業の欠如が土地の価値にどのくらいの作用をおよぼすのかを人が一番はっきり知るのは，アメリカの自由諸州の状態と奴隷諸州のそれ，たとえばマサチューセッツのそれとヴァージニアのそれを比較するときである。一定面積あたりの価値は，後者の州に比べて前者の州で20倍から30倍もあり，すべてを比較するまでもなく，後者における奴隷の価値は前者における工業資本の総額に比べて低い。 所与の質をもった1エーカーの土地がヴァージニアでは5ドルと評価されるのに対して，マサチューセッツの工業都市近郊の土地は150〜200ドルで販売されている。しかも彼の地（ヴァージニア）では土地の収益性が年々減少しているのに対して，この地（マサチューセッツ）では引き続き増大し

504

ている。つぎのようなことを，証明することができる。すなわち，ヴァージニアの土地所有者は全体として，自分たちの奴隷を次第に外国に売り飛ばし，土地を自由な農民に耕作させている割には利益を上げることができなかった，ということである。アメリカを旅行した人の信頼すべき証言によれば，土地の価値がすでに 10 〜 30％も上昇したので，西インド植民地における奴隷制の廃止も，すでにこうした点でも，その有効性を十分に発揮している。

　その奴隷諸州についでハンガリーが，私たちの言い分を説明するための決定的な実例を提供してくれる。ハンガリー貴族の特権，土地所有における統治の不安定性，その売却の場合の諸制限，市民層にあっての誇りと政治的諸権利の欠如の結果，ハンガリーには道路，有力な製造業や商業もなく，自然資源が無尽蔵であるにもかかわらず，自活し仕事につくことのできる人口は，半分または 3 分の 1 を数えるにすぎない。既得権益と思われるものも，貴族には自分自身の福祉を引き下げることにしか役立っていない。それに比べたら，こうした政治的状況の改革は，大量の外国の商工業資本を速やかに国にもたらし，土地の価値を 10 倍に上昇することになるだろう。

　しかしながら，富の理論は私たちに対して，つぎのような異議を唱える。すなわち，こうしたことすべては，自由な交通でもっとも急速に目標を達成する。自由な交通を媒介とした資本蓄積によって，農業は地位を高めるであろう。そして農業が発展することによって，製造業はまったく当然のことながら頭をもたげてくる。各個人が各自にとって最良の裁判官になるのは，もっとも有利な工業部門を見つけ出すことが問題になるときであり，また私的利益は市民の富増大のための最良の刺激手段である。しかし，諸国民の富は，諸個人の富の集合でしかない。一国民が必要とするのは平和，我慢のできる司法でしかなく，最高の豊かさを実現するための極端な重税ではない（デュガル・スチュアートのアダム・スミスの伝記を見よ），と。

　個人主義と物質主義に基礎づけられたこうした屁理屈の全体は，国民性と生産諸力の本性をまったく間違って考えている。今日の世界事情のもとにあって諸個人の自由と私益は，国民という枠内でのみ力を発揮することができる。し

かし，国民性全体が互いに対立しあうようになれば，なによりも国民性の本性が優先され，個人のそれは遠慮しなければならない。各国民の工業力がまとまりある全体を形成し，国民的な政策によって全体として育成されるようなって以降，諸個人の自由と諸力の発揮が国民性全体に対立する一方で，恩寵を期待することは，馬鹿げたことである。それは，整然たる軍隊に，多数ではあるが全体を欠いた人々の勇敢さを頼りに立ち向かって，好都合な結果を期待しようとするのが，馬鹿げているのと同じであろう。国民性がフーリエのファランジュに解消されたと想定すれば，人は，私益や自由を有する個人が隔離された社会に編入されたと思うのだろう。こうした社会は現実に，北アメリカでドイツ人移住者によって実現されている。私たちがそこで見たものは，なにか？　最初にヴェニスによって追求され，ついでイギリスによって模倣されたのとまったく同じ政策である。つまり，原料だけが輸入され，製品だけが輸出される，というものである。否，ラップ氏の政策は，イギリスのトーリー党よりもずっと一貫している。彼は，自分の社会を飢えで消耗させる一方で，富裕になるという意図にもかかわらず，穀物法を導入しなかった。国によって今日の個人は，その生産諸力の大部分を享受している。諸個人の自由と活動は，たとえばドイツ人には——諸個人の投資や資本がたとえどんなに大きかろうと——東インド貿易を営み，大規模な発見を役立たせる一助とはなっていない。ドイツ人は，イギリス国民性の仲介によってのみそのことを果たすことができるのである。

　農業諸国民は，製造業で優位さに達している国民との自由貿易によって農業をかなり促進することができるというのは，その通りであるが，それほどに豊かな農業国民でも，自国の国内市場で支配的な工業国民との自由競争によって自立的な工業力を育成し維持することができるというのは，間違っている。その理由は，製造業の独特な本性にあって，それは多くの熟練と習慣，知識と実行，対処方法，道具類や機械，開かれた制度や経済的・市民的な人的関係および物質的資本を前提とし，それらは時間をかけた，単調ではあるが中断することのない世代から世代へと続き，それを実らせることが安価な価格となってあ

らわれる努力によってのみ達成することができる。それは**恒久性**と**連続性**の原理であって，すべての人間的な基礎づけ一般と同様に，とくに工業や国民的工業力を基礎づけるにあって大いなる偉業の土台となるものである。修道院と王室，諸都市と諸国民の歴史は，個別の学問や技芸のそれと同様に，この原理の威力を証明している。後者は，世代が連続して同一の目標を追求し，以前の世代が残していったところで新たな世代がその作業を引き継ぐことであって，前者は見せかけ，富および力に到達しただけである。この原理にしたがってのみ，その投下費用がたぶん今日の財産価値を上回っている建造物をつくることを，個別の修道院，自治的諸共同体および諸都市に可能にした。どんな職人も断言するであろうことは，それぞれの仕事をはじめるにあたって，その仕事を担う製造部門がすでに高度な修養レベルに到達していたとしても，困難さがつきまとっているということであり，すでにはじまっている仕事を継承し，引き続き新たなものとして確立することのほうがどんなに容易なことか，ということである。また，持続的で，熱意をもった，用意周到に準備され，物質的な資本によって十分に支えられた経営であれば，どんな事業も，時間が経過するとともに収益をあげるようになるに違いない，ということである。現在とても盛んな製造部門のさらなる発展を目指しているところで見出すのは，連続した世代の努力と改良によってのみ，今日の修養レベルに到達したということである。人がその探究心を諸国民全体の工業力にまで拡大してみれば，どこでも一つの工業部門が他の部門からどのようにして発生するか，各部門が世代から世代へと育まれることによってしか全体が成立しなかったと同様に，特定の工業部門の成功が残りのすべてのそれの成功をどのように条件づけているのか，ということを知って驚くであろう。私たちは，別の箇所で**恒久性**と**連続**の原理に敵対する諸要素である，戦争による諸停滞や破綻，外国の通商措置，競争，商業恐慌および経済の乱高下，国内全域の災厄といった諸作用を見てみよう。その結果，工業が諸世代を経て成就することができたものが，時には数年を経ずして停止あるいは逆行の動きによってどのように根絶されるのかを，私たちは知る。製造工場は崩れるままに放置され，労働者，技術者および経営者は移住

国民的工業力の本質と価値について　507

するか活力を失う。物質的な工業資本は，元のままの自然に戻るか外国へ流出する。これが産業と国民的な工業力の本性であり，以上のことから，つぎのような現象を明らかにしていかねばならない。すなわち，以前から時間をかけて自立的な修養に到達し，——強力な通商政策によってその国民的な存続がはかられた——外国の販路で支えられた国民的工業力が，自由競争のもとで，はじめて誕生した——国内市場では保護されていない——すでに繰り返し描写してきた創業の不利益と闘っている工業力をなぜ押さえつけようとするのか，ということである。このような競争は，ガリヴァーとリリパットとが，つまり，力の強い大人と子供とが喧嘩するようなものである。

　しかし，生産物の輸出と外国製品の輸入を媒介する外国貿易によって農業国民の文明と富（力と独立は問題外とされる）が促進されることが，私たちによって否定されることもなく，承認されたとすれば，そうした場合に後者は，自身の工業力不足の償いをせめて農業が順調であると考えられないのか？　もちろん——しかし一定の点までにかぎって——国内農業がまだ一定の発展に到達していないあいだにかぎって——国民の社会的な状態がまだ不完全であるあいだにかぎって——生産物輸出が生産物の増大に比例して伸張することができるあいだにかぎってのことである。しかし，戦争によって貿易が途絶されるとあるいは工業上の優位を実現している工業国民が，原料や食糧品に対する需要を他の国々から賄うとすれば——あるいは工業国民が原料や食糧品を貿易制限によって国境線で閉め出せば，農業国では**農業の萎縮**，すなわち，外国あるいは国内の製造業者を養い，それによって農業者を豊かにすることに役立つはずである生産物の増大が，いまや農業人口の増大にのみ，加えて各個人の分け前までが小さくなるので小規模農業の最低限の欲求に応じることができないまでに，すなわち，これらの諸個人が，みじめな衣食に必要とされる程度にしか生産することができないまでに土地が細分化することに，効力を発揮する。こうした状態では，農業全体の大規模な開発の一方で，諸個人のあいだでのはなはだしい貧困が存在する。こうした状態は遅かれ早かれ，農業発展の一定時点に到達しながらも，国民的な工業力を育成し，外国の妨害に対してそれを守ることに

考えがおよばなかったり，手段をもっていなかったりする，各国民のもとでも発生するに違いない。国内の工業力の育成によってのみ，こうした弊害を正すことができる。そうすることによってのみ，一方では農業人口の大部分が製造業に移動し，しかも他方では農業生産物に対する大規模な需要によってその農業は収益をあげるようになり，耕地整理の機運が起こってくるようになる。

　以前に述べた富の理論のすべての誤謬の源泉は，つぎのようにいうことができる。すなわち，「それは富をつくり出し支える力ではなくて，富を自分たちの研究の主要対象としてきた富の理論にすぎない」と。**すべての個別の人の富を合わせたものを，国民の富の集合といえるのか？**　もちろん，ここでは交換価値や富ではなく，生産力が問題となっており，国民全体の生産力は諸個人のそれとはまったく違うものである。というのは，それは，国民的な規模での分業や国民の社会的，市民的，政治的諸制度にしたがって規定されているからである。スミス自身が発見した，否むしろアリストテレスによって発見された分業の法則を，首尾一貫して追求しなかったのは，奇妙なことである。というのは，個別の製造業では労働者が適切な作業の分割と諸個人の生産力の同一目的に向けての精神的・場所的な結合によってバラバラであった状態以上に生産物をつくり出すのと同様に，このことは，製造業全体，農業全体，国民経済全体にもあてはまるからである。国民全体が国民的規模での労働を，人口のかなりの部分が農業に，他の部分が製造業に専念できるように分割したとすれば，諸個人の生産力，それゆえに彼らの生産も，国民の全人口が農業だけに配分され，製品を外国から取り寄せる場合に比べて，明らかにずっと大規模なものであるに違いない。すなわち，分業の生産性は，**作業の分割**だけでなく，**同一目的に向けた諸個人の結合**の結果でもある。そして，その重要性が明らかになるにしたがって，**諸個人は次第に緊密な状態になり，相互に空間的に切り離されることもなくなってくる。**同じ理由から，農業者や製造業者の生産物が多くなるにしたがって，彼らは次第に相互に緊密な状態になり，戦争，通商措置および商業恐慌によって相互に切り離されることもなくなり，したがって相互の生産物の間断なき交換によって，相互の生産力やそれの持続的な増強が次第に保

証されるようになるに違いない。同じ理由から，個別の農業者の生産力が一段と大きくなるのは，国民の内部に工業力が存続することによって，すなわち，そのために増大する多様な農業生産物に対する需要によって，またそこから派生する輸送の改善によって，農業が，多くはその特別の性質にふさわしい耕作に自分たちの土地を利用できるようになる場合のほうであって，多様な生産物に対する大きな需要も輸送手段もないために，農業者がすべて農業の全部門に配分されなければならない場合ではない。同じ理由から，個別の製造業者の生産力は，必需品の購入あるいは生産物の販売のために必要な他のすべての製造部門が自分にとって空間的に近くに位置し，政治的に一体となっている場合のほうが，所在地が外国にあって戦争や通商措置によって切り離されてしまう場合に比べて，違ってくる。私たちが国際的分業や私的分業とは対比して国民的分業と呼ぶこの分業の重要性を，富の理論は確かに認めてこなかったし，新たに展開してこなかった（そうでなければ，自分の誤謬に気づいたであろう）。しかし，その誤謬を感じてはいた。それは，つぎのような言い方からも明らかである。すなわち，一国民の国内商業は，外国を相手としたそれよりも10倍も重要である，と。このことを通して，つぎのようなことが承認されていた。すなわち，**国内商業**が原因となった**国民的分業**は，外国を相手とした商業が原因となった**国際的分業**よりも10倍も重要であること，また国民的分業が促進されるすべての諸事情は，国際的分業が促進されるそれに比べて特定の国民にとっては10倍も有利であるに違いない，ということである。国民全体の生産力は，つぎのような理由で，諸個人のそれとはまったく違っている。すなわち，後者は政府や公的な諸機関，もろもろの法律，概して社会的・政治的諸事情が申し分ないかどうかによって規定されているからである。したがってまた，諸個人は，生産力の最大部分を国家の待遇にゆだねているからである。

　つぎのような命題で展開されてきたことも，同じ誤った源泉から出てくる。すなわち，商品は，それがもっとも安価に入手できるところで購入されるに違いない——生産物は生産物でのみ購入されるであろう——輸出入の価値は，どんな時でも，おのずから均衡するに違いない——輸入の増大は，結果として輸

出を減少させるに違いない等々，と。というのは，国民的な観点からすれば，国際的な取引にあってはいつの場合にも，輸出入の損得ではなく，私たちの生産力，私たちの福祉，独立と力の損得だけが，問題になるからである。二つの体系の相違例を，私たちは述べてきたが，最近になってもっとも驚かされた実例の一つを，イギリス人が亜麻布製品の取引でもって私たちに提供してきた。今日のフランスで議論されている亜麻布問題にあっては，イギリス人が亜麻布を私たちに提供するのと同等の価値で原料，ワインなどで買い取っているかどうかは，問題になっていない。問題なのは，私たちが，それを通して私たち自身の工業力と私たち自身の農業力との釣り合いを保っている点に，つまり私たちが野蛮状態から声望と威厳，独立と力へと地位を向上し，この観点で守り通そうとする各国民のこうした最初の課題を達成できるかどうか，ということなのである。ドイツが，この課題を早く解消すれば，確かに原料と食糧品の国内販路に事欠かないであろうし，神の助けを借りてでも，ドイツ人が外国の穀物を輸入するようになるかもしれない。分別のあるイギリス人は，自分自身の製造業市場の供給資格をドイツにみずから認めなければならない。つい最近まで，声望のあるイギリスの統計学者は，つぎのようにいっていた。すなわち，大陸の諸民族が健全な理性によって変わるのであれば，イギリスは，大陸向けの自国の工業製品の販路をそれほど頼りにすることもなかろう，と。実際，ドイツの安寧をイギリスの穀物法や生産物輸出一般の廃止に期待する人々は，自分の家が建っていたり，交通路が整備されていたりする土地を進んで農業目的に役立てたいと望むような間抜けに似てないわけでもない。ドイツが必要としているものは，つぎのようなものである。すなわち，輸送手段——改善された輸送手段——完成された輸送体系——ついで技術者，製造業者，熟練労働者および工業資本の輸入であって——しかし，外国製品は必要としない。すべての大陸諸民族，オーストリアやドイツ関税協会，オランダやベルギー，フランスやロシアが必要とするのは，つぎのようなものである。すなわち，改善が加えられた大陸制度である。ナポレオンの大陸制度の根底にある思想は，つぎのような条件つきで真実なものであり，いまもあり続けている。すなわち，大陸の

諸国民は工業，商業および植民地，海運や海軍力においてイギリスにかぎりなく遅れている，ということである。彼らは，相互にそれほどは違っていないので，適度な関税法によらずとも相互の利益を均衡させることができるであろう。しかも，ヨーロッパ大陸と工業力や海軍力において北アメリカ大陸がまったく共通な利害関係にあるので，このような通商連合が北アメリカと同じ精神で統合し，この統合によってイギリスとあらゆる点で均衡を保つことが容易にできるようになるだろう。

　亜麻布・麻製造の改良によってイギリスは，つぎのような命題を立てる。すなわち，一国民の工業力は全体を構成すること，そして特別な各工業部門も他のすべてのそれによって損得いずれかの影響をおよぼされ，それも非常に目立った仕方で影響をおよぼされるということである。人はこの瞬間にも，どのようにしてイギリスが最近になって亜麻布製造で計り知れないほどの進歩を遂げたのかをめぐって，フランクフルトで論争している。というのも，ナポレオンが，木綿紡糸機の発見に多額の賞金をかけ，フランスの機械工や製造業者がなによりもこの対象に没頭しただろうからである。人は，イギリス人とフランス人のいずれが機械の才能をもっていたのかなどを診断する。明らかになったことは，正当で自明なことだけである。ドイツ人やフランス人に比べてイギリス人のほうが機械の才能，工業上の訓練や力量ですぐれているものとするのは，馬鹿げている。エドワード３世以前のイギリス人は，この世でもっとも役立たずであった。当時のイギリス人は，機械の才能や製造訓練にかんして，イタリア人やベルギー人，もしくはドイツ人と比べることを思いもしなかった。政府がイギリス人を養成所に通わせて以来，イギリス人は次第に，ついには教師の才幹を認めようとしなくなり，明らかにそれを超えるようになった。イギリス人がフランス人やドイツ人に比べて，過去20年のうちに亜麻布製造業の機械類で急速な進歩をなしとげたとすれば，その理由は，イギリス人が──第１に機械装置一般において全体としてずっと進歩していた──第２に彼らはとくに亜麻布紡糸・紡織と同系の木綿機械紡糸・紡織においてずっと進んでいたこと──第３に以前からの通商政策によって多額の資本を手中にしていたこと──

第4に，その通商政策によって亜麻布製造の市場が拡大したこと，そして最後に，上述の諸事情と結びついた保護関税が彼らの機械の才能にずっと大きな刺激やこの工業部門の改良に投じるずっと大きな手段を提供したことである。

当然のことながら，富の理論は，つぎのような重商主義体系の諸命題に異議を申し立てた。すなわち，諸国民の富は，貴金属の所有としてのみ存在する，と。国民は，一方が損する分だけ，他方が得することになる，と。——貿易収支にもとづいて国富の増減を論じることができる，と。しかし他方で，これに反して富の理論は，今日の世界諸事情のもとでは，工業国民と農業国民とのあいだの無制限な交通によって，後者がいつも前者の借金漬けの状態になっていることを認めなかった。ここから商業恐慌が生じるという，諸事情が富の理論にはあるのに，農業国民に対する恐慌の不利な作用を明らかにしていない。つまり，富の理論は，貨幣のたんなる所有と貨幣に対する指令力とを区別しなかった。したがってたとえば，イギリスは，フランスに比べてはるかに少量の貨幣しか所有しないのに，商・工業力によってフランスに比べて多額のものを，すなわちイギリスと交流がある農業諸国民のもとで流通しているすべての現金を自由に使う。諸国民は他の諸国民の損失によって利益を上げることができるという誤謬を明らかにすることによって，富の理論は，すべての国際的な取引が国民には有利さをもたらす一方で，私たちがすでに証明してきたと確信するように，そしてポルトガルの例が争う余地のなく証明したように，国民は外国貿易によって自国の国民的工業のもっとも重要な部門だけでなく，工業力全体を失う，したがって農業・工業国民からたんなる農業国民に格下げされることがあるという，逆の間違った見解に陥った。

北アメリカの商業や工業の歴史，およびとりわけ彼の地の国の最近の商業恐慌が明らかにするのは，今日の世界事情のもとでは農業国民が自国の通商政策によって輸入と輸出の均衡をはかることを心得ていることがどんなに必要なことか，ということである。恐ろしい恐慌は，この均衡を妨げることから生じる。また，こうした妨げは，適切な通商制度がなければ，農業国家の耕作の増大とともに恐ろしい勢いで進展するということである。輸出入が長期にわたっ

国民的工業力の本質と価値について　513

て均衡を保ち，豊作ではなくて商業恐慌という国民的な破綻によって均衡が崩れたとき，この均衡がもちろん独力で再び回復することに問題があるわけではない。問題なのは，輸出入が短期間内に，つまり，収穫からつぎの収穫までどのくらい均衡を保つことができるのか，ということである。というのは，この場合には例の恐慌はありえないからである。今日のアメリカの恐慌には，もちろんイギリスからの借款，大規模事業や銀行の混乱といったものがかかわってきた。しかし，輸出入が均衡を保っていたならば，外国からの借款や大規模事業は恐慌を増強させないだけではなく，国の繁栄を一段と進めてきただろう。恐慌の主たる原因は，1833 年のアメリカ関税の縮小に求めることができる。イギリスの製造業者たちは輸出の契機を与えられ，イギリスの銀行手形割引によって支援されながら，アメリカの製品市場を自分たちの商品であふれさせ，アメリカの仲継貿易に信用を与え，そのことによって仲継貿易をアメリカの消費者に再び信頼させることができた。他方で，この信用供与は，さらにアメリカの銀行によっても仲介された。個別のイギリスの製造業者や輸出業者は，北アメリカにおける製品需要が全体でどのくらいの大きさであるか，イギリスの輸出総額がどのくらいになるか，そして輸出入の総額が互いにどのような関係になっているかを算定しないし，そうすることもできなかったので，各人は，自分が信用にもとづいて売りつけることができた分だけ輸出した。そのために，債務と北アメリカ人の支払い能力とのあいだに巨額の不均衡が生じた。現在イギリス人が，アメリカ人にかぎって 1 年間，1839 年と 1840 年の木綿が支払いに代わって提供されているのだが，それまでは信用貸しをしようとするのであれば，つまり，イギリスが北アメリカの今年と来年の穀物余剰だけを支払に代わって受け取ろうとするのであれば，過去の輸入超過はたやすく均衡に達することになるだろう。しかし，イギリスは穀物が安価になることを望まず，またそれまで 1839 年と 1840 年の木綿が市場に出回ることをも期待していない。必要なのは貨幣——現金である——というのは，中国でのイギリスの通商事情がアヘン貿易の中断による，大陸からの一時的な穀物購入などによって，自国の現金の突然の流出のきっかけとなったからである。イギリスは，一時し

のぎの金が必要となる。こういう場合に，さて理論は，どのように評判にたがわないようにするのか？　確かに北アメリカでは，今まで以上に現金が流通している（算定によれば，8,000万～1億ドル）し，しかも，イギリス人はそれを自由に使用することができ，実際に使用している。アメリカ人にどんな手助けが必要かといえば，彼らの木綿や穀物を引き取って金を与えるべきである。しかし，現物の等価手段の量が減少すれば，銀行は破綻し，商人は破産する。そして，この破産の結果，銀行破綻が製造業者や農業者にまでおよぶことになる。こうした宿命をそれらは，現金払いの停止によって回避しようと努め，金ではなく新しい木綿での支払いを望む。ここではじめて分かるのは，国家が輸出入の均衡をはかるという，自己が負っている任務を放棄する場合に，金融団体やついには私人がそれを引き受けようとすることである。つまり，国家によって有効に対処されれば，国民経済が国の手はずによって現状のままに推移するのに対して，金融団体や私人がすでに発生している不均衡といたずらに闘おうとしていることの違いだけが明らかになる。というのは，北アメリカの木綿生産は，以前から需要に先行しているからである。そして，この商品がいまや市場に大量に投ぜられるので，木綿価格の無価値あるいは極度の下落が生じ，木綿は支払い手段であることをやめてしまう。今日のイギリスの穀物法のもとでは，穀物輸出をまったく当てにすることができない。この側面からも，国民的なやりくりには破綻の恐れがある。すなわち無意味な通商政策によって，大量の人間と資本が製造業を見捨てて，農業にその身を投じている。さらに，人間と資本の新たな増加分のほとんどすべてが，同じところに活路を求めている。しかも，新たな植民地はどれも，はじめのうちは食糧品を必要としているために，生産物価格の上昇に貢献する一方で，一年が経過すると食糧品を過剰に自給し，市場に投じられる。こうした事態は，近年になって生じるようになった。これまでは樽あたりの小麦粉は，9～12ドルに相当していたのに対して，すでにそれが5～6ドルに下落し，外国への販路がないこと，国内製造業者への販路にもかぎりがあって，しかもその製造業者数も通商政策によって増大するどころか，いちじるしく減少していたため，さらに下落するに違いない。し

国民的工業力の本質と価値について　515

かも，穀物価格の下落は必然的に，財産価値の下落に加えて，その財産を高価
格で購入し，それを担保にしているすべての農業者の破綻を，結果としてもた
らすに違いない。すでに4分の1ないし5分の1までに踏みつけられた，こう
した事情から，政府は輸出入の均衡をはかることをまったく気にかける必要が
ないという命題を立て，しかも製造業を，いつでも必要とする量の流通手段の
手はずを国民に整えさせる主要な手段と認めない理論にどんな価値があるのか
が，いまや明らかとなる。

　近年になって人はしばしば，保護関税なしに製造業がどのように成長するこ
とができるのかということの実例として，スイスをあげるようになってきた。
バウリング博士は，この実例をフランスやドイツでの自分のデモンストレーシ
ョンのために大いに利用して食い物にしてきた。しかし人は，スイスが数世紀
前から手中にしてきた特別な利益の大半が製造業に負っていることを，考えつ
きもしなかった。スイスの今日の工業力の基礎は，古い文化をもつすべての
国々と同様に，ツンフト体制・諸都市によっておかれた。その後，国にとって
好都合だったのは，専制主義，狂信主義，数世紀前からのヨーロッパ諸革命と
諸戦争で騒然としている中で，この国がいわば市民的・宗教的な自由の島を形
成していたことである。そしてそこに，亡命者や宗派に属して迫害されたもの
がすべて，活路を求め見出した。そのことを通して，たとえ近年では旅行者を
通してであれ，すべての国々から大量の精神的・物質的資本が流れ込んだ。と
ても物価が安く整然としており，工業身分に名誉と影響力，所有と便益の享受
を保証したスイスの州・都市の統治のもとで，わずかな資本投資も数世紀を経
ると，必然的に目立つほどの成長をとげていったに違いない。さらにこの国
は，ドイツ，イタリアおよびフランスとのあいだの通商にとっても都合よく立
地しており，一部では特権を与えられていた。以前から三つの異なった言語を
身につけ，三つの異なった国々の法律，制度，事情を知る機会に恵まれていた
ことは，スイス人に他のあれやこれやの点でも，かなりの有利さをもたらした
に違いなかった。文明，公共心，市民的・宗教的自由は，国内の食糧源泉が大
きな制約を受けている中でスイス人を，ミツバチの群れが蜜を蜜房に運ぶため

に集結し，集結するような諸外国へと大挙して向かわせしめる活発さと進取の気性を養った。一方でスイスの製造業は，これまでずっとドイツの諸邦には開かれており，前述の有利さがドイツでの彼らの製造品の優位さを保証したに違いない。他方でこの国は，自然・通商事情によって，閉鎖的な諸国家に商品をこっそり持ち込むのにとても好都合であった。また，スイスの工業は，全般的な消費の対象としての特色をもつ国民的なものというよりも，むしろたやすくもち込め，遠隔地で購買心をそそることができる対象物にもっぱら専念する奢侈工業である。こうした事情を考慮に入れれば当然に，つぎのような結論にいたることはまずないだろう。すなわち，大陸諸国民は目下のところ，保護制度のもとでよりもイギリスとの自由貿易のもとでのほうが恵まれた状態にある，と。フランスの理論家が今日のフランスの税体系にしたがって，スイスが人口数の比で6,000万～7,000万フランの税金を支払わねばならないことすら考慮せずに，どのようにして通商の自由の論議にスイスの実例をあげようとしているのかが，理解できない。スイスの実例にもとづいていまいえることは，つぎのようなことである。すなわち，有利な事情のもとで一定の工業部門が改善されたならば，国民はこの工業部門における外国の競争を恐れる必要はない，しかし改善をはかるためには保護制度は不可欠である，ということである。

ツンフト体制に言及するにあたって，私たちが明らかにせざるをえないのは，この体制が以前から地域保護制度の献身者を代表し，労働者・親方数を制限することによってその国の最大の製造業需要を流通規模の大きいものから守り，製造業者に一定範囲での製品市場をいわば提供し，農業者に対する独占を保証したことである。しかしその一方で，主要な生産物に対する自然的独占をもっている農業者に近隣に生産物市場をつくり，加えて**局地的分業**をその国の全土に広げた，ということである。このような事情のもとでは，製品面での外国の競争は，もっぱら奢侈対象にしか広がらなかった。しかし，大工場の影響のもとでの事情は，また違った様相を呈した。競争が波及するかぎりどこでも，手工業者や小さな製造業者は姿を消した。毛織物工場は毛織物手工業を，陶器製造工場は鉢手工業を，鉄・鋼工場（機械設備）は刃物鍛冶，錠前職人な

どの生業を抹殺した。諸発見が進展するにしたがって，目下のところでは，小さな製造業や家内工業がますます姿を消していくに違いない。このことがそれこそ明白に示されるのは，亜麻布製造業であってそれはこの間に都市でよりも田舎で営まれることが多くなった。こうしたことを通して農業者は，明らかに自分たちの地方市場を次第に失った。そして埋め合わせや利得がこうした変化から農業者にもたらされるのは，国内の製造業労働者の数が増大し，また輸送の簡便化によってこうした遠隔地に住む消費者と安価に交通がなされる場合のみである。それに対して，製品面での外国の競争の，戦争や敵対的な通商措置による取引途絶の，商品・生産物・金融市場への恐慌の影響は，地方の小さな製造業が大きな製造業によって押しつぶされるようになってから次第にはっきりするようになり，地方の多数の住民がその渦にますます巻き込まれるようになるに違いない。私たちはこのことから，ツンフト体制の維持の必要性を結論づけるつもりは毛頭ない。ツンフト体制の崩壊後，その体制によって実現されていた有益な目的の一部が国家の業務となっていることに，私たちは注目しようとしているだけである。

　全体として見れば，国民の工業力が，農業国家に比べて文明，市民的自由，福祉，国民の独立と力をはるかに高度化する原因および作用としてあらわれる，否，登場するようになると，つぎのようなことを認めざるをえなくなる。つまり，大工場は結果として，種々いろいろ大きな負担になるということ，また中世の重商主義制度は自由で，自立的で，福祉・経営・教養の面で相互にほぼ同等な，全生活時間を自分たちの存続と本質において保証されている職人たちの大多数を共同体に結合することによって，大多数の非自立的で，最低限の暮らしに切り詰められた，しばしば生活困窮にさらされ，職に就くにあたっても簡単な修練で済む製造業労働者数が教養も資産もほとんどない少数の人々に屈従している新しい秩序よりも，ずっとすぐれているということである。しかしその代わりに，誤解してもらっては困るのは，学問と技芸における諸進歩や自然の諸法則それ自体は，以前の状態から明らかに転落したということである。――**ある国民がかつてこれらの法則を受け入れたあとで，残りの諸国民が**

文化と力の点で概して遅れを取ることなく，以前の状態を維持することができるのは前代未聞なことであること，——私たちが新しい秩序についてイギリスで目にする最大の欠点が，この世の工業力のすべてを独占しようとする，この国民の間違った野心，また概して欠陥のある立法と通商政策に原因がある，ということである。最後に，新しい秩序が一時的なものであり，それが過渡的なものにすぎない，と私たちには思える。

　イギリスの工業労働者の状態をもっぱら押し下げているのは，間違った関税立法や法外な消費税を媒介として生じた直面する生活必需品の人為的な高騰であり，製品市場における度重なる変動であり，イギリスの通商の世界的な拡大の当然の帰結であり，最後に，断然たる廉価さによって，すべての外国市場にイギリス製品の販路をつくり出そうとする政府の絶えざる野心であり——確かに労働者の状態を改善するが，同時に製品価格を高騰せざるをえなかった，あのすべての立法上の諸指図の妨げとなる思いやりである。したがってイギリスは，二流および三流の工業諸国民の工業力を押さえつける手段を，もっぱらみずからの労働者の福祉を犠牲にして獲得する。それゆえ，こうした階級では怒りが蔓延している。それほど不自然な状態が長続きしないこと，またいま起こっているどんな変化も他の工業国民の役に立たねばならないことは，明白である。しかも同様に，自分たちの国内市場に製品の供給を長いあいだできないでいる諸国民にあっても国内の製造業者を保護することによって，イギリスで生じているあの災いを招くという恐れがあるということは，馬鹿げたこと以上にまったく根拠のないことは明白である。それは，あたかもはじめて努力しようとしている私人が，巨富の災いを招く恐れから，自分の家計をきちんとしないことを望むかのようである。労働者の生存が食糧品の人為的な高騰によって脅かされることのない国々では，こうした災いはそれほど恐れる必要はない。また，自分たち自身の工業力を獲得しようとしている国々では，北アメリカの実例が示すように，工業労働者の状態がイギリスとはまったく違っている。たとえばローウェルの木綿紡糸業では，紡績工が豊かな生活を送っていけるだけでなく，紡績労働者も食物を十分に食べ，上等な衣服を着ても持参金を貯える余

裕があり，また最新のアメリカの新聞は，自分の賃金で1,000ドル以上も貯蓄した女子労働者が例の工場でも100人を数える，という事実を報じている。

　産業組織における新しい秩序が過渡的なものにすぎないという私たちの見解は，私たちが文化史から抱く期待にもとづいている。これまで技芸や学問での，また市民的・政治的秩序での進歩が，概して勤労階級の状態の向上と大衆の自由を促進してきたことが否定しがたいことであるならば，小さな企業が大きな企業によって凌駕され，以前には自立的であった職人たちの多くが少数者に隷属するようになる，例の発見や社会的制度によって人間の発明・改良の精神が停滞し続けるであろうと，仮定することもできない。しかし，発見の精神は進歩するであろうと私たちが想定するならば，つぎのような仮説は，それほど大胆とも思えないだろう。すなわち，蒸気機関を例外的に完成させることや，利用量の少ない蒸気力を現在よりも場所にほとんど限定されずに，どこでも安い費用で機能を発揮させる新しい動力が発見され，人間の役に立たせることに成功するかもしれない，ということである。原料生産，機械製造や機械そのものの改善がますます進歩すること，それによって機械の価格がますます低下し，操作がますます簡単になることを私たちがさらに想定すれば，利益を上げているのがほとんど大企業であるが，小企業でも輸出できるようになって利益を上げるようになる時代がやってくることが，十分に考えられる。文明諸国民の連合精神がますます大きく進展すること，労働者を大きな工場施設の株主として参加させ，それによって彼らに生活全体の福祉と一定程度の独立を保障するという考えが，ますます現実的になることが，さらに考えられる。最後に，さまざまな諸国民が，たとえば子供の労働への使役，労働時間，疾病労働者の扶助等々にかんする一定の命令や諸制度を了解しあい，加えてこれまで例の改善決議の対象外とされた外国の製品市場における競争への思いやりの効果をなくすことが，考えられる。

　筆者は，一種の勇気づけによってこの記事を作成する気でいた。彼は，アウグスブルクのアルゲマイネ・ツァイトゥンク紙で扱われたフランスの産業博覧

520

会についての報告の中で，ドイツの亜麻布・麻工業にとっては，イギリスの競争によってとても恐れていた不利さと，ドイツの木綿工業の大がかりな保護によってとても期待することが多かった有利さとを明らかにしようと努めた。そして，彼がこうしたやり方で経済学の支配的な理論に反対する立場をとったので，理論についての判断を下すことが必要だと思った。つまり，理論は，製造業者および保護制度の本質と価値を知らなかったり，認めたりしなかった，と。それに対して，「ラインの通信員」は，まず間違った理論は改められることによってのみ償うことができるという，ジャン・ポールの言葉を引き合いに出し，ついでアダム・スミスやJ．B．セーが講じながら，たったいま私たちによって大衆的に反証されてきたような理由によって，通商の自由の原理を擁護することにいきり立つ。間違った理論は改められることによって**のみ**「償う」ことができる，と彼がいうとき，ジャン・ポールはもちろん正しい。しかし，そのことからは，新たなものや改められたものが見出されないかぎり，当然に古い理論の誤謬は解明されていない，と結論づけることはできないし，間違いと認識された理論に必ずしもしたがう必要がないのは，稀なことではない。古い理論の誤謬を認識することにも改められた理論が欠如していることにも，方便は残されている。——健全な人間悟性と経験である。学問が指導原理であるべき人間活動のどの分野でも，人はいままで，こうした方便を用いることを通商政策以外では必要としてきた。また，産業の育成・保護的な制度に不利になると思って，この制度に好意を寄せていた例の統治者や政治家の一覧表に私たちが記したと思われる，もっと偉大な人物たちの名前にも言及しなかった。つまり，エドワード3世やエリザベス，ヘンリー6世やルイ14世，コルベールやエリザベス女王以後のすべてのイギリスの大臣，大選定候やプロイセンの偉大な国王，マリア・テレジアとヨーゼフ2世，ワシントンやマディソン，ジェファーソンやナポレオンである。それとは反対に理論は，ケネー，スミスおよびセーの名前を，列挙する。前者にかんしては，通商の自由という世界主義的な考え方からのみ，非現実的な体系を考え出した非学問的な夢想家であったことを，立証する必要はないだろう。アダム・スミスについて同時代の伝記作家

が明らかにするところによれば，彼は確かに深い探求の精神をもっていたが，一度として人間の性格全体を把握するほどの一般化する理性をもっていなかった，ということである。スミスには，個別の問題処理，概念や対象を判断し分析する独特の天賦の才能が大いにあった。そして，それによって彼には，経済学に個別の部分で学問的な基礎を与えることが可能となった。しかし，個別の教理を調和した全体にまとめる才能を，彼は決してもち合わせていなかった。その上，彼の見解によれば，この原理が脅威を与えていたところで国民性の本性を公正に取り扱うにしては，彼は通商の自由という世界主義的な理念にあまりにも支配されていた。このことがもっとも明瞭に分かるのは，それ自体で正しい原理の適用からである。すなわち，「力は富よりも重要である」と。その原理にしたがって彼がとても賢明なことと考えたのは，イギリス人が航海条例によって国内の海軍力を奨励したことであるが，海軍力も外国貿易や水産業と同様に，国民的工業力に依存しているので，工業力が私的な船舶よりも海軍力のずっと計り知れない土台であるということ，また工業力が全体として，今日では諸国民の戦力をほとんど条件づけていること，さらに戦力がなければどんな国民的な自立性・独立性も考えられないことを，彼は分からないし，分かろうとしなかった。セーは，アダム・スミスがすでに明らかにしたことだけを，最終的にまとめた。つまり，彼の天賦の才とは，叙述の才能である。彼自身がみずから判断を下したたいていのことが，見せかけであったり間違ったりしている。製造業，外国貿易，通商政策，貿易収支，貨幣，商品価値といった題材で，セーほどに見せかけ的な人物はいなかった。たとえば，こうした論議にかかわる命題を取り上げてみよう。すなわち，「製造業の奨励は，当該の製造部門が**数年を経ずして**収益をあげる公算が大きい場合には，多分に正当化することができる」と。すべての個別の製造部門の絡み合いや諸国民の工業的育成の必要性，事業でそれほどに重要な恒久性と継続の原理について，セーはなにも分かってないのである。国民の生活がどのくらいもつのか？　という問題を，彼は決して提起しなかった。それゆえに彼は，それが無限であり，健全な各国民によって無限なものとして考慮されるのが当然であるという，認識にも到達

522

することができなかった。彼は無限的な国民的存続を保証し，したがって掛け値ではなく明らかに世代全体の努力であがなわれる財の獲得に，わずかな年数だけを捧げようと思っている。そこで，偉大な統治者や政治家は経済学の深みに沈思することはないが，全般的な注意と経験にしたがってのみ判断することによって，国民性と国民的工業力の本性を学識のある国民経済学者以上に正しく評価してきた，と私たちは確信する。こうした点で，ナポレオンは，セーの全巻に匹敵する個別の格言を語った。そして，この著述家が偉大なモンテスキューにうるさく指図しようとする諸事例にもっと深く立ち入ってみれば，彼がモンテスキューをまったく理解していなかったことが分かる。

　したがって筆者は，つぎのような言い分でもって，ラインの通信員の要請に応じた。すなわち，彼は製造業と保護制度を，学派とはまったく違った観点から，新しいイギリスの文筆家がその教団にまったくあつらえ向きに名づけたような価値の理論にしたがってではなく，生産諸力の理論にしたがって明らかにし，加えて古いものに代わって新しい理論を樹立しようとした，と。この理論のほうがよりましなものかどうかを，彼は，他人の判断に任さなければならない。少なくともそれは，古いものに比べて事物の本性，経験と健全な人間悟性とずっとよく調和していると思われる。

　「ラインの通信員」は，彼が支配的な理論の名で諸国民に，一定の個別の場合に国民的な工業の保護を許すとき，ありふれた無難な人物という称賛をまっとうに受ける。彼がそれに加えて，ドイツの亜麻布工業にかんして申し立てたことは，諸原理に依拠しない譲歩がほとんど無意味であることを立証するだけである。彼にしたがって，ドイツの亜麻布製造業を保護することが賢明なのかどうかは，依然として疑わしいと思う。というのも，その分野では，ドイツが昔から傑出していた工業であり，ドイツ人の農業や国民経済の全体ともっとも緊密に結びついており，それらの生産物がすべての人民階級にとって最初の生活必需品のうちに入る一方で，外国の競争によって明らかに根底から脅威にさらされており，適度な保護ではその成果すらほとんど問題にならないからである。

国民的工業力の本質と価値について　523

　筆者は，ドイツ国民の工業的育成をもたらし促すための手段として，高関税率や禁止措置の採用を勧めようとは思ってもいない。保護措置は，個別の各国民の特別の状態ごとに特別に算定されなければならない。そして，ドイツの状態は目下のところ，保護関税を高くするよりも適度な保護関税によって目的がずっとよく達成されそうな状態である。筆者は，**国民の工業的育成が目的でなければならない**ということだけを主張している。したがって，ドイツの関税協会が肝に銘じなければならないのは，この目的を達成するための諸措置がなによりもまず工業を今日の状態で維持すること，ついで徐々に国内の製品市場を獲得し確定すること，しかしもっぱら全般的な需要の充足を目指している規模の大きい製造部門を助成すること，――最後に，原料と農業生産物の輸出に対する配慮がドイツの関税協会に努力ではなく，目的として掲げる気にするわけにはいかないし，してはならないこと，こうした努力にとって関税保護における動揺や逆行の動きほど有害なことはないこと，最初からなにもしないで，それが努力されることを当て込む方が期待通りの保護を見込んだりかつて確約された助成にいたずらに望みをつないだりするよりも，ずっとましである。

　最終的に筆者は，彼が価値の理論をその意義において存続させ，その範囲での有効性を決して認めないわけではないが，少なくともその発展に功労のある人々の功績を認めるつもりはないということを，書きとめる。しかも，諸国民の今日的な諸事情のもとで，どのようにして工業面での自立性を育て，普遍的な連合や全般的な通商の自由への地ならしがなされるかという認識に達するためには，価値の理論に代わって**独自な生産諸力の理論**が形成されなければならない。というのは，こうしたことが可能になるのは，もっとも強力でもっとも学識のあるこの世の諸国民が文明，自立性と力で同じ段階に躍進したときでしかないからである。この段階に彼らが達するのは，彼らが自分たちのあいだで精神的・社会的および物質的な国民的状態の調和的な発展を実現することによってのみである。こうした発展は，あらゆる国民の内部で製造業，商業および農業の均整のとれた展開を前提にし，このようにしてのみ諸国民は世界貿易，海運，海軍力，植民地開拓および野蛮な諸民族の文明化に一様に参加する

ことができる。人類の精神的な形成と物質的繁栄の頂点は，国民性の形成と物質的な繁栄を促進することによってしか達成されない。

〔Friedrich List, Über das Wesen und den Wert einer nationalen Gewerbsproduktiv-kraft. in: Werke V, S. 350-393 ff.〕

おわりに——リストの歴史的な評価に関連して

　近年におけるリスト研究，それも青年・壮年期のリスト研究の進展にともなって「自治・分権論者」としてのリスト像が明らかになってくるとともに，晩年の国民経済学者としてのリスト像との連続性を視野に入れた，新たなリストの全体像の構築が求められるようになってきた。そして，そのことを別言するならば，それは青年・壮年期のリストの自治・分権思想を「導きの糸」として，主著『経済学の国民的体系』において一応の集大成を見るリストの経済理論を編年的に再検討することでもあった。

　その点に関連してはまず，リストの経済理論が「国内市場形成の理論」として展開されたとする松田智雄氏の研究成果を踏まえながら，この「国内市場形成の理論」を自治・分権思想との密接な関連の中で再検討することから出発した。そして，その結果，「松田氏が，リストにそくして『国内市場形成の理論』と呼んだものは，スミスにそくしていえば『局地的・地域的市場形成の理論』であり，しかもその市場は局地的・地域的市場→地方的市場→国内市場（さらには国際的な市場）へと規模を拡大するものと考えられていたという意味では」，松田氏がいう「国内市場形成の理論」と同じものであったと結論づけた。

　ついで，『アメリカ経済学綱要』(1827年)，『経済学の自然的体系』(1837年)，そして「リストの1839〜40年の経済諸論文 」を自治・分権思想との関連で検討することを通して，「国内市場形成の理論」＝「局地的・地域的市場形成の理論 」がスミスの分業＝市場論，「生産力と分業の因果関係」論にもとづいてさらなる発展がなされていく過程を見てきた。そして，その結果，主著『経済学の国民的体系』も，ドイツにおける国民経済学のたんなる成立を告げることに止まらず，それが自治・分権思想を「導きの糸」とするともに自治・分権思想を基礎づけるものとして展開されたことを明らかにしてきた。

したがって，こうした検討結果を踏まえるとき，これまでのリストの歴史的評価について，新たに二つの問題を提起することができよう。まずその一つは，これまでリストの歴史的評価において，彼と「ドイツ関税同盟」の結成とが密接不可分なものと考えられてきたことである。それはたとえば，ヴェントラー氏の場合に見られるように，1834年のドイツ関税同盟の成立（ドイツの経済的統一）に向けた，そして間接的には1871年のドイツ帝国の樹立（ドイツの政治的統一）に向けた最初の政治的な刺激だった，という評価である。こうした評価については，諸田氏も同様である。つまり，諸田氏もリストについて，彼がドイツの経済発展（イギリスからの自立）と国民的統一とを予見した思想家として注目されるようになったことを指摘している。しかし問題は，リストが経済理論の側面で尽力したにもかかわらず，ドイツ関税同盟の結成が（間接的にはドイツ帝国の樹立も）プロイセン政府の主導の下に，したがって国家主導（集権的な方向性）の下に進められてきたということである。それに対してリストの場合には，彼は自治・分権論者として国民主導の下での組織＝機構の樹立を目指していたのであった。このことは，その後のドイツの歩みがつねに国家主導の下に続けられ，ヘーゲルをはじめドイツ歴史学派経済学者たちも国家の主導性を容認しつつ，最終的にナチス・ドイツの登場にまで至ってしまったことと無関係ではあるまい。したがって，ドイツ関税同盟の結成をめぐっては，それがプロイセン政府の主導の下に，すなわち集権的な国家の主導の下に進められたことを考えれば，リストが目指した方向性との違いをもっと明らかにする必要があったように思われる。

　この点で戦後のドイツが，東西ドイツに分裂する中での特殊な事情が作用したとはいえ，とりわけ当時の西ドイツが戦時中の反省を踏まえて，中央集権的な国づくりと決別して分権的なそれを目指したことが，意外と知られていない。そして，その分権的な国づくりと一体となって議論されたのが，「社会的市場経済」論であった。そして，この「社会的市場経済」論の先駆者としてリストを評価する傾向が見られることは，すでにヴェントラー氏によって紹介されていた。しかし，リストにそくした具体的な内容については，必ずしも十分

に紹介されているとはいえない。したがって，この「社会的市場経済」論との関連で，リストの経済理論を再評価することが，ここでの第二の問題提起となる。この点で最初に想起する必要があるのは，リストが早くも『アメリカ経済学綱要』の中で，「国内での農業・商業・工業が調和した状態にある」ことに関連して，つぎのようにいっていたことである。「誰もこれらの真理を否定することができません。しかし政府に国民の産業の三つの構成部分を調和させるために個人の産業を制限する権利があるかどうかは，大いに疑問です。ついで，政府がこの調和を法律や制限でうまく果たせるかあるいはもたらす力があるかどうかは，疑問です。国民の富や力を増進させる手立てがあればどんなことでも手助けすることは，その目的が諸個人によって達成しにくいのだから，当然に政府の権利であるだけでなく義務でもあります」と。「国内市場形成の理論」の立場に立つリストだからこその文言であろう。つまり，国内市場の形成にあっては，あくまでも市場原理にもとづく自由な諸個人の経済活動が主体であって，政府は「手助け」の立場でしかないが，「その目的が諸個人によって達成しにくい」場合には，すなわち市場原理によって解決ができない場合には，手助けするのは，「当然に政府の権利であるだけでなく義務でもあります」というのである。ここには，のちに「社会的市場経済」として基本的に定式化される思想の成立を明確に見ることができる，といってよいと思う。

　なお，ここでの「政府」という言葉に関連して，参考意見を述べたい。周知のように，アングロ・アメリカンではジョン・ロックの思想が登場して以後，「国家」という言葉が嫌われ，「政府」という言葉が用いられるようになった。ここでは，アメリカ国民を対象にしたものであるため，「政府」という言葉が用いられているともいえようが，リストが用いる「国家」という言葉も，ドイツ固有なものというよりも慣習的な意味合いが強く，むしろ「政府」の意味合いが強いと思われる。というのも，すでに見たように，彼がジョン・ロックの「機関信託論」を採用しているからである。

　　2015 年 1 月 20 日

　　　　　　　　　　　　　　　　　　　　　　　片 桐 稔 晴

片桐稔晴『F. リスト研究——自治・分権思想と経済学』

初 出 一 覧

はじめに　近年のリスト研究について

　『中央大学経済学研究所年報』第 44 号（2013 年 9 月 20 日）

第 1 章　若きリストと『ズルツ請願書』

　『経済学論纂』〔中央大学〕第 41 巻第 1・2 合併号（2000 年 7 月 25 日）

第 2 章　若きリストと書記制度問題

　『経済学論纂』〔中央大学〕第 41 巻第 3・4 合併号（2000 年 12 月 20 日）

第 3 章　若きリストと行政組織改革問題

　『経済学論纂』〔中央大学〕第 41 巻第 5 号（2001 年 3 月 20 日）

第 4 章　若きリストと『ヴァルデンブッフ奏上書』

　『中央大学経済研究所年報』第 31 号（2001 年 3 月 31 日）

第 5 章　テュービンゲン大学行政学教授としての F. リスト

　『経済学論纂』〔中央大学〕第 42 巻第 1・2 合併号（2001 年 9 月 5 日）

第 6 章　F. リストと『シュヴァーベンからの臣民の友』紙

　『経済学論纂』〔中央大学〕第 42 巻第 3・4 合併号（2001 年 12 月 10 日）

第 7 章　F. リストと「ドイツ商人・製造業者協会」

　『経済学論纂』〔中央大学〕第 42 巻第 6 号（2002 年 5 月 30 日）

第 8 章　F. リストと『ロイトリンゲン請願書』

　『中央大学経済研究所年報』第 32 号（Ⅰ）（2002 年 3 月 31 日）

第 9 章　F. リストと『アメリカ経済学綱要』

　『経済学論纂』〔中央大学〕第 44 巻第 5・6 合併号（2004 年 3 月 30 日）

第 10 章　F. リストと『経済学の自然的体系』

　『経済学論纂』〔中央大学〕第 45 巻第 3・4 合併号（2005 年 3 月 25 日）

第 11 章　F. リストと 1839-40 年の経済諸論文

　音無通宏編著『功利主義と社会改革の諸思想』〔中央大学経済学研究所叢書 43〕所
　収（2007 年 3 月 31 日）

第 12 章　F. リストと主著『経済学の国民的体系』

　　音無通宏編著『功利主義と政策思想の展開』所収［中央大学経済学研究所叢書 51］

　　所収（2011 年 3 月 30 日）

付　論　F. リストの「コルポラティオン」論と「分業＝市場」論

　　『中央大学経済研究所年報』第 37 号（2006 年 10 月 5 日）

リストが書いた文章・論文の翻訳

　　若きリストが起草した代表的な 4 つの文章

　　　『経済学論纂』〔中央大学〕第 44 巻第 5・6 合併号（2004 年 3 月 30 日）

　　歴史的観点から見た通商の自由とその諸制限（1839 年 4 月）

　　　『経済学論纂』〔中央大学〕第 49 巻第 1・2 合併号（2009 年 1 月 25 日）

　　国民的な工業力の本質と価値について（1840 年 1 月）

　　　『経済学論纂』〔中央大学〕第 49 巻第 3・4 合併号（2009 年 2 月 25 日）

著者紹介

片　桐　稔　晴（かたぎりとしはる）

元中央大学教授。

1943 年東京都生まれ。

1966 年中央大学経済部卒業，一時期サラリーマンとなるが，再び中央大学大学院経済学研究科修士課程，さらに博士課程に進学。

1976 年中央大学経済学部助手。その後，専任講師，助教授，教授を経て，2014 年 3 月定年退職。

〈著書・主要論文〉

『社会思想』（中央大学通信教育部，2004 年），『古典をひもとく社会思想史』（中央大学出版部，2007 年）

本書収録のフリードリッヒ・リストに関する諸論文のほか，「初期社会主義の社会像—ヴァイトリンクとヘスにおける『自由』と『平等』」田村秀夫編『市民社会批判の系譜』（中央大学出版部，1973 年），「ブルーノ・バウアーと『自己意識の哲学』」（経済学論纂 23 巻 5 号，1982 年）「ブルーノ・バウアーと『ユダヤ人問題』—著作『ユダヤ人問題』における『自己意識の哲学』の展開」等，初期の論文多数。

F. リスト研究
　自治・分権思想と経済学　　　　　　　　中央大学学術図書（88）

2015 年 3 月 10 日　初版第 1 刷発行

　　　　　　　　　　　　著　者　片　桐　稔　晴

　　　　　　　　　　　　発行者　神　﨑　茂　治

　　　　　　　　　　郵便番号 192-0393
　　　　　　　　　　東京都八王子市東中野 742-1

　　　　発行所　中　央　大　学　出　版　部
　　　　　　　電話 042(674)2351　FAX 042(674)2354
　　　　　　　http://www2.chuo-u.ac.jp/up/

©2015　Toshiharu Katagiri　　　　　　印刷・製本　㈱千秋社
　　　　ISBN978-4-8057-2184-1
　　　　本書の出版は中央大学学術図書出版助成規程による。